彩图1　大型数据中心机房控管中心

彩图2　数据中心机房之一

彩图3　数据中心机房之二

彩图4　数据中心机房之三

彩图5　大型数据中心机房配电系统

彩图6　国外大型数据中心机房

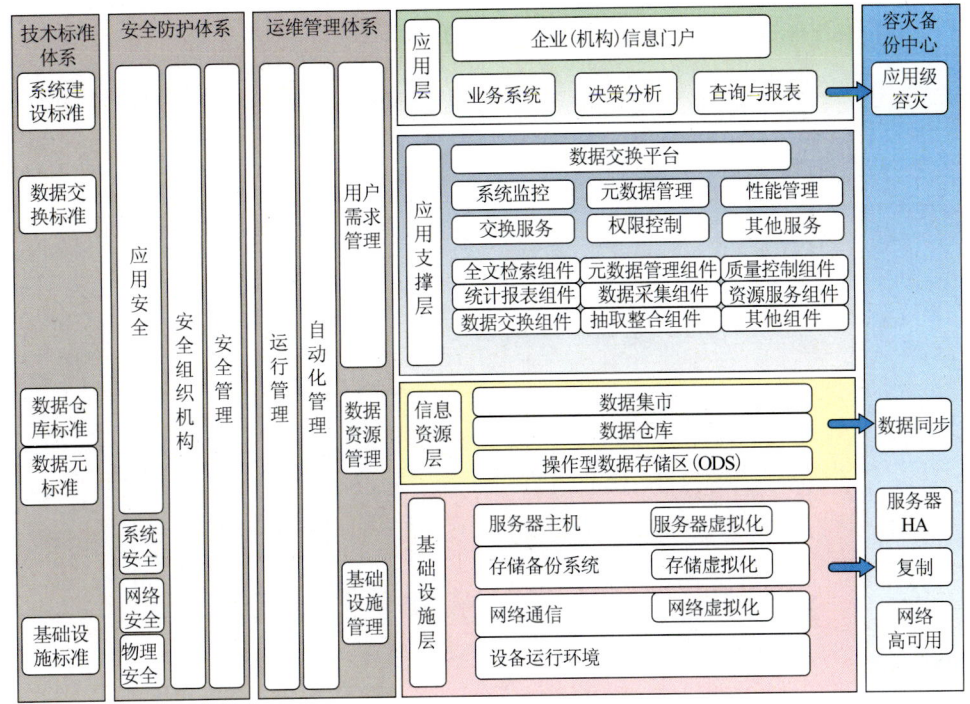

彩图7 数据中心总体结构

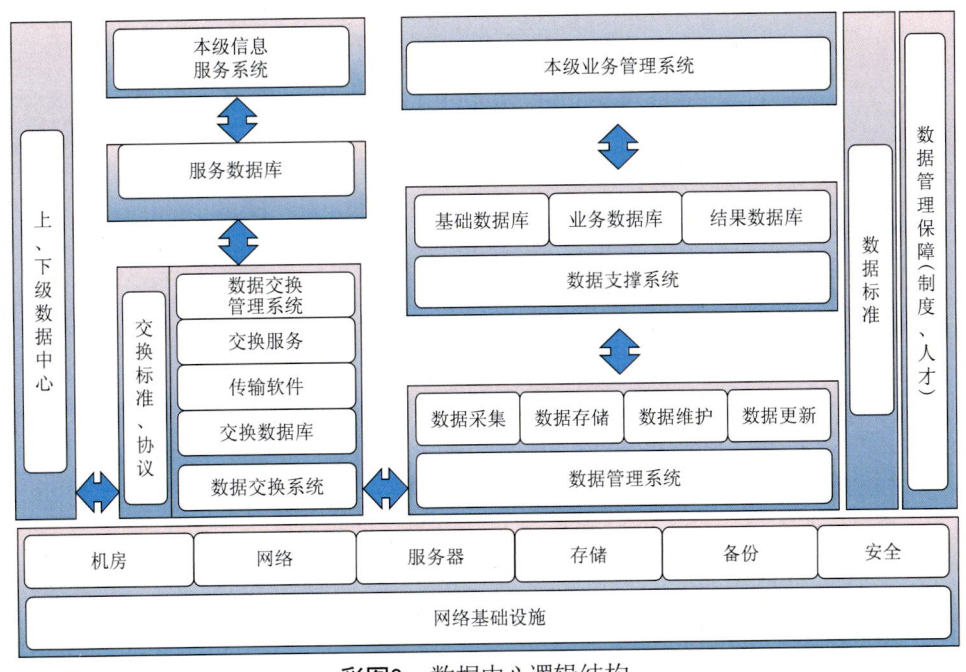

彩图8 数据中心逻辑结构

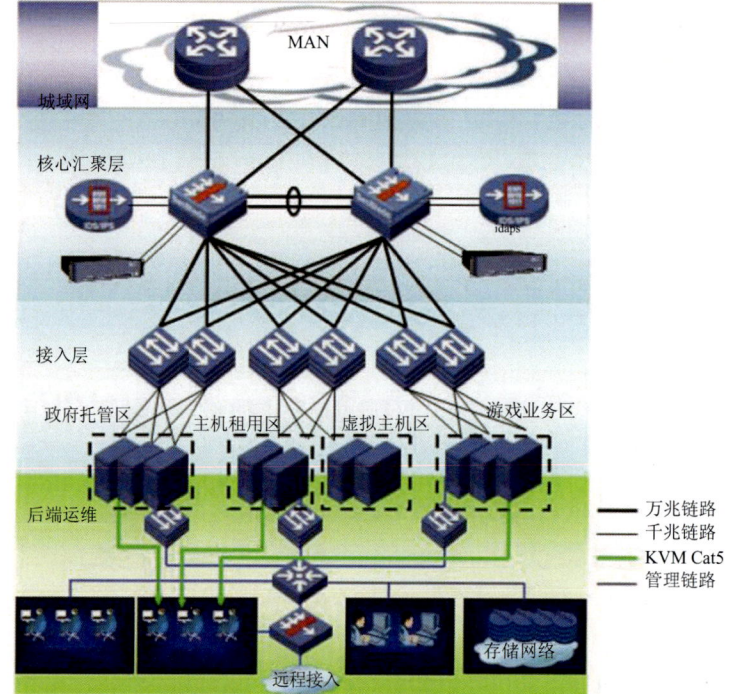

彩图9　XX电信IDC网络拓扑结构

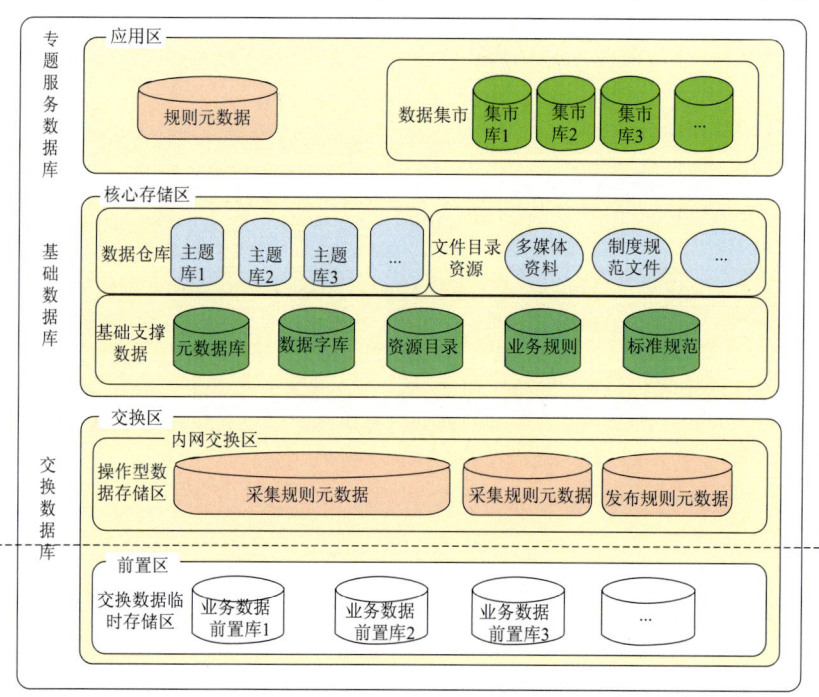

彩图10　数据库规划示意图

数据中心建设与运行管理

林小村 主 编
马玉林 翁小云 副主编

科学出版社
北京

内 容 简 介

本书旨在为推动我国企业(机构)数据中心的发展而献出微力。本书介绍了数据中心建设和管理的具体做法和体会，全面阐述了数据中心建设的规划与基本要求。

全书共12章，包括：数据中心概述、数据中心总体规划、数据中心机房、数据中心网络系统、数据中心主机和存储系统、数据规划和数据库设计、数据中心应用支撑平台、数据中心应用系统、数据中心安全系统、数据中心容灾备份系统、数据中心建设管理、数据中心运行管理。

本书观点前瞻、面向应用、深入浅出、图文并茂、重于实用，以数据中心的规划为主线，涵盖了数据中心系统工程全过程、全方位、多目标的全部内容。

本书可供企业(机构)信息化管理部门、各类数据中心的建设与管理人员、技术人员、各级信息系统工程建设单位等参考，也可作为工科院校相关专业师生的辅导材料。

图书在版编目(CIP)数据

数据中心建设与运行管理/林小村主编；马玉林，翁小云副主编.—北京：科学出版社，2010（2021.1重印）
ISBN 978-7-03-026871-6

Ⅰ.数… Ⅱ.①林…②马…③翁… Ⅲ.①电子计算机房-建设②电子计算机房-管理 Ⅳ.TP308

中国版本图书馆CIP数据核字(2010)第033963号

责任编辑：孙力维 杨 凯／责任制作：董立颖 魏 谨
责任印制：张 伟／封面设计：郝晓燕

北京东方科龙图文有限公司 制作

http://www.okbook.com.cn

科学出版社 出版
北京东黄城根北街16号
邮政编码：100717

http://www.sciencep.com

北京虎彩文化传播有限公司 印刷
科学出版社发行 各地新华书店经销

*

2010年4月第 一 版　　开本：B5(720×1000)
2021年1月第四次印刷　　印张：41 1/2　插页：2
字数：800 000
定价：79.00元
(如有印装质量问题，我社负责调换)

《数据中心建设与运行管理》
编委会名单

顾　问	谭伟贤						
主　编	林小村						
副主编	马玉林	翁小云					
编　委	袁　勇	胡继军	覃炜革	陆辉荣	刘　杰	黄　波
	林　嵩	邓立刚	龚　华	张　鹏	唐超洋	蓝文涛
	邓戈锋	高　亮	唐　忠	刘　佳	何慧敏	刘朝鑫
	农　涛	陈玉桂	苏　智	黄连月		

前 言

目前，信息化水平已经成为衡量一个国家或地区融入全球化进程、提升经济社会实力与知名度的重要标志。各类数据中心支持着我国企业(机构)信息化系统的运转。数据中心是信息化的重要基础设施，是信息处理的枢纽，是信息交流的总汇。

古人称："十围之木持千钧之屋，五寸之键制阊阖之门"[1]，数据中心可谓信息系统的核心设施。当前，信息系统正向着数据和计算能力高度集中的模式发展；信息系统逐步成为企业(机构)核心业务的支撑，数据中心的作用和地位日益突出，已经成为与交通、能源同等重要的经济基础设施。

目前，国内外对数据中心还没有一个统一的定义。从数据中心的发展史可以看出，不同的时期数据中心有不同的形态和内涵，数据中心的概念也在发展中日益丰富。ANSI/TIA-942-2005《Telecommunications Infrastructure Standard for Data Centers(数据中心的通信基础设施标准)》是国际上第一部以数据中心为对象的较为全面的技术规范标准。它由美国国家标准学会(ANSI)和美国通信工业协会(TIA)于2005年4月12日共同发布，其中对数据中心下的定义为"数据中心(data center)：主要功能是容纳一个计算机房和它所支持区域的一个建筑物或一个建筑物的部分"。

随着信息技术的发展进步，各行业数据大集中发展趋势的强化，以及数据中心地位的提高，广义数据中心的概念也应运而生。人们认为数据中心是由于数据大集中而形成的集成IT应用环境，它是各种IT应用服务的提供中心，是数据计算、网络、存储的中心。数据中心实现了安全策略的统一部署，实现了IT基础设施、业务应用和数据的统一运维管理。

---

1) 阊阖(chānghé)之门。
(1) 传说中的天门。
　　阊，天门也。楚人名门曰阊阖。——《说文》
　　排阊阖而入帝宫。——《史记·司马相如传》
　　吾令帝阍开关兮，倚阊阖而望予。——屈原《楚辞·离骚》
(2) 宫门的正门。
(3) 九天阊阖开宫殿，万国衣冠拜冕旒。——王维《和贾舍人早朝大明宫之作》
(4) 《淮南子》西方曰西极之山，曰阊阖之门；西北方曰不周之山，曰幽都之门；北方曰北极之山，曰寒门。
(5) 《五行谱》中记载，天地有八极，分别为苍门、开明之门、阳门、暑门、白门、阊阖之门、幽都之门与寒门，与八卦一一对应，各具五行属性。天地间的阴阳五行之气便在这八极相互转换循环。与天地相同，人体也分有八极，与八脉对应。

当前，我国企业（机构）数据中心进入了快速发展的新阶段，形成了建设的新热潮。同时，各类数据中心正面临着成本、速度、整合、管理、安全、资源共享及能量消耗、计算密度、自动化和服务连续性等方面的一系列挑战。数据的集中和计算能力的集中在带来巨大利益的同时，也对数据中心的建设提出了新的要求。在实现数据集中和计算能力集中的过程中，如何认识数据中心的地位与作用，如何建立与业务相匹配的数据中心，如何从技术上保障数据中心的稳定、安全、经济运行，成为信息主管和信息系统建设者关心的重要课题。

数据中心技术发展方兴未艾，新技术、新理念层出不穷，改造现有的数据中心将成为IT技术发展的新主题。不少企业和机构正在紧锣密鼓地准备构建新的数据中心或者改造原有的数据中心。所以，我们必须要高度重视建设数据中心的科学性、合理性和严谨性，防止盲目性，警惕由此带来的种种风险，谋定而后动，保证数据中心的健康发展。

我们作为数据中心的建设者，尽管水平不高，但为了加快我国数据中心建设的发展，通过不断的研究和实践，把业界数据中心建设及自己在数据中心建设探索中积累的一些经验、获得的教训、领悟到的体会，进行认真的思考和总结，把其精华提炼出来，编写成本书。我们将与一切热心数据中心建设的人们进行交流，力求回答好什么是数据中心，为什么要建设数据中心，建设什么样的数据中心和怎样建设数据中心等几个问题。把它作为我们学习探索的习作，奉献给国家、社会和同行。希望本书的出版能对我国数据中心建设有一定的启发；同时，对我们自己也是一种鼓励和鞭策。

本书共12章，从数据中心概述到数据中心总体规划；从数据中心机房到数据中心网络系统；从数据中心数据规划和数据库设计、数据中心应用系统支撑平台到数据中心应用系统；从数据中心主机和存储系统到数据中心安全系统、数据中心数据容灾备份系统；从数据中心建设管理到数据中心运行管理都有全面的介绍。全书以数据中心的规划为主线，涵盖了数据中心系统工程全过程、全方位、多目标的全部内容。力求观点前瞻、理论翔实、内容全面、题栏醒目、结构新颖、案例典型；力求深入浅出，图文并茂，重在实用，启迪性强。本书可供企业（机构）信息化管理部门、各级数据中心的领导、建设与管理人员、行业协会、各级信息系统工程建设单位和公司等参考，也可作为工科院校相关专业师生的辅导材料。

本书在编著过程中，得到了南方电网公司信息中心、广西电网公司、广西互联网中心、广西第一测绘院、广西博联信息通信技术有限责任公司等单位的帮助和指导；得到了海军司令部信息技术专家张景生、中国电子工程设计院副总工程师钟景华、中国建筑业协会智能建筑专业委员会机房技术专家张成泉、中国系统工程学会信息系统工程专业委员会副主任高复先、中国国土资源部信息中心研究员寇有观、中国惠普有限公司企业计算及专业服务集团首席技术顾问朱伟雄、北京联合大学网络存储技术专家刘洪发、H3C通信存储产品线总裁李治、广西师范学院网络中心主任蓝瑞乐等同志的帮助和指导；还得到了邓家辉、谭庆彪、管瑞斌、游斋锋、王定祠、丘国强、苏庆华、银慈、卢冠合、卿旭、申浩、刘裕森、陆勇、林智星、羌健等同志从选题、编目、插画、绘图到录入、修改、制版、审校的具体帮助，对上述单位和同志一并表示衷心感谢。

由于数据中心的题材新颖、范围广泛，涉及现代信息技术的各个门类和行政管理学等多个学科，具有技术管理、经济管理、组织管理、工作协调等多项业务职能，而且，我国的数据中心建设尚处于初级阶段，还需要随着社会发展和技术进步而不断完善。在这些方面，我们虽然有所感悟，但因水平有限，书中难免会有缺点和错误，恳请各级领导和同行及读者批评指正，对我们提出宝贵意见，不胜感激。

《数据中心建设与运行管理》编委会
2010 年 1 月

目 录

第1章 数据中心概述 1
1.1 研究及探讨数据中心的宗旨 1
1.2 数据中心的发展 1
1.2.1 数据中心的发展轨迹 1
1.2.2 数据中心的建立是IT应用与发展的里程碑 3
1.3 数据中心的定义 4
1.3.1 TIA 942标准关于数据中心的定义 4
1.3.2 国内业界对数据中心的定义 4
1.3.3 广义数据中心的概念 5
1.4 数据中心的分类及分级 7
1.4.1 数据中心的分类 7
1.4.2 数据中心的分级 8
1.5 新技术催生了新一代数据中心的诞生 9
1.5.1 新一代数据中心的定义 9
1.5.2 与新一代数据中心相关的新概念 10
1.5.3 新一代数据中心的特征 13
1.6 我国数据中心的现状及挑战 15
1.6.1 中国各业数据中心现状 15
1.6.2 数据中心面临的挑战 16

第2章 数据中心总体规划 19
2.1 建设目标和建设任务 19
2.1.1 数据中心的建设目标 19
2.1.2 数据中心的建设任务 19
2.2 建设原则与设计原则 20
2.2.1 数据中心的建设原则 20
2.2.1 数据中心的设计原则 20
2.3 建设遵循的政策、规范及标准 21
2.3.1 建设遵循的主要政策、法规 21
2.3.2 建设遵循的主要规范及标准 22

- 2.4 数据中心的结构 ………………………………………………… 22
  - 2.4.1 要体现以"数据服务"为核心的架构 …………………… 22
  - 2.4.2 数据中心的总体结构 …………………………………… 23
  - 2.4.3 数据中心的逻辑结构 …………………………………… 24
  - 2.4.4 数据中心技术框架 ……………………………………… 24
- 2.5 机房规划 ………………………………………………………… 26
  - 2.5.1 机房位置与布局 ………………………………………… 26
  - 2.5.2 机房的组成 ……………………………………………… 26
  - 2.5.3 机房的设置 ……………………………………………… 27
- 2.6 网络系统规划 …………………………………………………… 27
  - 2.6.1 网络总体规划 …………………………………………… 27
  - 2.6.2 网络负载均衡 …………………………………………… 28
  - 2.6.3 网络管理 ………………………………………………… 29
- 2.7 主机和存储系统规划 …………………………………………… 29
  - 2.7.1 主机系统的规划 ………………………………………… 29
  - 2.7.2 存储系统规划 …………………………………………… 32
- 2.8 信息资源与数据库规划 ………………………………………… 34
  - 2.8.1 数据规划 ………………………………………………… 34
  - 2.8.2 数据库规划 ……………………………………………… 36
- 2.9 应用支撑平台规划 ……………………………………………… 37
  - 2.9.1 运行支撑组件 …………………………………………… 37
  - 2.9.2 应用支撑系统 …………………………………………… 38
- 2.10 应用系统规划 ………………………………………………… 38
  - 2.10.1 建设内容 ……………………………………………… 38
  - 2.10.2 数据交换平台 ………………………………………… 38
  - 2.10.3 决策分析应用 ………………………………………… 39
  - 2.10.4 统一信息门户 ………………………………………… 39
- 2.11 安全系统规划 ………………………………………………… 40
  - 2.11.1 安全防范体系结构 …………………………………… 40
  - 2.11.2 安全防范组织 ………………………………………… 41
  - 2.11.3 数据中心安全防范管理体系 ………………………… 41
  - 2.11.4 安全防范技术体系 …………………………………… 42
- 2.12 数据备份与容灾规划 ………………………………………… 42
  - 2.12.1 数据备份与数据容灾 ………………………………… 43
  - 2.12.2 数据备份类型 ………………………………………… 43
  - 2.12.3 数据备份系统的组成 ………………………………… 44

		2.12.4 数据备份策略	44
		2.12.5 灾难恢复系统的规划	45
	2.13	标准规范的应用与建设	48
		2.13.1 软件接口标准	48
		2.13.2 基础数据元标准	48
		2.13.3 数据交换格式标准	49
		2.13.4 文档交换格式标准	49
		2.13.5 信息分类编码标准	49
		2.13.6 共享数据集标准	50
		2.13.7 认证、授权和访问控制标准	50
		2.13.8 安全技术标准	50
		2.13.9 系统管理规范	51
	2.14	环保、消防、职业安全卫生和节能措施	51
		2.14.1 环境保护	51
		2.14.2 消　防	51
		2.14.3 节　能	52
		2.14.4 职业安全卫生	52

第3章　数据中心机房　53

3.1	数据中心机房建设概述	53
	3.1.1 数据中心机房的组成	53
	3.1.2 数据中心机房的基本要求	54
	3.1.3 数据中心机房技术的发展趋势	54
3.2	数据中心机房建设遵循的标准与规范	55
	3.2.1 ANSI/TIA-942-2005 数据中心用远程通信基础设施标准	55
	3.2.2 《电子信息系统机房设计规范》GB 50174—2008	56
	3.2.3 数据中心机房建设遵循的相关标准与规范	57
3.3	机房环境规划	58
	3.3.1 机房环境概述	58
	3.3.2 机房规划	61
	3.3.3 平面设计	62
	3.3.4 机房材料的选择	63
	3.3.5 设备布局	64
	3.3.6 技术处理	66
3.4	机房电气系统	67
	3.4.1 机房供电系统概述	67
	3.4.2 机房供电系统设计	69

3.4.3　UPS电源技术 …………………………………………… 76
　　　3.4.4　机房照明 …………………………………………………… 78
　　　3.4.5　机房防雷接地及安全供电 ………………………………… 80
　3.5　机房空调系统 …………………………………………………………… 86
　　　3.5.1　机房空调系统的特点 ……………………………………… 86
　　　3.5.2　机房建筑平面与机房空调 ………………………………… 87
　　　3.5.3　机房气流组织 ……………………………………………… 88
　　　3.5.4　机房通风 …………………………………………………… 90
　3.6　机房消防系统 …………………………………………………………… 91
　　　3.6.1　机房消防系统概述 ………………………………………… 91
　　　3.6.2　机房火灾自动报警系统设计 ……………………………… 92
　　　3.6.3　气体灭火系统设计 ………………………………………… 94
　3.7　机房屏蔽 ………………………………………………………………… 96
　　　3.7.1　机房屏蔽建设概述 ………………………………………… 96
　　　3.7.2　屏蔽机房的类型 …………………………………………… 98
　3.8　机房弱电系统 …………………………………………………………… 99
　　　3.8.1　综合布线 …………………………………………………… 99
　　　3.8.2　门禁和闭路监视 …………………………………………… 104
　　　3.8.3　机房环境动力监控 ………………………………………… 109
　　　3.8.4　控管中心 …………………………………………………… 110

第4章　数据中心网络系统 ………………………………………………… 115
　4.1　需求分析 ………………………………………………………………… 115
　4.2　网络系统的组成 ………………………………………………………… 118
　4.3　网络平台结构 …………………………………………………………… 120
　　　4.3.1　网络总体结构规划 ………………………………………… 120
　　　4.3.2　网络分区规划 ……………………………………………… 125
　　　4.3.3　网络分层规划 ……………………………………………… 129
　　　4.3.4　网络分级规划 ……………………………………………… 135
　　　4.3.5　网络结构扩展规划 ………………………………………… 138
　4.4　网络高可用性规划 ……………………………………………………… 141
　　　4.4.1　设备冗余技术 ……………………………………………… 141
　　　4.4.2　链路冗余技术 ……………………………………………… 142
　　　4.4.3　其他冗余技术 ……………………………………………… 144
　4.5　网络性能规划 …………………………………………………………… 148
　　　4.5.1　网络带宽规划 ……………………………………………… 149
　　　4.5.2　网络流量分析与规划 ……………………………………… 152

4.5.3　服务质量分析 156
4.6　网络管理 163
　　4.6.1　网络管理的定义、分类及功能 163
　　4.6.2　网络管理的目标 165
　　4.6.3　网络管理选型 165
4.7　数据中心网络平台的案例 167
　　4.7.1　网络系统设计原则 167
　　4.7.2　IDC 网络设计 168
　　4.7.3　数据中心网络部署 170
　　4.7.4　路由规划 172
　　4.7.5　IP 地址规划 172
　　4.7.6　后台管理系统 173
4.8　网络设备选型 174
　　4.8.1　核心交换机选型要求 174
　　4.8.2　接入路由器选型要求 177

第5章　数据中心主机和存储系统 181

5.1　主机系统概述 181
　　5.1.1　小型机的主要性能 182
　　5.1.2　小型机的主要技术 184
　　5.1.3　服务器系统的分类与分级 188
　　5.1.4　服务器系统的主要性能 192
　　5.1.5　服务器系统主要技术 193
5.2　小型机服务器系统的部署和选型 198
　　5.2.1　小型机的部署 198
　　5.2.2　小型机的选型 200
　　5.2.3　服务器系统的部署 201
　　5.2.4　服务器的分配 202
　　5.2.5　双机热备、集群、负载均衡、分区和虚拟化 203
　　5.2.6　服务器的选型 213
5.3　存储系统 217
　　5.3.1　存储分类 217
　　5.3.2　主要存储技术 217
5.4　存储系统的需求分析与规划目标 225
　　5.4.1　需求分析 225
　　5.4.2　规划目标 226

5.5 存储系统规划 ... 227
5.5.1 直连存储规划 ... 227
5.5.2 网络存储规划 ... 228
5.5.3 iSCSI 存储规划 ... 229
5.5.4 存储整合规划 ... 230
5.5.5 可用性规划 ... 232
5.5.6 分层存储管理规划 ... 235
5.5.7 虚拟存储规划 ... 236
5.5.8 备份恢复规划 ... 239
5.5.9 存储安全规划 ... 239
5.5.10 存储管理规划 ... 240
5.6 存储技术的发展趋势 ... 241
5.6.1 存储的互操作性 ... 241
5.6.2 绿色存储 ... 241
5.6.3 万兆存储架构 ... 242
5.6.4 自动化存储管理 ... 242
5.6.5 基于 InfiniBand 的 SAN 架构 ... 243
5.6.6 存储产品的标准化 ... 243
5.7 存储系统案例 ... 244
5.7.1 项目背景 ... 244
5.7.2 电力企业的存储应用 ... 244
5.7.3 电力 MIS 系统 FC SAN 存储 ... 245
5.7.4 电力 MIS 系统 IP SAN 存储 ... 246
5.7.5 电力调度信息系统备份及远程备份 ... 246
5.8 存储系统设备的选型 ... 247
5.8.1 光纤通道交换机 ... 247
5.8.2 磁盘存储设备 ... 250
5.8.3 磁带存储设备 ... 253

第 6 章 数据规划与数据库设计 ... 257
6.1 数据规划的重要性 ... 257
6.1.1 业务系统建设存在的数据信息问题 ... 257
6.1.2 解决问题的方法 ... 258
6.2 企业信息资源规划理论 ... 258
6.2.1 信息资源规划的基础概述 ... 258
6.2.2 信息资源规划的基本理论 ... 260

6.3 数据规划的实施 ········ 262
6.3.1 数据规划的步骤 ········ 263
6.3.2 数据规划的需求分析 ········ 265
6.3.3 数据规划的系统建模 ········ 270
6.3.4 数据规划的成果 ········ 277

6.4 数据库设计 ········ 281
6.4.1 数据库规划 ········ 281
6.4.2 数据存储区域划分 ········ 283
6.4.3 数据建设过程 ········ 285
6.4.4 数据库模型设计 ········ 286
6.4.5 ODS 设计 ········ 292
6.4.6 数据仓库设计 ········ 296
6.4.7 数据集市设计 ········ 300
6.4.8 数据容量计算 ········ 304

第7章 数据中心应用支撑平台

7.1 应用支撑平台概述 ········ 309
7.1.1 平台概述 ········ 309
7.1.2 设计原则 ········ 309
7.1.3 设计思想 ········ 310

7.2 应用支撑平台设计 ········ 310
7.2.1 总体框架 ········ 310
7.2.2 面向服务的架构 ········ 311
7.2.3 运行支撑组件 ········ 312
7.2.4 应用支撑系统 ········ 320

7.3 支撑平台开发工具 ········ 332
7.3.1 数据转换工具 ········ 332
7.3.2 数据库管理工具 ········ 335
7.3.3 多维数据库 ········ 336
7.3.4 报表工具 ········ 338
7.3.5 多维分析工具 ········ 338
7.3.6 数据挖掘工具 ········ 339
7.3.7 元数据管理工具 ········ 340
7.3.8 数据建模工具 ········ 340

7.4 支撑平台技术指标 ········ 341
7.4.1 数据中心软件平台组成 ········ 341

7.4.2　数据库技术指标 …… 342
　　7.4.3　ETL软件技术指标 …… 343
　　7.4.4　OLAP技术指标 …… 344
　　7.4.5　BI软件技术指标 …… 345

第8章　数据中心应用系统 …… 347
8.1　应用系统概述 …… 347
　　8.1.1　建设目标 …… 347
　　8.1.2　设计原则 …… 347
8.2　功能架构与建设内容 …… 348
　　8.2.1　功能架构 …… 348
　　8.2.2　建设内容 …… 349
8.3　数据交换平台 …… 349
　　8.3.1　功能结构 …… 349
　　8.3.2　建设内容 …… 350
　　8.3.3　接口技术实现 …… 356
　　8.3.4　多级数据交换 …… 366
8.4　决策分析应用 …… 367
　　8.4.1　功能结构 …… 367
　　8.4.2　建设内容 …… 368
8.5　信息门户系统 …… 377
　　8.5.1　功能结构 …… 377
　　8.5.2　建设内容 …… 379

第9章　数据中心安全系统 …… 393
9.1　安全系统概述 …… 393
　　9.1.1　安全需求 …… 393
　　9.1.2　安全系统设计的思路 …… 394
　　9.1.3　安全机制 …… 396
　　9.1.4　安全服务 …… 396
9.2　信息安全防护等级 …… 398
　　9.2.1　信息安全等级保护制度 …… 398
　　9.2.2　数据中心信息安全防护等级 …… 400
　　9.2.3　信息安全防护三级标准建设的内容 …… 400
9.3　安全防范体系框架结构 …… 402
　　9.3.1　安全防范体系框架结构规划的标准和规范 …… 402
　　9.3.2　安全防范体系设计的原则 …… 402
　　9.3.3　安全防范体系框架结构总体规划 …… 403

9.4 物理环境安全 ... 408
9.4.1 机房环境安全 ... 408
9.4.2 设备安全 ... 408
9.5 链路和网络安全 ... 410
9.5.1 网络安全需求分析 ... 410
9.5.2 网络安全规划 ... 412
9.6 计算机系统安全 ... 428
9.6.1 计算机系统安全需求 ... 428
9.6.2 计算机系统安全规划 ... 429
9.7 应用安全 ... 433
9.7.1 数据传输安全 ... 433
9.7.2 安全审计 ... 434
9.7.3 业务日志 ... 436
9.7.4 应用安全保密 ... 436
9.8 安全管理 ... 438
9.9 数据中心安全总体部署案例 ... 441
9.9.1 面临的安全问题 ... 441
9.9.2 安全防护与应用优化解决方案 ... 441
9.10 安全设备选型 ... 445
9.10.1 千兆防火墙的选型要求 ... 445
9.10.2 百兆防火墙的选型要求 ... 446
9.10.3 千兆入侵检测系统的选型要求 ... 447
9.10.4 百兆入侵检测系统的选型要求 ... 448
9.10.5 入侵防护IPS选型要求 ... 449
9.10.6 安全审计设备选型要求 ... 450
9.10.7 漏洞扫描设备选型要求 ... 451
9.10.8 桌面安全防护选型要求 ... 452

第10章 数据中心容灾备份系统 ... 455
10.1 容灾备份的意义 ... 455
10.2 数据备份与容灾的关系 ... 456
10.3 数据备份系统的建设 ... 457
10.3.1 数据备份的原则和要求 ... 457
10.3.2 数据备份的方式与规则 ... 458
10.3.3 备份数据的保存介质 ... 460
10.3.4 备份系统的架构 ... 461
10.3.5 备份系统的组成 ... 466

10.4 数据备份策略 ... 468
10.4.1 备份策略的规划 ... 468
10.4.2 常用备份策略 ... 469
10.4.3 制定备份策略应考虑的问题 ... 471

10.5 灾备系统的定义、分类及常用技术 ... 472
10.5.1 灾难恢复的定义 ... 472
10.5.2 灾备系统的分类 ... 473
10.5.3 灾难恢复常用技术 ... 477

10.6 灾备系统的建设 ... 485
10.6.1 灾备系统建设的需求、原则和目标 ... 485
10.6.2 灾备系统的规划 ... 491

10.7 灾备系统的组成 ... 496
10.7.1 灾备中心基础环境设施 ... 496
10.7.2 网络通信系统 ... 497
10.7.3 数据备份系统 ... 498
10.7.4 介质存放管理 ... 499

10.8 灾难恢复的策略 ... 499
10.8.1 灾难恢复策略的规划 ... 499
10.8.2 主机的灾难恢复策略 ... 500
10.8.3 文档、介质的灾难恢复策略 ... 500
10.8.4 其他策略 ... 501

10.9 灾备系统的建设管理、预案、演练和培训 ... 502
10.9.1 灾难恢复系统的建设管理 ... 502
10.9.2 灾难恢复预案、演练和培训 ... 508

10.10 数据灾备系统案例 ... 511
10.10.1 图书馆现状 ... 511
10.10.2 需求分析 ... 511
10.10.3 系统设计 ... 513
10.10.4 系统的作用 ... 513

10.11 存储备份管理软件的选型 ... 514
10.11.1 异构平台支持 ... 514
10.11.2 产品技术架构 ... 515
10.11.3 备份介质管理 ... 515
10.11.4 磁盘技术 ... 516
10.11.5 系统优化和灵活性 ... 516
10.11.6 报告管理 ... 517

10.11.7　容灾支持 …… 517

第11章　数据中心建设管理 …… 519
11.1　建设管理要点 …… 519
11.2　建设的一般步骤 …… 520
11.2.1　准备阶段 …… 520
11.2.2　实施阶段 …… 521
11.2.3　测试阶段 …… 522
11.2.4　竣工验收阶段 …… 523
11.3　建设的质量控制 …… 523
11.3.1　工程质量控制的主要任务 …… 523
11.3.2　施工准备阶段质量控制 …… 525
11.3.3　施工过程中质量控制 …… 527
11.3.4　工程验收 …… 530
11.4　建设的投资控制 …… 532
11.4.1　建设业主的主要任务 …… 532
11.4.2　施工阶段的投资控制 …… 533
11.4.3　工程计量与支付控制 …… 534
11.4.4　工程决(结)算编制和审查 …… 534
11.5　建设的进度控制 …… 535
11.5.1　工程建设管理进度控制的基本方法和任务 …… 535
11.5.2　工程建设进度控制计划系统 …… 538
11.5.3　工程施工管理中的进度控制 …… 540
11.6　建设的风险控制 …… 542
11.6.1　数据中心建设存在的风险 …… 543
11.6.2　工程建设风险控制机制 …… 543
11.7　建设的信息管理 …… 545
11.7.1　信息管理的重要性 …… 545
11.7.2　信息的分类 …… 546
11.7.3　文档的管理 …… 546

第12章　数据中心运行管理 …… 553
12.1　数据中心管理的任务、机构与基本制度 …… 553
12.1.1　管理的目标、任务及内容 …… 553
12.1.2　管理的组织机构 …… 554
12.1.3　数据中心的人事管理 …… 555
12.1.4　管理制度的建立与实施 …… 558
12.1.5　运行服务质量监控 …… 569

12.2 数据资源管理 ………………………………………………… 569
12.2.1 数据分类 ………………………………………………… 570
12.2.2 数据保密级别 ……………………………………………… 572
12.2.3 数据存储 ………………………………………………… 573
12.2.4 数据更新 ………………………………………………… 574
12.2.5 数据备份管理 ……………………………………………… 575
12.2.6 数据资源整合、改造、重组 ………………………………… 576
12.3 数据中心运行的日常管理 ……………………………………… 578
12.3.1 软件资源管理 ……………………………………………… 578
12.3.2 硬件资源管理 ……………………………………………… 579
12.3.3 运行安全管理 ……………………………………………… 580
12.3.4 增值服务(租用、托管)管理 ………………………………… 586
12.3.5 用户服务需求管理 …………………………………………… 587
12.3.6 运行日志记录 ……………………………………………… 588
12.3.7 运行故障管理 ……………………………………………… 591
12.3.8 运行文档管理 ……………………………………………… 596
12.3.9 运行成本分析 ……………………………………………… 597
12.3.10 运行检查与评价 …………………………………………… 603
12.4 基础设施管理 …………………………………………………… 604
12.4.1 基础设施管理的意义和内容 ………………………………… 604
12.4.2 基础设施管理的主要功能 …………………………………… 605
12.4.3 基础设施管理的模式和目标 ………………………………… 605
12.4.4 基础设施管理的方法和工具 ………………………………… 605
12.5 数据中心运行管理的新理念与新技术 ………………………… 606
12.5.1 数据中心面临的挑战 ………………………………………… 607
12.5.2 数据中心的管理现状及问题 ………………………………… 608
12.5.3 数据中心运行管理的发展趋势 ……………………………… 609
12.5.4 自动化集中管理的优势 ……………………………………… 611
12.5.5 实现自动化管理的关键问题 ………………………………… 612
12.5.6 自动化管理的实现方式 ……………………………………… 615
12.5.7 数据中心的虚拟化管理 ……………………………………… 617
12.5.8 数据中心的流程管理 ………………………………………… 621

本书专业术语中英文对照 ……………………………………………… 631
参考文献 ………………………………………………………………… 641

第 1 章　数据中心概述

"十围之木持千钧之屋,五寸之键制阖阖之门"。
数据中心乃信息系统之关键,管者不可不察;业者不可不研。

　　进入 21 世纪以来,我国加快了国民经济与社会信息化建设的步伐,将其作为提升政府执政能力、改善民生、推动社会与经济发展的重要手段。数据中心作为信息化的重要基础建设,是信息处理的枢纽,是信息交流的总汇。

　　古人称:"十围之木持千钧之屋,五寸之键制阖阖之门",数据中心可谓信息系统关键的核心设施。当前,信息系统正向着数据和计算能力高度集中的模式发展;信息系统逐步成为企业、事业和机关(又概称为机构)核心业务的支撑,数据中心的作用和地位日益突出。数据中心提供了计算所必需的处理智能和信息存储功能,已经成为与交通、能源同等重要的经济基础设施。

1.1　研究及探讨数据中心的宗旨

　　目前,我国企业及机构的数据中心建设已进入快速发展的新阶段,形成了建设的新热潮。数据的集中和计算能力的集中在带来巨大利益的同时,也对数据信息的建设提出了新的要求。在实现数据集中和计算能力集中的过程中,如何认识数据中心的地位与作用,如何建立与业务相匹配的数据中心,如何从技术上保障数据中心的稳定、安全、经济运行,成为信息主管和信息系统建设者关心的重要课题。

　　当前,不少企业和机构正在紧锣密鼓地准备构建新的数据中心或者改造原有的数据中心。在各类数据中心的快速发展中,面临着成本、速度、整合、管理、安全、资源共享及能量消耗、计算密度、自动化和服务连续性等方面的一系列挑战。随着数据中心技术的快速发展,新一代数据中心的理念应运而生,掀起了新一代数据中心建设的热潮,改造现有的数据中心将成为 IT(信息技术)发展的新主题。本书将重点围绕数据中心规划、建设、运行维护等方面阐述当前数据中心的建设和管理,探讨数据中心新技术的应用。

1.2　数据中心的发展

1.2.1　数据中心的发展轨迹

　　计算机从主机系统逐步发展到个人计算机,计算机资源也从高度集中向分布式发展。计算机资源分布式的发展有效地促进了计算机的应用,催生了数据及信息高度共享的互联网中心,从而出现了最早的真正意义上的数据中心,因此,从计算机应用架构的发展轨迹可以清晰地看到数据中心的发展史。

1. 计算资源高度集中在主机系统

在20世纪60年代,绝大部分的计算机系统是主机(Main Frame)系统。它的主要特点是计算能力、存储能力高度集中于主机,用户通过终端系统分时使用主机系统的资源,终端本身没有计算及数据存储能力,仅仅起到向主机提交命令和接受计算结果的作用。这种通过终端设备连接中央主机,并在中央主机上完成应用功能(主要以科学计算为主)的模式可以看作数据中心的原形。这个时期的大型机及中央主机系统昂贵且复杂,只有大型机构才能负担得起,许多需要大型计算的企事业单位只能向其他购置有大主机的企事业单位租用机时,来运行复杂的科学计算程序,这即是运算委托模式,因此这一时期也称为计算委托(Programme Hosting)时期,也可以说是最早的服务提供中心。从这个意义上讲,目前的IDC(互联网数据中心)模式是对于早期的"集中"方式的回归,通过在线的方式,以每个最终使用者付费(pay-per-user)的基本方式来替代以往每个企业都必须各自进行购买及维护复杂设备和软件的方式,以更低的费用来获得相应的服务。

2. 计算能力和数据存储能力分散在个人计算机上

20世纪80年代初个人计算机(PC)兴起,越来越多的运算工作和功能可以在个人计算机上完成,以前的主机系统则应用在更加狭窄的高端领域。个人计算的兴起极大地促进了计算机的普及,使得独立运行的个人计算机系统分散在个人的办公桌上,计算能力和数据存储能力分散到个人计算机中,此时以中央主机集中的数据中心逐渐从人们的视野中淡出。

3. 数据中心雏形的显现

20世纪90年代局域网和互联网崛起并迅速普及,为数据的快速传输和集中创造了物理条件,加上数据库技术在信息系统中的广泛应用,为数据的集中存储、管理和使用创造了良好的软件条件。而互联网的出现和普及也催生了一些新的业务功能,其中包括围绕互联网而产生的接入服务和主机托管服务。随着互联网的普及,越来越多的个人和组织需要上网,但个人或某些经济组织又不愿意独自投资购置服务器及租用接入互联网专用线路,于是出现了互联网接入服务提供商(Internet Service Provider, ISP)。ISP主要为各机构单位或个人提供互联网接入服务,同时还提供公共服务器空间租赁,实现电子邮件通信、网络信息检索等功能。有些单位则将自己的Web服务器存放在ISP所在地,分享ISP所租用的线路,以降低通信成本。无论是租用ISP的服务器空间还是委托ISP管理Web服务器都是Web Hosting模式。在该模式中,各经济组织或个人需要支付ISP的服务器空间租用费或服务器托管费,同时还要共同支付网络通信费用,此阶段的硬件设施体现了数据中心的初步形态。实际上,这种服务业务内容的扩展为后来的应用服务提供商(Application Service Provider,ASP)特别是互联网数据中心(IDC)的正式出现打下了基础。

4. 互联网推动了数据中心的发展

随着互联网基础设施和技术的发展,特别是 Web 技术的成熟和应用,应用软件系统从文件/个人桌面(File/PCs,用户在个人计算机上安装并使用的操作系统和应用功能软件)体系结构和客户/服务器(Client/Server,即 C/S,个人通过局域网使用局域网中服务器上的软件)体系结构发展为浏览器/服务器(Browser/Server,即 B/S,基于 Web 技术的应用软件)体系结构。只要网络具有足够的带宽,桌面用户就可以在不需要安装任何前端软件的情况下,通过浏览器调用存放在任何地理位置上的服务器中的应用软件系统,这就给 ASP 模式的出现奠定了技术基础。此外,在这种 B/S 体系机构中,要求有大型服务器集中存放应用程序,进行数据运算,提供远程功能服务。这种需求大大拓展了 IDC(互联网数据中心)的作用,提升其在整个产业链中的地位和价值。

与此同时,互联网时代的 IT 技术以前所未有的速度快速发展,使得最终用户用于硬件设备、通信线路、操作软件和人员培训上的投资和成本不断增加。各方开始寻求新的经营模式以减轻 IT 一次性投资压力,降低一次性投资风险及运营成本,建立自己的核心价值,这就使得 ASP 模式的出现和广泛应用成为必然。在某种程度上,这种模式是由第二个发展时期——Web Hosting 时期演化而来。但在主机托管模式中,用户只是将 Web 页面交由 ISP 服务商托管,而在 ASP 模式中,各经济组织则是将基于 Web 技术的应用(Applications)交由 ASP 运营商托管,有人将这个时期称为应用委托(即 Application Hosting)时期,这个时期,比较成熟的 IDC 模式正式出现。其中,1998 年以主机托管为主营业务的美国 Exodus 通信公司的建立标志着 IDC 模式的正式出现。

而对于普通企业来说,随着信息化应用的不断拓宽和深入,对应用系统数据集中的要求也越来越高。目前,数据集中技术已完全成熟,它已经成为应用系统必然的应用模式,也日渐成为各个单位追求的主要目标。随着信息技术的不断发展,数据中心的内涵也会越来越丰富。

1.2.2 数据中心的建立是 IT 应用与发展的里程碑

如今,无论是企业、研究院校、大型超市、各级政府机构或是跨国集团、联合国机构,都要设立数据中心。数据中心几乎已经渗透到全球的每一个角落。其名称可能有所不同,如计算中心、计算机中心、信息中心等;其规模也可大可小,如部门级数据中心、企业级数据中心或是全球性的互联网数据中心。但是,很难想象一个具有一定规模的机构没有相应规模的数据中心情况会是怎样。

今天,IT(信息技术)已经成为企业生存与发展及政府机构管理的生命线。离开了 IT 技术,金融机构无法营业、政府机构无法办公、企业无法生产与营销。企业及机构离开了这些由IT技术支撑的数据中心,就像人类社会离开水电等公用服务一样,顷刻之间就会瘫痪。许多企业或机构也逐渐设立了主管数据中心的首席信息官(CIO),接受企业或机构首席运营官(CEO)的直接领导。因此,可以说"数据中心"是人类20世纪在IT组织应用推广模式方面的一大发明,标志着IT应用的组织化和规范化,从此各种机构中的IT应用由混乱和分散变成有计划和有组织的活动。

数据中心是企业或机构内部,以及企业或机构之间实现信息集中管理与共享,提供信息服务与决策支持的平台。数据中心的建设是企业或机构IT应用与发展的里程碑。

1.3 数据中心的定义

目前,国内外对数据中心并没有明确、统一的定义。从数据中心的发展史可以看出,在不同的时期数据中心有不同的形态和内涵,数据中心的概念在发展中日益丰富。

1.3.1 TIA 942标准关于数据中心的定义

ANSI/TIA-942-2005《Telecommunications Infrastructure Standard for Data Centers(数据中心的通信基础设施标准)》是国际上第一部较为全面的以数据中心为对象的技术规范标准。它由美国国家标准学会(ANSI)和美国通信工业协会(TIA)于2005年4月12日共同发布,它对数据中心下的定义为:数据中心(Data Center)的主要功能是容纳一个计算机房和它的支持区域的一个建筑物或一个建筑物的部分。

在该定义中,计算机机房(Computer Room)指的是一个主要功能为容纳数据处理设备的建筑空间。支持区域指的是专门用来支持数据中心设备的计算机房以外的空间,这些空间可以包括操作中心、员工办公室、安全房间、电力房间、机械房间、储存间、设备间和装载区域。

通过TIA 942给出的定义可知,该类定义的数据中心主要指建筑物及建筑物内的设施及设备。

1.3.2 国内业界对数据中心的定义

目前,我国还没有一部以数据中心为对象的技术规范标准。国内业界对数据中心的定义也是众说纷纭,常见的定义有下述几种:

(1)数据中心(Data Center)通常是指在一个物理空间内(可以是一幢建筑物或者建筑物的一部分)实现对数据信息的集中处理、存储、传输、交换、管理,一般含有计算机设备、服务器设备、网络设备、通信设备、存储设备等关键设备。

(2)数据中心是指一种拥有完善的设备(包括高速互联网接入带宽、高性能局域网络、安全可靠的机房环境等)、专业化的管理、完善的应用级服务的服务平台。在这个平台的基础上,为企业或机构等用户提供网络基础平台服务、应用服务以及各种增值服务。

(3) 数据中心是以特定业务资源中的各类数据为核心,依托数据库管理、业务运行基础平台和网络系统,按照统一的标准,建立具有信息管理、数据综合分析、数据分类查询、综合统计分析及信息服务等功能的一体化业务资源数据管理体系。它既是特定业务信息系统的中枢,又是特定业务信息交换体系的主体,还是更大的特定业务信息交换体系的节点。它为本级信息系统提供管理及运行平台;为本级信息服务系统的信息提取提供数据源支持;为远程信息系统按权限调用信息提供共享和交换机制。

(4) 数据中心仅指应用层面的数据中心,具体包括数据仓库和建立在数据仓库之上的决策分析应用,包括数据转换 ETL(Extraction、Transformation、Loading)、操作型数据存储区(Operational Data Store,ODS)数据库、数据仓库(Data Warehouse,DW)、商务智能应用和元数据管理等。

综上所述,国内数据中心的定义主要分为以下三种:

① 物理地域范围。仅指建筑物及建筑物内的设施及设备。

② 数据和应用范围。仅指数据中心本身的 ODS、数据仓库及建立在其上的决策分析应用。

③ 以上两者的集合。指建筑物及其内部的设施及设备、建立在该建筑物内的各类应用,以及为保证设备、设施以及应用系统正常运行的计算机机房。

为了便于区分和描述,我们将采用第一种定义的数据中心称之为物理数据中心;将第二种定义的数据中心称为逻辑数据中心;将第三种定义的数据中心称为广义数据中心。物理数据中心和逻辑数据中心概称为狭义数据中心。本书其后所提及的"数据中心"一词若无专门指定,即特指广义数据中心,目前该定义已成为行业内的共识。

1.3.3　广义数据中心的概念

21 世纪以来,随着信息技术的进步、各行业数据大集中发展趋势的强化,以及数据中心地位的提高,广义数据中心的概念应运而生。广义数据中心认为数据中心是因为数据大集中而形成的集成 IT 应用环境,它是各种 IT 应用服务的提供中心,是数据计算、网络、存储的中心。数据中心实现了安全策略的统一部署,实现了 IT 基础设施、业务应用和数据的统一运行维护管理。广义数据中心包含 4 个方面的含义和 4 个层次,它的结构如图 1.1 所示。

1. 4 个含义

广义数据中心是企业(机构)的业务系统与数据资源进行集中、集成、共享、分析的场地、工具、流程等的有机组合。其核心内容包括业务系统、数据 ETL、ODS 数据库、数据仓库、数据集市、商务智能等,也包括物理的运行环境(中心机房)和运行维护管理服务。具体来说包含以下 4 个方面的含义:

(1) 数据中心提供所有应用系统(包括集中的业务应用系统、数据交换平台、应用集成平台)的运营环境。

(2) 数据中心是容纳用以支持应用系统运行的基础设施(包括机房、服务器、网络、存储设备)的物理场所。

(3) 数据中心包括数据中心本身的 ODS、数据仓库及建立在其上的决策分析应用。

(4) 数据中心有一套成熟的运行、维护体系支持其日常运行,保证应用系统高效、准确、不间断地运行。

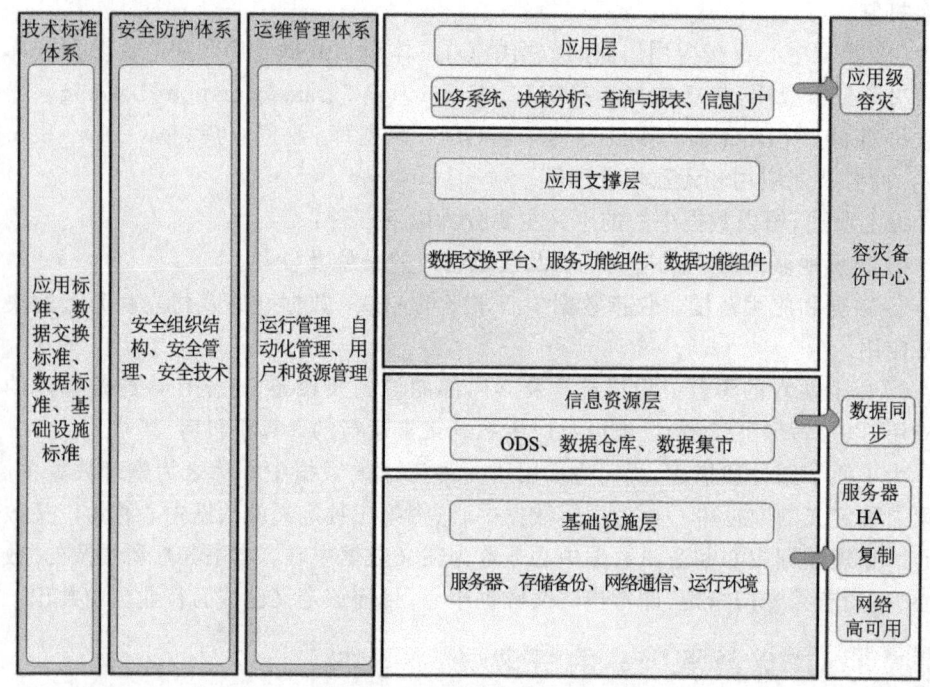

图 1.1　广义数据中心结构图

2. 4 个层次

根据广义数据中心的定义以及数据中心的发展趋势,可以将广义数据中心划分为以下 4 个层次:

(1) 基础设施层。用统一的技术将机房、通信、计算、存储等 IT 基础资源融合形成数据中心的基础设施,为业务系统提供基本的资源服务。

(2) 信息资源层。信息资源是企业生产及管理过程中所涉及的一切文件、资料、图表和数据等信息的总称。本层存储了企业(机构)生产和经营活动中所产生、获取、处理、存储、传输和使用的一切信息资源。

(3) 应用支撑层。针对不同的应用所采用的结构化数据和非结构化数据,利用 SOA 架构提供数据管理、数据安全、数据传送等数据服务。其中,数据管理主要实现存储资源化、计算资源化、网络资源化,并能动态调整资源匹配数据的读写存放;数据传送包括WAN优化、核心设备的强整合能力以及数据中心网络的智能化;安全服务包括IPS/IDS/FW等,同时安全管理中心实现对安全的统一策略并管理。

(4)应用层。主要包括针对结构化数据和非结构化数据的各种应用。包括各种业务系统、辅助决策系统和各种多媒体应用(监控、流媒体、统一通信、呼叫中心、视频会议、VOIP)。

作为一个完整的数据中心,容灾备份是必不可少的一部分。容灾备份中心的层次结构与主数据中心的层次结构相对应。灾备中心为主数据中心进行数据级或应用级备份,以保证数据安全,在灾难情况下作为临时业务中心和应急指挥中心。

1.4 数据中心的分类及分级

1.4.1 数据中心的分类

各类数据中心的业务各异,其地位、规模、作用、配置和分类方法也有很大的不同,目前主要从以下几个方面进行分类。

1. 根据数据中心服务的规模分类

数据中心按照规模划分,可以划分为大、中、小型数据中心,但这也只是一个相对的概念,没有严格的量化标准。在我国,从规模上来分,省、部级及以上级别(或相当级别)的企业与机构所建立的数据中心一般属于大型数据中心;省辖市级(或相当级别)的企业与机构所建立的数据中心一般属于中型数据中心;县辖级(或相当级别)的企业与机构及小型企业所建立的数据中心一般属于小型数据中心。

2. 根据数据中心服务的对象和范围分类

根据数据中心服务的对象和范围,常常将数据中心分为企业数据中心和互联网数据中心。

(1)企业数据中心(Corporate Data Center,CDC)。国内也称EDC(Enterprise Data Center),泛指由企业与机构所有和使用的数据中心,他们的目的是为自己的组织、合作伙伴和客户提供数据处理和数据访问的支撑。企业内部的IT部门或合作方负责数据中心设备的运行维护。企业型数据中心是一个公司的内部网、互联网访问、电话服务的核心。

(2)互联网数据中心(Internet Data Center,IDC)。指由服务提供商所有,并向多个客户提供有偿的数据及互联网服务(如Web服务或VPN服务等)的数据中心。互联网数据中心是一种利用电信级机房设备向用户提供专业化和标准化的数据存放业务及其他相关服务的中心。用户可以享受数据中心的主机托管、整机租赁、虚拟主机等服务,也可以租用数据中心的技术力量来搭建自己的互联网平台。国际互联网设施包括传统的电话服务商、无规则竞争服务商和相关的商家。

1.4.2 数据中心的分级

1. 根据数据中心服务级别分类

根据企业与机构的组织机构可将数据中心分为单级、多级数据中心。单级数据中心即指企业或机构以大集中方式进行数据中心建设,整个企业或机构只设立一个数据中心;企业或机构以多层次、分布式建设的数据中心是多级数据中心,总部级称为一级数据中心,直接下级单位为二级数据中心,再下级单位为三级数据中心,以此类推。目前,企业(机构)数据中心部署以单级和两级数据中心为主。

2. 根据数据中心的安全性级别分类

由美国电信产业协会和 TIA 技术工程委员会(TR42)编写、美国国家标准学会(ANSI)2005 年批准颁布的《数据中心电信基础设施标准》(即 TIA-942 标准)根据数据中心基础设施的实用性和安全性的不同要求把数据中心分为以下 4 级。

1) 第一级数据中心(T1 级)——基础级

对于第一级数据中心,计划性的和非计划性的维护都很容易引起中断。此级数据中心包含计算机电源和制冷设施,有(或者没有)架空地板、UPS 或者发电机,也可以只有单模块系统的 UPS 或者发电机,具有出现多处单点故障的隐患。为了进行预防性的维护和维修,设施都需完全手动停运。一般,基础设施每年需要完全停运一次,以进行预防性维护工作。在紧急情况下,也许需要更频繁地关机。对各部件的操作错误或自然故障都将导致整个数据中心的运行中断。第一级数据中心的可用性为 99.671%。

2) 第二级数据中心(T2 级)——具冗余部件级

第二级数据中心具有一些冗余的部件,因此计划性和非计划性维护引起数据中心中断的可能性小于第一级数据中心。第二级数据中心配备架空地板、UPS 和发电机。UPS 和发电机的设计容量是 $N+1$,但是是单回路设计,因此有单点中断的可能。对关键电路和其他基础设施进行维护需要按程序关闭设备。第二级数据中心的可用性为 99.741%。

3) 第三级数据中心(T3 级)——可并行维护级

第三级数据中心可以在不引起计算机硬件运行中断的情况下进行所有计划性维护。计划性维护包括保护性的和程序式的维护、维修及元件替换,增加或者减少与处理能力相关的部件,对部件和系统进行测试,以及其他的维护。对于使用水冷的大型系统,有两个独立的通路,有充足的处理能力和配电通路,允许在一条通路承担负载工作的同时,另外一条通路进行维护和测试。非计划性的维护,例如,操作错误或者设施部件自然故障还是会引起数据中心的中断。当客户的业务需要更高级的保护并且允许增加成本来进行更高级的保护时,第三级数据中心通常可以升级到第四级数据中心。第三级数据中心有多个电源和冷却分布路径，同一时刻只有一个路径是工作的。冗余组件不是在一个单一的分布路径上，整个系统是同时进行维护的。第三级数据中心的可用性为99.982%。

4）第四级数据中心（T4级）——容错级

第四级数据中心基础设施的性能和能力可以保证任何计划性维护都不会引起关键负载的中断，它的容错能力也使得基础设施能够忍受至少一次最糟糕的情况——非计划性故障或非关键性负载事件的冲击。此级数据中心需要同时运行两条路径，通常是双系统（S+S）的配置。从电力角度来说，需要两个独立的（N+1）UPS系统。根据消防和供电安全规范的要求，还会有由于火灾报警或启动了紧急停电程序而导致的停机事件发生。第四级数据中心需要所有的计算机硬件有双电源输入，基础设施是通过CPU串、独立的磁盘直接进入存储装置（RAID/DASD）的冗余排列和冗余传输，以达到高可靠性、可用性和安全性。第四级数据中心的可用性为99.995%。

数据中心基础设施的不同部分可以有不同的分级级别。例如，一个数据中心的电力部分可以是级别3，但其机械部分可以是级别2。而数据中心总的分级级别是其所有基础设施中的最低等级。因此，如果一个数据中心的基础设施除电力部分外其他部分的级别均为4，当电力部分是级别2时，它就是级别2，即数据中心总的级别是基于它的最弱的组件。

数据中心采用的各种参数在TIA-942（北美标准）、EN50173-5.200X（欧洲标准）及ISO/IEC草案24764（国际标准）中予以定义。TIA-942以结构化布线标准为基础，并加入了供电、温度环境、设备摆放及更多其他的要求。

1.5 新技术催生了新一代数据中心的诞生

与许多历史上发挥过重大作用的事物一样，传统的数据中心正面临一系列挑战，它已经不能很好地适应全球化时代对IT的诸多新要求，必须对它进行改造和革新。随着信息化应用及信息化技术的快速发展，一种从全局需求出发、以服务为导向、整体规划与建设的新设计原则改变了过去从项目需求出发、以峰值负载为导向、系统规划与建设的传统设计原则，尤其是虚拟技术的发展使得新一代数据中心的特征、体系结构、核心支持技术以及组成方式进入新的阶段。

1.5.1 新一代数据中心的定义

如何定义新一代数据中心？如何阐述其特征？业界并没有一个标准，目前主要根据数据中心的基础设施组成、管理与服务需求将新一代数据中心定义为："新一代数据中心基于标准构建模块，通过模块化软件实现自动化7×24h无人值守计算与管理，并以供应链方式提供共享的基础设施、信息与应用等IT服务。"

也就是说，新一代数据中心应该是一个整合的、标准化的、最优化的、虚拟化的、自动化的适应性基础设施（Adaptive Infrastructure）环境和高可用计算环境。这样的新一代数据中心需要利用最新的 IT 技术、解决方案与服务才能实现，如服务器虚拟化、存储虚拟化、虚拟网络连接、智能热量技术、刀片技术、动态智能散热、数据中心自动化等。

新一代数据中心将能满足 IT 部门对未来数据中心的迫切需求，如标准化、模块化、虚拟化设计、动态 IT 基础设施（灵活、资源利用率高）、7×24h 自动化运营管理（流程自动化、数据中心自动化）、支持业务连续性（容灾、高可用）、提供共享 IT 服务（基础设施、信息、应用跨业务共享）、快速响应业务需求变化（资源按需供应）、绿色数据中心（节能、减排）等。这样的新一代数据中心能为我们的企业或机构带来以下几方面的好处：

(1) 降低 IT 运营成本。适应性基础设施将非共享的专用 IT 孤岛转变为集中、共享 IT 资产，提高资源利用率，并对资源进行重新部署，使其满足不断变化的业务需求，降低 IT 成本。

(2) 提高服务质量，降低风险。适应性基础设施通过对已制定的服务级别标准进行服务质量评估，提供最佳的使用体验，实现资源按需供应。同时，利用各种增强的安全特性构建、维护 IT 环境，大大降低业务风险。

(3) 加快实施 IT 变更的速度，提高业务灵活性。适应性基础设施可轻松评估变更需求，加快部署新产品和新服务的速度，更快地响应不断变化的业务环境与市场竞争环境，提高业务灵活性。

(4) 推动业务增长。适应性基础设施借助自动化和更高效的管理流程，释放宝贵资源用于服务创新，从而促进业务增长。

1.5.2 与新一代数据中心相关的新概念

随着新一代数据中心理念的提出，诸如绿色数据中心、数据中心虚拟化、数据中心云计算、数据中心自动化等新概念也不断出现。

1. 绿色数据中心

鉴于全球气候日趋变暖、能源日趋紧张、能源成本不断上涨，数据中心这个企业中的高能耗部门正面临着降低能耗、提高资源利用率、节约成本的严峻挑战，构建节能型的数据中心受到越来越多的数据中心管理人员和 IT 厂商的关注，并成为未来数据中心发展的必然趋势。绿色数据中心主要关注 3 个方面：一是能耗和效率；二是使用的有害材料；三是含有害物质的设备和材料的循环使用和合理处理。

在企业数据中心里，存储设备的电力消耗约占整个数据中心电力消耗的 40%，而数据却正在以 50% 以上的年均增长率不断攀升。当多数企业及大中型机构面对呈指数型快速增长的数据量时，它们必须对如何构建环保型、节能型的数据中心予以足够的重视，企业需要采取的是一个经济、高效、环保并且对社会负责的方式，建立一个节能、环保的数据中心(即绿色数据中心),这也是今后必然的选择。

新一代绿色数据中心架构的思路是通过整合化和虚拟化技术规划、构建绿色数据中心,达到绿色运营、节能减排的目的,并且能够降低运营成本,改善管理,最大限度地提高能效。据行业专家所言,能量消耗和空间利用是数据中心最大的成本所在,对于IT管理者来说,这也是限制数据中心扩展的主要因素,SUN公司为新一代Internet推出了一个新的评判标准,即以SWaP(Space、Watts and Performance,空间、瓦特和性能)值来判断数据中心内部署的服务器系统功效状况和经济性,SWaP值是世界上第一个数据中心服务器系统功效的评判标准,它综合考虑了服务器占用空间、功耗瓦数与性能等因素,反映出在部署更多的服务器系统时,因功率和空间的短缺可能出现的制约因素。SWaP值＝性能/占用空间×功耗,SWaP值是目前世界上唯一一个关于行业标准服务器效能状况的度量标准。

数据中心中含有有害材料的设备和材料的合理处理及循环利用是绿色数据中心的另一个方面。例如,欧盟的限制使用有害物质条令(RoHS)要求在欧洲禁止在生产计算机和计算机附件时使用含有铅、汞等有害物质的材料。美国也出现了电子产品环境影响评价工具EPEAT(Electronic Product Environmental Assessment Tool,用来对电子产品在其生命周期中对环境的影响进行评估的工具),帮助企业根据详细的环境特性来比较并评估计算机设备,其中包括有毒材料与可回收材料的比例、能源效率、可拆卸性、可升级性、包装、回收方案及性能指标等细节。

目前,构建绿色数据中心的理念也逐渐被中国用户所关注。近来,在数据中心的项目招标中,已经有用户要求厂商所提供的产品必须符合ROSE(环境状况报告),这说明环保意识已深入人心,并逐渐成为IT设备采购中的考察因素之一。相信随着绿色观念的不断被重视,相关的绿色规范和标准也会随之出台,而实现节能和降耗的绿色技术也会最终成为数据中心设备的通用特性和基本配置。

2. 数据中心虚拟化

数据中心虚拟化是指用多个物理实体创建一个逻辑实体,或者用一个物理实体创建多个逻辑实体。实体可以是计算、存储、网络或应用资源。虚拟化的实质就是"隔离",即将不同的业务隔离开来,彼此不能互访,从而保证业务的安全需求;以及将不同的业务资源隔离开来,从而保证业务对于服务器资源的要求。从架构的观点看,对交付应用的资源进行虚拟化处理具有诸多益处。例如,更有效地利用基础设施,可用性提高至99.999%,简化管理,可节省大量成本。归根结底,采用虚拟化可以大大提高运营效率。

数据中心的应用越来越多,但很多应用都相互独立,而且是在使用率低下、相互隔绝的环境中运行。每个应用都追求性能的不断提高,数据中心拥有多种操作系统、计算平台和存储系统。借助虚拟化技术能够更加有效地满足基本硬件要求,只需采用数量更少、价格更低廉的硬件即可完成同样的工作。虚拟化可带来全方位的优势,例如,实时维护与管理,硬件采购成本的降低,可用性、安全性及其他性能更出色的架构。这也正是虚拟化成为新一代数据中心设计内容的原因。

虚拟化并不是一个全新的概念，它的革新之处在于，可以融入 WAN 和 LAN 基础设施中的所有方面，无论在哪一方面都可以领略到虚拟化所带来的好处。

目前，数据中心虚拟化还处于起步阶段，技术的发展前景诱人。它将打破物理环境的束缚，无论这种物理环境是指分开的节点和网络、应用程序和硬件还是操作系统。虚拟化的整体概念依赖于共享的资源，为了成功实施虚拟化战略，企业必须努力让分别从事安全性、服务器、网络以及存储的 IT 人员和专家打破传统隔阂。

3. 数据中心云计算

近年来，最引人关注的 IT 概念非"云计算"莫属。云计算已经成为当今 IT 界乃至全球商界最为津津乐道的一个新概念，它似乎是从天而降，瞬间诞生了一个潜力无穷的 IT 新市场。虽然 IT 业界人士都明白云计算的本质并非新发明，但云计算仍成功跻身数据中心新概念的主流。

云计算是指利用大规模的数据中心或超级计算机集群，通过互联网将计算资源免费或按需租用方式提供给使用者。而"云"可以理解为是通过互联网连接的大规模计算系统。云计算的本质就像人类用电方式的改变一样，没有发电厂和电网的时代，每家每户都需要购买一台发电机，现在人们不再需要自己购买发电机，而是购买发电企业输送在电网上的电力。

目前，关于云计算业界尚未形成统一的定义，对于将数据从本地数据中心迁移到云或者数据在云服务之间的迁移，现在还没有真正意义上的标准。但虚拟化和云计算必将给企业的 IT 职能带来深刻的影响。

云计算体系是一个宏大的工程，如果某企业要实施云计算，那它一定是大型企业（或者是对网络应用有特别要求的网络企业），例如，银行、电信、证券等企业。就目前而言，银行等企业已经实现了各地数据中心联动的应用，例如，在国内任何地方的用户都可以上网进行网络银行的交易等。从这种应用特征上看，它与云计算架构已经比较类似了，它只需要适当的升级，就可以实现云计算架构。

云计算的一个重要应用在于由第三方机构提供云计算数据中心，并为大量的中小企业提供远程共享式的云计算应用服务。使得这些企业不需要建设自己的数据中心就可以使用所需的计算资源，实现成本最优化、资源共享最大化。

在云计算的基础上，IBM 推出了一套解决方案，并将其命名为"蓝云"（Blue Cloud）计划。2009 年 2 月，"蓝云"正式落户江苏无锡的太湖新城科教产业园，这也是全球第一家商用的云计算中心。当前，包括微软、IBM、谷歌在内的国际 IT 巨头都达成了共识，即"云计算"未必在两三年内就能被用户普遍接受，但十年后这种模式一定会非常普及。

4. 数据中心自动化

虚拟化在降低物理成本的同时会提升运行维护成本，使 IT 管理变得更加复杂。

当虚拟化成为数据中心的标准架构时会引发一系列新的问题,没有自动化和智能化的支撑及配合,虚拟化无法发挥出其真正的优势。

事实上,自动化是眼下企业对数据中心的迫切需求。据IDC对众多CIO的调查,在2009年数据中心建设中,自动化列第一位,绿色IT排第二,虚拟化排第四。只有将自动化和智能化引入数据中心的管理中,才能真正通过虚拟化实现IT价值的大幅提升。

美国企业管理协会的研究经理Andi Mann对于数据中心自动化发表了如下评论,他说:"一旦你的数据中心达到某种规模,即使不是非常大的规模,自动化也是非常重要的。你不能用人工有效地管理大规模的数据中心。如果随着公司的增长你只是简单地通过增加人员来扩建数据中心,最终你将没有足够的人员用于那个数据中心。"

虚拟化、云计算和数据中心自动化之间有着密不可分的关系,这三个方面必须要一起管理。

1.5.3 新一代数据中心的特征

随着数据中心新技术的不断发展,新一代数据中心主要有以下几方面特征。

1. 模块化的标准基础设施

在新一代数据中心中,为了使IT基础设施具有适应性与可扩展性,需要对服务器、存储设备、网络等系统根据预先确定的配置进行标准化和简化,以使这些配置可针对数据中心的主要服务量身打造。基于标准的模块化系统能够简化数据中心的环境,加强对成本的控制。它使用一套可扩展的、灵活的IT系统和服务来构建更具适应性的基础设施环境,轻松管理所有资源,提高运营效率,降低复杂性和风险。

2. 虚拟化资源与环境

在新一代数据中心中,广泛采用虚拟化技术将物理基础资源集中在一起,形成一个共享虚拟资源池,从而达到更加灵活、低成本且充分有效地使用资源的目的。通过服务器虚拟化、存储虚拟化、网络虚拟化、应用虚拟化和数据中心虚拟化等解决方案,不仅可以帮助企业或机构减少服务器数量、优化资源利用率、简化管理,还可以帮助企业或机构实现动态的IT基础设施环境,从而达到降低成本、快速响应业务需求变化等目的,为企业或机构实现数据中心自动化和业务连续性提供必要的、坚实的基础。虚拟化是新一代数据中心中使用最为广泛的技术,也是新一代数据中心与传统数据中心的最大差异。

3. 自动化管理

新一代数据中心应该是7×24h无人值守、远程管理的,这种管理涉及整个数据中心的自动化运营,它不仅要监测、修复设备的硬件故障,还要实现从服务器和存储系统到应用的端到端的基础设施统一管理。先进的自动化功能可以动态地重新分配资源,确保IT与业务协调一致。通过将重复性的任务自动化,IT机构可以降低成本,减少人为错误。自动化、虚拟化和管理的有机结合能帮助IT机构按照预定的计划实现所需的服务等级。今天,只要有一个浏览器,通过Internet就能实现可视化远程管理。它能进行统一的系统漏洞与补丁管理、主动的性能管理与瓶颈分析、快速的服务器与操作系统部署、系统功率的测量与调整,甚至实现数据中心中的门禁、通风、温度、湿度、电力的远程调度与控制。总之一切均可实现自动远程管理,而不再依赖人工干预。

4. 快速的可扩展能力

在新一代数据中心中,所有的服务器、存储设备和网络均可通过虚拟化技术形成虚拟共享资源池,从而被数据中心中的各种应用系统共享。新的集成虚拟化方案通过资源所有权分离手段将硬件拥有者与应用拥有者进行逻辑分离,使系统管理员通过软件工具快速进行虚拟资源的创建和重新部署,使其成为IT服务的共享资源。然后,根据已确定的业务应用需求和服务级别,通过监控服务质量来动态配置、定购、供应虚拟资源,实现虚拟资源供应的自动化,获得基础设施资源利用的快速扩展能力。而且,这种资源扩展能力是随不断变化的业务需求实时变化的,或扩展或收缩(按需要从虚拟池获得,不需要时归还虚拟池,让其他系统共享),形成高度灵活的系统扩展性。

5. 节能及节省空间

传统数据中心设计追求的是性能,而新一代数据中心在当今能源紧缺、能源成本迅猛增长的情况下追求的必然是能源效率(PUE),即数据中心能源利用率。在新一代数据中心中,将大量使用节能服务器、节能存储设备和刀片服务器,通过先进的供电和散热技术(新型电源组件、热量智能、功率封顶、液体冷却机柜、紧耦合散热和动态智能散热等)解决传统数据中心的过量制冷和空间不足的问题,实现供电、散热和计算资源的无缝集成及管理。新一代数据中心将是一个能高效利用能源和空间的数据中心,并支持企业或机构获得可持续发展的计算环境。

6. 高IT资源利用率

在新一代数据中心中,为解决传统数据中心的IT资源利用率十分低的问题(服务器的平均利用率低于20%)而广泛采用虚拟化技术进行系统和数据中心的整合。虚拟化技术有助于打破孤岛效应,共享IT资源,优化资源利用率,降低成本,使IT基础设施具备更高的灵活性,并确保供需平衡。

7. 高可靠性和冗余

新一代数据中心应该是$7 \times 24h$连续运行的,其服务不允许有任何中断(包括计划内的维护)。企业或机构的数据中心是重要信息和核心应用的集中,由各种原因的故障或灾难导致的IT系统中断都可能引起业务中断,特别是关键业务系统中断将会对企业生产和机构运营产生重大影响。因此,新一代数据中心特别强调系统中各部分的冗余设计(双或多重备份)甚至容错设计,使之能确保稳定持续的系统连接,既满足关键业务对系统性能的要求,又能保障企业或机构数据的安全。在新一代数据中心中,建立高度可信赖的计算平台(容错计算环境)是第一位的,然后是信息安全保障,包括网络安全威胁防范、数据复制与备份、容灾中心建设等措施,从而满足高可用性要求。

8. 面向服务的计算平台

从数据中心的价值观发展看,它已经从过去单纯提供技术、应用和信息,演变为提供业务服务。因此,采用面向服务的体系结构(SOA)建设新一代数据中心将是必然趋势。对于建设基础设施来说,SOA 是一种结构化方法。但是,对于 IT 体系结构和治理来说,SOA 是一种服务方法。在新一代数据中心的建设中,采用 SOA 模式可以帮助企业建立面向服务的基础设施(Service Oriented Infrastructure,SOI),并通过封装基础设施、应用、流程作为"服务"。然后,这些"服务"在需要时能被不同的部门重新部署与调用,从而改善了数据中心的灵活性和企业的适应性。SOA 是一种基于标准的、松散耦合的体系结构。基于 SOA 标准设计与建设的新一代数据中心,不仅将使我们的企业或机构具有更强的业务灵活性和竞争优势,而且还可以满足未来的未知业务需求,获得最大的 IT 投资回报。

1.6 我国数据中心的现状及挑战

当前我国各业数据中心正面临着成本、速度、整合、管理、安全、资源共享及动态调配等一系列挑战。尤其是企业,信息主管(CIO)们正在迅速调整对于数据中心的定位,把数据中心从过去的成本中心转型为增加企业利润、提高效率的创新中心,以便能为企业业务提供更好的支撑力,让企业抓住发展机会。

1.6.1 中国各业数据中心现状

1. 数据中心升级换代,建设大规模集中式数据中心

21 世纪前后,我国各大行业根据自身业务的需求陆续着手建设自身的业务网络,其中以银行、保险、邮政、税务等行业为典型代表,它们或者将数据上收到省级中心,或者建立大型的区域数据中心甚至国家数据中心,被人们称为数据大集中。其典型特点是:基础网络已经基本到位,基本的业务已经在基础网络上承载运行。与此同时,为了适应竞争的需要,企业还要对原有业务基础网络进行进一步的优化和改造,将其升级换代,使之更加适应业务的发展和管理的优化。在数据大集中后,建设重点是"多业务整合",即通过新的技术来整合分散的业务系统,再造业务流程,使之更加符合客户的个性化需求。力求实现完全意义上的集中计算与基础设施共享、信息共享,建立基于"面向服务计算模式"的企业级数据中心。

目前,我国各业的业务和数据从分散部署走向大集中,数据中心的数据量急剧膨胀,数据中心的重要性受到空前的重视,应用优化、网络安全、应用安全设备大规模部署,融合了应用安全、应用优化能力的应用智能数据中心越来越受到各业用户的欢迎。

2. 国内数据中心逐步重视标准化、模块化建设

数据中心是一个融合了多系统的复杂系统,国内数据中心逐步重视标准化、模块化建设。采用结构化、层次化、模块化的规划设计方法,实现数据中心的功能分区设计,标准化数据中心架构,实现数据中心高可靠、高性能、易管理、易扩展的目标。

各业客户未来的业务发展充满了不确定性,因此,要准确预测支撑业务的 IT 基础设施需求也非常困难。而且对于广大中小企业来说,建设数据中心的初期一次性投资也是非常沉重的负担。在这样的前提下,要想设计出能适应未来需求的数据中心,就要将企业用户的需求尽量细化,并据此进行模块化设计。而这种模块化设计和分步建设也可以最大限度地减少中小企业的初期一次性投资。

3. 数据中心正处在从基础架构简化向资源共享发展

2008 年《计算机世界》报社对全国数据中心建设情况的调查表明,27% 的数据中心已经采用了安全技术,另外多达 25% 的数据中心已经采用或者部分采用了资源整合管理技术,还有 15% 的企业采用了虚拟化技术,20% 的数据中心采用了自动化管理技术。这些数据表明,国内企业在数据中心的新技术应用方面比较均衡。总体来看,可以得出这样的结论:数据中心正处在从基础架构简化向资源共享发展的阶段。

4. 数据中心"绿色工程"正在起步

相当多的数据中心并未将能源管理技术纳入数据中心管理中,没有将能源挑战视为重大挑战,但实际上,这是一个迫在眉睫的挑战。专家预计,在经过概念普及之后,随着可实施、可衡量的技术及工具越来越多,未来两年企业数据中心将掀起实施"绿色工程"的高潮,而诸如能源管理这样的技术和工具将愈加受到企业的青睐。

5. 信息主管 CIO 关注新一代数据中心

随着企业(机构)信息化应用的不断推进,为满足企业(机构)对信息化应用的需求,信息主管越来越关注 IT 技术的应用,尤其是新一代数据中心涉及的相关技术。如何建设满足企业(机构)需要的数据中心已成为信息主管思考的重要内容之一。

1.6.2 数据中心面临的挑战

中国的各业数据中心,特别是企业数据中心,在发展中也遇到了前所未有的挑战。

1. 来自业务部门应用的压力日益增加

对于目前大多数的数据中心来说,尚未真正进入 IT 资源快速、灵活、动态调配的阶段,来自业务部门的压力与日俱增。业务部门的需求不断增加和变化,对数据中心的服务能力要求越来越高,但数据中心在快速响应时又感觉很艰难。

综合来看,数据中心在应对来自业务部门的挑战方面面临相当大的压力,这与目前数据中心在架构上总体落后、灵活性差、资源动态调配能力低等情况是息息相关的。

2. 资源共享状况需改善,利用率需提高

大部分企业(机构)认为数据中心资源利用率一般,甚至严重闲置,共享程度低。造成这种状况的根本原因是目前许多常规的数据中心构建在孤立的信息技术之上,系统之间无法相互通信,而且由于无法共享资源,致使服务器与存储性能得不到充分利用。总体来看,数据中心的资源利用率还需要进一步改善和提升。

3. 管理灵活性差,需优化架构

在数据中心的管理方面,虽然有相当数量的企业采用了一些先进的管理工具或者平台工具,但是管理问题依然突出。大部分企业认为数据中心灵活性不足、架构有缺陷、效率低。

不过,也有部分企业的数据中心已进入新一代数据中心状态,它们具备了新一代数据中心的衡量标准之一,即实现资源动态合理调配,管理非常灵活。这表明部分领先的企业在数据中心的部署、规划方面具有相当前瞻的眼光。

4. 数据中心缺乏改造规划

在改造或升级数据中心的过程中,很多企业面临着多重困难,包括成本太高、担心业务连续性出问题等。此外,有部分数据中心对于改造没有清晰的计划,这说明企业急需解决数据中心资源利用率低下、自动化功能低下、主动调配功能低下的问题,需要通过整体基础架构以及服务架构更新换代来彻底解决问题,但是由于没有良好的规划和对业务连续性的担心,缺乏清晰的脉络和规划,因此,企业不敢贸然行动。

5. 人员素质和成本问题增加了 CIO 的压力

目前,不少企业认为数据中心的人员成本压力过高、数据中心硬件升级成本太高。而业务量增加带来的管理难度的增加,也使得 CIO 为数据中心的管理感到头疼。此外,CIO 对于数据中心的担忧,不仅仅在设备、方法和管理上,对人员的担心也是关键问题之一,有很多 CIO 深受平时技术人员工作不饱和、出现故障时又不能及时解决问题的困扰。

从当今国际数据中心技术发展的情况看,我国数据中心的建设还有很长的路要走。

第 2 章 数据中心总体规划

"智者顺时而谋,谋定而后动,无往而不胜。"

数据中心是企业(机构)各级信息系统的中枢,它既是企业(机构)信息交换体系的中心节点,又是企业(机构)各级信息数据的总汇。它是一个集现代信息技术、电子技术、通信技术、机电技术、数据管理技术、行政管理技术于一身的复杂系统。

数据和计算能力的集中对数据中心的建设提出了新的要求。在实现数据集中和计算能力集中的过程中,要建立与业务相匹配的数据中心,要真正体现以数据为中心的建设思想,要从技术上保障数据中心的稳定、安全、经济运行,就必须审时度势,顺应潮流,上符国家政规,下贴实际要求,精心规划、精心设计。

2.1 建设目标和建设任务

2.1.1 数据中心的建设目标

数据中心的建设目标是:构建满足企业(机构)总体工作目标的数据中心,为企业(机构)信息化建设的各项应用服务提供高性能、高可用性、高扩展性和高安全性的硬件架构、软件平台及技术支持,以满足企业(机构)数据共享的要求,确保企业(机构)各单位数据中心之间的互联互通,并满足面向各类用户提供数据服务的基本技术要求,以提高企业(机构)的管理水平、工作效率、服务能力及竞争力。

2.1.2 数据中心的建设任务

(1) 建设完善的机房环境,为数据中心构筑可靠、高效、易用的网络系统平台、数据库系统平台和公共服务基础平台,构建良好的主机(服务器)系统、存储系统、安全体系和数据备份与容灾系统。

(2) 运用现代信息技术手段,将企业(机构)各单位不同时期、不同厂商开发的独立系统有机地联系起来,实现信息的高度共享,彻底解决"信息孤岛"的问题。同时将企业(机构)不同单位部门的数据资源进行整合、挖掘,转换成可靠、实用的信息,为上级、领导、基层、社会、群众提供良好的信息服务。

(3) 通过统一的数据标准规范与各业务应用系统之间建立相互的联系,实现企业(机构)各级单位相互独立的信息系统数据资源的整合。把分布在各级单位网络中信息孤岛上的数据集成到一起,实现数据的统一存储、分析、处理、传递,最终实现信息的高度共享。

(4) 提供统一的数据存储服务。数据中心集中存储企业（机构）各业务系统所有共享数据，能够为企业（机构）上级应用系统提供数据，为决策支持分析提供数据依据，也能为企业（机构）各级单位提供共享、交换数据。

(5) 基于已有的各业务应用系统，建立面向业务主题的数据仓库，应用联机在线分析处理（OLAP）从现有的数据中抽取、清理出有用的决策信息，为企业（机构）的开发、生产、经营、管理、服务工作提供可靠、科学的决策依据。

(6) 建立企业（机构）信息门户，实现决策支持分析。利用数据中心将各业务应用系统的输出通过信息门户以多种方式展现给用户，使得用户可以通过信息门户全面掌握企业（机构）的开发、生产、经营、管理、服务情况，并对企业（机构）开发、生产、经营、管理、服务过程中的各个环节实施跟踪、监控，完成开发、生产、经营、管理、服务工作和决策支持分析。

2.2 建设原则与设计原则

2.2.1 数据中心的建设原则

企业（机构）数据中心的建设应遵循以下几项原则：

(1) 坚持"统一领导，统一规划，统一标准，统一建设，信息共享，面向服务"的指导方针，推进规范化、标准化建设，建立互联互通、功能强大的企业（机构）数据中心。

(2) 应以国家部门、行业领域信息中心或专业信息机构为依托，汇集、建立企业（机构）某一部门或行业的科学数据共享资源。

(3) 坚持以需求为导向，从需求上找准切入点，从企业（机构）数据应用效益和现实情况出发确定重点建设内容，在企业（机构）数据共享应用方面下工夫，不做表面文章，不搞花架子工程。

(4) 坚持采用现代信息技术中的先进成熟技术，保证系统的安全性、可靠性、可扩充性、易维护性和开放性。

(5) 遵循系统工程建设的规律，对企业（机构）数据中心总体设计进行详细、科学的论证，加强项目过程管理，规范技术文档，对重要信息系统必须保留完整的源代码。

2.2.1 数据中心的设计原则

为保证达到企业（机构）数据中心的建设目标和要求，在系统设计中应坚持以下原则：

1. 先进性、标准性

采用先进成熟的技术和设计规范，保证系统的稳定、高效运行，选用符合国际标准的技术和产品，保证系统的一致性，并保证在以后的发展过程中能够适应信息技术的发展趋势。

2. 经济性、实用性

根据数据中心的实际应用需求进行方案的设计，选用性价比高的设备，建设好的系统应该既能够满足业务系统的应用需求,又能适应将来应用需求的扩展,使系统能够方便地升级,充分地保护原有的投资。

3. 开放性

采用符合 OSI(开放系统互联)标准的技术和通信协议,采用国际和国家标准的网络规范,充分考虑与软件、硬件的兼容性,使得符合国际标准的不同厂商的产品可以无缝地添加进来。

4. 可扩展性

数据中心采用的实现技术和产品必须标准化,系统结构及设备应易于扩展,技术和产品发展具有良好的可持续性、可扩充性,将来能够方便平滑地对原有系统进行升级和更新。

5. 结构的合理性

采用合理高效的系统结构,设计的系统结构应能合理安排冗余和负载,实现有效的流量控制和负载均衡,能够避免网络风暴和数据瓶颈,确保系统的正常、畅通运行,并能适应数据中心多业务发展的需求。

6. 高可靠性

在系统设计特别是关键节点的设计中,选用高可靠性产品,并有合理的冗余和可靠的系统备份策略,保证系统具有故障自愈的能力,确保系统可靠运行。

7. 高性能

设计中必须保障服务器、网络及设备的高吞吐能力,保证各种信息(数据、语音、图像)的高质量传输。构建高质量的可服务于图像、语音、数据的多业务网,为关键业务提供 QoS 保障。

8. 安全性

设计的系统应具有足够的安全性,能够防止来自系统内部的恶意破坏及来自系统外部的恶意攻击;能有效地防止因人为误操作带来的影响。应采用有效的安全防范措施和安全手段,保证系统的完整性和机密性,并对信息访问和系统操作提供有效的权限认证。系统应能提供有效的容灾、容错等风险保障机制,对雷击、火灾、盗窃等意外,以及人为误操作等不可预知的问题应有良好的预防和恢复措施。

2.3 建设遵循的政策、规范及标准

2.3.1 建设遵循的主要政策、法规

数据中心建设遵循的主要政策、法规如下:

(1) 中共中央办公厅、国务院办公厅关于转发《国家信息化领导小组关于我国电子政务建设指导意见》的通知(中办发[2002]17 号文件)。

(2) 中共中央办公厅、国务院办公厅转发《国家信息化领导小组关于加强信息安全保障工作的意见》的通知(中办发[2003]27号文件)。

(3)《国家信息化领导小组关于推进国家电子政务网络建设的意见》(中办发[2006]18号文件)。

(4) 公安部、国家保密局、国家密码管理委员会办公室和国务院信息化工作办公室《关于信息安全等级保护工作的实施意见》(公通字[2004]66号文件)。

(5)《电子政务标准化指南(征求意见稿)》(国家标准化管理委员会、国务院信息化工作办公室2003年1月印发)。

2.3.2 建设遵循的主要规范及标准

数据中心建设遵循的主要规范及标准如下：

(1) ISO/IEC11801-9《信息技术互联国际标准》。

(2) ANSI/TIA-942-2005,《Telecommunications Infrastructure Standard for Data Centers(数据中心的通信基础设施标准)》,它是国际上第一部较为全面的以数据中心为对象的技术规范标准,由美国国家标准学会(ANSI)和美国通信工业协会(TIA)于2005年4月12日共同发布。

(3) GB/T 15629—2003《信息技术系统间远程通信和信息交换局域网和城域网特定要求》。

(4)《电子政务标准化指南(第一版)》(电子政务国家标准委、国务院信息办2002年5月)。

(5) GB 17859—1999《计算机系统安全保护等级划分准则》。

(6) GB 50174—2008《电子信息系统机房设计规范》。

(7) GB 7450—87《电子设备雷击保护导则》。

(8) GB 4943—95《信息技术设备包括电气设备的安全》。

(9) GB 50303—2002《建筑电气工程施工质量验收规范》。

(10) GBT-T-50311—2000《建筑与建筑群综合布线工程系统设计规范》。

(11) GBT-T-50312—2000《建筑与建筑群综合布线系统工程验收规范》。

(12) GB 50348—2004《安全防范工程技术规范》。

(13) GB/T 8567—1988《计算机软件产品开发文件编制指南》。

(14) GB/T 9385—1988《计算机软件需求说明编制指南》。

(15) GB/T 9386—1988《计算机软件测试文件编制规范》。

(16) GB/T 12505—1990《计算机软件配置管理计划规范》。

2.4 数据中心的结构

2.4.1 要体现以"数据服务"为核心的架构

企业(机构)各类数据中心的规模、设置、投资与业务有很大的差异,一些大型的数据中心面积达几千平方米,投资上亿元;一些小型的数据中心面积仅一百平方米左右,投资一百万元左右。然而,不管这些数据中心的规模、设置、投资与业务如何,数据中心的所有业务操作都是围绕着数据进行的,数据中心的数据永远处于三种状态,即计算、传输及存储。数据在应用系统中被创建、增加、修改、删除、查询时处于"计算"状态;数据在网络上传送时处于"传输"状态;数据在存储设备中时处于"存储"状态。

数据中心保存着一个组织的重要数据,这些数据是组织数字化运营的结晶,是核心资产。数据的利用率越高,表明该数据越有价值;数据交换越频繁,表明组织的运营越高效。可以说,数据是现代化组织数字化运营的核心,数据中心建设只有以"数据服务"为核心,才能更好地为组织的运营服务。

在充分理解数据中心本质的基础上,数据中心的结构设计必须跳出重硬件、轻软件,重环境、轻数据的传统思维,要体现出以"数据服务"为核心的架构。

2.4.2 数据中心的总体结构

根据以数据为中心的设计思想,按其内在关系来划分,数据中心的总体结构由基础设施层、信息资源层、应用支撑层、应用层和支撑体系五大部分构成,如图2.1所示。数据中心从顶层上规划总体技术架构、设计技术路线和方法,保证网络、数据资源、应用系统、安全系统等各要素之间构成一个有机的整体,实现企业(机构)数据资源管理的联动和信息的及时监测、汇总与分析。

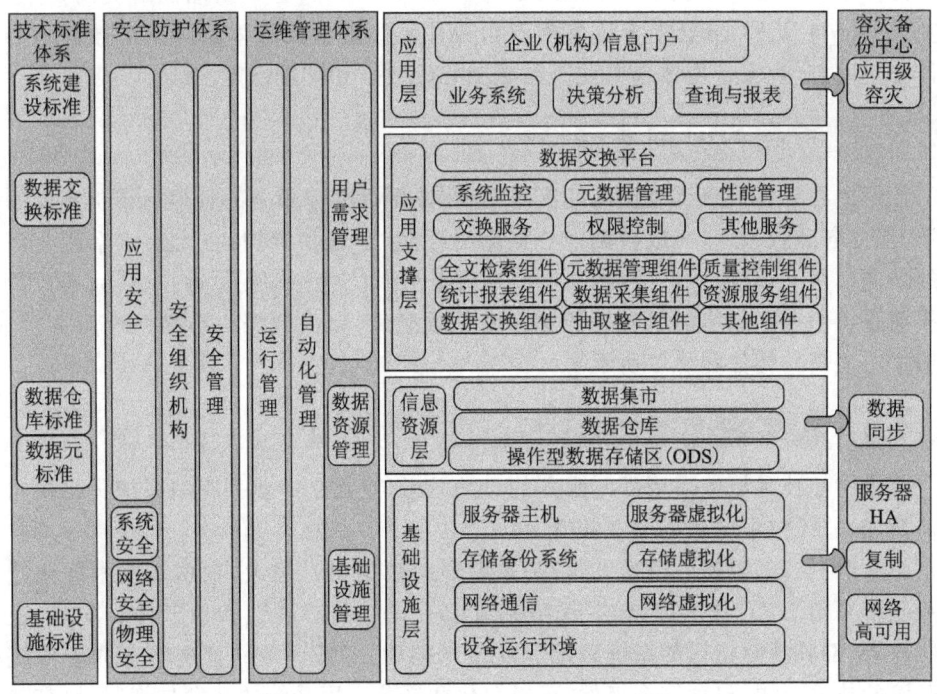

图2.1 数据中心的总体结构

1. 基础设施层

基础设施层是指支持整个系统的底层支撑，包括机房、主机、存储、网络通信环境、各种硬件和系统软件。

2. 信息资源层

信息资源层包括数据中心的各类数据、数据库、数据仓库，负责整个数据中心数据信息的存储和规划，涵盖了信息资源层的规划和数据流程的定义，为数据中心提供统一的数据交换平台。

3. 应用支撑层

应用支撑层构建应用层所需要的各种组件，是基于组件化设计思想和重用的要求提出并设计的，也包括采购的第三方组件。

4. 应用层

应用层是指为数据中心定制开发的应用系统，它包括标准建设类应用、采集整合类应用、数据服务类应用和管理运维类应用，以及服务于不同对象的企业信息门户（包括内网门户和外部门户）。

5. 支撑体系

支撑体系包含标准规范体系、运维管理体系、安全保障体系和容灾备份体系。容灾备份体系在传统的数据中心中隶属于安全保障体系，随着数据地位的提高，并吸取了美国"9·11"事件的教训，容灾备份已自成体系。安全保障体系侧重于数据中心的立体安全防护，容灾备份体系专注于数据中心的数据和灾难恢复。

2.4.3 数据中心的逻辑结构

数据中心是在网络基础设施的支撑下，在数据标准和相关的管理与维护制度的保障下，建立各类数据库，完成数据中心数据的存储、管理和维护；在交换体系和业务系统的共同作用下，完成数据的更新；同时通过业务系统为管理提供数据支持；通过数据交换系统将服务系统所需的数据传递到服务数据库，完成数据中心的社会服务功能。数据中心逻辑结构如图2.2所示。

2.4.4 数据中心技术框架

数据中心技术框架采用面向服务的设计思想，对建立的业务应用系统进行横向和纵向集成，总体技术框架如图2.3所示。

企业（机构）的数据中心建设，特别是大型的数据中心建设，在总体技术框架选择上一般多采用J2EE技术架构，以保障系统具有良好的扩展性和稳定性。同时，根据具体需要，部分独立运行的系统采用.net技术架构。J2EE是一套全然不同于传统应用开发的技术架构，包含许多组件，可以简化并规范应用系统的开发与部署，提高其可移植性、再利用价值与安全性。

2.4 数据中心的结构

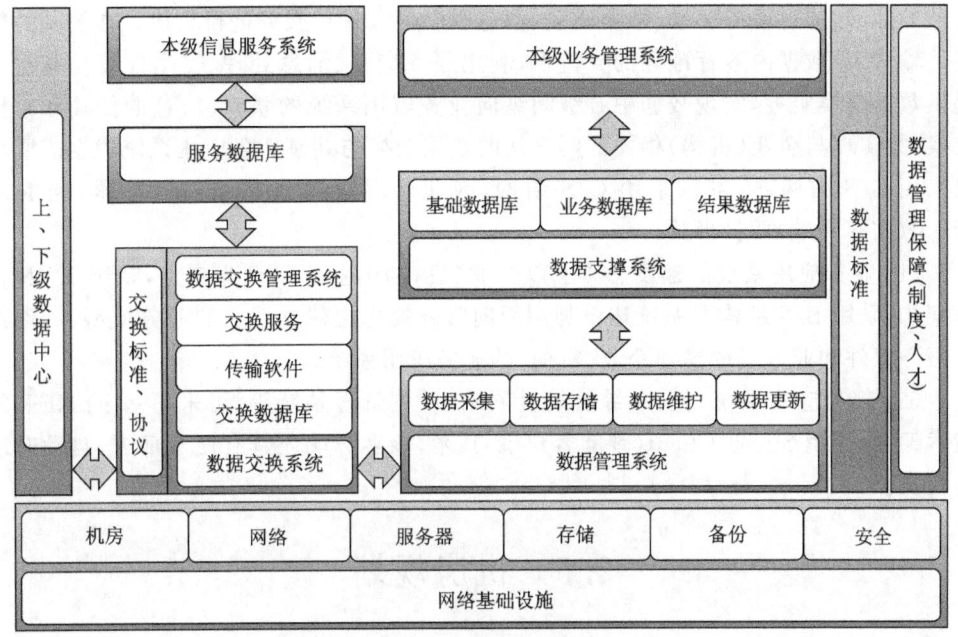

图 2.2 数据中心逻辑结构

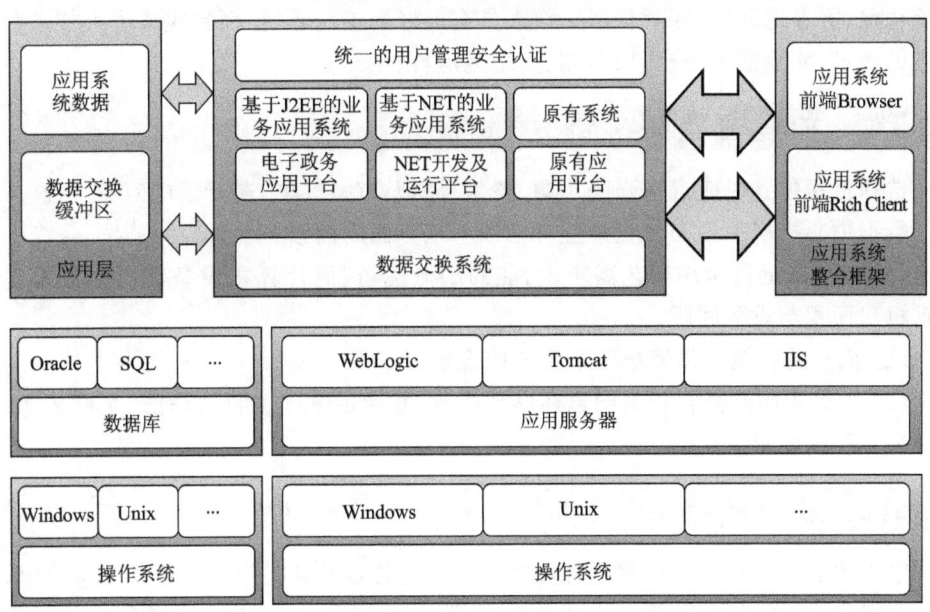

图 2.3 数据中心技术框架

在企业（机构）的业务基础平台中，以面向服务的思想建立统一的业务模型，利用系统服务、系统组件和业务组件搭建业务应用系统。各业务应用系统内部和业务应用系统之间，在平台组件框架支持下，通过统一接口标准，利用服务交互和消息传递等功能组件，实现业务应用系统的横向集成；另一方面，在数据交换系统建设中，利用面向服务的标准,通过事务驱动、数据驱动、消息驱动等方式对服务进行集成。在统一的数据传输协议、数据内容标准等的支持下,利用服务交互、消息处理、安全性等功能组件提供数据交换服务,实现数据中心级间纵向业务应用系统的联动、信息的传输和数据交换,并实现与企业(机构)相关部门之间的数据交换与共享。各应用系统根据需要可以采用 B/S 结构,也可以采用 C/S 结构,因此前端存在 Browser(浏览器)和 Rich Client(富客户端)两种形式:

(1) 业务应用系统的建设总体上以企业(机构)的业务平台为支撑,基于 J2EE 技术架构,采用 B/S 结构。系统建设利用面向服务的思想建立统一的业务模型,利用系统服务组件和业务组件搭建企业(机构)的业务应用系统。

(2) 部分应用系统,例如,综合统计网络、计划管理系统等,可采用基于.NET 的技术架构,采用 Smart Client(智能客户端)技术,该客户端还具有便于部署、自动升级的特点。

2.5 机房规划

机房是数据中心十分重要的基础设施,机房规划的宗旨是确保各类设备与计算机系统稳定、可靠地运行,保障机房工作人员有良好的工作环境,而且应该尽可能采用最先进的技术,使数据中心高效、节能、安全地运行。

2.5.1 机房位置与布局

选择机房位置时应远离强噪声源、粉尘、油烟、有害气体,避开强电磁场干扰。

数据中心机房平面布局设计应考虑以下三方面的因素:

(1) 机房布局需考虑工艺需求、功能间的分配,按照计算机设备和机柜数量规划布置机房面积与设备间距。

(2) 机房的功能必须考虑各个系统的设置。

(3) 机房布局要符合相关国家标准和规范,并满足电气、通风、消防、装修艺术、环境标准工程的要求。

2.5.2 机房的组成

数据中心机房的设置应根据计算机系统运行特点及各类设备的具体要求确定,一般由主机房、基本工作间、第一类辅助房间、第二类辅助房间、第三类辅助房间等部分组成。

(1) 主机房。包括网络交换机、服务器群、存储器、数据输入/出、配线、通信区和网络监控终端等。

(2) 基本工作间。包括办公室、缓冲间、走廊、更衣室等。

(3) 第一类辅助房间。包括维修室、仪器室、备件间、磁媒体存放间、资料室。

(4) 第二类辅助房间。包括低压配电、UPS 电源室、蓄电池室、精密空调系统用房、气体灭火器材间等。

(5) 第三类辅助房间。包括储藏室、一般休息室、洗手间等。

2.5.3 机房的设置

数据中心的主机房内放置大量网络交换机、服务器群，是信息系统的数据汇聚中心，其特点是网络设备 24h 不间断运行，电源和空调不允许中断，对机房的洁净度、温湿度要求也较高。

机房安装有 UPS 不间断电源、精密空调、机房电源等配套设备，需要配置辅助机房。此外，机房布局时还应设独立的出入口；当与其他部门共用出入口时，应避免人流、物流交叉；人员出入主机房和基本工作间时应更衣换鞋。机房与其他建筑物合建时，应单独设置防火分区。机房安全出口不应少于两个，并应尽可能设置于机房两端。

数据中心机房的各个系统是按功能需求设置的，主要功能包括机房区、办公区、辅助区的装修与环境工程；可靠的供电系统工程（UPS、供配电、防雷接地、机房照明、备用电源等）；专用空调及通风；消防报警及自动灭火工程；智能化弱电工程（视频监控、门禁管理、环境和漏水检测、综合布线、KVM 系统等）。有些数据中心的机房将网络监控室作为单位远程会议的主会场，这时还需要设置 DLP 背投、投影机、智能灯光、集中控制及会议终端等设备。

2.6 网络系统规划

网络是数据中心运行的神经系统，是支撑数据中心的高速公路。各类数据中心由于地位、作用与业务的不同，其网络系统规模与配置也会有不少的差异。国内尚未有完整的建设标准和规范。一般而言，一个典型的数据中心主要包括网络系统、主机系统、存储系统、容灾系统、安全系统、应用系统和管理系统等部分，而网络系统的作用则是将其他各系统的设备联结融为一个有机整体，实现资源的全面共享和有机协作，使人们能够有效地利用资源并按需获取信息。主机系统、存储系统、容灾系统、安全系统既是数据中心的重要支撑，也是网络系统运行不可缺少的组成部分。

2.6.1 网络总体规划

网络总体规划应通过区域化、层次化、模块化的设计理念，使网络层次更加清楚、功能更加明确。此外，网络总体规划应体现高性能、高可用性、高扩展性、高安全性和先进性的设计原则。以此为基础，建设一个高安全性、高性能、高可用性的灵活的网络平台，为各类应用的运行提供可靠稳定的支撑环境。

依照设计理念和设计原则，数据中心网络应根据业务性质或网络设备的作用进行区域划分，然后再设计网络总体框架，通常需要考虑以下几方面内容：

(1) 按照传送数据业务性质及面向用户的不同，数据交换网络可以划分为内部核心网、远程业务专网以及公众服务网等区域。

(2) 按照网络结构中设备作用的不同，数据交换网络可以划分为核心层、汇聚层、接入层，层次化结构也有利于网络的扩展和维护。

(3) 综合考虑网络服务中数据应用业务的独立性、各业务的互访关系，以及业务的安全隔离需求，数据交换网络在逻辑上还可以划分为存储区、应用业务区、前置区、系统管理区、托管区、外联网络接入区、内部网络接入区等。

图 2.4 所示是一个典型的数据中心网络总体结构规划图，这样规划的数据中心架构合理，各组件功能明确，有清晰的区域边界，为进一步细化设计奠定了基础。

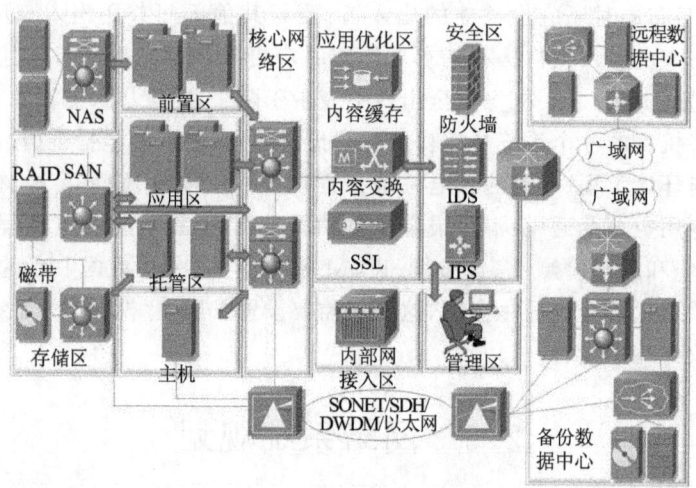

图 2.4　网络总体结构规划图

2.6.2　网络负载均衡

网络系统要采用负载均衡和备份的方法，采用核心交换机与服务器群连接，避免单点故障，使网络系统能够提供不间断的服务。

负载均衡交换机放置于服务器群的前端，所有服务器间均进行负载均衡，设服务器和数据库，作为整体服务器群的备份，网络中任何服务器出现问题时，备份服务器启动接管提供服务。中心服务器群通过网络负载均衡的设置，保证服务器故障时网络应用服务不中断。

在最坏的情况下，当所有正常的服务器全部中断时，备份服务器在性能允许的范围内能提供所有的服务，保证服务不中断。

与此同时负载均衡服务器能够抵御外界对服务器群的 DDOS 攻击，为服务器群的健康运行提供安全保障。为达到以上要求，对于负载均衡交换机要求采用先进的多处理器技术，基本配置应带有专用处理器的管理模块，以实现可靠的设备管理和控制。

2.6.3 网络管理

网络管理包括设备管理、VLAN 管理、用户管理、ACL 管理、事件管理、流量管理和安全管理等内容。在数据中心配置网络管理软件，让网络管理人员可以有效地跟踪及进行配置更改、软件更新，确定和解决网络故障，从而使网络可以高效运行。实施和监控覆盖全网的复杂功能更改，包括访问控制列表（ACL）和虚拟局域网（VLAN）、软件和配置更新，以及网络告警和事件等。

网络管理软件基于客户/服务器方式，中心网管服务器运行网管软件后，各客户端无需安装任何客户端软件即可通过 Web 方式访问该服务器，根据其权限对相应的设备进行管理。

2.7 主机和存储系统规划

主机系统是数据中心的心脏，存储系统可谓数据中心的大脑。前者对各种信息数据进行计算与处理，后者负责存储，地位都十分重要。

2.7.1 主机系统的规划

主机系统是在网络环境下提供网上客户机共享资源（包括查询、存储、计算等）的设备，具有高可靠性、高性能、高吞吐能力、大内存容量等特点。主机（host）可以根据 CPU 总线架构、操作系统、运算能力以及可靠性等因素分为三种类型，即大型机、小型机、PC 服务器（Server）。

PC 服务器一般采用 Intel x86 架构，它是在网络环境中为客户机提供各种服务的、特殊的专用计算机，业界又称为工业标准服务器。在网络中，服务器承担着数据的存储、转发和发布等关键任务；在数据中心环境中，一般为其他计算机提供服务，比如数据库服务、Web 服务、文件服务以及打印服务等。由于技术的进步，服务器的性能越来越好，价格较低，性价比高而且体积小，它与小型机的界限越来越模糊。所以，在大量的中、小型数据中心中服务器常常作为主机使用。

1. 主机服务器的基本要求

根据数据中心的业务要求，主机系统服务器应满足如下的要求：
（1）采用先进的成熟的技术和开放体系结构。
（2）系统具有高可靠性、可用性、可管理性、可扩展性。
（3）性能优良、配置合理、具备良好的性价比和扩充能力。
（4）选择技术领先，市场和技术前景良好的产品。
（5）满足数据中心系统的业务要求，保证数据的准确性，不出现数据丢失的情况，系统能 7×24h 全天候不间断地运行；系统故障频率较低，具有良好的可恢复性，对于问题的出现有良好的可预测性等。

(6) 支持多处理器,采用 64 位处理器;主机的处理能力要求满足所有业务应用和一定用户规模的需求,而且需考虑全部系统的开销及应用切换时的性能余量。系统设计时应考虑 30% 的性能冗余。选择基于 UNIX 64 位的操作系统,满足数据仓库、OLTP(联机事务处理)、科学计算和决策支持等应用需要。

(7) 内存容量的配置要考虑到主机正常运行状态下的内存利用率不应大于 70%,保证系统在业务高峰时仍具有较强的抗冲击能力。

(8) 主机的硬盘、网络接口、网络连接及电源均考虑足够的冗余;能支持电源、I/O 设备、存储设备的热插拔;主机系统平均无故障时间大于 1 万小时。

(9) 主机系统设备具有适当的扩充能力,包括 CPU 的扩充、内存容量的扩充及 I/O 能力的扩充等;并可支持 CPU 模块的升级和群集内节点数的平滑扩充。

(10) 核心数据库服务器采用标准的双机热备方式。

2. 不同级别服务器的应用

数据中心的服务器群是在网络环境中为客户机提供各种服务的、特殊的专用计算机。在数据中心中,服务器承担着数据的存储、转发和发布等关键任务。按应用档次划分是服务器最为普遍的一种划分方法,它主要根据服务器在数据中心应用的层次,依据服务器的综合性能,特别是所采用的一些服务器专用技术来衡量的。按这种划分方法,服务器可分为入门级服务器、工作组级服务器、部门级服务器和企业级服务器。

1) 入门级服务器

这类服务器是最低档的服务器,随着计算机技术的日臻提高,现在许多入门级服务器与个人计算机(PC 机)的配置差不多。

入门级服务器所连的终端比较有限(通常为 20 台左右),其稳定性、可扩展性以及容错冗余性能较差,仅适用于没有大型数据库数据交换、日常工作网络流量不大、无需长期不间断开机的小型数据中心。这类服务器主要采用 Windows 网络操作系统,可以充分满足办公室型的小型网络用户的文件共享、数据处理、Internet 接入及简单数据库应用的需求。

2) 工作组服务器

工作组服务器是一个比入门级高一个层次的服务器,但仍属于低档服务器。它只能连接一个工作组(50 台左右)的用户,网络规模较小,服务器的稳定性和其他性能方面的要求也相应要低一些。

工作组服务器较入门级服务器来说性能有所提高,功能有所增强,有一定的可扩展性,能满足中小型数据中心用户的数据处理、文件共享、Internet 接入及简单数据库应用的需求。但容错和冗余性能仍不完善,也不能满足大型数据库系统的应用。

3) 部门级服务器

这类服务器属于中档服务器,一般采用 RISC 结构的 CPU,都支持双 CPU 以上的对称处理器结构,所采用的操作系统一般是 UNIX 系列或 Linux 操作系统,具备比较全面的硬件配置,如磁盘阵列、存储托架等。部门级服务器的最大特点就是除了具有工作组服务器的全部特点外，还集成了大量监测及管理电路，具有全面的服务器管理能力，可监测如温度、电压、风扇、机箱等状态参数，结合标准服务器管理软件，使管理人员及时了解服务器的工作状况。大多数部门级服务器具有优良的系统扩展性，使得用户在业务量迅速增大时能够及时在线升级系统，充分保护了用户的投资。它是数据中心网络中分散的各基层数据采集单位与最高层的数据中心保持顺利连通的必要环节，一般为中型数据中心的首选。

部门级服务器可连接 100 个左右的计算机用户，适用于对处理速度和系统可靠性要求高一些的中小型数据中心网络，其硬件配置相对较高，可靠性也比工作组级服务器要高一些。

4）企业级服务器

企业级服务器属于高档服务器。企业级服务器最起码采用 4 个以上 CPU 的对称处理器结构，有的高达几十个。另外，一般还具有独立的双 PCI 通道和内存扩展板设计，具有高内存带宽、大容量热插拔硬盘和热插拔电源、超强的数据处理能力和集群性能等。企业级服务器的机箱一般为机柜式的，有的还由几个机柜组成，像大型机一样。

企业级服务器产品除了具有部门级服务器的全部特点外，其最大的特点是具有高度的容错能力、优良的扩展性能、故障预报警功能、在线诊断功能等，RAM、PCI、CPU 可以进行热插拔。有的企业级服务器还引入了大型计算机的诸多优良特性，所采用的操作系统一般是 UNIX 或 Linux。企业级服务器用于联网计算机在数百台以上、对处理速度和数据安全要求非常高的大型数据中心。企业级服务器的硬件配置最高，系统可靠性也最强。企业级服务器适合运行在需要处理大量数据、高处理速度和对可靠性要求极高的金融、证券、交通、邮电、通信等大型数据中心。

需要注意的是，这 4 种类型服务器之间的界限不是绝对的，大多数情况下是针对不同生产厂家的整个服务器产品线来说的。随着服务器技术的发展，各种层次的服务器技术也在不断地变化发展。在业界也没有一个硬性标准来严格划分这几类服务器。由于服务器的型号非常多，硬件配置也有较大差别，因此，不必拘泥于某某级服务器，而是应当根据网络的实际规模和服务的实际需要来选择服务器，并适当考虑相对的冗余和系统的扩展能力。因为随着数据中心网络规模的扩大，对服务器的要求也会随之不断增长，如果服务器具有较强的扩展能力，只需购买一些扩展部件即可完成对服务器性能的升级。

3. 服务器的配置

数据中心的网络系统通常选配多台服务器，以完成不同职能。在整个网络系统中占主导地位的服务器常称为主服务器，根据系统建设的规模和经费，主服务器可选企业级或部门级服务器。

1）数据库应用

数据库应用服务器专门提供在线事务处理（OLTP）、企业资源规划（ERP）和数据存储。

这种应用需要相当可观的 CPU 处理能力；在数据存储上，需要适合数据高速缓存的巨大内存容量；此外，因为要对大量数据进行目录编写、析取和分析，所以，要额外增加 CPU、内存，并提高输入输出能力。

2）基本应用

文件和打印服务器需要的 CPU 处理能力比数据库服务器弱，但是要处理往来于网络客户端的数据，有很高的 I/O 需求。这类服务器的内存和 I/O 插槽的扩展性是具备最高优先权的。

域控制器需要对域名查找请求作出快速响应。

信息/电子邮件服务器需要高速的存储 I/O。磁盘 I/O 在这些类型的系统中是常见的瓶颈。为了实现更为有效的存储和恢复信息数据，根据信息服务器的文件类型选择不同种类的 RAID 存储方案是非常必要的。处理器的能力在信息服务器作为一个网关或"连接器"连接一个外部邮件系统时应作为一项更高的考虑因素。

3）Web 和 Internet 服务

Web 服务器为客户提供动态 Web 页。与静态 Web 页相比，动态网页（例如，微软的 Active Server Pages，ASP）要求较高的 CPU 处理能力。其主要部件包括高速磁盘 I/O 和多网卡。

大、中型数据中心的核心存储服务器数据的计算与交换量很大，需要强大的 CPU 处理能力，并且需要选择支持可扩展性的多路 CPU，要有较大的内存容量和很好的扩展性。

因特网服务提供商（ISP）经常为有需求的公司提供专用服务器来实现电子邮件或 Web 服务。对于这类需要为每个数据中心机房提供较多服务器的 ISP 来说，服务器密度是首要因素。因此，应考虑服务器的物理尺寸、I/O 速度和内存容量等因素。单路或多路处理器通常都可接受。

从逻辑上看，信息网络系统是由多个服务器组成，如 DNS 服务器、数据库服务器、Web 服务器和 E-mail 服务器等，它们以虚拟服务器（一个或多个）方式，按照系统网络规模配置在物理服务器上。网络服务器的型号及配置选择方案应在投资、可靠性和系统性能等方面权衡取综合最优值。

由于服务器本身硬件配置复杂，不同硬件对系统的作用和影响也各有不同，因此必须总体考虑。在选择不同硬件的配置时，用户应当根据数据中心自身网络的特点和要求来做决定。

2.7.2 存储系统规划

各级业务活动的大量数据都集中存储在企业（机构）的数据中心，因此，对数据的保护就显得极为重要。需要对各类数据进行统一存储、集中备份，这就要求数据的存储平台具备强大的可扩展性、可靠性、优良的性能以及异构环境下的连通性。

1. 存储系统的基本要求

1) 存储系统必须具有良好的扩展性

存储系统必须能够满足数据中心应用系统日益增长的存储容量需求,能够灵活地扩展存储空间,能够从存储设备与存储结构两个方面来提高存储系统的可扩展性。应充分考虑数据中心各业务在未来若干年内的发展趋势,具有一定的前瞻性,并充分考虑系统升级、扩容、扩充和维护的可行性。

2) 存储系统能够提供良好的性能

存储系统不仅负责数据的存放,更重要的是还要负责数据的传输,所以存储系统必须能够提供高性能,其性能体现在两个方面,一方面是海量的存储能力,能够适应数据中心系统快速的数据增长;另一方面是 I/O 读写性能,能够从 I/O 性能方面保证应用系统的整体运行性能。

3) 存储系统需具备高可靠性、安全性、可管理性

存储系统必须能够满足高可靠性、安全性、可管理性的要求。可靠性是系统在一定的时间内无故障运行的能力,能担当和适应 7×24h 不间断运行的任务。能够通过冗余结构来加强存储系统的高可靠性;能够通过如 RAID 等多种安全手段来加强数据存储的安全性;能够为核心业务数据提供一个安全可靠的存储环境;能够为用户维护人员提供方便的管理工具与管理界面。

4) 存储系统需要能够支持异构环境

随着数据中心的应用不断提高,IT 环境必将向复杂化发展。这就需要存储系统能够为异构环境提供支持,在操作系统方面能够支持包括 HP-UX、AIX、SCO UNIX、Linux、Win2000、WinNT 以及 Solaris 在内的多种操作系统;在服务器方面能够支持包括 PC SERVER 和 UNIX 在内的所有服务器;在数据库方面能够支持 Oracle、SQL Server、DB2 等多种企业数据库产品;在存储设备方面能够支持多个厂商的产品。

2. 存储系统的规划

(1) 数据中心,尤其是大、中型数据中心宜选用 SAN(存储区域网络)的存储方式。SAN 实际上是一个单独的计算机网络,它基于光纤通道技术(Fibre Channel)的电缆、交换机和集线器,将很多的存储设备连接起来,再与由很多不同的服务器组成的网络相连接,以多点对多点的方式进行管理。

(2) 光纤通道架构具备的双工交换能力,可以显著改善存储和恢复性能。此外,光纤通道是针对大块数据高效可靠传输这一目标而设计的,与基于网际协议(IP)的网络相比,它具有更高的效率和更好的可靠性。服务器到共享存储设备的大量数据传输是通过 SAN 网络进行的,局域网只承担各服务器之间的通信(而不是数据传输)任务,这种分工使得存储设备、服务器和局域网资源得到更有效的利用,使 SAN 网络速度更快,扩展性和可靠性更好。

3. SAN 多层架构的特点

SAN 多层架构有如下特点：

（1）良好的灵活性与可扩展性。服务器与存储设备不再一对一地连在一起，用户原有的设备与新购置的主机、存储、备份设备可以以多点对多点的方式构成真正意义上的可用设备资源池，主机可以访问到任何一个存储或备份资源，存储或备份设备也可以同时服务于多台主机。设备可以动态地加入到设备池中，便于系统实施、现有设备迁移及设备维护，并有很好的系统性能与存储资源横向扩容能力。

（2）良好的性能。通过光纤通道技术，数据的传输速度有了很大的提高。同时，通过 SAN 的架构，数据库数据能以最优的性能被获取，备份/恢复也都不必通过局域网传输数据，使得数据传输和应用的性能都有很大提高。

（3）较高的可用性。SAN 中有性能很好的软件，这些软件的可靠性和性能都可以满足最苛刻的要求。通过这些软件，在 SAN 中主机获取存储数据的途径可以得到优化，数据可以全自动地备份并维护多个灾难恢复用的数据副本。由此，SAN 使可用性达到较高的水平。

（4）更强的可管理性。SAN 通过更高的可靠性和集中控制使管理变得更简单。首先，自动化的监视管理工具可以识别一些错误，然后无需人工干预可自动修复。其次，SAN 还可以自动复制数据，并把没有用的数据自动删除，为硬盘腾出空间，实施备份及 HSM 等作业。这样，数据管理变得比从前简单了很多，也更为集中化。

（5）更高的可靠性。SAN 的核心设备磁盘阵列和磁带库都有了更高的可靠性和性能。通过光纤通道和交换机技术，使得即使在 SAN 中出现单点失败，也不会影响整个网络的运行。而且，在 SAN 中维护或者更换设备以及对它进行配置，都不会影响整个网络。

4. 存储结构的扩容

随着数据中心数据量的不断增长，项目建设初期设计的磁盘存储容量可能会无法满足数据量的需求，这时，就需要为原有的磁盘存储系统增加容量。添加新的磁盘阵列到原有的存储 SAN 网络，即购买新的磁盘阵列，将新的磁盘阵列通过光纤连接至原有的光纤交换机。

2.8 信息资源与数据库规划

2.8.1 数据规划

数据规划以"信息资源规划的理论与方法"作为指导，在现代通信和计算机网络基础上重建企业数据环境，基于数据中心基础平台，构造新型的、集成化、网络化的信息系统。

1. 信息资源规划

企业信息资源规划(Information Resource Planning,IRP)是指对企业生产经营活动所需要的信息,从产生、获取,到处理、存储、传输及利用进行全面规划。

信息资源规划是从信息工程(IE)、信息资源管理(IRM)等理论发展而来的。企业可以通过信息资源规划梳理企业业务流程,明确企业的信息需求,建立企业信息标准和信息系统模型,再用这些标准和模型来衡量企业现有的信息系统及各种应用,符合的就继承并加以整合,不符合的就进行改造优化或重新开发,从而稳步推进企业信息化建设。

2. 需求分析

需求分析是按职能域进行的,职能域(Function Area)是对企业(机构)管理工作的主要业务活动领域的抽象,而不是现有机构部门的照搬,职能域的划分和定义具有稳定性。

3. 建立业务模型

业务流程分析是为了系统地、概括地把握一个职能域的业务功能结构,也就是人们常说的"业务梳理"。梳理的结果是用简明的"职能域-业务过程-业务活动"三个层次来表达完整的业务功能结构,即为业务模型(Business Model)。其中,业务过程或业务流程(Process)是职能域中一组联系紧密的活动;业务活动(Activity)是不可再分解的最小功能单元。

4. 用户视图规范化

用户视图(User View)是一些数据的集合,它反应了最终用户对数据实体的看法,常见的用户视图有单证、报表和屏幕表单等。我们对每一职能域的所有用户视图进行统一的编码登记,并对其中重要的用户视图的组成进行规范化表述,这样就为大量取消报表传递,实现网络化电子数据传输做好准备。

5. 数据流分析

数据流定性分析是绘制各职能域的一级数据流程图(1-DFD)和二级数据流程图(2-DFD),1-DFD解决职能域之间、职能域与外单位的数据流问题;2-DFD解决职能域内部的业务过程和数据存储、使用之间的关系,即职能域内部的数据流问题。数据流的定量分析是分析各职能域之间、各职能域与外部单位之间的各种数据流的流量统计,按日、月、年提出输入、存储和输出的数据流量分析报告。这对于之后的数据建模、数据环境的改造提升和网络系统建设都具有重要的意义。

6. 系统建模

系统建模是需求分析的综合与定型。通过对计划新建和改建的几个信息系统所涉及职能域的业务流和数据流进行分析,经过综合规划就可以进一步明确要开发的应用系统(新建和改建)的目标,随之进行各应用系统的具体建模工作。

7. 系统功能建模

系统功能建模的基本单元是"程序模块",对大部分程序模块要做数据存取和处理逻辑的描述。由于后续的集成化应用软件开发将采取构件技术，对照程序模块的定义和描述，就可以区分出哪些程序模块直接采用开发商已有的构件；哪些程序模块需要对开发商的已有构件做修改；还有哪些程序模块需要开发商研制。在系统功能模型的指导控制下，会提高系统实施的效率和质量。

8. 系统数据建模

经过用户视图规范化和数据流分析，可以对各职能域的信息需求加以综合，即建立全域(本次信息资源规划范围内)的概念数据模型。具体做法是根据管理知识、经验和数据流分析结果，识别出所有的业务主题，其定义作为数据库的名称，再对每一个主题的内容加以描述或列出所含的属性。

全域概念数据模型是从全局把握信息框架，为了落实这些主题数据库分别是由哪些子系统创建、维护和使用的，还需要做进一步的细化，也就是建立各子系统的逻辑数据模型。

一个概念主题数据库可以细化为一组基本表，每个基本表都列出其属性表和主键(能唯一确定一条记录的属性)，为数据库的设计实现做好准备。

9. 系统体系结构建模

在信息工程方法论中，信息系统体系结构(Information System Architecture)是指系统数据模型和功能模型的关联结构，用 C-U 矩阵来表示。

系统体系结构模型的建立，是决定共享数据库的创建与使用责任，进行数据分布分析及制定系统开发计划的科学依据。

2.8.2 数据库规划

1. 操作型数据存储区

操作型数据存储区(ODS)是面向主题的、集成的、可变的、反映当前数据值且详细的数据集合，用来满足企业综合、集成以及操作型的处理需求。

(1) ODS 中的数据是可以变化的。数据仓库中的数据是不进行更新的，对于错误的处理通常是采用新的快照来进行保存，而 ODS 则是可以按常规方法进行更新的。

(2) ODS 反映当前数据值。这一点是指 ODS 中不会长期保留数据，通常 ODS 保留的数据时限最长为一个月或三个月。而数据仓库可以保留五年、十年或更长时间的数据。

(3) ODS 中保留详细数据。这一点是说 ODS 中只保留原子数据，而不保留汇总数据，而在数据仓库中原子数据和汇总数据都会被保留。这和 ODS 可更新的特性相关，因为随时有可能将操作型系统的数据变化更新到 ODS 中，并且数据的迁移时间间隔会很短，这都使得汇总数据在 ODS 中的意义不大。

2. 数据仓库

(1) 面向主题。操作型数据库的数据组织面向事务处理任务，各个业务系统之间各自分离;而数据仓库中的数据是按照一定的主题域进行组织的。

(2) 集成的。数据仓库中的数据是在对原有分散的数据库数据进行抽取、清理的基础上经过系统加工、汇总和整理得到的,必须消除源数据中的不一致性,以保证数据仓库内的信息是关于整个企业的一致的全局信息。

(3) 相对稳定的。数据仓库的数据主要供企业决策分析之用,所涉及的数据操作主要是数据查询,一旦某个数据进入数据仓库以后,一般情况下将被长期保留,也就是数据仓库中一般有大量的查询操作,但修改和删除操作很少,通常只需要定期的加载、刷新。

(4) 反映历史变化。数据仓库中的数据通常包含历史信息,系统记录了企业从过去某一时间点(如开始应用数据仓库的时间点)到目前的各个阶段的信息,通过这些信息可以对企业的发展历程和未来趋势做出定量分析和预测。

3. 数据集市

数据集市也叫数据市场,是一个从操作的数据和其他为某个特殊的专业团体服务的数据源中收集数据的仓库。从范围上来说,数据是从企业范围的数据库、数据仓库,或者是更加专业的数据仓库中抽取出来的。数据中心的重点就在于它迎合了专业用户群体的特殊需求,体现在分析、内容、表现以及易用等方面。数据中心的用户希望数据是由他们熟悉的术语表现的。

数据仓库是一个集成的、面向主题的数据集合,设计的目的是支持DSS(决策支持系统)功能。在数据仓库里,每个数据单元都和特定的时间相关。数据仓库包括原子级别的数据和轻度汇总的数据,是面向主题的、集成的、不可更新的(稳定性)、随时间不断变化(不同时间)的数据集合,用以支持经营管理中的决策制定过程。

数据集市就是企业级数据仓库的一个子集,主要面向部门级业务,并且只面向某个特定的主题。为解决灵活性和性能之间的矛盾,数据集市就是在数据仓库体系结构中增加的一种小型的部门或工作组级别的数据仓库。数据集市存储为特定用户预先计算好的数据,从而满足用户对性能的需求。数据集市可以在一定程度上缓解访问数据仓库的瓶颈。

2.9 应用支撑平台规划

2.9.1 运行支撑组件

组件是通过对特定数据域进行操作,实现特定功能的软件单元。组件通过协议定义的接口实现对外的服务,协议和接口是采用元数据描述的,同时定义了前置条件、后置条件和例外。组件屏蔽实现的细节,实现独立的业务逻辑,同时具备动态插拔的特征,因此,可以实现与其他组件或模块的松耦合。

根据分布式系统的设计思路,数据中心支撑平台的组件可规划为三类:基础组件、系统组件和业务组件。基础组件实现对系统或其他组件技术层面的支撑,除包括通信、激活、注册、安全管理外,还包括策略部署及对异构平台的屏蔽,基础组件的功能可由平台软件来实现,必要时也需要通过开发和封装来实现;系统组件是为支撑系统运行所提供的与业务无关的管理组件,包括角色与授权管理、操作审计、鉴权与认证、组件管理等范畴;业务组件是与业务相关,但与流程相分离的功能单元。

2.9.2 应用支撑系统

应用支撑系统是为了更好地利用组件来开发和维护数据中心业务应用系统,并使之稳定运行而建立的一套管理环境,利用应用的管理属性,建立元数据管理环境,以便于应用功能的部署和调整。实时监控数据中心当前系统正在处理的事务,防止系统异常崩溃。通过对数据中心数据服务和交换服务使用权限的设定,控制不同部门对服务越权的访问,控制系统的使用。

应用支撑系统主要由系统监控、性能监控、元数据管理、备份和恢复、归档和恢复等部分组成。数据中心应用层的系统基于应用支撑系统建设,保证数据中心应用资源的可管理和可维护。

2.10 应用系统规划

2.10.1 建设内容

(1) 搭建数据交换平台,建设 ETL 应用,实现 ODS 到数据仓库、数据仓库到数据集市的数据抽取、清洗、转换与加载。

(2) 开发决策分析应用,通过报表、即席查询、多维分析、数据挖掘等多种分析技术与工具,为各级管理人员提供多角度、深层次的数据分析及前端展现,辅助经营策略和管理方针的决策。

(3) 建立综合信息门户系统,实现数据和应用程序简单、统一的访问,提供用户与用户、用户与应用程序、应用程序与应用程序之间的交互平台。集成不同的应用程序和数据,以一种透明的方式提供给用户多个异构数据的一个简单访问点,并提供统一的协同工作环境,使用户能够随时在线交流。

2.10.2 数据交换平台

数据交换平台是数据中心数据与其他应用系统沟通的桥梁,是进行数据交换的基站。数据交换平台负责从各个业务系统采集数据,对数据进行清洗与整合,按照数据中心建设标准规范数据,形成核心数据库,并提供给其他应用系统使用。

数据交换平台功能由支撑功能与应用功能两部分组成。支撑功能是数据交换平台的基础,包括数据采集、元数据管理、数据交换服务总线、平台监控以及安全管理功能;应用功能是指与具体业务系统相关的功能,应用功能利用数据交换平台的数据交换服务总线,以数据交换服务的形式为各业务系统提供数据共享服务。

2.10.3 决策分析应用

数据应用分析系统是挖掘数据中心数据价值的利器。只有通过挖掘后的数据才能为用户提供有效的决策支持。系统基于 SOA 的架构,在能够满足业务性能要求的前提下,应用层优先考虑将决策分析功能封装为服务,提供给其他使用者调用。

1. 预定义报表

预定义报表主要指的是数据中心系统中所使用的固定报表。预定义报表系统从数据集市获取所需数据,对获取的源数据进行处理,生成报表的各项指标,并集成到信息门户当中,用户可以从 Web 页面直接调用,查看报表。

2. 即席查询

即席查询是指用户使用特定客户端连接到数据集市,针对关心的指标进行查询,然后根据查询的结果,随时调整查询方法。使用即席查询,用户可以按照变化的查询要求及时查询出在不同约束条件下自己所关心的特定指标。实现在维度和指标方面更为灵活、更为开放的自由组合查询。

3. 数据挖掘

数据挖掘又称为数据库中的知识发现,是指从存放在数据库、数据仓库或其他信息库中的大量数据中挖掘出有趣知识的过程。数据挖掘提供丰富的数据挖掘模型和灵活算法,挖掘结果能够转化为主流格式的图表,并可集成在其他的应用中。目前出现的数据挖掘系统主要包括集中式的和分布式的数据挖掘系统,而每种系统的具体结构及其各个组成部分也有多种不同的实现技术和实现方式。

4. 多维分析

多维分析系统通过 OLEDB、ADO 以及 ODBC 等数据接口访问数据仓库中的数据,OLAP 负责实现多维数据分析,数据集市负责提取数据仓库中的隐含知识和对 OLAP 结果进行深层次的分析处理。多维分析支持数据的多维概念视图,支持多个维度层次,能通过切片、切块、旋转、上钻、下钻等技术,提供丰富的统计、分析等功能。

5. 数据展现

数据展现在数据中心应用系统中主要是利用第三方工具进行数据展现,展现工具要支持多维数据库,同时还要有很丰富的图表案例,使得展现出来的数据不至于太空洞,使图像更加生动,同时使得展现出来的数据更加真实等。

2.10.4 统一信息门户

门户系统是数据中心价值体现的窗口,用户最终只有通过门户应用才能真正体会到数据中心带来的好处。

统一门户系统的功能是为企业(机构)提供数据信息发布的统一平台,是数据中心的统一访问入口和管理平台。它提供应用集成功能,通过多种方式整合决策分析应用系统开发出的应用功能,实现单点登录;提供信息发布管理功能、内容管理功能以及个性化平台;提供数据集成功能。

门户系统以支持业务管理为首要目的,能够解决业务管理中的主要业务问题,加快企业(机构)内部信息流通,提高工作效率。因此,设计的定位不仅仅是一个门户系统,同时还要将与业务管理相关的系统集成在一起,进一步满足当前业务的需要,适应新的业务要求。目标是建设集成现有业务系统的、协同工作的安全信息门户。

信息门户具有以下特点:

(1) 统一的信息访问渠道。通过将内部和外部各种相对分散独立的信息组成一个统一的整体,使用户能够从统一的渠道访问其所需的信息,从而实现优化企业运作和提高生产力的目的。

(2) 不间断的服务。通过网络和安全可靠的机制使用户在任何时间、任何地点都可以访问企业的信息和应用,保证企业的业务运转永不停顿,将网络经营的优势发挥到极致。

(3) 强大的内容管理能力。是指对企业各种类型信息的处理能力,支持各种结构化和非结构化的数据,能识别多种关系型和OLAP数据库中的数据,并可以搜索和处理各种格式的文档。

(4) 个性化的应用服务。信息门户的数据和应用可以根据每一个人的要求来设置和提供,定制出个性化的应用门户可以提高员工的工作效率,增强对顾客的亲和力和吸引力。

(5) 与现有系统的集成。能将企业现有的数据和应用无缝地集成到一起,无需重新开发,保护原有的投资。

(6) 高度的可扩展性。能适应企业新的人员和部门调整的变化,满足企业业务调整和扩展的要求,解决企业与IT部门短时间内无法解决的技术需求问题。

(7) 安全可靠的保障。通过安全机制保证数据的机密性及完整性,保障企业业务的正常运转。

2.11 安全系统规划

数据中心的安全是一项复杂的系统工程,需要从物理环境、链路与网络、计算机系统、应用系统等构成要素和人为因素的各个方面来全面考虑数据中心安全防范的问题。

2.11.1 安全防范体系结构

根据OSI信息安全体系框架和国家信息安全保障体系,数据中心安全防范体系框架结构设计如图2.5所示。

2.11 安全系统规划

数据中心安全防范体系		
技术体系	组织体系	管理体系
• 物理环境安全 • 链路和网络安全 • 计算机系统安全 • 应用安全	• 机构 • 人员	• 技术标准 • 管理制度

图 2.5　数据中心安全防范体系框架结构

其中,数据中心安全防范组织体系负责操控数据中心安全防范技术;数据中心安全防范技术体系是一切信息安全行为的基础;数据中心安全防范安全管理体系负责管制数据中心安全防范技术体系和组织体系。

2.11.2　安全防范组织

(1) 机构设置。数据中心安全防范组织包括数据中心安全领导机构和数据中心安全工作机构,如图 2.6 所示。

(2) 人员设置。数据中心安全工作机构应包括图 2.7 所示的人员配置。

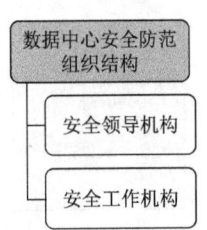

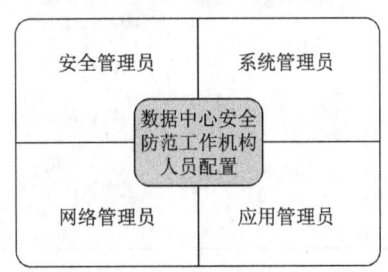

图 2.6　数据中心安全防范组织结构　　　图 2.7　数据中心安全防范工作机构人员配置

2.11.3　数据中心安全防范管理体系

数据中心安全防范管理体系框架如图 2.8 所示。

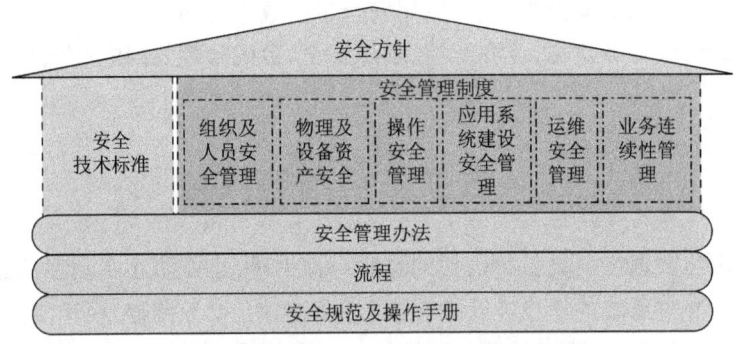

图 2.8　数据中心安全防范管理体系框架

安全管理框架从指导性到具体性依次分为 4 层,由安全方针统领。安全方针位于图的最上层,呈屋顶形状,其下有 4 个层次的管理制度类型,包括安全管理办法、安全管理流程和安全规范及操作手册。从上至下,管理制度类型依据层次依次细化。

安全方针是信息安全指导性文件,指明了信息安全的发展方向,为信息安全提供管理指导和支持。安全管理办法是对信息安全各方面内容进行管理的方法总述;安全管理流程是在信息安全管理办法的基础上,详细描述各安全控制流程;安全规范和操作手册层为用户提供详细的使用文档。

整个信息安全管理框架涵盖两大方面的内容,即安全技术标准和安全管理制度。

2.11.4 安全防范技术体系

数据中心安全防范技术体系分为物理环境安全、链路和网络安全、计算机系统安全和应用安全等部分,如图 2.9 所示。

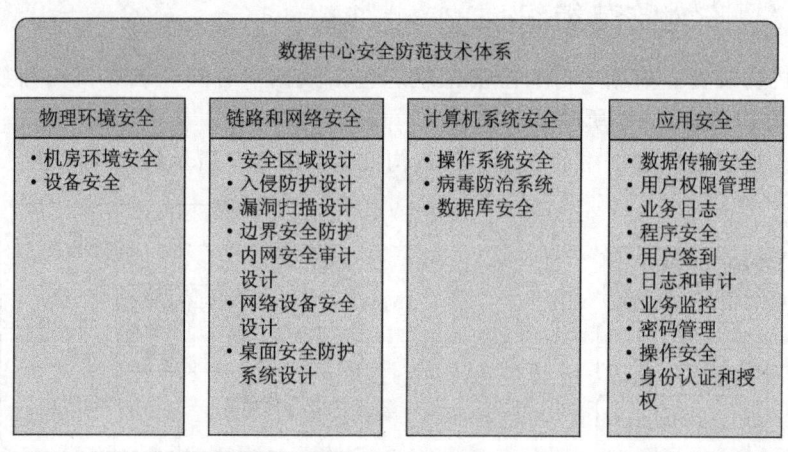

图 2.9 数据中心安全防范技术体系

其中,物理环境安全包括机房环境安全和设备安全等内容;链路和网络安全包括安全区域设计、边界安全防护、入侵防护设计、内网安全审计设计、漏洞扫描设计、网络设备安全设计和桌面安全防护系统设计等内容;计算机系统安全包括操作系统安全、病毒防治系统和数据库安全等内容;应用安全包括数据传输安全、用户签到、用户权限管理、日志和审计、业务日志、业务监控、程序安全、密码管理、操作安全、身份认证和授权等内容。

2.12 数据备份与容灾规划

数据备份与数据恢复是保护数据的最后一种手段,也是防止主动型信息攻击的最后一道防线。容灾系统的建设涉及数据中心组织架构、业务流程、规章制度、外部协作关系、资金投入等各个方面。必须经过演练改进其不足,使容灾系统在需要时真正起到容灾的作用。

2.12.1 数据备份与数据容灾

备份与容灾是存储领域两个极其重要的部分,二者有着紧密的联系。首先,在备份与容灾中都有数据保护工作,备份大多采用磁带方式,性能低、成本低;容灾采用磁盘方式进行数据保护,随时进行、性能高、成本高。其次,备份是存储领域的一个基础,在一个完整的容灾方案中必须包括备份的部分;同时备份还是容灾方案的有效补充,因为容灾方案中的数据可能丢失,存储也有完全被破坏的可能,而备份提供了额外的一条防线,即使数据丢失也可以从备份数据中恢复。

要保护数据,需要数据备份和容灾系统。但是很多用户在搭建了备份系统之后就认为高枕无忧了,其实还需要搭建容灾系统。数据容灾与数据备份的联系主要体现在以下几个方面:

1. 数据备份是数据容灾的基础

数据备份是数据高可用的最后一道防线,其目的是为了系统数据崩溃时能够快速的恢复数据。虽然它也算一种容灾方案,但它的容灾能力非常有限,因为传统的备份主要是采用数据内置或外置的磁带机进行冷备份,备份磁带也是在机房中统一管理,一旦整个机房出现了灾难,如火灾、盗窃和地震等灾难时,这些备份磁带也会随之毁坏,所存储的磁带备份起不到任何容灾功能。

2. 数据容灾能力的分级

真正的数据容灾就是要避免传统冷备份的先天不足,它能在灾难发生时全面、及时地恢复整个系统。数据容灾按其能力的高低可分为多个层次,例如,国际标准 SHARE78 定义的容灾系统有 7 个级别,即从最简单的仅在本地进行磁带备份,到将备份的磁带存储在异地,再到建立应用系统实时切换的异地备份系统,恢复时间也可以从几天到小时级到分钟级、秒级或 0 数据丢失等。

无论是采用哪种容灾方案,数据备份还是最基础的,没有备份的数据,任何容灾方案都没有现实意义。但光有备份是不够的,容灾也必不可少。容灾对于数据中心而言,就是提供一个能防止各种灾难的计算机信息系统。

2.12.2 数据备份类型

数据备份有多种方式,应根据具体情况选择最合适的方式。选择备份类型时,一般的规则如下:

(1) 对于操作系统和应用程序代码,可在每次系统更新或安装新软件时进行一次全备份。

(2) 对于一些日常数据更新量大,但总体数据量不是非常大的关键应用数据,可每天在用户使用量较小的时候安排全备份。

(3) 对于日常更新量相对于总体数据量较小,而总体数据量非常大的关键应用数据，可每隔一个月或一周安排一次全备份，在此基础上，每隔一个较短的时间间隔做增量备份。

按照备份的数据量来分，有以下 4 种备份方式：

(1) 全备份。备份系统中所有的数据。优点是恢复时间最短，操作最方便，也最可靠；缺点是备份数据量大，数据多时可能做一次全备份需很长时间。全备份也可以称为完全备份。

(2) 增量备份。备份上一次备份以后更新的所有数据，其优点是每次备份的数据量少，占用空间少，备份时间短；缺点是恢复时需要全备份及多份增量备份。

(3) 差分备份。备份上一次全备份以后更新的所有数据，其优缺点介于全备份和增量备份两者之间。

(4) 按需备份。根据临时需要有选择地进行备份。

2.12.3 数据备份系统的组成

数据备份应采用自动化备份方式，它由以下几个部分组成：

(1) 备份客户端。需要备份数据的任何计算机都称为备份客户端。通常是指应用程序、数据库或文件服务器。备份客户端也用来表示能从在线存储器上读取数据并将数据传送到备份服务器的软件组件。

(2) 备份服务器。将数据复制到各类介质并保存历史备份信息的计算机系统称为备份服务器。备份服务器通常分成主备份服务器和介质服务器两类。

(3) 备份存储单元。备份存储单元包括数据磁带、磁盘或光盘。通常由介质服务器控制和管理。备份是主备份服务器、备份客户端和介质服务器三方协作的过程。

(4) 备份管理软件。备份硬件是完成备份任务的基础，而备份软件则关系到是否能够将备份硬件的优良特性完全发挥出来。必须采用具有自动加载的磁带库硬件产品与具有在线备份功能的自动备份软件。

2.12.4 数据备份策略

数据备份策略是指确定需要备份的内容、备份时间以及备份方式。

(1) 选择合适的备份频率（如经常备份，有规律备份，做了结构上的修改应及时备份等）。尽量采用定时器、批处理等由计算机自动完成的方式，以减少备份过程中的手工干预，防止操作人员的漏操作或误操作。

(2) 根据数据的重要性可选择一种或几种备份交叉的形式制定备份策略。

(3) 若数据量比较小或者数据实时性不强或者是只读的，备份的介质可采用磁盘或光盘。在备份策略上可执行每天一次数据库增量备份，每周进行一次完全备份。备份时间尽量选择在晚上等服务器比较空闲的时间段进行，备份数据要妥善保管。

(4) 就一般策略来说，当对数据的实时性要求较强，或数据的变化较多且数据需要长期保存时，备份介质可采用磁带或磁盘。在备份策略上可选择每天两次，甚至每小时一次的数据热完全备份或事务日志备份。为了把灾难损失减少到最低,备份数据应保存一个月以上。另外每当存储数据的数据库结构发生变化,或进行批量数据处理前应做一次数据库的完全备份,且这个备份数据要长期保存。数据备份也可以考虑光盘备份。

(5)当实现数据库文件或者文件组备份策略时,应时常备份事务日志。当巨大的数据库分布在多个文件上时,必须采用这种策略。

(6)备份数据的保管和编册记录是防止数据丢失的另一个重要方法。为了避免数据备份进度的混乱,应清楚记录所有步骤,并为实施备份的所有备份人员提供此类信息,以免发生问题时因忙乱找不到应使用的备份数据。数据备份与关键应用服务器最好是分散保管在不同的地方,通过网络进行数据备份。定时清洁及维护磁带机或光盘。把磁带和光盘放在合适的地方,避免将磁带和光盘放置在过热和潮湿的环境中。备份的磁带和光盘最好只允许网络管理员和系统管理员访问。要完整、清晰地做好备份磁带和光盘的标签。

(7)对需要备份的数据,可以采用完全备份、增量备份、差分备份或按需备份这4种方式中的一种或者几种的组合。

2.12.5 灾难恢复系统的规划

1. 灾难恢复系统规划应注意的问题

(1)容灾系统是整个数据中心建设的有机组成部分,应当和数据中心的规划建设同步进行。

(2)灾难恢复的最终目标是保证应用系统的连续性,系统建设时要全面考虑数据中心的业务特点、服务的类型、服务的方式、服务的法律义务等多方面的要求。

(3)成本和效益平衡的原则。在分析数据安全和业务连续性需求的基础上平衡成本和风险,对风险的概率、风险的影响、风险造成的损失、灾难备份系统的建设成本及运行维护成本等方面进行综合考虑,统筹规划,分步实施,防止不顾实际需求,一哄而上。

(4)按照灾难恢复的等级要求选择适当的系统和数据的备份及恢复技术。

(5)重视基础建设。基础性设施具有长期稳定不易更改的特点,应打好基础避免重复建设。

(6)要充分利用现有资源,尽量做到资源共享,互为备份。

(7)根据数据中心安全要求的不同,从实际出发进行等级化管理。备份的数据也要考虑相应的安全保管,涉密数据的备份应进行加密处理。

2. 灾难恢复系统的规划

根据数据中心的安全要求,应对灾难备份系统采用的技术路线进行全面的考虑。

1)数据级容灾和应用级容灾的选择

按照容灾系统对应用系统的保护程度可以将其分为数据级容灾和应用级容灾。

对服务中断不太敏感的部分可以选择数据级容灾,以便节省成本,在数据级容灾的基础上构建应用级容灾系统,保证实时服务不间断运行,为用户提供更好的服务。

2) 灾难备份系统的在线/离线模式的选择

(1) 在线模式。对数据保护的实时性高,对业务连续性要求高需要采用在线模式。

(2) 离线模式。离线模式适合对数据保护的实时性要求不高的场合,离线模式设备比较简单,投资较少。

3) 数据备份技术的选择

灾难备份系统中数据备份技术的选择应符合数据恢复时间或系统切换时间,且满足业务连续性的要求。目前,数据备份技术主要有如下几种:

(1) 磁带备份。

(2) 基于应用程序的备份。这种备份方式往往需要进行应用程序的修改,工作量比较大。另外,由应用程序本身来处理数据的复制任务,对应用系统的性能影响较大。

(3) 数据库的远程数据复制。这种灾难备份方式比较适合只对数据库有远程灾难备份需求,传输距离较长且网络传输带宽不大的用户环境。

(4) 服务器逻辑卷的远程数据复制。这种灾难备份方式适合文件、数据库等多种数据的远程复制要求,并且对应用系统和数据库是透明的,但需要运行中心和灾难备份中心主机同构。

(5) 通过存储备份软件实现的远程数据复制。数据的复制和同步通过存储备份软件实现,系统的灵活性很强,完全不依赖主机系统和存储系统,也不影响本地应用的响应速度,数据可以从任何存储设备上镜像到任何地点的任何存储设备上。

(6) 基于智能存储设备的远程数据复制。由智能存储设备自身管理软件实现数据的远程复制,即智能存储设备将系统中的存储操作指令发送到远端的智能存储设备上,在远端智能存储设备中重做存储操作指令,实现数据远程复制。这种灾难备份方式要求运行中心和灾难备份中心配置同构的智能存储设备。

4) 同步/异步方式的选择

数据复制技术是灾难备份系统的核心技术。数据复制技术主要是将运行中心的生产数据复制成灾难备份数据,灾难备份数据与生产数据应保持一致。在线模式下,数据复制的主要方式有同步数据复制和异步数据复制两种。

(1) 同步数据复制。同步数据复制指的是备份中心的数据在任何时间与运行中心的数据均保持一致。同步数据复制技术可以保证数据的一致性和完整性,实现起来较为简单,但是增加了网络和应用系统的负担,由于需要等待远程站点的确认,数据更新操作时间长,影响应用的性能。

同时,由于数据在两个中心间传输要消耗时间,使得数据读/写操作时间受到两个中心之间距离的影响,两个中心间的距离限制很难突破 60km。由于受到传输技术的限制,该方式对运行中心和备份中心之间的距离和通信质量有严格要求。一般适用于同城异地的备份。

(2) 异步数据复制。异步数据复制方式是在主机系统向本地磁盘写数据后,将本地生产的数据以后台方式复制到异地。异步复制技术可以保证数据的一致性,虽然实现起来较为复杂,但是减少了网络和应用系统的负担。但由于数据不能时时同步,灾难发生时可能出现少量数据的丢失。

5) 存储子系统

存储子系统是容灾系统的重要组成部分。保存大量数据的灾难备份中心存储子系统适合采用 SAN 架构,由磁盘阵列和 SAN 交换设备组成数据存储池。存储系统中存储设备是最重要的部分,其性能的好坏直接决定了整个 SAN 存储系统的性能好坏。

6) 服务器系统

容灾系统中服务器平台的性能和可靠性对容灾系统的整体性能有重要影响。

容灾系统服务器的性能应满足容灾方案的要求,如 CPU 处理能力、数据缓存能力、良好的 I/O 吞吐能力、服务器的性能稳定等。服务器应具有一定的高可用性(如冗余网卡、使用 RAID 磁盘等),保证在灾难恢复期间系统可靠运行。

7) 灾难备份设备的共享,降低容灾成本

以实现高度整合和共享为方向,如多个系统共享一套容灾设备,在不影响容灾性能的基础上考虑所提供的功能或方式是否实用可靠。其次,要考虑管理的方便性,是否支持中心化管理和远程管理,是否支持故障自动通知机制,在配置改变或系统扩容时,不需宕机或尽可能缩短宕机时间,这些也是产品的重要特征。

8) 同城灾难备份与异地灾难备份

按照容灾距离的远近可以将灾难备份分为同城灾难备份与异地灾难备份。同城灾难备份方案是在同城或相近区域内建立两个数据中心:一个为运行中心,负责日常生产运行;另一个为灾难备份中心,负责灾难发生后的应用系统运行。同城灾难备份的运行中心与灾难备份中心的距离比较近,通信线路质量较好,比较容易实现数据的同步镜像,保证高度的数据完整性和数据零丢失。同城灾难备份一般用于防范火灾、建筑物破坏、供电故障、计算机系统以及人为破坏引起的灾难。

异地灾难备份主备中心之间的距离较远(一般在 100km 以上),因此,一般采用异步镜像,会有少量的数据丢失。异地灾难备份不仅可以防范火灾、建筑物破坏等风险隐患,还能够防范战争、地震、水灾等风险。由于同城灾难备份和异地灾难备份各有所长,为达到最理想的防灾效果,数据中心应考虑采用分别建立一个同城和异地灾难备份中心的方式解决。

总之,容灾系统的建设要根据业务实时性的要求不同,针对不同业务采用不同的备份与恢复方式,以减少投入。备份的目的是提高服务质量,创造更多的利润,因此,不管采用什么备份方案,关键是在投入与效益间找到最佳平衡点。

2.13 标准规范的应用与建设

数据中心的建设是一个系统工程,因此,标准规范的建设至关重要。它一般包含以下内容:政策标准(依据已有的法律法规和指导性文件制定相关政策标准,该部分不在软件实施范围之内),软件接口标准,基础数据元标准,数据交换格式标准,文档交换格式标准,信息分类编码标准,共享数据集标准,认证、授权和访问控制标准,安全技术标准、系统管理规范等。我国已制定了一大批与数据中心的建设相关的标准规范,应优先采用。对于尚未制定和下发的相关标准规范,有条件和能力的部门与机构可组织制定。但应知道,数据标准的制定是一项很宏大的工程,需要参考已有的政策法规以及客户的数据现状、应用现状和要满足的数据共享要求及新建系统情况进行制定。下文的内容只对要建设的标准范围进行介绍,并不对标准的内容进行描述。

2.13.1 软件接口标准

软件接口标准是建设数据中心不可忽视的一项工作。软件接口大致可以分为同步和异步两种方式。接口标准要与国家电子政务平台等相关的软件接口标准保持充分的一致性。

软件接口分为数据接口和应用接口两类,包括以下内容:

1. 数据接口

(1) SQL Server。

(2) Oracle。

(3) DB2。

(4) XML。

2. 应用接口

(1) SOAP。

(2) Web Service。

(3) COM/DCOM。

(4) J2EE 构架。

2.13.2 基础数据元标准

数据元是最小的不可再分的信息单位,是一类数据的总称。基础数据元集定义了信息系统中进行数据描述的元素的基本集合。基础数据元集的确定是制定数据交换格式标准、文档交换格式标准以及进行数据库设计的基础。要定义基础数据元集,首先要制定数据元的命名标准、标示标准和一致性标准。针对每一个数据库,我们需要建立一套数据元集,它反映了该数据库中存储了哪些基本的数据及信息包含的内容和访问控制等定义。例如,人口库的数据元之一的"人口基础信息"就包含了人口的出生、死亡、迁移、性别、年龄、民族、籍贯、出生地、兵役状况、婚姻状况、职业等内容。

2.13.3 数据交换格式标准

为了使数据中心能在不同的部门间更好地进行数据交换,必须制定统一的数据交换格式标准,才能保证数据交换的有效性,实现"互联互通、资源共享"的要求。

数据交换格式标准的具体内容包括:
(1) 数据交换代码格式规范。
(2) 服务请求标准。
(3) 服务请求应答格式规范。
(4) 会话协议标准。

2.13.4 文档交换格式标准

数据中心不但要管理结构化数据,还要管理非结构化数据。在交换的数据资源中,公文等电子文档的数据交换需要单独考虑。公文在计算机系统中以一定的电子文档形式进行表述,公文的电子表述格式的好坏直接关系到电子文档类数据的共享,以及系统在未来的使用寿命和可扩展性。因此,必须在充分分析行业业务处理需求的基础上,借鉴国内外经验,搞好电子文档交换格式标准的制定工作。应参照国家的电子公文交换格式标准进行设计。文档交换格式标准的具体内容包括:
(1) 电子政务业务流程设计方法通用指南。
(2) XML 业务表示规范。
(3) 电子公文交换处理规范。
(4) 电子公文存档管理规范。
(5) 电子公文处理流程规范。
(6) 电子政务业务生成的通用技术要求。

2.13.5 信息分类编码标准

信息分类就是根据信息内容的属性或特征,将信息按一定的原则和方法进行区分和归类,并建立起一定的分类系统和排列顺序,以便管理和使用信息。信息编码就是在信息分类的基础上,将信息对象(编码对象)赋予有一定规律性的、易为计算机和人识别与处理的符号。应遵照国际标准-国家标准-行业标准-企业标准的序列,建立全行业信息系统所使用的信息分类编码标准。

在信息分类编码标准的建设过程中,可以参照以下标准:
(1) GB/T 2260《中华人民共和国行政区划代码》。
(2) GB/T 4754《国民经济行业分类和代码》。
(3) GB/T 6565《职业分类与代码》。
(4) GB/T 7027《信息分类编码的基本原则与方法》。

(5) GB/T 7635《全国工农业产品(商品、物资)分类与代码》。
(6) GB11643《公民身份号码》。
(7) GB/T 11714《全国组织机构代码编制规则》。
(8) GB/T 18391(系列标准)《信息技术数据元的规范与标准化》。

2.13.6 共享数据集标准

共享数据集标准是定义面向不同的服务对象建立数据共享集合的业务主题及其属性,从而为数据共享服务。

2.13.7 认证、授权和访问控制标准

认证是确认用户身份的机制,授权是对用户进行权限管理的机制,访问控制是根据系统中用户权限的描述信息限定系统资源使用范围的机制。认证和授权如何实现,权限如何描述,资源的使用范围如何描述,都需要一套合理的标准。在本次建设中主要考虑以下几种标准:

1. 访问控制及认证技术标准

(1)访问控制技术标准。
① 自主型访问控制。
② 强制型访问控制。
③ 基于角色的访问控制。
(2)认证技术标准。

2. 资源访问控制的标准化

(1)系统资源定义规范。
(2)资源访问控制规范。
(3)用户和角色定义规范。
(4)系统身份认定规范。

2.13.8 安全技术标准

数据中心的安全体系涉及物理安全、网络安全、系统安全、信息安全以及安全管理等方面。信息安全涉及信息的完整性、私密性和不可抵赖性等方面。这方面应按照相应的国家标准。对于有特殊需要的地方,依据国家标准进行必要的扩展。

为保证数据中心系统的安全和稳定运行,必须遵循以下安全规范和标准:

1. 加密算法、数字签名及 PKI 标准

(1)加密算法。对称密钥加密算法、公开密钥加密算法。
(2)数字签名标准。数字签名算法、单向散列函数。
(3)PKI 标准。IETF PKIP、IETF PKIX、ITU-T X.500、ITU-T X.509。

2. 安全体系结构标准

(1) 国际标准化组织 ISO-7492-2。

(2) 国标 T9387.2-1995。

3. 安全等级评估标准

(1) 联合公众标准 CC。

(2) 欧洲 ITSEC。

(3) 美国 TNI(安全红皮书)。

(4) 美国 TCSEC(安全橘皮书)。

4. 分布式系统的安全

(1) DCE Kerberos。

(2) SESAME。

2.13.9 系统管理规范

管理是一个系统可靠运行的必要保障。系统的稳定运行,既取决于各技术环节的处理能力,同时系统的管理工作也是不可缺少的。在进行系统开发工作的同时,管理工作必须跟上。我们要以规范化的运作、严格的管理体系为管理原则,既要借鉴已有的系统管理经验,也要在别人成功的基础上制定适合本单位数据中心的各类管理规范,并严格监督执行。在制定规范的过程中,可以参照如系统工程质量验收与竣工验收规范、系统运行管理制度、数据采集维护管理制度、资源(软件、硬件、数据)管理规范等管理规范和制度。

2.14 环保、消防、职业安全卫生和节能措施

2.14.1 环境保护

数据中心系统建设任务属于无污染工程,设备电磁辐射值在国家规范允许范围内,不会对环境造成污染。系统建设和运行过程中没有有毒、有害废水和气体排出,主要排放物为生活污水。

在数据中心系统建设中,严格按照国家颁发的有关环境保护法规和要求进行文明施工,设置在室外的风机采用高效低噪声设备,以降低室外噪声。

2.14.2 消　防

机房消防系统采用独立的自动气体灭火消防系统和自动报警装置,要严格按照国家标准和消防部门的有关要求,如《火灾自动报警系统设计规范》GB 50116—98、《二氧化碳灭火系统设计规范》GB 50193—93(1999)、《火灾自动报警系统施工及验收规范》GB 50166—92、《气体灭火系统施工及验收规范》GB 50263—97 等进行设计、施工。

(1) 分别设置建筑物人流、物流入口,防火分区要符合消防要求。室外管线、建筑物之间间距、周围道路均要满足消防要求。

(2) 建筑物内要设有消火栓系统,消防水量满足规范要求。

(3) 所有空调风管及冷水管道的保温采用难燃(氧指数＞32)或不燃材料。凡穿过空调机房墙的送风管在防火隔断处设置防火阀。防火阀与本系统的送风机联锁,当防火阀关闭后风机电源自动切断。

(4) 机房设有火灾自动报警系统。

(5) 机房建筑物内均设置有应急照明、疏散标志。

2.14.3 节　能

(1) 设计中尽可能选用国家批准的机电节能产品,选择能耗低、可靠性高的设备,以控制能耗。

(2) 为了节约用水、用电,在给水进口、电气线路入口及各设备进口处均考虑设置计量仪表。

(3) 采用高效节能的空调、通风设备。

(4) 空调系统均采用自动控制,冷媒管、冷冻水管均采用保温材料进行保温,以节省能量。

(5) 电力电缆采用电能损耗小的铜芯电缆,照明设计采用合理的照明方案,选用效率高、利用系数高、配光合理、保持率高的灯具。

2.14.4 职业安全卫生

(1) 机房内设备布置有足够的空间和间距,人流、物流的疏散均通畅。

(2) 机房配备空调设施,以改善工作条件和环境。

(3) 机房装修设计按照有关规定和要求,严格保证所有电器设备的漏电保护,以免造成触电事故。

(4) 为确保人身安全,所有用电设备的金属外壳、配电箱(盘)、操作箱(盘)、配线槽、保护钢管和接线盒均与保护线(PE线)可靠连接,以确保安全。为保证安全,机房设置防静电地面并设置防静电接地和工作接地。

(5) 机房设有更衣室、换鞋室,以保证环境清洁和网络运行环境文明,确保信息设备安全可靠。

(6) 机房区域内设有火灾自动报警系统、门禁系统及电视监控系统。

(7) 通道、出入口设有应急照明和疏散方向标志,保证人员在紧急情况下能安全疏散。

第 3 章 数据中心机房

"机房者立业营运之本,承载数据中心之摇篮。"

机房是数据中心重要的基础设施,可以比喻为数据中心的摇篮。它是指在一个物理空间内实现信息的集中处理、存储、传输、交换、管理。计算机设备、服务器设备、网络设备、存储设备等是数据中心机房的核心设备。这些设备运行所需的环境因素,如供电系统、空调系统、消防系统、机房与监控系统是数据中心机房重要的物理基础设施。

机房技术在20世纪80年代开始建立雏形,在21世纪得到了快速发展。随着IT(信息技术)的快速发展、不断创新与革命,新材料、电力电子、制冷技术等基础学科的研究也取得了突破性进展,使得机房技术在结构布局、供配电、制冷、监控管理等方面产生了巨大变化。

3.1 数据中心机房建设概述

数据中心机房属于电子信息系统机房的范畴,与一般的电子信息系统机房相比,其地位更加重要,设施更加完善,性能更加优良。

3.1.1 数据中心机房的组成

数据中心机房建设是一个系统工程,它由主机房(包括网络交换机、服务器群、存储器、数据输入/输出配线、通信区和网络监控终端等)、基本工作间(包括办公室、缓冲间、走廊、更衣室等)、第一类辅助房间(包括维修室、仪器室、备件间、存储介质存放间、资料室)、第二类辅助房间(包括低压配电、UPS电源室、蓄电池室、精密空调系统用房、气体灭火器材间等)、第三类辅助房间(包括储藏室、一般休息室、洗手间等)组成的。主机房内放置大量网络交换机、服务器群等,是综合布线和信息化网络设备的核心,也是信息网络系统的数据汇聚中心,其特点是设备24h不间断运行,电源和空调不允许中断,对机房的洁净度、温湿度要求较高。机房内安装有UPS不间断电源、精密空调、机房电源等大量配套设备,需要配置辅助机房。为了方便管理,有时将通信机房与信息网络机房合在一起建设,使得机房的面积相对较大。此外,机房布局时还应设独立的出入口;当与其他部门共用出入口时,应避免人流、物流交叉;人员出入主机房和基本工作间应更衣换鞋。机房与其他建筑物合建时,应单独设防火分区。机房安全出口不应少于两个,并尽可能设于机房两端。

机房的各个系统是按功能需求设置的,其主要工程包括机房区、办公区、辅助区的装修与环境工程;可靠的供电系统工程(UPS、供配电、防雷接地、机房照明、备用电源等);专用空调及通风;消防报警及自动灭火;智能化弱电工程(视频监控、门禁管理、环境和漏水检测、综合布线、KVM系统等)。

3.1.2 数据中心机房的基本要求

机房作为数据中心安全、稳定运行的平台,对安全性、可用性、灵活性、机架化、节能性等方面提出了更高的要求。

(1) 高安全性。机房要防雷击、防火,据报道,发生在机房50%的火灾是由于电池起火引起的;另外,还要防水,空调漏水等也是机房水灾的一大起因;最后是防止非法进入,包括网络的、人为的入侵。这些都是在机房建设中需要考虑的安全问题。

(2) 高可用性。提高平均无故障时间(MTBF),降低平均修复时间(MTTR),提高运行、维护的管理水平,把可用性提高到"5个9",即年停机时间仅5min,可用性达到99.999%。

(3) 机架化。机架化有两个概念,一个是机架定位单元(RLU),需要事先确定数据中心机房的主要标准,如数据中心机房可以支持多少设备,以及是否有能力来支持这些设备等,它是根据数据中心机房每个机架的运行需求得出的数字。一个机架根据其主要要求(电源、冷却等)有特定的RLU值,而这些数字可以与其他同样或类似的要求一起使用。在拥有各类设备的数据中心机房中,RLU定义一般不止一个,例如,在数据中心机房一个区域内的所有存储机架可以被视为RLU-A机架,而所有服务器机架则为RLU-B机架。另一个是"机房模块"的概念,机架(机柜)正在成为IT设备的"新家",或者说,机柜内的微环境才是所谓的"机房环境",更有研究专家称"机柜即机房"。在某种程度上,至少在机房的物理空间层面上,机柜确实可以理解为"被切割成模块的机房"。

(4) 节能性。机房的密封、绝热、配风、气流组织这些方面如果设计合理将会降低空调的使用成本。因为UPS输入电流谐波成分应小于5%,所以UPS效率的提高能有效降低对电力的需求,从而达到节能的目的。

3.1.3 数据中心机房技术的发展趋势

信息技术的迅猛发展促进了机房工程技术的进步,其发展趋势如下:

1. "智能机房"概念的引入使机房建设上了一个新台阶

随着网络、通信和计算机系统的大规模应用和发展,作为其核心的各种机房的重要性越来越突出。机房的动力、环境设备,如配电、不间断电源、空调、消防、监控、防盗报警等子系统,必须时刻保证能够提供系统正常运行所需的环境。一旦动力、环境设备出现故障,或故障不能及时处理,就会影响到整个系统的运行,甚至损坏机房中的硬件设备,造成严重的后果。若金融、电力、通信等重要部门出现机房故障,将造成不可估量的经济损失和社会影响,因此许多机房不得不采取24h专人值班,定时巡查环境设备的措施。但是,这样仍然存在着耗费人力资源、人长时间重复劳动易于疲劳和疏忽、巡查人员专业技能水平不足以排除故障和整个机房动力、环境设备监控管理工作不科学、不规范等问题。

针对这些问题,在机房建设中引入了智能机房集成管理系统,利用先进的计算机技术、控制技术和通信技术,将整个机房的各种动力、环境设备子系统集成到一个统一的监控和管理平台上,通过一个统一的简单易用的图形用户界面,维护人员可以随时随地监控机房的任何一个设备,获取所需的实时和历史信息,进行高效的全局事件管理。该系统为机房维护人员提供了先进的管理手段、实时的管理信息和丰富的历史记录,可以提高对机房系统设备的管理水平,实现科学管理,同时也节省了人力,减轻了维护人员的劳动强度,提高了对突发事件的快速反应能力,减少了事故带来的危害和损失,从而使机房管理步入了一个新的境界,也为实现机房无人管理创造了条件。

2. 机房结构布置发生变化,将操作人员与计算机设备分开

在 KVM 主机切换系统出现以前,部分计算机设备必须在机房内对其进行维护。根据机房内设备运行的需要,一般采用地板下送风,室内温度较低,长期在这种环境中工作致使不少操作人员的身体健康受到严重影响。另外,由于机房内经常有人员活动及机房外门的频繁开启,机房内的环境也难以保证。

在 KVM 系统出现后,操作人员在操作室就可以对计算机设备进行全面的维护,不必再进入机房内。这样在机房内可以采用下送风的机房专用空调系统,在操作室内采用适合有人环境的舒适性空调系统,既保证了设备运行的需要,也保证了操作人员的身体健康,同时也保证了机房内的环境。随着 KVM 系统和智能机房集成管理系统的使用,现在许多大型机房都划分了有人区和无人区。

3. 顺应时代发展的需要,逐步建设绿色环保的节能机房

机房内有许多计算机设备及环境保障设备(如 UPS 电源、机房专用空调等),这些设备使机房成为耗能大户。随着各系统技术的不断发展,越来越多的机房建设使用了节能设备和新的节能技术,如采用高效能的 UPS 电源系统、低能耗的机房专用空调系统和机房智能照明系统,降低了机房的能耗。另外,洁净消防灭火系统也使机房在使用过程中减少了对环境的危害。

4. 适应计算机设备的不断发展,增加机房的灵活性

为了方便计算设备的更新、扩展和升级,在机房建设时需适当考虑各系统,为设备发展留有一定的冗余和预留,减少因机房改造而带来的系统停机时间。

3.2 数据中心机房建设遵循的标准与规范

3.2.1 ANSI/TIA-942-2005 数据中心用远程通信基础设施标准

《ANSI/TIA-942-2005 数据中心用远程通信基础设施标准》是世界上第一部较为

全面地以数据中心为对象的技术标准,由美国国家标准学会(ANSI)和美国通信工业协会(TIA)于 2005 年 4 月 12 日共同发布。它一问世就得到了国际主流厂商的广泛响应,研发了一批相关的系统产品。

ANSI/TIA-942-2005 标准分正文和附录两大部分。正文包括数据中心定义、数据中心设计概述、布线的基础设施、空间和有关的拓扑结构、布线系统、线缆敷设以及冗余;附录包括布线设计需要考虑的事项、通信基础设施的管理、接入服务商的信息、工程师对设备规划的综合协调、数据中心空间需要考虑的事项、场地选择、数据中心基础设施的分类等级以及数据中心设计样板等。

ANSI/TIA-942 以数据中心基础设施的"可用性(Availability)"和"安全性(Security)"为主要指标,将数据中心分为以下 4 个等级:

(1) 等级 I 。由电力和冷却分配的一条单通路组成,没有多余的组成部分,提供 99.671% 的可用性,业界俗称"2 个 9"。

(2) 等级 II 。由电力和冷却分配的一条单通路组成,带有多余的组成部分,提供 99.741% 的可用性,业界俗称"2 个 9"。

(3) 等级 III 。由多条有效的电力和冷却分配道路组成,但是只有一条道路活跃,有多余的组成部分,并且同时是可维修的,提供 99.982% 的可用性,业界俗称"3 个 9"。

(4) 等级 IV 。由多条有效的电力和冷却分配道路组成,有多余的组成部分,并且是故障容错,提供 99.995% 的可用性,业界俗称"4 个 9"。

3.2.2 《电子信息系统机房设计规范》GB 50174—2008

为加强电子信息系统机房的工程设计质量,住房和城乡建设部发布了国家标准《电子信息系统机房设计规范》GB 50174—2008,从 2009 年 6 月 1 日起正式实施,原《电子数据中心机房设计规范》GB 50174—93 同时废止。此规范为新建、改建和扩建建筑物中的电子信息系统机房提供了设计标准,是国内数据中心机房建设必须遵循的重要规范。GB 50174—2008 与 ANSI/TIA-942-2005 针对数据中心的分类等级基本对应。GB 50174—2008 分 A、B、C 三级,对应 ANSI/TIA-942-2005 的等级 IV、等级 III、等级 I。其中,A 类要求最高,也要求具有容错能力,可用性达到 99.99%。

GB 50174—2008 规范共分 13 章和 1 个附录,主要内容有总则、术语、机房分级与性能要求、机房位置及设备布置、环境要求、建筑与结构、空气调节、电气、电磁屏蔽、机房布线、机房监控与安全防范、给水排水、消防;附录为各级电子信息系统机房技术的要求。与旧标准 GB 50174—93《电子数据中心机房设计规范》相比,新规范的名称由"电子数据中心机房设计规范"更名为"电子信息系统机房设计规范",适应的范围更广。修订的主要内容如下:

(1) 根据各行业对电子信息系统机房的要求和规模差别较大的现状,将电子信息系统机房分为 A、B、C 三级,以满足不同的设计要求。

① A 级为容错型,在系统运行期间,其场地设备不应因操作失误、设备故障维护

和检修而导致电子信息系统运行中断。

② B级为冗余型,在系统运行期间,其场地设备在冗余能力范围内,不应因设备故障而导致网络系统运行中断。

③ C级为基本型,在场地设备正常运行情况下,应保证网络系统运行不中断。

(2) 比原规范增加了术语、机房分级与性能要求、电磁屏蔽、机房布线、机房监控与安全防范等章节。

(3) 新标准中有5条为强制性条文,必须严格执行,主要是从保障人身和设备安全角度来考虑的。新规范体现了"以人为本"的设计理念,将人身安全放在首要位置。其要点如下:

① 第6.3.2条关于机房耐火等级:明确机房的耐火等级不能低于2级。

② 第6.3.3关于机房设置防火隔墙:当A级或B级电子信息系统机房位于其他建筑物内时,主机房应采用耐火极限,两小时的防火隔墙与其他部位的分隔,隔墙应采用甲级防火。这一条主要是说当机房和其他建筑建在一起时,要求在机房和其他建筑期间必须有一道具有两个小时耐火时间的防火隔墙,把机房和其他建筑分隔开来,避免其他建筑部分着火时殃及机房。

③ 第8.3.4规定:机房内所有设备的可导电金属外壳、各类金属管道及建筑物金属结构必须进行等电位连接。这一条主要从人身安全、设备安全两方面综合考虑。

④ 第13.2.1条规定:机房必须采用管网式气体灭火系统,或高压吸水物灭火方案。应同时设置两种独立的火灾侦测器,且火灾报警系统应与灭火系统联动,这一条是和过去旧的机房设计规范有所不同,旧规范里面规定采用烟感和温感两种探测器。

⑤ 第13.3.1条规定:凡设置洁净气体灭火系统的机房应配置专用空气呼吸器或氧气呼吸器。

3.2.3 数据中心机房建设遵循的相关标准与规范

数据中心机房建设遵循的相关标准与规范除了 ANSI/TIA-942-2005 数据中心用远程通信基础设施标准、国家标准 GB 50174—2008《电子信息系统机房设计规范》和 GB 50462—2008《电子信息系统机房施工及验收规范》外,其他主要的相关标准与规范如下:

(1) GB/T 2887—2000《电子计算机场地通用规范》。
(2) GB 50052—1995《供配电系统设计规范》。
(3) GB 50054—1995《低压配电设计规范》。
(4) GB 50034—2004《建筑照明设计规范》。
(5) JGJ/T 16—1992《民用建筑电气设计规范》。
(6) GB 50057—1994(2000)《建筑物防雷设计规范》。
(7) GB 50116—1998《火灾自动报警系统设计规范》。

(8) GB 50166—1992《火灾自动报警系统施工及验收规范》。
(9) GB 50045—1995(2001)《高层民用建筑设计防火规范》。
(10) GB/T 50314—2000《智能建筑设计标准》。
(11) GB 50339—2003《智能建筑工程质量验收规范》。

标准按使用的时序可分为设计规范和通用规范。设计规范主要用于机房建造前，所要求的技术指标要考虑安装设备后的实际效果，但在绝大多数情况下，机房建造完成交工时，里面是没有应用设备的，因此，技术指标的设计要有预估和余量；通用规范主要用于机房建造及使用的全过程，所要求的技术指标不但要考虑建设交工，还要满足使用过程，其中技术指标的设计更实际。二者的技术指标并不完全一致，使用的人群也有不同。设计规范的主要使用人群是设计院设计人员、机房专业公司设计人员、用户基建机房承建人员等；通用规范主要的使用人群是机房管理人员、机房使用人员、信息设备生产厂家运维人员等。

3.3 机房环境规划

3.3.1 机房环境概述

机房是以建筑为依托、以数据为依据建立的一个特定的电子信息系统的环境空间。

1. 机房环境的特点

机房是安装信息系统的场地，设备在运转过程中会产生大量的热。温度过高或过低都会使电子器件的电气参数发生变化，加速元器件的老化；高湿会使金属生锈、接触不良；低湿加速静电的形成；灰尘易吸湿，对元器件产生腐蚀，甚至引起短路；震动、冲击会使连接件松动、接触不良；静电会引起计算机设备的随机故障而产生误信号等。因此，机房必须具备一定的环境条件，才能保证设备可靠运行。根据 GB/T 2887—2000《电子计算机场地通用规范》和 GB 50174—2008《电子信息系统机房设计规范》的规定，机房环境的几个重要条件如下：

(1) 温度、湿度。计算机系统对温度、湿度的要求分为 A、B 两级，说明见表 3.1。

表 3.1 温度、湿度要求

要求项目\级别	A 级		B 级
	夏季	冬季	全年
温度	23±2℃	20±2℃	18～28℃
相对湿度	45%～65%		40%～70%
温度变化率	<5℃/h 并不得结露		<10℃/h 并不得结露

(2) 尘埃。在静态条件下测试,主机房内空气中尘埃粒径大于或等于 $0.5\mu m$ 的尘粒数应少于 18 000 粒/l。

(3) 噪声。计算机系统停机时,在主机房中心处测试机房内的噪声应小于 65dB(A)。

(4) 照度。数据中心机房在距地 0.8m 处,照度不应低于 300 lx,辅助房间照度不低于 200 lx。

(5) 无线电干扰场强。在频率为 0.15~1000MHz 时不大于 126dB。

(6) 磁场干扰场强不大于 800A/m。

(7) 在计算机系统停机条件下,主机房地板表面垂直及水平方向的振动加速度值不应大于 $500mm/s^2$。

(8) 主机房地面及工作台面的静电泄漏电阻应符合现行国家标准 GB 6650—1986《计算机机房用活动地板技术条件》的规定。

(9) 主机房内绝缘体的静电电位不应大于 1kV。

2. 机房的组成

根据信息系统的规模、用途、任务、性质,以及计算机对供电、空调等的不同要求及管理体制的确定,机房一般由下列房间组成:

(1) 主要工作房间。主要指主机房。

(2) 基本工作间。包括数据录入室、终端室、备品备件室、媒体存放室、上机准备间。

(3) 第一类辅助房间。包括备件间、未记录的介质存放室、仪器室、硬件人员办公室、软件人员办公室。

(4) 第二类辅助房间。包括维修室、电源室、蓄电池室、发电机室、空调系统用房、钢瓶间、监控室、值班室。

(5) 第三类辅助房间。包括储藏室、更衣换鞋室、缓冲间、机房人员休息室等。

3. 机房装修设计

1) 设计原则

机房装修设计应紧紧围绕机房环境的特点和信息系统特定的应用目的展开,要满足一般装修工程所要求的装修效果,更要着眼于各系统整合的合理性、灵活性、适用性,重点进行功能和环境指标的实施,以确保电子信息设备长期、稳定、可靠的运行环境,确保各系统充分发挥其功能,为管理人员提供安全、高效的管理手段,为工作人员创造绿色环保、健康的工作环境。

(1) 使机房数据处理、通信、检测、监控等各项功能满足信息系统应用的要求。

(2) 温度、湿度、尘埃、电源质量、接地电阻、照度、噪声等环境条件满足计算机设备可靠运行的环境要求。

(3) 采取防火、防盗、防水、防鼠、防静电、防电磁干扰等技术措施,保证机房安全运行,保证机房工作人员身心健康。

2) 设计特点

机房装修设计要紧紧围绕机房运行的特点展开,并且关注以下几个问题:

(1) 注重创建特定的环境条件。机房装修设计的视觉效果不会影响计算机设备的可靠运行,因此,机房装修注重于创建特定的环境条件以满足房间功能要求而不是刻意追求表面效果,要崇尚科学,讲究技术和艺术的结合。如机房区注重保持温度及湿度、装饰简洁、减少积灰面;控制室多数设有大屏幕投影显示系统,其集成并显示的内容及大屏幕投影显示系统本身就是高科技的标志,要求装饰与之呼应,繁简适度、富有韵律、格调高雅、强调质感;办公区简装修、重陈设,有益于工作人员的身心健康。

(2) 防火、防水要求高。电子机房专业系统多、机房面积相对比较小,而在有限的空间内集中了大量计算机设备和线缆,火灾危险性高,水、火灾害将严重威胁机房的安全,因此要求:

① 机房材料的选择应严格遵循 GB 50222—1995《建筑内部装修设计防火规范》的规定。

② 机房区应有火灾自动报警系统和自动灭火系统,并对吊顶内、地板下、基本工作房间内(吊顶面与地板面之间)进行全方位监视和控制。

③ 自动灭火介质禁止水喷淋而应采用纯净气体灭火,并在吊顶内、地板下、基本工作房间内(吊顶面与地板面之间)进行全方位控制。

④ 与机房区无关的给排水管道不得穿过主机房。

⑤ 机房空调系统给排水管下方应有漏水检测装置,空调机周围应设挡水堤,新风管、空调机冷媒管等应采用难烧材料进行保温防止产生冷凝水。

⑥ 强、弱电线缆槽架应离地 20～30mm 左右,实践证明,此项措施对防止意外水患对各种电线、电缆的影响是非常有效的。

(3) 机房材料的选择和工艺处理细节与机房环境条件密切相关。保证机房温度和湿度、控制含尘量主要通过空调系统实现。如果机房材料选择不当,易产生粉尘、掉渣;作为静压送风库与回风库内的原建筑顶面、地面、墙、柱面表面不平整,积灰不易清除;虽进行了防尘处理,但材料或施工工艺不当,如防尘漆面龟裂、起皮等,都会严重影响机房的洁净度。特别值得注意的是墙面、柱面的处理,如采用轻钢龙骨结构形式,表面再用复合钢板、铝塑板、铝板等材料作装饰面板时,板边与建筑墙面间的间隙一定要采取密封措施,防止送风气流经过墙柱面与饰面板之间的缝隙而将缝隙中的灰尘吹入机房。

(4) 环境噪声大。为保证机房温、湿度,主机区一般采用恒温恒湿的专用空调,因其风量大,噪声相对较大,计算机运行本身也产生噪声,不利于工作人员身心健康。因此,机房装饰设计中应注意采取相应措施减少噪声,如选用微孔板吸音,加大送风口面积以减少风速,操作人员办公区与机房专用空调区实行物理分隔,做到真正的人、机隔离等。

(5) 因电子计算机等设备功耗不同,容易产生机房区域热密度不等,局部地点温度差异较大,甚至造成个别计算机温度偏高,影响正常运行。为此,计算机设备和活动地板风口的布置不仅应注重均匀、整齐、美观,更应根据设备发热情况进行布置,或在计算机设备安装运行后根据实际需要调整地板风口。

(6) 计算机设备更新换代快,机房建设要适应信息化建设的发展需要。

(7) 要满足特殊功能需求的特殊需要,如屏蔽机房的屏蔽性能、多媒体会议系统的音响处理等。

3.3.2 机房规划

根据机房建设的规模、功能和计算机设备情况做好总体规划是搞好机房建设的最基本条件。

1. 机房规划应遵循的原则

(1) 实用性和先进性。采用先进、成熟的技术和设备,使机房在一段时期内保持技术的先进性并具有良好的发展潜力,以适应未来业务的发展。

(2) 安全性和可靠性。对布局、设备选型、日常运行和维护等各方面进行高可靠性设计,关键设备在采用硬件备份、冗余运行等可靠性技术的基础上,还采用相关的软件技术提供较强的管理手段、控制手段和事故监控等技术措施。

(3) 灵活性和可扩展性。内隔墙应具有一定的可变性,平面布局应按中、远期发展的趋势适当留有设备增容或变化的空间。弱电集成坚持统一标准、模块化结构,从而为未来的发展奠定基础。

(4) 经济性和节能。以较高的性价比构建机房,以较低的成本、较少的人员来维持运转,坚持环保、节能。

2. 机房规划要点

(1) 根据机房类型、功能确定机房建设的子系统的组成。

(2) 根据机房建设的功能、规模、管理模式、发展方向等综合因素确定机房场址。无论是新建一个独立的数据中心还是在已有建筑内选址,都应注意以下几点:

① 机房净高应按机房面积大小、机柜高度和通风要求确定。净高一般为 2.4～3.0m,因此,梁底距地应考虑活动地板距地高度(一般为 0.25～0.5m)、机房净高、顶部气体灭火及送排风管线高度及管线交叠的高度,梁底距地不宜小于 3.3m。

② 机房不宜设在用水设备的下层,且应与餐厅保持相当距离,以杜绝水患和鼠害。

③ 机房宜用风冷空调机,但风冷空调机的室内机与室外机高度差一般在 20m 以内,仅个别机型可达 30m,所以机房设置位置应与空调机冷媒类型、空调室外机安放位置综合考虑,统一协调。

④ 机房区承重应满足计算机和电子机房设计规范要求,即主机房荷载依设备而定,机房楼板荷载可按 $5\sim7kN/m^2$ 考虑,UPS 电源、电池室荷载一般应大于或等于 $1000kg/m^2$。

⑤ 主体结构宜为大跨度大开间的柱网。

⑥ 应有外联的通信线路。

⑦ 机房各类管线宜暗敷,当管线需穿过楼层时,需要设计弱电竖井。

⑧ 变形缝和伸缩缝不应穿过主机房。

(3) 根据计算机设备、机房的应用及发展需求,确定机房功能房间使用面积、楼层分布等,参照国家标准规定,若计算机设备已确定,则主机房面积可为设备占地面积总和的5~7倍;若计算机设备不确定,可按每台落地设备面积为 4.5~5.5m² 计算。数据录入室、操作室、媒体存放间、资料室、软硬件人员办公室等辅助房间面积的总和应大于或等于主机房的1.5倍,上机准备室、外来用户工作室可按人均 3.5~4m² 考虑。

(4) 必须留有足够的子系统路由通道,如光纤入户应考虑2~3家运营商且位置宜分散布置;强电井、弱电井应分开,规模较大且可靠性要求特别高的单位,强电井应设置在不同的方位;弱电设备间的设置应满足布线系统传输距离的限制要求。此外,新风入口、消防排烟、排气、人员疏散及UPS、空调机及计算机设备入场通道等都应有统一的合理规划。

(5) 根据机房计算机设备功耗或面积规划并落实电力系统总容量需求,根据已有机房的建设经验,在计算机设备不确定的情况下,下列数据可供参考:

① UPS功率。主机房可按 350~400W/m² 考虑,辅助机房间按 250~350W/m² 考虑。

② 空调机容量。主机房制冷量 400W/m²,辅助机房制冷量 300W/m²,由此确定空调系统用电负荷。

③ 照明用电。机房区 18~20W/m²,辅助区 7~10W/m²。

3.3.3 平面设计

1. 平面布局设计

机房平面布局是根据机房类型、任务、业务量大小、计算机设备数量、计算机系统的工艺流程、管理体制等综合因素来考虑的,机房类型不同,其功能房间亦有所区别。数据中心的主要功能房间一般包括主机房、服务器机房、存储机房、磁带库、网络室、通信机房、(总)中控室、备件库等。但不论何种类型的机房,一般都应有UPS电源室、电池间、空调机房、钢瓶间、更衣换鞋等功能房间或功能区域。另外,南方地区雨水较多,一般应在适当地方考虑设置存放雨鞋、雨伞的储物柜或缓冲间,且要防止人流的交叉往返。平面布局设计时应注意如下几点:

(1) 北墙一般无阳光照射且一天当中温度比较均衡,因此发热量大、对温差要求较高的设备宜靠房间的北侧布置。

(2) 环境要求相同的功能房间尽量集中布置,使功能分区明确,以便采用不同类型的空调系统从而节约能源。

(3) 重要设备或重要的功能房间应放置在空调系统前端,人流的末端。

(4) 按电子信息系统的工艺流程布置设备或功能房间,正确组织信息流通的合理流程,应使流通路线和人员的徒步行走路线尽可能短,而且人员应单向流动避免往返交叉。

(5) 机房区的安全出口不应少于两个,并宜设在机房区的两端,开启方向应符合防火规范设计要求,门的尺寸要方便设备的进出。

(6) 疏散出口的门内外 1.4m 范围内不应设踏步。

(7) 变形缝和伸缩缝不应穿过主机房。

(8) 机房区室内外台阶踏步宽度不宜小于 0.3m,高度不宜大于 0.15m 也不宜小于 0.1m,踏步应防滑,踏步数不应少于 2 级,当高差不足 2 级时,应按坡道设置。

(9) 室内坡道不宜大于 1∶8,设置设备进场坡道确有困难时,其坡道也不宜大于 1∶5。

(10) 气瓶间位置宜靠近防护区,气瓶间的门不应在防护区内。

(11) 强电井、弱电井应分开设置,新风和消防排气通道应分别设置。

(12) 如果是旧楼改建的机房,不应在原建筑楼梯间及前室的内墙开设门、窗、孔洞,或放置影响疏散的凸出物。

(13) 消防控制室应设置到室外的安全出口。

(14) 以人为本,创建人、机分离环境,以利于工作人员身心健康。

总之,机房的平面布局设计要充分考虑人流-物流-信息流的合理规划,达到效率高、流程合理,建立良好、舒适的人员工作环境。

2. 子系统设备及管线平面设计

机房功能房间汇集有大量空调系统、电气系统及弱电等系统的设备与管线,如吊顶板上有照明与应急照明灯具、视频监控用摄像头、防入盗双监探测器、火灾报警探头、气体灭火喷头、温湿度检测用传感器等机电末端设备,吊顶内有机电末端设备管线,地板下有大量强电电源、计算机系统和弱电系统线缆和金属线槽、火灾报警探头、气体灭火喷头、空调系统的冷媒管、加湿水管等。如果没有统一的平面协调设计,可能出现各子系统设备和管线的错、碰、漏等现象。设备和管线的协调应遵循如下原则:

(1) 顶板上机电末端设备协调应以装饰设计效果为主,在不违反有关子系统设计施工规范的前提下,子系统机电末端位置可稍作移动。

(2) 强、弱电系统金属线槽应分开设置,其间距不得小于 200mm。当强、弱电线槽交叉时,吊顶内应将强电线槽置于上方,地板下应将弱电线槽置于上方。

(3) 空调用上、下水管应置于电线线槽的下方。

(4) 气体主管和通风管一般宜贴梁底布放,当两者发生矛盾时,宜将风管置于上方。

(5) 各类金属线槽、子系统管线的布放不得影响空调机气流的传送,尽量减少气流的阻力。

3.3.4 机房材料的选择

1. 材料选择原则

大、中型数据中心机房的顶棚和墙面应采用燃烧性能等级为 A 级(不燃性)的装修材料,地面及其他装修应采用不低于 B1 级(难燃性)的装修材料,钢瓶间、配电室等处的内部装修均应采用 A 级装修材料。当设有火灾自动报警装置和自动灭火系统时,除顶棚外,其他内部装修材料的燃烧性能等级可降低一级。主机房内的装饰材料应选用气密性好、不变色、不起尘、易清洁、耐腐蚀,在温、湿度变化作用下变形小的材料,并应符合下列要求:

(1) 墙壁和顶棚应平整,减少积灰面,应避免眩光,且具有较好的防静电、吸音和屏蔽效果。

(2) 应铺设防静电活动地板。防静电活动地板应符合现行国家标准 SJ/T 10796—2001《防静电活动地板通用规范》的要求,敷设高度应按实际需要确定,一般为 200~600mm,如采用活动地板下送风方式时,活动地板敷设高度宜为 350~500mm。

(3) 防静电活动地板下的地面和四壁可采用水泥砂浆抹灰。地表材料应平整、耐磨。当活动地板下的空间为静压箱时,四壁及地面均应选用不起尘、不易积灰、易于清洁的饰面材料。

(4) 吊顶宜选用不起尘的吸声材料,吊顶以上空间的四壁应抹灰,楼板底面应清理干净;当吊顶以上空间为静压箱时,则顶部和四壁均应抹灰,并刷不易脱落的涂料,其管道的饰面亦应选用不起尘的材料。

(5) 灯具宜选用亮度高、无眩光、照度均匀、噪声低,与吊顶配套的反射式高档格栅式日光灯组。

2. 机房用主材的装饰要求

机房是高新技术集中显示的窗口,装饰设计风格应体现一定的文化品位和科技形象,在最大限度满足使用功能的前提下,应根据不同功能的重要性及使用特点合理使用材料,创建一个简洁、明快、格调高雅、宁静舒适的工作氛围。

装饰材料的应用具有明显的时代特征,20 世纪 80 年代到 90 年代初使用最多的是比较单一的壁纸墙、柱面、铝合金玻璃隔断和 T 型龙骨吊顶;90 年代中期以后,多彩喷涂、各色木纹装饰板、防火板、布艺软包及各色环保型乳胶漆、各类金属吊顶板等材料纷纷引入机房各功能区的装饰。机房的色彩不仅可以美化环境、改善氛围,也可满足工作人员生理和心理平衡的需要。机房的色彩应淡雅、明快,中性偏冷的灰白色调作为经典色彩经久不衰,与高效严谨的工作氛围产生内在呼应。

3.3.5 设备布局

数据中心机房是多功能、多专业的系统工程,除了电子计算机系统的各类设备外,还有各类环境保障设备,只有合理的规划设备布局,才能充分发挥各子系统的功能,便于今后的扩充,方便运维人员的管理,节省投资。设备布局时建议考虑如下原则:

(1) 主机、存储设备、服务器机柜宜分区布置。主机、存储设备、服务器机柜及 UPS、空调机等设备应按产品要求留出检修空间,允许相邻设备的维修间距部分重叠。

(2) 设备之间的过道净宽不应小于 1.2m。

(3) 合理规划分阶段进入机房的设备并预留扩充设备的相对位置。既要符合计算机系统的工艺流程，又要方便今后扩充设备的进场就位及线缆的连接。

(4) 服务器机柜侧面可无间距排列，以便于强、弱电线（缆）的敷设。每排机柜之间的距离最好符合地板模数，以避免机柜前后出现小于 300mm 的补边地板。

(5) 放置发热量较大的服务器机柜时，其机柜前面的净距离不应小于 2.1m，以免热密度太高从而影响设备的散热。

(6) 设备较多的服务器机房建议采用列头柜方式，使综合布线线缆汇集到列头柜而不是核心柜，从而节省双绞线与光纤；同时，便于使用二级网络交换设备，也便于安装使用服务于某列机柜的 KVM 系统。

(7) 新风机的安装位置应保证新风是取自室外新鲜、清洁的空气，新风入口应不影响大楼外观，进风口下缘距室外地坪不宜小于 2m；当新风入口设在绿化地带时，进风口下缘距地不宜小于 1m，以减少尘埃污染，延缓空气过滤器的清洗时间，延长空气过滤器的寿命。

(8) 机房精密空调机在有效送风距离内，送风方向应与设备排列方向一致。采用地板下送风方式时，空调机送风方向应与地板下强、弱电线槽顺向布置的方向一致，以减少空调系统的阻力，充分发挥空调系统效率。

(9) 排风机安装位置应保证其排风口高于新风入口，并避免送风、排风短路。

(10) 新风管道的送风口位置应使新风与空调机回风充分混合。

(11) 配电柜布置宜靠近末端负载以减少线缆，方便维护管理。

(12) 应有畅通的疏散通道。

(13) 鉴于市场上主流服务器及服务器机柜的散热方式大多数为前后向通风方式，因此，前后向通风的服务器机柜宜采用面对面、背靠背的布置方式。在机柜正面布置地板送风口，使气流形成冷热通道，以减少前排机柜排出的热气流对后排机柜的影响，充分发挥空调系统的效能，如图 3.1 所示。

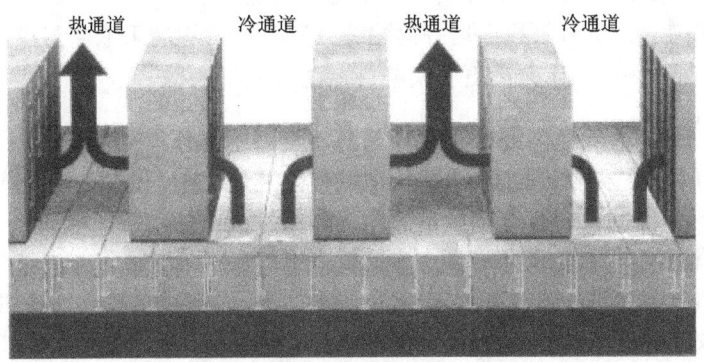

图 3.1　服务器机柜前后向通风的散热方式

3.3.6 技术处理

1. 节 能

(1) 建筑围护结构特别是改建机房的建筑围护结构,若其热工性能不符合 GB 50189—2005《公共建筑节能设计标准》的有关规定,那么在进行机房装饰设计时,需包括墙体保温设计。

(2) 机房外窗宜采用双层玻璃密闭窗,并设置窗帘以避免阳光的直射。当采用单层密闭窗时,其玻璃应为中空玻璃。

(3) 吊顶空间较高时,不宜直接从吊顶内回风,可设计双层顶以减少空调负荷和灭火气体容量。

(4) 房间平面和立面设计宜避免高而窄,防止房间直射光落在工作面上的光量少而降低光源利用系数。

2. 防 火

(1) 机房装饰应采用非燃或难燃材料,材料的燃烧性能应符合 GB 50222—1995《建筑内部装修设计防火规范》的有关规定。

(2) 机房应设火灾报警和气体灭火系统。

(3) 机房应有畅通的疏散通道、足够的疏散出口和醒目的疏散标志。

(4) 机房与其他建筑物合建时,应有独立的防火区。

(5) 不可避免的木质隐蔽部分应作防火处理。

(6) 新风进口应设防火阀。

3. 防 尘

(1) 采用不起尘的装修材料。

(2) 吊顶内、地板下空气循环区域需进行防尘处理。

(3) 空调、新风系统应经初效、中效两级过滤。

(4) 保持一定的正压,使室外的尘埃不易进入室内。

(5) 机房门、窗、所有管线穿墙等的接缝及所有孔洞均应采取密封措施。

(6) 设立缓冲间,工作人员更衣换鞋后才能进入机房。

4. 防静电

(1) 墙面、吊顶的轻钢龙骨及金属面层、地板支架、金属线槽、玻璃隔断的金属支撑等一切金属材料和金属外壳均进行等电位接地处理。

(2) 按照机房环境要求控制机房的温度、湿度。

(3) 选用导电性能好的材料,比如抗静电地板,墙面、顶面装修材料多用金属材料。

(4) 采取相关设备消除雷电引起的电位差。

5. 防 水

(1) 与机房区无关的水管不得穿过主机房。不可避免时,应做好防结露保温,水管采用镀锌钢管螺纹连接,接缝处确保严密并经试压检验。

(2) 空调四周设置挡水堤,在可能产生水的地方(精密空调四周、水管下方)设置漏水报警系统。

(3) 采用活动地板送风方式时,楼板应采取保温措施。

6. 防鼠、虫

(1) 封堵工程范围内所有与其他区域、其他楼层相通的孔洞。在使用或施工过程中新开的孔洞及时进行封堵。

(2) 所有进出机房的管、槽之间的空隙均采取密封措施。

(3) 装修过程中原则上不使用木材,局部地方的零星木材应进行防虫害处理。

(4) 机房内所有电缆、电线均在金属线槽、线管内敷设,与设备连接的引上线采用金属软管保护,尽量使机房无裸线。

(5) 机房范围内的新(排)风系统与大楼新(排)风管道连接处设防鼠钢网。

(6) 加强机房环境的管理,禁止将可能引起鼠害的东西(如食品)带入机房。

3.4 机房电气系统

3.4.1 机房供电系统概述

1. 机房供电简介

机房用电属于一级负荷,要有确切的保障措施。有些数据传输系统是不允许断电的,需 UPS 电源支持,否则若发生断电事故,会使数据丢失造成重大经济损失。

城市建筑中的电源来自城市电力网。依据当地供电部门提供的外线供电方案,在建筑内设计的 10kV 变电所一般采用的电力主接线是两路独立 10kV 进线电源,两段高压母线分列运行,设置母联开关(或不设),经干式变压器接至低压配电柜,再用封闭母线沿强电竖井以树状供电方式向楼内各层馈电。群楼及地下各层的大型用电设备用干线电缆以放射供电方式直接供给用电设备。根据需要,在适当的地方配备应急柴油发电机组,当两路 10kV 外线电源均失压后,柴油发电机组自启动,并投入低压母线,有选择地供应一级负荷用电。机房低压配电采用 TN-S 接地系统。

一个完善的机房供配电系统是保证计算机设备、场地设备和辅助用电设备可靠运行的基本条件。高品质的机房供电系统体现在无断电故障、高容错;在不影响负载运行的情况下可进行在线维护;有防雷、防火、防水等功能。机房供电设计包括负荷等级和额定容量的确定、电源的可靠性设计、防雷和接地技术措施等。

目前,机房经常采用的技术规范详见 3.2 节。

3.2 节的技术规范对机房在不同系统和范围的供配电需求内容明确了要求,例如,依据《电子计算机场地通用规范》、《低压配电设计规范》的规定,数据中心机房供电系统根据计算机的性能、用途和运行方式(联网与否)等情况,划分为 A、B、C 三级,说明见表3.2。

表 3.2 数据中心机房供电系统

项 目	A	B	C
稳态电压偏移范围/%	−5～+5	−10～+10	−15～+10
稳态频率偏移范围/Hz	±0.2	±0.5	±1
电压波形畸变率/%	5	7	10
允许断电持续时间/ms	0～4	4～200	200～1500

在数据中心系统工程中,较为重要且具有一定规模的机房一般都按 A 级方案设计。

2. 负荷等级和额定容量

依据计算机的用途和性质以及负荷分级的规定,采取相应的供电技术。对于一级负荷采用一类供电,重要机房供电属于一级负荷,按一级负荷的供电要求必须保证两个以上独立的电源点供电,采用两条专用干线引进,两路独立电源在末端互投,建立不停电系统,而且要保证供电的质量;对于二级负荷采用二类供电,建立带备用的供电系统;对于三级负荷采用三类供电,按一般用户供电考虑。

机房用电系统要求提供的电源额定容量一般以以下两种方式给出:

(1) 确定机房用电系统的总功率大小或机房用电系统的总电流。这是选取电力设备、总断路器、供电电缆、机房的总发热量以及精密空调时都必须考虑的问题。通常供电总功率应留有不少于25%的余量。

(2) 确定各机柜、分机、设备等所要求的工作电流。这对设计计算机房的配电柜、选取合适的传输导线和分路开关也是必需的。针对电气设备额定电流,在整定总断路器和分路开关时要注意电气设备的启动电流值。在进行方案设计时,以下经验数据可供估算时参考:

① UPS功率。主机房可按 $350～400W/m^2$ 计算;照明用电可按 $15～20W/m^2$ 计算。

② 空调机电功率要根据机房制冷量考虑。主机房制冷量按 $400W/m^2$ 计算,辅助机房制冷量按 $300W/m^2$ 计算,然后再根据电气设备不同的效率和换算系数确定空调系统用电负荷量。

3. 电源的可靠性

我国的低压供电系统采用的是三相四线制,相电压为220V,线电压为380V。计算机系统一般要求三相五线制,即3根相线、1根零线、1根地线,地线单独接地,不与零线共地。在同一个数据中心供电系统中,送给各部分负荷的电压可以有220V和380V。

重要数据中心机房的供电应采用双路电源末端自投,其配电柜(箱)需敷设专用线路。机房的双电源末端自投电源质量应按照 A 级标准进行设计和施工,即采用三相五线制和单相三线制,在稳态下应达到电压为 $380×(1±2\%)V[220×(1±2\%)V]$、频率为(50±0.2)Hz，波形失真不大于5%，瞬时断电时间小于4ms，并且根据用电设备对供电的要求增加UPS不间断电源。

消防泵房、排烟设备机房、应急照明配电箱、专用空调等也应按双电源末端自投设计，其供电容量、配电柜(箱)的总开关载流量除满足现有用电之外，应留有一定余量，各柜(箱)也应留出一定数量的备用出线回路。火灾自动报警系统除主电源外，还应配备直流备用电源。火灾自动报警系统的主电源开关不应采用漏电保护。

安防系统的前端摄像机由安防专线集中供电。距离太远的亦可就近供电，但电源的通/断控制需由安防管理中心操作。当电压波动超出+5%～-10%时，设置稳压电源，其标称功率不得小于系统使用功率的1.5倍。

4. 防雷和接地

当系统采用联合接地时，接地极的接地电阻$R \leqslant 1\Omega$；当采用单独接地时，$R \leqslant 4\Omega$。在总配电室要做总等电位连接，各楼层的设备机房、楼层弱电间、楼层配电间的接地采用局部等电位连接。贯穿弱电竖井的接地干线应当是镀锌扁钢，截面尺寸不小于40mm×4mm，如果竖井内放置有源HUB(集线器)机柜，则弱电竖井的尺寸应适当加大，并配AC(220V,50Hz)电源。

机房的重要设备和配电柜(箱)必须按GB 50057—1994(2000年版)《建筑物防雷设计规范》6.4的规定设计防雷击电磁脉冲的措施，并安装SPD电涌保护器，做好等电位连接。

3.4.2 机房供电系统设计

机房的重要性使得安全、可靠是供配电系统设计的出发点。由于机房的供配电系统、照明、设备防雷、机房接地、UPS不间断电源等的设计与一般的强电设计有所不同，又与弱电专业的十几个子系统密切相关，因此，它们处于强、弱电专业设计分工的接合部，有两种专业技术规范在这些界面上。目前有些规定还不十分明确，由此产生的问题是机房各子系统的设计深度差距较大；几个主要弱电机房预留的位置不合适，面积过大或偏小；弱电竖井中遗漏接地干线和电源插座；UPS电源容量、支持时间长短不一；不能确定UPS电源供电方式是采用集中式还是分散式；各子系统的供电和接地方式不规范等。一部分设计文件中，还经常发现有文字说明描述不清楚、系统图和平面图不规范、图形符号不按现行制图标准绘制等问题。工程建设，设计先行。要克服上述问题，设计者除了遵守规范以外，还要熟悉机房供电的特点。

1. 机房常用的供电方式

(1) 直接供电。将变电所送来的工频交流电直接送给计算机设备配电柜，然后再分配给计算机设备。直接供电方式具有设备少、投资运行费用低、供电简单、维修方便等优点；缺点是对电网质量要求高，容易受电网及负载变化的影响。一般来说，大中城市的供电系统可以满足主机及外围设备对电网质量的要求，但设计时要注意避免机房附近有较大负载的启动、电磁干扰等情况。

(2) 隔离供电。在交流进线后面加一个隔离变压器，然后再送给计算机。隔离变压器的一次侧和二次侧之间均加屏蔽层，并各引出一个抽头与一次侧、二次侧的零线连接，再经耦合电容接地，对电网瞬变干扰有隔离和衰减的作用。

(3) 交流稳压器供电。50Hz的工频电源经交流稳压器后，再供计算机使用，可以衰减许多暂态冲击、幅度波动和电压脉冲，但无法纠正电源频率波动。

(4) 发电机组供电。某些电网电压不稳定时或在特定环境下，需要外电网交流输入，经整流后驱动直流电机，再带动发电机产生交流输出。若电网停电，可利用蓄电池提供直流驱动，满足一段时间内不停电的需求。通过测速电机和惯性飞轮等装置调整输入/输出电流，使输出电压和频率不随电网的波动而变化。

(5) 不间断电源(UPS)供电。由于采用了脉宽调频技术、高效功率器件的成熟、微处理器的发展等因素，不间断电源已经成为计算机房供电的主要手段。不间断电源最大的特点在于其不间断性，而且能最大限度地提供稳定电压，隔离外电网的干扰。外电网一旦停电，UPS能在设备所允许的极短时间内(微秒至毫秒级)自动从备用能源经逆变器变换成电压、频率和相位都与原供电电源相同的电，继续向计算机供电。或者平时由逆变器供电，在逆变器发生故障时，由静态电子开关自动将计算机瞬时切换到外电网供电或切换到另一台与之并联的UPS上，实现不间断供电。UPS提供的电源具有较高的电压和频率稳定性，波形失真也较小，干扰更优于外电网，是数据中心计算机系统最理想的供电方式。几乎所有的重要计算机设备都采用UPS供电。

2. 电源布置和系统设计

设计和施工必须充分了解并掌握供电对象。充分搜集机房设备和系统的资料才能做好电源布置和系统设计，从而合理地满足机房用电需要。

机房应设单独电源管理间，用符合防火要求的隔墙与弱电设备隔离，避免电源管理间的噪声、蓄电池酸碱液渗漏和电气火灾等事故传播到计算机设备机房内。计算机设备机房与电源管理间中间设单扇朝电源管理间方向开启的连通门，还可考虑设置玻璃观察视窗。电源管理间应做水泥地面，为了防潮、防湿可砌高 $0.3\sim0.5m$ 的水泥平台搁置配电柜和UPS电源等。

(1) 负荷统计。某机房根据服务器群、交换机、计算机主机、精密空调、各种动力、照明等负荷的统计计算，确定在电源室安装2台300kV·A全数字型UPS，构成并联冗余系统；电池采用单台30min支持时间；配电柜10台；照明箱2台。

(2) 系统构成。根据上述负荷分布状况，分别由楼内两个10kV变电所不同变压器的母线出线柜上，各引两路独立的380/220V三相四线电源送至UPS配电间，其中两路为UPS配电系统的输入电源，总进线开关延时整定电流为800A；另两路为空调供电电源。上述电源再由UPS配电间的输出柜将两路UPS电源和两路空调电源分别经两处电气竖井引至主机房配电室,再经相关输出柜配出,反馈给主机房的各终端用电设备和配电箱、照明箱等。

UPS系统的输入/输出配电柜电器元件均应为优质产品。配电柜中设置避雷设备和远程电量监控设备,以实现配电柜防浪涌、防雷击、过流保护,以及对总输入电压、电流、频率进行远程监控等功能。总进线柜系统框图如图3.2所示。

其中,UPS主供主机设备、网络设备、保安监控设备、大屏显示、音响、消防、应急照明等;市电主供空调设备、普通照明和给排风、维修插座、一般动力等。

在考虑到大楼低压配电室与机房UPS间的距离和用电容量后,UPS和机房精密空调、应急照明等要考虑设置双路进线互投柜,增加供电的可靠性;动力配电箱为机房其他空调、新风及排气系统、维修插座等配电;照明配电箱为机房区和其他区普通照明配电。各相用电分配要尽量均衡。配电箱采用标准照明箱,暗装于机房区域的墙面上。

机房配电还应考虑系统的扩展、升级等可能性,并应预留备用容量。单相负荷应均匀地分配在三相线路上,并使三相负荷不平衡度小于20%。

3. 动力供配电系统

由总配电柜馈出的动力供配电系统采用50Hz交流电、380/220V三相五线电源、TN-S接地方式,零线和地线分开设置,且零地线之间电压小于1V。动力配电柜、照明配电箱采用放射式配电直接配至各用电设备,如图3.3所示。

机房内所有动力线缆必须设计钢制桥架、线槽或钢管敷设。由于精密空调的供电电流大、负载动态范围宽,为防止干扰,应考虑另选路径单独敷设电缆。

动力配电柜(箱)具有火警联动保护功能,出现火警时可与消防系统联动及时切断电源,关闭防烟防火阀,并且在值班室安装手动电源切断装置。动力柜、照明箱内的开关和主要元器件采用进口产品,并设置有效的防雷措施。

有条件时,大型数据中心机房最好采用专用电力变压器供电。

4. UPS供配电系统

UPS供配电系统的供电范围是计算机设备(主机和附属设备)、通信设备、网络设备、保安监控设备、消防系统、应急照明等。UPS输出配电回路(每个配电控制开关为一个回路)需按机房内设备要求进行设置,小型机/服务器、网络核心交换机及重要路由器要由独立双回路供电,其他计算机设备可用一个回路带3~4个插座,固定于地板下。UPS供配电系统的可靠性最主要应体现在采用了双电源末端互投上,如图3.4所示。工程应用中之所以强调双电源末端自投,是因为前端互投的可靠程度和实用性有所不足。

配电回路要预留若干个插座待以后扩展用,安全插座型号、数量及位置可根据最终机房内的设备数量来考虑。UPS主机的电源应设计单独回路馈送,不得与空调使用同一回路。

72 第3章 数据中心机房

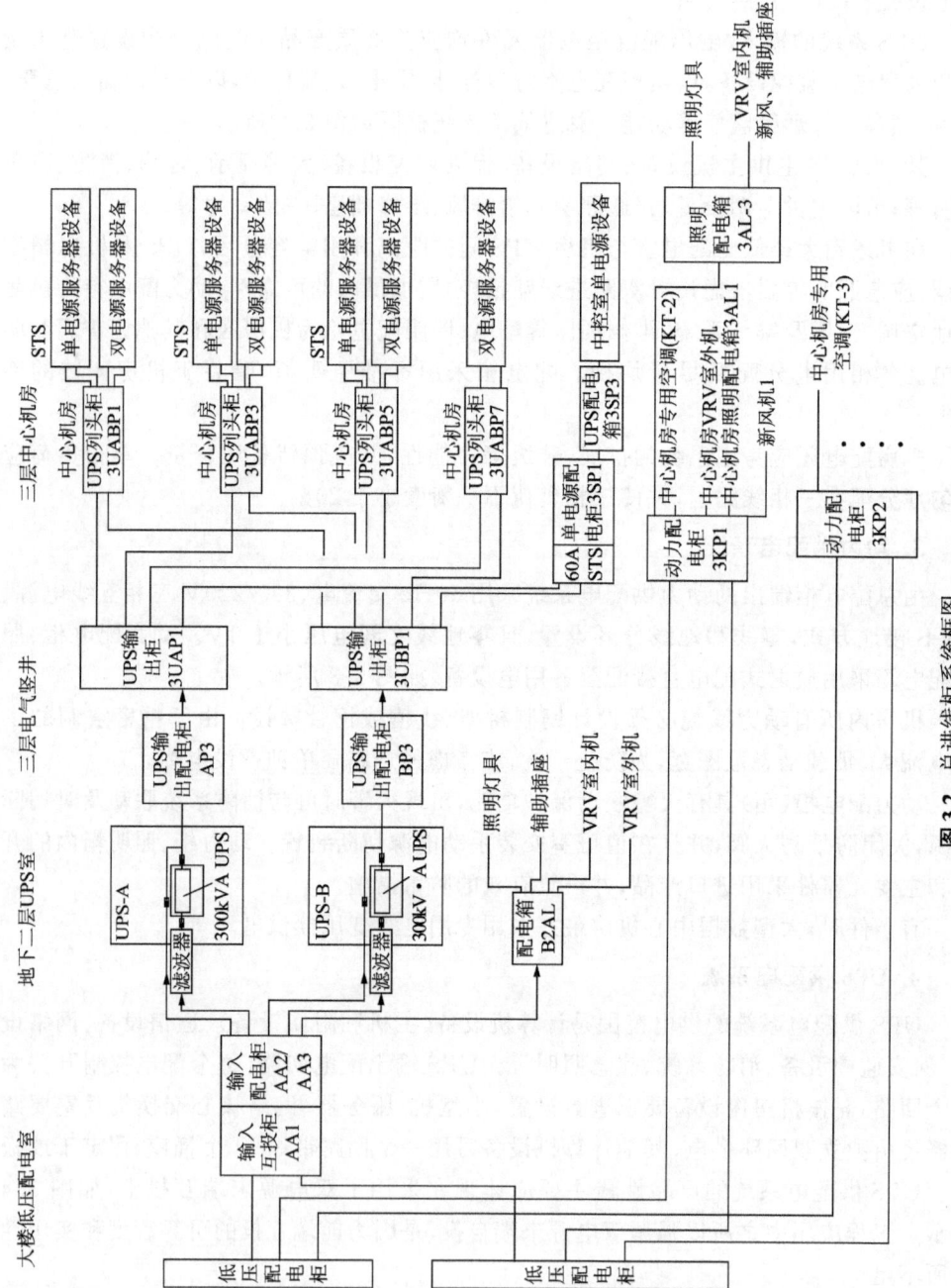

图 3.2 总进线柜系统框图

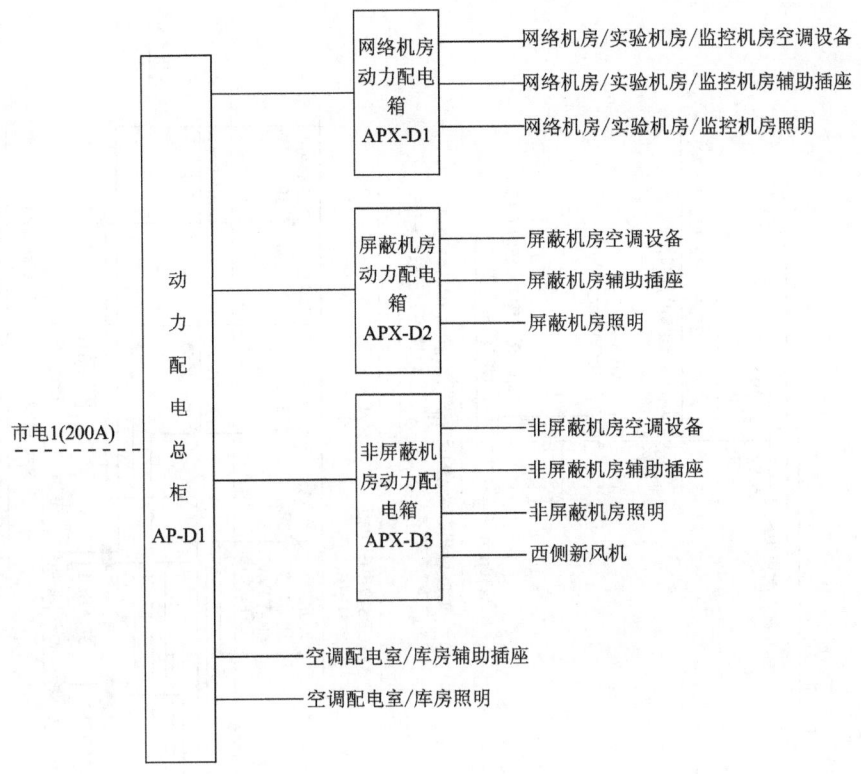

图 3.3　动力供配电系统框图

5. 配电设备的安装及线路敷设问题

在确定了机房设备布局的前提下,按照电气设备用途和设计图纸进行设备安装和线路敷设。

(1) 设备安装。机房配电柜、UPS 电源柜落地安装;照明配电箱底边距地 1.4m,墙上安装;根据机房内设备负荷容量和分布情况,机柜(箱)内元器件配置做到排列有序、安装牢固、理线整齐、接线正确、标志明显、外观良好、内外清洁;分设单相、三相回路,配用小型真空断路器,如 C65N 等线路保护开关;箱内设置辅助等电位接地母排;电源柜及其他电气装置的底座应与建筑楼地面牢靠固定;电气接线盒内无残留物,盖板整齐、严密、紧贴墙面;同类电气设备安装高度应一致;吊顶内电气装置应安装在便于维修处;特种电源配电装置有明显标志,并注明频率、电压;照明箱或开关面板安装在机房出入口附近墙面的位置;分体空调插座设置在机房内墙面上距地 1.8m 处。

主机房内应分别设置维修和测试用电源插座,两者应有明显的区别标志。测试用电源插座应由计算机主机电源系统供电。其他房间内应适当设置维修用电源插座。单相检修电源回路要在电源管理间各墙面距地 0.3m 处设置检修电源插座,禁止使用 2kW 以上大功率电感型电动工具。确需使用这类工具以及三相检修设备时,应使用施工移动式配电盘从机房所在楼层附近的动力或照明配电箱接取电源。

第 3 章 数据中心机房

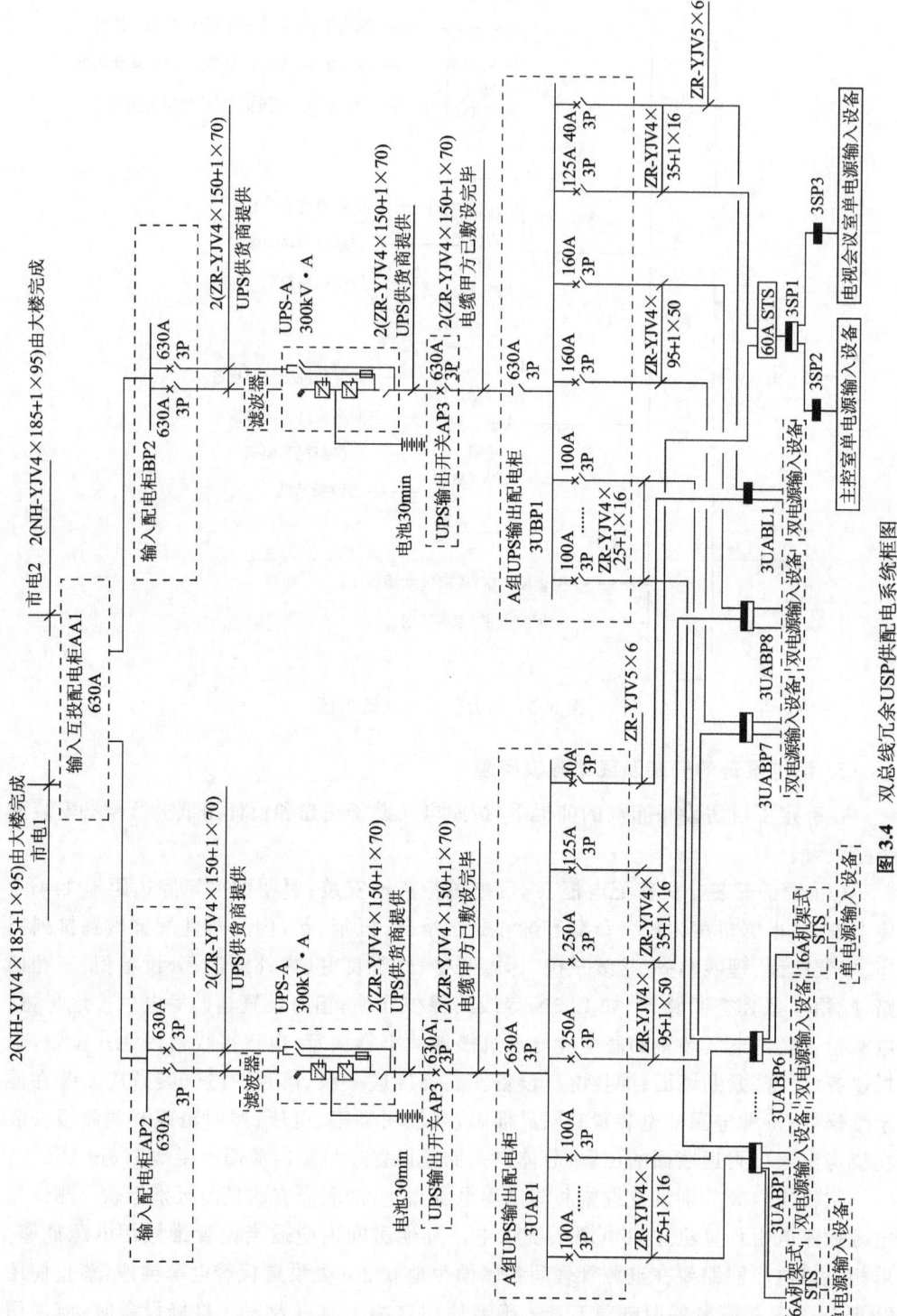

图 3.4 双总线冗余 USP 供配电系统框图

(2)线路敷设。供电距离尽量短,主要是从供电安全考虑,电子计算机电源间应靠近主机房设备。主机房内活动地板下部的低压配电线路应采用铜芯屏蔽导线或铜芯屏蔽电缆。机房内的电源线、信号线和通信线应分别敷设,排列整齐,捆扎固定,长度留有余量。UPS电源配电箱(柜)引出的配电线路穿薄皮钢管或阻燃PVC管,沿机房活动地板下敷设至各排设备桌、机柜和配线架的背面,经带穿线孔的活动地板引上,穿管保护进入金属导轨式插座线槽、机柜或配线架。控制台或设备桌后的敷线用金属导轨式插座线槽并用螺栓固定,安装在设备桌背面距活动地板0.1~0.3m处。

信号线缆在活动地板下从机柜、配线架至各设备,应采用金属线槽沿设备周围或主机房平面纵横布置敷设,如图3.5所示。

从设备背面的活动地板穿线孔引入设备(注意不得与电源线路共用活动地板穿线孔,且间距大于0.1m),信号线缆避免沿机房墙边敷设,以防与强电线管交叉。活动地板下部的电源线应尽可能远离计算机信号线,并避免并排敷设。当不能避免时,应采取相应的屏蔽措施。

桌上设备之间的信号连线是短线的(长度小于3m)应沿设备背部桌面明敷,但不得悬吊在设备桌背侧空中;是长线的(长度大于3m)应从活动地板穿线孔翻下(上)穿薄皮钢管在活动地板下敷设。

机房照明负荷和普通空调负荷由电源管理间分别引出动力和照明回路供电。照明和空调负荷线路均沿吊顶内或墙面敷设,避免在弱电机房内活动地板下穿越,如图3.6所示。

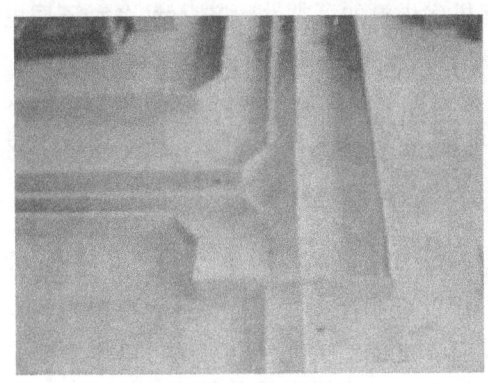

图3.5 地面线槽

图3.6 吊顶线槽

(3)可靠接地。总配电柜、UPS电源柜、动力配电箱、照明配电箱的金属框架及基础型钢必须接地(PE)或接零(PEN)可靠。门和框架的接地端子间用裸编铜线连接。柜、箱内配线整齐。照明配电箱内的漏电保护器的动作电流不大于30mA,动作时间不大于0.1s。接地(PE)或接零(PEN)支线必须单独与接地(PE)或接零(PEN)干线相连接,不得串联连接。

UPS电源柜输出端的中性线(N极)必须与由接地装置直接引来的接地干线连接,进行重复接地,进行地电阻小于4Ω。

当灯具距地面高度小于 2.4m 时,灯具的可接近裸露导体必须接地(PE)或接零(PEN)可靠,并应有专用接地螺栓和标示。

外电源进线至机房电源管理间时,应将电缆的金属外皮与接地装置连接;从楼外引入的铠装信号电缆和屏蔽信号线,进入弱电机房前也应注意采取防雷击措施,避免沿建筑外墙或防雷引线引雷入室,引起雷击和高频电磁干扰。同轴电缆的屏蔽层必须与机壳一起接地。

上述线缆进入机房后应设金属接线箱(盒),并将线缆金属(屏蔽)外皮连接避雷器或浪涌电压抑制器(SPD)。然后与机房等电位接地母排,用截面积不小于 $16mm^2$ 的铜芯绝缘线连通。这样可以有效地抑制线缆接收到的电磁干扰信号,从而保证信号传输的质量。从机房送出的信号线路应采用金属线槽沿墙并在吊顶内铺设,避免与其他电气管路平行紧贴。尽量避开空调、消防、暖气和给排水等管道,与它们的间距按相关规范执行。

金属电缆桥架及其支架和引入或引出的金属电缆导管必须接地(PE)或接零(PEN)可靠,且必须符合下列规定:

① 金属电缆桥架及其支架全长应有不少于 2 处与接地(PE)或接零(PEN)干线相连接。

② 电缆桥架间连接板的两端跨接铜芯接地线,接地线最小允许截面积不小于 $6mm^2$。

③ 接地(PE)或接零(PEN)线在插座间不串联。

工程实施中按上述做法可以较好地处理机房供电的可靠性和安全性,各种不同电压和频率的信号线缆敷设安全、相互隔离度好、整齐、美观,并方便维护管理。

(4) 消防系统的要求。消防系统的设备动力电缆及控制电缆、电线应按规范要求选用耐火型电缆、电线。其他弱电系统所用电缆、电线均采用阻燃型。在设备选择及线路铺设时,应充分考虑电磁兼容问题。

3.4.3 UPS 电源技术

GB 50052—1995《供配电系统设计规范》中的强制性条文规定:"一级负荷中特别重要的负荷,除由两个电源供电外,尚应增设应急电源。"柴油发电机组可以作为应急电源,但其反应速度太慢,要 15s 才能恢复供电,这与现代化的通信及网络信息数据流无法匹配。因此,工程中的一些重要部门和系统必须考虑不间断电源 UPS 供电。

1. 交流不间断电源系统供电

在下列情况下应设计并采用交流不间断电源系统供电:

(1) 对供电可靠性要求较高,采用备用电源自动投入方式或柴油发电机组应急自启动方式等仍不能满足要求时。

(2) 一般稳压稳频设备不能满足要求时。

(3) 需要保证顺序断电安全停机时。

(4) 电子计算机系统实时控制时。

(5) 电子计算机系统联网运行时。

计算机设备对电源要求质量较高,不仅要求采用不间断供电系统,而且要求电源电压波动在一定范围以内才能正常工作。网络数据传输设备要求电源电压的波动在 ±5% 以内。

2. UPS 的特性

UPS 是一种高质量、高可靠性的独立电源,是一种蓄电池静止型不间断供电装置。它由整流器、逆变器、交流静态开关和蓄电池组组成。平时,市电经整流器变为直流对蓄电池浮充电,同时经逆变器输出高质量的交流净化电源供重要负载,使其不受市电的电压、频率、谐波干扰。当市电因故停电时,系统自动切换到蓄电池组,蓄电池放电,经逆变器对重要负荷供电。

UPS 的不间断特性体现在其"同步切换"工作程序上,当市电与逆变器进行切换时,其控制系统会适时地检测市电的同步范围,在市电不超限时,逆变器实现"先通后断"的供电,从而保证了供电系统的"无间断切换"。

市场上的 UPS 产品,其容量规格大致有 0.25、0.4、0.6、1、2、3、4、5、10、15、20、40、60、80、100、120、160、200、300、400、500、600、800、1000kV·A 等,并已形成系列化产品。一般都经 ISO9001 国际质量标准认证、UL 安全标准及 CE 抗电磁干扰认证和标记。多数采用了 PWM 脉宽调频技术、PIGBT 高效功率器件、微处理器主/从控制技术等,可双机或多机并联。具备电池测试维护、微机监控无人值守、可远程通信等功能;在机器构成上,元器件标准化、模块化、互换性好;有宽电压输入、高效率输出、过载能力强等优良性能。

3. UPS 的供电方式

UPS 电源的工作方式根据用电设备对供电可靠性和连续性的要求可分为单一式、并联式、冗余式和并联冗余式等方式;根据用电设备对供电可靠性和管理方便的要求也可分为分散式、集中式、分散与集中相结合三种方式。分散式 UPS 供电采用的设备容量都比较小,支持时间较短,适合用于一些办公区和控制室;集中式 UPS 供电适合一些要求支持时间较长和较大型的计算机网络机房等。应当根据甲方需求来确定采用哪种 UPS 的供电方式和容量。集中设置的 UPS 电源容量的统计需由设计方与业主密切配合,并考虑所选 UPS 产品的转换效率。尤其是功率较大时,UPS 转换效率非常重要,效率高就可节省初期投资和长期能源损耗的费用。

一般情况下,机房供电采用市电+UPS 后备电池相结合的方式较多。正常情况下,市电通过 UPS 稳频稳压后给计算机设备供电,保证计算机设备的电能质量;当市电停电时,后备电池通过 UPS 逆变后给计算机设备供电,保证计算机设备的电源。市电与 UPS 后备电池间通过静电转换开关切换,确保计算机设备无瞬间断电。

UPS 供电为集中方式时,还应充分考虑 UPS 机房的设备布置、馈线的铺设、主机柜的散热和整个机房的降噪措施等;对于分散式 UPS 供电,分散在各处的 UPS 容量都很小,上述问题可不予考虑。但是,UPS电源都应引自双电源末端互投配电柜(箱)的出线回路,不能从普通插座接引。

设计UPS供电方案时,针对分散在各处的重要控制室,在保证双电源末端自投的一级供电模式下,采用分散式小型UPS电源作为后备供电也很实用。

4. 尽量避免过电流充电

过电流充电易造成电池内部的正负极板弯曲,使极板表面的活性物质脱落,造成电池可供使用容量下降,情况严重时会造成电池内部极板短路而损坏。

5. 尽量避免蓄电池过电压充电

过电压充电往往会造成蓄电池电解液所含的水被电解分离成氢气和氧气而逸出,从而使电池使用寿命缩短。

6. 更换活性下降、内阻过大的电池

(1) 随着UPS电源使用时间的延长,总有部分电池的充放电特性会逐渐变坏,端电压明显下降,这种电池的性能不可能再依靠UPS电源内部的充电电路来解决,继续使用会存在隐患,应及时更换。

(2) 由于蓄电池内阻增大,当用正常的充电电压对电池进行充电已不能使蓄电池恢复其充电特性时应及时更换。电池的内阻一般在$10\sim30m\Omega$,如果电池的内阻超过$200m\Omega$则将不足以维持UPS的正常运行,对内阻偏大的电池必须更换。

7. 避免新旧蓄电池混用或新旧电池混合充电

由于新电池的内阻都比较小,而旧电池的内阻都有不同程度的增大,当新旧电池混合在一起充电时,由于旧电池的内阻大,分压会相对偏大,极容易造成过电压充电现象;而对于新电池,内阻较小,充电电压小但电流偏大,又容易造成过电流现象,所以在充放电过程中应避免新旧电池混充。

8. 蓄电池的使用环境

电池的使用寿命与环境温度密切相关,电池处于较低温度时,蓄电池中的锌板容易粉化,失去蓄电性能,造成永久性损坏;温度过高时,电池的容量也会下降,情况严重时会造成永久性损坏。根据电池生产厂家的技术规范,电池的最佳使用温度是$20\sim25℃$,在该温度范围使用,可延长电池的使用寿命。

总之,做好UPS蓄电池的维护工作,可以减少UPS的故障,提高系统运行的稳定性。通过对电池的维护可以提高电池的使用寿命。

3.4.4 机房照明

照明是机房建设的重要组成部分。根据不同机房的建筑要求和环境的特点,照明设计也是不一样的,但都必须考虑以下几点:合适的照度水平、处理好空间亮度分布、把握色温和显色性、对眩光加以有效限制、创造正确地投光方向等,从而构建完美的造型和立体感,建立良好的视觉环境。

1. 照明设计准则

机房的照明设计要达到照度、均匀度、眩光限制标准的要求,需要考虑 5 项照明准则,即照明水平、视野内亮度分布、免受眩光干扰、光照的空间分布、颜色呈现和显色性。这些准则对自然光和人造光以及两者结合光的环境条件都是适用的。大型机房更应注意绿色照明、节约能源和保护人们的身心健康。

2. 机房照明的照度标准

机房的平均照度、眩光限制标准和相应措施,以及机房的其他技术要求包括布局、面积、人机环境、噪声、电磁干扰等,在建筑设计标准 GB 50034—2004 中对此都做了明确规定。

(1) 主机房的平均照度可按 300lx、500lx(勒克斯)取值。

(2) 基本工作间、第一类辅助房间的平均照度可按 100lx、150lx、200lx 取值。

(3) 第二、第三类辅助房间应按现行照明设计标准的规定取值。

同时,还对机房的运行环境与照度取值的关系做了明确规定,如间歇运行的机房取低值;持续运行的机房取中值;连续运行的机房取高值;无窗建筑的机房取中值或高值。

3. 光源和灯具

照明设计的光源选择和灯具选型很重要。在选择满足显色性、启动时间、照度要求的光源后,根据光源、灯具、镇流器等的效率寿命及价格等因素综合比较后确定灯具的型号及规格。

一般情况下,主机房的照明采用细管径直管型荧光灯光源。只有在某些电磁干扰要求严格的场所、要求快速点燃的室内外环境中采用白炽灯光源。而且,其额定功率不应超过 100W。照明灯具的选型应在满足眩光限制和配光要求的条件下,选用高效灯具,并配用电子镇流器或节能型电感镇流器。所谓高效,是指按市场产品和规范要求不应低于 65%(玻璃或透明塑料保护罩),隔栅灯具的效率应大于 60%。

4. 机房照明设计

机房照明设计包括平面和系统。首先要认真进行机房照明的需求分析,如机房照明设计要求光线要柔和,适合人体的生理需要,不能因照明电源产生干扰而影响计算机的工作。照度值按《电子信息系统机房设计规范》选择。主机房内在离地面 0.8m 处照度不应低于 300lx;辅助机房内照度不应低于 150lx;应急照明应大于 30lx;紧急出口标志灯、疏散指示灯照度应大于 5lx。在主机房内基本工作间无眩光,眩光限制等级为 Ⅰ 级;第一类辅助房间眩光限制等级为 Ⅱ 级,可以有轻微眩光;第二、第三类辅助房间眩光限制等级为 Ⅲ 级,允许有眩光感觉等。

照明箱供电线路设计中,除了一般性的供电线路外,应考虑有 1/3 左右的 UPS 供电,以保证在应急状态下的人员疏散照明。

灯具的控制要分区、分路集中控制,尤其是大面积照明场所的灯具,要分区、分段设置开关。一般照明采用电子镇流器,当采用电感镇流器时,应加电容补偿器。

此外,机房内应设置备用照明,备用照明是正常照明的一部分,其容量一般是正常照明的 1/10。机房还要设置疏散照明和安全出口标志灯,其照度不应低于 0.5lx。机房照明线路通常穿钢管暗敷或在吊顶内穿钢管明敷。图 3.7 所示为主机房一角的照明效果。

图 3.7　主机房一角照明

3.4.5　机房防雷接地及安全供电

1. 机房接地系统

机房的电气接地、防雷系统是确保人身和设备安全的重要措施,机房电气接地系统有以下 4 种:

(1) 交流工作接地。接地电阻不应大于 4Ω。

(2) 安全工作接地。接地电阻不应大于 4Ω。

(3) 直流工作接地。接地电阻应按照计算机系统具体要求确定。

(4) 防雷接地。应按现行国家标准 GB 50057—1994(2000 版)《建筑物防雷设计规范》执行。

目前,可行性强而又经济的接地方法是将交流接地和安全工作接地合二为一,与直流接地、防雷接地一起用三根接地引线引至大楼的地面总等电位连接箱,再将它们引至避雷地桩形成综合接地网,这样它们就有同样的电位,在发生雷击时,不会发生雷电反击而损坏设备。只要接地电阻小于 1Ω,就可以保证接地线间不产生电位差、不相互干扰,这也是工程上最常见的做法。为了保证接地电阻小于 1Ω,将采用优质的接地体和引下线,根据实际情况综合运用深埋、添加降阻剂、增大接地线横截面面积、增加接地体数量等方法来降低接地电阻,以达到国家标准的要求。

若防雷接地一定要单独设置接地装置时,其余三种接地宜共用一组接地装置,其接地电阻不应大于其中最小值,并应按现行国家标准《建筑物防雷设计规范》的要求采取防止雷电反击措施。但是,交流与安全工作接地、防雷接地、直流接地分开的方式存在一个问题,即在发生雷电反击时容易损坏设备。必须使防雷接地与其他两种接地间有一定的距离,方可避免雷电反击的破坏。由于直流接地与其他接地是分开的,来自其他接地线的干扰也可消除。但重新打接地地桩,费用比较高,而且一般建筑物受周围环境的限制,另外找地桩也有一定的困难。

在TN-S系统中,交流工作地和安全保护地分别取自电源供电线上的N线和PE线。联合接地的电阻一般都要求满足$R<1\Omega$的规定。据有关调查材料报道:北京、上海、重庆、深圳和海南等地的一些高层建筑项目的联合接地电阻大都为$0.2\sim0.5\Omega$,某些高层建筑个别测试点接地电阻值最大不超过0.8Ω。联合接地电阻不应大于1Ω的要求是设计规范要求的一个最低限值,在具体工程中应越小越好。如达不到要求,应增加接地体数量或采取人工降阻措施来满足实测要求。

由变电所引至机房的主馈线电缆有以下两种接法:

(1) 当变电所与机房处于同一建筑内时,由变电所低压柜引出的馈线,进机房UPS电源管理间的电缆采用三相五线(3L+N+PE)绝缘防火电缆。

(2) 当变电所与机房处于不同的建筑内时,由变电所低压柜引出的馈线,进机房UPS电源管理间的电缆可采用三相四线(3L+N)绝缘防火电缆,在入户处做重复接地,并在此后变为三相五线,引出的PE线连至各级设备。

对直流工作接地有特殊要求且需单独设置接地装置的电子计算机系统,其接地电阻值及与其他接地装置的接地体之间的距离应按计算机系统及有关规定的要求确定。

当多个电子计算机系统共用一组接地装置时,应采用接地线将各电子计算机系统分别与接地体连接。

电源电缆PE线在电源管理间的互投切换箱内,需做辅助等电位接地端子排。一定要做直流工作接地的计算机网络设备机房,在总体规划时应邻设于数据中心机房。电源交流工作接地和安全保护接地取自数据中心机房电源管理间,单独从变电所总等电位接地母排上用截面积不小于$16mm^2$的绝缘防火电缆引至有直流接地的机房,在设有专用金属接线箱内做直流接地端子排,供直流接地设备端接使用。变电所总等电位接地母排应设避雷器、放电间隙或浪涌电压抑制器等保护装置,以防雷击时接地装置电位升高、通过接地线反击电气设备,引起直流地电位较大波动而导致电子设备工作失常。

凡外露的正常状态下不带电的电子计算机系统设备金属壳体必须与保护接地装置可靠连接。接地装置焊接应当牢固,需涂敷部分的涂层要完整。交流电源线路不要与直流工作地线紧贴平行敷设。

此外,机房内防静电活动地板距地面高度应按机房敷设电缆量的多少和下送风量的大小而定,至少要大于0.3m。沿机房四边墙线用20mm×4mm扁钢(要求高的机房采用30mm×3mm铜带)敷设,并将活动地板金属支撑管脚做多点重复接地焊接,在近电源管理间一侧用$6mm^2$以上的铜芯绝缘线穿钢管或PVC管,接入电源管理间内的辅助等电位接地母排,连同沿墙敷设的扁钢带共同构成安全可靠的等电位平面。这样,机房地板下面形成了屏蔽,保护各种信号线路免受电磁干扰,如图3.8所示。

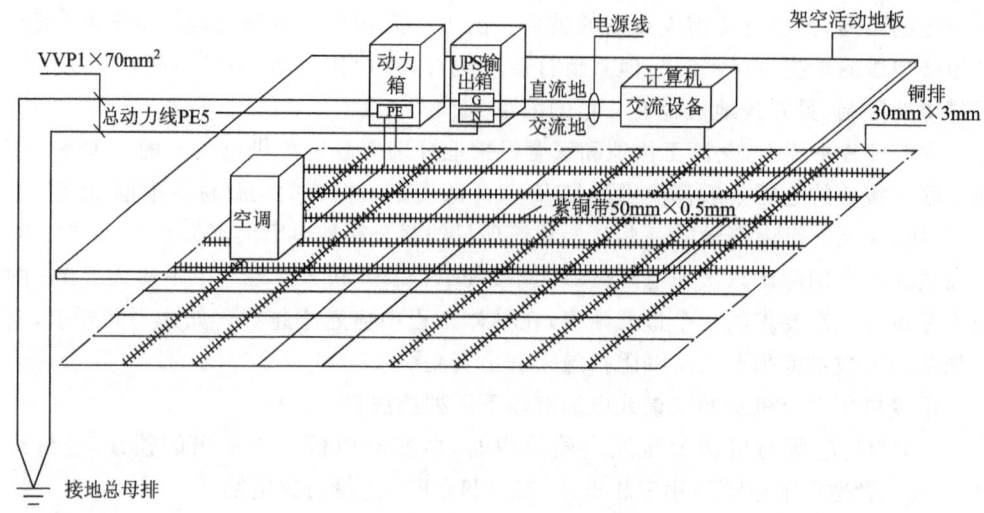

图 3.8 主机房内的接地示意图

在工程的设计阶段,有时不知道信息系统的规模和具体位置,若预计将会有信息系统,应在设计时就将建筑物的金属支撑物、金属框架或钢筋混凝土的钢筋等自然构件、金属管道、配电的保护接地等与防雷装置组成一个共用接地系统,并应在一些合适的地方预埋等电位联结板。

2. 机房防雷系统

机房电源系统的防雷设计必须满足 GB 50057—1994(2000 版)《建筑防雷设计规范》和 GB 50343—2004《建筑物电子信息系统防雷技术规范》的相关要求。建筑物的雷电防护是分区的,除屋顶天线以外的智能化设备大都在雷击保护分区 LPZ1 以内,一般情况下机房位于雷击保护分区 LPZ2 区域。低压电源系统最易受到雷电的干扰,产生瞬间过电压现象,影响设备的正常运行甚至损坏设备。因此,为了保护设备的安全,首先应该对设备的电源系统进行保护,采取措施将可能产生的各种电源扰动限制在设备能够承受的范围之内,并将浪涌电流引入接地网络。

(1) 机房电源系统的防雷。根据机房大小及设备保护的重要程度,采用一级、二级或三级防雷,设备末端需要有防浪涌插座。在大楼低压配电屏已设置一级电源防雷装置的基础上,至少在机房配电柜上再加设二级电源防雷装置。防雷器装置在接地、连接等方面均需满足国家标准。在设备终端处采用带突波吸收功能的电源插座为设备提供电源,对设备进行防浪涌保护。

此外,机房电源进线应按现行《建筑防雷设计规范》采取防雷措施。独立的电子数据中心机房电源应采用地下电缆进线。当不得不采用架空进线时,应在低压架空电源进线处或专用电力变压器低压配电母线处装设低压避雷器。图 3.9 所示是 TN-S 系统浪涌电压保护原理图。

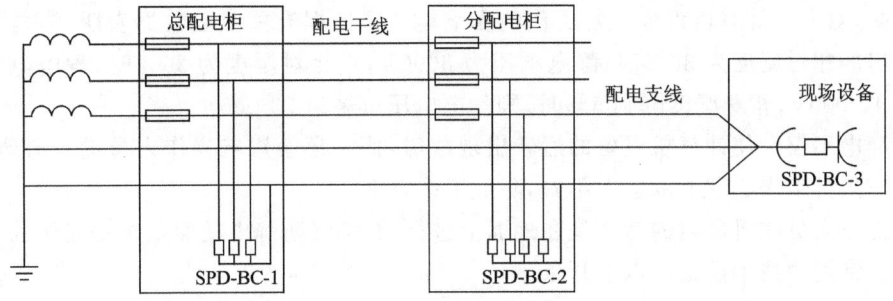

本系统10kV不接地网络标称电压380V

序号	编号	名称	设计参数	选型	单位	数量
1	SPD-BC-1	电源避雷器	设备耐压 6kV，浪涌电流 40kA(10/350μs)	ZGB153A4-40	组	1
2	SPD-BC-2	电源避雷器	设备耐压 1kV，浪涌电流 10kA(8/20μs)	ZGB149A 20	组	1
3	SPD-BC-3	电源避雷器	设备耐压 1kV，浪涌电流 5kA (8/20μs)	ZGB132C10A-20	组	1

图 3.9 TN-S系统浪涌电压保护原理

配电柜采用的空气开关应选优质产品。配电柜内的二级电源避雷器选用进口可靠性高的产品,容量≥60kA(8/20μs)的型号。

(2) 机房信号系统的防雷。根据配置要求,机房内在安装电源防雷器的同时必须加装信号避雷器,以保护与通信网络、数据网络和计算机网络相连的重要设备。

① 所有建筑物进出线路(含天馈线路)均应加信号防雷器。

② 网络布线系统。机房总进线部分加装信号防雷器,在部分特别重要的服务器或设备前加装避雷器,对此类特别重要的设备进行保护。

③ 设备监控系统。所有模块加装信号防雷器。

④ 门禁系统。在门禁管理主机前加装信号防雷器。

所有信号避雷器应具备以下功能:

① 保护 1000/100/10BASE-T 以太网接口卡和 LAN 设备接入线。

② 保护数据终端及个人电脑串口。

③ 在出现持续性故障时具有失效保护短路功能。

④ 在长时间持续性过压、异常强烈的雷电冲击情况下,要安全断开。

3. 机房静电防护系统

静电对电子计算机的主要危害是由于静电噪声对电子线路的干扰,会引起电位的瞬时改变,甚至击穿元器件,导致存储器中的信息丢失或误码。

静电的产生因素很多,其中多与机房的湿度有关。相对湿度越低越干燥,静电电压越高,对电子计算机设备正常工作的影响越明显。据有关实验数据表明,当数据中心机房的相对湿度为30%时,静电电压为5000V;当相对湿度为20%时,静电电压就达到10 000V;相对湿度降到5%时,则静电电压可高达20 000V。

静电不仅会使计算机设备的运转出现故障,而且还会影响操作人员的身心健康,给操作人员带来心理上的极大不安,降低工作效率。

工作人员在机房内的活动是在地面上进行的,铺设防静电地面是机房建设的重要环节。常用的技术措施有以下几条:

(1) 基本工作间不用活动地板时,可铺设导静电地面,导静电地面可采用导电胶与建筑地面粘牢,导静电地面的体积电阻率均应为 $1.0 \times 10^7 \sim 1.0 \times 10^{10} \Omega \cdot cm$,其导电性能应长期稳定。

(2) 主机房内采用的活动地板可由钢、铝或其他阻燃性材料制成。活动地板表面应是导静电的。单元活动地板的系统电阻应符合现行国家标准《计算机机房用活动地板技术条件》的规定。

(3) 主机房内的工作台面及座椅垫套材料应是导静电的,其体积电阻率与导静电地板相同。

(4) 主机房内的导体必须与大地进行可靠连接,不得有对地绝缘的孤立导体。

(5) 导静电地面、活动地板、工作台面和座椅垫套必须进行静电接地。

(6) 静电接地的连接线应有足够的机械强度和化学稳定性。导静电地面和台面采用导电胶与接地导体黏接时,其接触面积不宜小于 $10cm^2$。

(7) 静电接地可以经限流电阻及自己的连接线与接地装置相连。

4. 影响机房系统的安全因素和保护措施

机房是设备密集、数据集中、投资较高的工程项目。机房系统中运行的存储设备、服务器、通信网络设备以及这些设备中存储与处理的数据所蕴藏的价值是巨大的。

数据的集中给用户带来的效率和风险并存,中心机房系统任何一个点上发生的故障都有可能影响到周围的广大区域。

(1) 火灾。机房火灾主要指的是设备、线路等因技术和维修上的原因引起的火灾。其中,设备火灾是机房火灾中最常见的一种。这种火灾主要是由于设备自身的缺陷、维修不当、年久失修或使用不当、管理制度不严格而造成的,也有因设备、线路老化造成的。

(2) 电气干扰、电磁干扰。电气设备中元器件产生的射频干扰和输电线路中产生的电磁干扰严重时,也会破坏系统的稳定。

(3) 雷电感应。它是电磁噪声中破坏力最强的,会导致电涌进入电气和通信线路。一个持续的电涌可高达7000V,可在线路内走1600m左右。

(4) 电压波动。这是一种常见现象,当变压器容量偏小时,由于整个供电系统负荷的变化,容易引起电源电压的波动。对于一些敏感设备,会引起故障。干扰类型主要有瞬变、尖峰、浪涌等。

(5) 供电系统故障。此故障产生的过流或短路都足以引发开关跳闸,造成供电系统中断。停电的时间有长有短,造成的影响和损失有大有小。线路的过流或短路有时会引发火灾。

(6) 温湿度。机房的每台设备都有大量的集成电路、半导体器件、电阻器、电容器等,它们对环境温度变化比较敏感,当温度过高时,可能会使某些元器件不能正常工作甚至完全失去作用,从而导致机房电子设备出现故障。因此,必须按各设备的要求,把温度控制在设备要求的范围之内。

除此之外,还要把湿度控制在规定的范围之内。当相对湿度低于40%时,空气被认为是干燥的;而当相对湿度高于80%时,则认为空气是潮湿的;当相对湿度为100%时,空气处在饱和状态。在相对湿度保持不变的情况下,温度越高,水蒸气压力越大,水蒸气对机房电子设备的影响越大。随着压力的增大,水蒸气在元器件或介质材料表面形成的水膜越来越厚,造成"导电小路",针对供电设备则会出现飞弧现象,引发设备故障。在相同的条件下,相对湿度越低越干燥,静电电压越高,对电子计算机设备正常工作的影响越明显。

(7) 尘埃。灰尘对电子计算机设备,特别是对精密机械设备和接插元件的影响较大。由于通过空调系统、缝隙渗漏、工作人员出入等因素把空气中的灰尘带进了机房,因此,机房内存在一定数量的灰尘是不可避免的,但可以尽量减少。在电子计算机的各种设备中,最怕灰尘的是磁盘存储器,特别是密封性差的软盘驱动器更易受灰尘的侵害。为了有效地保证机房的安全和减少机房的灰尘,除按机房洁净度要求建设外,严格控制进入机房的人员,按前往的部位和人员的职责实行不同的管理也是非常必要的。

(8) 其他。雷击、漏水、污染、噪声、照明、震动、承重、鼠害、管理等安全问题也都是机房安全的因素,有待在设计和运行中不断加以解决。

综上所述,可以从以下几个方面考虑解决机房安全的措施:

(1) 执行关于机房安全的国家标准。如《计算站场地安全要求》是关于机房系统安全的国家级标准,是解决机房系统安全问题的一本指南。

(2) 建立严格的安全制度。机房安全管理制度是业主根据本单位情况对机房投入运行后的日常管理所做的规定,包括值班制度、操作规定、检修制度、账号管理制度、保密制度、人员的进出管理等。

(3) 采取周密综合性的安全措施。如建立火灾报警及灭火系统、健全人员管理制度、设计安防系统、减少电气干扰、使用专用供电线路、主要设备用不间断电源供电、采取良好的接地、屏蔽、等电位连接、避雷等措施。为了保障室内的温、湿度,装设精密空调。此外,铺设抗静电地板也是一条有效的抗静电措施。

(4) 计算机系统要用专用供电回路供电,主要系统供电要配备UPS电源。对重要的计算机系统要保证电源的冗余备份,如双回路、双UPS、发电机组等。计算机的电源插座应该是专用的,连接到单独的开关上,不要与其他电气设备共用,最好能屏蔽计算机的电缆,减少噪声干扰对系统的威胁。

(5) 计算机主机设备应远离有噪声的电气设备,如空调、工业机床、复印机等。主机房与空调机房应分区域设置。

(6) 电源线应安装避雷设备,最好能从总配电箱、分开关箱、UPS输入端分别做避雷防护,做好三级 SPD 避雷防护。计算机系统接地线按规范选取,线径不能随意设置。各个设备都要接地,合理的接地可以减少由电源本身产生的噪声,抵消闪电噪声或电涌干扰,减少电击的危险,保证人身安全。

(7) 弱电机房的机柜、单侧有源配线架(单面设接线排,柜内上部设隔板放置有源设备,如路由器和集线器等)合理布线才能保证电气安全。应当做到隔离度好和维护检修方便。

3.5 机房空调系统

3.5.1 机房空调系统的特点

数据中心机房安装有大量的计算机设备,计算机处理速度越来越快、存储量越来越大、体积越来越小是发展的趋势,也就是说单位面积的散热量将越来越大。

1. 显热量大

机房内安装的主机及外设、服务器、交换机、光端机等计算机设备,以及动力保障设备,如 UPS 电源,均会以传热、对流、辐射的方式向机房内散发热量,这些热量仅造成机房内温度的升高,属于显热。一个服务器机柜的散热量为每小时几千瓦~十几千瓦,如果安装的是刀片式服务器,散热量会高一些。大中型数据中心机房设备散热量在 $400W/m^2$ 左右,装机密度较高的数据中心可能会达到 $600W/m^2$ 以上。

2. 潜热量小

不改变机房内的温度,而只改变机房内空气含湿量,这部分热量称为潜热。机房内没有散湿设备,潜热主要来自工作人员及室外空气,而大中型机房一般采用人机分离的管理模式,机房围护结构密封较好,新风一般也是经过温湿度预处理后进入机房,所以机房潜热量较小。

3. 风量大、焓差小

设备的热量是通过传导、辐射的方式传递到机房内,设备密集的区域发热量集中,为使机房内各区域温湿度均匀,并且控制在允许的基数及波动范围内,就需要有较大的风量将余热量带走。另外,机房内潜热量较少,一般不需要除湿,空气经过空调机蒸发器时不需要降至露点温度以下,所以对送风温差及焓差要求较小,为将机房内余热带走就需要较大送风量。

4. 不间断运行、常年制冷

机房内设备散热属于稳态热源,全年不间断运行,这就需要有一套不间断的空调保障系统,在空调设备的电源供给方面也有较高的要求,不仅需要有双路市电互投,而且对于保障重要计算机设备的空调系统还应有发电机组作为后备电源。长期稳态热源造成即使在冬季机房内也需要制冷,尤其是在南方地区,情况更为突出。

5. 送、回风方式较多

空调房间的送风方式取决于房间内热量的发源及分布特点,针对机房内设备密集式排列、线缆、桥架较多以及走线方式等特点,空调的送风方式分为下送上回、上送上回、上送侧回、侧送侧回。

6. 静压箱送风

机房内空调送、回风通常不采用管道,而是利用高架地板下部或天花板上部的空间作为静压箱送、回风,静压箱内形成的稳压层可使送风均匀,使空间内各点静压相等。

7. 洁净度要求高

机房有严格的空气洁净度要求。空气中的尘埃、腐蚀性气体等会严重损坏电子元器件的寿命,引起接触不良和短路等故障,因此要求机房专用空调能按相关标准对流通空气进行除尘、过滤。另外,要向机房内补充新风,保持机房内的正压。主机房内的空气含尘浓度,在静态条件下测试,每升空气中大于或等于 $0.5\mu m$ 的尘粒数应小于 18 000 粒。主机房与其他房间、走廊间压差不应小于 4.9Pa,与室外静压差不应小于 9.8Pa。

3.5.2 机房建筑平面与机房空调

机房的建筑平面和空间布局应具有适当的灵活性,主机房的主体结构宜采用大开间大跨度的柱网,可以提高机房的使用率,使空调气流通畅。

1. 空调系统划分原则

机房在平面布局上一般包括主机房、基本工作间、第一类辅助房间、第二类辅助房间、第三类辅助房间,空调系统划分时要遵循以下原则:

(1) 能保证室内要求的参数,即在设计条件和工作条件下均能保证达到室内温度、相对湿度、净化的要求。

(2) 对环境温湿度、洁净度、工作时间要求一致的房间集中布置。

(3) 初投资和运行费用综合考虑较为经济。

(4) 便于管理且维护简单。

(5) 尽量减少一个系统内各房间相互的不利影响。

(6) 要尽量减少送风距离。

2. 机房平面布局与空调系统

(1) 机房分布在同一楼层。中小型机房的主机房、基本工作间与辅助房间一般设置在建筑物的一个楼层。主机房的各个房间,如主机及外设室、网络机房、磁带机房宜集中布置,采用机房专用空调系统,专用空调机组宜布置在相邻的房间内并且靠近给排水接点。

基本工作间、辅助房间采用舒适性空调系统,可利用建筑物原有中央空调或者根据功能房间的需要采用独立的舒适性空调系统。

(2) 机房分布在一个建筑物的多层或一个建筑群。大型机房规模较大,根据数据处理业务类别不同,一般分布在一个建筑物的多层或者一个建筑群中。在机房布局时,宜将主机房设置在一个建筑物的较低楼层,采用机房专用空调系统,分层设置空调区,各层专用空调机组宜安装在建筑物的同一侧,便于统一安装冷媒管、给排水干管。基本工作间和辅助房间可根据与主机房的关系分布在其他楼层或其他建筑物中,采用建筑物中央空调或独立的舒适性空调系统。

(3) 机房建筑空间与机房空调。机房建筑空间上应满足特殊气流组织形式的要求,机房净高(高架地板距天花板高度)应按机柜高度、线槽走线形式、通风要求确定,宜为 2.4~3.0m。如果采用下送风上回风方式,高架地板下高度宜在 350mm 以上,天花板距主梁的高度宜在 300mm 以上,同时可以敷设各类管线。如室内回风也宜留有一定的空间,美国 2005 年 4 月发布的 TIA942《数据中心通信基础架构标准》中规定:大中型数据中心机房天花板距最高设备顶部宜留有 460~600mm 空间;如果采用上送风方式,则高架地板下只需满足线槽安装即可,适用于层高较低机房。

3.5.3 机房气流组织

大中型数据中心机房的电子设备密集布放,总冷负荷比较大,每平方米大约在 300~600W,有的甚至更高,其中,设备冷负荷占到 80% 以上。针对机房余热量大、发热源集中的特点,就需要合理地分配和分布气流组织,有效地将机房内的余热消除,保证电子设备对环境温湿度、洁净度、送风速度的要求,以及人员对舒适度的需要。

1. 气流组织确定

机房的气流组织形式有下送上回、上送侧回(下回)方式,气流组织形式的确定要考虑以下几个方面:

(1) 首先要考虑设备冷却方式、安装方式。如设备或机柜自带冷却风扇或冷却盘管,目前较常见的设备和机柜的冷却方式都是从前面进风,后面或上部出风。

(2) 冷量的高效利用。使散热设备在冷空气的射流范围内。

(3) 考虑机房建筑结构、平面布局。机房各个系统的建设要依托建筑环境,也受到一些因素的制约,如建筑层高、形状、面积等。

2. 气流组织形式

（1）下送上回方式。下送上回方式是大中型数据中心机房常用的方式，空调机组送出的低温空气迅速冷却设备，利用热力环流能有效利用冷空气冷却效率，因为热空气密度小、轻，它会往上升，而冷空气密度大、沉，它会往下降，填补热空气上升留下的空缺，形成气流的循环运动，这就是热力环流。热力环流不同于水平流动的风，它是空气上下垂直的对流运动，冷与热激发出气流缓慢的运动。它与风也不一样，风能够改造局部环境的气候，而热力环流是气流运动的原始动力。利用气流的原始动力，可以不用设置动力设备，同样达到最佳的冷却效果，如图3.10所示。

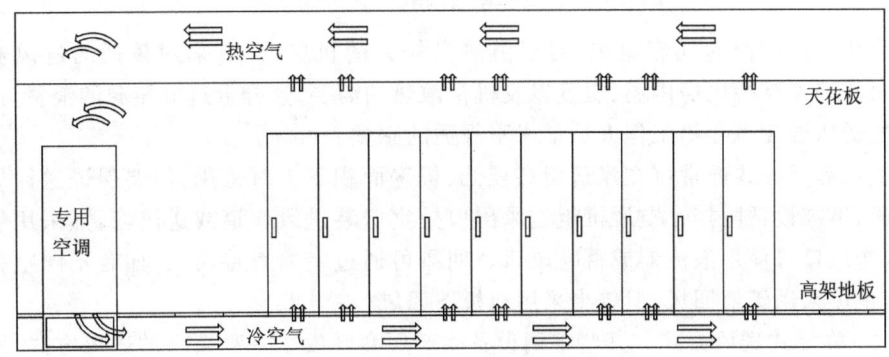

图 3.10 下送上回气流组织

（2）上送侧回（下回）方式。上送侧回通常是采用全室空调送回风的方式，适用于中小型机房。上送风可分为机房顶送或紧靠机房顶部的上部侧送两种形式，后者较为常用。由顶部或侧上方送风的气流首先与室内空气混合，再进入设备或机柜内。机房顶部安装散流器或孔板风口送风，工作的气流小且均匀，人有良好的舒适感。但大多数计算机机柜的冷却进风口是在下部或前方，排风口在机柜的上部。这样，顶部的送风气流先与机柜处上升的热气流混合，再进入机柜冷却设备，影响了机柜的冷却。由于机柜进风温度偏高，机柜内得不到良好的冷却，必然造成机柜内温度偏高，导致计算机不能正常工作，如图3.11和图3.12所示。

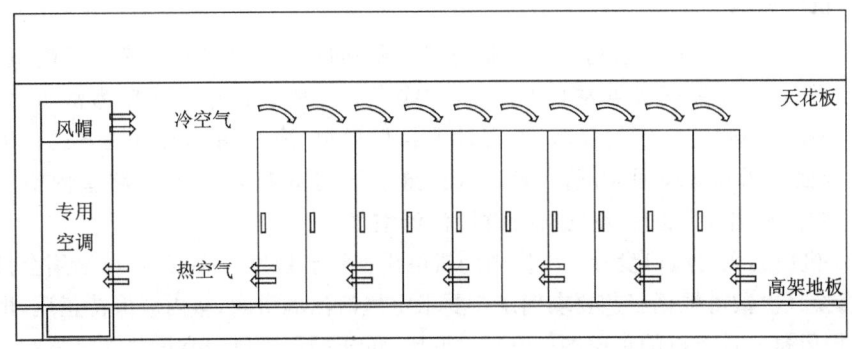

图 3.11 上送侧回气流组织（上部风帽侧送风）

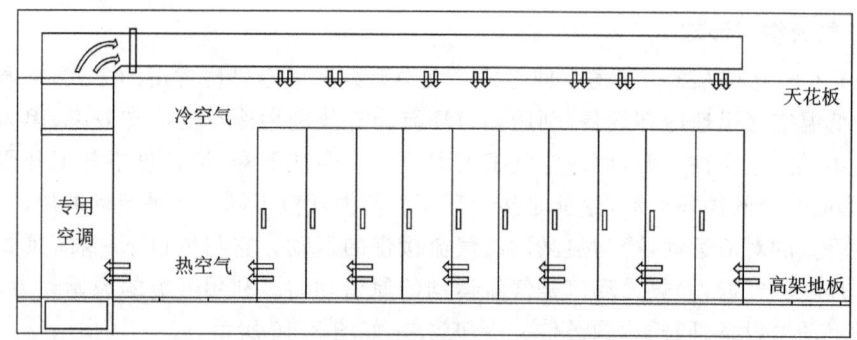

图 3.12　上送侧回气流组织(风道侧送风)

采用上送侧回的气流组织,对于散热量较大的机房,只有采用较低的送风温度(13~16℃)来维持机房内温、湿度以及机柜散热的需要,这样会造成能源的浪费,而且较低的送风温度也会给工作人员带来不舒适的感觉。

上送侧回方式通常可在建筑层高较低、机房面积不大时采用,但要保证送回风气流畅通,不被设备阻挡。空调机组送风出口处宜安装送风管道或送风帽,如采用管道送风,送风口可使用散流器或百叶风口。回风可通过室内直接回风,如有不同空调房间时,也可采用管道回风,但较少采用地板下回风。

(3) 弥漫式送风方式。某些空调设备生产厂商开发了一种新型的送风方式,即弥漫式送风,其制冷原理是依据冷热空气的热力环流进行设备的冷却。相对于下送风方式,弥漫式送风不需要架空地板,而单位面积的热负荷可提高 10%,同时房间层高降低。这种送风方式适用于小型机房,送风距离宜控制在 15m。

3.5.4　机房通风

机房内主机房、基本工作间以及一些辅助房间,如变压器室、高低压配电室、电池室、空调机房等,均要求气体灭火,灭火时要保持一定的压力,围护结构、门和外窗均要求密闭,不能形成自然通风,要使用机械通风才能达到工艺要求。机房通风系统分为机械通风和事故通风。

1. 机械通风

(1) 机械通风方式。机房内安装机电设备的房间,如变压器室、高低压配电室、电池室、空调机房、钢瓶间等需要通风换气,这些房间一般设在地下或较为密闭的空间,而且对环境清洁也有一定的要求,不宜设置自然通风,应采用机械通风方式。机械通风包括全面通风和置换通风,前者是送入新鲜空气与室内空气混合,将室内空气稀释后排出室外;后者是用新鲜空气直接替换污浊空气。

(2) 机房通风与风口设置。机房内的机电设备不会散发有害气体,可采用全部通风的方式,换气次数可根据工艺要求确定。要求空气清洁的房间,室内应保持正压,即送风量大于排风量。送风机的正压端应安装过滤网,负压端即进风口宜设置在室外空气较清洁的地方,进风口的下缘距室外地坪不宜小于 2m,应避免送、排风口形成短路。

(3) 通风设备。通风设备一般可选用轴流风机、混流风机、斜流风机、双速风机以及双向换气风机,在选择时要根据系统的风量、压力、噪声要求并结合风机的特点来选用。房间面积小、系统压力及风量小时可选用轴流风机;系统压力及风量大时应选用混流或斜流风机,这类风机兼备离心风机压力高、轴流风机流量大的特点,而且噪声小、耗电少、结构紧凑;如安装空间受限制,既要通风又有事故通风或消防排烟要求时,可选用双速风机,通过调节电机转速来改变风量;如室内设备对环境温湿度要求较高时,可选用双向换气机,既可以满足通风换气的要求,又可以实现热量回收,但要求送风量大于排风量,保证室内正压,此类风机适用于对正压要求不是很严格的房间。

2. 事故通风

(1) 机房事故通风的特点。在有气体灭火的房间需设置事故通风,机房的事故通风是在火熄灭后,由消防控制中心远程控制或本地手动启动排风机,将残余有害气体排出室外,以便于工作人员尽快进入机房恢复工作。

(2) 换气次数与风口设置。根据大多数工程实例,事故通风换气次数一般不小于 5 次/h,可依据系统恢复的时间要求确定。由于消防气体的密度大于空气密度,在机房内计算机设备已停机情况下,没有发散的显热,不足以形成稳定的上升气流,所以,消防气体沉积在下部,宜从下部区域排出总排风量的 2/3,上部区域排出总排风量的 1/3,且换气次数不应小于 1 次/h。排风口与机械送风系统的进风口的水平距离不应小于 20m,当水平距离不足 20m 时,尽量增加进风口与排风口的垂直距离,避免短路。

(3) 通风设备。通风设备选用原则与机械通风相同,事故通风设备尽量安装在消防保护区以外,确保事故发生后设备能正常工作,设备的本地控制装置要安装在消防保护区外,便于人员的操作。

3.6 机房消防系统

3.6.1 机房消防系统概述

1. 机房的火灾危险

(1) 来自机房外部。机房外部的其他建筑物起火后蔓延至机房。由于机房建筑与其他建筑之间的距离较近,或与其他用途的房间同在一幢建筑内,当其他建筑或其他用途房间起火时,火势通过机房外部的维护结构、门窗及通风管道蔓延至机房,引起机房内火灾。

(2) 来自机房内部。机房内的供配电系统起火、机房内的用电设备起火、人为事故引起的火灾。

① 机房内的供配电系统起火。由于机房内的用电设备多,机房内供电线路布线集中且复杂,机房内设备一般为连续运转,导致机房内的供电线路发热量较大甚至出现提起老化的现象,易发生供电线路的起火现象。

② 机房内的用电设备起火。当设备长时间连续工作时,元器件因质量问题、故障、老化或接触电阻过大而发热着火,引燃周围可燃物,扩大成灾。

③ 人为事故引起的火灾。由于机房内部的工作人员缺乏防火知识,违反有关安全防火规定进行操作引起火灾,若此时不能及时采取正确、有效的灭火措施,将会使火势蔓延从而造成重大损失。此类故障也包括外部人员利用保安措施上的疏漏进入机房故意纵火的破坏情况。

2. 机房的防火措施

(1) 为预防来自机房外部的火灾危险,理想的情况下机房最好与其他建筑分开建设,并在各建筑之间留有一定宽度的防火通道。但多数机房是与其他用途房间合用一幢建筑,根据建筑设计防火规范及机房设计规范规定,当电子数据中心机房与其他建筑物合建时,应单独设置防火分区,这样可以有效地防止来自机房外部的火灾危险。在机房选址时应注意机房要远离易燃易爆物品存放区域。

(2) 机房应有独立的防火分区,机房的外墙应采用非燃烧材料。进出机房区域的门应采用防火门或防火卷帘。穿越防火墙的送、回风管应设防火阀。以上措施应在机房平面总体设计及相关专业设计中进行设计。

(3) 机房建设采用防火材料。机房内部的建筑材料应选用非燃烧材料(A级)或难燃烧材料(B级)。机房各部位使用材料的要求见表3.3。电线、电缆选用耐火或阻燃电线、电缆。

(4) 设置火灾报警系统。

(5) 设置气体灭火系统。

(6) 合理正确地使用用电设备,制定完善的防火制度。

表3.3 机房各部位建筑材料要求

部 位	燃烧性能等级	特殊说明
地 面	A级、B1级	如机房内有自动灭火系统时可降低一级
墙 面	A级	如机房内有自动灭火系统时可降低一级
吊 顶	A级	

3.6.2 机房火灾自动报警系统设计

1. 机房火灾自动报警系统概述

机房火灾自动报警系统一般由火灾报警探测器、报警控制器、手动按钮及线路组成。系统应具有自动报警、人工报警、启动气体灭火装置等功能。

当灭火区内任意一对感烟、感温火灾探测器同时报警时,火灾自动报警控制器发出信号,启动防护区的声光报警器,通知人员撤离,并切断非消防电源,接收动作完成后的返回信号,经30s可调延时后启动防护区内的气体灭火装置,释放灭火气体以完成灭火任务,并将回答信号传回控制器。同时可在控制器上手动远程启动灭火装置。

在防护区外的紧急启停按钮也可完成对灭火装置的紧急启动和停止,另外可在防护区内直接启动灭火装置,完成灭火功能。

2. 机房常用火灾自动报警设备

(1)火灾探测器。火灾探测器是火灾自动报警系统中具有早期探测火灾信号功能的关键部件,火灾探测器是对火灾发生的参量——烟、热、光做出有效响应,并转换成电信号,向火灾报警控制器发送信号报警的一种自动火灾探测装置。

火灾报警探测器可分为感温、感烟、感光、感气、复合式等类型,机房内一般采用的火灾报警探测器有感温和感烟两种类型。

① 感烟火灾探测器。火灾发展过程大致可以分为初期阶段、发展阶段和衰减熄灭阶段。感烟火灾探测器的功能在于:在初燃生烟阶段,能自动发出火灾报警信号,以期将火扑灭在未形成火灾之前。根据结构,感烟火灾探测器可分为离子感烟探测器和光电感烟探测器,如图 3.13 所示。

② 感温火灾探测器。感温火灾探测器是对警戒范围内某一点或某一线段周围的温度参数敏感响应的火灾探测器,如图 3.14 所示。

感温探测器按结构原理不同有双金属片型、膜盒型、热敏电子元件型三种。

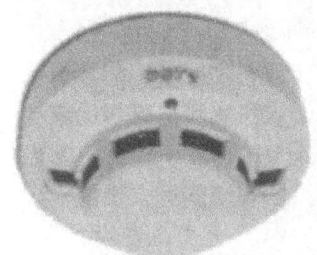 

图 3.13 感烟火灾探测器　　　　图 3.14 感温火灾探测器

(2)火灾报警控制器。火灾报警控制器连接机房内的所有火灾探测器,能准确、及时地进行火灾自动报警,是包括报警显示、故障显示和发出控制指令的自动化成套装置,如图 3.15 所示。

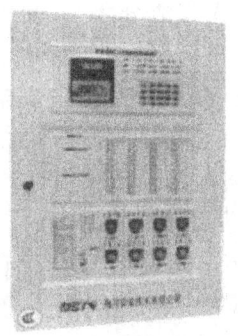 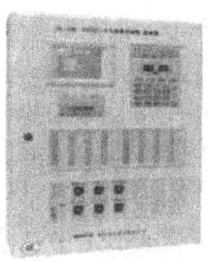

图 3.15 火灾报警控制器

当火灾报警控制器接收到火灾探测器、手动报警按钮或其他触发器件发送来的火灾信号时,能发出声光报警信号,记录时间,自动打印火灾发生的时间、地点,并输出控制其他消防设备的指令信号,组成自动火灾报警控制系统。

火灾报警控制器一般有壁挂式、柜式两种,可根据监控区域内火灾探测器的数量、分区情况及消防联动情况来选择火灾报警控制器。机房内的火灾报警控制器一般选用有气体灭火控制器联动的控制器。

(3) 手动火灾报警按钮。手动火灾报警按钮是当人发现火警时进行手动报警的装置。一般手动火灾报警按钮安装在出入口处,醒目又便于操作。报警按钮上面安装有保护玻璃,以免误按报警按钮。当火灾发生时,可击碎玻璃,按下按钮进行报警。手动报警按钮上的编码开关用来设定地址码,可以在火灾报警控制器上确定报警的位置,如图 3.16 所示。

(4) 火灾声光报警器。火灾声光警报器是一种安装在现场的声光报警设备,当现场发生火灾并确认后,安装在现场的火灾声光报警器可由消防控制中心的火灾报警控制器启动,发出强烈的声光报警信号,以达到提醒现场人员注意的目的,如图 3.17 所示。

图 3.16　手动火灾报警按钮

图 3.17　火灾声光警报器

3.6.3　气体灭火系统设计

1. 多种灭火剂

(1) 二氧化碳。二氧化碳(CO_2)是地球大气成分之一,其用作灭火剂始于 19 世纪。它在常温常压下是一种无色、无味、不导电、化学上呈中性、无腐蚀的气体,可用于电子设备房等部位的灭火。其灭火机理主要是稀释氧气,起到窒息作用,亦有一定的冷却效果。但大量使用 CO_2 所造成的全球的温室效应亦不容忽视。CO_2 本身也有低毒性,浓度达 20% 就会致人死亡,而电子机房内的最低灭火设计浓度为 40%。另外,喷射 CO_2 时有较强烈的冷冻效应,对磁记录设备也是有影响的。

(2) 七氟丙烷。七氟丙烷又称 HFC-227ea,常温下气态,无色、无臭、不导电、无腐蚀、无环保限制。其灭火机理与卤代烷相同,为中断燃烧链,灭火速度极快。七氟丙烷在电子机房的灭火浓度为 8%,对人体无害。喷射时有薄雾和一定冷冻作用,但并不严重影响能见度,不妨碍人员逃生。目前,七氟丙烷灭火系统在机房中得到广泛使用。

(3) 烟烙尽。烟烙尽是将氮气、氩气、二氧化碳以 52∶40∶8 的体积比例混合而成的一种灭火剂。它的三个组成成分均为不活泼气体,都是大气的基本组成成分。烟烙尽气体无色、无味、不导电、无腐蚀、无环保限制,在灭火过程中无任何分解物。其灭火机理为稀释氧气,窒息灭火。其中 CO_2 主要起刺激人体呼吸作用,使人体能够在低于无法继续维持燃烧的氧气浓度时仍能通过加大呼吸深度和加快呼吸速率而获得足够氧气。气体喷放时环境温度变化小,且不影响能见度,只要较好地控制设计浓度,可以说是一种较完美的灭火剂。其缺点是喷放时噪声大;以气态方式储存,储存瓶组多;储存压力大,常温下(21℃)为 15MPa,高压增加了危险性,也相对容易泄漏,对管道管件材料以及安装、维护水平要求较高;造价昂贵。

(4) 气溶胶。气溶胶是一种烟雾型灭火剂,其微粒是通过由氧化剂、还原剂及黏合物结合成的固体材料的燃烧而产生,具有高分散度、高浓度的特点,大部分微粒直径小于 $1\mu m$。气溶胶具有灭火效率高及价格低廉等优点。其主要缺点是在燃烧反应时产生大量热量,导致环境温度升高,并可能对喷口前 1m 内的人员或物体造成伤害。气溶胶喷放后现场为白色金属盐粉末,能见度极低,直接影响人员逃生。气溶胶在空气中形成高浓度胶体,含有水分及金属盐成分,降低空气电阻率。微粒具有较强的吸附能力,很容易黏附在电路板及电子芯片上,其导电性及强腐蚀性会大大缩短设备寿命。气溶胶具有毒性,虽然其毒性不大,但仍对人体有潜在的危害。

2. 七氟丙烷灭火系统

(1) 灭火特点。

① 保护环境。七氟丙烷是无色、无味的气体,其臭氧耗损潜能值(ODP)为零,在 ISO 认可的洁净气体灭火剂中,它的洁净性最好,具有清洁、低毒、电绝缘性能好、灭火效率高的特点。

② 保护生命安全。七氟丙烷的未观察到损害作用水平,即 NOAEL 值为 9%,而一般七氟丙烷的灭火设计浓度为 8% 左右,对人体基本无害。

(2) 灭火机理。通过惰化火焰中的活性自由基,实现断链灭火。

(3) 灭火系统组成。七氟丙烷灭火系统主要由七氟丙烷灭火瓶、钢瓶架、单向阀、集流管、安全泄放装置、驱动装置、软管、选择阀、管网及喷嘴、喷洒指示灯、紧急启动/停止按钮等组成。

(4) 灭火形式。七氟丙烷自动灭火系统包括有管网灭火系统和无管网灭火系统。七氟丙烷有管网灭火系统适用于各种机房的灭火。根据机房保护区的数量,七氟丙烷有管灭火系统可分为单元独立式气体灭火系统和组合分配式气体灭火系统两种形式。

如果保护区内仅有一个防护分区时,可按照防护区的要求进行单元独立式气体灭火系统的设计,由一个七氟丙烷供应源通过固定的管网和喷嘴对一个防护区实施保护。

3. 七氟丙烷灭火系统的使用及维护

(1) 七氟丙烷灭火系统安装竣工后,需经有关部门验收合格后方可投入使用。

(2) 七氟丙烷灭火系统的启动方式分为自动控制、手动控制和机械应急手动控制三种。一般情况下应使用手动控制，在保护区无人的情况下可以转换为自动控制，当自动控制和手动控制不能执行时，应采用机械应急手动控制。

① 自动控制。将报警控制器上的控制方式选择键拨到"自动"位置，灭火系统即处于自动控制状态。当保护区域发生火情，火灾探测器发出火灾信号，报警控制器立即发出声、光报警信号，灭火控制器接收到两个独立的火灾报警信号，发出联动指令，关闭联动设备，经过30s延时，发出灭火指令，打开与保护区域相应的电磁阀释放启动气体，启动气体通过启动管路打开相应的选择阀和容器阀释放灭火剂，实施灭火。

② 手动控制。将灭火控制器上的控制方式选择键拨到"手动"位置，灭火系统即处于手动控制状态。当保护区域发生火情，按下手动控制盒或控制器上的启动按钮即可按规定程序启动灭火系统释放灭火剂，实施灭火。在自动控制状态，仍可实现手动控制。

③ 机械应急手动控制。当保护区域发生火情，灭火控制器不能发出灭火指令时，应立即通知所有人员撤离现场，关闭联动设备，然后拔出与保护区域相应的电磁阀上的安全卡套，压下圆头把手打开电磁阀，释放启动气体，即可打开相应的选择阀、容器阀，释放灭火剂，实施灭火。如果此时遇上电磁阀维修或启动钢瓶充换启动气体或由于其他原因不能开启相应的选择阀、容器阀时，应立即按下列程序操作：

- 打开与保护区域相应的选择阀手柄。
- 按下容器阀上的机械应急启动把手，打开容器阀，释放灭火剂，实施灭火。

(3) 当发出火情警报，在延时时间内却发现有异常情况而不需启动灭火系统进行灭火时，可按下手动控制盒或控制器上的紧急停止按钮，即可停止灭火控制器灭火指令的发出。

3.7 机房屏蔽

3.7.1 机房屏蔽建设概述

许多电子信息的处理设备都有较强的电磁泄漏。在使用这些设备时，必然会将处理的各种信息散射到一定的空间中去。这就给信息的保密工作造成极大的威胁。因此，有高度保密要求的数据中心在使用电子计算机和其他电子信息处理设备时，如果不采取可靠的屏蔽技术措施就开始处理保密信息，是十分危险的。

正确地使用不同种类的屏蔽机房或屏蔽室是一种防止信息随电磁波泄漏的可靠措施。屏蔽机房不仅可以防止室内电子计算机和其他电子信息处理设备所处理的保密信息随电磁波泄漏出去，而且可以防止外部来的比较强的电磁干扰扰乱室内电子计算机和其他电子信息处理设备的正常工作。

1. 信息泄漏防护技术

防止电磁辐射泄密的技术措施主要有以下几种：

（1）配置视频信息保护机（干扰器）。视频保护（干扰）技术又可分为白噪声干扰技术和相关干扰技术两种。白噪声干扰技术的原理是使用白噪声干扰器发出强于计算机电磁辐射信号的白噪声，将电磁辐射信号掩盖，起到阻碍和干扰接收的作用。这种方法有一定的作用，但由于要靠掩盖方式进行干扰，所以发射的功率必须够强，而太强的白噪声功率会造成空间的电磁波污染；另外，白噪声干扰也容易被接收方使用较为简单的方法进行滤除或抑制解调接收。因此，白噪声干扰技术在使用上有一定的局限性和弱点。

相关干扰技术与白噪声干扰技术相比是一种更为有效和可行的干扰技术。相关干扰技术的原理是使用相关干扰器发出能自动跟踪计算机电磁辐射信号的相关干扰信号，使电磁辐射信号被扰乱，起到乱数加密的效果，使接收方即使接收到电磁辐射信号也无法解调出信号所携带的真实信息。由于相关干扰不需靠掩盖电磁辐射信号来进行干扰，因此其发射功率无需很强，对环境的电磁污染也很小。相关干扰器使用简单、体积小巧、价格适宜、效果显著，最为适合应用在单独工作的个人计算机上。

（2）建造电磁屏蔽室。屏蔽技术的原理是使用导电性能良好的金属网或金属板建立 6 个面的屏蔽室或屏蔽笼将产生电磁辐射的计算机设备包围起来并且良好接地，抑制和阻挡电磁波在空中传播。设计及安装良好的屏蔽室对电磁辐射的屏蔽效果比较好，高性能的屏蔽室其屏蔽效果对电场可达 140dB，对微波场可达 120dB，对磁场可达 100dB。妨碍屏蔽技术普遍应用的问题是屏蔽室的设计安装施工要求相当高，造价非常昂贵，一般二三十平方米的屏蔽室造价需几十万至上百万元。因此，屏蔽技术较为适用于一些保密等级要求较高、较重要的大型数据中心计算机设备或多台小型计算机集中放置的场合，如国防军事数据中心、大型的军事指挥所、情报机构的数据中心等。

（3）配置低辐射设备。在设计和生产计算机设备时，对可能产生电磁辐射的元器件、集成电路、连接线、显示器等采取防辐射措施，把电磁辐射抑制到最低限度。生产和使用低辐射计算机设备是防止计算机电磁辐射泄密的较为根本的防护措施。

2. 建造屏蔽机房

为了有效地防止电磁干扰式噪声、辐射对电子设备和测量仪器的影响，并严防电子信号泄漏威胁到机密信息的安全，国家机关、军队、公安、银行、铁路等单位需要建立屏蔽机房。

在机房设计中，有如下要求时应对所设计区域进行电磁屏蔽设计：

（1）涉及国家或企业秘密的数据中心电子信息系统机房应设置电磁屏蔽室，电磁屏蔽室的性能指标应依据国内相关标准执行。

（2）主机房内无线电干扰场强，在频率为 0.15～1000MHz 时大于 126dB，或主机房内磁场干扰环境场强大于 800A/m，设计时应采取电磁屏蔽措施。

屏蔽机房从结构上可分为可拆装式和不可拆装式；按性能标准又可分为国标级和军标级；国家军用标准 GJBz 20219—1994 从性能上又分为 B 级和 C 级；按使用用途分为防

信息泄漏的保密机房和防电磁干扰的无电磁环境机房。其中,可拆装式主要适用于有可能搬迁的屏蔽机房,这种机房安装快,可多次拆装,灵活机动;不可拆装式则主要适用于大型机房,这种机房抗泄漏性能好,能达到较高的技术指标,但施工工期较长。

屏蔽机房可以使磁场变得极弱,并且使电场和平面波、微波获得最大限度的衰减。屏蔽机房是使用金属板组成一个全封闭的六面体,并配有新型屏蔽门、通风系统、通信传输系统、电力照明系统及其他辅助设施。

3.7.2 屏蔽机房的类型

常用的防止信息泄漏的屏蔽机房的主要有以下几种:

1. 金属网屏蔽机房

金属网屏蔽机房是采用在机房的墙面、顶面及地面安装木质或金属框架,在框架上安装铜网或铁网,以达到屏蔽的效果。根据要求的屏蔽性能不同,可采用单层或多层的金属网屏蔽层。金属网屏蔽机房可用于对屏蔽有一般要求的场合。

2. 钢板组装式电磁屏蔽机房

钢板组装式电磁屏蔽机房壳体六面钢板屏蔽层由钢板经专用机床模具折边成型制成单元模块,通过螺栓、螺母、垫片及导电衬垫组装而成。钢板拼装式电磁屏蔽机房满足有可能搬迁的需要,机房外形美观且自重轻、安装快、电磁密封性可靠、组装和拆卸工艺性强,可多次拆装使用,主要用于对屏蔽性能要求较高的计量检测、信息安全、EMC 测试等领域和屏蔽面积大、屏蔽性能高、有一些特殊要求的场合,如图 3.18 所示。

3. 钢板焊接式电磁屏蔽机房

钢板焊接式电磁屏蔽机房是采用不同规格模块的钢板焊接成一体,如图 3.19 所示。

图 3.18 钢板组装式电磁屏蔽机房

图 3.19 钢板焊接式电磁屏蔽机房

钢板焊接式电磁屏蔽机房具有结构可靠、性能指标优良、使用范围广等特点。目前用途最为广泛,特别适用于各种数据中心电子计算机房、通信机房的屏蔽,各种无线电发射和接收的试验、测量和计算,电工放电测试和试验,电磁兼容性(EMC)的各种试验、测量和考核,适用于一切干扰防泄漏场所。钢板焊接式电磁屏蔽室是采用钢板经大型模具折边成型,并用气体保护焊最大限度地抑制焊接变形,保证钢板平面的平整性。

3.8 机房弱电系统

随着数据中心机房应用范围的日益扩大,对机房的功能需求也越来越多,机房建设的内容逐渐扩展到许多弱电的子系统,许多新技术、新产品逐渐在机房内得到广泛应用。今天,在机房建设中普遍应用了综合布线、门禁、闭路监控、机房环境动力监控、系统集成、KVM以及机房常用的视频监视显示设备。

3.8.1 综合布线

1. 综合布线概述

综合布线系统是一套用于建筑物内或建筑群之间,为计算机、通信设施与监控系统预先设置的信息传输通道。它将语音、数据、图像等设备彼此相连,同时能使上述设备与外部通信数据网络相连接。它的核心就是"综合",也就是各个弱电系统均可利用综合布线系统进行信息传输。

综合布线系统是为了适应电话和网络数据传输线缆的管理需求而发展起来的一种特别设计的布线方式,它为数据中心的信息设施提供了多厂家产品兼容、模块化扩展与更新、系统灵活重组的可能性。既为用户创造了现代信息系统环境,强化了控制与管理,又为用户节约了费用,保护了投资。综合布线系统已成为现代化建筑的重要组成部分。

综合布线的硬件包括传输介质(非屏蔽双绞线、大对数电缆和光缆等)、配线架、标准信息插座、适配器、光电转换设备、系统保护设备等。

综合布线系统的优点如下:

(1) 清晰,便于管理维护。

(2) 采取标准化的统一设计、统一材料、统一布线、统一安装施工,做到结构清晰,便于集中管理和维护。

(3) 材料先进,适应今后的发展需要。综合布线系统采用了先进的材料,如六类非屏蔽双绞线,传输速率在1000Mb/s以上,完全能够满足发展的需要。

(4) 灵活性强,适应不同的需求,使用起来非常灵活。一个标准的插座既可以接入电话又可用来连接计算器终端,实现语音/数据点互换,可适应各种拓扑结构的局域网。

(5) 便于扩充,既节约费用又提高了系统的可靠性。综合布线系统采用冗余布线和星形结构的布线方式,统一安排线路走向,统一施工,可以减少用料和施工费用,既节约了成本又提高了设备与系统的可靠性,还便于机房今后的发展与扩充。

2. 机房综合布线的特点

(1) 单位面积内信息点数量多。
(2) 扩展性强。
(3) 以数据传输为主。
(4) 光纤信息点数量多。
(5) 以水平子系统模式为主。
(6) 线路敷设方式特殊,能适应机房的应用特点和设备特点。
(7) 能综合规划一些设备间的非常规布线。

3. 机房综合布线与大楼布线的交接界面

大多数数据中心机房的网络间是作为大楼主配线间的,机房综合布线涉及与大楼内部主干的交接和与电信运营商的外线交接两部分。大楼交接面将机房布线作为一个独立的水平子系统。

4. 机房综合布线的系统结构设计

(1) 确定工作区信息点的布局和数量。最理想的情况当然是能够明确设备需求,这样可对当前的设备有准确的信息点配置。在此基础上,再考虑一定的扩展余量,一般建议取10%~20%,不宜太多。因为机房服务于整个网络,其内部设备的变化比较频繁,准确的预计比较困难,建议更多地考虑扩展方便而不是一步到位。而且这样考虑也能降低成本。考虑扩展性时,应将布线的路由通道考虑充分。

(2) 设备的安装形式。机房内服务器和终端数量众多,设备的安装形式分为两种主要的布置模式,即塔式服务器和机架式设备。二者对信息插座密度的需求相差较大。布置时应确定安装模式、数量、接数、接口规格。

① 塔式服务器。采用落地安装的模式,安装密度很低,每平方米不到2台。也有用户将塔式服务器安装在标准服务器机柜内,一台机柜只能安装2~4台。还可采用多层的敞开式机架,机架为3层,一个机架可安装12台左右服务器,平均每平方米5~6台。

② 标准机柜式服务器。目前,最薄的服务器厚度仅有 1U(1U = 1.75in = 4.45cm),但通常不能完全塞满机柜空间。一台标准服务器机柜可以安装几台(厚的)~三十台(薄的)左右的服务器,需要的信息点的数量也较多。建议一个标准服务器机柜按照12~24台配置。

(3) 布线结构的合理规划。在确定了信息点的大致数量后,需要对布线结构进行合理规划。当机房面积较小(200m² 以下)、信息点在200点以下时,建议只采用水平布线模式,将配线架安装在网络机房的配线柜内,所有机房信息点直接端接到配线架上,如图 3.20 所示。

3.8 机房弱电系统　101

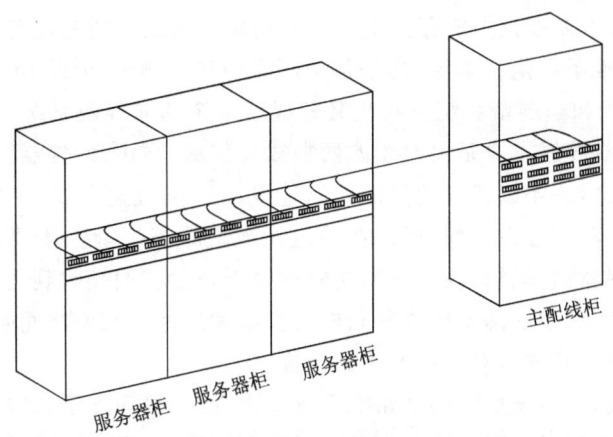

图 3.20　一级配线图

当机房面积较大,特别是信息点数量多的情况下,如果仍然采用水平布线模式,将会增加线槽的数量和线槽的横截面。如果线槽布置在活动地板下,将对有精密空调的区域造成很大的送风阻力,实践表明这也是影响空调效果的主要原因之一。同时,众多线缆全部汇集到一处的星形布局使线缆清理困难,增加了管理的难度。这时建议采用两级布线:水平子系统和干线子系统。将 FD(配线架)放置到机房信息点密集的地方(如主机室),经过交换机后,再通过主干连接到网络室。这种将配线架深入数据中心机房的结构可大幅度减少电缆数量,减少机房地板下各专业管线打架的概率,减少对下送风空调的影响,如图 3.21 所示。

这种方式的缺点是增加了交换设备的成本;管理上造成网络和系统两个部门的交叉;多了一级交接,可靠性有所降低。

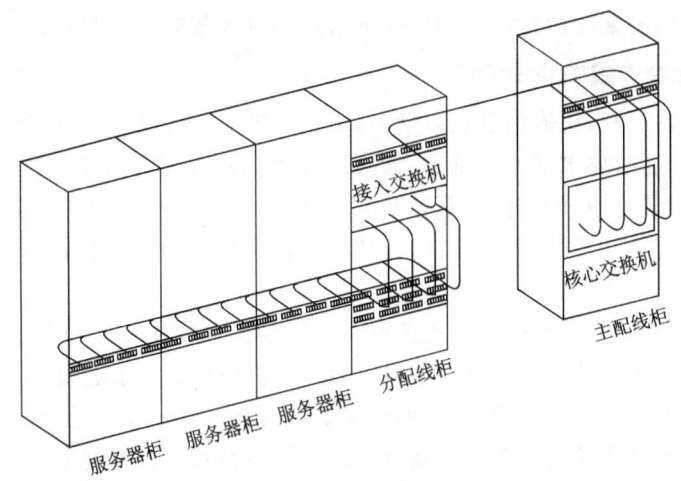

图 3.21　两级配线图

(4) 确定布线等级。系统选型应根据需要选择合适的布线等级。目前,主要采用的是超五类和六类系统。超五类系统的测试带宽达到 155MHz,而六类系统的测试带宽达到200MHz,可以在铜缆链路上支持千兆传输。更高性能的还有超六类产品。但由于没有相关标准予以衡量确定,均是各个厂家的自行测试,因此,不建议采用。

(5) 屏蔽系统和非屏蔽系统。布线又分屏蔽系统和非屏蔽系统,两者的区别主要体现在线缆上。双绞线本身是由对绞的两根线缆组成,再由多对线组成电缆。它应用了平衡线缆的概念,一条线缆有两条同样的导线,两条线上运行的电压对地极性相反、大小相等,通过相互绞合在一起,可以在一定距离上维持平衡。使两条导线之间的距离最小化的方法是将它们绞合在一起,这样有助于补偿它们接收到的外部干扰。平衡线缆意味着双绞线对中的两条导线是同样的长度和尺寸。它们之间越一致、靠得越紧密,就越容易抵御外部线路对它们产生的干扰。

更高的传输速率需要更强的线路抗干扰能力,因此采用屏蔽布线系统对提高系统带宽是有益的。通常屏蔽双绞线采用每对线对单独屏蔽,再将所有线对总体屏蔽的方法实现最高的抗干扰能力。屏蔽电缆(FTP)的屏蔽原理不同于双绞的平衡抵消原理,FTP电缆是在双绞线的外面加一层或两层铝箔,利用金属对电磁波的反射、吸收和趋肤效应原理(所谓趋肤效应是指电流在导体截面的分布随频率的升高而趋于导体表面分布,频率越高,趋肤深度越小,即电磁波的穿透能力越弱),有效地防止外部电磁干扰进入电缆,同时也阻止内部信号辐射出去干扰其他设备的工作。实验表明,频率超过5MHz的电磁波只能透过38μm厚的铝箔。如果屏蔽层的厚度超过38μm,就使能透过屏蔽层进入电缆内部的电磁干扰的频率限制在5MHz以下,而对于5MHz以下的低频干扰可用双绞的原理有效地抵消。

屏蔽系统的难点是对施工工艺要求更为严格,否则可能引入不必要的干扰,降低性能。屏蔽系统的另一个主要特点是具有保密功能,可以防止信息的泄漏。目前的超五类和六类系统均有屏蔽和非屏蔽产品。注意,屏蔽产品的选用要端到端地实现,不能只是线缆采用屏蔽线而配线架和插座不采用具有屏蔽能力的产品。

5. 机房综合布线的路由设计

如前所述,机房布线的信息点数量多,而且在机房运行过程中,随着计算机和网络设备的增加,会随时要求增加信息点。因此,路由设计应充分考虑扩展性。在路由选材上,首先应尽量采用金属材料,不宜采用PVC管材。通过金属管道的良好接地可减少干扰,并提高机房的线路防火等级。同时,采用金属线槽作为路由材料可充分利用线槽扩展性好、容易增加线缆的特点。

对于线槽的布置,一般围绕设备进行。在目前机柜使用越来越普遍的情况下,可以考虑将线槽与成排的机柜平行布局。一般一排机柜布置一条线槽,也可以两排相邻机柜中间过道上共用一条线槽,前一种模式更为理想一些。对于有活动地板的机房,通常的做法都是将线槽安装在活动地板下。但随着高端机房中地板下送风的精密空调的普遍采用,这种模式暴露出不少问题。由于设备在机房内成排布置,因此每排设备都在地板下配置了线槽,一般线槽的高度在50~100mm,而活动地板的铺设高度只有300mm左右,因此会影响空调风道的通畅。线槽越多,送风效果越差(地板往往还有强电线槽）。而且在活动地板下布置线路特别是强电线路还增加了火灾隐患，电气故障可能引发火源，同时在地板下的火情不易被迅速发现，即使配置了常规的消防感温感烟探测器，由于地板下的送风，报警也并不及时，已经有多起火灾事故是在活动地板下发生的。因此，现在不少机房特别是电信行业的机房，普遍采用上走线的路由模式。

采用上走线需要有设备布局的配合，这种布局主要适用于标准机架式布局的场合，而且机柜的尺寸特别是高度应基本一致，才能保证美观。

上走线采用的线槽有两种安装模式：支架吊装在顶上和支架支撑在地面上。支撑在地面上容易发生支架和机柜的碰撞，在设计时应注意。

上走线线槽有两种形式：敞开梯形桥架式和封闭式。敞开式梯架是应用的主流。在设计时，首先仍是根据机房平面中机柜的总体规划，每排机柜设置一路线槽。敞开式梯架的优点是便于维护。因为不需要额外的开孔，增减线路很方便；不需要掀地板，只需要梯子即可实施，工作量小；便于发现故障；不像地板下的封闭线槽，很容易观察到故障点，特别是火灾危险。其缺点是对防鼠的要求更高。

敞开式梯架通常和强电一并考虑。通常考虑上、中、下三层，分别作为强电线路、铜缆线路和光缆线路的通道。因为光缆特别是机房内的大量光跳线是比较脆弱的，其中的光缆线路桥架常采用封闭式的线槽，这样的布局很容易管理。每层之间的距离不小于300mm。如果机房的层高不够，也可减少层数，采用左右布局。要注意按规范控制强电和弱电梯架间的距离，如果距离仍无法达到要求，可考虑强电采用屏蔽线或者采用封闭式。

强电和弱电线路的间距要求见表3.4。

表3.4 强弱电线路间距

其他管线	最小平行净距/mm	最小交叉净距/mm
	电缆、光缆或管线	电缆、光缆或管线
避雷引下线	1000	300
保护地线	50	20
给水管	150	20
压缩空气管	150	20
热力管（不包封）	500	500
热力管（包封）	300	300
煤气管	300	20

6. 机房综合布线的信息点安装模式

根据设备的安装模式和装饰方式，信息插座有多种安装方式。如果机房内布置有架空抗静电活动地板，一般有下面几种设备布置模式：

（1）塔式设备落地安装。在活动地板下安装信息插座，此时一般将插座的安装高度控制在插座的上表面到活动地板的下表面距离为10cm左右，也可以采用在地板表面安装弹起插座的模式。但采用弹起插座时需要注意：不要将插座布置在设备之间的过道上，否则容易碰掉；弹起插座的连线在插座接线盒内是活动的，插座的弹起和压下容易造成松动；另外一个插座建议不要超过2个信息点，否则插座安装盒内的空间拥挤，更容易引起接线松动、插座弹不起来等问题。安装盒的尺寸及深度应大一些。由于地板插座主要的优点在于便于开闭，因此适用于一些临时性的使用，比如调试检查等。但机房内的设备大多要求24h不间断运行，无法利用地板插座的优点。

(2) 操作台的终端。信息插座的安装方式和前述相同，此时使用地板插座较方便。

(3) 机柜式服务器。这时将信息点插座安装在地板下的模式就不再合适了，因为一个信息插座面板通常只能安装2～4个插座模块，这对于拥有几十个信息点的机柜来说，插座数量就太多了。而且从插座到服务器的线路要从活动地板下引入机柜内，需要从机柜下面开孔引入，而机柜在安装固定后，机柜下的活动地板难以开启，给日后的维护带来麻烦。因此，对于服务器机柜的信息点安装，建议采用机柜式RJ45配线架的模式。一个2U的配线架(含理线器)可以提供16～32口的信息点容量，可以满足绝大多数机柜的需求。而且由于直接安装在机柜内，便于管理，安装效果整齐美观。考虑到服务器的插座接口通常在后部，配线架可安装在机柜后面。

(4) 也可以将多个信息插座(86面板)并排安装在机柜后部的竖向线槽上，这样安装价格略便宜一些，但是没有配线架紧凑美观。

如果没有安装抗静电地板，可以直接在墙面安装信息插座，或者在地面上剔槽安装。

(1) 操作台的终端。建议操作台靠墙布置，插座面板安装在墙面上。

(2) 机柜式服务器。采用前述的上走线模式，插座仍安装在机柜内或采用配线架。

3.8.2 门禁和闭路监视

1. 门禁系统

1) 门禁系统概念

门禁系统又称为出入口控制系统，其主要功能简单来讲就是实现"何人、何地、何时"的管理，即对什么人在什么时间进出哪个区域的门进行控制。系统可对进出人员的权限进行控制，也可对进出记录进行监视。简而言之，门禁系统是通过计算机、网络型门禁控制器、电子锁、IC卡等设备及相关软件实现对区域重要出入口人员进出的统一管理的系统。门禁系统最主要的特征就是要求安全、稳定。

门禁系统属于典型的自动控制系统，其工作流程为：首先通过管理软件在控制器内设置人员的出入权限；然后将设置参数通过线路下载到现场控制器，控制器按设置的权限对门进行出入控制，不需要始终连接电脑。电脑主要完成从控制器采集出入数据和报警信息存档，并且可以通过软件进行强制开门等操作。

2) 门禁系统可实现的管理功能

(1) 进出区域的管理，即"何地"的管理。通常对"进出区域"、"门"进行管理。

(2) 进出人员的管理，即"何人"的管理。通过对用户和其持有的卡的授权实现。

（3）进出时间的管理，即"何时"的管理。通过对不同时间段的进出权限设置，对门和人员的进出进行管理。主要满足上下班、节假日等不同时间的进出需求。需要事先设置好时间计划表。

（4）门禁系统的管理。前面所说的各种对用户的管理都是通过管理员来操作执行的。管理员指有权限对用户进行授权的人员。管理员需要通过用户名、密码才能登录软件，对系统进行管理。管理员按权限分级别进行控制，拥有所有权限的是系统管理员，系统管理员是软件默认且不可更改的。通过管理员可以实现各个部门的自我管理。

（5）联动。联动是指当系统产生某个动作时，自动触发另一个动作的产生。如按下按钮时自动触发门锁的开关、灯的打开等。联动功能赋予了门禁系统扩展更多额外功能的能力。

门禁系统可以实现全局联动，即整个系统中多个控制器的输入输出之间可以实现联动控制，而不仅仅是单个控制器自身的输入输出之间。

（6）报警和事件。门禁系统对发生的报警和事件进行记录，便于存档查看。有些系统可以允许对报警和事件进行有选择性的记录。

（7）电子地图。电子地图将楼层、房间的平面图显示在屏幕上，将被控制的区域和门的状态直观地表现出来，有利于安全管理人员更为形象地了解现场情况。

（8）进门管理模式。由于进门和出门可以提供的管理方法相同，但进门从安全性上要求更高，下面以进门模式为主进行介绍。进门模式实质上就是采用何种手段进行身份确认，主要有禁止通行、自由状态、要求密码、要求只读卡这几种情况。

（9）出门管理模式。出门是从保安等级高的区域到低的区域，因此许多单位要求不高，只需要按一下出门按钮就放行。这种模式的缺点是无法对出门人员的身份进行确认和记录，同时也影响了门禁系统一些安全功能的实现，如"防潜回功能"。因此，如果要求完整记录和跟踪每个人的出入情况，就不能采用出门按钮的出门模式，而需要采用具有身份识别能力的方式。一般与进门方式相对应，如进门采用只读卡进门，则出门也采用只读卡模式（不需要键盘）；如进门采用指纹识别模式，出门也采用指纹识别模式。

（10）门状态。门状态指当前门是开还是关着。门状态的检测一般是通过门磁开关来实现，也可以通过门碰开关实现。

（11）锁状态。锁状态指电锁当前是上锁还是开锁状态。锁状态通常是由电锁的内置检测开关实现状态信号的输出。

3）门禁系统的结构组成（硬件系统、网络结构）

门禁系统采用 PC→控制器→电锁、读卡器、出门按钮、门磁开关的结构模式。

门作为一个基本的受控制单元，各种设备和门组成了完整的控制体系。

多个控制器通过通信连接形成一个网络并连接到 PC，从而实现数据上传和 PC 的控制，甚至全局联动。

门禁系统主要有以下 3 种组网方式：

（1）RS485 模式，如图 3.22 所示。

106 第3章 数据中心机房

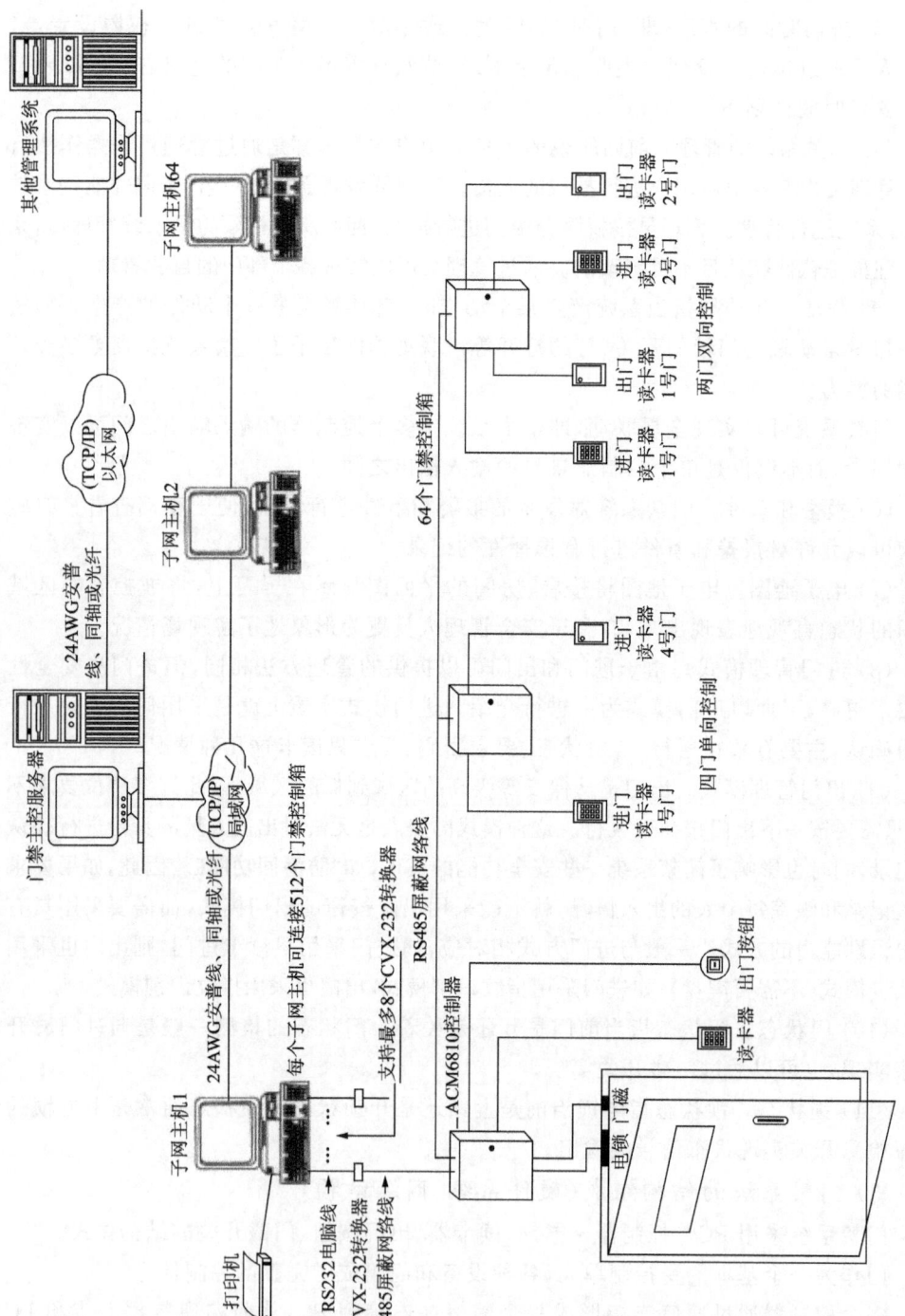

图 3.22 RS485模式门禁系统图

（2）TCP/IP 模式，如图 3.23 所示。

（3）混合模式，即以上两种模式的结合。比如本地大楼通信连接采用 RS485 连接，而异地的采集输入采用网络连接。

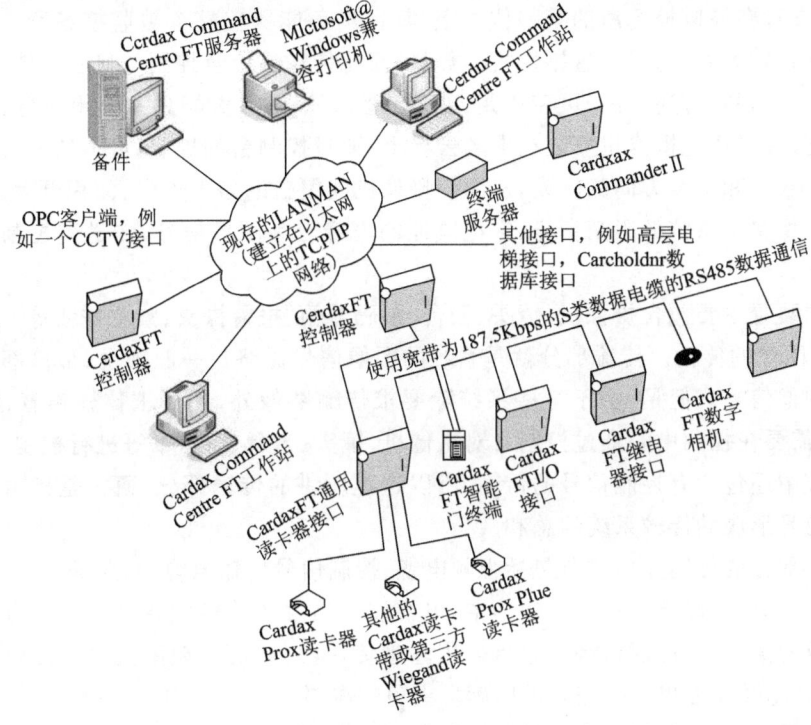

图 3.23　TCP/IP 模式

2. 闭路监控系统

1）闭路监控概念

闭路电视监控系统是安全技术防范体系中的一个重要组成部分，是一种先进的、防范能力很强的综合系统，它通过遥控摄像机及其辅助设备（镜头、云台等）直接观看被监控场所的一切情况，使被监控场所的情况一目了然。同时，电视监控系统还可以与防盗报警系统等其他安全技术防范体系联动运行，使其防范能力更加强大。

闭路监控系统能在人们无法直接观察的场合，实时、形象、真实地反映被监控对象的画面，已成为人们在现代化管理中进行监控的一种极为有效的观察工具。由于它具有只需一人在控制中心操作就可观察许多区域，甚至远距离区域的独特功能，被认为是保安工作的必需手段，因此闭路电视监控系统在现代建筑中发挥了独特作用。在光线昏暗的条件下，这种监控制仍可正常进行。闭路电视监控系统还能提供某些重要区域近距离的观察、监视和控制。系统的主要设备配置包括电视监视器、实时录像机和画面处理器等，用户能够调看任意一个画面，并通过遥控操作任意一台有遥控功能的摄像机。

2）闭路监控系统组成

闭路监控系统由摄像、传输、控制、显示、录像五大部分组成。

(1) 摄像装置。这部分是闭路电视保安监控系统的前沿部分,是整个系统的"眼睛"。它布置在被监控场所的某一位置上,其视场角能覆盖整个被监控场所。当被监控场所面积较大时,为了节省摄像机的数量、简化传输系统及控制与显示系统,在摄像机上加装电动的(可遥控的)可变焦距(变倍)镜头,使摄像机能观察的距离更远、观察得更清楚;有时还把摄像机安装在电动云台上,通过控制台的控制,可以使云台带动摄像机进行水平和垂直方向的转动,从而使摄像机能覆盖的角度更广、面积更大。总之,摄像机就像整个系统的眼睛一样,它把监控的内容变为图像信号,传送到控制中心的监视器上。

摄像装置主要包含摄像机、镜头、云台、解码器箱、报警探头、紧急按钮等。

(2) 图像的传输。传输部分就是系统的图像信号通路。一般来说,传输部分指的是传输图像信号。但是,由于某些系统除要求传输图像外,还要求传输声音信号,同时,由于需要在控制中心通过控制台对摄像机、镜头、云台、防护罩等进行控制,因而在传输系统中还包含有控制信号的传输,所以这里所讲的传输部分,通常是指由所有要传输的信号形成的传输系统的总和。

传输部分的传输介质主要包括视频电缆、控制信号传输电缆、光缆等。

目前,机房内以模拟信号传输为主,电视监控信号的传输主要采用同轴电缆。摄像机生成的信号没有进行调制,直接采用基带传送,因此信号频率低,传送距离较远。用 75-5 电缆可传送 250m,完全可以满足机房的需要。

如果采用数字摄像机,则需要利用局域网来传送信号,传输线路就是综合布线系统的双绞线。

(3) 图像的控制。控制部分是整个系统的"心脏"和"大脑",是实现整个系统功能的指挥中心。控制部分主要由总控制台(有些系统还设有副控制台)组成。其主要功能是对摄像机、镜头、云台、防护罩等进行遥控,以完成对被监控场所全面、详细的监控或跟踪监控。总控制台上设有录像机,可以随时把被监控场所发生的情况用图像记录下来,以便事后备查或作为重要依据。

控制部分的主要设备包括矩阵主机、多媒体控制系统、报警控制机、多画面分割器等。

(4) 图像的显示设备。显示部分一般由一台或多台监视器组成。它的功能是将传送过来的图像一一显示出来。在闭路电视保安监控系统中,特别是在由多台摄像机组成的闭路电视保安监控系统中,一般都不是一台监视器对应一台摄像机进行显示,而是几台摄像机的图像信号用一台监视器轮流切换显示,以便节省设备,减少空间的占用。

显示部分的主要设备是监视器。

(5) 图像的记录设备。记录是由录像机或硬盘录像机完成的。记录的资料便于日后进行核查。

闭路电视监控系统的主要技术要求包括摄像机的清晰度、系统的传输带宽、视频信号的信噪比、电视信号的制式、摄像机的画质精度和操作功能,以及系统各器件的环境适应度。

3.8.3 机房环境动力监控

机房环境动力监控系统通过通信和软件的集成可以实现对机房环境和空调、电源等设备的集中监控,并实时采集报警信息发送给相关的管理人员。

1. 环境动力监控系统的结构组成

机房环境动力监控系统由现场传感器和检测设备、通信设备、上位机及软件组成。其中,上位机和软件处于核心地位。整个系统主体上是基于 PC 的(PC-Based)控制结构。与 DDC(Direct Digital Control,直接数字控制系统)、PLC(Programmable logic Controller,可编程控制器)等基于现场的控制不同,机房环境动力监控的特点是以监视为主,采集的数据需要进行处理,如报表、各种报警、打印、数据记录等。这些靠 PLC、DDC 等是难以完成的,如果单独开发具备这些功能的硬件,成本会很高。而 PC 的特点就是灵活,功能强大,因此机房监控主要数据的处理功能均在上位机,由监控软件 SCADA(数据采集与监视控制系统)来完成,从而形成了分布式 I/O 采集、上位机集中监控的结构体系。PC-Based 的结构使得系统后期调整扩展非常方便、灵活,通过冗余等手段也可以实现高可靠性。

SCADA 软件的核心功能之一就是采集数据。它和采集数据的硬件设备的通信方式主要可归纳为以下 3 种:

(1) 标准通信协议。常用的标准协议有 ARCNET、CAN Bus、Device Net、Lon Works、Modbus、Profibus。SCADA 软件和硬件设备之间只要使用相同的通信协议就可以直接通信,不需要再安装其他驱动程序。

(2) 标准的资料交换接口。常用的有 DDE(Dynamic Data Exchange)、OPC(OLE for Process Control)。使用标准的资料交换接口,SCADA 软件以间接方式通过 DDE 和 OPC 内部资料交换中心(Data Exchange Center)和硬件设备通信。这种方式的优点在于,不管硬件设备是否使用标准的通信协议,制造商只需提供一套 DDE 或 OPC 的驱动,即可支持大部分的 SCADA 软件。

(3) 绑定驱动(Native Driver)。绑定驱动程序是针对特定硬件和目标设计的驱动。这种方式的优点是执行效率比使用其他驱动方式要高,但缺点是兼容性差,制造商必须针对每一种硬件提供能够使之与 SCADA 软件通信的特定驱动程序。

以上 3 种方式,只要使用其中任意一种即可将 SCADA 软件和硬件设备结合起来。

2. 机房动力环境监控系统实现的功能

监控系统需要实现的主要功能和楼宇自控项目基本相同,概括起来有以下几项:

（1）集中实时监视功能。

（2）报警和事件功能。报警指机房运行中出现了异常情况，比如停电事故、漏水事故等。报警的发生意味着机房的运行受到影响，其严重程度可用"优先级"的概念来定义。一般监控系统均可设置几十至上千个优先级以区别报警的严重程度。机房内的报警优先级一般划分为10级即可。

报警的通知主要采用以下几种模式来实现：

① 屏幕显示报警。

② 本地语音报警。

③ 电话拨号报警。

④ 手机短消息报警。

⑤ E-mail 报警。

（3）运行历史数据记录和趋势功能。对机房的管理者来说，此功能是除了系统的报警功能外，另一个重要的功能。

（4）用户管理功能。用户管理主要是对监控系统的使用者进行权限管理，避免未授权的人员随意修改参数设置或者查看。而授权需要进行分级控制，不同级别的用户只能进行自己这个级别内所允许的操作。

（5）计划安排功能。通过事件计划表定时执行一些操作，比如系统资料的备份、下班定时关灯等。该功能在机房内使用不多，但随着机房监控系统的不断完善，可以满足更多的用户需求。

（6）报表功能。

（7）远程管理功能。远程管理主要是指利用目前日益完善的网络资源，使操作人员不再局限在监控主机旁操作，而能够在其他地点对系统进行控制。

（8）运行设置和控制功能。

（9）安全冗余功能。由于机房环境动力监控系统监视着机房的运行，如果自身出现故障将无法进行监视，会降低管理的安全性。因此，在要求机房有很高的安全管理水平时，往往采取冗余的办法解决自身的可靠性。

3.8.4 控管中心

控管中心是机房各个子系统的控制中心。监控数据通过综合布线系统传输到操作终端室，操作人员通过管理软件对各个系统进行监控，并可通过大屏幕显示出来。

控管中心包括系统的集成、KVM系统以及视频监视设备等。

1. 系统集成

许多用户都有将各个系统进行集成的要求。集成就是将各个系统进行连接(包括软件或硬件的连接)，各个系统间实现资源共享和联动。

1) 主软件的选择

子系统中环境动力监控软件的通用性和开放性最强，功能也最多，应作为主软件对其他系统进行集成。各个系统在日常运行中主要是进行设置和记录事件信息。对于设置功能,没有必要集成,因为使用频率低,用户也难以从集成中受益。对于事件信息则应予以集成,可以实现统一的数据库管理以及利用统一的报警平台。

2)常见的集成方式

(1) OPC 或 DDE。如果子系统具备 OPC server 或 DDE server 功能,而且集成管理系统平台也支持 OPC 和 DDE 标准,就可以通过标准的 OPC、DDE 接口方便地实现集成。这是最为理想的办法,这种集成方式保留了原软件的全部功能而且实施简单,但缺点是目前支持 OPC 接口的系统还不太多(比如门禁系统)。

(2) 动态链接库方式。即子系统提供一套 Windows 的动态链接库文件(DLL 文件),该动态库提供了一系列的接口函数,这些接口函数实现了对子系统的访问和控制功能。集成管理系统可以通过编程调用这些接口函数,从而实现对子系统的集成。

(3) 通信协议方式。很多子系统设备具有 RS232/485 串口或者 RJ45 网口(TCP/IP),同时提供一套对应的通信协议。集成管理系统可以根据该协议通过串口或网口实现对子系统的访问控制。不过这样就抛开了子系统的原装软件,会失去原装软件的诸多功能,而且许多高端产品几乎不可能提供硬件的通信协议,比如涉及安全的门禁系统。

2. KVM 系统

1) KVM 的概念

KVM 是英文键盘(Keyboard)、显示器(Video)、鼠标(Mouse)的缩写。KVM 技术的核心思想是通过恰当的键盘、鼠标和显示器的配置,实现系统和网络的高可管理性,提高管理人员的工作效率,节约机房面积,降低网络服务器系统的总体拥有成本(TCO)。

利用 KVM 主机切换系统,即用一套或数套 KVM 在多个不同操作系统的多台主机之间切换,就可以实现使用一套外设去访问和操作一台以上主机的功能。KVM 主机切换系统除了 KVM 配件外,还包括切换设备和特制的各种连接电缆。

用一套或数套 KVM 在多个不同操作系统的多台主机之间切换,可以实现一个用户使用一套键盘、鼠标、显示器去访问和操作一台以上主机的功能。这样就可以全面适应数据中心不断扩展的管理需求,节省用户的成本及服务器外设产品资源,有效提高大规模机房的管理能力。

2) KVM 的分类与组成

(1) KVM 的分类,KVM 按照技术实现手段,目前主要分为模拟和数字两大类产品。

所谓模拟产品主要是指在 KVM 信号的传输、处理上没有进行 A/D 转换;而数字产品将 KVM 的模拟信号转化为数字信号,通过 TCP/IP 在网络上传输和控制,充分利用了现有的局域网和广域网资源。

(2) KVM 的配置组成。一套 KVM 系统由以下几部分组成：

① KVM 切换器。KVM 切换器是整个系统的核心。切换器连接着用户和被控设备，能够让用户自主选择控制哪一台设备。根据信号传输方式的不同又分为模拟 KVM 切换器数字 KVM 切换器和串口切换器。

• 模拟 KVM 切换器。模拟 KVM 切换器具有接入端和控制端口，接入端和服务器连接，可以使用 CAT5 或 KVM 专用线缆；控制端与键盘、鼠标、显示器连接或与用户工作站连接，用户工作站再与控制终端键盘、鼠标、显示器连接。使用用户工作站的好处是可以进行视频调节以延长用户访问距离，可达 300m。可以把用户工作站看作延长器。延长连接使用的是 CAT5 线缆，一般可分为 1 控多、2 控多、4 控多、8 控多、16 控多台服务器，其信号传输无论是服务器到 KVM 交换机，或 KVM 交换机到控制终端全部是模拟信号。

• 数字 KVM 切换器。数字 KVM 切换器一般有模拟控制台接口，所以又可以称为数模结合产品，从硬件上看与模拟 KVM 不同之处在于它有一个以太网接口，通过此接口用户可以远程访问数字 KVM 交换机。从数字 KVM 交换机到用户终端传输的是 IP 数字信号，而服务器到数字 KVM 交换机依然是模拟信号，这样对于数字 KVM 交换机来说，只要它有一个 IP 地址，用户就可以通过网络来控管机房设备了，如图 3.24 所示。

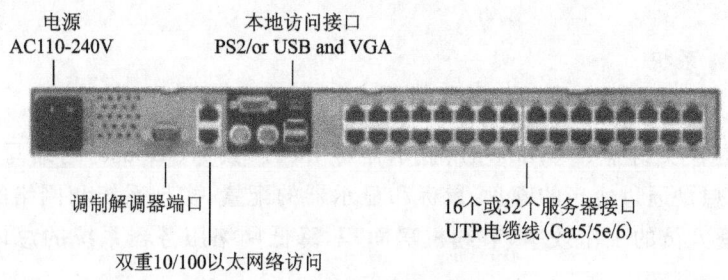

图 3.24　KVM 交换机背面

• 串口切换器。机房内的设备除了各种采用常规接口的服务器之外，还有一些设备如网络交换机等采用的是串口通信，这时可以采用串口切换器。它不再是针对键盘、鼠标、显示器的切换，而是针对串口的切换。

切换器有以下几个技术参数：

用户数：指一台切换器可以由几个用户同时操作与之连接的不同的被控设备。

现场用户端口：某些品牌的切换器带有独立的现场用户端口。此端口只用于本地维护，不能进行过程控制。

被控设备数：就是切换器可以连接被控设备的数量，每个设备都对应有接线端口，比如 8 设备的切换器就带有 8 个设备端口。

连线距离：KVM 要实现多个设备的集中切换控制，因此集中控制台与被控设备间的距离可能较远，连线也就较长，比如监控室和主机室的间距可能是几十米，这时就要求从被控设备到用户终端的连线距离能够满足现场要求。

支持的用户显示分辨率：用户显示分辨率应满足用户的最高使用需求。目前，模拟 KVM 切换器可以支持到 1920×1440，但数字式 KVM 受带宽影响分辨率偏低一些，一般为 1280×1024。

切换器端口的扩展有以下几种方式：

级联和堆叠：只对涉及纯模拟或数字＋模拟的多个切换器连接时有用。全数字式的配置不必级联或堆叠。

堆叠能力：模拟切换器的端口数不够时，可以通过堆叠实现端口数的成倍增加，而堆叠后的几台切换器在管理员操作时看起来就像一台独立的切换器。堆叠是通过专用接口实现的，不占用被控设备端口。

级联：下级切换器的用户接口连接到上级切换器的一个设备接口实现端口数的增加。

② 用户工作站。对模拟系统而言，用户工作站类似一台终端，是一个独立的设备，上面有用以连接键盘、鼠标、显示器的接口。工作站的另一侧连接 KVM 切换器。而数字系统的用户工作站就是任何能通过网络和数字 KVM 连接的 PC。

③ 接口转换器。它的作用主要是减少连线的数量，增加从被控设备到 KVM 切换器的线路距离。

④ 连接电缆。

⑤ 管理软件。管理软件有 3 种，最简单的是采用 OSD 菜单进行控制。此外还有内嵌式软件，软件内嵌在切换器内。数字切换器往往采用 Web 服务器的模式，用户直接用浏览器登录后进行设置。另外，还可以将 KVM 设备自带的软件安装在作为管理器用的 PC 上，其他用户可以登录到这台服务器进行操作。

3. 视频监视设备

监控操作终端室对集中监视的需求促进了大屏幕显示器在机房的应用。以前的 CRT 已无法满足要求，而各种新型的显示方式已比较成熟，在机房中得到了越来越多的应用。常见的显示形式有 DLP、LCD、PDP、LED。

1) DLP

DLP 是一种投影技术，是 Digital Light Procession 的缩写，意思为数字光处理，这种技术要先将影像信号经过数字处理，然后再用光投影出来。DLP 技术主要应用于投影领域。在机房内则通过多块 DLP 背投影组成拼接大屏，常用于需要全景式监控的场合。

2) LCD

液晶显示器(LCD)英文全称为 Liquid Crystal Display，是一种利用液晶材料来控制透光度，从而实现色彩的显示器。

液晶显示器在机房内取得了广泛的应用。新的电脑显示器基本上都采用液晶显示器。而且液晶显示器可以做到 40in 以上的大尺寸，分辨率也是目前常用的几种显示模式中最高的。液晶显示技术还可以实现投影显示。

3) PDP

PDP(Plasma Display Panel)即等离子体显示技术，是继 CRT(阴极射线管)、LCD(液晶显示器)后的最新一代显示器。等离子显示屏是一种利用气体放电激发荧光粉发光的显示装置，其工作机理类似普通日光灯，由相距几百微米的两块玻璃板密封而成，中间排列大量的等离子管。

4) LED

LED 显示屏是 20 世纪 80 年代后期在全球迅速发展起来的新型信息显示媒体，它利用发光二极管构成的点阵模块或像素单元组成显示屏幕，以可靠性高、使用寿命长、环境适应能力强、价格性能比高、使用成本低等特点，在短短的十来年中迅速成长为平板显示的主流产品，在信息显示领域得到了广泛的应用。

LED 显示屏按使用环境区分，可分为室内屏和室外屏两种，两者最大的区别在于室外屏要考虑室外各种情况可能给显示屏造成的影响。基于室外屏工作环境相对复杂，为保证其长时间稳定运行，常见的防护措施有防水、防静电、防雷击、防风、防潮、防冻。

显示屏按控制方式区分，可分为同步屏和异步屏。所谓同步屏是指计算机屏幕显示的内容同时逐点的显示在大屏上，是一种即时状态；而异步屏的实效性不及同步屏，用户可先编辑好图片、文字等内容，再发送到显示屏上显示出来。一般同步屏适用于播放视频信息，如视频监控等；而异步屏则适宜显示文字及图片、三维动画等。

LED 显示屏由于像素点大，比较适合组成大尺寸屏幕，远距离观看能得到好的效果。在机房环境中，因室内空间偏小，因此主要的应用以条状显示屏为主，功能上用以实现文字显示、信息发布等，一般不用于视频和计算机桌面的显示。

第 4 章 数据中心网络系统

"网络是数据中心运行的神经系统，
网络是支撑数据中心的高速公路。"

网络系统是数据中心极其重要的基础设施。作为承载业务的高速公路、数据运行的神经系统，数据中心网络通信平台必须能提供可靠稳定、先进高效的多种电信级服务，支持应用系统数据通信要求，满足用户各项业务需求，并能适应未来技术的发展需要。

数据中心网络系统的发展方向是模块化、多样化、高速化和集成化。从设计的角度来看它包括网络总体架构设计、拓扑结构设计、网络设备设计、网络安全设计、存储网络设计、服务器群接入设计、应用优化设计和网络管理设计等部分。需要通过模块化的设计，使得网络结构更加清楚、功能更加明确，以此为基础，建设一个高效先进、可靠、安全、可恢复、可管理且具有高度灵活性的数据网络。数据中心的网络平台建设总体目标是为各类企业内部应用和 Internet 应用提供网络接入，为数据中心的运行提供一个安全、可靠、稳定的网络环境。为此，本章以"网络服务数据"为出发点，阐述数据中心网络平台的规划、设计和管理，力求带给广大读者一些新的理念和新的思路。

4.1 需求分析

数据中心的重要性决定了网络系统必须可靠稳定、安全高效。与一般的企业网相比，数据中心网络系统面临更大的挑战。为了更好地适应信息技术进步的新态势和数据中心业务发展的需要，数据中心网络系统必须满足以下要求：

1. 高性能

数据与业务集中后，流程整合、信息挖掘和实时工作等新应用系统对数据中心内部系统的带宽、响应时间、吞吐量等提出了更高的要求，多媒体数据、Web2.0、移动 3G 和高性能计算等业务的广泛应用不断吞噬着数据中心的处理能力及网络带宽。如何保证网络平台不成为数据中心的性能瓶颈，如何提供更高的带宽、更好的响应时间，是网络系统规划时应考虑的主要问题之一。

2. 高可用性

数据中心的高可用性不但包含了对设备的可靠性，同时还包含了系统整体的安全性。在传统的网络中，采用的是封闭性设计，网络安全相对容易实现。而随着Internet

网业务的开展,数据中心必须与外部网络相连接,因此,对于数据中心网络系统的真正挑战在于不损害网络开放性的同时,能够确保网络安全,这决定着一个系统建设的成败。数据中心尤其如此,在数据中心的环境中,由于数据集中处理、存储,对高可用性的依赖更加强烈,而且数据中心对于可用性的要求范围也越来越广,已经超出了传统意义上的设备可靠性要求。进行高可用性设计通常可以从以下几个方面进行考虑:

(1) 选择具有冗余部件,自身可用性高的网络设备进行组网。尤其是关键网络设备,可考虑配置能在线更换的冗余部件,关键部件不存在单一故障点,并且故障的恢复时间在秒级间隔内完成。从提高单个设备的可用性方面着手提高系统的可用性。

(2) 从网络结构设计方面着手,进行网络的链路冗余建设,实现网络上任意两个节点之间有多条路径互访。网络链路可以提高系统的可用性和数据传送性能,但是也带来了问题,就是大大增加了网络结构复杂度。因此,设计时需要注意采取合理的拓扑结构组网,适度冗余而不是过度冗余,通常情况下保证每个业务都有 2 个不同方向的网络链路即可。

(3) 网络快速切换技术的设计。在进行了网络设备冗余和网络链路冗余的设计以后,还需要考虑选择相应的技术实现网络故障时业务的快速切换,从发生故障的设备或者链路转移到正常的设备和链路上,确保业务系统的高可用性。

3. 可扩展性

数据中心网络应具有良好的扩展性,在满足现有规模的用户需求基础上,同时能随着未来业务发展、设备数量的增加进行灵活的扩充。而实现良好的扩展性,则需要根据模块化和层次化的设计思路进行网络建设。一般情况下可以将网络分为核心层、汇聚层和接入层,设备数量由少而多,可以表示为一个分为三层的金字塔(图 4.1)。网络系统建议遵循从接入到核心的顺序进行模块化设计,而接入层的设备数量(和端口数量)由服务器的网卡数量和对网络传送性能的要求来确定。随着接入层模块的增加,相应增加汇聚层模块,从而增加核心层模块。

举个简单的例子,首先定义每个接入层模块由 2 台接入交换机组成,可以满足 10 台服务器都以 2 块千兆网卡满负荷进行数据传送。每个汇聚层模块由 2 台汇聚交换机组成,可以满足 10 个接入层模块满负荷进行数据传送。每个核心层模块由 2 台核心交换机组成,可以满足 5 个汇聚层模块满负荷进行数据传送。若数据中心的服务器有 150 台,每台服务器需要同时连接 2 块千兆网卡,则至少需要 15 个接入层模块、2 个汇聚层模块、1 个核心层模块。而在服务器达到 200 台之前,只需要增加接入层模块,无需增加汇聚层和核心层模块。

4. 高安全性

数据中心的网络还应该具有高安全性的特征。网络的安全性设计可以从以下几方面进行考虑:

(1) 网络结构的安全性设计。网络结构在进行层次化和区域化划分时,需要同时考虑各层次和各区域网络之间能够实现故障隔离和安全隔离。通常要求网络系统利用自身的安全过滤设置拦截一般性的网络病毒传播和黑客攻击,或者在安全设备检测到威胁网络安全的行为时,实现与之联动,阻断数据连接。网络系统在单个设备故障或者停运检修时,不能影响其他区域的正常运行。

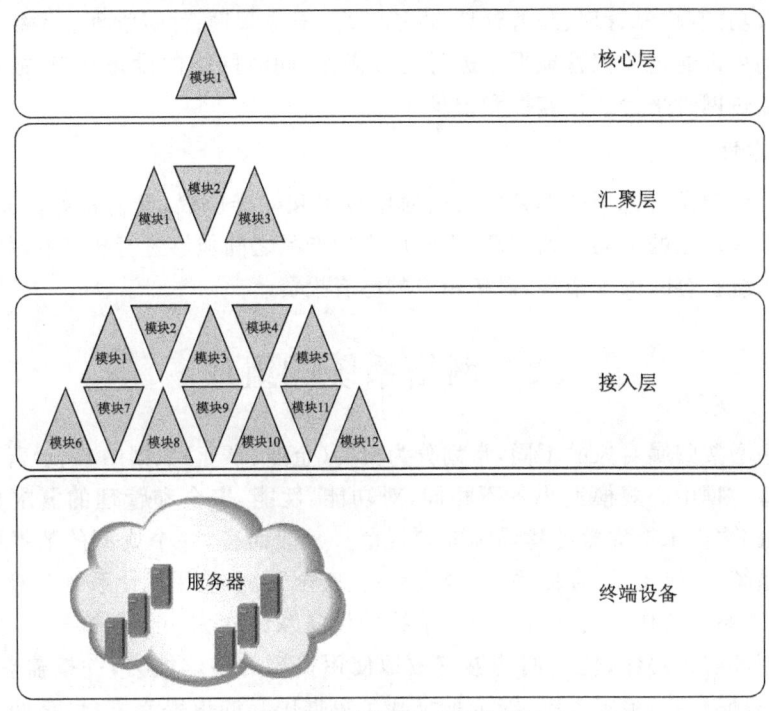

图 4.1　网络模块化规划图

（2）网络设备本身的安全性设计。网络设备本身应该是利用目前常用的安全技术,如 SSH、HTTPS、SNMPv3 等加密协议进行操作管理。网络设备的配置文件要进行加密存储。网络设备具有用户分级机制等。

（3）管理操作和维护操作的安全性。网络系统的管理和维护是日常频繁进行的操作,需要对网络的此类操作进行操作安全设计。比如在网络资源较为富裕的情况下,可以考虑将业务数据流与网络管理数据流进行物理隔离或逻辑隔离；设置日志审计系统,对设备的操作进行记录和审查；对操作流程进行分级定义,对重大操作增加审批动作,增加二次认证授权环节等。

5. 先进性

为了保证数据中心高可靠性、安全性、扩展性、高性能以及灵活的接入能力,其网络系统的设计必须适度超前,具有先进性、前瞻性。在满足客户提出的各项业务技术需求的前提下,建设网络平台时还可以适当采用新的技术和新的建设理念,技术指标可适当超前。

6. 良好的集中管理手段

设计数据中心的网络系统时需要考虑同时配套建设集中监控管理平台，管理维护人员能通过监控管理平台简化管理工作，提高网络管理的效率。网络监控管理平台通常要有5大功能：故障管理、配置管理、性能管理、安全管理、计费管理。网络系统中的任何设备均可以通过监控管理平台进行配置操作，同时网络的设备状态、故障报警也等都可以通过网管平台进行监控和记录。

7. 标准性

网络平台建设时选用的设备应采用通用技术和标准协议，具有良好的互操作性，从而实现同一厂家的不同系列产品、不同厂家的产品之间能够进行正常互联。降低设备维护和系统扩容时的复杂性，保护用户的已有投资。

4.2 网络系统的组成

数据中心按归属对象的不同，常划分为机构（企业、事业）数据中心、运营商数据中心等。这些数据中心规模大小各不相同，对功能、性能、安全和管理的需求也千差万别。目前，国内尚未有完整的建设标准和规范。一般而言，一个典型的数据中心主要包括网络系统、主机系统、存储系统、容灾系统、安全系统、应用优化系统和管理系统等部分，而网络系统的作用则是将其他各系统的设备联结融为一个有机整体，实现资源的全面共享和有机协作，使人们能够有效地使用资源的整体能力，并按需获取信息。主机系统、存储系统、容灾系统、安全系统既是数据中心的重要支撑，也是网络系统运行不可缺少的组成部分，将在第5、8、9章予以详述。本章重点对网络系统进行介绍。

1. 网络系统

网络系统是数据中心的高速公路，是连接及承载主机系统等其他系统的神经网络，数据中心所提供的服务和业务流程都是在网络上执行，因此数据中心网络故障或效率低下，都将对业务系统造成影响。数据中心网络必须具有安全性、高性能、高可用性，确保网络永远在线，数据信息交换畅通。网络系统主要由交换机、路由器、VPN交换机、数据加密机以及传输线路等组成。

2. 主机系统

数据中心的各项应用业务主要集中在服务器上，主机系统也是网络上数据存储和流通的核心，是数据交换最集中、最频繁的地方。按照分区和分级的原则，根据应用业务功能横向把主机系统归属不同的分区，同时纵向再分级部署，如分为基础服务器、应用服务器、数据库服务器，对各层次的安全级别分别实施访问控制和安全管理。主机系统主要由各种类型的小型机、服务器等硬件以及操作系统、支撑软件、数据库软件等软件组成。

3. 存储系统

存储系统作为数据的载体是数据中心的重要系统,数据中心存储系统中存储了大量的关键数据。为了安全地保存数据、快速地获取数据、及时地恢复数据,必须规划建设好存储系统,满足多个层面业务系统和不同用户的使用需求。

存储系统具有足够的容量,适应不断增长的数据量;具有较快的访问速度,能够及时获得关键数据;具有较高的安全可靠性,保持数据的完整性和一致性;具有较好的可管理性,提高自动化管理的效率。

数据中心存储系统主要由磁盘阵列、磁带库、光盘库和存储软件组成。常见的存储结构有 DAS(直连存储)、NAS(网络附加存储)、SAN(存储区域网络)、IP SAN(IP存储区域网络)等。

4. 容灾系统

容灾系统是数据中心保护数据的最后手段,为了提升对数据的保护水平并确保业务连续性,有必要建设安全可靠且高效的容灾系统。要进行风险分析和业务影响分析,结合数据中心的现状进行系统设计,筹备所需的各种资源,制定详细的任务进度计划,采取措施严格项目管理,演练预案改进不足,实现对数据和业务真正的备份和恢复作用。容灾系统涉及服务器、存储、网络以及组织架构、业务流程、规章制度等。

5. 安全系统

数据中心的资源需要重点保护,在数据中心的入口和各个区域边界都要实施安全等级保护和控制,将安全渗透到网络结构各个层面,设备安全特性、数据资源保护、用户行为管理,形成一道道天然的保护屏障,确保所有对数据中心的访问都在可控制范围内进行,防止任何形式的入侵攻击。安全系统主要由入侵检测(防护)、漏洞扫描、身份认证、安全审计、防病毒系统、防火墙等组成。

6. 应用优化系统

应用业务是整个网络系统的核心,为了使关键业务和重要的服务功能正常运行,达到最佳状态,同时也为了防范不安全因素等的攻击,需要对数据中心主机系统采取负载均衡、冗余备份、网络加速、流量工程等一系列优化措施,有效地提高系统性能,增强可靠性。应用优化系统主要由负载均衡、内容交换、内容缓存、流量工程、广域链路加速等设备组成。

7. 管理系统

数据中心的管理系统可以在系统事件发生时迅速察觉、准确定位,能够及时制定合理的、一致的、完备的策略,并最大限度地利用系统资源,通过智能分析和协同响应及时对各种事件作出反应,有效、合理地管理、协调好各种资源,最大限度地发挥它们的作用。管理系统实现数据中心资源、用户和业务的融合管理,管理系统至少应具备基本的网络资源管理、拓扑管理、故障管理、性能管理、用户管理及系统安全管理等功能。

4.3 网络平台结构

4.3.1 网络总体结构规划

网络总体结构规划应坚持区域化、层次化、模块化的设计理念,使网络层次更加清楚、功能更加明确,此外网络总体结构规划应体现高性能、高可用性、高扩展性、高安全性和先进性的设计原则。以此为基础,建设一个高安全、高性能、高可用的灵活的网络平台,为各类应用的运行提供可靠稳定的支撑环境。

依照设计理念和设计原则,建议首先将数据中心网络根据业务性质或网络设备的作用进行区域划分,从而设计网络总体框架,通常需要考虑以下几方面内容:

(1) 按照传送数据业务性质和面向用户的不同,数据交换网络可以划分为内部核心网、远程业务专网以及公众服务网等区域。

(2) 按照网络结构中设备作用的不同,数据交换网络可以划分为核心层、汇聚层、接入层,层次化结构也有利于网络的扩展和维护。

(3) 从网络服务的数据应用业务的独立性、各业务的互访关系及业务的安全隔离需求综合考虑,数据交换网络在逻辑上还可以划分为存储区、应用业务区、前置区、系统管理区、托管区、外联网络接入区、内部网络接入区等。

图 4.2 所示是一个典型的数据中心网络总体结构规划图,这样规划的数据中心架构合理,各组件功能明确,有清晰的区域边界,为进一步细化设计奠定了基础。

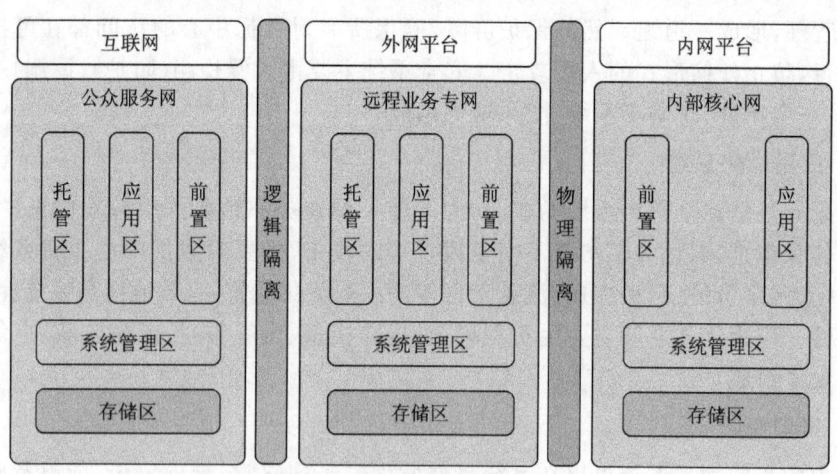

图 4.2 网络总体结构规划图

1. IP 地址规划

1) IP 地址规划原则

在网络规划中,IP 地址方案的规划至关重要,好的 IP 地址方案不仅可以降低网络管理的复杂性,还应该可以随着网络规模的扩展而扩大 IP 地址空间。

IP 地址用于在网络上标示唯一一台机器。根据 RFC791 的定义，目前的 IPv4 地址由 32 位二进制数组成(4 个字节)，表示为用圆点分隔的每组 3 位的 12 位十进制数字(xxx.xxx.xxx.xxx)。每组 3 位数代表 8 位二进制数(1 个字节)。根据 IP 地址中表示网络地址字节数的不同将 IP 地址划分为三类，A 类、B 类、C 类。A 类用于超大型网络(百万结点)，B 类用于中等规模的网络(上千结点)，C 类用于小网络(最多 254 个结点)。A 类地址用第一个字节代表网络地址，后三个字节代表结点地址；B 类地址用前两个字节代表网络地址，后两个字节表示结点地址；C 类地址则用前三个字节表示网络地址，第四个字节表示结点地址。网络设备根据 IP 地址的第一个字节来确定网络类型。A 类网络第一个字节的第一个二进制位为 0；B 类网络第一个字节的前两个二进制位为 10；C 类网络第一个字节的前三个二进制位为 110。换算成十进制可知，A 类网络地址为 1~127；B 类网络地址为 128~191；C 类网络地址为 192~223。而 224~239 间的数有时称为 D 类网络地址，239 以上的网络号保留。

我国的网络建设较晚，国际互联网编号分配管理局(Internet Assigned Number Authority，IANA)早期把大量 IP 地址空间划分给了美国的企业和科研机构，分配给我国的 IP 地址空间很有限。不过数据中心建设可以使用 RFC1918 中定义的非因特网连接的网络地址，称为"私有地址"。IANA 留出了三类网络号，具体如下：

(1) 10.0.0.0~10.255.255.255。

(2) 172.16.0.0~172.131.255.255。

(3) 192.168.0.0~192.168.255.255。

IANA 保证这些网络号不会分配给任何企业或机构用于因特网连接，因此任何人都可以自由地选择这些网络地址作为自己的局域网网络地址。数据中心网络平台具有网络规模庞大、结构复杂、规模不断发展、承载业务多样、持续进行升级改造等特点，因此建议数据中心需要按照一定原则选择适当私有地址 IP 段，通过变长子网掩码的方式来充分利用 IP 地址空间。具体数据中心 IP 地址规划需要遵循以下原则：

(1) 自治原则。大型数据中心网络应被划分成 2 个或者 2 个以上的自治区域，每个自治区域可以再划分成几个小的自治区域。这样虽然网络比较庞大，但是如果将整个网络分切成小块的网络，每个小块的网络管理与网络其他部分相对独立，管理起来就比较方便了。

(2) 顺序原则。按照自治原则将网络进行逻辑划分[即按功能和管理等要求，将物理位置上不同的网络设备逻辑上归并为不同的区域(子网)]后，就可以根据网络设备分布及区域内接入服务器数量来进行子网规划。这样就充分考虑了网络层次和路由协议的规划，通过聚合网络减少网络中路由的数目和地址维护的数量，充分体现了分层管理的思想。同时，IP 地址规划要和网络层次规划、路由协议规划、流量规划等综合起来考虑。在进行地址分配时，为了提高地址分配效率和地址利用率，最好按照一定的顺序进行。选择的顺序可以是自上而下的顺序，也可以是自下而上的顺序，还可以是二者结合使用。

(3) 可持续发展原则。由于信息化的快速发展,数据中心的业务还会不断增长,设备数量持续高速增长,网络所要承载的业务量和业务种类越来越多,这使得数据中心网络平台需要持续进行技术升级、改造和扩容。所以,在进行地址分配时必须要考虑到这些因素,为网络的每个部分留有部分地址冗余,这样才能保证网络的可持续发展。

(4) 可聚合原则。无论在哪种网络规模情况下,可聚合原则都是网络地址分配时所必须遵守的最高原则。原因有以下两个方面:第一,路由表在 IP 地址分配基本单位逐渐减小的情况下正变得越来越大,遵循可聚合原则进行 IP 地址分配则可以减少路由表的数量,降低管理的复杂性;第二,IPv6 地址与 IPv4 地址在较长的时间内还要共存,这使得网络不仅要承担原本就非常庞大的 IPv4 路由,还要额外承担新增加的 IPv6。而且由于 IPv6 地址空间非常庞大,如果规划不好,其路由条目也可能会非常庞大,而且还会以较高的速度急剧增长。可聚合原则要求在进行地址规划时,应提供足够的路由冗余功能。

(5) 与过渡技术相结合原则。由于现在网络要由 IPv4 向 IPv6 过渡,而每种过渡技术对网络又有不同的要求,因此在地址分配时要充分考虑到所使用过渡技术的特点。实际上,每一种过渡技术都有其特殊的地址使用要求。在使用 IPv4 到 IPv6 的过渡技术时,就一定要为该网络分配 IPv6 地址;在配置自动隧道时,要求执行隧道功能的节点的 IPv6 地址为 IPv4 兼容地址等。

2) IP 地址规划策略

根据应用及管理的需要,数据中心 IP 地址分为公网 IP 地址和私有 IP 地址两部分。公网 IP 地址由数据中心向 ISP 或 NIC 申请,在申请 IP 地址时应充分考虑其扩展性;私有 IP 地址由数据中心自行设计,应该使用 Internet 保留的 IP 地址段。数据中心用户的 IP 地址由数据中心统一分配,根据用户的不同需求分配公网 IP 地址或私有 IP 地址给数据中心的网络设备和用户的服务器。

(1) 网络设备的 IP 地址。由于核心层交换机和 Internet 接入路由器为全网状连接,与数据中心各 POP 节点间的广域网连接一样,每组直连端口只需要两个 IP 地址,建议分配只有 4 个公网 IP 地址的子网,掩码为 255.255.255.252。另外,建议每台网络设备设置 Loopback 端口,其 IP 地址用作该设备的网管地址。

(2) 主机托管用户 IP 地址(Co-Location)。按用户的服务需求分配 IP 地址。

(3) 站点托管用户 IP 地址(Web Hosting)。应用托管用户(ASP)的 IP 地址,这类用户的服务器建议使用私有的 IP 地址,通过交换机进行地址转换(NAT),多台服务器使用一个虚拟 IP 地址。这样不但节省 IP 地址空间也提高了网络安全性,还可以根据用户的需求提供不同的增值服务。当然,也可以为这些用户提供公网 IP 地址。

(4) 管理区 IP 地址。管理区 IP 地址建议使用私有 IP 地址,通过路由器或防火墙进行地址转换(NAT),对前台设备进行实时监控管理,节省 IP 地址,并且满足网络安全要求。

2. VLAN 规划

1) VLAN 的定义

IEEE 在 802.1Q 中对 VLAN 技术进行了定义，VLAN 是虚拟局域网（Virtual Bridged Local Area Network）技术的简称，它是在一个物理网络上划分出来的逻辑网络。这个网络对应于 ISO 模型的第二层数据链路层。VLAN 技术目前大量应用到全世界的企业网中。

VLAN 具有很多特性，如 VLAN 的划分不受网络端口实际物理位置的限制，VLAN 有着和普通物理网络同样的属性，除了没有物理位置的限制外，它和普通局域网是一样的，第二层的单播、广播和多播帧可以在一个 VLAN 内转发、扩散，而不会直接进入其他的 VLAN 之中。所以，如果一个 VLAN 端口所连接的主机想要和另外一个 VLAN 端口的主机通信，则必须通过一个三层设备进行转发，如路由器或者三层交换机等。

2) VLAN 的划分

VLAN 的划分有以下几种方式：

(1) 基于端口。

(2) 基于 MAC 地址。

(3) 基于协议。

(4) 基于子网。

通常选择基于端口的方式划分 VLAN，简单而且易于管理。

3) VLAN 的优点

使用 VLAN 有以下优点：

(1) 隔离广播包。即广播包只在本 VLAN 中传播，从而在一定程度上可以提高整个网络的处理能力。

(2) 虚拟的工作组。通过灵活的 VLAN 设置，可以把不同物理地点的用户划分到同一工作组内。

(3) 提高安全性。一个 VLAN 内的用户和其他 VLAN 内的用户不能互访，提高了网络的安全性；除非通过一个三层设备进行转发。

4) VLAN 的划分原则

在数据中心网络设计时，建议划分 VLAN 时遵循以下规划原则：

(1) 按业务类型规划，如可分为语音、视频和数据。

(2) 按地理位置规划，如可分为 1F、2F、3F 等。

(3) 按系统用途规划，如可分为 MIS1、MIS2、MIS3 等。

此外在 VLAN 规划时，还需要考虑的一个问题是 VLAN ID 的设计。常规来说，VLAN ID 的分配只要是在有效的范围内（1~4K），都是可以随意分配和选取的，但为了提高 VLAN ID 的可读性，一般采用 VLAN ID 和子网关联的方式进行分配。如子网 A、子网 B、子网 C 的 IP 地址空间分别为 172.18.10.0/24、172.18.20.0/24、172.18.30.0/24，那么对应的 VLAN ID 可以设计为 10、20、30。

3. 路由规划

1）常用的动态路由协议

数据中心使用了大量的冗余链路和冗余网络设备，所以毫无疑问需要使用动态路由技术。目前的动态路由技术主要分为以下几种：

（1）RIP。最古老的路由协议，特点是扩展性差、性能低下，只适合在小型的网络中使用。

（2）IS-IS。ISO 设计的路由协议，本来是为 OSI 七层模型设计，但是由于 OSI 模型没有得到广泛商业应用，因此 ISO 对 IS-IS 进行了修改，将其移植到 IP 上。

（3）OSPF。OSPF 路由协议为符合国际标准的 IGP 内部网关协议，其设计严谨而复杂，适合大型网络的使用，特别是适合网络设备众多、品牌型号各异的复杂网络环境，是目前世界上使用最多的 IGP。

（4）BGP。是目前因特网上唯一的一种 EGP 协议。

2）数据中心路由策略

数据中心网络的路由可以分为 3 个部分：Internet 出口路由策略、数据中心内部路由策略以及多个数据中心节点间路由策略。

（1）Internet 路由策略规划。Internet 出口接入运营商骨干网，路由协议采用 BGP 路由协议。数据中心的 Internet 出口是连接 Internet、其他数据中心和用户的窗口。为了保证与 Internet 连接的高可靠性和高性能，建议设置多个 Internet 出口。

（2）数据中心内部路由选择。数据中心内部路由协议可以有多种选择，从网络结构复杂性、稳定性及扩展性综合考虑，OSPF 是作为内部动态路由协议的最优选择。OSPF 路由协议是国际标准的路由协议，其路由收敛快、恢复时间短、支持可变长子网掩码（VLSM），并且可根据网络的稳定性改变路由更新周期，减少因为路由更新产生的网络负载。

作为一个复杂的动态路由协议，在配置 OSPF 之前必须做好整个系统的规划。

首先，要合理地为 OSPF 划分区域。通常划分区域应与实际的网络结构相符，数据中心网络可以遵循以下原则进行划分：

① 按照网络的层次来划分。

② 按照网络的分区来划分。

③ 按照网络的 IP 地址段来划分。

另外，OSPF 路由规划时应注意以下约束条件：

① 区域的规模。OSPF 提出区域的概念，解决了因网络规模过于庞大而导致的一系列问题。经统计，在一个区域内设备的数量最好不要超过 70 台，当网络中的设备台数少于 20 台的时候，也可以只划分一个区域。

数据中心网络设计中路由器数量一般不会太多,通常由高速三层交换机进行路由信息交换。为了简化网络设计和管理,建议只设 OSPF Area 0,不分 OSPF 子域(Sub-Area)。核心路由器局域网端口、核心层交换机、汇聚交换机组成 OSPF 的 Area 0。通过配置可以做到数据中心全网的负载均衡和冗余备份。

② 与骨干区域的连通性。根据协议规定,所有的区域必须与骨干区域连接,所以在规划区域时候应该合理地选择骨干区域的位置,通常将骨干区域置于网络的中央,骨干区域中的路由器应该选择性能好、处理能力强的高端路由器,必须强调的是,骨干区域自身必须是连通的,如果因为其他方面的限制,导致其他区域无法与骨干区域连接或者骨干区域自身无法保证连通,可以使用虚拟链路解决。

③ ABR 的处理能力。在 OSPF 协议中 ABR 的任务很多,负责骨干区域与非骨干区域之间路由信息的重任,所以 ABR 一定由性能高的路由器来承担,同时应该注意的是,在一台 ABR 上尽量上不要配置太多的区域,一般设置一个骨干区域和一个或者两个非骨干区域即可。

4.3.2 网络分区规划

数据中心需要根据面向用户的不同提供多层次的服务,同时在网络中众多设备的重要性各不相同,面临的安全威胁也不同,需要按照这些设备的实际情况制定不同的安全策略和信任模型,从而需要将网络划分为不同区域。

1. 网络分区的优点

采用分区的网络架构设计具有如下优点:

(1) 分区结构简化了网络设计,避免了纷繁复杂的网络拓扑。

(2) 分区结构把网络结构模块化,可以容易地复制和重构。随着数据中心的发展,在网络扩展时不用重新规划整个网络,只需按照原规划复制一个分区或者增加新的分区,模块式地接入网络,不改变原有网络的总体架构,保证了网络的稳定性。

(3) 分区结构实现了区域间的网络故障隔离,将网络运行中的故障限制在本区域中,避免故障的扩散,并给故障的快速定位提供了极大的便利。

(4) 分区结构能够根据各个分区的功能要求,针对核心业务的影响制定相应的策略。在保证整网可靠的前提下,尽可能节约用户成本。

2. 网络总体区域划分

数据中心网络架构设计中要突出"分区"理念,首先针对使用者的身份、业务应用的范围以及安全等级要求,可以将网络划分为内部核心网、远程业务专网以及公众服务网三个大的部分,简称为三网划分。我国各级政府机构和各级部、委、办,重要的科研、教育、卫生等事业机构及大中型国有企业的数据中心网络,基本上均由这三个网组成,如图 4.3 所示。

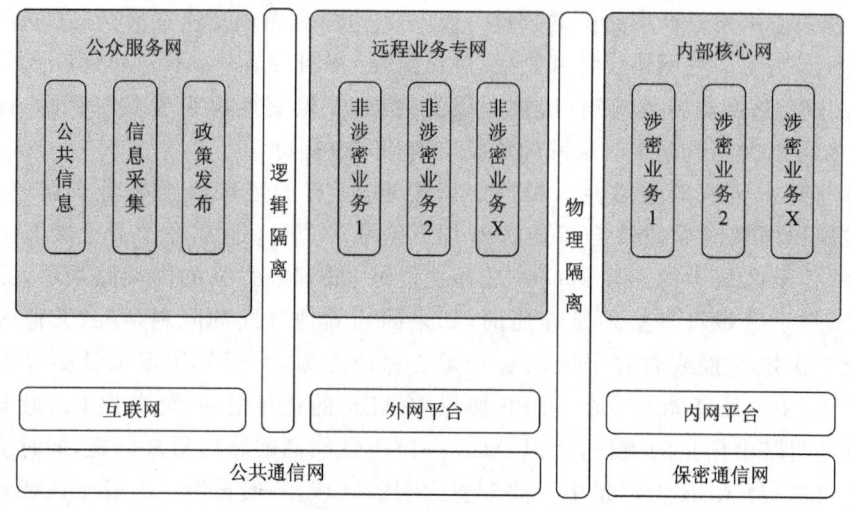

图 4.3 三网划分示意图

(1) 内部核心网。内部核心网是指数据中心内面向企业（机构）内部的骨干网络部分，又可以称为内网平台。它承载企业或机构最核心或密级很高的各种业务系统，也可以看成数据中心的保密通信网。它与外部网络实行物理隔离，在国家相关法规允许下采取有国家相关专业部门确认的安全技术手段，可以与外界其他网络系统进行有限制的互通。目前，各省级市的政府办公厅数据中心（信息中心）的内网就属于这类核心网络。

(2) 远程业务专网。远程业务专网是指数据中心与本企业（机构）分布在国内、外的派出单位，或与本企业（机构）在省、市、县的所辖部门的业务信息系统实现互联互通，享用内部数据信息资源的这部分网络，又称为外网平台。业务专网通过 IPsec VPN/MPLS VPN 等技术在数据中心网络中建立起专网隧道，满足企业、机构与其分支机构或移动用户的需求。它与公共网络采用防火墙等技术实行逻辑隔离，在有国家相关专业部门确认的安全技术手段的情况下，可以与公共服务网或其他网络系统进行互联互通。目前，各级政府数据中心（信息中心）与其所辖省、市（地）、县联系的纵向网和国有大、中型企业与其分布在国内、外的派出单位联系的纵向网就属于这类业务专网。

(3) 公众服务网。公众服务网是各级企业系统或机构与国内外、与社会、与民众进行沟通和联系的窗口，是各级企业系统或机构为国内外、为社会、为民众提供服务的门户。它一般是指数据中心的因特网出口，是数据中心与因特网进行数据交换的必经之路，同时也是面向社会提供信息资源服务的公共区域。目前，各级政府的门户网站与各级企业的门户网站就属于这类公众服务网的入口。

3. 网络的功能分区

数据中心网络按其业务功能和用途还可以分为存储区、前置区、应用区、托管区、内部接入区、外部接入区、系统管理区等。各个功能区之间可以按照数据流向进行直接互联,也可以统一利用数据中心骨干网络进行安全的数据交换。

图 4.4 所示是一个典型的数据中心网络功能分区规划图。

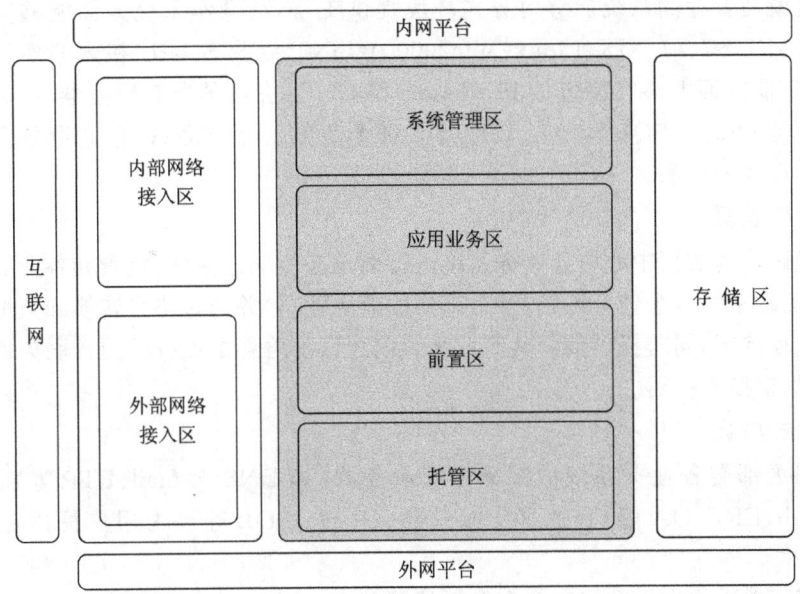

图 4.4 网络功能分区规划图

1) 存储区

存储是对应用数据进行集中存储备份。构建存储平台的主要技术有 DAS、NAS、SAN、IP SAN 等。建议通过部署防火墙等多种安全设备实现存储区与网络的安全连接,通过 DWDM(密集波分复用)/SONET/高速 Ethernet 实现与远程容灾中心存储系统建立连接,进行数据或业务备份。

存储系统是数据中心至关重要的一个部分,要求存储系统必须具备良好的可扩展性、极高的可靠性、出众的性能以及异构环境下的连通性。

(1) 良好的扩展性。存储系统能够满足应用系统日益增长的存储容量需求,能够灵活地扩展存储空间,能够从存储设备与存储结构两个方面来提高存储系统的可扩展性。

(2) 极高的可靠性。存储系统必须能够满足高可靠性、安全性、可管理性的要求,如能够通过冗余结构来加强存储系统的高可靠性;能够通过多种安全手段[如 RAID (廉价磁盘冗余阵列)、LUN(逻辑单元号)、ZONE(区域)]来加强数据存储的安全性;能够为核心业务数据提供一个安全可靠的存储环境;能够为维护人员提供方便的管理工具与管理界面。

(3) 出众的性能。存储系统不仅负责数据的存放,更重要的是还要负责数据的传输,所以存储系统必须能够具备高性能,其性能体现在两个方面:一方面是海量的存储能力,能够适应数据中心系统快速的数据增长;另一方面是 I/O 读写性能,能够从 I/O

性能方面保证应用系统的整体运行能力。

（4）异构环境下的连通性。随着信息化建设的不断深入，IT环境必将向复杂化发展。这就需要存储系统能够对异构环境提供支持，在操作系统方面能够支持包括HP-UX、AIX、SCO UNIX、Linux、Win2000、WinNT以及Solaris在内的多种操作系统；在服务器方面能够支持包括PC Server和UNIX在内的所有服务器；在数据库方面能够支持Oracle、SQL Server、DB2等多种企业数据库产品；在存储设备方面能够支持多个厂商的产品。

2）前置区

前置区作为数据中心内各业务系统进行数据交换的过渡区，负责和各业务系统进行交互，负责采集各个业务系统、各个部门的业务数据，并经过格式转换和数据整理将数据存入存储区，同时提供数据共享业务。前置区部署各个业务的前置服务器和数据抽取、数据交换服务器。

3）应用区

应用区部署各业务系统的基础系统服务器（如DNS、E-mail、FTP等）、应用服务器（Web、ERP、OA等）和数据库服务器（Oracle、SQL等），为用户提供业务应用服务。

应用区在数据中心数据整合和加工的基础上，放置一些专题数据库，构建数据查询、数据检索等业务应用，为外界提供专题应用支持的专题数据库。

部署在应用区的主机系统使用光纤、双绞线等双归属与接入层设备相连，使用直连、HBA（基于主机的磁盘阵列）或者网络适配器连接存储区中的存储设备，并通过RAID、集群、硬件冗余等技术保证系统的可靠性。

4）托管区

应用托管区主要是为用户提供主机和应用托管的业务，并在存储区提供接口，为各个托管业务提供数据库、存储空间的共享和交换，减少重复建设和投资。在应用托管区部署高性能交换机，提供服务器的接入。在交换机上为各个托管的应用划分VLAN，保证各个业务应用相互隔离、相互独立。同时通过防火墙等安全设备，对应用托管区向其他区的访问进行限制，为各个业务应用提供安全保障。

5）内部接入区

数据中心主要服务于企业，数据中心业务的首要目的是服务企业内部用户。而企业内部用户包括公司决策层、各级管理人员、生产人员等，他们对数据中心的业务系统具有不同的控制权限和访问权限。企业内部用户需要经过安全认证和审计等措施来实现对数据中心数据的获取。

6）外部接入区

数据中心还需要对外提供公众访问、远程机构访问等服务，他们只能对数据中心中的特定系统具有访问权限。外部用户需要经过更严格的安全和审计等措施来实现对数据中心数据的获取。

7) 系统管理区

系统管理是数据中心正常运行的保证。网络管理是对网络、信息及业务进行全面的监控调整、运行维护、业务和安全管理,包括主机、网络设备的可用性管理、性能管理、流量统计和分析、故障诊断和恢复、安全策略的制定和实施以及用户管理和运营计费管理等。

系统管理区确保分布式应用和无处不在的数据存取的强大性能,网络管理应当有效、合理地管理、协调好各种品牌的网络设备以及服务器,让设备发挥最大作用,全面实现网络功能。

4.3.3 网络分层规划

1. 分层设计模型

1) 网络分层设计模型的基本结构

随着网络规模的不断扩大,主机数量剧增,有限带宽和无限需求之间的矛盾越来越突出,网络之间的互联变得更加复杂,网络安全问题变得愈加严重。依靠网络拓扑结构的简单组合,已经不能满足数据中心网络工程设计的需求。在这种情况下,应采用层次化网络设计,将网络规划为核心层、汇聚层和接入层三个层次(图4.5)。网络分层设计模型目前是一种行业约定俗成的设计规范,没有严格的定义与标准,但是它的基本思想与ITU-TY.1231标准中接入网的设计思想是完全一致的,层次模型主要适用于大型局域网设计和城域网设计工作。

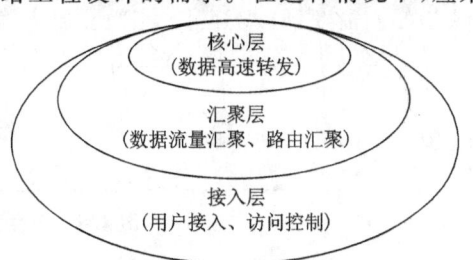

图 4.5 网络分层设计模型的基本结构

网络层次设计模型将一个较大规模的网络系统分为几个较小的层次,这些层次之间既相对独立又相互关联。分层模型的每一层都有特定的作用,核心层主要负责高速处理数据流,提供节点与节点之间的高速数据转发,优化传输链路,并实现安全通信;汇聚层主要提供基于策略的网络连接,负责路由聚合,收敛数据流量,将网络服务连接到接入层;接入层为用户提供网络访问功能,并负责将网络流量馈入到汇聚层,执行用户认证和访问控制,并提供相关网络服务。

小型数据中心网络可采用两层扁平结构,即使用两个核心网络设备扮演网络核心层,与汇聚层上的所有路由器相连接,甚至可以将汇聚层功能包含在核心层里,这样做容易管理,但扩展性不好。

分层模型主要用于拓扑结构设计中,分层的目的是定义各个层次应当实现的功能与性能。在设计工作中,往往首先设计接入层,然后是汇聚层,最后才是核心层。

2) 交换型层次结构

数据中心的业务以交换为主,所组成的局域网与其他网络之间没有太多的路由交换,因此为了提高效率、降低复杂性,其网络结构可以设计为交换型结构。

基于交换技术的层次模型主要由2层和3层交换机组成(图4.6)。这种网络由于统一采用交换机构建,因此结构简单。近年来,交换机性能提高很快,而且价格越来越低廉,因此受到用户的追捧。交换型层次结构的缺点是网络路由功能不强大,对不同子网用户之间通信频繁的业务显得力不从心。另外,广播风暴也是困扰交换型网络的一个重要因素。

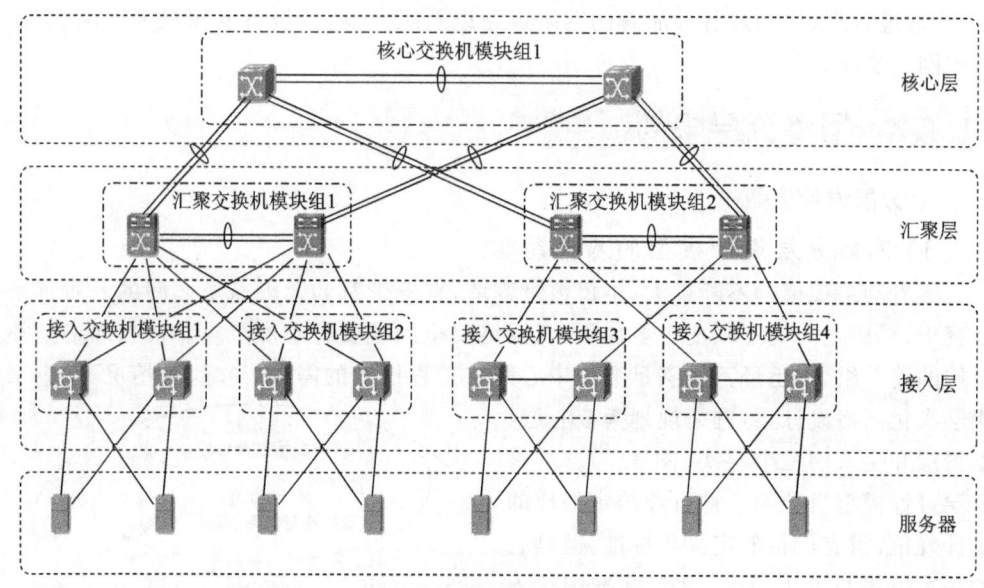

图 4.6 交换型层次结构模型

3) 网络分层设计的优点与缺点

网络分层设计有以下一些优点:

(1) 通过网络分层设计可以将网络分解成许多小的单元,降低了网络的整体复杂性。

(2) 使网络更容易处理广播风暴、信号循环等问题。

(3) 网络容易升级到最新的技术,升级任意层次的网络不会对其他层次造成影响。

(4) 层次结构降低了设备配置的复杂性,网络故障也易于定位,使网络更容易管理。

网络分层设计也存在以下一些缺点:

(1) 分层设计不适用于结构非常简单的小型网络。

(2) 分层设计中往往采用设备冗余、链路冗余、路由冗余等设计方法,这将会导致网络复杂性的增加。

2. 接入层规划

1) 接入层设计目标

数据中心接入层主要为设备提供访问网络的能力。接入层负责将服务器或存储

设备连接到网络中,提供最靠近各种数据设备的服务。接入层是数据中心网络的基础平台,在网络设计中应当注意以下问题:

(1) 适度超前。为了避免重复建设、重复投资,同时满足网络业务发展需求,在设计工作中要遵循适度超前设计的原则。

(2) 模块化设计。接入层是设备最多、情况最复杂的网络,为了降低网络管理维护难度,提高接入层的可用性,要贯彻模块化的设计思路,对接入层设备进行模块化定义,规范其接口、连接方式等。

在数据中心的接入层模块设计中,建议每个接入层模块至少包括两台接入层交换机,模块中的交换机应该使用堆叠技术实现互联,每个服务器(或其他设备)通过2条链路连接到模块中的不同交换机上,通过链路捆绑的方式实现线路冗余和负载均衡。

(3) 安全隔离。在接入层隔离开各设备之间的相互访问并不是为了限制使用,而是要防止各业务系统设备之间的无意识攻击行为。当然,大部分系统都不是网络杀手,但是总会有一些系统自身存在漏洞,有可能被黑客所利用。合理而又灵活地利用端口隔离技术可以有效地控制来自业务系统内部和各业务系统之间的安全问题。这些隔离技术包括包过滤策略、访问控制技术、VLAN 划分、路由器隔离、防火墙隔离等。

2) 接入层拓扑结构设计

数据中心接入层网络应当采用图 4.7 所示的冗余线路结构。

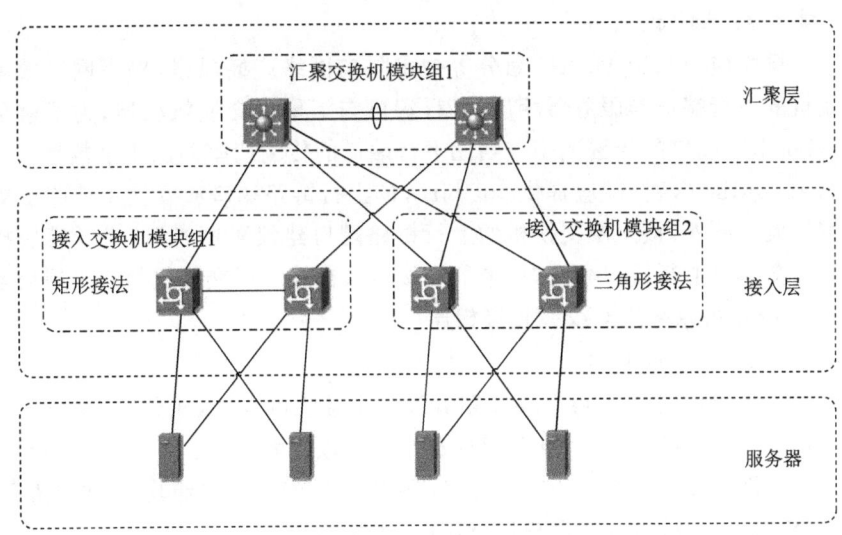

图 4.7 接入层冗余线路结构模型

在建设接入层网络时应注意以下几个问题:

(1) 为了简化网络及实现二层链路捆绑,接入层一般不提供路由功能,也不进行路由信息交换。

(2) 数据中心网络的每个接入层交换机模块应通过至少 2 个高速接口同时连接

到两个汇聚层交换机,可以起到链路冗余的作用。

(3) 由于接入层处于网络末端,业务变化快,扩容频繁,所以要求设备具有良好的扩展性,如交换机应当留有冗余端口,方便用户的扩展。

(4) 当接入层交换机采用堆叠技术时,会形成循环回路拓扑。因此,在设计时需要考虑使用适当的技术以防止网络信号循环。

3) 接入层功能设计

接入层交换机在设计中应当考虑交换机端口密度(如 24/48 口)是否满足需求、交换机上行链路采用光纤模块(光口)还是采用电口、交换机端口是否为今后的扩展保留了冗余端口和链路聚合口等问题。

由于设备接入类型复杂,接入层交换机应当提供交换机端口速率自动适应功能,如 10/100/1000Mbit/s 自适应、半/全双工自适应等。值得注意的是:一些千兆、万兆端口的交换机不一定提供端口自适应功能。

如果接入层交换机支持 IEEE 802.1Q 的端口优先级队列功能,就可以根据实际需求灵活地进行端口优先级的划分。

接入层设备通常可以选择固定端口式的 2 层交换机,从而降低建设成本。但是 2 层交换设备本身存在很多弱点,如不能有效解决广播风暴问题、异构网络互联问题、网络安全控制问题等。因此,在高性能与高可用性的数据中心网络设计方案中,接入层可以考虑选用 3 层交换机进行组网。

4) 接入层性能设计

在接入层中应当利用 VLAN 划分等技术隔离网络广播风暴,提高网络效率。接入层交换机的下行端口与服务器相连,上行端口与汇聚层交换机相连,为了避免网络拥塞,交换机上行端口的传输速率应当比下行端口的传输速率高出 1 个数量级。如下行端口为 1000Mbit/s 时,就应提供 10Gbit/s 的上行链路端口或者使用链路捆绑技术进行带宽扩展。此外,接入层交换机的上行链路端口建议采用光口(光纤模块接口)。如果接入层交换机上行端口为电口(电信号接口),在接入层交换机与汇聚层交换机相距小于 100m 时,可以采用双绞线直接相连。

5) 接入层安全设计

接入层交换机应可以将每个端口划分为一个独立的 VLAN 分组,这样就可以控制各个用户终端之间的互访性,从而保证每个用户数据的安全。

接入层交换机如果支持 IEEE 802.1Q 标准下的 VLAN 分组功能,并提供跨交换机的 VLAN 划分,就可以方便用户进行 VLAN 划分。

接入层交换机应能提供端口 MAC 地址绑定、端口静态 MAC 地址过滤、任意端口屏蔽等功能,以确保网络运行安全。

由于接入层是网络的入口,所以也是黑客入侵的门户。接入层通常用包过滤策略提供基本的安全性,保护局部网段免受网络内外的攻击。

3. 汇聚层规划

1) 汇聚层主要功能

汇聚层的主要功能是汇聚网络流量,屏蔽接入层变化对核心层的影响。汇聚层是核心层与接入层的分界面,在局域网环境中,汇聚层包括以下功能:

(1) 链路聚合。减少接入层与核心应之间的链路数,当汇聚层与核心层有多条链路时,通过链路聚合实现链路上的负载均衡。

(2) 流量聚合。将接入层的大量低速链路转发到核心层,实现通信量的聚合。

(3) 路由聚合。在汇聚层进行路由聚合可以减少核心层路由器中路由表的大小。

(4) 主干带宽管理。对网络主干链路进行流量控制、负载均衡和 QoS 保证。

(5) 信号中继。对跨交换机划分的 VLAN 进行信号中继(Trunk)。

(6) VLAN 路由。不同 VLAN 之间的计算机需要通信时,应当在汇聚层进行路由处理。

(7) 隔离变化。网络接入层经常处于变化之中,为了避免接入层变化对核心层的影响,可利用汇聚层隔离接入层拓扑结构的变化。

2) 汇聚层链路汇聚

链路汇聚可以使核心层与接入层之间的连接最小化。通过链路汇聚,汇聚层将大量低速的接入层设备通过链路汇聚点接入到核心层,以实现链路的收敛,提高网络传输效率。

3) 汇聚层链路聚合

链路聚合的目的是保证链路负载均衡。如图 4.8(a) 所示,接入层交换机下行链路端口的传输速率为 100Mbit/s(FE),上行链路端口的传输速率为 1000Mbit/s(GE),而汇聚层交换机的下行链路满载时的带宽达到了 3Gbit,可见汇聚层交换机采用 1000Mbit/s 的上行链路,会造成上行链路带宽严重不足,导致网络阻塞现象发生。

如图 4.8(b) 所示,如果将汇聚层交换机采用双上行链路,带宽将增加为 2×1000Mbit,虽然在汇聚层交换机满载时仍然有拥塞现象发生,但是,汇聚层交换机负载为 70% 时,基本可以满足用户要求。但是,双链路可能会产生负载不均衡的现象。如图 4.8(c) 所示,如果对汇聚层上行链路进行链路聚合(Trunk)配置,就可以使上行链路负载均衡,这也是网络工程中常用的一种设计方法。

4) 汇聚层的流量聚合

对于上行链路,汇聚层将大量接入层的低速接入点汇聚到一起,然后接入核心层,以实现网络通信量的收敛;对于下行链路,汇聚层将核心层的下行数据分配到各个接入层设备。汇聚层的流量模型、流量控制、负载均衡和 QoS 保证在此不作详细讨论。

4. 核心层规划

核心层的主要功能是实现数据包高速交换。核心层是所有流量的最终汇聚点和处理点,从网络工程设计来看,它的结构相对简单,但是对核心层设备的性能要求十分严格。核心层设计时应注意以下问题：

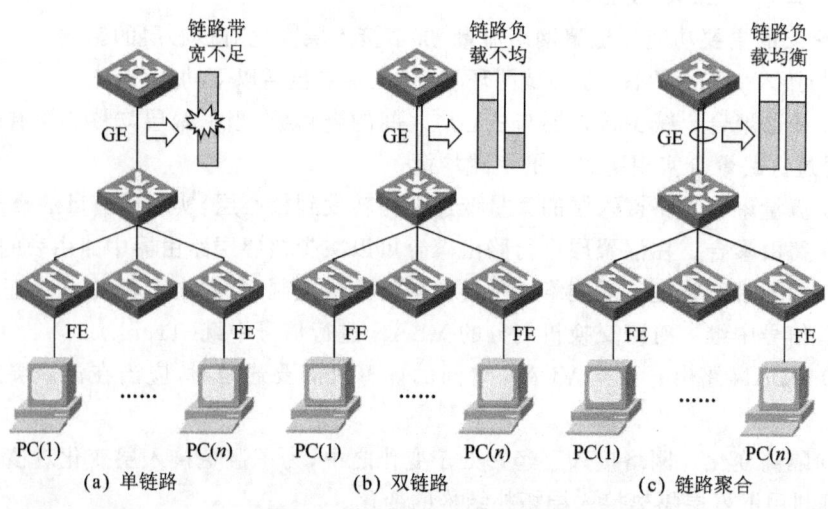

图 4.8 链路聚合的不同情况

1) 核心层网络拓扑结构设计

单一中心星形拓扑结构常用于小规模网络（图 4.9），它的优点是结构简单，网络工程投资少，适用于网络流量不大，可靠性要求不高的数据中心。在这种结构下，往往将服务器群集中在核心层，这会导致核心层负载重、可靠性差，当核心层出现故障时，容易导致网络瘫痪。

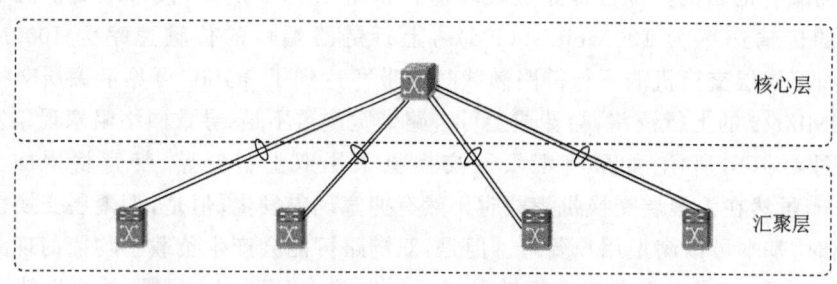

图 4.9 核心层单一中心拓扑结构

核心层双中心星形拓扑结构（图 4.10）的优点是网络结构较为简单，实现了设备冗余和链路冗余，提高了网络的可靠性，也可以很好地进行网络负载均衡。

2) 核心层性能设计策略

(1) 核心层通常采用高带宽网络技术，如 1Gbit/s 或 10Gbit/s 以太网技术。

(2) 核心交换机应当采用最快速率的帧转发。

(3) 禁止采用任何会降低核心层设备处理能力或增加数据包交换延迟的方法。

(4) 任何形式的策略必须在核心层外执行，如数据包的过滤和复杂的 QoS 处理。

(5) 核心层一般采用高性能的多层模块化交换机。

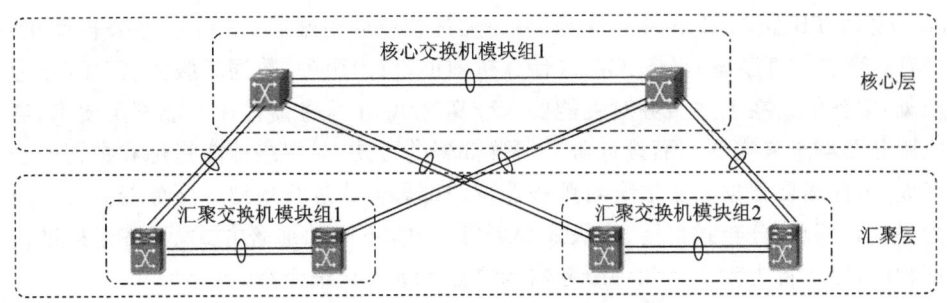

图 4.10　核心层双中心拓扑结构

3) 核心层冗余设计策略

网络中增加带宽最简单的方法是增加冗余链路,路由器可以为多个链路和路径提供负载均衡功能,将信息流在各个链路之间进行平衡传输,从而提高数据的转发效率。

数据中心网络核心层一般采用设备冗余和链路冗余设计,以保证网络的 QoS 和可靠性。

对于冗余链路,可以利用路由技术或生成树协议 STP 进行处理,详细内容在本章的后续内容中介绍。

一个可靠的数据中心网应当具有多个广域网接入链路、一条宽带专用链路和一条作为备份的链路。

4) 核心层路由设计策略

策略是指设备支持的一些标准或网络管理员制定的一些规则。例如,三层交换机一般根据最终目的地址发送数据包。但在某些情况下,希望基于源地址、流量类型或其他标准作出路由决策,这些基于某一标准的规则称为策略。

(1) 核心层的任务是交换数据包,应尽量避免核心层交换机配置的复杂程度,因为一旦核心层执行策略出错,将导致整个网络瘫痪。

(2) 在配置核心层路由时,应使用优化分组吞吐率的路由特性,避免使用分组过滤或其他降低分组处理效率的路由特性。

(3) 核心设备应当具有足够的路由信息,将数据包发送到网络中任意目的主机。

(4) 核心层路由器不应该使用默认路由到达内部网络的目的主机。

(5) 核心层路由器可以采用默认路径来到达外部网络的目的主机。

(6) 可以利用路由聚合路径来减少核心层路由表的大小。

4.3.4　网络分级规划

前面已经介绍了网络分区、网络分层的概念和内容,在这里还要介绍一种跟上述两类方法有所区别的网络划分方式——网络分级。网络分级主要依据其接入的服务器资源在业务系统中所发挥的作用,这与安全等级划分是有区别,但是二者又是密切相关的。

服务器所提供的业务通常分为两大类,一类是通用的网络服务,如 DNS 服务、

Web服务、FTP服务、E-mail服务等；另一类是企业应用服务，如OA（办公自动化）服务、MIS（管理信息系统）服务、CAD（计算机辅助设计）服务、数据库服务、ERP（企业资源规划）服务等。在上述服务对性能要求较高时，单个服务器往往不能满足要求，需要组建服务器群组来实现。而设计服务器群部署的方式，对网络性能指标和数据安全影响很大，因此需要根据实际情况对服务器群的部署方式进行规划。服务器群部署通常分为集中式部署、分布式部署、多级式部署等方式，不同的部署方式，网络连接结构也各不相同，以下首先就上述几种服务器部署方式进行详细介绍。

1. 集中式和分布式设计模型

根据服务器部署位置来规划，一般服务设计模型有集中式服务设计和分布式服务设计两种。

（1）集中式服务设计模型。集中式服务设计模型是将所有服务器连接到网络核心层，这样服务器机群就集中安置在数据中心机房。集中式服务设计模型的优点是网络结构简单，便于管理；缺点是增加了核心层的任务，除了负责数据快速交换，还需要进行服务器的接入管理，增加了网络的结构的复杂性，此外扩展性也不强。这种设计模型主要适用于网络数据流量不大的中小型企业（机构）。

（2）分布式服务设计模型。分布式服务设计模型的基本特点是：通用型服务集中，企业应用服务分散。简单地说，就是将通用型服务器连接到网络核心层，而企业应用服务器则根据各自数据流特征分布到汇聚层或接入层的各个区域中，尽量接近最终用户。分布式服务设计模型的优点是网络流量分布合理，核心层网络设备的压力小，由于服务在汇聚层，即使核心层发生故障，汇聚层仍然可以正常工作，因此业务可靠性相对提高；分布式服务设计模型的缺点是网络管理工作量大，设备利用率不高。这种设计模型主要适用于业务较为分散的大型企业（机构）。

2. 多级设计模型

随着信息化的不断深入，很多企业的应用业务对性能要求越来越高，服务器集群的使用越来越广泛。在应用业务的访问架构方面，已经逐步由传统的客户机/服务器（简称C/S）架构转变为浏览器/服务器（简称B/S）架构，而B/S类型的应用访问架构要求采用三级的服务器层次来组建，以下对B/S类应用的三个层次进行具体介绍。

（1）第一级是用户界面层。直接与用户进行交互，负责应用界面的提供，是业务系统和数据的对外窗口。

（2）第二级是业务应用层。负责数据的计算和转换，即所谓的中间件，如WebLogic、J2EE等，用来"黏合"面向用户的应用程序、后端的数据库服务器或存储服务器。

（3）第三级是数据库层。负责数据的存储，包含了所有的数据库、存储和被不同应用程序共享的原始数据，供业务系统进行读写和随机调用。

网络分级规划就是针对采用多级设计模型的服务器群连接方式的规划。通常情况下，主要分为以下两种分级方式：

1）三级架构规划

依照 B/S 类型的服务器分级方式，划分为三个级别，三级网络相互独立。具体规划如图 4.11 所示。

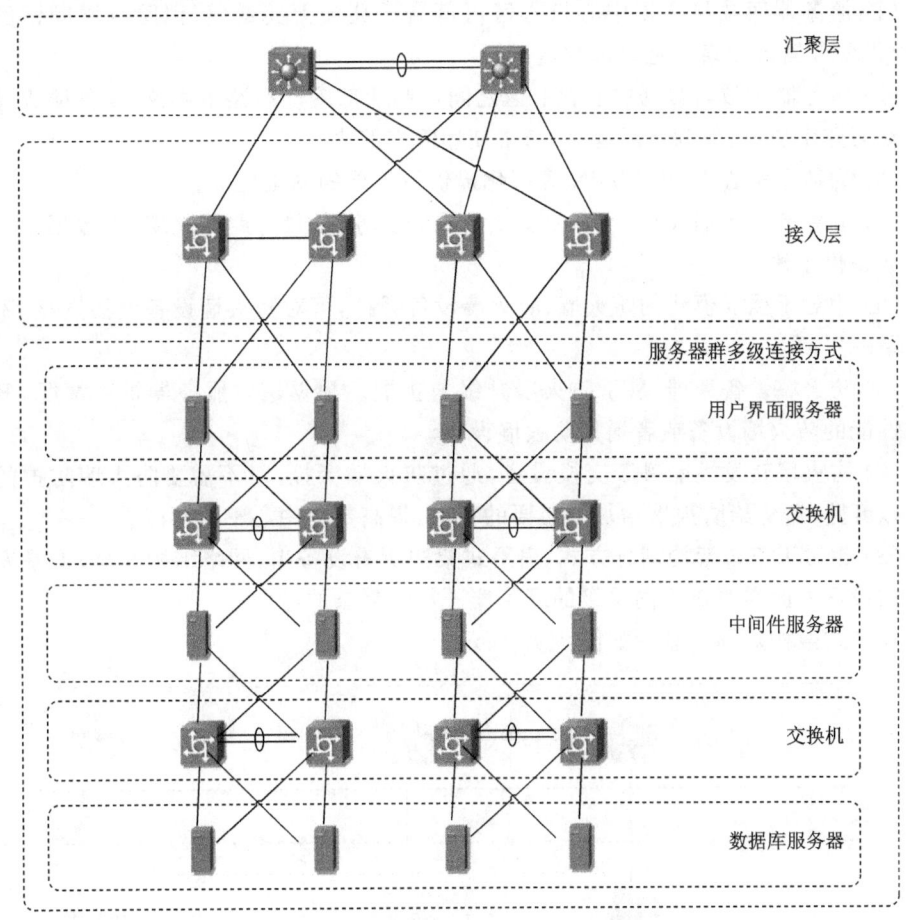

图 4.11 服务器分级规划示意图

三级架构规划具有以下特点：

（1）三个级别的服务器之间通过交换网络实现互联，形成层层安全保护，网络结构清晰，易于功能部署；明确不同网络区域之间的安全关系，可以单独对每个区域实施安全措施，不会对其他区域造成影响。

（2）可根据不同区域和层次的功能按需建设，业务灵活部署，可以非常方便地增加新服务器群区，而不改变原有的网络结构，具有良好的可扩展性。

（3）可以最大限度地隔离故障区域，简化数据路径，加快故障收敛时间，提高服务的可用性。

（4）网络结构清晰，日常运维简单，问题定位容易，具有易于管理的特性。

（5）网络设备多，一次性投资大，适合于业务量大、对可用性要求高的系统。

2）扁平式架构规划

为了节约投资，还可以采用将三级架构简化成一级架构的扁平式规划方式。扁平式架构规划相对三级架构规划而言，具有如下特点：

（1）服务器区域与数据中心核心区可部署千兆或万兆链路，消除区域间链路瓶颈，提供服务器区网络带宽合理收敛比。

（2）服务器区域与数据中心核心区之间可灵活部署动态路由协议（虽然防火墙可支持动态路由协议，但为可靠起见，通常使用静态路由）。

（3）为数据中心 MPLS VPN 虚拟化提供可扩展的基础框架。

（4）业务部署更加灵活，不需要安全防护的业务流，可旁路防火墙，为数据中心区分服务提供手段。

（5）相对于插卡模式的防火墙，防火墙设备旁挂，可对防火墙设备灵活选型，不局限于单一厂商。

（6）防火墙设备旁挂，易于防火墙升级与扩展。根据用户服务器扩展情况，升级更高性能的防火墙设备或者增加防火墙设备。

（7）防火墙转发性能逊于交换设备，通过防火墙旁挂，对不需要防火墙防护的流量可以旁路，避免给防火墙增加不必要的负荷，提高数据中心整体性能。

（8）相对于三级架构划分方式，扁平式架构所需设备少，网络结构简单；但是安全策略的设置方面需要对不同层级的服务器进行更复杂的考虑。

扁平式架构规划示意图如图 4.12 所示。

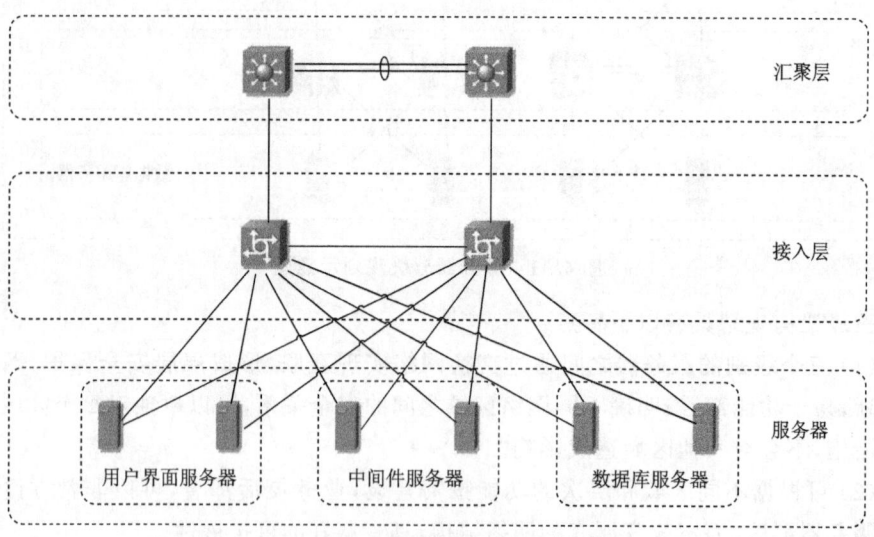

图 4.12　服务器精简架构规划示意图

4.3.5　网络结构扩展规划

良好的扩展性意味着网络具有良好的持续改进能力。但是，数据中心网络扩展工作是一件复杂的事情，即使是最简单的端口扩展，也可能会带来可靠性等方面的隐患，更不要说大幅度修改网络配置，稍不小心就会带来灾难性的后果。数据中心网络扩展规划包括以下几个方面：

1. 扩展性要求

一个具有良好可扩展性的网络，在网络进行扩容时，不需要进行重大的改进设计。面对用户数量的增长、业务数据流量的增加、网络节点的增加或网络节点位置的改变等因素，可扩展性网络都应当提供简单的解决方案。进行网络扩展性规划时，需要解决的问题包括如果网络用户数量增加一倍，网络端点数量就会增加一倍，并且有需要增加一倍带宽的应用程序时，目前的网络能够承受这种变化吗？一个扩展性良好的网络，应当能够容纳这种增长和变化，而不需要对基本结构进行全面修改。网络拓扑结构和使用的网络技术不必为这些变化进行重新设计。新的端点（客户、服务器、存储、网络）可以用一个简单的方式添加到一个可扩展的网络中。

2. 接入能力扩展

接入能力是指接入层交换机端口数量的扩展。由于用户数量增加，现有交换机端口数不够，需要进行端口数扩展。对于固定式交换机端口不足的问题，可以通过两种办法来解决，一是更换高端口密度的交换机；二是增加交换机数量。对于机架式模块化交换机，则可以通过增加接口卡来达到增加端口数量的目的。通过增加交换机数量来增加接入层的端口时，势必要通过堆叠或级联的方式与原交换机连接在一起。如果原交换机不支持堆叠方式，则只能进行交换机的级联。而级联方式在扩充端口的同时，大大降低了这个网络节点的可靠性，增加了故障点，而且对于新增加的交换机，其上连端口很可能是用户端口，这样就会影响到在原交换机上用户的数据传输。另外，增加了新的交换机设备，就意味着增加了管理和维护的复杂程度。

3. 处理能力扩展

处理能力是指交换机的数据转发能力，一般指三层转发能力，这种要求通常出现在网络的汇聚层或核心层。随着用户业务的发展，业务数据流量不断扩大，或用户对业务数据流有较多的 QoS 或安全策略要求，交换机转发能力不足就会影响这些业务。对于处理能力的升级，一般通过更换交换处理模块来达到要求。对于机架式总线结构交换机，可以更换交换引擎；对于固定式交换机，则只能更换更高性能的交换机。另外还有一种方法是通过增加交换机的数量，在仔细的规划和配置后，将数据流量分担到两台设备上。通过更换交换机的交换引擎板虽然可以提高性能，但原有引擎板则失去了作用，无法达到投资保护的目的。如果通过增加交换机数量来进行负载均衡，虽然设计方案可行，但需要对网络的配置进行较大的修改，不但会影响现有业务的正常运行，而且也同样增加了网络管理和维护的复杂程度。

4. 带宽扩展

带宽扩展通常出现在不同的网络层次，如接入层和汇聚层，汇聚层和核心层。由于桌面接入的主流传输速率已经达到100Mbit/s,而100M交换机的上连端口传输速率通常为1000Mbit/s,在满负荷情况下,只能满足10个端口的线速上联。当交换机端口为24口、48口时,就需要进行上联带宽的扩展。

为了解决带宽不足问题,一是采用高性能、无阻塞转发、支持IEEE 802.3ad标准的交换机(通常为3层交换机),这个标准采用LACP(链路访问控制协议)技术,可以将多条链路绑定在一起来增加带宽;二是更换上联端口速率更快的交换机。通过LACP技术对现有网络带宽进行扩充时,LACP技术的特征决定了一个LACP组的同一侧必须接在同一个物理设备上,这就给LACP技术的推广带来了两个问题:一是连接LACP两端的交换机和LACP组本身为单点故障;二是若需要扩充的带宽很大,而交换机端口数目不够,则无法达到扩大预定带宽的目的。采用IEEE802.3ad链路聚合方法如图4.13(b)所示。

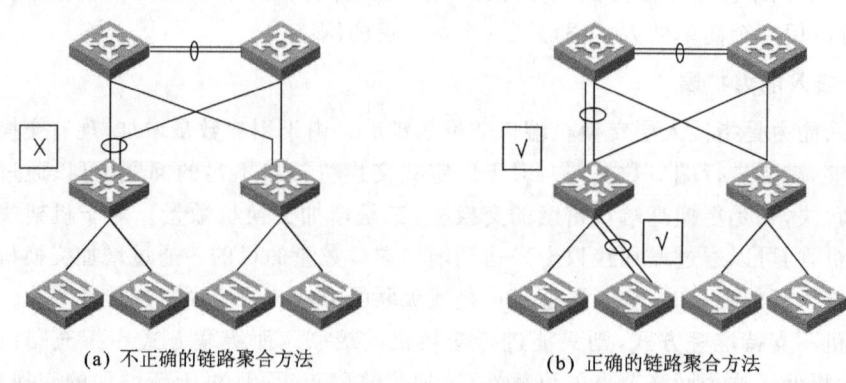

(a) 不正确的链路聚合方法　　　　　(b) 正确的链路聚合方法

图4.13　IEEE802.3ad链路聚合方法

5. 网络规模扩展

由于工作区域的调整,可能需要对网络进行扩展,在原来网络的基础上增加新的子网,通过互联而构成更大的局域网。如果只是调整,并没有增加新的端点,可以通过重新划分子网来构成新的网络,也可以利用VLAN划分来解决问题。如果在原有基础上需要增加新的子网,可以利用交换机或路由器来构建新的子网。采用这种方法构建新的子网时,需要考虑链路的承载能力,以及核心网络设备是否有足够的处理能力。

6. 平滑扩展

数据中心的数据非常重要,网络的中断可能会给用户带来巨大的损失。即使是要进行网络的扩展升级,用户也不希望对现存的网络有影响。这就要求网络在扩展时具有平滑升级的特性。同时,在网络扩展过程中,需要保护原有设备的投资,不造成投资浪费。

在传统网络设计技术中,只有通过增加交换机数量进行的端口扩展升级,可以不影响现有业务,其他情况下的各类扩展升级,势必要影响现有业务的正常运行。如果为了扩展网络性能而更换原有核心交换机,则不能达到保护投资的目的。集群技术的发展为网络的平滑扩展带来了前所未有的变革,它将网络的扩展性、可靠性、管理性融合在一起,为网络扩展方式提供了良好的设计思想。

4.4　网络高可用性规划

单个设备的可靠性是相对而言,而由众多的设备连接而成的数据中心网络平台面临的风险是巨大的。在建设数据中心之前,对网络高可用性进行详尽的规划,那么即使日后数据中心发生各种各样的故障,也能够提供正常的网络服务,确保应用业务系统安全稳定运行。网络冗余技术是提高网络可用性,解决故障,避免风险的主要方式,通常可以分为设备层、链路层、网络层等层次的冗余设计,将设备故障对网络系统的影响降到最低,提高数据中心网络的可用性。以下将就上述几个层次的冗余技术进行详细介绍。

4.4.1　设备冗余技术

数据中心网络平台会用到大量设备。在实际运行过程中,每个设备均面临着软件异常、硬件故障甚至外界影响(如供电电路故障、自然灾祸)等各种威胁。设备级的可靠性可以通过要害部件冗余来实现,通过灵活快速的故障侦测和恢复将意外发生的影响局限于发生故障的设备之内,尽量减小对数据中心整体的冲击,缩短数据中心的MTTR(Mean Time to Repair,系统平均恢复时间)。

网络设备的硬件冗余是网络系统可靠性设计中常用的一种技术,也是提升网络整体可用性的最有效方法之一。设备冗余的含义就是增加多余的设备,以保证系统更加可靠、安全地工作。为了达到数据中心网络平台的高可靠性和低失效率相统一的目的,需要在网络平台的设计和应用中采用硬件冗余技术。冗余设计在大大提高系统可靠性的同时,也增加了系统的复杂度和设计的难度,配置应用冗余的系统还增加了用户投资。因此,需要合理而有效地进行系统冗余设计。

冗余的方法多种多样,通常按照冗余设备在系统中所处的位置将设备冗余技术分为元件级、部件级和系统级;按照冗余的程度可分为 1∶1 冗余、1∶2 冗余、1∶n 冗余等。在当前元器件可靠性不断提高的情况下,和其他形式的冗余方式相比,1∶1 的部件级冗余是一种有效而又相对简单、配置灵活的冗余技术。1∶1 部件级冗余常见的形式有 I/O 接口模块冗余、电源模块冗余、主控制单元模块冗余等。目前,国内外主流的网络设备中大多采用这种方式。

在数据中心网络平台规划中,按照层次的划分,汇聚层和核心层的设备应该采用 1∶1 的部件级冗余设计,至少配备电源模块冗余、主控制单元模块冗余,并且设备要求成对配备组网,形成双机系统。接入层设备也可以考虑采用类似的硬件冗余方法,由于会使系统投资增加,建议选择高密度千兆接入、万兆接入设备成对配备,形成双机系统即可。

4.4.2 链路冗余技术

在网络设备连接中,单一链路的连接很容易因故障而造成网络的中断。在实际网络建设过程中,为了保持网络的稳定性,通常在多台交换机之间使用冗余连接。网络物理链路的冗余技术是指将两台设备间的数条物理链路"组合"成逻辑上的一条数据通路,当发生故障导致网络中某一根或者连续串联的一段物理线路中断的情况下,网络能够通过冗余的物理线路继续提供服务,整个传输链路就不会失效,而且最大带宽等于各成员带宽之和链路级负载分担,按需增长的带宽。物理链路的冗余是所有网络冗余技术成功应用的基础,因此做好数据中心网络物理链路冗余规划是建设一个成功的高可用网络的关键。

链路的冗余备份具有给网络带来健壮性、稳定性和可靠性等优点,但是冗余链路会增加网络设计的复杂性,会使网络存在环路,在数据中心局域网中,环路问题是备份链路所面临的最为严重的问题,必须在引入冗余物理连接的同时考虑采用链路层和网络层冗余技术,预防网络环路造成网络风暴问题的发生。

1. DLDP

DLDP(Device Link Detection Protocol,设备链路检测协议)是一个单向链路检测协议,可以有效地防止网络中单通故障的发生。在实际组网中有时会出现一种特殊的现象——单向链路。所谓单向链路是指本端设备可以通过链路层收到对端设备发送的报文,但对端设备不能收到本端设备的报文。单向链路会引起一系列问题,比如生成树拓扑环路等。

DLDP 协议工作在链路层,能够检测两端端口的链路是否正常收发数据,保证两端链路状态的一致性,避免出现环路。DLDP 协议可以监控光纤或铜质双绞线(例如,超五类双绞线)的链路状态。假如发现单向链路存在,DLDP 协议会根据用户配置自动关闭或通知用户手工关闭相关端口,以防止网络问题的发生。

2. Loopback-detection

Loopback-detection(环路检测)工作在链路层。端口使能 Loopback-detection 以后,设备会从该端口发送源 MAC 为自身 MAC 的广播报文。假如设备发现从该端口发送出去的广播报文又能够在该端口接收到,则认为该端口下接入环路,设备将向用户告警,同时做相应的动作将该端口置于受控工作状态,尽量减小接入环路对整网的影响。

Loopback-detection 一般在接入层设备使用,配置在下行的用户侧的端口上。用来检测端口下因用户组网或者配置出错导致的环路,也可以防止黑客在端口下接入环路进行 DOS 攻击。需要注重的是,该特性由于需要向外发送较多的广播报文,因此会影响效率。

3. Smart LINK

Smart LINK(智能链路)具有两条链路冗余备份功能。两条链路分别以主备身份、以"活动/非活动"方式实现链路的备份。正常情况下，主链路承载业务流量，备份链路处于阻塞状态只负责链路故障的备份工作。当主链路发生故障时，备份链路切换为活动状态承担业务流量转发工作，从而可以实现设备的双归属连接，在链路层有效防止单点故障，提高整网的可靠性。和实现相似功能的 STP 技术相比，Smart LINK 在链路发生故障时的切换速度有明显优势，可以达到 50ms～200ms。在简单组网模型下，其作为 STP 的替代方案提供了业务快速恢复的能力。Smart link 还提供了对上行链路的监控功能，防止在某些特定组网由于无法及时感知上行链路故障而引起的业务中断。

在链路发生故障时为了实现业务流量从故障链路到备份链路的快速迁移，Smart Link 还提供了一种 MAC 更新的机制。在链路发生切换时，部署 Smart Link 功能的设备会从新的链路中发送 Flush 报文，更新接收到该报文的设备的 MAC 表项。

另外，为了保持流量稳定，当原主用链路故障恢复时，将其维持在阻塞状态，不进行抢占。

4. MSTP

MSTP（Multiple Spanning Tree Protocol，多生成树协议）是 IEEE 802.1s 中定义的一种新型生成树协议，它引入了"实例"（Instance）的概念。简单地说，STP/RSTP 是基于端口的，PVST＋是基于 VLAN 的，而 MSTP 就是基于实例的。所谓实例就是多个 VLAN 的集合，通过将多个 VLAN 捆绑到一个实例中去的方法可以节省通信开销和资源占用率。MSTP 各个实例拓扑的计算是独立的，在这些实例上就可以实现负载均衡。在使用的时候可以把多个相同拓扑结构的 VLAN 映射到一个实例里，这些 VLAN 在端口上的转发状态取决于对应实例在 MSTP 里的状态。MSTP 的实例 0 具有非凡的作用，称为 CIST，即公共与内部生成树，其他的实例称为 MSTI，即多生成树实例。

MSTP 协议引入了域的概念，域由域名、修订级别、VLAN 与实例的映射关系组成，只有三者都一样的互联的交换机才认为在同一个域内。缺省时，域名就是交换机的第一个 MAC 地址，修订级别等于 0，所有的 VLAN 都映射到实例 0 上。在同一个域内的交换机将互相传播和接收不同生成树实例的配置消息，保证所有生成树实例的计算在全域内进行；而不同域的交换机仅仅互相传播和接收 CIST 生成树的配置消息，MSTP 协议利用 CIST 保证全网络拓扑结构的无环路存在，也是利用 CIST 保持了同 STP/RSTP 的向上兼容，因此从外部来看，一个 MSTP 域就相当于一个交换机，对不同的域、STP、RSTP 交换机都是透明的。

MSTP 相对于其他生成树协议而言，优势非常明显。MSTP 具有 VLAN 认知能力，可以实现负载均衡，可以实现类似 RSTP 的端口状态快速切换，可以捆绑多个 VLAN 到一个实例中以降低资源占用率，并且可以很好地向下兼容 STP/RSTP 协议。

4.4.3 其他冗余技术

为了提高系统的可用性,减少设备故障对业务的影响,一方面需要对重要网络设备采用设备级冗余技术,降低设备宕机的可能性,需要在网络平台的核心层、汇聚层、接入层、服务器之间采用冗余线路连接;另一方面还需要在网络层采用多种冗余路由协议和迅速准确的故障检测手段,及时感知故障发生,当故障发生时,启动路由的自动选路和收敛功能,绕开故障点,将流量迅速切换到正常设备或链路上,从而实现数据中心业务的连续性。以下将就此类冗余技术进行详细介绍。

1. 核心层全网状冗余设计

核心层常见冗余设计有全网状核心层设计和半网状核心层设计。全网状核心层冗余设计如图 4.14 所示。

在全网状冗余设计中,每个核心层交换机都与相关核心层交换机相连接,提供了组最大的冗余可能性。它的特点如下:

(1) 多个到任意目的地的可用路径。
(2) 在正常情况下,到任意目的地只需要 1 跳。
(3) 在最坏情况下(不包括路由环路),到核心层任意目的地最多为 3 跳。

全网状核心层设计的优点是提供了最大的冗余度和最少的跳数;缺点是采用全网状结构的网络会产生过多的冗余路径,增加了核心层交换机选择最佳路径的计算量,加大了收敛时间。

2. 核心层部分网状冗余设计

核心层部分网状冗余设计如图 4.15 所示,这种设计是折中了跳数、冗余和网络中路径数量的设计。

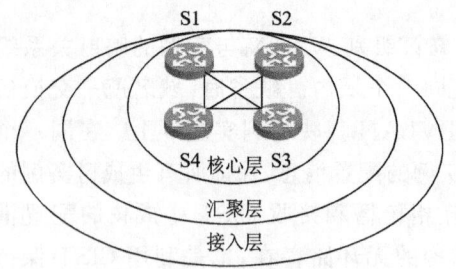
图 4.14 核心层全网状冗余结构

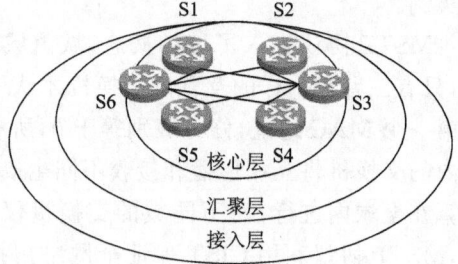
图 4.15 核心层部分网状冗余结构

正常情况下,核心层中的数据传输不会超过 3 跳。当部分网状冗余结构的网络扩大后,相应的跳数依旧较小。部分网状冗余结构的缺点是某些路由协议不能很好地处理多点对多点的部分冗余网状设计,因此在核心层中最好采用点对点链接。

3. 汇聚层双归冗余设计

汇聚层冗余设计的方法是"双归冗余"和"汇聚层之间的备份链接"。双归冗余设计如图 4.16 所示。

汇聚层交换机 R4 通过链路 S4-S3、S4-S2 连接到核心层交换机。双归链路提供了很好的冗余,当一个交换机或一条链路出现故障时,不会削弱汇聚层交换机的可到达性。但是,汇聚层双归冗余链路存在两个问题:一是网络收敛速度问题,每个双归的汇聚层交换机可能会增加一倍的路径,因而会降低收敛速度;二是双归交换机的"升级"问题,如图 4.16 所示,如果核心层交换机 S3-S2 之间的链接断了,双归交换机 S4 就会升级到核心层,传输交换机 S3-S2 之间的数据,防止出现这个问题的方法是配置核心层交换机 S1。

4. 汇聚层之间的冗余设计

汇聚层之间的冗余设计如图 4.17 所示,它是在汇聚层交换机 S4 和 S5 之间进行链接,以实现冗余设计。

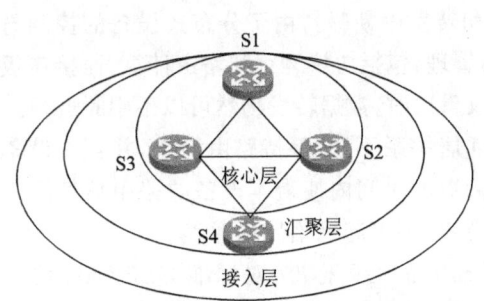

图 4.16 汇聚层冗余双归结构

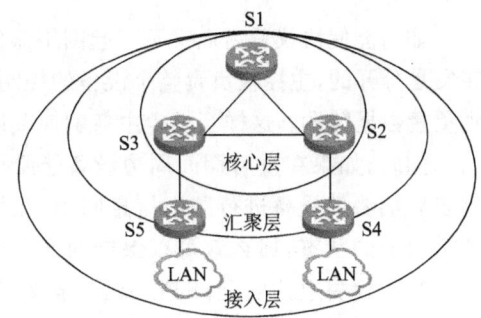

图 4.17 汇聚层之间的冗余结构

这种方法的优点是也可以构成双回路,它的缺点如下:

(1) 核心层路由表的大小增加了一倍。

(2) 汇聚层交换机 S4 和 S5 可能"升级"到核心层。

汇聚层的冗余路径可能替代核心层路径。如图 4.17 所示,在核心层中 S3→S2 之间进行信号传输时,如果 S2 或 S3 产生端口拥塞或链路故障,则传输链路会变为 S3→S4→S5→S2。

接入层冗余链路的设计方法与汇聚层相同,遇到的问题也与汇聚层相同。

5. OSPF GR

GR(Graceful Restart,平滑重启)是一种在主备切换或协议重启时保证转发业务不中断的机制。其核心在于:设备进行协议重启时能够通知其周边设备,使得该设备的邻居关系和路由在一定时间内保持稳定。在协议重启完毕后,周边设备协助其进行信息(包括支持 GR 的相关协议所维护的各种拓扑、路由和会话信息)同步,在尽量短的时间内恢复到重启前的状态。在协议重启过程中不会产生路由振荡,报文转发路径也没有任何改变,整个系统可以实现不间断运行。

OSPF GR 可以保证运行 OSPF 协议的路由器在进行主备切换或 OSPF 协议重

启时,转发业务正常进行。

OSPF GR 产生的背景源自于配置了主备主控单元的网络设备在发生主控单元切换时发现的问题。一台网络设备在网络拓扑没有发生任何改变的前提下,主控板发生切换时,由于主备切换不会影响业务板的硬件转发表项,其所有转发表项均正确,因此网络业务应该不中断。但实际上在设备发生主备切换时,业务经常会发生中断。

这个问题发生的原因是一台路由器的 OSPF 协议重启之后,会发送 Hello 报文以发现邻居,而邻居路由器因为之前已经和该路由器建立有邻居关系,因此收到该 Hello 报文之后就会把该路由器从邻居列表中删除,断开与该路由器的邻居关系,并通知其他路由器。当该路由器与邻居路由器重新建立 OSPF 邻居关系后,会重新同步所有的路由信息数据,而周边路由器也需要重新进行路由计算,这样就会引起网络的路由振荡以及转发中断,对于一个高可用性网络而言,这些路由振荡和转发中断是难以容忍的。

如何能使协议重启而又不引起网络振荡和转发中断呢?由于分布式设备的控制与转发是分开的,主控板负责整个设备的控制与管理,包括协议运行和路由计算,而接口板则负责数据转发。这样当发生主备倒换或协议重启时,数据转发仍然可以不中断进行。

同时,如果在重启期间周边设备能维持邻居关系不变,保持路由稳定,并且在设备重启后能协助设备进行路由信息同步,在尽量短的时间内使得本设备的路由信息恢复到重启前的状态,那么就可以保持网络拓扑稳定,不引起网络路由振荡。

为了解决上述问题,RFC 3623 定义了 OSPF 的 GR 标准,对标准 OSPF V2 协议进行了扩展,在尽量保持前向兼容的情况下对协议处理过程进行一定程度的变动。从而极大地减缓了设备在主备切换时业务中断的时间。OSPF GR 的基本原理如下:

(1) 设备主备切换后立即发送报文通知邻居:自己发生了主备切换但保留了转发表项,请邻居不要重置和自己的 OSPF 会话,继续向自己转发报文。

(2) 和主备切换前的所有邻居重新建立邻接关系,并完成 LSDB 同步,回到主备切换前完整的协议状态。通过分析自己主备切换前生成的 Router LSA 或 Network LSA 能知道主备切换前的邻居关系。

(3) 重建主备切换前和所有邻居的邻接关系并到达 full(同步)状态后,开始构建当前控制平面,即重新生成自己的 LSA(链路状态通告)并通知邻居,同时清除主备切换前生成的 LSA,这虽然会引起整个区域的 LSA 同步,但不会引发 SPF(最短路径优先)计算。

(4) 主备切换设备及其邻居,需要启动 SPF 计算,根据计算结果,检查保留的老 FIB 表项,进行必要的更新。

GR 可以极大地缩短主备切换导致的业务中断时间(可以减小到 3s 以内)。

6. 路由快速收敛

1) 等价多路径(ECMP)

对于 ECMP 来说,静态和动态情况下其收敛时间基本相同。ECMP 中某条路径出现故障时，故障路径上的流量被重新分布到其他等价路径。流量恢复时间为故障发现时间和软硬件转发表项更新的时间，可以在 10ms 量级恢复。至于 ECMP 的故障路径恢复的时间，为新的路由学习和软硬件转发表项更新的时间。由于在设备新学到的路由和转发表项下发生效前，流量并不会重新分布，所以等价路由恢复的时间为 0s。

等价多路径有很好的收敛速度，在网络设计过程中，假如核心网基于纯 IP 架构，那么使用 ECMP 来保障高可用性是很好的一个选择。

2）浮动静态路由

所谓浮动静态路由（Floating Static Route）是指对同一个目的网络，配置下一跳不同且优先级不同的多条静态路由。正常情况下，只有优先级最高的静态路由起作用。当优先级最高的静态路由失效时，次优静态路由被启用，以此类推，从而保障目的网络总是可达，提高网络可用性。

在路径故障的情况下，浮动静态路由在收到路径故障信息后，设备首先删除出错的软硬件转发表项，接着启用次优路由，并下设软硬件转发表项。时间大致在 10ms～100ms 量级。

路径恢复时，其收敛过程和收敛时间与路径故障时类似。

3）OSPF 快速收敛

对于 IGP，收敛速度是衡量其优劣的一个重要指标。数据中心解决方案中只涉及 OSPF 协议运用，因此这里只对 OSPF 的快速收敛进行分析。对于 OSPF 来说，缩短 Hello 报文时间间隔可以有效加快故障检测速度；当然缩短 Hello 报文时间间隔也可以提高邻居关系的建立（要注意的是，存在冗余路径时，因为会计算选路切到冗余路径，快速 Hello 对于加快邻居关系建立的意义不大）。

快速 Hello 的设计目标是用于多路访问网络，比如以太网、ATM 网络，当多个路由器通过一个二层以太网交换机或者 ATM 交换机相连时，链路的 UP/Down 被二层交换机隔离，邻居检测不到，这导致邻居丢失需要靠软件 Hello 机制来保障。而以 OSPF 为例，缺省的 Hello interval 为 10s，路由器缺省情况在 4 个 Hello interval 内收不到对端的 Hello 报文，认为邻居丢失。这导致需要至少 40s 才能检测到邻居丢失，然后引发 SPF 计算，重新选路。

对于一个注重高可用性的网络来说，40 多秒的收敛时间显然难以接收。因此，快速 Hello 特性应运而生，设备通过应答把 Hello Interval 设到最小 50ms，从而提高对邻居丢失的检查速度。

但是，需要注意的是另一方面快速 Hello 同时也会带来很多负面影响。由于 Hello 报文本身会携带较多信息，同时部署环境是多路访问网络，邻居往往较多，OSPF Hello 报文发送过快会给路由器的 CPU 带来沉重负担，过载时会导致路由故障误报，反而引起不必要的路由振荡。因此，在部署快速 Hello 时，必须由有经验的工程师根据设备 CPU 处理能力和网络部署情况，谨慎调整 Hello 间隔时间。

7. 自动侦测功能

自动侦测（Auto Detect）通过验证网络一组目的 IP 是否可达，从而给设备提供一个判定本设备的一条链路是否正常的依据。其他网络功能可以通过该依据实现对相关链路的监控，当相应链路发生状态切换时可以根据具体情况做相应动作。自动检测支持侦测组的设置。每一个侦测组是多个目的 IP 地址的集合。用户可以设置这些 IP 地址集合之间的关系（"或"还是"与"）。自动检测利用 ICMP 的 Request/Reply 报文，定期检测侦测组的 IP 网络连通状况，保证设备能够及时感知网络中发生的故障。

目前，静态路由、VRRP、接口备份均可以实现与自动侦测的联动。从而保障网络中故障的及时恢复，尽可能地缩短 MTTR。比如，用户可以将某条静态路由和某个侦测组进行绑定，利用自动侦测来监控网络中某条链路的状况。在链路正常时，静态路由不可用。假如该链路一旦发生故障，静态路由则自动启用。对于 VRRP 和接口备份的具体联动方式，在后面的章节中再具体阐述。

8. 虚拟路由冗余

VRRP（Virtual Router Redundancy Protocol，虚拟路由冗余协议）是一种容错协议，它保证当主机的下一跳设备坏掉时，可以及时由另一台设备来代替，从而保持通信的连续性和可靠性。为了使 VRRP 工作，首先要创建一个虚拟 IP 地址和 MAC 地址，这样在这个网络中就加入了一个虚拟网关。而这个网络上的主机与虚拟网关通信，无需了解这个网络上物理设备的任何信息。一个虚拟网关由一个主设备（Master）和若干个备份设备（Backup）组成，主设备实现真正的转发功能。当主设备出现故障时，备份设备成为新的主设备，接替它的工作。

9. 接口备份技术

接口备份是一种利用自动侦测来实现三层接口备份的功能。一个接口备份组中包含两个到达同一目的设备的三层接口、一个主接口、一个备份接口。主接口负责业务流量的转发，备用接口处于关闭状态。备份组通过侦测组来监控网络中某一链路的状况。当链路出现故障时，设备能自动启用备份接口，保障业务的畅通。当侦测组的链路恢复正常，主接口随之恢复，备份接口重新切换为备份状态。这种接口备份适用于两条链路不希望负载分担，只希望提供链路备份的情况。

4.5 网络性能规划

网络性能的要求往往在网络平台规划的需求分析阶段就要明确，但如何在有限的资金约束条件下，设计一个满足要求的高性能数据中心网络，合理规划网络带宽及流量，平均分摊链路及设备的负担是一项重要的工作。网络性能可以从带宽分析、流量分析、服务质量分析、负载均衡分析等方面进行规划。

4.5.1 网络带宽规划

1. 网络带宽的不稳定因素

1) 网络带宽

在频带传输网络中,带宽是指波长、频率或能量带的范围,一般特指频率上、下边界之差,以 Hz(赫兹)为单位。在基带传输网络中,带宽通常用来衡量数据的传输速率。在计算机网络等基带串行传输网络中,一般以比特每秒(bit/s)为基本单位;在服务器主机总线、接口、磁盘系统等并行传输设备中,一般以字节每秒(Byte/s)为单位。在通信网络中,往往存在基带和频带技术交错使用的情况[如 WLAN(无线局域网)、MAN(城域网)等],因此,带宽单位的判断应根据技术文献的上下文进行判断。表 4.2 示出了常用数据传输网络的带宽。

表 4.2 常用数据传输网络带宽比较

网络类型	传输速率	通信方式	传输介质	应用说明
Ethernet	10/100/1000Mbit/s	广播	双绞线、光纤	局域网、城域网
Ethernet	10Gbit/s	广播	光纤	局域网、城域网
SDH/SONET	51.84Mbit/s～2.5Gbit/s	点对点	光纤	城域网传输网
DWDM	2.5Gbit/s～40Gbit/s	点对点	光纤	城域网传输网

注:Ethernet 为以太网络;SDH/SONET 为同步传输网络/同步光传输网络;DWDM 为密集波分复用网络。

2) 以太网带宽不稳定的因素

一般情况下,人们常说的网络提供的带宽实际上是指交换机端口的最大流量,并不是指提供给用户终端的带宽。网络带宽与网络设备、网络线路、网络类型、应用环境等因素有关。下面对 100Mbit/s 的以太局域网进行简单分析。

(1) 能否达到 100Mbit/s 速度与网络结构采用阻塞式设计还是非阻塞式设计相关。如果采用阻塞式设计,在满负载的情况下,端到端不可能达到 100Mbit/s;如果采用非阻塞式设计,服务器主机、路由器、防火墙、流量管理器等设备也并不都能够做到非阻塞式设计。一般来说,全部网络设备做到非阻塞式设计投资相当大。

(2) 光纤线路对带宽影响不大,但是投资成本高,因此大部分局域网采用光纤与双绞线结合的方法进行线路设计。双绞线线路质量的好坏对网络带宽影响很大。如果没有采用专用的跳线,当双绞线长度小于 1m 时,会产生严重的回波损耗(RL);当线路长于 70m 时,由于信号衰减也会造成网络带宽下降。网络线路的连接质量对数据实际传输速率影响很大,如果网络连接质量不高,经常出现丢包现象,则会大大影响网络的实际传输速度。对 TCP 通信类的服务(如 Web、FTP 等),采用了超时重传机制,这样保证了网络传输的可能性;但是,丢包引起的重传会大大增加网络的传输延迟时间。如果网络连接质量出现了问题,虽然网络传输流量仍然很大,但是有用的数据包少了,用户会感觉网络的实际传输速度大大下降了。

(3) 100Mbit/s 带宽只是理论上的速率,实际上在信号传输过程中要扣除大约

10%的系统开销,它们包括 Ethernet 信头、IP 信头、TCP 信头等各种控制信号,因此用户的理论有效带宽只有 90Mbit/s 左右。以上情况只是在理想状态下的一个理论值,如果以太网工作负载超过 50%,非常容易发生广播风暴,导致网络传输效率下降。

(4)线路环境温度过高、信息插座或接头氧化、环境电磁干扰过大等,都会造成网络带宽下降。

因此,在网络规划工作中,应当充分考虑到带宽的各种不稳定因素。

2. 网络用户业务模型

1)端到端网络业务最低带宽需求

不同的用户业务具有不同的网络带宽模型。在局域网内部,用户一般要求较高的传输带宽,而且网络上行链路和下行链路的带宽相差不多。在因特网服务中,一般下行速率与上行速率不一致,用户对下行速率要求较多。根据国外专家研究表明,客户等待的耐心一般不超过30s。根据30s原则,一个网页从用户单击超链接到页面完全显示出来,也不要超过30s。如果一个网页的容量为100KB,需要在30s内打开,则网络带宽不能低于32kbit/s。用户对时间敏感的其他业务的最低带宽,也可以参照30s原则进行估算。表4.3示出的带宽为因特网最终用户在保证 QoS 下的端到端最低带宽要求。

表4.3 端到端网络业务最低带宽要求

业务类型	最低下行带宽	最低上行带宽	业务说明
网页浏览	32kbit/s	10kbit/s	每个页面
收发邮件	128kbit/s	128kbit/s	依用户与邮件服务器带宽而定
FTP 下载	200kbit/s	32kbit/s	一般占到带宽的 70%左右
网上聊天	32kbit/s	32kbit/s	文字聊天
网络购物	64kbit/s~128kbit/s	32kbit/s	交互式应用
网络游戏	64kbit/s~256kbit/s	64kbit/s	因特网游戏,依用户与游戏服务器带宽而定
IP 电话 1	32kbit/s	32kbit/s	H.323 纯语音 IP 电话,采用 G.723 编码
IP 电话 2	128kbit/s~512kbit/s	128kbit/s~512kbit/s	多媒体 IP 电话
视频会议	512kbit/s	512kbit/s	H.323 视频多媒体会议
视频监控	256kbit/s~512kbit/s	256kbit/s~512kbit/s	分布式多媒体监控业务
视频点播 1	256kbit/s	64kbit/s	MPEG-1(VCD)分配型多媒体视频业务
视频点播 2	2Mbit/s	64kbit/s	MPEG-2(DVD)分配型多媒体视频业务
BT 下载	256kbit/s~512kbit/s	64kbit/s	占用户带宽的 80%左右
远程医疗	256kbit/s~1.5Mbit/s	256kbit/s~1.5Mbit/s	交互式多媒体业务
数字化电视	512kbit/s~800kbit/s	64kbit/s	分配型多媒体业务

适合的带宽是保障网络业务 QoS 的重要手段,物理线路带宽越大,在一定范围内

将会有效降低整个网络中数据传送的时延。在网络设计过程中,对于一些实时业务,其占用的网络带宽是可预测的,可以对这些业务进行带宽设计。

一个基本的设计思想:根据带宽占用大的业务来选择链路带宽,并根据业务使用频率考虑对带宽的复用。

2) 网络服务的通信流量情况

不同的网络服务需要不同的带宽,但是多大的带宽才能满足需求呢?带宽是否足够取决于两个方面:一是提供给用户服务的类型,如 Web、FTP、E-mail、OA、CAD 等服务;二是用户和服务器之间的连接质量。网络服务的通信流量主要有以下 4 种情况:

(1) 偶尔少量的通信。如 DNS 查询或通信连接保持等,这些服务的网络流量非常小,占用的带宽几乎可以忽略不计。

(2) 突发性通信。如网页浏览,用户通常在一段比较短的时间内,连续读取若干个文件,然后进行网页浏览,间歇一阵再读取几个文件。对这类流量进行监测后,可以看到用户端的网络流量图是一种不规则的尖峰形状。当多个用户同时访问 Web 服务器时,服务的流量图就趋于比较平均的锯齿图。Web 服务对传输的延迟不敏感,因此在用户看来,访问高峰期的传输速度下降不是很明显。

(3) 固定带宽的流式传输。如网络视频点播、语音应用等,这些服务的网络流量几乎一样。如 64kbit/s 的语音传输,则每个话路实际使用带宽就在 64kbit/s 上下。在视频点播服务中,大多数流媒体服务器有 QoS 设置,这会控制每路媒体的带宽。当链接网站的用户超过规定值时,就会出现用户画面跳帧、声音抖动等问题。

(4) 不定带宽的数据传输应用。如 FTP 文件下载、BT 下载等。

3) 用户使用网络的时间规律

根据 CNNIC 调查显示,网络高峰使用时段在 8:30~23:30,共计 15 个小时(900min)左右。日常生活的作息时间在一定程度上影响着人们使用网络的时间。

用户平均每周上网 4 天,计 13.4 小时,平均每天使用 3.35 小时(201min)左右。用户平均每周收到电子邮件(不包括垃圾邮件)5.8 封,垃圾邮件平均 7.9 封,发出电子邮件 4.1 封,平均每天发出的电子邮件为 2.5 封。

3. 网络带宽规划

在分层网络设计中,如果上层(如汇聚层)链路带宽大于或等于下层(如接入层)链路带宽的总和,称为非阻塞式设计;如果上层(如汇聚层)链路带宽低于下层(如接入层)链路带宽的总和,称为阻塞式设计。

如图 4.18(a)所示,接入层有 8 台 100Mbit/s 的交换机,汇聚层交换机链路带宽为 1000Mbit/s 时,下层链路的总带宽为 100Mbit/s×8=800Mbit/s,可见这是一种非阻塞式带宽设计。而图 4.18(b)所示是一种网络带宽阻塞式设计。

采用非阻塞式带宽设计的网络汇聚节点负载轻,其网络扩展性好,但是工程成本高。

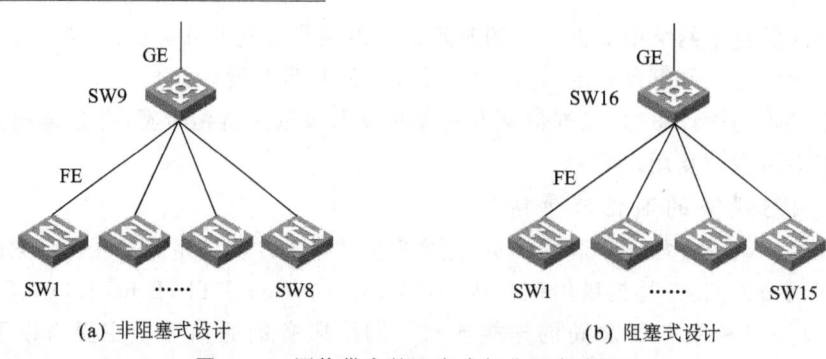

图 4.18　网络带宽的阻塞式与非阻塞式设计

4.5.2　网络流量分析与规划

数据中心网络规划需要一种能够精确评估网络流量的方法，通过流量分析才能确定数据传输的带宽。可以将流量简单理解为通过交换机的数据包，这里忽略数据包在线路传输时的损耗，流量分析需要考虑很多因素，主要有流量特性、流量规划模型、链路聚合等因素。

1. 网络流量的特性

1）流量与带宽

带宽与流量之间存在密切联系。带宽是一个固定值，而流量是一个变化的量；带宽往往由人员分配，有很强的规律性，而网络流量是由用户网络业务形成的，规律性不强；网络带宽主要与网络物理设备、传输链路等因素相关，而网络流量主要与使用情况、传输协议、链路状态等因素相关。

2）不同网络服务的数据流量特性

网络性能取决于一些变量，如突发性、延迟、抖动、分组丢失等。不同的网络应用对这些指标要求会有所不同，见表 4.4。

表 4.4　不同网络服务的流量特性

服务类型	业务特性	突发性	延迟容忍度	抖动容忍度	分组丢失容忍度
Web 网页	多个小文件传输	高	中等	高	中等
E-mail	数据量小	高	高	高	高
FTP	大文件批量传输	中等	高	高	高
即时通信	数据量小	高	中等	高	高
网络游戏	要求可靠传输	高	中等	高	中等
IP 语音	要求可靠传输	低	低	低	低
视频点播	带宽要求高	低	低	低	低
电子商务	要求可靠传输	高	中等	中等	低

电子邮件具有很强的突发性，因为邮件不是实时服务，所以对其他指标要求不高。IP 语音就不一样了，当一个语音处于激活状态时，它的突发性较低。但是，语音信号的延迟不能大于 200ms，每个语音信道的数据流量在 8kbit/s～64kbit/s，一些压缩的

语音信号带宽只有 4kbit/s,这不包含协议开销在内。在网络规划过程中,应当根据用户数据流量特性进行网络流量规划和管理。

3) 网络流量监测

利用流量监测硬件或软件,可以检测网络中数据的流量。MRTG 是一款检测网络流量负载的软件,利用它可以检测到许多对网络规划有益的信息。

2. 网络流量的规划模型

1) 以太网的有效利用率

如果计算出以太网帧穿越网段所需要的时间,就可以掌握以太网的有效利用率。下面根据各种以太网技术支持的最小帧和最大帧进行计算。

(1) 100M 以太网的基准帧速。

100M 以太网的最小帧长为 72Byte,在以太网上的传输时间为

$$9.6\mu s + (72Byte \times 8bit/Byte) \times 10ns/bit = 0.01536ms$$

式中,$9.6\mu s$ 是以太网规定的帧间空载时间;72Byte 的最小帧长包括帧头和 62Byte 的有效负荷。

每秒传输的最小帧(72Byte)数量为

$$(1/0.01536ms) \times 1000 = 65\,104 \text{ 帧/秒}$$

如果以太网以最大帧长(1526Byte,含帧头)传输时,一个帧的传输时间为

$$9.6\mu s + (1526Byte \times 8bit/Byte) \times 10ns/bit = 0.13168ms$$

每秒传输的最大帧(1526Byte)数量为

$$(1/0.13168ms) \times 1000 = 7594 \text{ 帧/秒}$$

(2) 1000M 以太网的基准帧速。

1000M 以太网的最小帧长为 520Byte,帧间空载时间为 $0.096\mu s$,在以太网上的传输时间为

$$0.0096\mu s + (520Byte \times 8bit/Byte) \times 1ns/bit = 0.0041696ms$$

1000M 以太网每秒传输的最小帧数量为

$$(1/0.0041696ms) \times 1000 = 239\,856 \text{ 帧/秒}$$

如果以最大帧长(1526Byte)传输时,一个帧的传输时间为

$$0.0096\mu s + (1526Byte \times 8bit/Byte) \times 1ns/bit = 0.012304ms$$

1000M 以太网每秒传输最大帧的数量为

$$(1/0.012304ms) \times 1000 = 81\,274 \text{ 帧/秒}$$

(3) 以太网的有效利用率。如前面分析,当帧长接近于最大允许长度时,网络有效吞吐量将增加,因此帧越大,开销越小。网络的有效利用率可按下式计算。

网络有效利用率=(吞吐量/数据速率)×100%

例如,1000M 以太网,以最大帧长传输时,网络有效吞吐量为

$$1000Mbit/s - (9.6\mu s/1ns) \times 81274 = 99\,999\,213bit/s$$

网络有效利用率=(99 999 220/1 000 000)×100%=99.999 220%

以上分析是一种理想状态,没有考虑冲突、CRC 错误、帧丢失以及 IP 等的开销。

2) 分层网络的流量模型

在交换型网络的分层规划过程中,网络数据流量从接入层流向核心层时,被收敛在高速链路上;流量从核心层流向接入层时,被发散到低速链路上,如图 4.19 所示。因此,核心层设备汇聚的网络流量最大,需要强大的数据处理设备;而接入层设备的流量相对较小,交换数据包需要较少的时间,因此接入层的交换机或路由器可以采用小型网络设备。

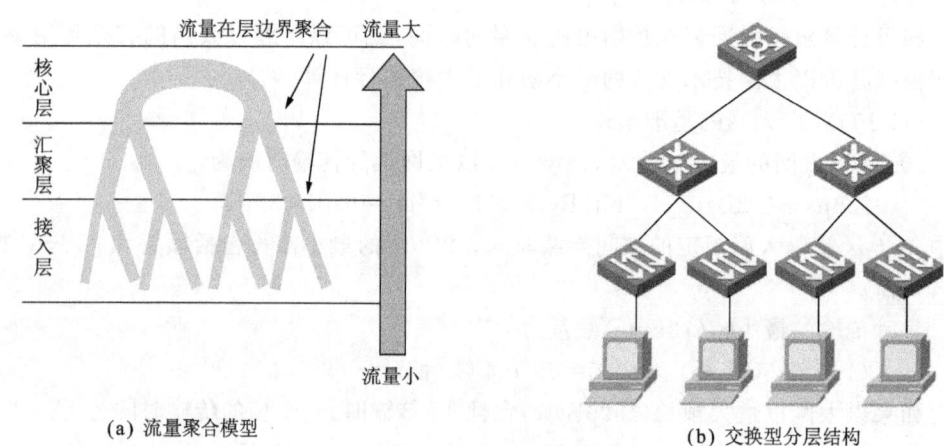

(a) 流量聚合模型　　　　　　　　　　(b) 交换型分层结构

图 4.19　分层网络的流量模型

3) 对称与非对称流量

网络数据流量的分布在不同方向上有对称和不对称两种方式。非对称的数据流是由于网络带宽、传输速度及其他不平衡因素造成的,网络中设备的数量、性能、负载等各不相同,它们不服从正态分布规律。在对称网络中,往往在网络设备的数量、性能、设计、负载等方面是相似的。分布式网络的业务流通常是非对称的,如 LAN、MAN、WAN 中的业务流,如图 4.20 所示。

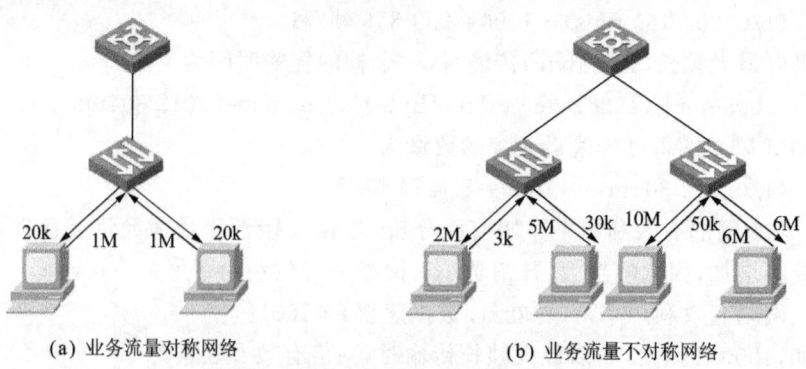

(a) 业务流量对称网络　　　　　　　　(b) 业务流量不对称网络

图 4.20　业务流量对称与不对称网络

4) 流量规划中的 20/80 规则

在流量分析过程中,需要考虑数据的流向,它们是在网络边界内部流动,还是通过网络边界流入到其他网络。数据中心局域网流量规划应采用 20/80 规则,因为只有 20%的数据流量访问本地,而 80%的数据流量需要流出本地网络。B/S(浏览器/服务器)工作模式的计算机既是信息的接受者,也是信息的发布者;部署集中式的服务器有利于降低企业网络成本,提高网络安全。

3. 网络链路聚合规划

链路聚合技术(Trunk 或 Channel,也称为端口聚合)可以减少峰值流量的压力。链路聚合技术可以将几条链路捆绑在一起,以增加网络链路带宽。IEEE 802.3ad 标准定义了如何将两个以上的以太网链路聚合起来,实现网络中的高带宽链路连接,为提高带宽及负载均衡提供了良好的性能。

1) 链路聚合中的流量均衡

链路聚合是将交换机上的多个端口在物理上连接起来,在逻辑上捆绑在一起,形成一个拥有较大宽带的端口,组成一条主干链路,以实现均衡负载,并提供冗余链路。

在链路聚合技术中,聚合端口(AP)必须符合 IEEE 802.3ad 标准。它可以把多个端口带宽叠加起来使用,例如,全双工快速以太网(FE)的 AP 最大可以达到 800Mbit/s,而千兆以太网(GE)的 AP 最大可以达到 8Gbit/s。

聚合端口根据报文的 MAC 地址或 IP 地址进行流量平衡,即把流量平均地分配到聚合端口的成员链路中区,如图 4.21 所示。流量平衡可以根据源 MAC 地址、目的 MAC 地址或源 IP 地址/目的 IP 地址对进行。

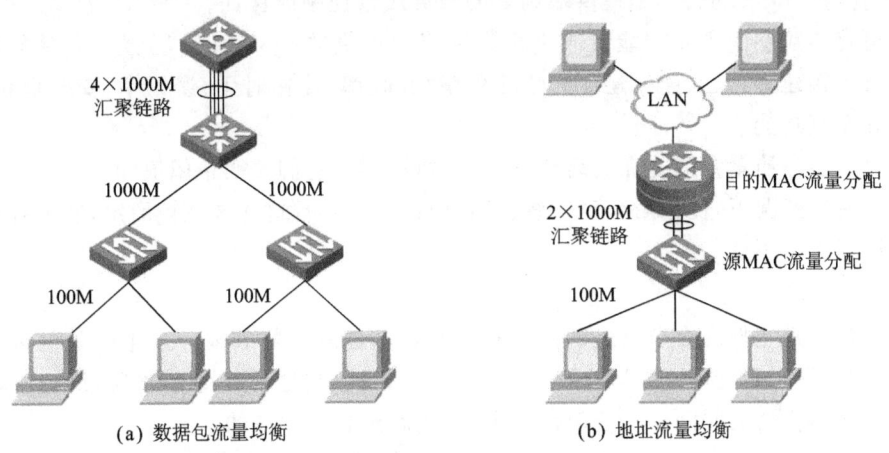

图 4.21 链路聚合中的流量和地址平衡

2) 链路聚合的条件

链路聚合需要硬件设备的支持,不是所有交换机端口都可以设置成聚合模式。链路聚合还必须满足下述要求:

各链路的传输介质必须相同,例如,均为超五类双绞线或均为 $50/125\mu m$ 多模光纤;各分离链路速率必须相同,如都为 100Mbit/s(FE)或 1000Mbit/s(GE);各分离链路必须是全双工链路;各分离链路两端的参数必须一致,如流量控制;各分离链路的速率不能小于 100Mbit/s 等。

4.5.3 服务质量分析

目前,IP 网络是基于提供"尽力而为"服务的。所有的业务流都以同样的优先级进入处理队列,不能保证某个数据包一定能到达目的地。然而许多有实时要求的网络业务,如 VOIP(IP 电话)、视频会议和电子商务等,不能容忍出现信号延迟、丢包等问题。解决这些问题需要增强对数据流的控制功能,利用 QoS 方法区分不同类型的数据流,以及加快核心路由器和交换机处理这些数据的速度。

1. 服务质量(QoS)的主要技术指标

在传统 IP 网络中,所有报文都无区别地同等对待,每个路由器对所有报文采用先入先出的策略进行处理,尽最大努力将报文送到目的地,但对报文传送的可靠性、传送延迟等性能不提供任何保证。

随着多媒体实时业务应用的深入开展,数据中心网络已逐步从单一的数据网向数据、语音、图像等多媒体信息的融合网络转化,这些不同的应用有不同的 QoS 要求。

1) 服务质量定义

QoS(服务质量)是指 IP 网络在传输数据流时,满足一系列服务请求的实现机制。这些服务请求可以用以下几个指标来衡量:传输时延、延迟抖动、数据包丢失率、吞吐量、带宽等。QoS 的目标是提供端到端的服务质量控制或保证。

可将传输层的主要功能看成是增强网络层提供的 QoS,传输层服务质量的典型参数有连接建立延迟、连接建立失败的概率、吞吐率、传输时延、误码率、安全保护、优先级和恢复功能。

这些服务质量参数是在网络建立连接时设置的,它们表明希望值和最小可接受的值。在有些情况下,传输后会对一些选项进行协商,一旦这些选项被商定,它们在整个连接期间保持不变。

2) 传输时延

传输时延是指两个节点之间发送和接收数据包的时间间隔。产生时延的因素有很多,如分组时延、排队时延、交换时延和传输时延。传输时延是信号通过铜线、光纤或无线链路所需的时间。在任何系统中,传输时延总是存在的。

3) 时延抖动

时延抖动是指不同数据包之间延迟时间的差别,抖动主要是业务流中的分组,由于排队等候时间不同而引起的。所有传输系统都存在抖动,只要抖动在规定容差之内就不会影响服务质量,利用缓存可以克服过量的抖动,但这将增加时延,造成其他问题。

4) 丢包率

丢包率是指发送数据包与接收数据包的比率。不管是比特丢失还是数据包丢失，对数据业务的影响比对话音和视频业务的影响都要大。数据包丢失一般是由网络拥塞引起的。即便是用 TCP 传输也会丢失一些数据包，因为 TCP 允许丢失的数据包重发。事实上，随机丢包(RED)的拥塞控制机制有时也在有意丢失数据包，目的是在流量达到设定门限时抑制 TCP 传输速率，减少拥塞发生。但数据包丢失过多会影响传输质量，因此要保持在一个统计数字上，当超过预定门限时就告警。在尚可用的网络中，数据包丢失率应小于 1%。

5) 吞吐量

在吐量是指在一定时间段内网上信号的流量，有时也使用数据传输速率进行表示。一般吞吐量越大越好。

6) QoS 的分类

ITU-T Y.1541 标准根据传输时延、时延抖动、丢包率、错误率 4 个方面综合划分了 QoS 的类别，共分为 6 类，按 0~5 优先级相应递减，第 5 类最低，对性能无保证。0 类和 2 类对时延要求很严格，并且 0 类对抖动还有限制；1 类和 3 类的时延要求比较严格，1 类对抖动无限制；4 类对时延要求比较宽松，没有定义抖动限制；除了第 5 类外都对丢包率和错误率有要求。

2. QoS 的主要实现机制

1) 解决 QoS 问题的两种思路

解决 QoS 问题有两种思路，第一种思路认为，通过对数据包进行分类，对业务类型进行优先级调度处理，就可以解决带宽利用、延迟、抖动和丢包等问题；第二种思路认为，骨干网应越简单越好，最好是不要做任何控制，因为其主要任务是高效的包转发(包括坏包、好包)，因此应当利用流量工程的方法解决骨干网络的负载均衡问题。当以上两种思路都不能解决问题时，必须增加网络带宽，提高设备性能。

2) RFC 提出的 QoS 模型

1994 年，IETF(因特网工程任务组)在 RFC1633 标准提出了 IntServ(集成业务)模型。

1998 年，IETF 在 RFC2475 标准提出了 DiffServ(区分业务)模型。

1997 年，以 Cisco 公司为首的几家公司提出了 MPLS(多协议标签交换)技术。MPLS 技术的初衷是为了综合利用网络核心交换技术和网络边缘 IP 路由技术各自的优点。目前，MPLS 已成为实现流量工程(TE)的重要手段，而且与 DiffServ 结合成为提供 QoS 的重要手段。

3) 解决 QoS 问题的主要技术

目前，提高 IP 网络对 QoS 的支持能力，主要包括以下技术：

(1) VPN(虚拟专用网)。VPN 是通过隧道技术在公共数据网络上仿真点到点专线技术。利用 VPN 可以提供不同的服务质量保证，同时更有效地利用广域网资源。

(2) DiffServ。通过传输汇聚提供服务质量支持。数据包在区分业务边缘被分类和传输，在不同的区分业务域之间要建立服务层规范(SLS)。

(3) 链路汇聚。通过多链路点对点协议，连接两个节点之间的多条线路，做链路带宽汇聚，从而提高网络带宽，保证 QoS 要求。

(4) 流量工程(TE)。通过控制数据传输路径，达到网络资源的最佳利用和 QoS 保证。出现流量工程的原因是最短路径的路由算法使得某些路由出现拥塞，而某些路径未被使用。

(5) MPLS。允许通过在 IP 包头前再增加包头来建立通道，而不对 IP 数据包的内容做任何处理。采用固定长度的标签加快了 MPLS 交换机查找路由表的速度，减轻了交换机的负担。MPLS 技术与 ATM(异步传输模式)技术的结合，为 IP 网络引入了更好、更复杂的路由技术和 QoS 管理功能，加快了数据包转发的速度，减少了时延和时延抖动，增加了网络的吞吐能力。MPLS 同样是流量工程的一种方法。

3. IntServ 综合业务模型

IETF 在 1993 年提出了 RSVP(资源预留协议)，RFC1633 等标准提出了 IntServ 模型。

IntServ 模型在发送报文前，需要向网络申请特定的 QoS。这个请求是通过信令来完成的。应用程序首先向网络通知它的流量参数和需要的 QoS 请求，包括带宽、时延等，应用程序在收到网络的确认信息后发送报文。而应用程序发出的报文应该控制在 QoS 参数描述的范围内。

网络收到应用程序的资源请求后，执行资源分配检查，即基于应用程序的资源申请和网络现有的资源情况，判断是否为应用程序分配资源。一旦网络确认为应用程序的报文分配资源，则只要应用程序的报文控制在 QoS 参数描述的范围内，网络就承诺满足应用程序的 QoS 需求。而网络将为每个流(由两端的 IP 地址、端口号、协议号确定)维护一个状态，并基于这个状态执行报文的分类、流量监管、排队及其调度，从而实现对应用程序的承诺。传送 QoS 请求的信令是 RSVP，它通知路由器应用程序的 QoS 需求。

IntServ 有以下缺点：

(1) IntServ 试图为每一路呼叫都建立一条虚链路，因此，网络上的路由器需要为每条链路维护一个状态。当网络规模大到一定程度时，维护链路状态的工作将使网络核心后路由器不堪重负。这种方式使 IP 网络良好的可扩展性优点大打折扣。

(2) IntServ 每次呼叫前都必须进行的信令传递过程非常占用带宽。

(3) IntServ 面向连接的特性与 IP 技术无连接的特性是冲突的，容易导致网络的复杂化。

(4) IntServ 还需要全部网络设备都能提供一致的技术才能实现 QoS，在骨干网上，业务流的数目可能很大，因此要求路由器的转发速率很高，这使得 IntServ 难于在骨干网上得到实施。

4. DiffServ 区分业务模型

1) DiffServ 区分业务

IETF 在 RFC 2475 标准中提出了 DiffServ（区分业务）模型。DiffServ 模型的基本思想是把业务分成不同的类别，并根据业务量所属的类别对业务量区分对待。DiffServ 有以下优点：

(1) 将用户的业务流汇聚为少数几种业务类型，为不同的业务类型提供相应的优先权，有限的服务类别信息的规模与服务类别的数量成比例。

(2) 如分类、整形等复杂的处理，只要求在边界路由器上实现，DiffServ 网络内部路由器可以有更强的数据转发能力，尤其是在链路带宽和缓存空间等资源发生短缺时，这种优势更为明显。

(3) DiffServ 是一个多业务模型，它可以满足不同的 QoS 需求。它不需要信令，即应用程序在发出报文前不需要通知路由器。DiffServ 可以根据每个报文指定的 QoS 提供特定的服务。可以用不同的方法来指定报文的 QoS，如 IP 包的优先级位、报文的源地址和目的地址等。网络通过这些信息来进行报文的分类、流量整形、流量监管和排队。DiffServ 一般用于一些重要的端到端 QoS 的应用。

2) CAR 流量控制技术

DiffServ 可以通过 CAR（约定访问速率）技术实现，CAR 根据 IP 包的优先级或 QoS 组进行报文的分类，CAR 也可以完成报文的度量和流量监管。CAR 是一种带宽管理机制，可以为不同的业务分配不同的带宽，定义业务占用的带宽超过分配额度时的处理策略。CAR 既可用于网络入口，也可用于网络出口，能以报文分类的结果区分不同的业务流。另外，它还可以对报文的优先级根据需要加以重新标记。CAR 技术与队列技术不冲突，可以只在网络边缘接入层采用，保证核心业务不受到过多霸道业务的影响。

3) 队列调度技术

常见的队列调度算法主要有以下几种：

(1) 先到先服务(FIFO)。
(2) 随机先期检测算法(RED)。
(3) 分组公平队列(PFQ)。
(4) 加权公平排队(WFQ)。
(5) 优先级排队(PQ)。
(6) 基于轮循的调度(RR)算法等。

这些算法可以根据实际需要单独或综合使用。

4) DiffServ 的优点与缺点

DiffServ 的优点是没有基于流的额外开销，实现简单，可扩展性好，与其他 QoS 技术兼容。DiffServ 处理效率高，部署及实施可以分步进行。虽然 DiffServ 模型并不能实现真正意义上的 QoS 保证，却是目前比较切实可行的一种方法，尤其适用于大型网络的核心网,其突出优点是具有业务区分的概念。

DiffServ 的问题在于它只着眼于网络中的单个路由器,缺乏全网观念。它只为进入当前路由器的报文设置不同的优先级,而并不关心此报文即将到达的下一跳路由器的状态如何。

在网络没有拥塞时,不设优先级的数据包按部就班发送不会出现问题。一旦网络发生拥塞,即使采用 DiffServ,无论报文优先级多高,一样都会被阻塞。

另外,DiffServ 在构建网络时,需要对网络中的路由器设置相应的规则,配置管理比较复杂。DiffServ(区分业务)与 IntServ(集成业务)的比较见表 4.5。

表 4.5　DiffServ 与 IntServ 的比较

IntServ 特点	Diffserv 特点
严格质量保证	相对质量保证
网络的核心复杂	网络的边缘复杂
路由器之间需要信令	路由器之间不需要信令
扩展性差	扩展性好
面向连接的 QoS	面向分组的 QoS

5. MPLS 与流量工程

MPLS(多协议标签交换)是一种交换和路由的综合体,它将网络层路由和链路层交换融合在一起,以十分简洁的方式完成信息的传送。MPLS 体系结构是采用一个统一的 IP 主干(IP+ATM),将传统的 IP 路由器和 ATM 交换机平滑地集成在一起。

1) MPLS 工作原理

MPLS 引入了标记的概念,在 MPLS 网络中,数据的传输依靠标记引导。

MPLS 技术在无连接的 IP 网络中引入了面向连接的机制。MPLS 将路由器移到网络的边缘,将高速的交换机置于网络中心,其设计思想是边缘路由、核心交换。对一个连接请求实现一次路由选择、多次交换服务。

MPLS 标记(Label)是简短的、长度固定的、具有本地意义的标识符,可以看作分组头的缩写或用户数据流标示的缩写,主要用来作为路由器转发分组的一个判别索引。

2) 流量工程

MPLS 流量工程提供了完整的流量管理方法。MPLS 流量工程可以根据业务流所需的资源和网络中的资源使用情况,来引导业务流有效地通过网络。MPL 流量工程可以平滑地将失效链路或节点上的业务流转移到网络其他链路上进行传输,从而有效地对发生故障的节点和链路进行恢复,避免网络拥塞。

MPLS 可以使用两条和多条 LSP(标记交换路径)来承载同一个 IP 业务流,合理地将业务流分摊在这些 LSP 之间。MPLS 可以配置两条 LSP,一条处于激活主状态,另一条处于备用状态,一旦主 LSP 出现故障,业务立刻切换到备用的 LSP,直到主 LSP 恢复正常,业务再从备用的 LSP 切回到主 LSP 上。当一条已经建立的 LSP 在某一点出现故障时,故障点的 MPLS 会向上游发送消息,以通知上游的 LER(边缘路由器)重新建立一条 LSP,替代这条出现故障的 LSP,由此上游 LER 就会重新发出消息,建立另外一条 LSP 来保证业务的连续性。

6. 网络 QoS 规划

在网络设计中,提供充分的网络资源是解决 QoS 问题最彻底的方法,但在现实中这是不可能达到的事情。因此,利用有限的资源获得更好的网络性能就显得非常重要了。

1) 业务类型与 QoS 需求分析

单一的数据业务网络不需要 QoS,多业务网络才需要 QoS。因此,业务分类是基础。网络业务分类有多种方法,根据对时间的敏感度,可分为实时业务与非实时业务;实时业务又可分为对时延抖动敏感的业务及对抖动不敏感的业务。因此,不同的业务对服务质量的理解是不同的。

2) 单优先业务网络 QoS 规划案例

在单优先业务网络中,优先业务是最关键的。如 VoIP 网络,IP 电话是一个有实时要求的关键业务,虽然网络中还有其他管理类型的数据业务,但当网络发生资源争用时,其他业务应该让路给向优先级的实时业务。

在图 4.22 所示的某数据中心网络中,语音是绝对优先业务,为提高网络的处理速度和效率,需要减少规则匹配数量,在设计中可将语音网关设置在一个网段中,或将语音网关 IP 地址的某一位设置具有一定特征。图 4.22 中将 IP 地址设置为 xxx.xxx.32.xxx 作为语音网关地址,语音网关之间访问的数据即为 IP 电话数据,需要具有最高的优先权。

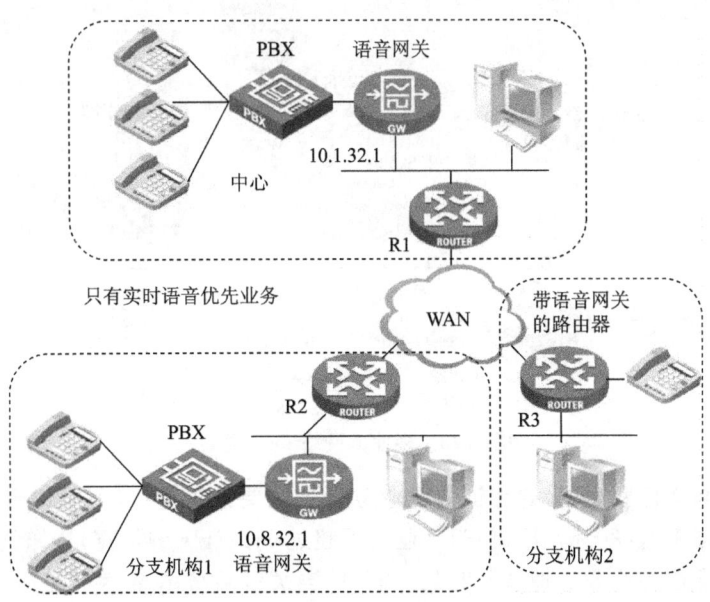

图 4.22 单优先业务网络 QoS 规划

但是,如果网络中优先业务的数据量很大,会使其他业务得不到相应服务,造成业务拥塞。因此,需要在网络带宽设计过程中,根据优先业务的数据流量选择比它更大的带宽,以保证其他业务也得到相应的服务。当然,其他业务也可以根据需要配置成中优先级或低优先级的业务。

3) 多优先业务网络 QoS 实施

当网络发生资源争用时,不能简单地将关键业务置于优先,需要结合多种 QoS 技术与策略来为各种业务提供需要的服务质量。

如果各种业务能够以较均匀的速率在网上进行传输,就可以减少网上业务的时延及抖动,但需要对一些大量占用网络带宽的非关键性业务(如 FTP 等)进行带宽限制。为了使关键业务得到较好的服务,又需要对关键业务提供一定的带宽分配和保证,业务可以通过获得网络带宽的占用而达到减少时延的目的。

在图 4.23 所示的行业网络中,有实时交易、语音等优先业务。为了提高网络处理速度及效率,在网络设计过程中将同一种业务的 IP 地址的某一位设置具有一定特征,图 4.23 中 IP 地址为 xxx.xxx.168.xxx 的地址为实时交易系统网络,IP 地址为 xxx.xxx.32.xxx 的地址作为语音网关地址等。

当然,业务网络还有其他区分方法,如按照上层协议端口划分等。

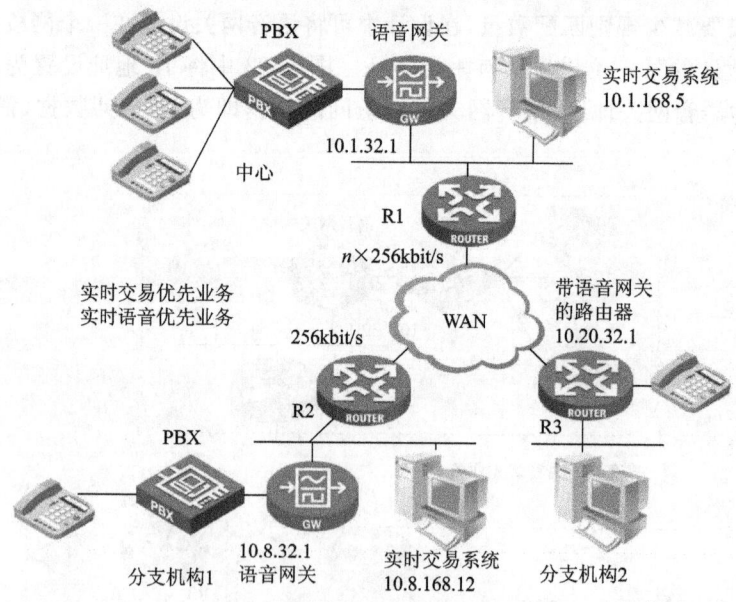

图 4.23 多业务网络 QoS 规划

通常在网络拥塞时,需要保证关键业务得到主要的带宽(50%),语音业务也能得到相应的网络带宽(30%),限制 FTP 业务不超过 64kbit/s 的带宽,这样就能通过控制带宽资源减小这种业务的拥塞及时延。而且,当关键业务流量达不到预定带宽时,这部分带宽也可以被其他业务占用,从而提高整个网络资源的利用率。可以在网关路由器 R1、R2 分别进行配置,使关键业务、语音业务、管理数据等业务得到相应的服务。

4.6 网络管理

网络管理系统是了解网络性能的一个窗口,也是评估和调整网络可用性的重要工具。网络管理可以识别关键资源、网络流量以及网络性能,还能配置设备故障的阈值,提交精确的端到端分析报告。

为了使数据中心可靠、安全、连续地运行,网络管理应当有效、合理地协调好各种网络设备、存储设备、安全设备以及服务器等,让设备发挥最大作用,全面实现网络功能。本节简要介绍网络管理的定义、分类及系统的选型原则。

4.6.1 网络管理的定义、分类及功能

1. 网络管理的定义

按照国际标准化组织(ISO)的定义,网络管理是指规划、监督、控制网络资源的使用和网络的各种活动,以使网络的性能达到最优。网络管理的功能在于提供对数据中心网络进行规划、设计、操作运行、管理、监视、分析、控制、评估和扩展的手段,从而合理地组织和利用系统资源,提供安全、可靠、有效和友好的服务。

简单地讲,网络管理就是通过某种方式对网络状态进行调整,使网络能正常、高效地运行,其目的很明确,就是使网络中的各种资源得到更加高效的利用,当网络出现故障时能及时报告并处理,并协调、保持网络的高效运行等。

根据国际标准化组织的定义,网络管理有 5 大功能:故障管理、配置管理、性能管理、安全管理及计费管理。

(1) 故障管理。故障管理系统用来检测、定位和排除网络硬件和软件中的故障。当出现故障时,该功能确认故障,并记录故障,找出故障的位置并尽可能排除这些故障,保证网络能提供连续可靠的服务。

(2) 配置管理。数据中心网络是由多个厂家提供的产品、设备相互连接而成的,因此,各设备需要相互了解和适应与其发生关系的其他设备的参数、状态等信息,否则不能有效甚至正常工作,尤其是网络系统常常是动态变化的,因此,需要有足够的技术手段支持这种调整或改变,使网络能更有效地工作,能够掌握和控制网络的状态,包括网络内各个设备的状态及其连接关系。配置管理的典型方法是用逻辑图来描绘所有网络设备及其逻辑关系,并将网络的确切物理布局以适当的比例映射到这个逻辑图上。

(3) 性能管理。主要考察网络运行状态的好坏,使网络管理员能够监视网络运行的参数,如吞吐量、响应时间、网络的可用性等。

(4) 计费管理。在有偿使用的情况下,记录和统计哪些用户利用哪条通信线路传输了多少信息,以及做的是什么工作等。在非商业化的情况下,需要统计各条线路工

作的情况和不同资源的利用情况,以供决策参考。度量各个用户和应用程序对网络资源的使用情况,账务管理提供计算一个特定网络的网段运行成本的手段。

(5) 安全管理。是对网络资源及其重要信息访问的约束和控制,包括验证网络用户的访问权限和优先级,检测和记录未授权用户企图进行的不应有的操作。

2. 网络管理的分类及功能

常见的网络管理方式有以下几种:

1) 基于 SNMP 的网络管理

简单网络管理协议(Simple Network Management Product,SNMP)是由互联网工程任务组(IETF)定义的一套网络管理协议,该协议基于简单网关监视协议(Simple Gateway Monitor Product,SGMP)。利用 SNMP,一个管理工作站可以远程管理所有支持这种协议的网络设备,包括监视网络状态、修改网络设备配置、接收网络时间告警等。SNMP 规范有三个组成部分,即 SNMP(简单网络管理协议)、MIB(管理信息库)、SMI(管理信息结构)。

SNMP 协议的应用范围非常广泛,因为它具有以下特点:

(1) 相对于其他种类的网络管理体系或管理协议而言,SNMP 易于实现。SNMP 的管理协议、MIB 及其他相关的体系框架能够在各种不同类型的设备上运行。

(2) SNMP 协议是开放的免费产品,并提供了很多详细的文档资料(例如,RFC)。网络业界对这个协议也有着较深入的理解,这些都是 SNMP 协议进一步发展和改进的基础。

(3) SNMP 是一种无连接的协议,这种机制减轻了代理的负担,它没有必要非得支持其他协议及基于连接模式的处理过程,因此,SNMP 协议提供了一种独有的机制来处理可靠性和故障检测方面的问题。

(4) SNMP 协议可用来控制各种设备。

2) 基于 RMON 的网络管理

RMON 是 Remote Monitor 的缩写,RMON 规范是一套 MIB-Ⅱ 的定义,其作用是定义标准的网络监视功能和接口,使基于 SNMP 的管理终端和远程监视器之间能够通信,监视器在子网中执行 RMON 定义的监视功能。

RMON MIB 是对 SNMP 框架的重要补充,它定义了一系列对支持远程监视功能有用的被管理对象。另外,RMON 规范为远程监视定义了一系列的功能。RMON 的一个重要优点在于它完全与 SNMP 框架兼容。

3) 基于 Web 的网络管理

随着 Web 的流行和技术的发展,可考虑将网络管理和 Web 结合在一起。基于 Web 的网络管理系统的根本点就是允许通过 Web 浏览器进行网络管理。其实现有两种方式:第一是代理方式,即在一个内部工作站上运行 Web 服务器,这个工作站轮流与断电设备通信,而浏览器用户与 Web 服务器通信,在这种方式下,网络管理软件成为操作系统中的一个应用,它介于浏览器和网络设备之间,绝大多数的网络设备都遵循 SNMP 协议，从而可以通过网络管理软件的代理方式进行基于 Web 的管理；第二种是嵌入式，它将 Web 功能嵌入到网络设备中，每个设备都有自己的 Web 地址，管理员可通过浏览器直接访问并管理该设备。

4.6.2 网络管理的目标

网络管理的目标是通过收集、监控网络中各种设备和设施的工作参数、工作状态信息并显示给管理员接受处理，从而最大限度地增加网络的可用时间，提高网络性能、服务质量和安全性，保证网络设备的正常运行，控制网络运行成本，提供网络长期规划等。

网络管理的目标简要列举如下：

（1）减少停机时间，改进相应时间，提高设备利用率。
（2）减少运行费用，提高效率。
（3）减少网络瓶颈。
（4）适应新技术。
（5）使网络更容易使用。
（6）安全。

4.6.3 网络管理选型

1. 网络管理需求分析

数据中心网络通常部署有大量的不同种类的网络设备、安全设备、存储设备和服务器等，运行着多种多样的业务系统。例如，有多种型号的小型机、网络服务器和 PC 机，运行的操作系统有 UNIX、Windows 等，提供了 Web 服务、数据库服务、网络应用等多种业务。对这些软硬件设备的管理需求主要有以下几点：

（1）软件自动分发。软件自动分发功能是大中型网络中经常要用到的功能，能极大地提高工作效率，更有效地管理网络平台。网络管理软件不但能够实现软件全自动分发、安装和升级，还可以使应用程序拥有"自修复"功能。

（2）提出修复建议。提出修复建议是网络管理的一项高级功能，大中型网络故障包括的内容比较广，有了"提出修复建议"就相当于增加了一个参谋，这对排除网络故障是非常有帮助的。

（3）设备配置管理。对设备进行配置管理是网络管理软件的基本功能，尤其在大中型网络中，如果对某一关键任务的优先保证是非常必要的，这就要在网络流量的策略控制上做好规划，在设备上做好数据配置，以保证关键任务的优先完成。

网络管理软件通过对网络的监听和分析，可以提供一套全面网络分析报告（包括路由器、交换机、服务器和数据库等方面），为网络性能优化提供建议。

2. 网管软件选型原则

市场上网管软件的种类很多，如何选择适合数据中心的集中式网管软件，已成为越来越多用户关心的问题。选择网络管理软件有诸多因素需要考虑，但总体来说，一般需要考虑如下几个原则：

1) 以业务为中心

以业务为中心是全面网络管理解决方案最重要的因素。一个完整而理想的网络管理解决方案应该根据应用环境、业务流程、用户需求及其所用设备来设计。除了向管理员报告服务器上的流程受阻、路由器上的流量过载或者网络出现瓶颈外，理想的解决方案还应该能够提供更多的功能。首先，它应该能通过基于策略的网络管理主动采取行动，如重新启动停止的流程等；其次，应该能向有关人员发出警报，如通过电子邮件或寻呼等；最后，同时也是最重要的是，它必须能够提供方便而且强大的方法，显示将受影响的业务过程、业务部门甚至个人。

2) 为应用软件和服务提供环境

SLA（服务水平协议）已经越来越多地被当作网管产品特性来看待，网络管理应确定服务水平在实际应用中的含义，其关键任务是保证网络及其部件能提供应用及用户完成业务流程或交易处理所需的资源。

服务水平需求因行业的不同而不同，全面网络管理必须能向网络管理员提供对其来说至关重要的管理方式，还必须提供有意义的数据，衡量服务水平与需要之间的匹配程度，从而使之用于报告、趋势分析和容量规划。

3) 可用性、可扩展性、易用性的结合

今天，网络的设备仅有"可用性"是不够的，应该为业务提供最优性能。可用性和设备状态、可访问性和网络拓扑、性能测量和管理都是当今网络管理的组成部分。性能测量应当融入全面网络管理解决方案并与之紧密配合。此外，完整、强大的解决方案必须简单、直观、易于使用和一致，这样才能提高开发的效率。

随着技术成本的降低，业务系统蓬勃开展，可扩展性在数据中心中也变得重要起来。为适应未来发展的需要，可扩展性成为用户选择网络管理解决方案的一个重要标准。

4) 性能价格比

当今的网络管理问题包括各部门需求之间的冲突。用户必须以较少的人员保证开机时间，无需增加硬件就可以保证高性能和带宽，保证安全性，但同时还要保持系统的可访问性和简单性。需要满足需求的网络管理员一般都无权花很多经费购买硬件、雇用人员或进行复杂的支持培训，因此，全面网络管理解决方案必须不仅功能强大，还要效率高而且成本、开发费用和硬件需求低。

5) 标准支持和协议的独立性

虽然SNMP等标准已经成熟，但是全面网络管理还应支持现有甚至新兴的标准，将其纳入自己的体系结构。不仅要支持SNMP，还要支持DHCP（动态主机配置协议）和DNS、DMI（桌面管理规范）及CIM（公共信息管理），能在各种类型的硬件和操作系统上运行。这样，无论以后选择哪种技术或设备，都能监视和管理整个网络。

6）传统支持

数据中心使用 UNIX 和 NT 服务器，有效的网管软件必须支持传统平台。许多用户还依赖这些环境工作，例如，会计部门 UNIX 服务器中的关键业务流程可能必须依赖于一台大型主机运算的结果。传统支持将保证 NT、UNIX 和主机环境将在以业务为重点的一致、简单的方式下接受管理。

7）集成性和灵活性

可以针对特殊设备的管理器，利用第三方厂商或内部开发工具设计出满足需求的系统。网络管理必须能容易、紧密地与这些特殊设备的管理器和工具相集成。必须能在自己网络环境下启动特殊设备的工具，并提供灵活的与这些工具交换信息的方法。用户无需再为同样的信息保留多个文件或数据库。

网络管理必须能适应用户的特殊需求，能适应主要业务的突然变化。网管软件应该能灵活地处理网络流量、突发事件或者新增的网络资源。所选择的网管软件应该是"自适应的"，这样在出现新需求时，就能迅速在网络管理框架中实施。

网络管理是一个渐进的过程，在实际应用中，各个网络不尽相同。在规划网管系统时，要重点考虑以下几个方面问题：基于现有网络，能方便升级额外的功能；符合工业标准，最好是基于 SNMP 的管理系统；支持第三方插件的能力，允许应用开发人员开发其他的模块，以支持其他公司的产品；支持专用数据库；数据库的统一，能使网络管理员在不同的网络管理平台进行管理，而不需建立不同的映像和相应的数据库。

虽然网管软件和网管系统是用来管理网络、保障网络正常运行的关键手段，但在实际应用中，并不能完全依赖网管产品，由于网络系统的复杂多变，现成的产品往往难以解决所有的问题，需要在现有的网管平台上进行二次开发，开发出更适合的系统。另外，因为网管系统的运行和管理机制、人员分配、职责划分等管理因素有着密切的关系，所以，在进行网管系统的规划和建设时，还要保证管理体制能够配合网管系统的实施和运行。

4.7 数据中心网络平台的案例

为了让读者更好地理解数据中心网络平台的功能和结构，以便在实际规划建设数据中心时有所帮助，本节以某电信数据中心为案例，重点介绍数据中心网络平台的组成、结构、功能。

4.7.1 网络系统设计原则

某电信互联网数据中心（以下简称某电信 IDC）项目是中国电信下属的国内提供技术增值服务的互联网数据中心专业机构。作为一家国际 A 类 IDC，某电信 IDC 依托电信级网络环境建立拥有大规模集群式服务器的托管中心。高度自动化管理系统和高度可扩充设施系统能够为不同用户提供可靠、快速、全面的托管服务；为数千台服务器提供高品质的网络资源和专业化服务。

网络系统是 IDC 的基础，它承载着各种业务系统，同时负责与外界其他网络系统互联互通。网络系统能否可靠、稳定、高效、安全地运行，将直接关系到上层主机系统、应用系统及 IDC 业务的顺利开展。网络系统是 IDC 建设框架中承上启下的重要环节，其设计是 IDC 建设的基础性工作。主要遵循的原则如下：

1. 安全性、可靠性

因特网数据中心向用户提供数据类服务的性质，决定了其网络设计的首要原则就是保证用户的设备或信息在一个安全、可靠的网络环境下运行或交换。

网络设计的安全性、可靠性从技术方面的角度看，就是将核心网络设备互为冗余备份；网络连接采用双链路连接；网络设备的部件要考虑冗余等。其目的是使整个网络尽可能减少单点故障，避免系统无法运行。

2. 开放性、标准化

因特网数据中心是一个集中了各种重要的设备、软件和应用系统，集成了当今最先进的计算机技术的地方。构建数据中心网络平台的目的在于互联不同种类的设备，实现计算机软、硬件资源共享。一个容纳传输、计算、存储异构体系，遵循标准搭建的网络平台将有助于数据中心业务的运作和发展。

3. 可扩展性

网络结构采用层次化设计，网络设备采用模块化、堆栈式架构，能为今后因特网数据中心业务的发展、完善及各种特色增值业务的部署，提供一个灵活、方便的升级和扩充途径。

4. 先进性、成熟性、实用性

通信和计算机技术的发展日新月异，数据中心网络建设不仅要适应新技术发展方向，保持计算机网络的先进性，同时也必须兼顾成熟的网络技术，选择高性价比的产品。

5. 大容量

数据中心不但要提供高带宽通道和多业务环境，而且能随时升级网络以满足将来的业务需要，包括提供多种接入端口，满足不同带宽的专线接入、VPN 业务等。

6. 可管理性

数据中心网络运维平台可以提供 7×24h 不间断的网络监控、技术服务与支持，标准监控程序每隔 5min 就会检测网络的连接状况，出现问题立即告警并及时通知用户。

4.7.2 IDC 网络设计

1. 数据中心网络设计要点

（1）IDC 的网络产品和架构必须具有非常高的可靠性，完全排除网络设备的单点故障，实现双链路可靠冗余连接。

(2) IDC 业务应用会产生大量的网络流量,必须考虑对网络流量的控制和合理分配,达到均衡网络流量的目的。

(3) IDC 提供多种不同层次的服务,网络设计必须具备多种网络结构,从而可以按照用户的需求,由网络的不同层面向用户提供不同层次的服务。

(4) 所选择的网络产品必须支持网络管理功能,具有一定的智能化故障处理功能,要充分考虑网络管理的重要性,更多地突出管理而不是干预。

(5) IDC 的网络必须实现质量服务保证,满足用户服务等级要求,并提供可信的网络服务分析报告。

2. 总体拓扑结构设计

秉承"网络分层、功能分区、服务器分级"和前后端网络隔离的设计理念,将数据中心的前端业务与后端维护进行隔离。在业务部署上,采用灵活的旁挂和控制策略,可为用户提供一站式的可定制服务,满足用户全方位高安全、高性能需求。网络拓扑结构如图 4.24 所示。

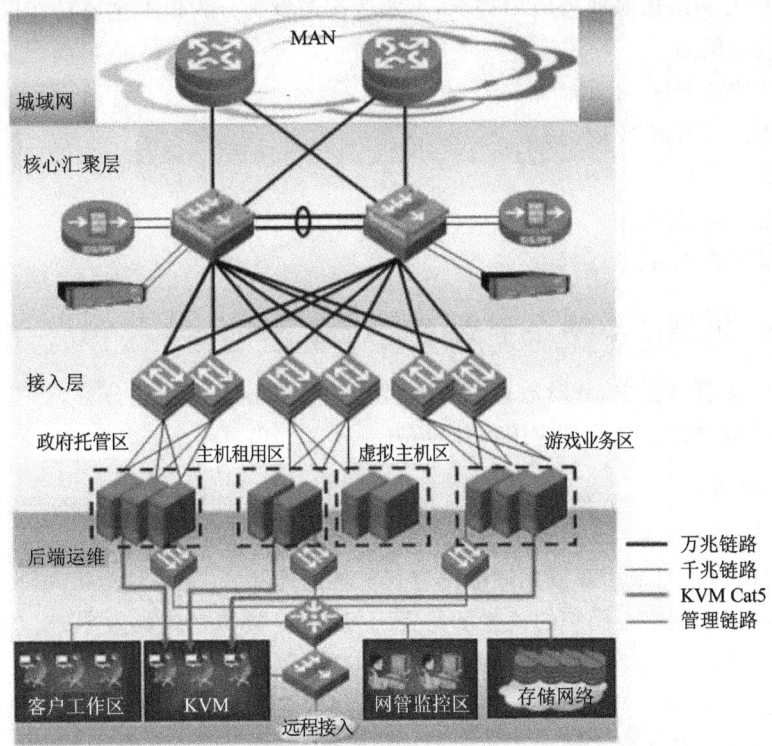

图 4.24　某电信 IDC 网络拓扑结构

3. 网络模块设计

1) 分层设计

按照网络核心层、汇聚层和接入层的模型对数据中心以及功能区域进行层次化结构划分。

(1) 核心层。核心层构成整个数据中心生产局域网的高速交换核心,为各个功能分区提供高可靠、高稳定和快速愈合的第三层接入服务。核心层设计遵循高可靠、高速交换等主要原则。

(2) 汇聚层。各个功能分区的交换核心组成 IDC 的汇聚层。汇聚层提供各个分区内部接入层的汇聚,集中实现接入控制和安全控制,同时在这一层部署各种增值业务。在 IDC 发展初期或服务器数量较少的情况下,建议将核心层和汇聚层合二为一,采用高性能的核心路由交换机作为核心,省去汇聚层,不仅可以简化网络层次、提高性能,还可以节约投资。该层扩展功能则可在设备上部署各种功能模块或旁挂设备来实现。

(3) 接入层。接入层分区具有高密度的接入能力,提供主机和服务器的接入。该层支持基于主机端口的访问控制,并针对接入的数据流进行标记工作,便于传输过程中逐级实现针对流量的 QoS 控制策略。

2) 分区设计

数据中心网络按照业务应用需求,将业务按逻辑划分为以下主要功能区:

(1) 核心网络。

(2) 政府托管区。

(3) 主机托管区。

(4) 虚拟主机区。

(5) 游戏业务区。

(6) 运维管理区。

4.7.3 数据中心网络部署

在实际部署过程中,针对数据中心模型进一步细分各个功能分区,部署不同类型和级别的网络设备以及业务应用优化设备。

1. 网络核心

网络核心由 2 台华三万兆交换机 S9508 构成,通过万兆实现各个功能分区的接入,同时交换机之间采用双万兆捆绑的方式实现高速互联。

为了保证通过核心网络的流量和路径可控,提高故障切换的效率,对功能分区采用二层接入方式。

为了保证各个功能分区的高可靠性,核心层与各个功能分区的汇聚交换机或接入交换机采用双链路冗余连接。

2. 政府托管区

政府托管区网络结构为二层结构,以一排机柜为单位,在列头柜内配置华三 S5500EI 系列交换机,通过 4 条光纤上行到两台核心交换层交换机,服务器接入采用双网卡千兆上行。

该托管区的业务对网络安全、信息安全有着很高的要求,通过合理部署防火墙、入侵防御设备和应用加速设备,可以对非法请求、异常攻击和网络病毒进行较好的防御,同时可以对各种敏感和非法信息、网址和电子邮件进行有效的过滤。

3. 主机托管区

主机托管区主要为第三方提供服务器存储托管,网络结构与政府托管区域类似。一般来说,用户倾向于自己定义安全等级,自行管理业务系统,因此,根据需求数据中心可提供防火墙、防病毒、漏洞扫描等服务。

4. 虚拟主机区

虚拟主机区将对外提供虚拟空间等主机类业务服务。虚拟主机区由于防护能力差,为保证网络和信息安全,建议配备防火墙对业务应用进行保护。

该区域由 2 台汇聚层交换机 S9508 和若干台接入层交换机(两层结构,分为外联接入交换机与内联接入交换机)构成,接入层交接机连接业务主机,交换机提供防火墙主机接入 DMZ 功能。

在业务应用优化方面,汇聚层交换机、服务器负载均衡及内容交换设备可提供如下功能:

(1) 服务器流量分担(SLB)。
(2) 多地服务器流量分担(Global SLB)。
(3) 多地服务器内容同步。
(4) 终端类型、语言自动定制。
(5) 智能加速缓存。
(6) 防火墙。
(7) 入侵检测。
(8) 安全扫描。
(9) 内容缓存。

5. 网络游戏业务区

游戏托管区主要为 Internet 用户提供网络游戏、视频下载等服务,此类应用对带宽和延时非常敏感,需要提供 ASE 对服务器进行应用优化和加速。

6. 运维管理区

运维管理区是生产中心的操作区,主要以各种管理配置平台为主。其主要功能如下:

(1) 网络设备的管理。
(2) 网络流量的监控。
(3) 用户数据报告的生成。
(4) 用户对其业务更新的手段。
(5) 用户数据的备份。

作为提供网络及业务管理的网络平台,后端运维管理系统主要包括以下部分:
(1) 网管监控区。网络管理和监视系统。
(2) 客户工作区。本地化的工作区,供用户对其服务器进行更新、维护。
(3) 存储网络区。数据和业务备份。
(4) 远程接入。对远程接入进行认证。
(5) KVM。远程接入后供用户控制服务器的设备。

通过后台管理平台,还能够实现用户的 Intranet IDC 化(即位于 IDC 的用户服务器只与后台服务平台相连)和数据备份。

为保证后端接入的安全,在远程接入时建议配备防火墙进行 SSL 认证,并配置 NAT 以提高安全性。

4.7.4 路由规划

对于 IDC 网络,路由协议将直接影响网络性能。因此,如何选择最优的路由协议至关重要。IDC 网络路由结构分为 3 个部分:Internet 出口路由、IDC 内部路由及多个 IDC PoP 节点间路由。

1. Internet 出口路由

Internet 出口接入运营商骨干网,路由协议采用 BGP 路由协议。

2. IDC 内部路由

IDC 内部路由协议可以有多种选择。OSPF 路由协议是国际标准的路由协议,路由收敛和恢复时间快,支持可变长子网掩码(VLSM),并且根据网络的稳定性可改变路由更新周期,减少因为路由更新产生的网络负载。一般来说,数据中心选用 OSPF 路由协议作为 IGP 协议。

IDC 部署高速第三层网络设备支持路由信息交换。为了简化网络设计和管理,规划的 OSPF Area 0 由核心路由器局域网端口、核心层交换机、汇聚交换机组成。其他业务功能分区可作为非 0 的 area,通过配置可以实现 IDC 全网的负载均衡和冗余备份。

3. PoP 节点间路由

每个 PoP(网络接入点)节点与核心节点之间划分为一个 Area,它们之间的路由信息交换通过 Area 0 来实现,这样划分能减少由路由动荡造成的网络不稳定,加快路由的收敛。

4.7.5 IP 地址规划

根据 IDC 的网络管理及应用需要,IDC 的 IP 地址分为公网 IP 地址和私有 IP 地址两部分。公网 IP 地址由 IDC 向 ISP 或 NIC 申请,在申请 IP 地址时应充分考虑其扩展性;私有 IP 地址由 IDC 自行规划及分配,应该使用 Internet 保留的 IP 地址网段,与公网互联使用 NAT 技术实现。根据用户及业务不同的需求分配公网 IP 地址或私有 IP 地址。

1. 网络设备的 IP 地址

由于核心层交换机和 Internet 接入路由器为全网状连接,与 IDC 各 PoP 节点间的广域网连接一样,每组直连端口只需要两个 IP 地址,分配 4 个公网 IP 地址的子网。另外,每台网络设备设置 Loopback 地址,作为该设备的网管地址。

2. 主机托管用户(Co-Location)

按用户的服务需求分配 IP 地址。

3. 站点托管用户(Web Hosting)

应用托管用户(ASP)的 IP 地址使用私有的 IP 地址,通过交换机进行地址转换(NAT),多台服务器使用一个虚拟 IP 地址。这样可以节省 IP 地址空间,提高网络安全性,还可以根据用户的需求提供不同的增值服务。

4. 后台管理区地址

后台管理区的服务器使用私有的 IP 地址,通过路由器或防火墙进行地址转换(NAT)。

4.7.6 后台管理系统

网络和服务管理支撑系统能增强所提供服务的整体可管理性,提升对客户的服务水准,尽最大可能降低 IDC 的管理维护开销。此外,管理支撑系统能帮助管理层合理地规划未来 IDC 业务的发展和资源的调配。管理系统是 IDC 重要的组成部分。

1. 系统的组成

IDC 网络和服务管理系统包括网络拓扑管理、故障管理、配置管理、性能管理、网络安全管理。

2. 系统特点

(1)统一管理。为简化管理,方便管理员的操作,减少管理控制台的数量,管理系统提供一个中央管理主控台,显示所有被管理对象的管理信息。实现对 IDC 中的设备、网络、服务器、应用、安全、性能等所有参数统一管理。

(2)面向业务。能直观地管理 IDC 提供给客户的多种托管服务,最大程度地保证 IDC 业务的稳定和高效。

(3)面向客户。为 IDC 的托管业务客户提供独立管理信息统计和管理报表。

(4)模块化结构。管理员可以根据实际的管理需求灵活构造管理系统。

(5)丰富的管理功能。提供包括故障管理、网络设备配置管理、网络流量的分析和规划、服务器和应用的性能监测、安全管理和 SLA 管理等功能,满足 IDC 的复杂业务环境中的所有管理需求。

(6) 开放且易于使用。支持标准的网络管理协议，提供用户友好的 Web 管理界面，在采用先进技术的同时不会增加业务运行的人工管理成本。

(7) 规模可扩展性。能管理几千台服务器的大型 IDC，并可根据需要跨区管理多个 IDC，满足未来管理需求的增长。

(8) 管理功能模块尽量相互集成。

4.8 网络设备选型

数据中心网络通信的主要设备是交换机和路由器。下面着重介绍这两类设备的选型要求。

4.8.1 核心交换机选型要求

1. 交换机分类

从传输介质和传输速度上看，局域网交换机可以分为以太网交换机、快速以太网交换机、千兆以太网交换机、FDDI 交换机、ATM 交换机和令牌环交换机等多种，这些交换机分别适用于以太网、快速以太网、FDDI、ATM 和令牌环网等环境。一般来说，局域网绝大部分是采用以太网技术进行组建，因此，数据中心网络系统建议选择以太网交换机。以太网交换机通常有以下三种分类方式：

1) 普通分类方法

按照普通分类方法，局域网交换机可以分为桌面型交换机（Desktop Switch）、工作组交换机（Work Group Switch）和园区网交换机（Campus Switch）三类。

(1) 桌面型交换机是最常见的一种交换机，使用最广泛。现代桌面型交换机大都提供多个具有 10/100Mbit/s 自适应能力的端口。

(2) 在桌面型交换机不能满足需求时，需要考虑工作组交换机。虽然工作组交换机只有较少的端口数量，却支持较多的 MAC 地址，并具有良好的扩充能力，端口的传输速度基本上为 100Mbit/s。

(3) 园区网交换机应用于大型网络，且一般作为网络的骨干交换机，并具有快速数据交换能力和全双工能力，可提供容错等智能特性，还支持扩充选项及第三层交换中的虚拟局域网（VLAN）等多种功能。

数据中心日常需要处理海量的数据，建议选择工作组交换机以上级别的交换机组建网络系统。

2) 根据架构特点进行分类

根据架构特点，可将局域网交换机分为模块式、带扩展槽固定配置式和不带扩展槽固定配置式三种产品。

(1) 模块式交换机是一种插槽式的交换机，这种交换机扩展性较好，可支持不同的网络类型，但价格较贵，高端交换机有不少采用模块式结构。

（2）带扩展槽固定配置式交换机是一种有固定端口数并带少量扩展槽的交换机，这种交换机在支持固定端口类型网络的基础上，可以通过扩展其他网络类型模块来支持其他类型网络，这类交换机的价格居中。

（3）不带扩展槽固定配置式交换机仅支持一种类型的网络（一般是以太网），可应用于业务处理负载较小的场合，价格最便宜，应用也最广泛。

数据中心可以根据实际情况灵活进行选择，考虑到增强网络的扩展性，建议选择模块式交换机和带扩展槽固定配置式交换机组建网络系统。

3）根据交换机转发性能进行分类

根据交换机背板转发性能架构特点，可将局域网交换机分为全线速转发式和非全线速转发式两种产品类型。

（1）全线速转发式交换机是指当交换机的所有端口都以最高速率进行全双工数据转发时，本交换机的背板不会发生阻塞。

（2）非全线速转发式机架式交换机是指本交换机的背板没有足够的资源支持所有端口都以最高速率进行全双工数据转发。

数据中心网络日常以处理大量信息数据为主，突发流量峰值很高，为避免出现网络繁忙而导致阻塞从而影响数据中心的服务质量，在交换机选型时尽量选择全线速转发式交换机。

2. 交换机的主要技术指标

1）交换机常见技术指标

交换机基本技术指标较多，这些技术指标全面反映了交换机的技术性能和功能，是选购产品时需要参考的重要数据。其中，比较重要的技术指标如下：

（1）机架插槽数。指机架式交换机所能安插的最大模块数。

（2）扩展槽数。指带扩展槽固定配置式交换机所能安插的最大模块数。

（3）最大可堆叠数。指可堆叠交换机的堆叠单元中所能堆叠的最大交换机数目。显然，此参数也说明了一个堆叠单元中所能提供的最大端口密度与信息点的连接能力。

（4）支持的网络类型。一般情况下，不带扩展槽固定配置式交换机仅支持一种类型的网络，机架式交换机和带扩展槽固定配置式交换机可支持多种类型的网络，如以太网、快速以太网、千兆以太网、ATM、令牌环及FDDI等。一台交换机所支持的网络类型越多，其可用性和可扩展性越强。

（5）最大SONET端口数。SONET（Synchronous Optical-Network，同步光传输网络）是一种高速同步传输网络规范，最大速率可达2.5Gbit/s。一台交换机的最大SONET端口数是指这台交换机的最大下联的SONET接口数。

（6）背板吞吐量。背板吞吐量也称背板带宽，单位是每秒通过的数据包个数（p/s），表示交换机接口处理器或接口卡和数据总线间所能吞吐的最大数据量。一台交换机的背板带宽越高，它处理数据的能力就越强，但同时成本也将会越高。

(7) MAC 地址表大小。连接到局域网上的每个端口或设备都需要一个 MAC 地址,其他设备要用到此地址来定位特定的端口及更新路由表和数据结构。一个设备的 MAC 地址表的大小反映了连接到该设备的能支持的最大节点数。

(8) 支持的协议和标准。局域网交换机所支持的协议和标准内容直接决定了交换机的网络适应能力。这些协议和标准一般是指由国际标准化组织所制定的联网规范和设备标准。

由于交换机工作在第二层或第三层上,工作中要涉及第三层以下的各类协议,一般来讲,根据开放互联网络模型可进行如下分类:

① 第一层(物理层)协议。包括 EIA/TIA-232、EIA/TIA-449、X.21 和 ELA530、EIA530A 接口定义等,这些定义基本上决定了交换机上各物理接口的类型与作用。

② 第二层(链路层)协议。包括 802.1d、SPT、802.1q、802.1p 及 802.3x 等。

③ 第三层(网络层)协议。包括 IP、IPX、RIP 1/2、OSPF、BGP4、VRRP 及组播协议等。

2) 交换机的选购

在选购交换机时,应该注意考虑以下因素:

(1) 外形尺寸的选择。如果网络较大,或已完成楼宇级的综合布线,工程要求网络设备上机架集中管理,应选机架式工作组交换机或者园区网交换机。如果没有上述需求,桌面型的交换机具有更高的性能价格比。

(2) 可伸缩性。可伸缩性好并非仅仅是产品拥有很多端口数量。因为交换机应用最重要的是确定其端口在什么情况下会出现拥塞,所以需要考虑下面两个方面的问题:

① 内部可伸缩性。在两个堆叠的交换机之间,最大的可伸缩性是多少。带宽的增长在交换机没有过载时,有多少个端口的传输速率可以从 10Mbit/s 提高到 100Mbit/s。

② 外部可伸缩性。外部可伸缩性和交换机上联的最高速率有关。例如,如果交换机上联的速率为 2Gbit/s,则它最多只能处理 19 个快速以太网端口,否则就会发生拥塞。所以交换机的可伸缩性直接决定了局域网各信息点传输速率的升级能力。

(3) 可管理性。对交换机来说,在运行和管理方面所付出的代价远远超过购买成本。基于这方面的考虑,可管理性已逐渐成为评定交换机的另一个关键因素。

交换机可管理内容包括处理具有优先权流量的服务质量(QoS)、增强策略管理的能力、管理虚拟局域网流量的能力,以及配置和操作的难易程度。其中,QoS 性能主要表现在保留所需要的带宽,从而支持不同服务级别的需求。可管理性还涉及交换机对策略的支持,策略是一组规则,它控制交换机工作。网络管理员采用策略分配带宽,并对每个应用流量和控制网络访问指定优先级。其重点是带宽管理策略,且必须满足服务级别协议 SLA。分布式策略是堆叠交换机的重要内容,应该检查可堆叠交换机是否支持目录管理功能,如轻型目录访问协议(LDAP),以提高交换机的可管理性。

(4) 端口带宽及类型。选择什么类型的局域网交换机,用户应首先应根据自己组网带宽需要决定,再从交换机端口带宽设计方面来考虑。从端口带宽的配置看,目前市场上有以下三类：

① 第一类。骨干网的传输速率为100Mbit/s,全双工,分支速率为10Mbit/s。这类配置的局域网交换机严格限制了网络的升级,用户无法实现高速多媒体网络,厂商已基本停止生产这种产品。

② 第二类。10/100Mbit/s端口自适应型交换机。这类交换机有自动协商（Auto Negotiation）功能。当网卡与交换机相连时,如果网卡支持全双工,这条链路可以收发各占100Mbit/s带宽,实现200Mbit/s的带宽,同样的情况可能出现在交换机到交换机的连接中,应用环境非常宽松。

③ 第三类。$n\times 1000$Mbit/s$+m\times 100$Mbit/s高速端口专用型。这种配置的交换机是当前高速网络和光纤网络接入方案中的重要设备。在中大型规模网络建设中,以千兆三层交换机为核心的所谓"主干跑千兆、百兆到桌面"已经成为主流网络模型。它也可千兆上联至服务器,彻底解决网络服务器之间的瓶颈问题。但这种配置的交换机的价格要远远高于前两类产品。

（5）VLAN技术。作为一种有效的网管手段,虚拟局域网VLAN技术将局域网上不同网段的一组设备配置成好像在同一线路上进行通信。一个VLAN是一个独立的广播域,可有效地防止广播风暴。

由于VLAN基于逻辑连接而不是物理连接,因此,配置十分灵活。现在已经把一台交换机是否支持VLAN作为衡量一台交换机性能好坏的一个很重要的参数。IEEE802.1Q是VLAN标准,利用交换机端口、MAC地址及第三层协议和策略方面来支持VLAN的实现。不同厂商的设备只要支持802.1Q标准,就可以互联,进行VLAN的划分。交换机产品的VLAN标准并不统一,用户在选择时一定注意这些标准和自己的需要是否一致。

（6）第三层交换功能。带有路由功能的三层交换机通常在园区网和城域网中作为骨干交换机。对于独立性极高的中小型网络,安全和管理要求不高时,可以采用技术成熟、种类较多、性能稳定和价格低廉的第二层交换机。

4.8.2 接入路由器选型要求

1. 路由器的分类

（1）按性能档次分类。按性能档次分类,路由器可分为高、中和低档路由器,不过各厂家划分并不完全一致。通常将背板交换能力大于40Gbit/s的路由器称为高档路由器,背板交换能力为25Gbit/s~40Gbit/s的路由器称为中档路由器,低于25Gbit/s的当然就是低档路由器了。当然这只是一种宏观上的划分标准,实际上路由器档次的划分是有一个综合指标的。

（2）按结构分类。从结构上分类,路由器可分为模块化结构与非模块化结构。模块化结构可以灵活地配置路由器,以适应不断增加的业务需求；非模块化结构就只能提供固定的端口。通常中高端路由器为模块化结构,低端路由器为非模块化结构。

(3) 按功能分类。从功能上划分类，可将路由器分为核心层（骨干级）路由器、汇聚层路由器和访问层（接入级）路由器。

(4) 按应用分类。从应用划分类，路由器可分为通用路由器和专用路由器。一般所说的路由器皆为通用路由器；专用路由器通常为实现某种特定功能对路由器接口、硬件等进行专门优化。例如，接入服务器用作接入拨号用户，增强 PSTN 接口以及信令能力；VPN 路由器用于为远程 VPN 访问用户提供路由，它需要在隧道处理能力以及硬件加密等方面具备特定的能力；宽带接入路由器则强调接口带宽及种类。

(5) 按所处网络位置分类。如果按路由器所处的网络位置划分，则通常把路由器划分为边界路由器和中间节点路由器两类。中间节点路由器因为要面对各种各样的网络，要识别网络中的各节点，要依靠中间节点路由器的 MAC 地址记忆功能。因此，选择中间节点路由器时就需要选择缓存更大、MAC 地址记忆能力较强的路由器。而边界路由器可能要同时接收来自许多不同网络路由器发来的数据，所以要求边界路由器的背板带宽要足够宽。虽然这两种路由器在性能上各有侧重，但所发挥的作用是一样的，都是起到网络路由、数据转发功能。

(6) 按性能上分类。从性能上分类，路由器可分为线速路由器和非线速路由器。通常线速路由器是高端路由器，具有非常高的端口带宽和数据转发能力，能以媒体速率转发数据包；中低端路由器是非线速路由器。一些新的宽带接入路由器也有线速转发能力。

2. 路由器的选购

路由器的选购主要从以下几个方面加以考虑：

1）路由器的管理方式

现在不少路由器带有智能管理功能，这种路由器的每一个端口都可以由网络操作人员从路由器管理控制台上来配置、监视、连通或解释，这样就可以减轻网络管理人员进行网络维护的工作。因此，如果局域网规模较大的话，就应该考虑使用带有智能管理功能的路由器。

有时可能需要改变路由器的某些设置，但操作人员并不在现场，这时则需要支持远程配置管理方式的路由器。

如果是规模较小的局域网，其维护和管理的工作量不大，网络管理员完全可以对局域网内部的各个端口分别进行管理，就不需要选择智能管理的路由器，从而节省网络建设成本。

2）路由器所支持的路由协议

路由器所连接的网络可能是不同类型的网络，对于在网络之间起到连接桥梁作用的路由器来说，如果不支持某一方的协议，就无法实现路由功能，为此在选购路由器时也就要注意所选路由器所能支持的网络路由协议，特别是在广域网中的路由器。目前，广域网线路主要有 X.25、帧中继、DDN、光纤这几种方式，在选购路由器时最好检查一下产品是否对这几种广域网协议都支持，不然在以后网络需要改造时就麻烦了。

用于局域网之间的路由器相对就可较为简单些。因此,选购路由器时要考虑路由器目前及将来的实际需求,从而决定所选路由器要支持何种协议。

3) 路由器的安全性及稳定性

路由器的稳定、安全与否,直接决定了内部局域网的安全。网络系统的安全性可以体现在两方面:一方面是网络本身的安全性,网络不能受非授权路由协议、管理协议的控制;另一方面网络上传输的数据应当是安全的,该方面的安全考虑通常使用端到端的加密协议或 VPN 实现。目前,许多厂家的路由器可以设置访问权限列表,控制哪些数据才可以进出路由器,实现防火墙的功能,防止非法用户的入侵。路由器的另外一个作用就是地址转换功能,防止非法的用户入侵。网络系统的稳定性是指路由器在数据转发以及长时间工作下的表现。

4) 端口选择

用户在建立局域网时,应首先规划好局域网通过什么方式和因特网连接,这样可以确定路由器应该包含什么广域网接口,然后确定局域网中使用何种连线介质,从而来确定路由器的局域网接口类型;但从应用的角度来看,路由器包含的接口多一点有更大的扩展余地,对局域网规模的拓展非常方便。因此,应该根据实际情况,折中考虑一下这几方面的因素。

5) 丢包率

丢包率就是在一定的数据流量下,路由器不能正确进行数据转发的数据包在总的数据包中所占的比例。丢包率的大小会影响到路由器线路的实际工作速度,严重时甚至会使线路中断,因此,丢包率是评测不同厂家路由器性能的一个重要指标。小型网络一般来说网络流量不会很大,所以出现丢包现象的机会也很小,不必作太多考虑,且一般来说路由器在此方面都还是可以接受的。

6) 背板能力

背板能力通常是指路由器背板容量或者总线带宽能力,这个性能对于保证整个网络之间的连接速度是非常重要的。如果所连接的两个网络速率都较快,而由于路由器的带宽限制将直接影响了整个网络之间的通信速度。所以,如果是连接两个较大的网络,网络流量较大时应格外注意路由器的背板容量,但是在小型网络中,这个参数不用特别在意,因为一般来说路由器在这方面都能满足小型网络之间的通信带宽要求。

7) 吞吐量

路由器的吞吐量是指路由器对数据包的转发能力,如较高档的路由器可以对较大的数据包进行正确快速转发;而较低档的路由器则只能转发小的数据包,对于较大的数据包需要拆分成许多小的数据包来分开转发,这种路由器的数据包转发能力就较差,其实这与上面所讲的背板容量有非常紧密的关系。

8) 转发时延

转发时延是指需转发的数据包最后一个比特进入路由器端口到该数据包第一个

比特出现在端口链路上的时间间隔,这与上面的背板容量、吞吐量参数也是紧密相关的。

9) 路由表容量

路由表容量是指路由器可以容纳的路由数量。一般来说,越是高档的路由器,其路由表容量越大,因为它可能要面对非常庞大的网络。这一参数与路由器自身所带的缓存大小有关,一般的路由器也不需太注重这一参数,因为一般来说都能满足网络需求。

另外,路由器的路由选择功能也是非常重要的。路由选择功能就是如果一个路由器工作时拥有几个可以到达同一目的地的不同线路,路由器就可以人工或智能地选择其中的线路。

当然无法在现场对这些功能进行检测选择,能做的就是打开说明书,查找比较一下产品在这方面的一些技术指标,这些指标包括路由表能力、设备吞吐量、背板能力等内容。在同价格的基础之上,功能指标大的当然就是好的选择对象。

10) 尺寸、可靠性和品牌

一般来说,如果局域网规模较大,为了便于堆叠、级联、管理和维护,需要用到接线柜时,最好应该选择19in机架式路由器。如果局域网对网络设备的尺寸没有什么特别的要求,则可以选择性价比高的桌面型路由器。

可靠性是指路由器的可用性、无故障工作时间和故障恢复时间等指标。这可以通过选购信誉较好、技术先进的品牌来得到保障。至于品牌的选择要根据各用户的实际经济承受能力决定。

另外,可以检查一下路由器是否支持IPv6,支持IPv6的路由器的稳定性、安全性应该好于普通的路由器,因为IPv6在解决了因特网地址空间问题的同时,还在IP层增加了认证和加密的安全措施,为实时业务的应用提供了安全保证。

第 5 章 数据中心主机和存储系统

"主机为数据中心的心脏,存储器乃数据中心的大脑。"

以服务器为代表的主机系统,在数据中心承担着各种网络服务及数据的存储、转发和发布等业务,运行多种关键应用,处于十分重要的地位,业界称之为"数据中心的心脏"。

数据是信息系统的基础,是数据中心的重要资源。数据存储系统满足数据中心海量数据的存储要求,保护关键应用数据的安全,支持主机系统高效、有序地运行,在数据中心担负着重要任务,可以比喻为"数据中心的大脑"。

主机系统与存储系统在数据中心中协同工作、珠联璧合、互为依存,保证了数据中心的和谐运行。本章将围绕这两个系统,讨论数据中心的主机系统技术、存储技术、主机和存储系统的选型以及方案设计等内容。

5.1 主机系统概述

主机系统是 20 世纪 90 年代迅速发展的主流计算产品,它是在网络环境下提供网上客户机共享资源(包括查询、存储、计算等)的设备,具有高可靠性、高性能、高吞吐能力、大内存容量等特点,并且具备强大的网络功能和友好的人机界面。

主机(Host)可以根据 CPU 总线架构、操作系统、运算能力以及可靠性等因素分为三种类型:大型机、小型机、PC 服务器(Server)。

1. 大型机

大型机最早是指装在非常大的带框铁盒子里的大型计算机系统,其规模体系、统计运算能力与小型机和 PC 服务器有着明显区别。大型机一般用在尖端的科研领域,以及银行、电信、商业等领域的核心计算系统中。大型机体积非常庞大,通常由许多中央处理器协同工作,具有超大的内存以及海量的存储器,并使用专用的操作系统和应用软件。大型机大量使用冗余等技术确保其安全性及稳定性,所以其内部结构通常由两套系统构件,并由多个机柜组成,每个机柜中都有大量处理器。

为了确保最高的可靠性和稳定性,大型主机的部分技术相对较为保守,因此,目前部分大型机 MIPS(每秒百万指令数)等指标不一定比 x86 服务器高,但大型机的运行 I/O 处理能力、非数值计算能力、稳定性、安全性以及线性扩展能力却是其他类型主机所望尘莫及的。而且大型机还具备其他类型主机不具备的 RAS 特性(可靠性、可用性、服务性)。

2. 小型机

小型机是指运行原理类似于 PC 服务器,但性能及用途又与它有所不同的一种高性能计算机。小型机一般是指介于 PC 服务器和大型机之间,拥有两路至数百路处理器能力的服务器产品(最高可以达到 128 路)。

小型机相对于 x86 架构的服务器而言,是一种封闭专用的计算机系统。一般每个厂家生产的小型机的处理器、I/O 总线、网卡、显示卡、SCSI 卡和软件都是特别设计的,使用各厂家的专门技术,所以一般不能通用。小型机用户都是为了利用小型机的 UNIX 操作系统的安全性、可靠性和专用服务器的高速运算能力。

从传统意义上来说,小型机采用的 CPU 是基于 RISC 指令集(如 IBM 的 power),区别于使用 CISC 的 x86 服务器 CPU。小型机的操作系统是使用 UNIX 家族的操作系统。目前,Linux 操作系统越来越多地在小型机上运行,从而使其发挥更好的性能并获得更高的稳定性。

3. PC 服务器

PC 服务器一般采用 Intel x86 架构,它是在网络环境中为客户机提供各种服务的、特殊的专用计算机,业界又称之为工业标准服务器。在网络中,服务器承担着数据的存储、转发和发布等关键任务;在数据中心环境中,一般为其他计算机提供服务,比如数据库服务、Web 服务、文件服务以及打印服务等。由于技术的进步,服务器的性能越来越好,价格较低,性价比高,而且体积小,它与小型机的界限越来越模糊。所以,在中、小型数据中心中,PC 服务器常常作为主机使用。

5.1.1 小型机的主要性能

小型机是指采用 8~32 颗处理器,性能和价格介于 PC 服务器和大型主机之间的一种高性能 64 位计算机,具有高运算处理能力、高可靠性、高服务性、高可用性等四大特点。

各厂商的小型机产品都有自己独特的结构和标准,以 CPU 来说,IBM 的芯片主频比较高,而 Sun 的内核比较多。其实,各厂商的产品是各有优势的,在小型机市场,高主频或多核心都有其需求群体。IBM 比较适合对数据的精确度、可靠性非常敏感的行业或应用,如税收、金融以及 ERP 等。而 Sun 的并行计算、多线程则对响应时间要求比较高的领域有着一定优势,如互联网、医学影像和工业印刷等行业。

对于 PC 机而言,由于所采用的 CPU、内存都是同厂商的技术,因此,在 PC 机关键技术同质化的情况下,更高的 CPU 主频、相对较多的内存就意味着系统有较好的性能。

而小型机厂家在几乎所有的关键技术实现上,都有着自己独特的解决方案。因此,衡量不同小型机的性能,就不能简单地以 CPU 的数目、内存多少这些"硬件"来划分级别。服务器整体性能的体现,即应用程序的运行效率、数据的吞吐量,对于企业用户而言更有意义。而为了有一个公正的比较方法,必然需要采用某个第三方的标准。

由于服务器处理事务的千差万别,因此也导致了需要多个第三方标准来衡量各个方面。例如，SPECint 衡量服务器的整数运算性能、SPECfp 衡量服务器的浮点运算性能、SPECweb 衡量服务器的 Web 处理能力。对于商业运算能力的衡量，业界通常采用 TPC-C。

TPC 是美国著名的测试计算机在线处理能力的协会，IBM、HP、SUN 等主流生产厂商都是其会员。TPC-C 是这个协会一系列测试中最著名的一种，它用于测试在数据库-应用在线系统环境中数据库服务器的处理性能，单位是 tpmC（每分钟交易处理量）。由于 TPC-C 最能够仿真当今商业 IT 环境下的真实商业运算的后台数据库/交易处理，因此被业界广泛引用。

当然，还存在许多其他的性能衡量标准，比如 SAPS（SAP R/3 应用基准）、Oracle ERP 等各个基准。由于这些大型应用程序的真实性和复杂性，因此能更全面、更准确地反映出小型机的整体性能。表 5.1 示出了 IBM、HP、Sun 小型机的性能对比。

表 5.1　主流小型机性能对比

IBM		HP	SUN
POWER5	POWER6 2007 年 5 月	HP 9000 Superdome 高端服务器	Sun SPARC Enterprise T5240 服务器 2008 年 4 月
• 高级 POWER 虚拟化功能 在大多数 IBM System p 服务器上都是可选的，在 Systemp 590、590 和 BladeCenter JS21 上则是标准的选件，它使用户能够创建多个逻辑分区，这些分区可以安全、独立地托管操作系统和应用程序，可以相互共享服务器资源 • 针对 IBM System p POWER5 的高级 POWER 虚拟化包括以下组件，一是虚拟 I/O 服务器（VIOS），实现以太网、SCSI 和光纤通道磁盘的共享；二是集成的虚拟化管理器（IVM），可以通过基于浏览器的界面在单台服务器上创建和管理虚拟化；三是微分区（Micro-Partitioning），最多可在每个处理器上创建 10 个分区，并在多个分区间共享资源；四是分区负载管理器，可以自动对处理器和内存请求进行均衡处理	• 让分区可以实时、动态地迁移。IBM 推出了主频高达 4.7GHz 的 POWER6 处理器以及基于 POWER6 的 system p570 服务器 • POWER6 处理器在虚拟化方面得到了进一步增强，每个 power6 芯片最多能划分为 1024 个独立的分区，可令每个分区可以执行各自的作业系统和应用程式。与 POWER5 相比，POWER6 的高级 POWER 虚拟化在此前的基础上增加了两项功能：实时分区迁移（LPM）和共享的专用容量	• 通过功能强大的 HP-UX 11 i 操作环境，HP9000 Superdome 可提供最高级别的可用性、性能密度、内存可扩展性和投资保护 • 采用 PA-8900 处理器和有助于提升性能的 HPsx2000 超级可扩展芯片组，具备软硬分区能力，同时还可扩展至 128 个处理器核。它还提供了增强的可靠性/可用性/可维护性特性，以及简化的管理功能。 • 将惠普虚拟服务器环境（VSE）与 HP-UX11 i 结合使用，可以获得出色的虚拟化能力，创建一个能够根据业务优先级进行伸缩增减的虚拟服务器池。两大优势：更好的整合机会和降低的 IT 复杂性	• 在从网络边缘到企业核心的各种规模的应用中，第三代 CMT 技术的 SPARC T5140 和 T5240 企业级服务器提供了突破性的优异性能和扩展能力 • SPARC T5140 和 T5240 企业级服务器提供的计算密度是友商的两路 x86 系统的 16 倍，是友商的 4 路 x86 系统的 32 倍。Sun SPARC T5140 和 T5240 企业级服务器在一半的空间内提供的性能是友商的 RISC 系统的 3 倍 • SPARC 企业级服务器可以使各个机构虚拟化计算基础设施，创建具有高扩展能力、高能效和强大的 Internet 基础设施，提供突破性的 Web 服务和企业服务

5.1.2 小型机的主要技术

一般而言,小型机是中、高端 UNIX 服务器的一种俗称。随着计算机技术的发展和业务的需要,计算机系统已经渗透到各行各业。电信、金融等绝大多数行业的业务系统已经成为需要一年 365 天、7×24 小时连续运行的关键性业务。无论采用传统的集中式处理、客户/服务器模式,还是当今流行的三层架构,小型机都属业务数据处理的核心,其在数据中心中的地位愈显重要。

数据中心对服务器提出了很高的要求,如何适应并满足不断变化、增强网络应用需求成为服务器技术发展要面临的重要课题。小型机的重要生产厂商,如 IBM、HP、Sun 等的策略之一是采用新技术,不断加强性能和容量方面的领先地位,主要包括 64 位处理器、64 位操作系统、快速可扩充的互联技术、大内存及高性能的集群以及高带宽 I/O 技术等。当前正是高端 UNIX 服务器集中进行更新换代的阶段,从中可以看出大规模 SMP、ccNUMA、模块化设计和硬件分区功能四大技术是 UNIX 高端技术的发展趋势。

对于服务器而言(不管是 PC 服务器,还是 UNIX 服务器),单纯地提高单个处理器的运算能力正在变得越来越难,虽然许多制造商从材料、工艺和设计等方面进行了不懈的努力,近期内使得 CPU 仍保持着高速的增长态势,但高频之下的高功耗所引起的电池容量问题和散热问题等负面效应,以及这些负面效应对整机系统产生的电磁兼容性问题,又反过来将 CPU 运算能力的提升推到了尽头。显然,提高单个处理器速度和性能已是强弩之末,而研发多个 CPU 的并行处理技术,才是真正提高现代服务器处理能力和运算速度的有效途径。这也成为多处理器(不仅是 UNIX 服务器的专利)在 PC 服务器中普遍应用的原因。目前,业界比较关注的并行处理技术主要有 SMP 技术、MPP 技术、COMA 技术、集群技术和 NUMA 技术等。

1. SMP 技术

对称多处理(Symmetrical MultiProcessing,SMP)技术是相对非对称多处理技术而言的,是当前应用十分广泛的并行技术。在这种架构中,多个处理器运行操作系统的单一复本,并共享内存和一台计算机的其他资源。所有的处理器都可以平等地访问内存、I/O 和外部中断。

在非对称多处理系统中,任务和资源由不同处理器进行管理,有的 CPU 只处理 I/O,有的 CPU 只处理操作系统的提交任务,显然非对称多处理系统是不能实现负载均衡的。在对称多处理系统中,系统资源被系统中所有 CPU 共享,工作负载能够均匀地分配到所有可用处理器之上。

在 SMP 系统中增加更多处理器的难点是系统不得不消耗资源来支持处理器抢占内存,以及内存同步两个主要问题。抢占内存是指当多个处理器共同访问内存中的数据时,它们并不能同时去读写数据,虽然当一个 CPU 读一段数据时,其他 CPU 也可以读这段数据,但当一个 CPU 正在修改某段数据时,该 CPU 将会锁定这段数据,其他CPU要操作这段数据就必须等待。

显然，CPU越多这样的等待问题就越严重，系统性能不仅无法提升，甚至会下降。为了尽可能地增加更多的CPU，现在的SMP系统基本上都采用增大服务器Cache容量的方法来缓解抢占内存问题，因为Cache是CPU的"本地内存"，它与CPU之间的数据交换速度远远高于内存总线速度。又由于Cache支持不共享，这样就不会出现多个CPU抢占同一段内存资源的问题了，许多数据操作就可以在CPU内置的Cache或CPU外置的Cache中顺利完成。

然而，Cache的作用虽然解决了SMP系统中的抢占内存问题，但又引起了另一个较难解决的所谓"内存同步"问题。在SMP系统中，各CPU通过Cache访问内存数据时，要求系统必须经常保持内存中的数据与Cache中的数据一致，若Cache的内容更新了，内存中的内容也应该相应更新，否则就会影响系统数据的一致性。由于每次更新都需要占用CPU，还要锁定内存中被更新的字段，而且更新频率过高又必然影响系统性能，更新间隔过长也有可能导致因交叉读写而引起数据错误，因此，SMP的更新算法十分重要。目前的SMP系统多采用侦听算法来保持CPU Cache中的数据与内存保持一致。Cache越大，抢占内存再现的概率就越小，同时由于Cache的数据传输速度高，Cache的增大还提高了CPU的运算效率，但系统保持内存同步的难度也很大。

在硬件方面，SMP可以在UltraSPARC、SPARCserver、Alpha以及PowerPC架构上实现，也可以利用包括486以上所有的Intel芯片来实现。

2. 集群技术

集群(Cluster)技术是指一组相互独立的计算机，利用高速通信网络组成一个单一的计算机系统，并以单一系统的模式加以管理。其出发点是提供高可靠性、可扩充性和抗灾难性。

一个服务器集群包含多台拥有共享数据存储空间的服务器，各服务器通过内部局域网相互通信，当一台服务器发生故障时，它所运行的应用程序将由其他服务器自动接管。在大多数模式下，集群中所有的计算机拥有一个共同的名称，集群内任一系统上运行的服务都可被所有的网络客户使用。采用集群系统通常是为了提高系统的稳定性和数据中心的数据处理能力及服务能力。

常见的集群技术如下：

(1) 服务器镜像技术。
(2) 应用程序错误接管集群技术。
(3) 容错集群技术。

其中，错误接管集群技术是将建立在同一个网络里的两台或多台服务器通过寄存技术连接起来，集群节点中的每台服务器各自运行不同的应用，具有自己的广播地址，为前端用户提供服务，同时每台服务器又检测其他服务器的运行状态，为指定服务器提供热备份服务器。它通常需要共享外部存储设备——磁盘阵列柜，两台或多台服务器通过SCSI电缆或光纤与磁盘阵列柜相连,数据都存放在磁盘阵列柜上。这种集群系统中通常是两个节点互为备份的,而不是几台服务器同时为一台服务器备份,集群系统中的节点通过串口共享磁盘分区或内部网络来互相检测对方的"心脏"。

错误接管集群技术经常用在数据库服务器、邮件服务器等的集群中,这种集群技术由于采用共享存储设备,所以增加了外设费用。它最多可以实现32台机器的集群,极大地提高了系统的可用性及可扩展性。目前,在提高系统的可用性方面用得比较广泛的是应用程序错误接管技术,即通常所采用的双机通过SCSI电缆共享磁盘阵列的集群技术。

而容错集群技术的一个典型应用即容错机,在容错机中,每一个部件都具有荣誉设计。容错集群技术的实现往往需要特殊的软硬件设计,因此成本很高,但容错系统最大限度地提高系统的可用性,是财政、金融和安全部门的最佳选择。

3. NUMA 技术

目前,64位UNIX并行运算服务器可分为两类:分布式共享存储结构(DSM)和集群系统。非均匀存储访问(Non-Uniform Memory Access,NUMA,又称分布式内存存取)是一种并行模型,属于DSM一类,它的思路是将SMP和集群技术的优势结合起来。它是由若干通过高速专用网络连接起来的独立节点所构成的系统,各个节点可以是单个的CPU或一个SMP系统。NUMA的物理内存分布在不同节点上,在一个处理器存取远程节点的数据,比存取同一节点的局部数据路径要远一些,时间长一些,所以是非均匀存储访问。

对称多处理也是一种共享存储器的多处理机结构,它的单一寻址空间、简单的编程方式、操作方便是其容易普及的主要原因。大规模并行处理(MPP)属于集群系统这一类体系结构,它的优势是可扩展性好,它既有SMP的可编程性,又具有集群的可扩展性。实际上,这一"优势的结合"实为一种折中,其中关键是寻求结合的途径并确定结合点。

4. NUMA3 系统架构的由来

NUMA3系统使系统的计算能力、内存容量、外存容量、图形性能及需要可以灵活独立地扩展,具有多功能性、模块化、灵活性三大特点。用户可以根据需要灵活地配置系统,因而投资可以得到充分保护。

在体系结构中,每个处理器与自身的存储器和高速缓存相连,多个处理器通过处理器、存储器互联网络相连。处理器还通过处理器、I/O网络访问共享的I/O和外围设备,NUMA并行机的处理器数目可达到512个,并且带宽可随处理器数目基本上呈线性扩展。这样大的处理器数,使单一系统映像的NUMA机足以覆盖绝大多数的应用。目前,NUMA系统能够运行世界上最大的UNIX数据库应用,而且正被广泛接受,成为主流技术,包括处理功能、I/O的大规模可扩展性、高可用性、工作负荷和资源管理的广泛灵活性,而且无需改变SMP编程模型。

5. 存储一致性与 ccNUMA

在 NUMA 并行机中,虽然存储器在物理上被分配到各节点中,但可以被系统内所有处理器访问或共享。存储一致性问题是由于多个处理器共享同一个存储单元而引起的。SGI 采用高速缓存一致性技术来解决存储一致性问题,这就是"ccNUMA"并行机名称的由来。

在 ccNUMA 系统中,每个 CPU 都有一个私用高速缓冲存储器。为了得到较好的性能,CPU 经常在它的高速缓存中取指令及存储数据。在这种系统中,一个存储器地址的内容可以有许多独立的拷贝给各个 CPU。如果 CPU 指向同一个存储器地址,则每个 CPU 的高速缓存将得到该地址的内容拷贝。

ccNUMA 结构的服务器在性能、灵活性、可用性方面都能适合用户多种应用的要求。与集群不同的是,集群采用一种松散的结合方式在几台机器之间互相通信,内部交换时间长、消耗大,而且把几台机器作为一个系统管理势必增加了管理上的难度。而 ccNUMA 计算机则不同,无论它内部有多少个处理器,对用户来说它也仅仅是简单的一台计算机。

总而言之,ccNUMA 克服了 SMP 和集群的某些弊端,在它们不能施展才能的地方发挥了作用。

6. 模块化结构

模块化服务器主要包括计算模块、I/O 模块和海量存储器模块。这些模块协同工作,构成了一个模块化服务器系统。在一个模块化服务器系统中,可以分别对每一个模块进行升级,查找故障或用新模块替换旧模块,同类模块也可以随时加入到模块化服务器中,以便对系统进行扩展。

模块化服务器的最大好处之一就是可以保护客户的投资,模块化服务器是一种可伸缩的服务器,客户可以根据业务需要,通过向服务器中添加各种模块,扩展他们的服务器系统;另一个显著优点是维护管理十分方便,模块化服务器增强了系统的可用性和容错性。从高性能多处理器计算机体系结构观点来看,ccNUMA 体系结构,把多个处理器通过路由器光纤互联在一起,系统带宽可随着系统规模扩大而增加,从而克服了基于总线的 SMP 体系结构所造成的瓶颈。ccNUMA 结构采用超立方的多维互联特性,加上模块化计算所带来的灵活性,使系统的可伸缩性达到了前所未有的水平,同时节省了费用。因此,模块化的 NUMA 服务器在灵活性和经济型方面达到了一个新境界。

7. 硬件分区

硬件分区是将一台服务器的硬件分割成多个分区的体系结构。将服务器配置的处理器、内存和 I/O 控制器等硬件资源分配给多个资源,让各分区上运行不同的操作系统,也就是提供"分区功能"。利用系统的硬件分区能力,系统可同时为多种不同操作系统提供支持,从而满足客户对相同物理硬件不断增长的需求。系统分区最初是静态的,当资源从一个分区移到另一个分区时,这两个分区中的应用和操作系统才可以重新启动。随着操作系统进一步完善,操作系统在支持热插拔和热添加能力的同时,也为动态分区提供了所需要的支持基础,也就是说,资源可以在各个分区之间移动,而不会影响到这一分区中的应用运行。

5.1.3 服务器系统的分类与分级

服务器是在网络环境中为客户机提供各种服务的、特殊的专用计算机。在网络中,服务器承担着数据的存储、转发和发布等关键任务。以下介绍几个主要的服务器分类方法。

1. 按处理器类型分类

1) CISC 架构

复杂指令系统计算机(Complex Instruction Set Computer,CISC)指令系统的指令不等长,指令的条数比较多,编程和设计处理器时都较为麻烦。由于基于 CISC 指令架构系统设计的软件已非常普遍,所以微处理器厂商一直在走 CISC 的发展之路,包括 Intel、AMD,还有其他一些厂商,如 TI、Cyrix 以及现在的 VIA 等 32 位处理器。在服务器处理器方面,CISC 架构服务器 CPU 主要有 Intel 的 32 位及 Xeon(至强)的 PⅢ、PⅡ处理器及 AMD 的全系列等。

(1) x86。x86 即英特尔公司的 32 位 x86 架构,Intel 的 32 位服务器处理器系列 Coppermine、Xeon、AMD 的全系列,还有 VIA 的全系列处理器产品都属于 x86 架构。x86-64 是 AMD 在其最新的 Athlon 64 处理器系列中采用的新架构,但这一处理器基础架构还是 IA-32,只是在此架构的基础之上做了一些扩展,以支持 64 位程序的应用,进一步提高处理器的运算性能。x86-64 最大的优点是可以全面兼容以前的 32 位 x86 架构的应用程序,保护用户的投资。

(2) M-64。Intel 认为 x86 架构严重阻碍了处理器的性能提高,为了全面提高 IA-32 位处理器的运算性能,放弃了以前的 x86 架构,与 HP 公司合作,专为服务器市场开发了一种全新的 64 位 CPU 架构,即 IA-64 架构。它最初的应用是英特尔的 Itanium 系列服务器处理器,现在最新的 Itanium 2 系列处理器也是采用这一架构的。由于它不能很好地解决与以前 32 位应用程序的兼容,所以应用受到较大的限制,尽管目前 Intel 采取了各种软、硬方法来弥补这一不足,但随着 AMD Operon 处理器的全面投入,Intel 的 IA-64 架构的这两款处理器前景不容乐观。

2) RISC 架构

精简指令集计算(Reduced Instruction Set Computing,RISC)微处理器精简了指令系统,采用超标量和超流水线结构,RISC 处理器采用硬布线控制逻辑,采用大量的寄存器,处理能力强、速度快,流水线以及常用指令均可用硬件执行,大部分指令操作都在寄存器之间进行,提高了处理速度。RISC 指令系统采用"缓存-主存-外存"3 级存储结构使得取数指令与存数指令分开执行,使处理器可以完成尽可能多的工作,且不因从存储器存取信息而降低处理速度。RISC芯片的工作频率一般较低,功率消耗少,温升少,机器不易发生故障和老化,提高了系统的可靠性。目前,中、高档服务器中绝大多数都采用RISC指令系统的CPU。

但是由于这一处理器架构的标准没有完全统一,处理器的发展和应用非常缓慢,使得原来占有的中、高档服务器市场大部分被IA架构取代,已日趋衰落。

2. 按应用层次分类

按应用层次分类通常也称"按服务器档次分类"或"按网络规模分类",它主要根据服务器在网络中应用的层次,依据服务器的综合性能,特别是所采用的一些服务器专用技术来衡量的。按这种分类方法,服务器可分为入门级服务器、工作组级服务器、部门级服务器和企业级服务器。

1)入门级服务器

这类服务器是最低档的服务器。随着技术的日渐提高,现在许多入门级服务器与PC机的配置差不多,所以目前也有部分人认为入门级服务器与PC服务器等同。

入门级服务器所连的终端比较有限(通常为20台左右),稳定性、可扩展性以及容错冗余性能较差,仅适用于没有大型数据库数据交换,日常工作网络流量不大,无需长期不间断开机的小型数据中心。这类服务器主要采用Windows或者NetWare网络操作系统,可以充分满足办公室型的小型网络用户的文件共享、数据处理、Internet接入及简单数据库应用的需求。

2)工作组服务器

工作组服务器是一个比入门级高一个层次的服务器,但仍属于低档服务器。它只能连接一个工作组(50台左右)的用户,网络规模较小,服务器的稳定性和其他性能方面的要求也相应要低一些。

工作组服务器较入门级服务器来说性能有所提高,功能有所增强,有一定的可扩展性,能满足中小型数据中心网络用户的数据处理、文件共享、Internet接入及简单数据库应用的需求。但容错和冗余性能仍不完善,也不能满足大型数据库系统的应用。

3)部门级服务器

这类服务器属于中档服务器,一般支持双CPU以上的对称处理器结构,具备比较完全的硬件配置,如磁盘阵列、存储托架等;具有全面的服务器管理能力,可监测如温度、电压及风扇、机箱等状态参数;具有优良的系统扩展性,能够及时在线升级系统,充分保护用户的投资。

部门级服务器可连接100个左右的计算机用户,适用于对处理速度和系统可靠性要求高一些的中小型企业网络,其硬件配置相对较高,其可靠性也比工作组级服务器要高一些,当然其价格也较高(通常为5台左右高性能PC机价格的总和)。

4)企业级服务器

企业级服务器属于高档服务器。企业级服务器最起码是采用4个以上CPU的对称处理器结构,有的高达几十个。另外,一般还具有独立的双 PCI 通道和内存扩展板设计,具有高内存带宽、大容量热插拔硬盘和热插拔电源、超强的数据处理能力和集群性能等。

企业级服务器产品除了具有部门级服务器全部服务器特性外,最大的特点是具有高度的容错能力、优良的扩展性能、故障预报警功能及在线诊断等,RAM、PCI、CPU 可以进行热插拔,所采用的操作系统一般是 UNIX(Solaris)或 Linux。企业级服务器用于联网计算机在数百台以上、对处理速度和数据安全要求非常高的大型数据中心网络。企业级服务器的硬件配置最高,系统可靠性也最强。

以上 4 种类型服务器的分类界限不是绝对的。随着服务器技术的发展,各种层次的服务器技术也在不断地变化发展,服务器产品型号非常多,硬件配置也有较大差别,用户应当根据自己网络的规模和服务的需要,适当考虑相对的冗余和系统的扩展能力,从而进行选择。

3. 按用途分类

由于网络的多样化发展,服务器市场划分越来越细,出现了为了满足各种特定功能而开发、生产的功能型服务器,如 Web、FTP、E-mail、DNS 服务器等。按照这种分类标准,可以将服务器分为通用型服务器和专用型服务器。

1) 通用型服务器

通用型服务器是可以全面提供各种基本服务功能的服务器。当前大多数服务器是通用型服务器。因为这类服务器不是专为某一功能而设计,在设计时就要兼顾多方面的应用需求,所以这种服务器的结构就相对较为复杂,而且价格也较贵。

2) 专用型服务器

专用型(或称功能型)服务器是专门为某一种或某几种功能设计的服务器。如光盘镜像服务器主要是用来存放光盘镜像文件的,需要配备大容量、高速的硬盘以及光盘镜像软件;如 FTP 服务器要求服务器在硬盘稳定性、存取速度、I/O 带宽方面具有明显优势;而 E-mail 服务器则主要是要求服务器配置高速带宽,硬盘容量要大等。这种功能型的服务器一般来说只需要满足某些需要的功能应用即可,所以结构相对来说简单许多。

4. 按服务器机箱结构分类

如果按服务器的机箱结构来分类的话,可以把服务器划分为塔式服务器、机架式服务器和机柜式服务器。

1) 塔式服务器

低档服务器由于功能较弱,决定了整个服务器的内部结构不是很复杂,所以机箱一般来说不大,都采用大小与立式 PC 机大致相当的塔式服务器机箱结构。目前,这类服务器在整个服务器市场中占有相当大的份额。

2) 机架式服务器

机架式服务器和刀片式服务器外形看起来像交换机,安装在标准的 19in 机柜里面。有 1U(1U=1.75in=4.45cm)、2U、4U 等规格,主要是为了便于在机架中与其他网络设备一起安装。这种结构的服务器多为功能型服务器,专为实现高速和可靠性技术性能而设计,成为需要数据库、数据交换、数据挖掘和目录服务应用的数据中心的理想选择。有的部门级或企业级服务器也采用这种机架式的机箱结构。

3) 机柜式服务器

高档企业级服务器内部设备较多,内部结构复杂,许多不同的设备单元或几个服务器都放在一个机柜中,所以服务器的机箱就需要做得很大,整个机箱就像一个大柜子,这就是机柜式的服务器。

从这些不同的分类方法中可以看出,随着服务器市场的成熟,各种特定功能的服务器也随之出现,满足各种特定的应用环境。

5. IA 架构服务器与 PC 的区别

IA 架构的服务器基于 PC 机的体系结构,使用 Intel 或与其兼容的处理器芯片的服务器,又称为 IA32(Intel Architecture 32 位总线结构)架构的服务器,由于 PC 机已有大量用户,使得 IA 架构服务器与用户机的亲和度极高。

由于服务器要将其数据、硬件提供给网络共享,在运行某些应用程序时要处理大量的数据。因此,要求 CPU 处理能力强。SMP(对称多处理器)技术采用多 CPU 对称处理数据,极大地提高了 IA 架构服务器的计算能力,而在 PC 上则极少采用 SMP 技术。

大量的访问要求服务器的 I/O 性能强。SCSI 技术、RAID 技术、高速智能网卡、较大的内存扩充能力等是提高服务器 I/O 能力的有效途径。IA 架构服务器的 I/O 带宽要强于 PC。

从软、硬件的设计上,IA 架构服务器具备较完善的管理能力。PC 服务器在硬件上采用 I2C(Integrated Intelligent Control)、I2O(Intelligent I/O)等技术,主板上集成了各种传感器,用于检测服务器上的各种硬件设备。软件上采用 SCU、SSU、LanDesk 网管软件等技术与服务器硬件结合起来,从而使网络管理员对服务器系统进行及时有效的管理。

由于服务器是网络中的核心设备,因此,相对于一般 PC 而言,它应该具备高可靠性及安全性。IA 架构服务器可采用 ECC 内存、RAID 技术、热插拔技术、冗余电源、冗余风扇、机箱锁、口令保护等方法使服务器具备容错能力和安全保护能力。上述硬件技术与安装在服务器之上的网络操作系统的系统备份等功能结合起来,使 PC 服务器具备高可靠性。

服务器要有良好的扩展能力,具备较多的 PCI、ISA 插槽,较多的驱动器支架及较大的内存扩展能力,提供冗余电源、冗余风扇。使得用户在进行网络扩充时,服务器也能满足新的需求,保护用户的投资。

6. PC 服务器与小型机的区别

PC 服务器主要指基于 Intel 处理器的架构,是一个通用开放的系统。PC 服务器的操作系统安全性、可靠性稍差,但在操作界面的易用性、通用性、易开发性上有绝对的优势;另外,PC 服务器还可以支持 UNIX 操作系统。相对而言,价格便宜也是 PC 服务器的优势,价位处于 PC 机与昂贵的小型机之间,具有最佳的性能价格比。

5.1.4 服务器系统的主要性能

服务器的主要性能包括以下几个方面:可靠性(Reliability)、可用性(Availability)、可扩展性(Scalability)、易用性(Usability)、可管理性(Manageability),综合起来即为服务器的 RASUM 衡量标准。

1. 可靠性

衡量服务器可靠性的主要指标是平均失效间隔(Mean Time Between Failure,MTBF),发生故障时间越少,服务器的可靠性越高。对于银行、电信、航空等对可靠性要求很高的业务来说,即便是短暂的系统故障也会造成难以挽回的损失,用户应在服务器的可靠性方面进行大量投入。但是对于文件共享、打印等业务来说,只要服务器在用户工作时间段内不出现停机故障就可以了,并不要求服务器 7×24h 无故障运转,低端服务器产品就完全可以胜任。

2. 可用性

可用性是通过系统的可靠性和可管理性等一些指标来度量的。通常用平均无故障时间(Mean Time To Failure,MTTF)来度量系统的可靠性,用平均维修时间(Mean Time To Repair,MTTR)来度量系统的可维护性。于是,可用性被定义为

Percent Availability(可用性比例)=MTTF/(MTTF+MTTR)×100%

业界根据可用性系统分为表 5.2 所示的几类。

表 5.2 可用性系统分类表

可用比例 (Percent Availability)	年停机时间 (Downtime/Year)	可用性分类
99.5	3.7day	常规系统(Conventional)
99.9	8.8h	可用系统(Available)
99.99	52.6min	高可用系统(High Available)
99.999	5.3min	快速恢复系统(Fault Resilient)
99.9999	32s	容错系统(Fault Tolerant)

对易损部件或设备采取保护措施可以提高服务器的可用性,如减少硬件的平均故障间隔时间和利用专用功能机制(容错、冗余等),可在出现故障时自动进行部件或设备切换,以避免或减少意外停机。

3. 可扩展性

可扩展是指服务器的硬件配置,如内存、适配器、硬盘和处理器等可以在原有的基础上很方便地根据需要来增加。为了保持高可扩展性,通常需要在服务器上具备一定的可扩展空间和冗余件(如磁盘矩阵位、PCI 和内存条插槽位等)。要求服务器具有较

多的 PCI、PCI-X 之类的插槽,较多的驱动器支架及较大的内存扩展能力,提供冗余电源、冗余风扇。在中、低档服务器中通常要求主板能提供对多处理器的支持等,使得用户数增加时,服务器也能满足需求,保护用户的投资。

现在有许多品牌都提出"按需扩展"的概念,如在 IBM 企业级 X 架构服务器技术中所提出的"Expand On Demand"就是这样一种技术。

4. 易用性

服务器的设计应多采用国际标准,机箱设计科学合理、拆卸方便,可通过指示灯方便地查看服务器的运行状态,可热拔插部件较多,可随时更换故障部件,而且随机配有完善的用户手册,可以指导用户迅速简单地安装和使用。

5. 可管理性

可管理性是数据中心选择服务器时应考虑的重要性能。使用合适的系统管理工具有助于降低支持和管理成本,有效监控系统的运行状态,及时发现并解决问题。通过服务器的硬件管理接口和管理软件,可对服务器的性能、存储、可用性/故障、网络、安全、配置、软件分发、统计、技术支持等内容进行监控和管理。

5.1.5 服务器系统主要技术

服务器系统在硬件方面的相关技术主要有以下几项:

1. 多处理器技术和并行技术

服务器上通常使用的是为服务器专门开发的 CPU。通常服务器 CPU 的主频比较低,但这些服务器 CPU 都具有非常好的运算性能。CPU 主频越高,工作时所散发的热量就越高,给服务器带来越多的不稳定因素。因此,服务器运算性能的提高,不仅需要通过主频的提高来达到的,也需要在其他参数方面进行加强,如通过对称多处理器系统和集群技术来大幅提高服务器的整体运算性能。

1) 对称多处理器技术

多路处理就是采用多个处理器来运行一个系统,可以通过采用多个处理器来提高性能。

对称多处理器(Symmetric Multi Processing,SMP)或称"紧耦合"技术,是在共享同一个操作系统和存储器程序的系统中,所有的 CPU 共享全部资源,如总线、内存和 I/O 系统等。操作系统或管理数据库的副本只有一个,由操作系统的副本管理所有处理器。SMP 最大的特点就是共享所有资源,其优点是能够动态平衡各个计算机之间的负载(因此,也可以更快地响应用户请求)。在联机操作处理(OLTP)方面,SMP 系统优于大规模并行处理系统(Massive Parallel Processing,MPE)。目前,SMP 已经成为现代计算机技术发展的潮流和趋势。

传统的 SMP 存在着增长性问题,就是所谓的"1 加 1 不等于 2",当系统增加一个 CPU 时,其性能并不能同样增加一倍。因此,传统的 SMP 存在内存总线拥挤、系统可用性差等缺点。一般来说，采用 SMP 技术的 UNIX 服务器真正有效的 CPU 数目不超过 6 或 8 个。

2) 集群技术

集群(Cluster)技术是近几年兴起的发展高性能计算机的一项技术。它是一组相互独立的计算机，利用高速通信网络组成一个单一的计算机系统，并以单一系统的模式加以管理。

其出发点是提供高可靠性、可扩充性和抗灾难性。一个集群包含多台拥有共享数据存储空间的服务器，各服务器通过内部局域网相互通信。当一台服务器发生故障时，它所运行的应用程序将由其他服务器自动接管。在大多数模式下，集群中所有的计算机拥有一个共同的名称，集群内任一系统上运行的服务都可被所有的网络客户所使用。

集群最先是在 RISC 架构的服务器上实现的。当市场上的集群技术开始普遍起来的时候，原来只是在高端系统中用到的一些技术开始下移到基于 IA 架构的服务器中，PC 服务器集群开始被人们所关注。但是，集群技术也有它的不足之处，当组建一个集群时，在安装时需要在每一台电脑中都安装相应的系统及应用软件，并进行调试。安装和维护上就显得比较复杂，可管理性较低。

3) 分布式内存存取技术

分布式内存存取技术(Non-Uniform Memory Access, NUMA)技术是在 SMP 和集群技术的基础上发展起来的，结合了两种技术的优势，它将多个 SMP 结构的服务器通过专用高速网络连接起来，组成多 CPU 的高性能主机。NUMA 技术克服了 SMP 结构的服务器在多 CPU 共享内存总线带宽时产生的系统性能瓶颈，可以支持 64 个以上的 CPU。如果采用 NUMA 技术，每一个 SMP 节点机都拥有自己的局部内存，并能够形成与其他节点中的内存静态或动态的连接。NUMA 体系结构的服务器从内部来看整体上是分布内存式的，由于它的传输通道带宽较高，不存在 Cluster 结构下的通信带宽瓶颈问题，因而从用户使用的角度来看和共享内存式的机器一样。NUMA 技术实现了大量处理器间接共享内存，是一种具有前途的大型服务器技术，是今后几年大型服务器发展的重要方向。

4) 超长指令集字和清晰并行指令计算

超长指令集字(Very Long Instruction Word, VLIW)是美国 Multiflow 和 Cydrome 公司于 20 世纪 80 年代设计的体系结构，目前，主要应用在 Trimedia(全美达)公司的 Crusoe 和 Efficeon 系列处理器中。AMD 最新的 Athlon 64 处理器系列也是采用这一指令系统，包括其服务器处理器版本 Operon。Intel 的 IA-64 架构和清晰并行指令计算的思想也是从 VLIW 指令系统中分离出来的。

提高处理器的性能主要有两种途径，一是不断提高 CPU 的时钟频率和内部并行工作的流水线数量，使 CPU 在单位时间内进行更多的操作；二是开发处理器指令级的并行性。为了使流水线高效地工作，RISC 采用分支预测、乱序执行等技术。但是这些技术都多少存在一些缺点。清晰并行指令计算（Explicitly Parallel Instruction Computing,EPIC）技术能在原有的条件下最大限度地获得并行能力,并以明显的方式传达给硬件。同时,在 EPIC 技术的基础上联合定义了一种新的 64 位指令架构（ISA）。新的 64 位 ISA 采用全新的方式,把清晰并行性能与推理和判断技术结合起来,从而大大跨越了传统架构的局限性。EPIC 技术支持的 IA-64 架构,打破了传统架构的顺序执行限制,使并行能力达到了新的水平。

2. 高性能存储技术

1) 硬　　盘

网络服务器使用的硬盘按接口方式划分,分为热插拔硬盘和非热插拔硬盘。服务器在更换非热插拔硬盘和增加新的非热插拔硬盘时必须关闭电源,打开服务器机箱才能完成。而热插拔硬盘可以在服务器运行时带电更换和添加硬盘,使用非常方便。

用户可综合考虑具体应用对性能、可靠性及投入资金的要求,选择传统机械式硬盘或固态硬盘（Solid State Drive,SSD）。

目前,流行的服务器硬盘接口类型有 SCSI（Small Computer System Interface,小型计算机系统接口）、SAS（Serial Attached SCSI,串行 SCSI）、SATA（Serial ATA,串行 ATA）。

2) 磁盘阵列控制器

阵列控制器（或阵列卡）是连接硬盘并将用户的数据存储到硬盘当中的设备。阵列控制器还可以利用镜像、双工或 RAID 技术保护存储在磁盘中的数据。

常用的控制器有在服务器主板上集成、作为插在标准总线插槽的一个卡以及与外部存储单元集成 3 种不同的形式。

3) 外部存储磁盘柜

这是专用的磁盘存储装置,可以解决服务器内空间不足以安装太多硬盘的问题,同时还具备很多管理功能。外部存储磁盘柜配备有冗余的可热插拔的风扇和电源、双路电源进线配置、良好管理性能,系统管理员可以远程监控电源与风扇以及硬盘的状态。通过更换磁盘柜中的 SCSI 控制卡可以快速升级成为光纤磁盘阵列柜。

3. 内存技术

服务器内存的 PCB 板一般较厚,至少在 6 层以上,板上电气元件和模块比一般普通 PC 条要多。服务器内存主要是引入了以下新的技术。

1) 指令纠错技术（Error Correction Code,ECC）

ECC 不仅能发现错误,而且能纠正这些错误,确保服务器的正常运行。ECC 内存主要是从 SD 内存开始得到广泛应用,而新的 DDR、RDRAM 也有相应的应用,目前主流的 ECC 内存其实是一种 SD 内存。

ECC 内存可以检测和纠正一位错误,通常可以检验双位错误,但不能纠正。因为多位错误很少出现,ECC 使得可靠性有了显著提高。如今 ECC 内存技术已经成为几乎所有服务器上的标准。为了获得足够的性能，服务器需要大量的内存，同时还要考虑到成本，这就导致单一内存芯片在每次访问时通常提供 4 或 8 位数据。一旦内存出故障，ECC 将不能恢复丢失的 8 位数据。而 IBM 的 Chipkill 内存利用子内存的结构性方法，对每个内存模块进行组织，使每块内存芯片的位数与 ECC 逻辑保护的位数相同，保证了服务器在出现故障时有强大的自我恢复能力。

2）寄存器或目录寄存器（Register）技术

可以把它理解为内存上的索引，当内存接到读写指令时会先检索此索引，然后再进行读写操作，这将大大提高服务器内存的工作效率。一般 Register 内存也都具有 ECC 功能，但具有 ECC 的内存不一定具有 Register 功能。某些特定的服务器主板要求内存必须支持 Register。

3）高速缓存（Buffer）技术

Buffer 即缓存器，也可理解成高速缓存，在服务器及图形工作站内存中有较多应用。具有 Buffer 的内存将对内存的读写速度有较大提高。有 Buffer 的内存几乎都带 ECC 功能。

4. 控制与管理技术

1）Intel 服务器控制技术

Intel 服务器控制（Intel Server Control，ISC）是一种网络监控技术，只适用于使用 Intel 的带有集成管理功能主板的服务器。采用这种技术后，用户在一台普通客户机上就可以监测网络上所有使用 Intel 主机的服务器，监控和判断服务器是否"健康"，一旦服务器机箱中的风扇、内存处理器、系统信息、温度、电压或第三方硬件中的任何一项出现错误，系统就会报警提示在客户机上工作的管理人员。监测端和服务器端之间的网络可以是局域网也可以是广域网，直接通过网络对服务器进行启动、关闭或重置，极大地方便了管理和维护工作。

2）应急管理端口（Emergency Management Port，EMP）技术

EMP 技术也是一种远程管理技术，利用 EMP 技术可以在客户端通过电话线或电缆直接连接到服务器，来对服务器实施异地操作，如关闭操作系统、启动电源、关闭电源、捕捉服务器屏幕、配置服务器 BIOS 等，是一种很好的实现快速服务和节省维护费用的技术手段。

应用 ISC 和 EMP 两种技术可以对服务器进行远程监控管理。

3）I2C 总线和智能监控管理技术

I2C（Inter-Integrated Circuit）总线是一种由飞利浦公司开发的串行总线，它包括一个两端接口。通过一个带有缓冲区的接口，数据可以被 I2C 总线发送或接收。控制和状态信息则通过一套内存映射寄存器来传送。利用 I2C 硬件总线技术可以对服务器的所有部件进行集中管理，可随时监控内存、硬盘、网络、系统温度等多个参数，增加了系统的安全性，方便了管理。

4) 智能输入/输出(Intelligent I/O)技术

随着处理器性能的飞速提高,I/O 数据传输经常会成为整个系统的瓶颈。为了解决该瓶颈,厂商在 I/O 子系统中加入 CPU,负责中断处理、缓冲和数据传输等任务,提高了系统的吞吐能力,解放了服务器的主处理器,使其能腾出空间和时间来处理更为重要的任务,这就是智能输入输出 I2O(Intelligent Input Output)技术。依据 I2O 技术规范实现的 PC 服务器在硬件规模不变的情况下能处理更多的任务,作为中小型网络核心的低端 PC 服务器可以从中获得更多的性能提高。

5) InfiniBand 技术

InfiniBand 是一种新型的高速总线体系结构,它可以消除目前阻碍服务器和存储系统的瓶颈问题,是一种将服务器、网络设备和存储设备连接在一起的交换结构的 I/O 技术。它有望广泛取代目前的 PCI 技术,并大大提高服务器、网络和存储设备的性能。InfiniBand 产品能够克服基于最新 PCI-X 的服务器的瓶颈。它可以应付 500Mbit/s~6Gbit/s 的传输速率,并提供高达 2.5Gbit/s 的吞吐量。而目前的体系结构仅支持 1Gbit/s。

InfiniBand 的设计主要是围绕着点对点及交换结构 I/O 技术,从简单廉价的 I/O 设备到复杂的主机设备都能被堆叠的交换设备连接起来。如果带宽、距离等条件适宜,"InfiniBand 支持以下环境"模块对模块的计算机系统(支持模块附加插槽)、在数据中心环境中的机箱对机箱的互联系统、外部存储系统和外部 LAN/WAN 访问设备。InfiniBand 支持的带宽比现在主流的 I/O 载体(如 SCSI Fiber Channel、Ethernet)还要高,此外,由于使用 IPv6 的报头,InfiniBand 还支持与传统 Internet/Intranet 设施的有效连接。用 InfiniBand 技术替代总线结构所带来的最重要的变化就是建立了一个灵活、高效的数据中心,省去了服务器复杂的 I/O 部分。

6) 热插拔技术

热插拔(Hot Swap)技术指在不关闭系统和不停止服务的前提下更换系统中出现故障的部件,达到提高服务器系统可用性的目的。目前的热插拔技术已经可以支持硬盘、电源、扩展板卡的热插拔。而系统中更为关键的 CPU 和内存的热插拔技术也已日渐成熟。未来热插拔技术的发展将会促使服务器系统的结构朝着模块化的方向发展,大量的部件都是可以通过热插拔的方式进行在线更换,为系统维护提供了极大的方便。

5. 可用性(Availability)技术

系统硬件的可用性在很大程度上取决于那些 MTBF 值较低又能对系统正常运行造成重大影响的部件,如硬盘、风扇、电源等。在系统设计中对关键部件进行冗余设计,可以大大提高系统的可用性。冗余技术的基础是合理有效地对系统运行状态进行监控,在及时发现故障的前提下启动冗余部件。

1) 磁盘系统冗余技术

通过配置热插拔硬盘并使用 RAID 系统,可以完全避免由于硬盘损坏造成的系统故障。

2) 电源系统冗余技术和冷却系统冗余技术

热插拔冗余风扇和电源可以保障网络服务器电源及风扇系统在出现故障时及时更换。

插拔冗余电源正常工作时,两台电源各输出一半功率,从而使每一台电源都工作在轻负载状态,利于电源稳定工作。当其中一台电源发生故障,短时由另一台电源接替其工作并报警。系统管理员可以在不关闭系统的情况下更换损坏的电源。采用热插拔冗余电源可以避免系统由于电源损坏而造成的停机。

自动切换的冗余风扇对风扇转速进行实时监测,发现故障时自动报警并启动备用风扇。系统工作正常时,主风扇工作,备份风扇不工作;当主风扇出现故障或转速低于规定转速时自动启动备用风扇。由于备用风扇平时处于停止状态,所以可以保证在工作风扇损坏时马上接替服务,不会造成由于系统风扇损坏导致的系统内部温升而产生的工作不稳定或停机的现象。

3) 网络系统冗余技术

采用自动控制的冗余网卡,当系统正常时多网卡自动分摊网络流量,使系统网络通信带宽提高,而在有网卡损坏或出现线路故障时,其工作自动切换到其他网卡。不会由于网络通道故障或网卡故障影响正常服务。

4) 系统冗余技术

通过对关键部件的冗余设计,可以保证系统硬件具有很高的可用性。一般非关键应用场合,硬件系统的可用性达到 99.99% 就可以了。在一些极其关键的应用场合,可以采用双机热备份的高可用(High Availability,HA)系统,使系统可用性达到 99.999%。通常双机热备份高可用系统工作时,两台服务器同时工作,不断完成同步操作。如果其中一台服务器由于硬件或软件原因发生故障失效,另一台服务器将快速接管服务,切换时间仅需 1~2min。

由于应用程序可以在两台服务器之间自由切换,用户可由此实现在不停止网络服务前提下对其中一台服务器进行维护工作,如日常检查、维修或测试,而此时前台工作站可以完全透明地保持在工作状态。有关双机热备技术详见第 5.2.3 一节。

5.2 小型机服务器系统的部署和选型

5.2.1 小型机的部署

1. 部署服务器要考虑的因素

1) 适当的处理器架构

适当的处理器架构对于服务器来说是非常关键的,不同的处理器架构在相当大的程度上决定了服务器的性能水平和整体价格。对于在性能、稳定性和可扩展能力上要求较高的用户,则建议选择基于 RISC 架构处理器的服务器,采用的服务器操作系统一般是 UNIX 或者 Linux。

2) 业务发展的稳定性能

(1) 速度。主要考虑 CPU、内存、网络 I/O 和磁盘 I/O。

(2) 稳定性。可用性衡量(是指在一段时间内服务器可供用户正常使用的时间的百分比),利用系统或部件冗余(包括 PCI 通道、网卡、SCSI 卡、硬盘、电源等),遇到故障时自动执行系统或部件切换,以避免或减少意外停机。

(3) 模块化。指网卡、SCSI 卡、硬盘、电源、风扇等部件为模块化结构,都可以热插拔,使每个重要部件都有自己的电源,不会因一个部件的电源损坏而危及整个系统。

(4) 扩展性。服务器板上的插槽留有空余数量,机架上的硬盘和电源空间留有余地。

(5) 易用性。应用软件是否丰富,管理是否方便。

(6) 良好的散热设计。服务器大多需要长时间运作,因此,良好的散热性能是十分重要的。散热性能可以根据厂商数据、散热风力强度或实际测试得知,散热良好的服务器往往有着较佳的稳定性能。

3) 总拥有成本(TCO)

TCO 指拥有一台服务器的真实费用,包括它的管理、电源、配件、修理和时间花费等。购买服务器时,TCO 是一个真正值得考虑的因素,甚至那些产品非常昂贵的厂商也宣称它的产品能够通过某种方案减少 TCO。

4) 合适的品牌

在几年前,服务器产品主要是以国外品牌为主,如 IBM、HP、Sun(称为国际服务器市场的"三甲")等。但近几年国内服务器品牌发展迅速,国内服务器产品的技术水平和性能都得到了极大提高。在市场占有率方面,国内品牌在中高档市场上已接近甚至超过国外品牌。国内品牌服务器同样具有非常高的技术水平和性能,而且采用的是本土化服务,更加贴近实际需求,服务也可能更到位。

2. 构建服务器的方案策略

1) 关键业务平台

(1) 特征。关键业务增长平台繁多,产品结构复杂,提升企业管理效能,降低风险,提升服务器的高性能、高可用性、高可扩展性、易升级,考虑保护投资。

(2) 部署。1~2 个小型机服务器,提高性能和稳定性。其他 PC 服务器辅助。

2) 非关键业务平台

(1) 特征。模块化、易用性优势,硬盘的整体 I/O 特性要求不高,系统运行的安全性稳定,标准兼容,最佳的性能价格比,大量廉价的兼容配件,使用方便。

(2) 部署。采用 PC 服务器具有最佳的性能价格比。64 位、多核 x86 处理器的出现,使得单台 x86 服务器的性能越来越强大,仅通过软件就可弥补虚拟化所带来的性能和稳定性方面不足。

5.2.2 小型机的选型

由于小型机在应用中承担"关键任务"的重要角色，它的选择至关重要。一般而言，小型机有如下的选型原则。

1. 先进性

当选择计算机系统时，必须考虑到系统的先进性。根据摩尔定律，计算机的处理能力每隔一年半就会翻一番。在现实社会中，计算机技术的发展甚至超越了摩尔定律。当选择计算机主机系统时，必须选择拥有先进技术的机型。否则，投入巨大资金可能购买到过时或者将要过时的产品，其处理能力与扩展能力也会受到限制，计算机的处理能力很快就跟不上业务发展的需要。用户为适应业务的发展在短期内就必须购买新的设备，这无疑是一种投资的浪费。

2. 可靠性、可用性和可维护性（RAS）

系统的可靠性、可用性和可维护性是 RISC 系统区别于 CISC 系统的典型特点之一，也是其适用于关键性业务的重要特点之一，当出现故障时，必须进行部件的维修或维护；或者为了防止故障的产生，必须进行事前的维护，这都需要系统具有很好的可维护性。

3. 高性能

为了衡量某种服务器是否具有很高的性能，业界有各种各样的指标，如 SPEC、TPC 等通用性指标，但也应看到，指标只是在一定程度上反映了服务器某方面的性能，但任何某个单一的指标都不能完全反映服务器的真实性能，如果在不能进行真实业务系统测试的情况下进行服务器的选择，就应该根据各种指标进行综合考虑，更重要的是要从服务器本身的体系结构上来寻找答案。

4. 投资保护和扩展能力

关键性业务的投资对客户来说是一笔很大的投资。随着企业的发展和整个社会经济形势的发展，业务需求不断加强，导致了关键业务的处理能力需求不断加强。保护客户不仅仅要求厂商提供的服务器对将来具有投资保护的能力，而且对现在也要有良好的投资保护能力。投资保护在一定程度上要通过扩展能力来体现，系统的扩展能力越强，投资保护能力越强。

5. 异构环境支持

在目前的计算机网络中，互操作性成为衡量业务系统的一个指标。主要体现在以下几点：

1）体系结构

计算机发展面临的一个很大问题就是设计都是从下往上发展，即从硬件、芯片开始，随后是操作系统，而到应用往往要拖后几年。这样客户为了享受到新硬件的新功能，需要花费大量的时间和金钱对原有的应用程序进行修改和重新编译，或者只能将原有的程序运行在一个仿真环境里，不能迅速而充分享受到新硬件技术的强大功能。

2) 主处理器芯片性能

主处理器芯片性能包括基本性能(如采用主处理器芯片是 64 位 RISC 微处理器，基于 Power-PC 体系结构设计)和扩展性能(针对某种应用专门进行扩展)。其中，扩展主要是针对系统单级存储和商业应用负荷的优化，使之具有更好的商业应用处理性能。在硬件设计方面，采取 SMP 和 ASMP(非对称多处理)相结合的策略；在主处理器方面，采用对称多处理器方式提供强大的处理能力，对称多处能够在一个任务/查询中充分发挥多个 CPU 的能力；在外围设备协处理器方面，采用非对称多处理器方式，即由不同的协处理器独立完成相应的输入/输出功能，来实现均衡强大的整体系统性能，适应数据中心应用环境。

3) 集成性

以应用为中心，在操作系统中集成用户进行系统管理所需的各种功能，如数据库系统、安全管理、网络管理、系统作业管理，使用户运用计算机管理他们的业务，而不是管理他们的计算机。传统计算机系统以硬件为中心，用户购买硬件和操作系统后还需要另外购买数据库、网络管理模块、安全管理模块、系统备份模块等，而这些软件往往由不同的软件厂商提供，模块之间的连接难免有不平滑的部分，使用户把过多的精力花在管理他们的计算机上，而不是用在管理他们的业务上。系统的集成性拥有最低的系统维护费用，大大降低了系统的总体拥有成本。

4) 系统安全性

系统安全性由操作系统提供，面向目标的设计方式将确保系统安全，使所有的系统程序、用户程序、用户数据都被设计成具有特定属性的目标，而且程序员只能通过机器接口的 API 编程，不能直接调用系统底层指令直接操作硬件，这种体系结构本身杜绝了病毒的带入，使系统安全性达到高标准。

5) 扩展性

扩展性包括单机系统扩展能力(可支持处理器的数量)以及集群能力(如向用户提供集群工作方式，通过光纤连接技术，将多台服务器组成集群，共同发挥作用)，也包括应用系统发的升级能力。

6) 高效的存储系统

高效的存储系统即服务器提供的存储系统具有高效、高可靠性。磁盘系统提供有多级的镜像和 RAID-5 保护方式，确保用户数据的安全。

7) 从实际情况考虑

评估中除考虑上述因素外，还应当结合用户的实际情况进行考虑。如项目的实际需要与投资、用户喜好、应用能力(对机器和操作系统的熟悉程度)、对今后的预期等因素，综合考虑后得出评估结果。

5.2.3 服务器系统的部署

根据业务应用系统的开发模式，数据中心服务器系统可采用二层结构、三层结构和多层结构等多种部署方式。其中,二层结构即为"客户端/服务器(Client/Server)"结构;三层结构是在二层结构的基础上将服务器层细分为数据资源层、应用服务层;在多层结构中则将表示层独立扩展出来。

随着网格计算、云计算等概念的提出与发展,服务器的部署方式也会有进一步发展,但这些概念的提出与应用系统的开发模式密切相关,目前,在企业级应用中尚无更多成功案例,下面仅以三层结构为例进行说明。

1. 服务器系统的网络结构

服务器系统宜采用三(多)层结构。第一层为数据资源服务器,可采用高性能企业级服务器,使用大型数据库;第二层为应用服务层,可根据业务需要采用一(多)台中高端服务器;第三层为信息发布层,可采用一(多)台中低端服务器。

2. 三层结构的优势

(1) 开发人员可以只关注整个结构中的某一层,易于实现产业化开发模式。
(2) 可以很容易地用新的实现来替换原有层次的实现。
(3) 有利于标准化。
(4) 有利于各层逻辑的复用。

3. 分层结构对服务器的要求

数据中心主要业务运行在主机上,所以要求主机有高可扩展性、高可用性和安全性,同时应采用适当的容错和冗余技术保障 $7\times24h$ 的不间断运行;可根据各层次的计算量选择不同性能的服务器;随着业务的不断发展,主机应能适应这种发展,以较低的成本扩充;系统应容易管理,集群系统不应成为管理的难点;系统应能灵活调整,以适应业务的调整。

5.2.4 服务器的分配

服务器系统作为数据中心的核心设备,提供计算处理服务、网络应用服务、业务应用服务和其他服务。数据中心服务器主要分为数据库(Oracle 等)服务器、业务应用(OA 等)服务器、因特网应用(Web 等)服务器、基础应用(文件和打印、域控制器、DNS、FTP、DHCP 等)服务器。服务器的分配应根据各级各类应用的不同规模和特点,并结合处理速度、存储容量、可靠性、系统开放性、性能价格比等因素来进行选择。

(1) 数据资源层服务器作为业务系统的核心,具有业务量大、存储量大等特点。它承担着业务数据的存储和处理任务,因此,关键数据库服务器的选择就显得尤为重要。服务器的可靠性和可用性是首要的需求,其次是数据处理能力和安全性,然后是可扩展性和可管理性。为保证系统持续稳定高效地运行,必须保证服务器数据存储系统较高的可靠性、扩展性和灾难恢复能力。基于 RISC 系统的高中端服务器和高中端 PC 服务器系统是适用于数据库服务器的选择,可根据具体业务需求和投资情况选择双机集群和单服务器系统。

（2）应用层服务器承担着业务系统的各类应用服务,主要强调其强大的计算能力,能够处理大量的并发连接处理,并能在用户数增加的情况下保持良好的性能平衡。除此之外,能够提供连续可用服务的可靠性,能够适应各种网络环境的扩展能力也是需要考虑的因素。业务应用服务器可以考虑采用基于RISC系统的中低端服务器系统或高中端PC服务器,运行OA等业务应用系统以及诸如DNS等基础应用系统。可根据具体业务需求和投资情况选择双机集群和单服务器方案。

（3）数据中心的其他应用服务可部署在发布层,如因特网的Web服务等,要根据具体应用和投资要求在可靠性和处理能力等方面综合考虑,可分配给中低端PC服务器系统。

5.2.5 双机热备、集群、负载均衡、分区和虚拟化

双机热备、集群、负载均衡、分区和虚拟化是支持数据中心服务器系统可靠运行的重要技术,而且是非常实用的技术。

1. 双机热备技术

双机热备是指在两台服务器中同时提供相同的服务,当专用的集群软件检测到其中一台服务器出现计划或非计划停机时,触发接管指令,由另一台服务器自动接管对方的服务,以达到减少停机时间,提高服务器可用性的目的。

1) 双机热备的模式

双机热备有以下两种模式:

（1）Active/Active 模式。也称为双主机模式,指两台服务器同时对外提供不同服务,当其中一台失效后,由另一台主机接管对方的应用和服务,如图5.1所示。

（2）Active/Standby 模式。也称为主备模式,指两台服务器在同一时间只有一台对外提供服务,当对外提供服务的主机失效时,由备机接管所有的应用和服务,如图5.2所示。

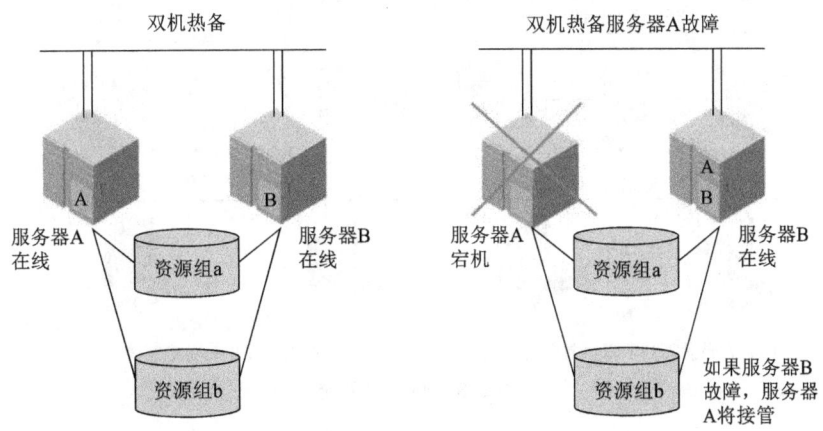

图 5.1　Active/Active 热备份

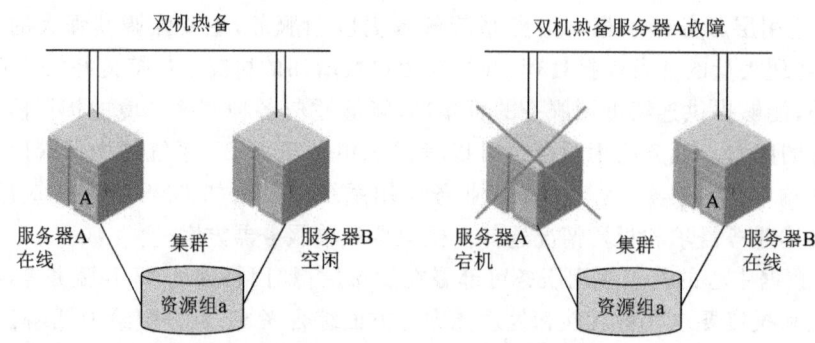

图 5.2 Active/Standby 热备份

2) 双机热备的实现方式

双机热备有两种实现方式,一种是基于共享存储设备的方式;另一种是没有共享存储设备的方式,也称为纯软件方式。

(1) 基于共享存储的双机热备。进行双机热备的两台服务器使用同一个存储设备(磁盘阵列柜或存储区域网),业务数据存放在这个共用的存储设备上。当其中一台服务器失效而进行服务接管时,并不会影响共用存储设备上的业务数据,如图 5.3(a) 所示。

(2) 没有共享存储设备的双机热备。没有共享存储设备的双机热备常见于应用服务器。其特点是只需要对外提供服务,而无需保存业务数据。集群软件只需要在其中一台服务器失效时,将服务切换到另一台服务器即可,如图 5.3(b) 所示。

没有共享存储设备的双机热备,如需要进行业务数据的存储,情况就相对复杂一些。由于没有共享存储设备,业务数据必须保存在服务器上,要保证两台服务器提供相同的数据,需要通过镜像软件将数据复制到另一台服务器上。镜像软件进行数据复制时,可依服务的重要程度采用同步或异步复制方式。

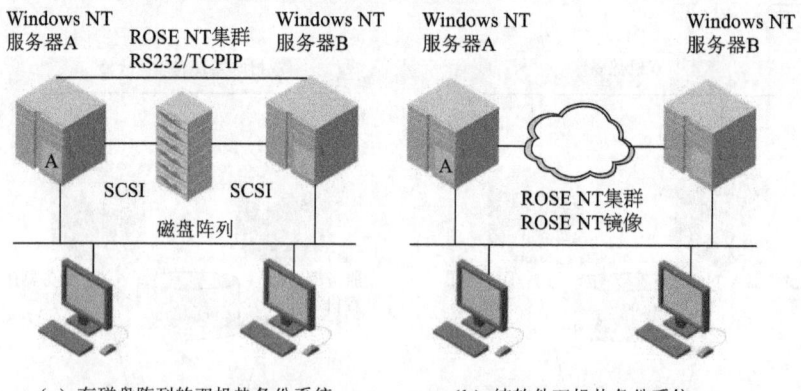

(a) 有磁盘阵列的双机热备份系统　　(b) 纯软件双机热备份系统

图 5.3　热备份系统

2. 集群技术

集群技术可以使两台或多台服务器集中起来一起进行某一种服务,提供更高的可用性和性能、用并行运行提高处理速度,以保证系统的不间断运行。集群中的每个节点通常都拥有自己的资源(处理器、I/O、内存、操作系统、存储器),并对自己的用户集负责。

对于集群中的每一个节点来说,通过集群软件的控制来提供服务,如故障检测、恢复和将服务器作为一个系统进行管理。为了保证集群运行的可靠性,其中所有节点必须以知道其他所有节点状态的方式连接。实现这一功能需要一条由局域网路径分离出来的通信路径,并使用专门的网卡确保节点间的通信。在该通信路径和中继系统之间连接着"心跳线",一旦有资源出现故障,就会迅速启动故障切换过程。为了确保通信故障不会激活错误的故障切换,可靠的系统会采用不同通信连接(局域网、SCSI 和 RS232)的冗余心跳。

当集群中某个节点发生故障,故障切换功能会暂时将该节点的资源切换到其他一个或多个节点。待故障节点全面恢复运行以后,再将其放回到集群中,将其功能从其他服务器转回该服务器。对于实现故障切换,一种方法是 N 路配置,在正常情况下,集群中所有节点都拥有自己的用户与工作负载,在故障切换后,由于剩余服务器承担多余负载,因而性能会下降一些;第二种方法是 N+1 路配置,它包括一个热待机系统,它在主系统发生故障之前一直处于空闲模式。当节点发生故障后它起到临时替代的作用,避免了集群整体性能的下降,这种方法成本较高。

集群的性能可扩充性也是其一大优势,事实上,集群提供的环境可以随着计算机需求的不断增加而增加,通过不断地加载服务器、磁盘阵列等设备增加节点以实现自动分配其工作负载,从而达到提高可扩充性的目的。还可以通过应用不同线程在不同节点上的方法来提高可扩充性。

对于大型科学计算、天气预报、地形分析和生物制药、存储和处理海量数据、数据挖掘、图像处理和基因测序等需要密集计算的业务来说,还可考虑采用高性能计算(Hight Performance Computing)集群。高性能计算致力于开发超级计算机,研究并行算法,开发相关软件。

3. 服务器负载均衡技术

服务器负载均衡(Server Load Balance)作为服务器应用的主要技术之一,可提高服务器的整体处理能力,提高可靠性、可用性、可维护性和服务器工作速度。从网络层面实现流量负载均衡的有关内容,详见本书第 4 章"数据中心网络平台"。

1) 负载均衡的含义

负载均衡涵盖了两方面的含义:其一,大量的并发访问或数据流量分担到多台节点设备上分别处理,减少用户等待响应的时间;其二,单个重负载的运算分担到多台节点设备上做并行处理,每个节点设备处理结束后,将结果汇总,返回给用户,系统处理能力得到大幅度提高。目前,负载均衡技术大多数是用于提高诸如在 Web

服务器、FTP服务器和其他关键任务服务器上的Internet服务器程序的可用性和可伸缩性。

2) 负载均衡的分类

目前,有许多不同的负载均衡技术用以满足不同的应用需求,下面从负载均衡所采用的设备对象、应用的网络层次(指OSI参考模型)及应用的地理结构等来分类。

(1) 软件负载与硬件负载。软件负载均衡是指通过在一台或多台服务器相应的操作系统上安装一个或多个附加软件来实现负载均衡;硬件负载均衡是通过直接在服务器和外部网络间安装负载均衡器来实现,由于是专用设备,拥有独立的操作系统,整体性能得到大幅提高,加上多样化的负载均衡策略,智能化的流量管理,可达到最佳的负载均衡效果。

(2) 网络的第4层和第7层负载均衡。第4层负载均衡将一个Internet上合法注册的IP地址映射为多个内部服务器的IP地址,对每次TCP连接请求动态使用其中一个内部IP地址,达到负载均衡的目的;第7层负载均衡则控制应用层服务的内容,提供了一种对访问流量的高层控制方式,适合对HTTP服务器群的应用。第7层负载均衡技术通过检查流经的HTTP报头,根据报头内的信息来执行负载均衡任务。

(3) 本地负载均衡(Local Load Balance)和全局负载均衡(Global Load Balance,也叫地域负载均衡)。本地负载均衡是指对本地的服务器群进行负载均衡;全局负载均衡是指对分别放置在不同的地理位置、有不同网络结构的服务器群进行负载均衡。

负载均衡策略的优劣及其实现的难易程度有两个关键因素:负载均衡算法、对网络系统状况的检测方式和能力。

3) 负载均衡的算法

考虑到服务请求的不同类型、服务器的不同处理能力以及随机选择造成的负载分配不均匀等问题,为了更加合理地把负载分配给内部的多个服务器,就需要应用相应的能够正确反映各个服务器处理能力及网络状态的负载均衡算法。常见的负载均衡算法如下:

(1) 轮循均衡(Round Robin)。

(2) 权重轮循均衡(Weighted Round Robin)。

(3) 随机均衡(Random)。

(4) 权重随机均衡(Weighted Random)。

(5) 响应速度均衡(Response Time)。

(6) 最少连接数均衡(Least Connection)。

(7) 处理能力均衡。

(8) DNS响应均衡(Flash DNS)。

4) 对网络系统状况的检测方式和能力

尽管有多种的负载均衡算法可以较好地把数据流量分配给服务器去负载,但负载均衡策略还应有对网络故障、服务器系统故障、应用服务故障的检测方式和能力。网络系统状况的检测方法主要有以下几种：

(1) Ping 侦测。

(2) TCP Open 侦测。

(3) HTTP URL 侦测。

在数据中心中运用较多的是本地负载均衡技术，在不花费昂贵费用的基础上，有效解决数据流量过大、网络负荷过重的问题。可充分利用上述均衡策略把数据流量合理地分配给服务器集群内的服务器共同承担。给现有服务器扩充升级时，可直接将新增服务器加入到集群当中，而不需要改变网络结构，不需停止服务，保证了系统的持续性。

4. 系统分区技术

系统分区技术(System Partitioning)通常称为分区。它作为服务器主要技术之一，可将服务器的 CPU、内存、I/O 等资源合理地进行分区和调配，使不同分区运行不同的操作系统或同一操作系统的不同版本，最大限度地利用服务器性能，使一台服务器可以当作多台使用，充分提高了硬件利用率。一旦某个分区出现故障，鉴于各分区之间的独立性，其他分区运行将不会受到影响。

系统分区包括物理分区和逻辑分区。

1) 物理分区(PPAR)

物理分区使得一个单一多节点的服务器能够在一个独立分区的操作系统上同时执行多个任务(也可以是一个操作系统的多个版本或者不同类型的操作系统)。这不同于在一个分区进行多个系统安装。系统分区技术使得各操作系统在同一台服务器的不同节点上同时运行；一个分区可以跨节点通过一个操作系统提供服务，每个节点可以通过软件来单独管理，如图 5.4 所示。

物理分区又包括三种模式：固定式分区、静态式分区和动态式分区。

2) 逻辑分区

逻辑分区指的是将一个物理的服务器划分成若干个虚拟的或逻辑的服务器，每个虚拟的或逻辑的服务器运行自己独立的操作系统，有自己独享的处理器、内存和 I/O 资源。这种技术通常是通过软件来实现的。

逻辑分区技术又可分为静态逻辑分区和动态逻辑分区两种方式。每个逻辑分区都需要一些资源，而且拥有最小配置。

(1) 每个分区至少有一个处理器。

(2) 至少 256M 内存。

(3) 至少有一块硬盘用于安装和存储操作系统 AIX；或者单独的虚拟程序，如 VMware。

(4) 至少有一块硬盘适配器或集成的适配器用于连接硬盘。

(5) 至少有一块网卡用于每个分区与 HMC(Hardware Motion Compensation，硬件运动补偿)的连接。

（6）每个分区必须有一个安装模式，例如，NIM(Network Install Management，网络安装管理)。

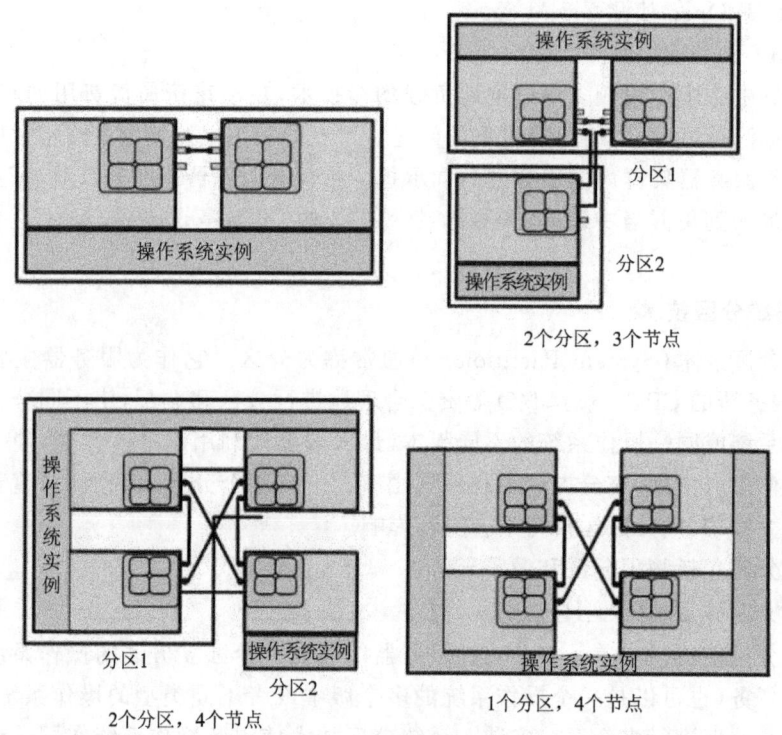

图 5.4 分区示意图

动态逻辑分区的系统体系架构如图 5.5 所示。

不同产品分区技术不尽相同，表 5.3 所示为主流产品分区技术的比较。

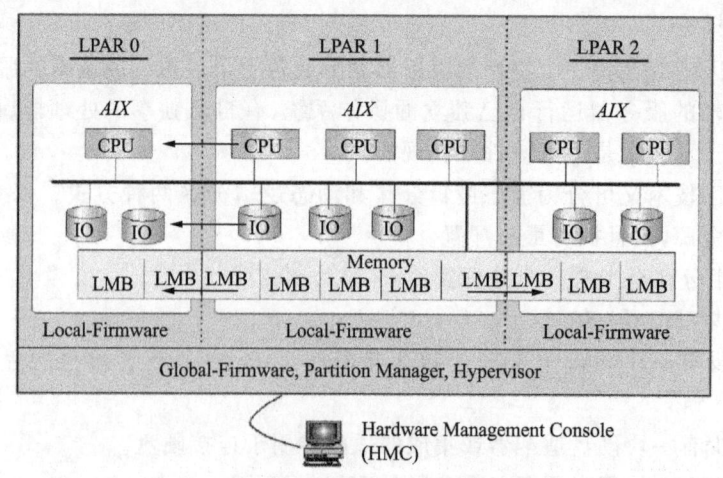

图 5.5 逻辑分区示意图

表 5.3 分区技术对照表

分区功能	IBM	HP	SUN
分区种类	逻辑分区	硬件分区	硬件分区
分区隔离方式	Firmware	硬件隔离	硬件隔离
分区基本资源	CPU、内存、I/O	CPU、内存、I/O	CPU、内存、I/O
分区名称	DLPAR(动态逻辑分区)	nPartition(物理分区)、vPartition(虚拟分区)	Dynamic Domain(物理分区)
分区基本单元	CPU、内存、I/O 各自独立分配	以 Cell(包括 CPU、内存、I/O)为分配单元	以 uniboard(包括内存)、I/O 板为分配单元
最大分区个数	32	16	18
最小 CPU 数(每个分区)	1CPU	Cell/iCOD	2CPU
最小内存数(每个分区)	1GB	2GB	2GB
最小 PCI 插槽数(每个分区)	1(任何 I/O Drawer 上的 1 个 PCI 槽)	12(在同一 I/O Chassis 上的所有的 12 个 PCI 槽)	4[在同一系统板上的所有的槽(4 个 SBUSs 槽或 2 个 PCI 槽)]
最小 CPU 增量	1CPU	2CPU	1GB
最小内存增量	256MB	4GB	1GB
最小 I/O 插槽增量	1(任何 I/O Drawer 上的 1 个 PCI 槽)	12(在同一 I/O Chassis 上的所有的 12 个 PCI 槽)	4[在同一系统板上的所有的槽(4 个 SBUSs 槽或 2 个 PCI 槽)]
动态资源划分方式	不需要重启操作系统	只在 vPar	支持
允许应用和中间件支持动态重配置	支持	不支持	不支持
提供 API、脚本接口支持应用和中间件支持硬件动态重配置	提供	没有提供	没有提供
支持应用和中间件调整硬件配置	支持	不支持	不支持
CPU 动态资源划分	支持(不需要重启操作系统)	只在 vPar	支持
内存动态资源划分	支持(不需要重启操作系统)	只在 vPar	支持
PCI 动态资源划分	支持(不需要重启操作系统)	只在 vPar	不支持
允许单一资源动态调配(CDROM、Tape)	支持	不支持	不支持

续表 5.3

操作系统	AIX 5.1 AIX 5.2 Linux	HP-UX 11i V1（PA-RISC） HP-UX 11i V2(Itanium 2)	Solaris 8 Solaris 9
Linux 支持	支持	不支持	不支持
Linux 分区	支持	不支持	不支持
支持超过一种操作系统分区	AIX、Linux	不支持	不支持
支持不同版本操作系统分区	支持	支持	支持
分区功能管理由主机以外的独立平台管理	支持	支持	不支持
资源管理工具	WLM(CPU、Memory & I/O)	PRM & WLM（CPU、Real Memory & I/O）	Processor Sets & Solaris Resource Manager（SRM）（CPU Time、No. of user Logins & Virtual Memory）

5. 虚拟化技术

虚拟化技术（Virtualization Technology）含义较为广泛,前面所述的分区技术实际上可理解为服务器系统虚拟化技术的一个具体应用。

1) 分配资源的方法

虚拟化技术可以通过以下两种方法来帮助服务器更加合理地分配资源：

(1) 把一个物理的服务器虚拟成若干个独立的逻辑服务器,这个方法的典型代表就是分区。

(2) 把若干个分散的物理服务器虚拟为一个大的逻辑服务器,这个方法的典型代表就是网格。目前,虚拟架构可分为单一操作系统内核映像(Single OS Image)、全虚拟化(Full Virtualization)和准虚拟化(Para-Virtualization)。

① 采用单一操作系统内核映像方式的厂商包括 Virtuozo、Vservers 和 Zones。该方法将用户过程集合成资源容器(Container),对物理资源的访问进行管理。虽然这个方法的扩展性强,但是很难在不同的容器中进行很有效的隔离。

② 全虚拟化的厂商包括 VMware 和微软,还有开源项目 QEMU。采用这种方法,整个操作系统和应用程序都作为子操作系统运行在主操作系统之上。这种方法的主要优势在于可以在一个单一主机上运行任何数量的不同子操作系统；缺点是 x86 架构无法进行有效的虚拟化。

③ 准虚拟化指的是可以对主操作系统进行修改,以支持子操作系统需要的底层调用。Xen 和 UML(User-Mode Linux,用户模式的 Linux)采用这种方法。其优点包括性能好、可扩展性以及易于管理性。同时,准虚拟化还有助于利用具有硬件虚拟化

能力的更新 AMD 和 Intel CPU 架构的优点。

2) 虚拟化的表示模式

虚拟化不是一个单独的实体，它是一组模式和技术的集合。

(1) 单个资源的多个逻辑表示。它只包含一个物理资源，但呈现出的逻辑表示却包含多个资源。虚拟机就是这种模式的一个例子。图 5.6 说明了服务器和信息的虚拟化。

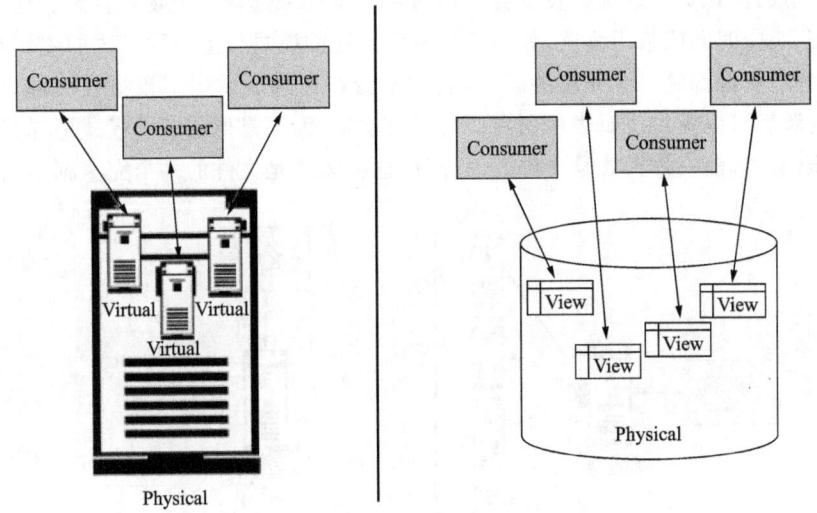

图 5.6　虚拟化——单个资源的多个逻辑表示

(2) 多个资源的单一逻辑表示。这种模式包含了多个组合资源，这些资源表示为提供单一接口的单个逻辑表示形式，存储虚拟化就是这种模式的一个例子，如图 5.7 所示。在服务器方面，集群技术可以提供这样的虚拟化，用户只与一个系统（头节点）

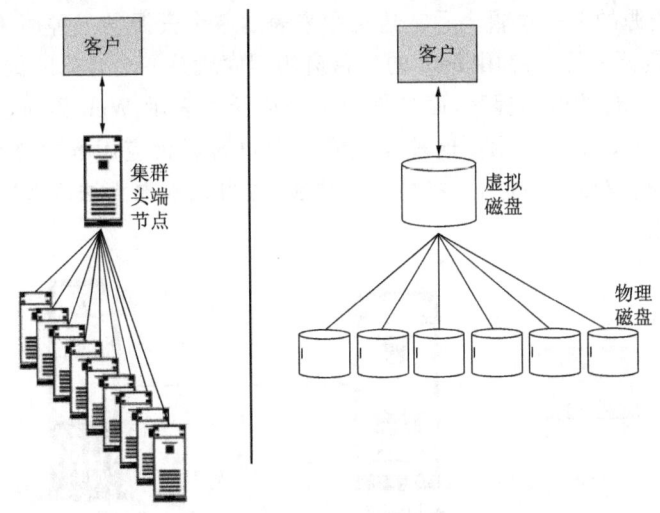

图 5.7　虚拟化——多个资源的单一逻辑表示

进行交互，而集群事实上可以包含很多的处理器或节点。实际上，这就是从 IT 技术设施的角度看到的网格可以实现的功能。多种资源集都是通过一个简化的用户界面呈现出来。从计算角度来看，网格具有接受任务请求，对任务负载进行调度和管理，并在提供资源和返回结果的同时提供任务负载虚拟化的能力。

（3）在多个资源之间提供单一逻辑表示。这种模式包括一个以多个可用资源之一的形式表示的虚拟资源。虚拟资源会根据指定的条件来选择一个物理资源实现，例如资源的利用、响应时间或临近程度，如图 5.8 所示。这种模式与上一种模式的差别在于，首先，每个物理资源都是一个完整的副本，它们不会在逻辑表示层上聚集在一起；其次，每个物理资源都可以提供逻辑表示所需要的所有功能，而不是像前一种模式那样只能提供部分功能（例如，前一种模式是文件的一部分，这种模式是文件的一个完全副本）。

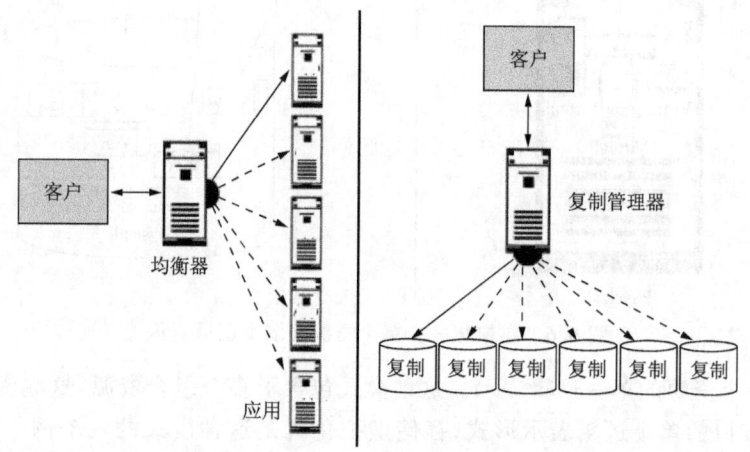

图 5.8　虚拟化——多个资源之间提供单一逻辑表示

（4）单个资源的单一逻辑表示。这是用来表示单个资源的一种简单模式，就好像它是别的什么资源一样。启用 Web 的后台应用程序就是一个常见的例子。在这种情况下，并不修改后台的应用程序，而是创建一个前端来表示 Web 界面，它会映射到应用程序接口中，如图 5.9 所示。这种模式允许通过对后台应用程序进行最少的修改（或根本不加任何修改）来重用一些基本的功能；也可以根据无法修改的组件，使用相同的模式构建服务。

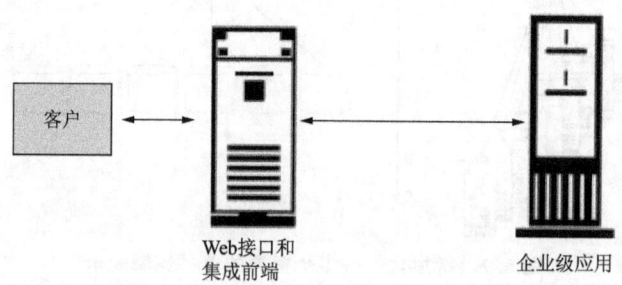

图 5.9　虚拟化——单个资源的单一逻辑表示

（5）复合或分层虚拟化。这种模式是上面介绍的一种或多种模式的组合，它使用物理资源来提供丰富的功能集。信息虚拟化是这种模式一个很好的例子。它提供了底层所需要的功能，这些功能用于管理资源，包含有关如何处理和使用信息的元数据以及对信息进行处理操作的全局命名和引用。这个框架中的每一层都是更低一层的抽象，它为上层提供了一个定义好的接口。随着在这个架构中的层次（或框架堆栈）的上升，底层提供的资源都组合成了更复杂的功能。例如，任务负载虚拟化和信息虚拟化就为已经虚拟化过的基础设施（系统、存储和网络）提供了更高级的虚拟化。

5.2.6 服务器的选型

服务器系统的选型一般应该坚持先进性、标准性与成熟性并重、安全性和可靠性同时考虑、开放性和可扩充性兼顾、经济性与实用性并存等原则。当然，对不同的系统、不同的需求，还应有所侧重。

1. 服务器硬件选型

服务器作为计算核心，是数据中心最重要的硬件设备之一。用户能否选好服务器直接关系到数据中心建设的成败。

在服务器选型时，不仅要考虑服务器本身的特性是否适合于数据中心的建设要求，还需要注重多种新技术与服务器产品的结合运用，以满足数据中心的要求。

1）架构选择量体裁衣

根据业务类型确定服务器的处理器架构是选型的第一步。目前，处理器架构主要分两大类：一是基于复杂指令集（CISC）架构的 SC 英特尔和 AMD 系列处理器；二是主要应用于 UNIX 系统中的精简指令集（RISC）架构处理器。

以上服务器处理器主要应用于主流市场，更为高端的市场中主要应用的还是由 Sun、HP、IBM 等公司开发的 RISC 架构处理器及 IA 架构的安腾处理器。相比 CISC 架构，RISC 处理器在性能提供和扩展支持上要占有优势，如 Sun 的一些处理器可以实现几百个处理器的并行扩展，而 IA 架构则基本上限制在 8 路以下，使得采用这种处理器的服务器单机性能受到一定制约。

选择哪一种处理器架构要视具体应用需求和经济承受能力而定。就数据中心而言，处理器架构的确定要根据数据中心的服务职能来确定。例如银行数据中心对服务器的可用性和可靠性要求极高，为了保证系统的安全性，其核心业务必须考虑基于 RISC 架构的服务器系统，具有一定的封闭性，相对于大众化的微软视窗系统具有较高的安全性。但用此类服务器时，构建数据中心建设与维护成本较高，并不一定适合其他行业的数据中心。

目前，基于 CISC 架构的处理器已经发展到四核，英特尔将推出六核至强处理器，其性能会大为提高。微软 Windows Servers 系列操作系统和开源的 Linux 系统经过多年发展，其功能和稳定性也有了很大提高。对于大部分的政府和企业应用完全可以满足需求。比如企业 ERP 系统、政府电子政务系统等计算系统，最为注重的是系统稳定性，采用基于英特尔成熟的至强系列处理器就可以带来良好的应用效果。对于石油勘探、气象预报等需要进行高性能计算的应用领域，IA 处理器已经占据了绝对主流，这在最新的 HPC Top500 排名中已经体现出来。

2) 类型选择视负载而定

确定好数据中心的服务器架构之后，就该根据业务的规模、负载、未来增长状况来确定服务器的性能。按性能标准划分，服务器通常被分为入门级服务器、工作组级服务器、部门级服务器和企业级服务器 4 个档次。服务器的档次最主要的决定因素还是处理器，在对服务器进行性能选型时，需要从处理器类型和可扩展处理器个数两方面来分析。

对于中小型的数据中心，可以选择基于英特尔至强系列或 AMD 皓龙处理器的入门级服务器，它们一般支持 1~2 路处理器，可以满足大部分中小型用户的扩展需求，而且价格很经济；对于有一定规模的中型数据中心，建议选择基于英特尔至强多路或 AMD 皓龙处理器的工作组或部门级服务器，这是目前最主流的配置，它们最高可部署 8 路对称处理器，但大多数只需配置 4 路处理器就完全可以满足中型企业的应用和扩展需求。服务器价格根据不同路数处理器而相差较大，标准 2 路配置的价格比前面介绍的 2 路服务器也会高出许多；对于一些大型数据中心，或者主要应用于那些复杂商务应用的企业，如电信、金融、证券等行业的核心业务系统，建议选择基于高性能的纯 64 位英特尔奔腾系列处理器或 64 位 RISC 架构处理器，如 IBM 的 Power 系列、Sun 的 UltraSPARC 系列等企业级服务器。在 RISC 服务器中，也有不同的可扩展处理器路数，当然在性能和价格方面也有很大差异，总体来讲价格较高，而且后期服务、维护等成本支出不菲。

除了处理器，还需要对内存和硬盘的类型、容量以及工作模式进行选型。这两方面的选型，以及冗余电源等服务器其他方面的选型都要根据具体服务应用来确定。

3) 用刀片服务器提高计算密度

传统的塔式服务器和机架式服务器已经很难满足数据中心对计算密度的要求，刀片服务器作为一种新兴的服务器结构，将成为数据中心的主力服务器结构。它能整合数据中心基础设施、简化线缆、优化管理，性价比高。刀片服务器的大小仅为标准 1U 服务器的几分之一，并且需要电能更少，安装在能使它们共享资源的专用机箱中，部署刀片服务器将得到节省空间成本的回报。刀片服务器能在每机架单位上达到 10GHz 的计算能力，而在使用传统平台时，每机架单位实际为 0.5GHz 的计算能力。

高密度的服务器部署与数据中心机房、机柜能提供的有限电力供给形成了矛盾，数据中心正经受着能源供给和计算效率的双重困惑。一般的刀片服务器都是 7U 高，这样一个 42U 高的标准机柜可以容纳 6 组刀片服务器，每组插满时按 14 个刀片计算,相当于要放进84个以上的刀片,如果按照每台功耗300W计算,整体功耗将达到25kW以上,而目前大多数标准机柜能够提供的电力也就在10kW~15kW,距离满负荷刀片部署的要求仍然有很大的差距。因此,节能环保也是服务器选型时需要重点考量的因素。

4）选用节能型服务器提高资源利用率

节能型服务器多数采用节能型处理器,能大幅度降低功耗。但处理器功耗一般占服务器系统功耗的1/3左右,单一使用低功耗处理器还不够。存储、内存、通信甚至是散热部件工作都要消耗大量电能,因此要想控制数据中心的服务器功耗,就必须综合考虑这些因素。采用SSD(固态硬盘)取代传统硬盘已成为未来的趋势。SSD不但节能,还能大幅提高I/O速度;另外,未来服务器还将采用新一代DDR3内存;英特尔还准备在x86服务器中采用FCoE(通过以太网运行FC协议)技术,这些都将进一步降低系统功耗。

除了使用这些节能型芯片和组件,其内部散热结构的设计也很重要。众所周知,服务器的能源消耗仅占数据中心能源消耗的一半左右,另一半就是数据中心散热系统的能源消耗,因此,选择节能型设计与优化散热设计的服务器将更加符合数据中心的要求。不必一味追求高性能处理器,因为高性能处理器必然带来高能耗。以往,行业用户对服务器升级认可的周期一般是在4~5年,如果一台服务器功率节省40W,连续运行不到两年,服务器升级成本即可收回,而两年后的服务器必将更加节能高效。

此外,减少运行的服务器数量也可以明显减少电力成本。因为一台服务器生产量为30%时消耗的电能不比生产量为60%时少,整合服务器、提高利用率也可明显减少电力消耗。因此,对于数据中心,高利用率将是服务器选型时的一项重要的关注点。通过数据中心服务器的虚拟化技术可以将众多闲置的服务器资源整合起来,从而减少物理服务器的数量,达到缩小机房使用面积,减少管理成本,节省电能和冷却成本等诸多目的。在为数据中心进行服务器选型时,服务器硬件对虚拟化技术的支持将有效提高虚拟化技术的应用效能。

5）不要忽视易管理性

数据中心的日常管理工作也是对于数据中心服务器的一个重要考量指标。服务器管理自然离不开软件的维护与支持,目前绝大部分服务器在出厂时,厂商都会为其搭配相应的服务器管理软件,来加强服务器的安装、调试、维护等环节,节约管理时间。别小看随机配套的管理软件,有必要的硬件支持,管理软件可以实时监测系统状态自动报警,可以让用户实现远程管理和数据备份。特别是对于大规模和全国部署的IDC用户,管理软件节省的成本可想而知。用户选型时应该注意服务器是否具有BMC芯片,是否具有实现统一的管理功能。

除此之外,对于数据中心而言,良好的服务极具价值。特别是大型数据中心,由于大量采用单一型号、单一配置的服务器,如果服务器厂商提供预装操作系统、现场实施等服务,将带来极大便利。对于特殊需求,某些厂商甚至能提供个性化设计与定制化生产服务。

2. 服务器操作系统的选型

服务器操作系统所具备的功能和性能在很大程度上决定了系统的整体水平以及应用与技术的发展方向,在数据中心建设的过程中,应充分认清主流趋势,做好服务器操作系统的选型工作。

操作系统应具备以下功能:

(1) 任务平均。必须是多任务操作系统,并且能够给每个用户分配固定的执行时间片。

(2) 任务优先级。按照任务的优先顺序调度任务,不同优先顺序的客户得到不同级别的服务。

(3) 处理器间通信。提供各处理器之间交换和共享数据的手段。

(4) 本地/远程处理器间通信。能够通过网络透明地调用远地处理器。

(5) 线程。程序自身的一些并行单元,用来建立事件驱动的服务程序。

(6) 任务保护。必须具有保护任务不与其他资源相互干扰的能力,包括对文件系统和操作系统的调用。

(7) 高级文件系统。支持多用户、多任务,提供保护数据完整性的锁定措施。

(8) 高效的存储管理。支持大的程序和大的内容,易于磁盘交换。

(9) 运行时可动态扩充。操作系统提供的服务是可扩充的。

(10) 良好的系统管理。包括集群和系统的统一管理、网络和文件系统的管理等。

具备或基本具备以上性能的操作系统有很多,目前流行的是 Windows、UNIX 和 Linux。它们均具有现代操作系统的许多优点,适用于数据中心使用。特别是 UNIX 系统,是唯一能从便携机到大型机全系列通用的操作系统,适用于各种硬件操作平台,所支持的应用软件非常丰富。Windows 采用了不同的设计原则,包括主流系统和尖端系统,使其具有现代操作系统的许多优点,如微内核结构、面向对象技术,与 Internet 技术集成等,因而发展迅速。当然,还需要有个成熟和完善的过程,并且应用软件及开发工具也有待丰富。因此,可以把 UNIX 操作系统作为主服务器操作系统的首选方案,Windows 作为 PC Server 的首选方案。

3. 售后服务

售后服务可以说是当今所有 IT 产品都重视的内容。有些厂商为了吸引更多的用户,提出了 7×24h 全天候服务咨询,且市内上门服务 2h、远程上门服务 24h 的承诺,彻底消除了用户选择服务器的后顾之忧。其实,有经验的用户在选购服务器时,对售后服务内容的看重甚至仅次于设备的可用性要求,因为较好的售后服务是对用户投资的可靠保证,尤其是技术力量与维护能力有限的情况下,在后期应用中需要大量的技术支持,因而售后服务显得更加的重要。

5.3 存储系统

存储是信息数据生存的地方，是信息的载体。狭义上的存储指的是根据不同的业务，采用合适、安全、有效的技术方案，将信息存放在具有冗余、保护、迁移等功能的物理媒介。

随着信息量的爆炸性增长和计算机应用复杂程度的增加，存储系统的技术发展也日新月异，几乎每半年就有一项新技术应用于存储领域。存储成为信息产业中有生机的发展方向之一。数据中心越来越依靠存储来实现核心业务数据存放、关键数据保护、高效率的备份恢复和归档以及搭建容灾系统提供业务连续性等。越来越多的核心应用，如 ERP(企业资源规划)、大型计费系统、银行核心系统等，也直接利用智能化存储提供的接口，完成数据分类、备份、归档、迁移等重要功能。

目前，提到存储更多的是指与存储相关的整体规划方案，解决存储问题需要考虑存储物理组成、基础结构、保护方式、可靠性及安全性等因素，本章也将从这几个方面介绍数据中心存储系统的规划。

5.3.1 存储分类

存储系统是数据中心的重要组成部分，它围绕数据信息而展开，提供信息保存、信息备份、信息安全以及信息生命周期管理支持。根据存储器的位置，存储系统大致分为内置存储和外置存储。

内置存储系统直接与主机总线相连，主要包括 CPU 运算所需要的高速缓存，计算机程序运行中所需要的内存，与计算机主板直接相连的硬盘、光驱等，除了内置硬盘和光驱以外，其他的内置存储速度都非常快，能达到 CPU 主频或者总线的速度，但是由于成本和制造工艺的原因，内置存储的容量往往都不大。

传统的内置硬盘和光驱主要通过磁盘和机械手臂的旋转处理主机的读写，因此是主机中速度较慢的子系统。单纯通过增加磁盘数量来增加主机的存储容量，主机会用更多的 CPU 资源来处理 I/O，从而会在一定程度上降低主机的性能。

为了增大存储空间提高读写速度，计算机系统需要使用外置存储系统。外置存储系统一般通过某种接口或者网络与主机相连，存储器的类型丰富多样，大到能提供海量存储空间的磁盘阵列、磁带库、光盘库等，小到 U 盘、刻录机、智能卡等。

5.3.2 主要存储技术

1. 存储的物理结构

存储系统是一个复杂的信息技术产品族，它的具体技术实现手段也多种多样，目前，在线存储系统基本以磁盘存储为主，一个单一磁盘存储系统包括磁盘子系统、控制子系统、连接子系统和存储管理软件子系统四部分。

存储系统从物理结构上来看,底层主要是磁盘,其通过相关的连接件,如光纤线、串口线等,与存储的内部后端板卡和控制器相连接。存储系统通过前端板卡与存储网络交换设备连接,为主机提供数据访问服务。存储管理的软件是用于配置、监控和优化存储内部的众多子系统和连接件。在使用存储的过程中,还需要利用存储级的应用软件实现诸如快照、克隆、远程复制等高级数据保护功能,并实现数据复制、迁移和容灾等功能。

磁盘是最终存放数据的地方,是数据的载体。传统磁盘都是以磁碟作为存储介质,根据接口类型可以分为 SCSI、光纤通道(Fiber Channel,FC)、串行连接 SCSI (SAS)、串行 ATA(SATA)。

1) SCSI

SCSI 是与 IDE(ATA)完全不同的接口。IDE 接口是普通 PC 的标准接口,而 SCSI 并不是专门为硬盘设计的接口,是一种广泛应用于小型机上的高速数据传输技术。SCSI 接口具有应用范围广、多任务、CPU 占用率低以及热插拔等优点,但较高的价格使得它很难如 IDE 硬盘般普及,因此,SCSI 硬盘主要应用于服务器和工作站中。

2) FC

光纤通道(Fibre Channel,FC)是专门为网络系统设计的一种接口。光纤通道是为像服务器这样的多硬盘系统环境而设计,能满足高端工作站、服务器、海量存储子网络、外设间通过集线器、交换机和点对点连接进行双向、串行数据通信等系统对高数据传输率的要求。

目前,主流的 FC 磁盘已经能提供 4Gbit/s 的传输速度,未来的速度还将达到 8Gbit/s。但是为了能得到更高的数据传输率,市面上的光纤产品有时是使用多个光纤通道来达到更高的带宽。

光纤通道有如下诸多优点:

(1) 连接设备多。一个通路上可连接 100 多个设备,并很容易通过交换设备扩展。
(2) 低 CPU 利用率。
(3) 支持热插拔。在主机系统运行时就可以安装或拆除光纤通道硬盘。
(4) 可实现光纤和铜缆的连接。
(5) 高带宽。在适宜的环境下,光纤通道是现有产品中速度最快的。
(6) 通用性强。
(7) 连接距离大。连接距离远远超出其他同类产品。

光纤通道的缺点是产品价格昂贵,组建较为复杂。

3) SAS

串行连接 SCSI(Serial Attached SCSI,SAS)与现在流行的 SATA 硬盘相同,都是采用串行技术以获得更高的传输速度,并通过缩短连接线改善内部传输。SAS 是并行 SCSI 接口之后开发出的全新接口,此接口的设计是为了改善存储系统的效能、可用性和扩充性,并且提供与 SATA 硬盘的兼容性。

在物理层，SAS 接口和 SATA 接口完全兼容。SATA 硬盘可以直接使用在 SAS 环境中。从接口标准而言，SATA 是 SAS 的一个子标准，因此，SAS 控制器可以直接操控 SATA 硬盘，但是 SAS 却不能直接在 SATA 的环境中使用，因为 SATA 控制器并不能对 SAS 硬盘进行控制。

每一个 SAS 端口最多可以连接 16 256 个外部设备，并且 SAS 采取直接的点到点的串行传输方式，传输的速率高达 3Gbit/s。由于采用了串行线缆，不仅可以实现更长的连接距离，还能够提高抗干扰能力，并且这种细细的线缆还可以显著改善机箱内部的散热情况。

4) SATA

串行 ATA(Serial ATA, SATA)的工作原理非常简单——采用连续串行的方式来实现数据传输，从而获得较高的传输速率。2003 年发布 SATA 1.0 规格提供的传输率就已经达到了 150MByte/s，在 SATA2.0 扩展规范中，3Gbit/s 被提到的频率最高，由于 SATA 使用 8bit/10bit 编码，所以 3Gbit/s 等同于 300MByte/s 的接口速率。

SATA 可同时对指令及数据封包进行循环冗余校验(CRC)，不仅可检测出所有单 bit 和双 bit 的错误，而且还能根据统计学的原理，检测出 99.998% 可能出现的错误。

SATA 硬盘的速度虽然没有前面提到的 FC 和 SAS 接口的速度快，但是能以很低的价格提供大量的存储空间。目前，在主流存储阵列中已经广泛采用 SATA2.0 技术的硬盘，硬盘的容量最高可达 1TB。

2. 存储的基础结构

目前，存储业内最常见的基本解决方案有以下三种：DAS(直接连接存储)、SAN(存储区域网络)、NAS(网络附加存储)，另有一些特殊的存储方式，如 CAS(内容地址存储)。

从连接方式上来看，DAS 是指主机直接和存储连接；在 SAN 结构中，主机通过光纤交换机或者网络交换机与存储连接；在 NAS 架构中，NAS 的文件服务器通过以太网口直接接入到网络交换机，提供文件共享服务。表 5.4 示出了各种存储方案的技术对比。

表 5.4 各种存储方案的技术对比

特 征	DAS	SANP	NAS
连接方式	SCSI，光纤直连	光纤网络，IP 网络	以太网
数据共享	很 难	需要第三方软件	内部设计提供
安 全	服务器控制	软/硬件控制	网络控制
安 装	较 难	较 难	很容易
管 理	传统方式	专用软件	基于网络
备 份	传统方法	服务器不参与	多种方案
容 灾	基于服务器	端对端及多点容灾	端对端方案
I/O 类型	块 级	块 级	文件级
处理能力	强	强	网络情况而定

从存储传输的I/O类型来讲，DAS和SAN以块（Block）方式传输数据，NAS直接传输文件；从数据共享角度来看，NAS是专门用来共享文件的解决方案，SAN和DAS必须通过主机安装相应的共享软件才能实现；从安全角度来看，NAS通过网络交换机传输数据，SAN和DAS使用专用的交换机和协议，因此，SAN和DAS的安全性比NAS要高。

从易用性上讲，由于NAS是网络设备，配置简单，SAN需要有专门技术人员才能安装和维护；从处理能力上看，传统意义上由于NAS的带宽只有1Gbit/s（目前10Gbit/s也逐步开始推广），不如SAN的带宽4Gbit/s那么高，所以处理能力不如SAN，但是NAS通过配合网络交换Trunking（链路聚集）的方式进行链路聚合后，通过增加链路的方式也可能达到SAN的处理能力。

经过多年的发展，SAN和NAS已经慢慢走向融合。越来越多的厂家在一个存储设备中同时提供SAN和NAS两种解决方案，两者的界限似乎也越来越模糊。但是从实现原理上，两者还是有很大不同之处的，下面将详细讨论各种基础结构的实现原理和特点。

1) 直连存储

直连存储（Direct Attached Storage，DAS）是指将存储设备通过SCSI线缆或光纤通道直接连接到服务器上。目前使用最多的是光纤线直连存储。一个SCSI环路或称为SCSI通道最多可以挂载16台设备；FC可以在仲裁环的方式下支持126个设备。

DAS方式实现了机内存储到存储子系统的跨越，但是依然有以下缺点：

(1) 扩展性差。服务器与存储设备直接连接的方式导致在出现新的应用需求时，只能为新增的服务器单独配置存储设备，造成重复投资。

(2) 资源利用率低。长期来看，DAS方式存储的存储空间无法充分利用，严重浪费资源。不同的应用服务器面对的存储数据量是不一致的，同时，业务发展的状况也决定着存储数据量的变化。因此，容易出现部分应用对应的存储空间不够用，另一些应用却有大量存储空间闲置的情况。

(3) 可管理性差。DAS方式的数据依然是分散的，不同的应用各有一套存储设备，管理分散，无法集中。

(4) 异构化严重。DAS方式使得在不同阶段采购了不同厂商、不同型号的存储设备，设备之间异构化现象严重，导致维护成本居高不下。

2) 存储区域网络

存储区域网络（Storage Area Network，SAN）是一种通过网络方式连接存储设备和应用服务器的存储构架，这个网络专用于主机和存储设备之间的访问。当有数据的存取需求时，数据可以通过存储区域网络在服务器和后台存储设备之间高速传输。目前常用的SAN结构根据协议和连接器的不同，主要可以分为两种：一种是FC SAN；另一种是IP SAN。主流的存储阵列由于同时提供光纤通道接口和普通网络接口，因此能够利用FC SAN和IP SAN结构与主机连接，目前主流存储厂商的

FC SAN 已经能实现 8Gbit/s 的带宽,而以 10Gbit/s 以太网为基础的 IP SAN 由于价格原因还没有广泛使用。IP SAN 目前采用更多的是 1Gbit/s 带宽实现。因此在数据中心中 FC SAN 还是处于绝对垄断地位,但从 IP SAN 迅猛的发展趋势来看,有理由相信,在未来 IP SAN 技术一定会成为 SAN 技术中非常有竞争力的技术之一。

SAN 架构有以下优点:

(1) 利用 SAN 架构进行数据整合。多台服务器可以通过存储网络同时访问存储系统,不必为每台服务器单独购买存储设备,降低存储设备异构化程度,减轻维护工作量,降低维护费用。

(2) SAN 能够实现数据集中。不同应用对应的服务器数据实现了物理上的集中,空间调整和数据复制等工作可以在一台设备上完成,大大提高了存储资源利用率。

(3) SAN 具有高扩展性。存储网络架构使得服务器可以方便地接入现有 SAN 环境,能较好地适应应用变化的需求。

由此可知,SAN 和 DAS 相比降低了总体拥有成本,实现了存储设备的整合和数据集中管理,大大降低了重复投资率和长期管理维护成本。

3) 网络附加存储

网络附加存储(Network Attached Storage,NAS)是一种文件共享服务,NAS 拥有自己的文件系统,通过 NFS 或 CIFS 协议对外提供文件访问服务,因此能使不同的操作系统进行文件共享。

NAS 从结构上分为文件服务器和后端存储系统两大部分。文件服务器上装有专门的操作系统,通常是定制的 UNIX、Linux 操作系统,或者是一个简化的 Windows 系统。这些操作系统为文件系统管理和访问做了专门的优化。文件服务器(FS)利用 NFS 或 CIFS 协议,对外提供文件级的访问,因此 NAS 文件服务器也称为 NAS 网关。后端存储系统主要由磁盘阵列构成,提供数据存储的空间支持,另外文件服务器的操作系统也有集成在磁盘阵列上的。因此 NAS 和 SAN 并不是两种互相竞争的技术,二者通常相互补充以提供对不同类型数据的访问。SAN 针对海量的面向数据块的数据传输,而 NAS 则提供文件级的数据访问和共享服务。越来越多的数据中心采用 SAN+NAS 的方式实现数据整合、高性能访问以及文件共享服务。

NAS 有以下优点:

(1) NAS 可以即插即用,通过多 NAS 网关设计实现高可用架构,可以提供几乎不间断的文件访问服务。

(2) NAS 通过 TCP/IP 网络连接到应用服务器,因此可以基于已有的网络方便连接。

(3) 专用的操作系统支持不同的文件系统,提供不同操作系统的文件共享。

(4) 经过优化的文件系统提高文件的访问效率,同时也支持多种网络协议,即使应用服务器不再工作了,其他服务器依然可以读出 NAS 上的数据。

4) 内容地址存储

内容地址存储(Content Address Storage,CAS)采用的是基于对象的存储管理方式——所有的文件、邮件、图片在 CAS 中都被视为对象,并由 CAS 赋予一个完全唯一的对象号,同时 CAS 会把对象的基本信息保存在一个独立对象描述文件中。通过这个描述文件来实现对象的检索和管理。

CAS 能满足法规遵从性要求,能对内容设定保存期,在保存期内的内容不能被任何人删除,达到永久保存信息的效果,因此也可以说 CAS 是一种很好的归档设备。CAS 内部一般都有很多节点,节点之间通过 IP 网络连接,并采用 RAID 架构来确保数据的冗余。CAS 一般都采用 SATA 硬盘作为存储介质,因此目前绝大多数 CAS 都能提供高达 PB 级的存储空间,而且存储信息的成本比传统磁盘阵列低很多。

5) 磁盘库与虚拟磁带库

磁盘库(Disk Library,DL)与虚拟磁带库(Virtual Tape Library,VTL)是为了满足数据中心日益增加的提高备份效率和降低备份窗口的需求,应运而生的一种以磁盘为备份介质(Backup to Disk,B2D)的备份设备。VTL 和 DL 两者的内涵是相同的,通常指同一种设备。

VTL 的工作原理是以软件来模拟出机械臂、磁带机以及磁带进出等工作,将备份数据写入到磁盘中,从而实现虚拟成传统磁带库的功能。利用磁盘阵列虚拟出的"磁带库"具有和传统磁带库一样的功能,同时排除了传统磁带库机械手臂(Robot)与磁带(Tape)的机械故障率,从而大大增强了备份设备的稳定性。VTL 基于磁盘存储技术,而磁盘介质在 I/O 的响应上远高于需要机械操作的磁带介质,因此在多任务备份环境下,性能比传统磁带库高很多。另外,VTL 可以灵活配置驱动器数量和类型,并且可以自由设定磁带插槽数量以适应不同的应用环境,这无疑给 VTL 的管理带来很大灵活性和方便性。虚拟磁带库基于 RAID 磁盘阵列存储技术来保证备份数据的安全,在备份介质上提供更深一层的保护。

VTL 依照架构和实现方法不同可以分为 3 种类型:备份软件模拟型 VTL、PC 架构 VTL 以及嵌入式结构 VTL。

3. 存储的保护方式

1) RAID

廉价磁盘冗余阵列(Redundant Array of Inexpensive Disks,RAID)是在主流存储阵列中应用最多的保护技术。RAID 技术将一个个单独的磁盘以不同的组合方式形成一个逻辑硬盘,从而提高磁盘读取的性能和数据的安全性。不同的组合方式用 RAID 级别来标示。RAID 作为高性能、高可靠的存储技术,在今天已经得到了广泛的应用。目前,在数据中心生产领域用得最多的 RAID 级别是 RAID 0、RAID 1、RAID 3、RAID 5 和 RAID 10。

表 5.5 所示是主流 RAID 技术对比情况。RAID 级别的选择有 3 个主要因素:可用性(数据冗余)、性能和成本。如果不要求可用性,选择 RAID 0 以获得最佳性能。

如果可用性和性能是首要的而成本不是一个主要因素,则根据硬盘数量选择 RAID 1。如果可用性、成本和性能都同样重要,则根据一般的数据传输和硬盘的数量选择 RAID 3、RAID 5。当然具体使用哪种 RAID 保护,还要考虑应用的具体情况。

表 5.5　主流 RAID 技术对比

RAID 级别	RAID 0	RAID 1	RAID 3	RAID 5	RAID 10
别　名	条带	镜像	专用奇偶校验带	分布奇偶校验带	镜像加条带
容错性	无	有	有	有	有
冗余类型	无	有	有	有	有
热备份选项	无	有	有	有	有
读性能	高	低	高	高	高
随机写性能	高	低	低	中间	中间
连续写性能	高	低	低	低	中间
需要的磁盘数	$n \geq 1$	$2n(n \geq 1)$	$n \geq 3$	$n \geq 3$	$2n(n \geq 2) \geq 4$
可用容量	全部	50%	$(n-1)/n$	$(n-1)/n$	n

2) 冗　余

磁盘阵列本身遵循冗余的方式进行设计,从而保障了系统的高可靠性。即使是最低端的单控制器阵列,它的电源和缓存也实现了双冗余的保护;中端阵列提供以双控制器互相切换实现故障保护;高端阵列中往往都有多个控制器,其控制器之间、控制器与缓存之间也有更多的通道,因此能实现更高的保护和服务级别。

图 5.10 所示是一种常见的中端磁盘阵列的系统结构。该系统有两个控制器,为保证高可用性,每个控制器部有独立的供电电源和提供断电保护的 UPS 或电池,一般系统的写缓存能够实现镜像写保护,控制器之间有多条连接通道实现控制信息和 I/O 数据传输。另外,每个磁盘都有两条独立通道与链路控制卡,保障磁盘链路的高可靠

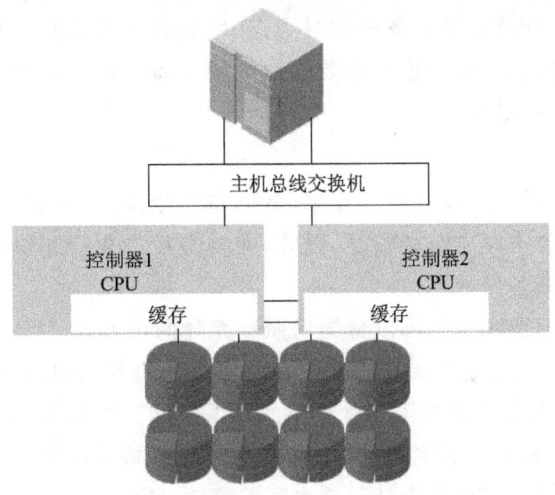

图 5.10　中端磁盘阵列的系统结构图

性。当然该系统还支持前端的 FC 或 IP 通道模块的热插拔和在线扩展,另外该系统还应支持磁盘在双控制器间的热切换或并发访问。

3) 备 份

备份是存储保护数据的主要方法之一。备份主要是将目标数据复制到在线或者近线存储上,在目标数据出现问题时能够快速恢复。备份时主要考虑以下几个因素:首先是备份目标数据的位置,其次是备份目标数据容量,当然最关键的还要考虑备份或恢复的窗口,即大概要用多少时间能够完成备份或恢复操作。

从备份的方式上来讲,可以分为备份到磁带、备份到 NAS、备份到磁盘等。以磁盘为存储介质的虚拟磁带库,由于具有比传统磁带库更高效的备份恢复性能,目前已为众多用户接受并广为使用。

备份到 NAS 也是一种备份到磁盘的方式,由于能够有效地降低成本,因此在中小企业中比较流行。通过 SAN 网络直接用磁盘备份,主要是利用 SAN 网络的高带宽和阵列的高性能读写。

目前,备份恢复效率最高的备份方式是利用存储自身的快照、克隆等复制技术对生产系统的数据进行备份。该方法不占用主机资源,效率比其他方式高很多。因此,电信、证券、银行等用户都采用存储本地复制结合备份到磁盘的方案来备份关键应用系统。

综上所述,由于磁盘备份设备的价格越来越低,因此,重要备份方案主要都是利用备份到磁盘的方式来进行的,这样可以实现更好的灵活性和服务水平。对于关键系统的备份,一般都会采用存储本地复制技术与磁盘备份相结合的方案。

备份方案在规划时可以采用不同的备份策略,包括全备份、差异备份及增量备份。全备份每次备份都会复制所有应用数据,一般适合数据量不大并且没有备份软件的环境;差异备份以全备份为基础,以后每次只备份全备份没有的内容,备份数据比全备份小很多,能够较快地恢复到某个备份的时间点;增量备份是每次备份上一次备份后的改变量,备份数据量最小,但是恢复时要通过利用全备份的数据并叠加以前的增量备份,因此恢复的时间也最长。

4) 本地复制

目前,有很多方式能实现数据的复制,从而备份生产系统的数据。基于主机和应用层的复制技术都会占用主机的资源,因此,在高负荷的生产系统中都是采用磁盘阵列的本地复制技术来备份数据。

存储的本地复制技术主要可以分为快照和克隆两种方式。

(1) 存储做快照之前通常要按照改变量的频度和快照的时间间隔,设定一个大小为生产卷容量 20% 左右或者按需要计算出的预留空间。存储快照的会话(Session)开始之后,存储用位图来跟踪变化的数据块,并将生产在第一次变化时的数据块复制到预留空间中。这种技术也被称为基于首次写的复制(Copy On First Write),另外还有 Write Anywhere 技术。因此,快照能够保存快照会话开始的那个时间点上生产的所有数据。

(2) 克隆会话开始后,首先会进行初始化同步,在同步的过程中,存储会将生产卷的数据源源不断地复制到克隆卷中。克隆卷在同步过程中,不能被主机使用。在同步完成后,可以对克隆卷进行分离,此时克隆卷可被主机使用。克隆卷和生产卷在分离的那个时间点,数据是完全一致的。

存储的快照和克隆技术都能在几分钟内实现快速恢复(Restore)整个生产卷的所有数据,因此,目前已经有越来越多的用户选择利用存储的本地复制来保护关键应用数据。高端用户甚至利用本地复制的数据完成备份、决策支持、数据挖掘、数据仓库等业务。此外,存储本地复制也是实现远程容灾的主要组成技术之一。

5) 远程复制及容灾

存储的远程复制技术是数据容灾的技术基础,目前有两种远程复制方案可选择:同步复制和异步复制。

RPO(Recovery Point Objective,恢复点目标)是指灾难发生后,系统和数据必须恢复到的时间点要求,它是衡量远程复制的重要衡量参考指标。

(1) 同步复制可以满足 RPO 等于 0 的容灾要求,另外复制的过理中远程站点和本地站点的数据始终同步不会有数据丢失,但是对网络带宽有相当高的要求。一般有专门的光纤链路,另外有距离的限制。目前,同步容灾最远距离只能达到 300km(一般都在数十公里之内)。

(2) 异步复制可以满足 RPO 从几分钟到数小时的要求,复制的过程中远程站点和本地站点会有一定量的数据丢失。但是异步复制对网络带宽要求不高,并且没有距离限制,能实现无限远距离的远程容灾,此外,异步复制的成本也明应低于同步复制,因此很多用户根据自身情况,都采用异步复制的方式来进行远程数据保护。

容灾系统的构建是复杂的系统工程。容灾不仅要考虑技术因素,也要考虑到人员的配置、从业务流程如何控制,保证在真正发生灾难时使业务系统依然能够连续运转。

有关内容详见本书第 10 章"数据中心数据容灾备份系统"。

5.4 存储系统的需求分析与规划目标

5.4.1 需求分析

目前,多数信息系统按照生产和管理分离的模式进行建设,其计算资源、存储资源的相互整合比较困难,难于实现信息共享。数据中心采用数据集中存放、集中处理的大集中先进模式替代多分区多中心、数据分散式存储和处理的模式,这种模式对于加强监管、数据共享、新应用的开发和降低数据中心的运行成本有很大好处。然而这种大集中模式对系统稳定性和安全性提出了更高的要求,一旦数据中心发生灾难,可能造成巨大的经济损失和政治影响,甚至有可能引起社会的不安定。因此,建设高性能、高安全、高可靠、易管理、可扩展的整合型存储系统具有十分重要的意义。

在存储系统建设中主要面临以下需求:

(1) 高性能。数据中心应用业务系统,如 ERP、办公自动化、文件服务器、Web 和数据库应用等常常要大量地对存储系统进行写入、读取操作,使得存储系统的压力随着业务的扩大而变大,因此,对存储系统的性能将提出更高、更苛刻的要求。

(2) 高安全。数据中心的数据安全性要求非常高,一旦数据发生问题,会导致业务连续性受到影响,甚至影响到数据中心正常运行,因此,对存储系统数据的安全性提出了更高、更严的要求。

(3) 高可靠性。数据中心提供的服务要求信息能够在 $24\times 7h$ 的条件下保持在线状态,系统故障会引起应用服务中断,将给用户造成损失,尤其是在重要的部门和行业,如能源、交通、金融等。

(4) 易管理。信息系统由多个业务系统组成,由于业务系统建设时期不同,导致会出现多个存储系统共存的情况,如何在日常工作中对存储系统进行管理,简化工作,降低 TCO,是保证存储系统稳定运行的重要因素。

(5) 可扩展。存储系统要建设成标准、集中、易扩展的系统,能够在容量、性能需求不断增加的情况下,横向或纵向进行存储空间的平滑扩展。

(6) 整合。对关键数据的存储和备份也已成为数据中心运营发展的关键。其数据环境是呈多样性:一是应用类型的多样性,如 Web、E-mail;二是数据类型的多样性,在应用业务中包括数据库数据、普通文本、各种格式的图形、表格、多媒体以及其他各种文件格式;三是系统平台的多样性,UNIX、Windows 等多种平台的使用方法都不尽相同;四是存储结构的多样性,因为数据中心自身的发展历程和时间的延续,在不同时期的不尽相同的应用导致了多种存储方式并存的现象,规模较大的数据中心可能同时具有从 DAS、NAS 到 SAN 的多种存储结构。以成熟技术为核心建设存储系统,有利于存储系统进行整合,整合不同应用的存储系统实现统一管理,也利于灾难备份中心的建设。

5.4.2 规划目标

网络存储系统规划应该满足以下目标:集中式管理、整合型存储、高性能、高安全、高效率,满足系统不断扩展的需求。

(1) 数据中心要建设一个设备集中、集中管理、满足应用、方便扩展、安全稳定、共享统一的数据存储系统。

(2) 要优化整合现有数据资源,对数据资源进行统一管理和维护,为数据库和应用系统建设提供统一的运行支撑环境。

(3) 运用各种先进的技术,对数据中心运行中所产生的大量数据,能高效、安全地存储,又易于访问、检索、处理和利用。

5.5 存储系统规划

存储系统规划概括了目前业界流行的与各类技术相关的解决方案,从基础的 DAS、NAS、SAN 规划方案到存储整合、高可用性、分层存储、虚拟存储、备份恢复、存储安全及存储的管理等,本节将探讨如何利用常见的存储技术,规划存储系统,从实用的角度出发为读者选择存储方案提供参考。

5.5.1 直连存储规划

直连存储(Direct Attached storage, DAS)是指将存储设备通过 SCSI 接口或光纤通道直接连接到计算机上,如图 5.11 所示。DAS 的适用环境包括对存储使用规模较小的初级阶段,或者对存储的需求不是很大的中小型数据中心。

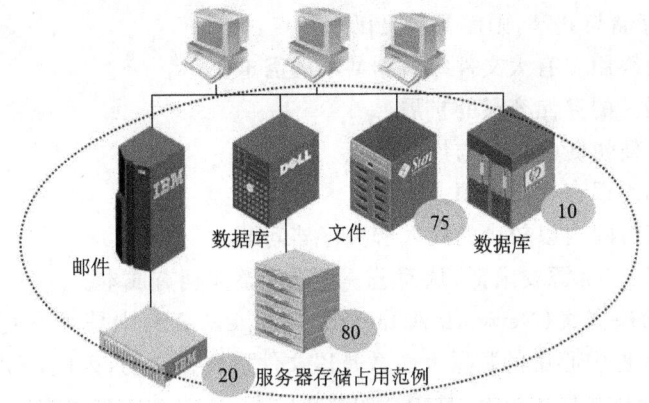

图 5.11 DAS 存储规划示意图

服务器在地理分布上很分散,通过 SAN 或 NAS 在服务器之间进行互联非常困难时可以考虑使用 DAS。当然,利用直接连接存储的另外原因也可能是为了继续保留已有的传输速率并不很高的网络系统,这种情况随着网络带宽和网络质量的提高,会被越来越多的集中存储所取代。

一些旧的业务系统、数据库应用和服务器应用,需要直接连接到存储器上。随着 SAN、NAS 和 iSCSI 的流行,这种情况越来越少。

另外,随着刀片服务器、服务器虚拟化技术和云计算的推广和应用,新一代 DAS 更多地在服务器内部或存储内部使用。新一代 DAS 架构减少了中间网络的部署和管理环节,提升了系统本身的响应速度,能够大幅降低 IT 部署和管理的成本。

(1) DAS 存储规划。磁盘阵列通过 FC 或者 SCSI 接口直接和数据库服务器相连,数据库服务器采用双机的形式以保证数据库的高可用性。数据库服务器通过数据中心局域网和备份服务器相连,通常在备份服务器上只选一台磁带库,这个备份服务器既能在线备份数据库的数据,也能备份局域网上其他服务器的数据。

(2) DAS 规划方案的优缺点。DAS 非常明显的优势是连接简单、实施容易、安全并且经济有效,但它在扩展性、共享、性能优化等方面也存在着明显的不足。

5.5.2 网络存储规划

不管是在 Internet 数据中心或是机构(政府、企业、事业)领域,数据都是以文件(File)、数据块(Block)或者对象(Object)的形式存在的。

1. 网络存储规划的需求

基于应用的不同需求,对数据的形式也有不同的要求。关键业务数据通常是在数据库的基础上进行存储与管理,其相应的数据和存储形式主要是数据块的形式;中小型数据库也可能采用文件形式;而作为数据库以外的大多数数据平台,如网站内容、邮件系统、办公自动化、内部网络存储平台、程序开发与测试、财务系统、工资系统等需要文件级的集中存储与共享,则需要满足以下几点:

(1) 满足最终用户有大文件级数据共享的需求。
(2) 提供强劲的存储容量的扩展。
(3) 提供方便快捷的备份与恢复功能。
(4) 充分利用现有网络资源。
(5) 在最短时间内以较少的投入解决存储问题。
(6) 对内部 IT 资源要求低,从而进一步降低整体拥有成本。

网络存储解决方案(Network Attached Storage,NAS)则是解决上述需求的最佳方式。中小型数据中心中的数据大多数是以文件形式存在的,因此,NAS 在解决文件级数据集中存储与共享需求上,是较好的解决方案。

2. NAS 规划方案的功能与优势

NAS 规划方案的硬件平台是基于 LAN 环境的服务器与客户端,软件平台支持 CIFS、NFS、NetWare、HTTP、FTP 等,其典型应用包括文件存储服务器、邮件系统存储部分、部门级数据库数据存储(基于文件方式)、程序及应用开发数据共享平台等。

(1) 方便的数据集中存储与共享,多平台共享数据与集中管理。
(2) 先进的 SnapShot 系统快照功能,即时备份系统并恢复。
(3) 简单的安装与维护工作,分级地连入网络并投入使用,支持多台 NAS 存储设备的集中管理,支持基于浏览器的远程管理与维护,IT 人力资源要求少。
(4) 性价比高,实施与维护成本低于普通文件服务器。

3. NAS+iSCSI 规划方案

复杂 LAN 环境的存储与共享规划方案可以通过 NAS 和 iSCSI 的结合来实现,如图 5.12 所示。

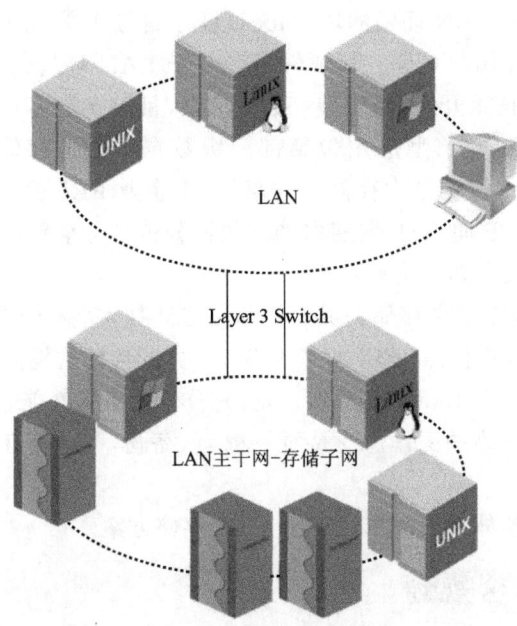

图 5.12　NAS+iSCSI 存储规划示意图

5.5.3　iSCSI 存储规划

iSCSI 是通过 TCP/IP 网络直接寻址的存储，使用块 I/O SCSI 指令对其进行访问。目前的 iSCSI 核心软件版本可以支持 Windows、Linux、IBM AIX、HP UNIX、Sun Solaris 以及 Cluster support、LAN Free backup 等操作系统。

如何对数据进行存储和管理至关重要。有效地存储和管理数据与信息，并使快速访问和有效利用相结合是持续发展的基本因素。因此，要对各种数据进行集中存储、管理与备份，依据不同数据类型的要求，合理构建数据存储平台，利用成熟的 IP 网络技术集中存储，并搭配合理的备份策略，实现数据的集中存储、分析与共享，保证业务持续与有效的运行。

iSCSI 是一种基于开放的工业标准，通过它可以用 TCP/IP 对 SCSI(小型计算机系统接口一种数据传输的公共协议)指令进行封装，这样就可以使这些指令能够基于 IP(以太网或千兆位以太网)网络进行传输。这一标准的目的是允许使用现有的以太网网络传输 SCSI 指令和数据，而这一过程完全不依赖于地点。对这一产品的另外一种描述是，它是连接到 TCP/IP 网络的存储，但可以使用与 DAS 和 SAN 存储一样的 I/O 指令对其进行访问。iSCSI 技术可以帮助用户构建一个基于千兆 IP 网络的集中存储环境，解决用户数据迁移、数据共享、存储空间扩展的问题，并大大降低管理成本，让用户在 IP 网络环境下充分享受 SAN 环境带给用户的好处的同时，省去 SAN 所需的光纤网络的搭建成本，构建一个 iSCSI 存储平台。同时，还可以充分地将 NAS 存储设备融合到该网络中，进一步利用 NAS 设备的优越特性。

iSCSI 存储规划是 LAN 环境的块(Block)级存储与共享解决方案,其适用范围为 Block 级的数据集中存储与共享。其硬件平台基于 LAN 环境的服务器与客户端,其软件平台基于 iSCSI 技术开发,需安装 iSCSI 协议,目前支持 Windows、Linux 和主流 UNIX 平台(包括 AIX)。典型应用包括部门级数据库数据存储(基于 Raw 安装方式)、多个部门组数据库数据集中存储与共享、中小企业 ERP 系统数据存储与共享平台、网络服务供应商 ISP 向 ASP 转变增加的数据分析与共享平台。

iSCSI 规划方案具有如下优点:

(1) Block 级的数据集中存储与共享。以 iSCSI 技术将 SCSI 协议通过网络延伸达到存储集中与共享,并获得 SCSI 的基于 Block 方式传输数据的优越性能。

(2) 先进的性能。以 Linux 为基础开发,充分优化系统性能。

(3) 简单的安装与维护工作。支持统一管理、备份,支持基于浏览器的远程管理与维护。

(4) 性价比高。整体实施成本远低于 SAN 存储方案。

5.5.4 存储整合规划

非整合存储位于一个或多个地点,各自拥有不同的存储子系统,并通过不同平台上的应用软件进行访问。完全整合存储是指存储位于一个单独的物理存储子系统或一个存储子系统池。

1. 存储整合的步骤

从非整合阶段过渡到完全整合阶段需要实施以下几个步骤:

(1) 最初的存储管理。从非整合存储的立场看,需要一种简单有效的方法从单独的控制点检查和管理广泛分布的、不同的存储资源。实施系统管理和使用合适的存储管理工具就能够做到这一点。

(2) 初期的存储整合。在此阶段,应规划整合存储资源,简化管理,减少花费。存储整合可以是虚拟的,也可以是物理集中的。

(3) 服务器整合。在相同平台上运行的应用软件可以聚合在一台较大的机器上,或者各种平台的应用软件可以移植并和其他软件一起运行在同一个平台上。这样可以极大地减少平台和服务器的数量。

(4) 应用软件集成。服务器整合后,仍有许多软件需要运行在不同的平台上,现在需要做的是应用软件集成,把不同的应用软件工作量类型合并到一个单独的体系结构,可能很简单、也可能很复杂,这取决于当前体系结构的混合程度。应用软件集成可能很容易,如把软件从一个平台移动到另一个平台;也可能很复杂,如不得不重写软件代码。最终结果是所有的软件都运行在同一个平台上且共享相同的数据。

(5) 数据集成。应用软件集成后,数据就能够集成了。可以把不同地方的数据合并到一个单独的仓库,并且所有的软件都能共享它们。至此,存储达到了完全集成。

整合存储中一种典型安装是各种不同的操作系统,如 UNIX(AIX、HP UX、Solaris)、Windows 和 Linux,甚至大型主机使用一个存储子系统。该存储子系统被逻辑分区、物理分区,不同的服务器访问各自的分区。

2. 集中存储的优势

物理上的集中存储有以下一些优势:
(1) 具有一个公共的备份和恢复工具,能让所有平台物理地共享存储子系统。
(2) 采用容错廉价磁盘冗余阵列(RAID),不再需要开放系统来管理磁盘镜像。
(3) 整合磁带服务器。
(4) 并发复制到磁带库以使开放服务器应用软件中断最少。
(5) 进行磁盘上的高速数据复制。
(6) 程序复制服务。能让平台物理地共享存储子系统。

3. 存储整合方案

可以物理地将存储集中到一个地点,仍然在不同的平台上保持应用软件,实现不同平台 UNIX 系统、Windows 系统和其他系统的共享数据访问。该环境不需要更改应用程序,也不需要更改 TCP/IP。这种方式能实现用于 Fabric Channel 或小型计算机系统接口(SCSI)的高性能连接;超出网络带宽限制的有效通道;UNIX 服务器的快速恢复;提高业务连续性能力;开放、非私有的磁盘解决方案;把三步的批文件传输协议(ftp)替换成单步的软件到软件传输。

图 5.13、图 5.14、图 5.15 所示为存储整合示意图。原有已建设的各子系统相对独立,拥有各自的 SAN 存储网络和存储设备,新采购的存储设备直接连接到 SAN 核心交换设备上,为各个应用提供统一存储资源服务,并通过适当的存储管理系统和软件实现统一管理。

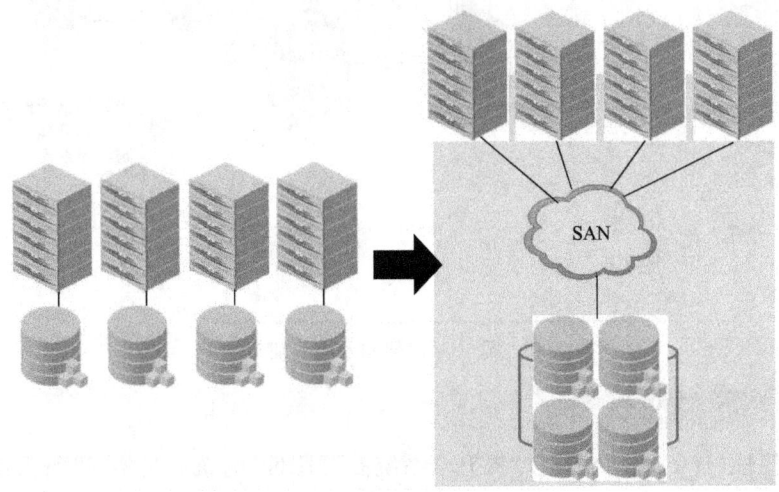

图 5.13　DAS 整合到 SAN 网络

232　第 5 章　数据中心主机和存储系统

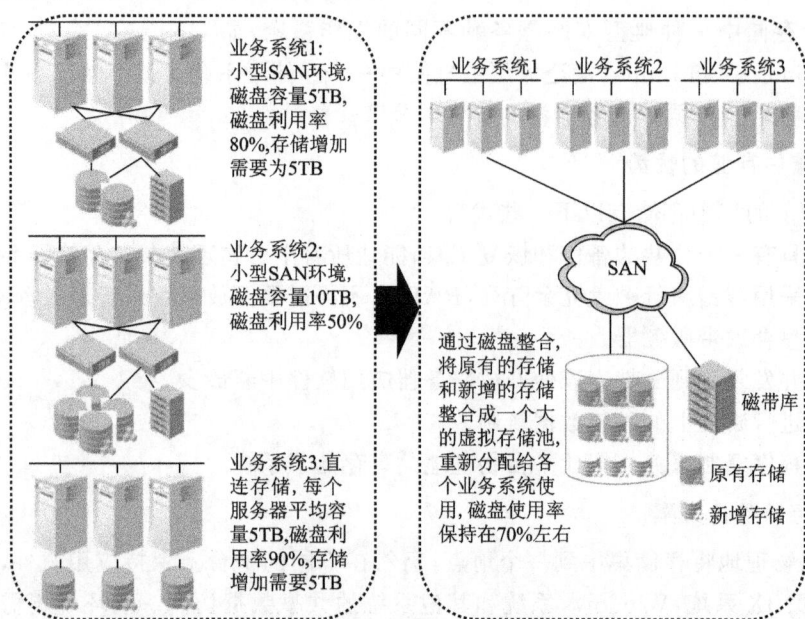

图 5.14　小型 SAN 网络和 DAS 整合到大型 SAN 网络

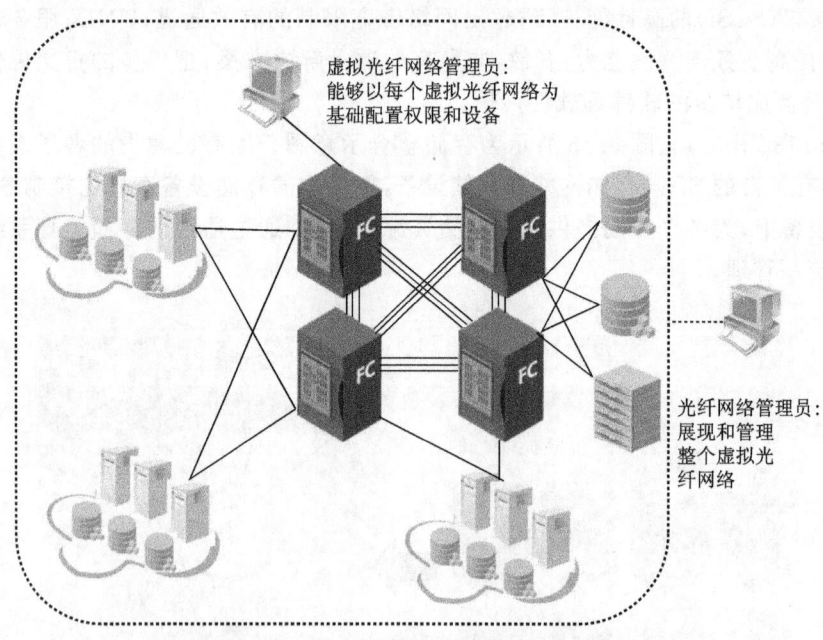

图 5.15　整合存储架构及综合管理方案

5.5.5　可用性规划

高可用性（HA）规划需要以"提升全系统高可用性"为核心目标，进行系统高可用性评估和相关规划与实施，以建立坚实的系统，实现端到端的安全生产保障。高可用性规划协调不同需求，针对不同应用业务提供统一的服务能力。同时确保业务持续性及系统的可用性，为用户提供优质的服务。

1. 高可用性方案的实施步骤

高可用性解决方案的实施一般分为5个阶段。

第一与第二阶段是评估和规划。根据现状，发现系统有什么漏洞、什么风险。首先对系统的可用性计划、流程、过程、角色、职责、报告、控制和服务水平的实现情况进行分析。然后通过事后分析、故障成本或组件故障影响分析技术，对可能发生的故障进行评估。最后提出改进意见，制定优先级，对资源进行合理分配，保证业务的正常运行。

第三阶段是设计阶段。这个阶段主要是制定详细的目标和行动计划，其中对高可用性进行规划，包括计划制定、计划管理、报告和服务水平管理。高可用性流程和过程设计则包括角色、职责和多服务器以及存储和网络高可用性技术结构设计等。在此阶段要以业务部门的需求制定服务水平协议的标准，制定高可用性的指标。

第四阶段是实施阶段。在签订了服务水平协议后，需要进行评估，看还存在哪些风险和缺陷，并提出改进的建议。

第五阶段是运维阶段。需要提供数据中心和工作场所连续性托管等服务。

高可用性服务的好处在于发生停机或者灾难后业务运营可以继续，关键应用和数据受到保护并处于可用状态。高可用性规划方案需要充分理解用户的需求和对业务产生的影响。需要对构成系统的每个组件进行失效影响分析，并制定相应对策；对相关系统的架构、可靠性、稳定性进行整体评估，提出切实可行的合理化建议。高可用性的评估可以提高设备可用性，量化硬件要素发生故障时的影响度，改进系统配置和薄弱环节，发现并解决潜在问题，确立发生故障时的应对方法，缩短恢复时间，降低影响程度。

2. 高可用性规划方案

高可用性规划方案也应涉及业务系统的数据备份策略，需要制定完善的数据备份恢复策略，应大限度地避免数据丢失。

下面列举几种常用的高可用性方案：

（1）主机间的高可用性方案。通过合理规划和配置 HA Cluster 软件，任何一台主机的宕机都可以被其他主机迅速接管，保证业务的持续运行。

（2）存储间的高可用性方案。存储整合在带来众多好处的同时，也增加了"把所有鸡蛋放在一个篮子里"的风险，双存储互为备份的解决方案越来越多地被采用。高可用性操作系统、存储、数据库、应用等各个级别需要不同的解决方案，应进行专业的规划和实施，从而彻底消除因存储故障而造成业务中断的后顾之忧。

（3）操作系统级别的数据跨存储实时热备份方案。利用操作系统的逻辑卷镜像功能或者并行文件系统的文件复制功能，实现两个存储之间的实时热备功能，任何一个存储的突然宕机都不会对业务造成任何影响。

（4）存储级别的数据跨存储备份方案。基于智能存储之间的数据同步功能可以实现两个存储之间数据的在线实时同步，和主机无关，对系统性能影响较小。

(5)数据库级别的数据跨存储备份方案。数据库级别的跨存储备份方案,例如,Oracle 的 Data Guard、IBM DB2 的 HADR、IBM Informix DR,通过在备份数据库上自动前滚主数据库产生的日志实现数据的同步,不影响生产系统性能。

(6)地域间高可用性方案(灾难备份)。高可用性方案需要通过应用系统连续性,从咨询、规划、测试到实际的灾难恢复作业,为用户规划和实施各种级别的灾难备份体系。

表 5.6 为几种典型的存储高可用性规划方案的比较。

表 5.6 典型的存储高可用性规划方案比较

HA 类型	配置图例	RTO(1)	相对 RTO 比较	前滚式恢复	备份窗口	数据丢失	应用是否中断
无备份		不确定	不确定	—	—	是	中断
磁带或 SATA 备份		小时或天级别	8640	是	小时级	是	中断
快照备份		小时或天级别	8640	是	秒级	是	中断
远程磁盘镜像		小时或分钟级别	360	是	秒级	否	中断
远程镜像＋集群		秒级到小时级	60	是	秒级	否	中断
开放系统 LVM 镜像		秒级	1	否	秒级	否	连续
主机系统 GDPS HyperSwap		秒级	1	否	秒级	否	完全连续

注:RTO(1)中的 1 不是 1s,只是一个相对值,对应具体时间视环境而不同,约在 3～30s。

5.5.6 分层存储管理规划

分层存储通过存储硬件产品结合分层存储管理软件,将价值较低的历史信息从价值较高的在线数据迁移保存到与其价值相对应的低端存储上,提高在线系统的性能,实现数据的高效管理。通过对数据进行多层次的存储和管理,提高存储设备的利用率,延长存储设备的生命周期。

分层存储管理对不同存储设备的性能、容量、可靠性、可扩展性、总体拥有成本等因素进行分析比较,从高端的企业级磁盘存储系统到中型磁盘系统,再到磁带系统,组成了一个数据存储载体的价值结构。为了存储信息存储管理服务器可以管理多层次的存储容量,这些层次可以是任何磁盘、光盘、磁带或自动光盘机系统的组合。

信息存储在哪一层则可由策略决定。业务应用构架在虚拟文件系统之上,数据的迁移、回调对应用来说完全是透明的,通过软件进行空间管理。当业务系统所占用的空间越来越多时,为提高在线存储的利用效率,将不经常访问的数据文件迁移到更廉价的介质上予以保存,当需要时再将其回调。分层存储可以实现自动且透明地转移非活动的数据到廉价的离线存储或近线存储上,并释放磁盘空间给更重要的活动数据。

如图 5.16 所示,采用针对性的在线、近线、离线三层数据结构,利用各设备的优点,实现数据的高效管理,降低综合成本。所有设备和链路均实现了冗余备份,能够实现故障的自动切换功能,为用户提供一个高性能、高容量、高安全性、高性价比、高扩展性的数据存储 3 层架构体系。

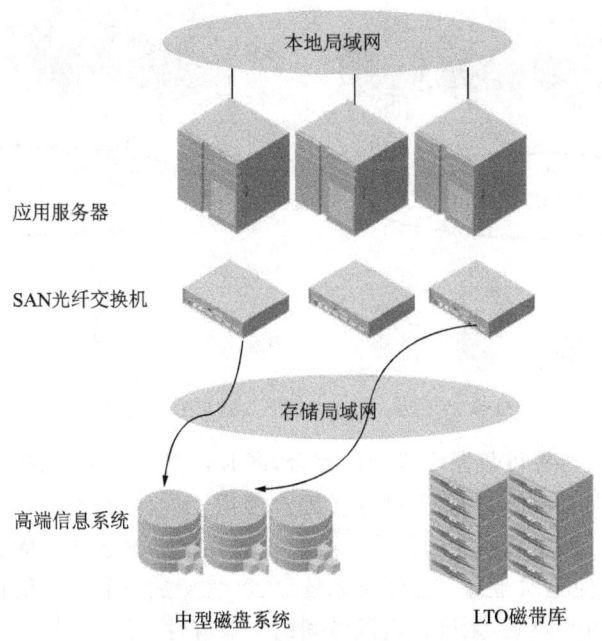

图 5.16 分层存储管理规划示意图

5.5.7 虚拟存储规划

1. 存储虚拟化的层次

存储的虚拟化可以在3个不同的层面上实现:基于专用卷管理软件在主机服务器上实现;利用阵列控制器的固件在磁盘阵列上实现;利用专用的虚拟化引擎在存储网络上实现。而具体使用哪种方法来做,应根据实际需求来决定。

1) 基于主机的虚拟化

如果仅仅需要单个主机服务器(或单个集群)访问多个磁盘阵列,可以使用基于主机的存储虚拟化技术(图5.19)。虚拟化的工作通过特定的软件在主机服务器上完成,经过虚拟化的存储空间可以跨越多个异构的磁盘阵列。这种虚拟化通常由主机操作系统下的逻辑卷管理软件来实现,最大优点是其久经考验的稳定性,以及对异构存储系统的开放性。它与文件系统共同存在于主机上,便于二者的紧密结合,以实现有效的存储容量管理。卷和文件系统可以在不停机的情况下动态扩展或缩小。

2) 基于存储设备的虚拟化

当有多个主机服务器需要访问同一个磁盘阵列时,可以采用基于阵列控制器的虚拟化技术(图5.18)。此时虚拟化的工作是在阵列控制器上完成,将一个阵列上的存储容量划分为多个存储空间(LUN),以供不同的主机系统访问。

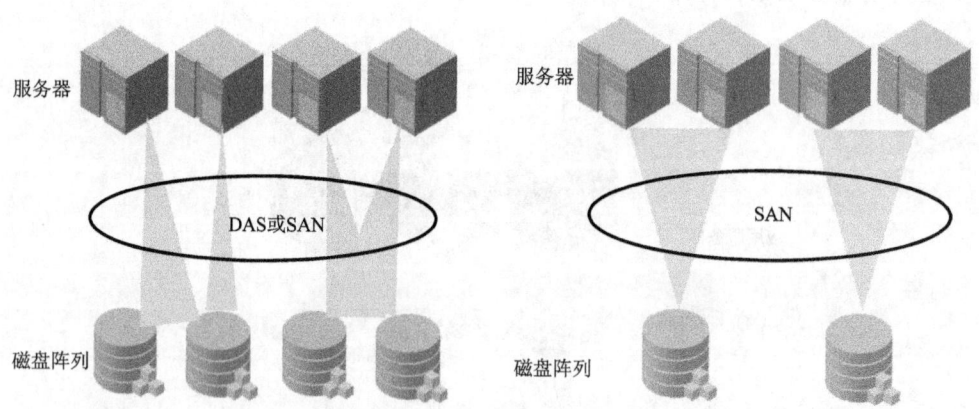

图 5.17　基于主机的虚拟化存储　　　　图 5.18　基于磁盘阵列的存储虚拟化

智能阵列控制器提供数据块级别的整合,同时还提供一些附加的功能,例如 LUN Masking、缓存、即时快照、数据复制等。配合使用不同的存储系统,这种基于存储设备的虚拟化模式可以实现性能的优化。这种虚拟化不依赖于某个特定主机,能够支持异构的主机系统,但是对于每个存储子系统而言,它又是一个专用私有的方案,不能跨越各个存储设备间的限制,无法打破设备间的不兼容性。

3) 基于存储网络的虚拟化

以上都是一对多的访问模式,而在现实的应用环境中,很多情况下需要多对多的访问模式。也就是说,多个主机服务器需要访问多个异构存储设备,其目的是为了优化资源利用率——多个用户使用相同的资源,或者多个资源对多个进程提供服务等。在这种情形下,存储虚拟化的工作就一定要在存储网络上完成,这也是构造公共存储服务设施的前提条件,如图 5.19 所示。

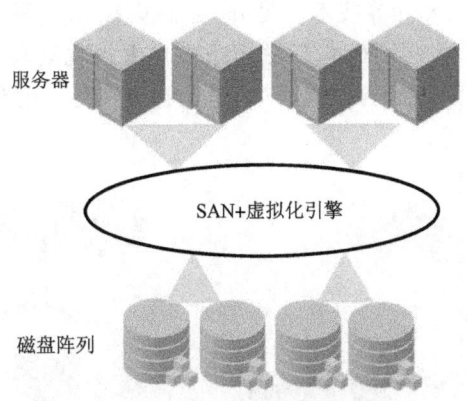

图 5.19 基于网络的存储虚拟化

以上介绍的两种虚拟化方法的优点都是可以在存储网络虚拟化上同时体现,它支持数据中心级的存储管理以及异构的主机系统和存储系统。

2. 存储虚拟化的方式

存储网络的虚拟化是由加入到存储网络 SAN 中的专用装置来实现的。这种专用装置实际上是装有存储虚拟化管理和应用软件的服务器平台。这个服务器平台可以横亘在 SAN 中间,把服务器和存储设备隔离,也可以在旁边接入 SAN 对存储网络进行管理。前者称为带内(in-band)的存储虚拟化,后者称为带外(out-band)的存储虚拟化。存储虚拟化能够将异构存储融合成一个整体,并对 LUN 的分配进行统一控制,主机端不需要有任何的改变,如图 5.20 所示。

(1) 带外方式的存储虚拟化架构。不对称虚拟化引擎物理上并不位于主机和存储系统的数据通道中间,而是通过控制 SAN 交换机上的数据映射来实现跨多存储的虚拟化。存储的配置和控制信息由虚拟化引擎负责提供。在异构环境下,这种方式的实施难度大于带内模式。

(2) 带内方式的存储虚拟化架构。带内虚拟化引擎位于主机和存储系统的数据通道中间,控制信息和用户数据都会通过它,而它会将逻辑卷分配给主机,如同一个标准的存储子系统一样(图 5.21)。因为,所有的数据访问都会通过这个引擎,因此,可以实现较高的安全性,就像存储系统的防火墙,只有它允许的访问才能够通行,否则就会被拒绝。带内虚拟化引擎是一个数据访问必须经过的设备,通常利用缓存技术来优化性能。

目前,业界已经在管理、应用、服务器、存储、网络等多个层面提供了多种虚拟技术,例如,在管理方面采用统一整合的管理模式,实现虚拟 Team、虚拟平台对整个数据中心统一管理；在应用层，通过目前流行的 SOA 架构的 ES，实现服务虚拟化的分装和接口标准化、规范化等，体现了应用虚拟化的特点；在服务器方面，有 IBM 大型主机的虚拟化技术，有 UNIX 服务器的 IBM PowerVM（动态逻辑分区、微分区）技术，HP 的 nPAR、vPar 技术，Sun 的 Dynamic System Domain 等分区技术，以及 PC 服务器的 VMware Virtual Server、Xen 等技术。另外，存储虚拟化方案也是一个相对的概念，几乎可以理解成存储的所有层面，包括磁盘条带化虚拟化实现，主机层的文件系统虚拟化、文件虚拟化、数据块级的虚拟化（比如逻辑卷条带化）、磁盘阵列级虚拟化以及通过网络实现存储虚拟化等。

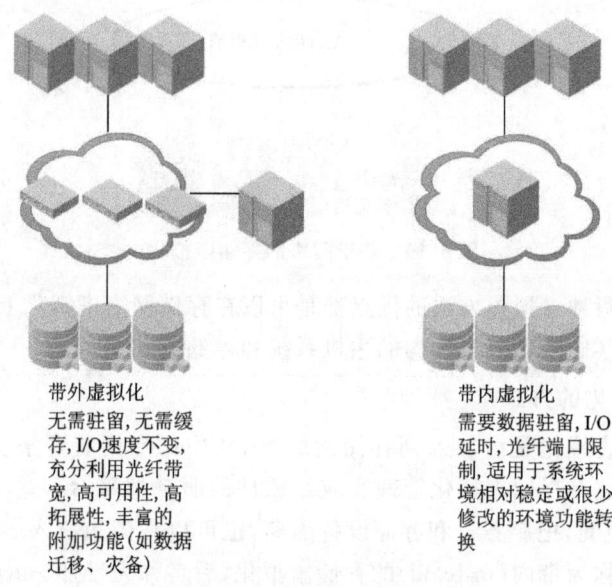

图 5.20　存储虚拟化分类比较

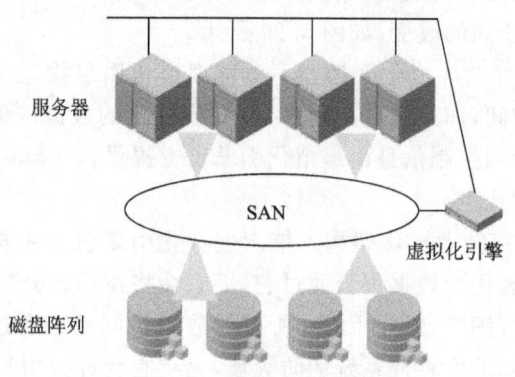

图 5.21　带内存储虚拟化

在实现方面，有 IBM 的 SVC、EMC 的 Investa、HP 新推出的 StorageWorks SAN 虚拟化服务平台（SVSP），而很多厂家都有自己的虚拟磁带库的虚拟化产品（磁盘库模拟成磁带库，实现可压缩管理），这些都是存储虚拟化的典型技术实现。所以，可以说虚拟化方案基本上覆盖了各个规模的用户群,给服务器整合方案带来多种选择。

5.5.8 备份恢复规划

详见本书第 10 章"数据中心数据容灾备份系统"。

5.5.9 存储安全规划

网络存储安全是指网络存储系统的硬件、软件及其系统中的数据受到保护,不因偶然的或恶意的因素而遭到更改、破坏,系统连续、可靠、正常地运行,网络存储服务不会中断。

不管是网络安全还是存储安全,其核心都是保证数据信息的安全,因此保证信息安全三要素也是存储安全的研究核心。信息安全三要素是指 CIA 特性,即机密性(Confidentiality)、完整性(Integrity)和可用性(Availability)。机密性表示只有被授权者才能使用特定数据资源;完整性表示只有被授权者才能修改特定数据;可用性表示用户能及时得到服务。

在安全策略上存储安全可以从以下几个方面考虑:

(1) 机密性。必须做到 4A 机制和安全加密,即 Authentication(认证)。需要通过认证的人才能使用、管理和维护存储,相关的认证手段可以多种多样,比较流行的包括存储本身认证、操作系统认证、工具认证(Radius、LDAP、DH-CHAP、动态密钥等)。对存储的安全满足认证是第一步;第二步是 Authorization(授权),对存储的任何操作、备份、管理和维护,必须按照不同的权限、不同的管理人员进行权限分明的操作,而且在存储的安装、配置、使用、维护,甚至搬迁和迁移的过程中都需要不同的授权,授权一般需要和相关的用户管理(Account)相结合,才能做到真正的授权;第三步是 Audit/Accounting(审计),高级的安全管理不仅仅做到认证、授权和用户管理,而且对任何一个用户经过认证授权后所做的任何操作都进行详细的记录,要求做到审计的 log 记录必须足够详细,甚至可以捕捉到每一个按键的操作,从而确保类似于著名的美国萨班斯法案要求的可追溯的操作的效果。同时,只有拥有相应权限的人才能看到保密信息,这也是通常所说的加密(Encryption)。加密有软件加密和硬件加密。

(2) 完整性。即保证对方能够收到所发送的信息,且发送与接收的数据保持一致,而这中间也不会被其他人篡改。保证一致性,就是要防止黑客或其他人窃取本不该他们看到的数据,对于数据的安全性来说,这一步骤是非常重要的。

(3) 可用性。存储的可用性也是存储安全的很重要方面,前面所述的 RAID 保护、冗余设计、备份恢复方案、高可用性方案等都是保证高可用性的重要方面。

除了需要解决数据安全传输的问题,还需要面对内部网络安全的挑战,特别是运行维护的核心——数据中心的安全保护问题。而实现对数据中心的安全保护,目前主要的方式是对存储在数据中心物理媒介中的敏感数据进行安全管理,即采用各种静态数据加密技术。静态数据加密涉及的物理存储介质包括硬盘和磁带,以及移动存储媒介如光盘、USB存储介质、存储卡等。海量数据存储和归档主要还是使用硬盘和磁带,因此静态数据加密主要围绕这两种存储介质展开。实现静态数据加密的最大挑战在于密钥管理,网络安全传输过程中加密数据的存在往往只有几毫秒到几秒的时间,但是存储系统中的加密数据需要保存的时间可以是几年甚至上百年,如果加密系统的实现方式不当,或者加密算法的强度不够,会导致攻击者有充裕的时间尝试不同的攻击手段,极大增加了存储系统的风险。

国际电气电子工程师协会正积极筹划制定的 IEEE 1619 静态数据安全标准,就是针对磁盘存储系统缺乏统一标准,各个厂家的产品无法互操作,密钥管理机制参差不齐,以及难以实现对海量数据长期安全存储的要求而提出的。

5.5.10 存储管理规划

在存储管理(SRM)过程中,需要关注存储当前的环境、如何使用存储、存储利用率和性能等问题,如果环境发生变化,应该如何规划、部署、重新部署、整合调配相关资源。另外,如果在这些过程中管理人员全都采用手动操作,那么很容易出现用时过长的问题,而且出错概率也大大增加,这些都是存储管理要解决的问题。

在存储管理的过程中,主要涉及存储规划和资源调配、存储监控和报告以及存储设备管理等几个方面的内容,如图 5.22 所示。存储规划和资源调配主要解决设计、规划分层存储,并为其调配资源以优化操作和满足服务级别协议;存储监控和报告主要是监控和报告分层存储的状态和使用情况,提高资产利用率和性能,为以后进一步规划和扩容做准备;存储设备管理主要是对底层设备进行配置和优化,从而为业务系统提供更好的支持。

图 5.22 存储管理的内容

存储管理接口标准(Storage Management Interface Specification,SMI-S)是 SNIA 开发的一种标准管理接口,旨在减轻多厂商 SAN 环境中的管理负担。SMI-S 为各种网络组件提供了一个统一的管理接口,极大地降低了 SAN 管理的复杂性。SMI-S 发布至今已经取得多家 SNIA 成员企业的认可与支持。它将为网络存储行业定义一个全新而开放的开发模式,并为其各组成部分提供丰富的管理功能,提高互操作。SMI-S 的目标是为存储网络中的存储设备和管理软件之间提供标准化的通信方式,使存储管理实现厂商无关性,从而提高管理效率,降低管理成本,同时促进存储网络的发展。

SMI-S对行业用户的意义在于：SMI-S使用户能够在SAN-S轻松集成和管理来自多厂商的组件，从而提升了灵活性、可管理性和可靠性；同时，用户的资源利用率也将获得极大提高。

SMI-S对厂商的意义在于：广泛采用SMI-S减少了选择和供应产品的复杂性，同时为基于政策的管理奠定了坚实的基础，厂商能够全神贯注于附加值功能，而不必为异构和专有接口开发整合所需的技术支持。SMI-S在统一理解存储管理上对所有厂商都是至关重要的。有了一个公共平台，厂商就可以加速产品的开发进程，终端用户可以更自由地选择厂商，同时也降低了存储管理的复杂性。此外，SMI-S还制定了其他一些应用模块，它们除了可以使存储设备的开发和测试过程更加简化以外，还能用于管理存储网络，为存储和软件工业提供新的发展思路。

总体来说，SMI-S具有以下优良特性：

（1）管理软件的共存。通过全新的系统架构，让多种管理软件在同一存储网络下共存。

（2）多层资源管理。大型存储网络中，同样的服务经常在多层有所提供。

（3）基于策略的管理。

（4）互联的独立性。无缝集成了安全性的管理，实现灵活的管理授权机制等。

5.6 存储技术的发展趋势

网络改变了世界，以网络存储为核心的存储技术也正在改变人们共享信息的方法。随着信息存储应用领域的扩展，用户对存储提出了多样化的迫切需求。为满足这种需求，存储技术正以前所未有的速度迅速发展，现有的技术在进化，新的技术也正在不断涌现。

5.6.1 存储的互操作性

存储的互操作性分为两个方面，一个方面是存储设备支持不同的服务器系统。这个问题已经得到了很好的解决，存储供应商的存储设备都能够做到支持主流操作系统，或者是其中的某些版本。

互操作性的另一个方面是如何支持多厂商的存储系统，这就是Open SAN解决方案的核心问题。Open SAN的目标是支持任何应用程序、操作系统、文件系统、服务器平台、存储系统、磁带库以及客户所要求的互联设备，解决棘手的设备兼容问题，使网络设备发挥最大的效率。在这个方面，采用开放式的标准是大势所趋。

5.6.2 绿色存储

绿色存储技术是指从环保节能的角度出发设计生产的能效更佳的存储产品，降低数据存储设备的功耗，提高存储设备每瓦性能。绿色存储技术的核心是设计运行温度更低的处理器和更有效率的系统,生产更低能耗的存储系统或组件,降低产品所产生的电子碳化合物。

绿色存储技术涉及所有存储分享技术,包括磁盘和磁带系统、服务器连接、存储设备、网络架构、其他存储网络架构、文件服务和存储应用软件,以及重复数据删除、自动精简配置和基于磁带的备份技术等,可以提高存储利用率,降低建设成本和运行成本,其目的是提高所有网络存储技术的能源效率。SNIA 倡议成立"SNIA 绿色存储促进组织",该组织成立的目的是为了促进能源效率以及厂商间的技术交流,以便更大程度上降低因为数据存储带来的环境影响。

SNIA 宣布该组织的工作范畴将涉及磁盘和磁带、光纤、文件服务、存储应用等广泛的存储基础架构。

5.6.3 万兆存储架构

万兆存储架构是指能够在存储网络中实现端到端传输率高达 10Gbit/s 的存储解决方案。目前,主流的 SAN 架构还停留在 4Gbit/s 的速度,万兆存储一出现就引起了存储业界的关注。

万兆存储架构一般由 3 个主要部分组成:首先是服务器到存储的万兆前端网络,这其中包括服务器上的万兆以太网端口、万兆以太网交换机、存储设备的万兆以太网端口;其次是万兆存储系统内应该具备万兆处理能力的存储处理模块,这些模块主要包括存储业务处理和 RAID 处理等功能;另外万兆存储架构还需要具有万兆带宽的后端磁盘柜的支持,这些磁盘柜可以由基于 SAS、光纤通道、InfiniBand 等技术互联的多个磁盘柜组成。

一个万兆存储架构的任何一个环节没有达到万兆的处理能力都会成为万兆存储架构的瓶颈,万兆存储网络需要考虑端到端路径上各个环节的带宽,使各环节上的带宽和处理能力相匹配。

结合外围不断丰富和完善的交换机,加上万兆存储架构具有接口类型丰富、易于使用和维护、标准统一等诸多优点,未来会有越来越多的用户升级和部署万兆存储架构,满足存储容量和带宽不断增长的需求。

5.6.4 自动化存储管理

数据量的激增和数据安全的需求要求对存储系统进行有效的管理,存储设备的多样化增加了管理的难度和管理工作量,提出了对存储管理的自动化、智能化要求。在虚拟存储环境下,所有的存储资源被映射为一个整体,屏蔽了单个存储设备容量、存储速度等物理特性。

系统管理员不再关心后台存储,所有的存储管理操作,如系统升级、改变 RAID 级别、初始化逻辑卷、建立和分配虚拟磁盘等,由于使用了虚拟存储而变得容易,降低了存储管理的复杂度。

为了实现自动化存储管理,很多存储管理软件厂商开发了大量的存储管理软件,方便用户对存储系统的整体管理。

5.6.5 基于 InfiniBand 的 SAN 架构

基于 InfiniBand(简称 IBA)的 SAN 存储架构是目前数据存储技术发展的热点之一。

就目前情况看,SAN 是目前的主流存储技术,SAN 提高了存储系统的灵活性和可扩展性。但是也存在一些问题,主要体现在以下几点:

(1) 在构建 SAN 时,最重要的是采用的网络互联技术,目前采用最多的是光纤通道(Fiber Channel)技术。但是,光纤通道协议对于不同的制造商其具体实现是不同的,这在客观上增加了互操作的难度。

(2) 在 SAN 的管理方面,当前大多数 SAN 管理解决方案都需要一个独立的以太网连接,这样才能传输管理指令,这种管理方式称为"带外管理"。那些支持"IP 光纤通道"或"带内管理"的解决方案最近才开始出现。

(3) 构建和维护 SAN 需要有丰富经验的专业人员。

(4) 目前 SAN 采用的网络互联设备还比较昂贵。

所有这些问题都阻碍了 SAN 的应用和推广。用户迫切希望 SAN 能取得技术上的突破,来满足日益增长的存储需求。市场的需求推动着技术的发展,InfiniBand 作为一种重要的 SAN 互联技术引起了人们的重视。

InfiniBand 是由一个名为 InfiniBand Trade Association 的团体所开发的一种新的 I/O 标准,目前已有 200 多家公司参与其中。InfiniBand 是一种基于全双工、交换式的新型 I/O 总线技术,它简化并加速了服务器之间的连接,并能与远程存储设备和网络设备连接。它的低延迟、高带宽特点及互操作性、可靠性和可扩展性将满足市场对不断发展的数据中心、服务提供商和集群的需求。InfiniBand 支持热切换,系统扩展不需要利用系统插槽而是通过外部扩展。InfiniBand 的目标是解决存储和 I/O 的瓶颈问题。InfiniBand 的单方传输速率为 2Gbit/s、5Gbit/s,另外 InfiniBand 支持主动连接,建立多个传输组跨越 4~12 个连接,性能提高 4 倍及 12 倍,其速率达到 10Gbit/s 和 30Gbit/s。

InfiniBand 提供的服务有可靠连接、非可靠连接、可靠数据包、非可靠数据包,以及原始数据包。

InfiniBand 的优秀特性引起了众多厂商和研究部门的注意,在市场和技术的双重作用下,将来可能会采用 InfiniBand 架构来实现 SAN 存储。

5.6.6 存储产品的标准化

目前的存储产品基本上还是各个厂家自己开发的产品,标准化程度较低,产品互联互换性能较差。目前国际组织和协会正在大力推动存储产品的标准化工作,产品的标准化可以帮助用户减轻管理负担,降低总体拥有成本。

（1）SMI-S 标准。SMI-S(Storage Management Interface Specification,存储管理接口标准)是 SNIA 开发的一种标准管理接口,旨在减轻多厂商 SAN 环境的管理负担。目前 SMI-S 标准已经获得 ISO 和 IEC 两大标准组织的认可,从事实标准成为全球范围内存储厂商及 IT 用户们采用的国际标准。

（2）XAM OXAM(eXtensible Access Method)是 SNIA(Storage Networking Industry Association,全球网络存储工业学会)提出的一个定义参考信息和其存储位置之间接口的规范。XAM 旨在为与任何特定存储系统技术无关的参考信息(包括医疗图像、文档、PDF 文件等)提供一个接口。XAM 计划是在 2004 年 10 月作为 IBM 和 EMC 的一个合作项目开展的,后来 HP、日立数据系统和 Sun 加入了该联盟。2005 年 9 月,XAM 联盟向 SNIA 提交了这个提案。在审议后,SNIA 把它转交给了一个负责开发固定内容数据标准的 SNIA 工作组。其他一些标准,如内容管理、FCoE、档案系统(File System)、虚拟化、元数据(Metadata)等也在积极地研究中。

5.7 存储系统案例

下文以电力企业数据中心的信息管理系统(电力 MIS)存储应用为例,说明数据中心的数据信息存储如何实现高性能、安全性、可用性。

5.7.1 项目背景

随着我国电力事业的蓬勃发展,电力企业正以崭新的面貌走向市场,"一切以客户为中心,努力提高服务质量"已成为电力企业努力的目标。目前,我国电力行业正朝着市场化运作逐渐过渡,围绕着"厂网分开、竞价上网"的指导思想,电力行业新的市场竞争机制正在逐步建立,电力体制改革引发了行业重组、政策调整、规范更新,电力企业也不可避免地进行了管理模式的变革,以应对新的竞争环境。其中,电力企业的信息化建设应该怎样调整以适应这一系列变革,帮助企业在行业竞争中抢占先机,变得非常重要。

电力系统信息化包含的业务很全,已渗透到电力生产、管理的各个角落。电力系统信息化包括:电力生产及电力市场的支持系统、各种电力 MIS 系统、客户管理、视频监控、EMS 备品备件管理、电子商务、网络交互业务、内联网数据交换中心(IXC)、Internet 访问等新型服务。

建设电力企业内部的信息网络,开发满足电力企业业务要求的信息管理系统(电力 MIS),使得电力企业能够为用户提供优质高效的服务;同时降低了企业成本,提高企业经济效益,拓宽企业信息系统的范围,为企业带来更大的竞争力。

5.7.2 电力企业的存储应用

电力企业可以分成电厂和电网两类,在存储方面有着各自不同的需求。例如,对于电厂而言,它的资产管理和资产维护非常重要,相对来说,电厂在财务和人事方面的管理就简单一些,所以对于存储就会产生不同的需求;对于电网而言,则不仅仅是维护好现有资产,更重要的是把生产出来的电供给社会,并转换为经济效益。电网需要进行企业化运作,高效率地供电,获取最大收益。那么如何解决这些问题,以满足电网和电厂的需求呢?那就是要建立高效可靠的信息化系统,保障系统的高可用性与数据的安全性。

因为电力系统的稳定性会影响到整个社会的生产、人们的工作和日常生活,可以说稳定性是电力系统最重要的部分。电力系统对存储的要求如下:

(1) 高可用性 HA。具有防失败能力、预防错误与故障、系统全冗余、单独的服务和资源管理能力、发生故障时自动切换能力。

(2) 持续可用性 CA(Continuous Availability)。具有双机或 Cluster 系统、支持 100%联机运行、高度分布式系统、多层冗余、客户端自动失败转移、为非单点失败及非计划停机事件的设计等,保证系统 7×24h 不间断运行。

5.7.3 电力 MIS 系统 FC SAN 存储

对于电力企业电网的 MIS 系统,采用光纤存储磁盘阵列作为在线系统主存储。其中数据库系统、邮件系统、OA 系统等的核心数据都存储在全冗余的高端磁盘阵列上,保证了数据的安全。在线存储系统由光纤交换机和光纤存储设备组成,MIS 系统中的服务器通过冗余链路与光纤交换机连接,光纤阵列通过其前端的主机端口连接至两个光纤交换机,多条路径可以实现故障切换和负载均衡。整个系统由双 FC 交换机、光纤磁盘阵列上的双控制器、服务器上的双 FC HBA 适配器形成了一个全冗余的系统接口,即使任何一个部分发生故障,都不会引起整个存储系统工作中断,更不会引起存储系统瘫痪。

磁盘阵列具有 4~8 个 FC 主机通道,每个通道带宽 1200MByte/s,保证存储设备可以对外提供足够的可用带宽。系统示意图如图 5.23 所示。

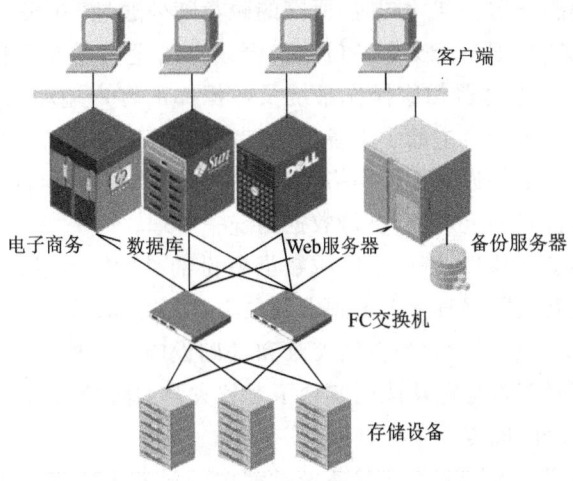

图 5.23 电力 MIS 系统 FC SAN 存储

5.7.4 电力 MIS 系统 IP SAN 存储

IP SAN 的存储网络架构不需要购买光纤 HBA 适配器、光纤交换机等昂贵配件。iSCSI 存储设备只需直接与现有以太网交换机连接，便可构建 SAN 架构的网络存储。iSCSI 磁盘阵列通过前端千兆以太网接口接入以太网交换机，多条链路冗余且可以实现分担负载。前端多台应用服务器则直接通过以太网络访问磁盘阵列，存取集中存放的数据。系统示意图如图 5.24 所示。

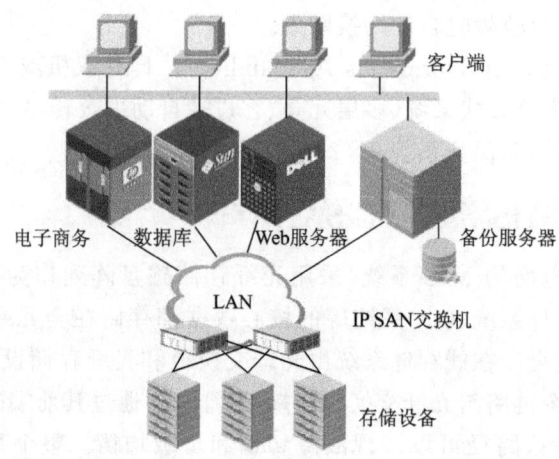

图 5.24 电力企业 MIS 系统 IP SAN 存储

5.7.5 电力调度信息系统备份及远程备份

电力调度信息系统备份及远程备份通过部署备份软件以及磁盘阵列产品来搭建。首先要在调度数据中心部署一台备份服务器，安装备份软件的服务器端，作为整套备份系统的核心管理服务器。与此同时，所需的磁盘阵列通过 iSCSI 协议与备份服务器连接，作为备份设备，数据备份交由备份服务器统一管理。而在所有需要进行数据备份的各地 DMIS 主机上部署相应操作系统及数据库的客户端和 Agent 程序，作为备份系统的客户端主机进行自主的手工备份，或者由备份服务器统一规划发起自动数据备份。所有备份数据都将通过远程网络传送至备份服务器，再由备份服务器按照自有的数据格式写到磁盘阵列上，进行备份数据的统一管理。

通过应用智能备份软件，解决了广域数据备份的难题。通过远程数据复制功能，将所有地市的电力调度数据直接上传到省调中心，而省中心作为全省电力调度数据的备份中心，实现了重要数据对大型自然灾难和基础设施灾难的防护，做到了对重要数据的全面备份。而时间点标记功能则实现了对软灾难的防护，保证数据可以恢复到前面标记过的任何一个时间点。

广域网备份方式有效降低了数据备份过程中的设备投资和管理成本。地市公司不需要配置备份软件和备份设备，也不需要专门的人员进行管理。通过广域数据备份,不仅实现了 DMIS/OMS 系统的数据保护,简化了备份操作,同时减少了管理人员和设备数量。系统示意图如图 5.25 所示。

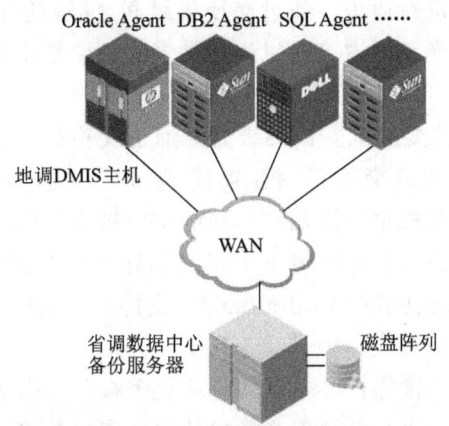

图 5.25　备份软件 Agent 部署示意图

电力供应的安全稳定是电力部门的首要目标。在计算机设备不断进入电力行业的今天,电力系统数据存储的稳定和安全成为保障电力系统稳定运行的重要条件。

整个存储系统采用全冗余、模块化、在线扩容、方便管理的架构设计,其高性能、高可靠的运行优势,保证了电力系统业务的 24h 不间断地运行与数据的安全可靠,不仅满足了电力各部门各系统数据存储与信息化建设的需要,为电力系统的安全稳定运行创造了坚实的基础,同时为电力系统在行业竞争中抢占先机,为适应新的管理模式与新的市场竞争机制创造了条件。

5.8　存储系统设备的选型

5.8.1　光纤通道交换机

1. 光纤通道交换机的概念及分类

光纤通道交换机(FC Switch)是 SAN 的核心设备,它连接着 SAN 网络中的主机和存储设备。光纤通道交换机有许多性能指标,通过对实际产品性能指标的了解,有助于更深入地理解存储系统,也有助于在设计存储系统时选择一款适合的产品。

根据使用的场合不同及存储网络的规模不同,光纤通道交换机可分为入门级光纤通道交换机、工作组级光纤通道交换机和核心级光纤通道交换机。

(1) 入门级光纤通道交换机。入门级光纤通道交换机的应用主要集中在 8~16 个端口的小型工作组,它适合低价格、很少需要扩展和管理的场合。它们往往被用来代替集线器,可以提供比集线器更高的带宽,提供更可靠的连接。入门级光纤通道交换机提供有限级别的端口级联能力。一般入门级光纤通道交换机的可管理性较差。

(2) 工作组级光纤通道交换机。工作组级光纤通道交换机具有将许多交换机级联成一个大规模的光纤通道的能力。通过连接两台交换机的一个或多个端口,使交换机上的所有端口都可以进行通信。通过交换机级联,能够建立一个大型的、虚拟的存储交换网络。工作组级光纤通道交换机应用最多的领域是小型 SAN。当使用多家厂商的光纤通道交换机时,应注意设备的可互操作。

(3) 核心级光纤通道交换机。核心级光纤通道交换机(又叫导向器)一般位于大型 SAN 的中心,使若干边缘交换机相互连接,形成一个具有上百个端口的 SAN 网络。核心级光纤通道交换机也可以用作单独的交换机或者边缘交换机,但是它增强的功能和内部结构使它在核心存储环境下工作地更好。核心光纤通道交换机的其他功能还包括支持光纤以外的协议(如 InfiniBand)、支持 2Gbit/s 或 4Gbit/s 光纤通道、高级光纤服务(如安全性、中继线和帧过滤等)。

核心级光纤交换机通常提供 64～128 口或更多端口。内部连接的带宽很宽,保证数据帧的快速传输。核心级光纤通道交换机的主要作用是建立覆盖范围更大的网络,提供更大的带宽。核心光纤通道交换机往往采用基于"刀片式"的热插拔电路板,只要在机柜内插入交换机插板就可以添加需要的新功能,也可以进行在线检修,还可以做到在线分阶段按需扩展。

许多核心级光纤通道交换机不支持仲裁环或者其他的直连环路设备,它们只关心核心交换的能力。

各类光纤通道交换机的比较见表 5.7。

表 5.7 各类光纤通道交换机的比较

类 别	入门级	工作组级	核心级
端口型	8～16	16～64	几十至一两百
冗余特性	无	有	有
管理功能	无	简单	复杂
价格	便宜	中等	昂贵

2. 与光纤通道交换机有关的技术及术语

(1) 光纤通道端口数量。端口数量通常是对固定端口光纤交换机而言。与普通的交换机类似,一般的光纤通道交换机具有 4 口、8 口、16 口、32 口、64 口等端口数量。相对而言,入门级光纤通道交换机具有的端口数量较少,工作组级光纤通道交换机和核心级光纤通道交换机都具有较多的端口和高可用的宽带光纤通道端口类型。

在光纤连接的 SAN 结构中,一共有 5 种端口类型:N 型、NL 型、F 型、FL 型和 E 型。其中,前两种是主机和存储设备需要具备的工作机制,后三种是光纤交换机需要提供的连接机制。由此可见,同一片光纤卡、同一台光纤通道磁盘阵列和同一台光纤交换机工作在不同的环境中,其内部的工作机制是不同的。这就要求设备具有自动识别、判断和动态调整工作机制的能力。现在,一些光纤交换机提供一种叫做 G 型端口的工作方式，其实，这个 G 就是 Global 的意思。即指这个端口可以提供 F 型、FL 型和 E 型 3 种类型的工作方式，而且可以完全自动侦测环境，动态调整工作方式，完全无需人工干预。

一般情况下，在一台 SAN 交换机上只能看见 F_Ports 端口和 FL_Ports 端口，了解这两种端口之间的差异是很有用的。FL 指的是 FC-AL，它是指附属连接了一台设备。如果附属连接的设备是环路形设备，端口就会自动将自己配置成 FL_Port 端口，否则它就会配置成 F_Port 端口。有些品牌的 FC 交换机不允许将端口用作 E Port 端口，除非支付更高的专利许可证费才行。如果考虑将多个交换机连接在一起，就必须了解这一点。

(2) 传输速率。交换机端口的传输速率一般为 1Gbit/s、2Gbit/s 或 4Gbit/s，交换机端口的传输速率应当与其连接的存储器或服务器的端口速度匹配。为了方便连接，有些交换机端口的传输速率具有自适应速率检测功能。

(3) 管理接口。一般光纤通道交换机支持 Telnet、SNMP(简单网络管理协议)及 Web 管理等软件工具。

(4) ISL Trunking。将多个端口组合起来，形成更高的传输速率。在存储网络的实际组网过程中，也可以使用链路共享软件，达到端口组合，提高链路传输速率，同时又可以起到链路冗余的目的。

(5) Zone(分区)。类似于 TCP/IP 网络中的 VLAN 技术，通过划分 VLAN 缩小广播域的范围，提高系统的安全性。光纤通道存储网络中往往使用 Zone 技术达到类似的效果，使用 Zone 技术划分存储网络的区域，提高了系统的安全性。可以基于物理端口分区和 WWN(注意：和以太网卡的 MAC 地址一样，HBA 上也有独一无二的标示，这就是 WWN(World Wide Name)的分区。

(6) 最大帧大小。帧的大小影响网络的性能。网络中的设备接收到一个数据帧后要对它进行解包及按照要求重新组包等操作，这需要占用设备资源。如果帧过小，就会占用较多的设备资源，影响系统性能。

(7) 介质类型。设备支持的传输介质的类型一般为光纤和铜缆。一般来说，支持的介质不同，适用的传输的距离也不同。

(8) 支持的管理软件。光纤通道交换机一般都有相应的管理软件。功能强大的管理软件可以给用户的管理工作带来很大的方便。

3. 光纤交换机选型需注意的问题

不管是采用少量交换机搭建一个简单的存储网络，或是通过大量交换机构成一个规模庞大、扩展性好的核心存储网络，都要在各个交换机品牌和型号中做出选择。

由于交换机是构造存储区域网络 SAN 的核心构件，所以选择最合适的交换机是至关重要的。只有正确选择对存储区域网络最合适的光纤交换机才能提高信息管理的效率，满足数据中心对存储的需求。

与其他技术的实现相比，交换机的选择可谓是战略性的决策，必须既要了解目前的状况和需求,同时又要让选择的交换机能够满足今后的发展需求。同时影响最终决策的因素还有可扩展性、兼容性以及与其他硬件设备的互操作性等。

值得指出的是,任何一个存储区域网络都不会是一成不变的,它时刻面临着扩展及与新技术、新产品集成的问题。而存储区域网络正是通过灵活的可扩展性来满足未来的需求,从而保护用户的投资。

扩展性又包括两个方面:一方面是随着存储网络规模的扩大,原有的系统不能满足用户的存储需求时怎样扩展为一个更大的 Fabric;另一方面是,随着技术的发展,能够顺利地升级到新的技术与应用。比如,IP 存储的发展使得越来越多的用户考虑 iSCSI 和 FCIP,FC 交换机将来能否进行 IP 存储的扩展就显得很重要。

具体来看,必须了解交换机的几个选择要点。包括体现可靠性和可用性的硬件冗余特性、体现网络节点容量的端口数以及为满足特定应用环境所需的网络功能,同时要考虑存储区域网络项目的预算费用。

选择交换机的第一步是要确定要连接多少台服务器和存储设备。在挑选交换机时,这里有几条普遍原则可供参考:对于少于 8 个设备又没有扩展计划的网络,一个 8 口交换机已经足够了,如果计划将来要扩展到 8 个以上的设备,那么就要考虑 16 口的交换机。如果网络中设备多于 16 台的话,要考虑使用多台 16 口交换机级联。

如果要保证关键业务的不间断运行,就需要按照冗余方式构建系统。可以考虑双光纤交换网配置方案。由于这种网络拓扑确保了冗余性,所以可以使用较为便宜的单电源交换设备。即使一个交换机发生故障,主机和存储阵列上的链路切换软件也会自动将通信切换到冗余设备上,直到故障设备被更换为止。

如果定期停机维护不会影响应用,那么采用一个带热插拔电源和风扇的交换机性价比较高,同时还保证了电源或风扇的任何一个单点故障都不影响网络的运行。

总之,在选择使用哪种交换机来建立 SAN 光纤交换网络前需要考虑的地方很多,与其他设备的采购计划一样,需要在比较交换机之前明确目前和未来的关键需求,还要明确这些需求的优先级别。

5.8.2 磁盘存储设备

1. 磁盘存储设备的概念

磁盘存储设备(磁盘阵列)是信息系统的主要存储设备,它的性能好坏直接影响到系统总的性能。磁盘系统主要作为在线和近线设备使用。

根据使用情况的不同,厂家在销售磁盘存储设备时往往同时提供相应的磁盘管理系统软件,如适合 NAS 环境使用的 NAS 管理系统,适合 SAN 环境使用的 SAN 管理系统。这些管理系统成为磁盘存储设备的重要组成部分。

2. 选择磁盘产品的关键技术

(1) RAID 处理器。在 RAID 设备中使用的处理器(CPU)的型号,处理器应当有足够的处理速度和总线带宽。如 CPU 参数为 Pentium4 3.0 C 3.0 G 200 M 15 800 M

512K 1.525V,这些参数表示处理器为Pentium4处理器、主频为3.0GHz、外频为200MHz、倍频为15、前端总线速率为800Mbit/s、高速缓存为512KB、电压为1.525V。

（2）二级缓存。在主机与存储设备交换信息时，主机信息先被存放在RAID的缓存中，再由RAID控制器转存到硬盘上。RAID设备必须有足够存储空间接收主机传来的数据。足够大的二级缓存可保证主机信息流的流畅传输。如512 KB ECC表示二级缓存使用具有ECC校验技术的芯片，其容量为512KB。

（3）磁盘混用。可以在一台磁盘阵列中使用不同类型的磁盘。

（4）支持硬盘容量。系统使用的硬盘的容量。

（5）硬盘插槽数量。系统支持的硬盘的插槽数。

（6）通道数量和类型。该存储设备与主机、磁盘设备通信通道的数量和类型。

（7）通道数据传输率。主机与存储设备间的数据传输速率。这个参数是存储设备效率的重要指标。一般来说，存储设备具有多个通道，多个通道可以同时与主机进行数据交换。

（8）可扩展性。该设备是否具有可扩展性。

（9）热插拔特性。在不间断电源的情况下更换磁盘的特性。

（10）冗余设计。电源冗余和风扇冗余。

（11）管理软件。是否提供管理软件，提供的管理软件的功能是否强大。

（12）远程管理能力。远程对磁盘阵列进行管理的能力，一般可支持使用RS-232终端管理方式和Web管理方式。

（13）LUN屏蔽。LUN(Logical Unit Number)屏蔽是一种网络存储的安全措施。LUN屏蔽将逻辑设备号(LUN)分配给特定主服务器，这台主服务器只允许看到分配给它的LUN。没有分配给某一台服务器的LUN被称为将这台机服务器"屏蔽"了。LUN屏蔽防止一台服务器访问其他服务器的数据，保证数据安全。

（14）存储容量。系统的总存储容量。

3. 磁盘阵列选型应注意的问题

面对市场上琳琅满目的磁盘阵列产品，究竟该从何处下手，确保选购到的产品设备尽善尽美呢？应该从以下几个方面加以考虑：

1）着眼需求，选好合适容量

在正式挑选磁盘阵列设备之前，有必要先了解一下购买磁盘阵列设备的目的。仅仅是为了组建基于磁盘的一套数据备份系统，以便实现数据的及时存储备份？还是为了确保服务器能够24h不间断运行，以便持续对外提供服务？如果选购磁盘阵列设备主要是用来存储、备份重要数据的话，那么磁盘阵列的容量指标将是首先需要关注的因素，毕竟只有合适容量的磁盘阵列才能满足大容量数据存储的需求。

在这种需求条件下，可以考虑选用一款入门级的磁盘阵列设备，毕竟这种产品设备在价格方面要比其他产品便宜许多。例如，Promise公司推出的型号为Promise VTrak 15200的产品，功能相对比较专一，只是将它的磁盘阵列提交给服务器去处理，以便增加数据存储单元的数量，从而达到有效扩展数据存储空间的目的。

要是希望选购的磁盘阵列设备能够允许随意为特定服务器分配空间目的的话，最好应该选择那些智能化程度相对较高的磁盘阵列产品，以便允许根据实际需求来任意创建一个或几个磁盘阵列集，然后再允许将它们从逻辑上任意分割成若干个 LUN。例如，可以使用 16 块容量为 150GB 的磁盘搭建一个总容量为 2.1TB 的 RAID-5 集，然后可以将 RAID-5 集中的 100GB 空间分配给某一台服务器，再将 1TB 空间分配给网络中的另外一台服务器，其余的存储空间可以用于日后的扩展升级需要。由于不同功能的磁盘阵列产品价格相差很大，在选购磁盘阵列设备时，一定要着眼实际的工作需求，确保选购到手的产品既能满足工作要求，又不会造成资源的极大闲置和浪费。

在明确购买需求时，除了要关注数据存储的容量外，还要关注网络中包含几台服务器，因为不同型号的磁盘阵列产品同时支持的服务器数量是不完全相同的。例如，EMC AX100i 型号的磁盘阵列设备一般只能同时支持 8 台服务器，要是目前有 10 台服务器，很显然选购 EMC AX100i 型号的磁盘阵列设备就是错误的。

2）着眼安全，选好快照功能

如果网络中包含 SQL Server 服务器、Exchange 服务器以及其他特殊事务处理系统，那么就需要选择好磁盘阵列设备内置的快照功能，因为选好该功能可以确保数据库结构在遭遇灾难或服务器系统发生瘫痪现象时，可以在有限的时间内让数据库结构或服务器运行状态恢复到最近一次正常工作时所处的快照状态。

要是该快照功能选择不好，一旦遇到服务器系统瘫痪或者数据库结构发生损坏的麻烦时，即使使用了基于普通磁盘的数据备份系统，也无法在短暂的时间内将服务器系统或数据库结构快速恢复到正常的工作状态。

当然，为了尽可能地降低数据丢失损失，在使用磁盘阵列设备时，最好将它设成"每过一小时就制作一份快照"，那样的话服务器系统或数据库结构即使遇到意外，也能利用快照功能将它们恢复到前一刻正常的运行状态，这样造成的损失最多也只是最近一个小时内的。

3）着眼升级，选好扩展性能

普通的磁盘阵列系统往往允许在磁盘控制器内通过增加磁盘槽位的方法，来插入更多数量的磁盘到磁盘阵列中去，从而达到有效扩展备份系统存储数据容量的目的，不过这种扩展系统存储容量的能力十分有限，因为一旦磁盘控制器机柜内的磁盘槽位全部被用完时，就无法通过上面的方法来扩展磁盘阵列的容量性能了，这个时候唯一的办法就是重新选购规模更大的磁盘控制器才能实现性能扩展目的。

针对这种性能扩展难题，目前世界上许多著名的公司纷纷提出了自己的解决方案，但这些方案都有一个共同点，即都允许用户将若干个磁盘控制器和阵列连接在一起，并集中整合成一个规模更为庞大的虚拟磁盘共享阵列。

用户在通过这种方案来扩展性能时，既可以通过在磁盘阵列中增加磁盘槽位的方法来提升存储容量，又可以通过增加控制器的数量来达到扩展目的，而且随着千兆级以太网端口与缓存容量不断地递增,整个数据存储系统的性能也会随之提升。这类解决方案的起点往往比较低,用户可以在长期使用中逐步将数据存储容量扩展到100TB甚至更大,而且这种扩展升级不需要重新购买其他的系统设备。

4) **着眼存储,选好复制功能**

磁盘阵列设备的数据复制功能,也是在挑选该产品时应该重点考量的指标之一,因为通过该功能可以确保重要数据信息不会发生丢失。

例如,现在市场上 Intransa 公司、EqualLogic 公司推出的磁盘阵列设备,一般都支持数据快照复制的存储功能,一旦选用了这些公司推出的产品后,就能在主站点的磁盘阵列系统启用"定期为存放敏感数据的逻辑单元制作快照备份"功能,主站点的磁盘阵列系统就会自动挑选出继前一次正常备份之后发生变化的数据块,然后自动将这部分数据块复制到备份站点的磁盘系统上,这样一来敏感数据内容就不容易发生丢失现象。

当然,如果希望敏感数据万无一失的话,还可以挑选那些支持同步复制功能的磁盘阵列产品,这类产品包括 EMC CX500i 型号的磁盘阵列设备,通过同步复制功能,主磁盘系统中的任何数据一发生变化,就会被实时地复制到磁盘系统对应的副本内。

5.8.3 磁带存储设备

1. 磁带存储设备的概念

磁带存储设备主要包括磁带机、自动加载机和磁带库产品。磁带机一般指单驱动器产品;自动加载磁带机可以从装有多盘磁带的磁带匣中自动完成磁带的装载和卸载工作;磁带库一般由数台磁带机、机械手和大量磁带构成,并可由机械手臂实现自动拆卸和装填磁带。

目前,在高端市场中,多采用一些大型磁带库设备进行数据保护。对于中小用户来说,可考虑使用价格、性能适中的单独的磁带机、自动加载机和小型磁带库产品。

2. 与磁带库有关的技术及术语

(1) 容量。磁带库中安装的磁带的总容量。磁带库的总容量与使用的磁带机的类型及磁带机的数量有关。

(2) 性能。磁带库与主机之间的数据传输速率。

(3) 机械手可靠性。机械手是磁带库的重要部件,它的性能及稳定性直接影响系统的稳定性。

(4) 主机接口。磁带库与主机的接口,一般支持光纤接口、SCSI 接口、iSCSI 接口等多种接口形式。

(5) 管理软件。磁带库系统支持的管理软件。

3. 磁带存储设备的选择

怎样选择合适的磁带存储设备呢?除了对自身需求进行科学的分析和仔细的计

算外,还应该对存储市场、备份技术、产品性能等多方面深入了解,才能做出正确的选择。下面对设备的选购提出几点建议:

1)定方向

大中型数据中心多是按照 SAN 的方式组建存储网络,应多采用一些大型磁带库设备进行数据保护。而对于小型数据中心来说,价格、性能适中的单独的磁带机、自动加载机和小型磁带库产品则更加适合。

2)选技术

市场上主流的磁带技术有 LTO、DLT、DDS、VXA、AIT 等,每种技术的市场占有率不同,厂商也都有自己较完善的解决方案。对于不同的需求,这些技术都有各自的优缺点,因此,了解它们各自的性能特点,将会有助于设备的选择。

(1) LTO 是由 IBM、HP 和希捷在 1997 年 11 月联合制定的一种具有"开放格式"的磁带技术,将服务系统、硬件数据压缩、优化磁道面、高效纠错技术和提高磁带容量性能等结合于一体,主要定位于中高端存储市场。

(2) DLT 是最早于 1985 年由 DEC 公司开发,主要应用于 VAX 系统的备份技术。其优点是大容量、高速度,但是价格相对比较昂贵。据 IDC 数据,2003 年~2004 年第二季度,DLT 的市场占有率下滑了 12%。

(3) AIT 技术由 Sony 公司开发并于 1996 年投放市场,AIT 采用螺旋扫描方式记录数据,经过多年来的发展升级,目前已经发展到了 AIT-4 代产品,相对来说,AIT 磁带机具有容量大、传输速度快、磁头和磁带寿命长等特点,但其早期的 AIT-2、AIT-3 等无法做到向后兼容,当用户的业务快速增长,则需要购置新的备份设备,在一定程度上增加了用户投资成本。

(4) 相对于 LTO、DLT 和 AIT 技术而言,定位于中低端的 DAT/DDS 和 VXA 技术更加适合于中小型数据中心。DAT 技术(也称为 DDS 技术)最初由惠普与索尼共同开发,较早进入磁带存储市场,虽然目前占据较大的低端市场份额,但其技术的局限性也逐渐显现。基于 DDS 技术的单卷磁带容量通常在 50GB 以下(HP 的 DAT 磁带目前也有 72GB 的),存储速度在 5MByte/s 以内。

(5) 与 DDS 相比,VXA 技术在容量、速度和价格上的优势更加明显,为中小型数据中心提供了更好的选择。VXA 是 Exabyte 推出的主要定位在低端市场的磁带机技术。VXA 性能的保证依赖于其拥有的比较传统的螺旋扫描技术。首先,VXA 以独特的非连续包格式(DPF)读写数据,长的数据串在被记录到介质之前先被分割成小的单元数据包,每个数据包包含 64Byte 的用户数据、一个同步标志、唯一的地址信息、循环冗余校验码(CRC)和纠错码(ECC)。由于数据包的读写没有严格的顺序,一方面不要求精确的定位,能够保证读写速度;另一方面还能通过四级纠错保证数据的准确。

此外,VXA 的可变速操作(VSO)使它能调节磁带移动的速度,以匹配主机的数据传输速度,这种速度调节使 VXA 成为能避免磁带回扯所产生的介质磨损的磁带驱动器。免除了回扯也减少了驱动器机械的磨损,提高了数据恢复能力和可靠性。

3) 选产品

了解了主流的磁带技术后,在选择具体产品时,还需要从产品性价比、易用性等多方面进行衡量。

(1) 选择性价比高的磁带产品。数据中心应从自身的情况出发,在设备的选型上应该将性能具有高性价比的产品列为首选因素。磁带存储产品的性能主要体现在容量和速度上,一般可以根据日存储数据量的大小、数据增长速度、数据备份周期等来确定需要的磁带设备容量。

(2) 选择简单易用的磁带产品。应该选择产品安装、拆卸、维护简单易操作,能够提供强大远程管理功能、操作界面简洁友好的磁带存储产品,即使没有专业的技术人员,也能实现基本的日常维护和管理。

(3) 选择有保修服务和可升级的产品。相对来说,磁带机产品维护费较高。因此,所选的品牌厂商应该具有相当的技术实力和完善的服务系统,拥有技术精湛、经验丰富的顾问,随时为用户提供与产品相关的建议和技术咨询。目前,市场上多数的磁带存储产品基本可实现一年保修。

同时,有实力的厂商可以保证产品、技术的及时升级更新,能够保障用户的长期投资利益,提升系统的 ROI(投资回报率)。

第6章 数据规划与数据库设计

数据中心应用建设以数据规划为基础。

随着近年来信息化建设的深入开展,不同企业(机构)建设了一批信息应用系统,虽然各个应用系统为企业(机构)的不同部门提供了相应的数据信息服务,但却使得关键的数据信息相互独立且存放在不同的位置,由于缺乏统一的数据规划,造成一个个的"数据孤岛"和"信息孤岛",从而带来诸如数据不一致、不能满足查询统计和综合分析的要求、无法为管理和决策提供深层次的支持等众多问题。数据规划就是以信息资源规划理论为指导,建立统一的数据模型,构造一种涵盖各个业务部门的数据定义和规范,进而指导数据中心的数据库设计。本章阐述基于信息资源规划理论的数据规划步骤和工作方法,从操作型数据储存区(ODS)、数据仓库(DW)、数据集市(DM)三方面重点介绍数据中心的数据库设计方法。

6.1 数据规划的重要性

6.1.1 业务系统建设存在的数据信息问题

目前,国内很多企业内部均已建立自己的信息系统,包括网站内容管理、办公自动化(OA)、企业资源规划(ERP)、客户关系管理(CRM)和供应链管理(SCM)等管理软件,虽然提升了自身的信息化建设水平,但由于这些信息系统大多按照部门自身工作需求独立构建,没有与其他部门进行合理、有效的沟通,没有统一规划和制定标准,所以会出现以下问题:

1. 数据信息的孤立

企业信息化有一个从初级阶段到中级阶段、再到高级阶段的发展过程。在计算机应用的初级阶段,人们最先从文字处理、报表打印开始使用计算机,进而围绕一项项业务工作,开发或引进一个个应用系统。这些分散开发或引进的应用系统,一般不会统一考虑数据标准或信息共享问题,追求实用的目标而导致信息孤岛不断产生。

2. 数据信息的冗余

随着企业计算机技术运用的不断深入,不同软件之间,尤其是不同部门之间的数据信息不能共享,使得设计、管理、生产的数据不能进行交流,数据出现脱节,信息需要重复多次的输入,信息存在很大的冗余,甚至产生大量的垃圾信息,使信息交流的效率降低，数据质量变差。

3. 数据标准不统一

企业各部门主要从自身内部的业务出发，开发满足部门业务需求的管理系统，每建设一个应用系统就单独建立一个数据库，这样不同的应用就拥有不同的数据库。这些数据库可能来自不同的厂商、不同版本，各个数据库自成体系，互相之间没有关联，数据编码和信息标准也不统一。

4. 数据缺乏一致性

各个系统独立建设，相互没有联系，不同的应用系统在不同的业务环境所得到的数据结果也不一样。没有统一的数据入口，造成数据不保持同步，系统之间数据不一致。要确定哪一个系统的数据会被采纳到数据中心里，就需要有明确的数据入口。

6.1.2 解决问题的方法

如何解决企业系统建设中存在的以上数据问题？根据业界一些成功的经验，规划企业数据资源，构建数据中心是一个理想的解决方法。数据规划以"信息资源规划的理论与方法"作为指导，在现代通信和计算机网络基础上，重建企业数据环境，基于数据中心基础平台，构造新型的、集成化、网络化的信息系统。

要较快地改造企业低档次的数据环境，重建高档次的数据环境，必须有全局的观点和整体性的行动，也就是说要进行企业的总体数据规划。詹姆斯·马丁在《信息工程》和《总体数据规划》里讲解实体分析和主题数据库的规划，威廉·德雷尔在《数据管理》中详细讨论数据管理标准，他们在同一时期对建立集成化的企业信息系统的研究成果是相通的。将这两方面综合起来，即在进行总体数据规划的过程中进行数据管理标准化工作，通过数据标准化工作使总体数据规划更为扎实，使总体数据规划成果更能在集成化的信息系统建设中发挥指导作用，这就是信息资源规划。

信息资源规划是从信息工程(IE)、信息资源管理(IRM)等理论发展而来的。企业可以通过信息资源规划梳理企业业务流程、明确企业的信息需求、建立企业信息标准和信息系统模型，再用这些标准和模型来衡量企业现有的信息系统及各种应用，符合的就继承并加以整合，不符合的就进行改造优化或重新开发，从而稳步推进企业信息化建设。

6.2 企业信息资源规划理论

6.2.1 信息资源规划的基础概述

1. 信息资源规划的概念

企业信息资源规划(Information Resource Planning，IRP)是指对企业生产经营活动所需要的信息,从产生、获取到处理、存储、传输及利用进行全面规划。在企业的生产经营活动中,无时无刻不在进行着信息的产生、流动和使用。要使每个部门内部、部门之间、部门与外单位的频繁且复杂的信息流畅通,充分发挥数据中心的作用,不进行统一、全面的规划是不可能的。

企业信息化建设的主体工程是建设现代信息网络,而现代信息网络的核心与基础则是信息资源网。企业信息资源规划,就是企业信息资源网建设的规划,是数据中心建设的基础工程和先导工程。

2. 信息资源规划的构成

今天,业界的一批先行者通过实践,对信息资源规划形成了一套方法论,开始建立一些标准和规范,开发支持工具软件系统,有一套信息资源规划的初步解决方案,积累了一些成功的案例。

(1)一套方法论。以信息工程方法论(Information Engineering Methodology,IEM)为指导,建立适合中国国情的总体数据规划的方法理论体系,包括业务梳理的方法、需求分析的方法、系统建模的方法等。

(2)标准和规范。建立信息资源管理(Information Resource Management,IRM)标准和规范,包括数据元素标准、用户视图标准、信息分类编码标准、逻辑数据库标准、物理数据库标准等。

(3)支持工具软件系统。建立软件支持工具系统,它将信息资源规划的具体步骤、相关标准和规范固化在软件系统中,以人机交互的方式帮助实施人员进行科学、系统的开发。

(4)整体解决方案。以上"方法论+标准和规范+软件支持工具"构成了一套完整的信息资源规划解决方案,它是具体的、可实施、可控制并可在短时间内达到预期效果的解决方案。

3. 信息资源规划的要点

从理论和技术方法创新的角度来看,信息资源规划有以下要点:

(1)在总体数据规划过程中建立信息资源管理基础标准,从而落实企业数据环境的改造或重建工作。

(2)工程化的信息资源规划实施方案,在需求分析和系统建模两个阶段的规划过程中执行有关标准规范。

(3)简化需求分析和系统建模方法,确保其科学性和成果的实用性。

(4)组织业务骨干和系统分析员紧密合作,按周制定工作进度计划,确保按期完成规划任务。

(5)全面利用软件工具支持信息资源规划工作,将标准规范编写到软件工具之中,软件工具会引导规划人员执行标准规范,形成以规划元库(Planning Repository,PR)为核心的计算机化文档,确保与后续开发工作的无缝衔接。

6.2.2 信息资源规划的基本理论

信息资源规划工作是在科学的理论指导下进行的,这些理论是国内业界有识之士从国外引进来的,经过消化、吸收和创新,结合国情进行实践探索,逐步形成了一套信息资源规划和信息系统建设的理论。

1. 信息资源管理(IRM)

美国信息资源管理学家霍顿(F. W. Horton)和马钱德(D. A. Marchand)等人于上世纪80年代初提出的信息资源管理(Information Resources Management,IRM)的主要观点如下:

(1) 信息资源(Information Resources)与人力、物力、财力和自然资源一样,都是企业的重要资源,因此,应该像管理其他资源那样管理信息资源。IRM是企业管理的必要环节,应该纳入企业管理的预算。

(2) IRM包括数据资源管理和信息处理管理。前者强调对数据的控制,后者则关心管理人员在一定条件下如何获取和处理信息,且强调企业中信息资源的重要性。

(3) IRM的目标是通过增强企业处理动态和静态条件下内外信息需求的能力来提高管理的效益。IRM追求"3E"——Efficient、Effective、Economical,即高效、实效、经济。

2. 数据管理(DA)

美国著名数据管理专家威廉·德雷尔(William Durell)1985年出版的专著《数据管理》(*DATA ADMINISTRATION:A Practical Guide to Successful Data Management*)总结了信息资源管理的基础,即数据管理标准化方面的经验。他的主要观点如下:

(1) 没有卓有成效的数据管理,就没有成功高效的数据处理,更无法建立整个企业的计算机信息系统。

(2) 数据元素是最小的信息单元,数据管理工作必须从数据元素标准化做起。

(3) 数据管理部门的重要职责是集中控制和管理数据定义,建立全企业数据管理基础标准和规范化的数据结构,指导计算机应用开发人员和用户按照数据管理标准和规范进行工作。

(4) 数据管理是企业管理的重要组成部分,是一项长期复杂的工作,会遇到许多困难,持之以恒才能见到效果。

3. 信息工程方法论(IEM)

美国著名的管理和信息技术专家詹姆斯·马丁(James Martin)于上世纪80年代初在总结了许多企业计算机信息系统开发的成功与失败经验的基础上,提出了一整套建立"计算机化企业"的理论与方法,即信息工程方法论(Information Engineering Methodology,IEM)。信息工程的基本原理如下:

(1) 所有信息系统的开发都应该是以数据为中心。

(2) 数据结构应该是稳定的,而业务流程是多变的。

(3) 最终用户必须真正参加信息系统的开发工作。

经过深入的调查研究,会发现许多信息系统的数据结构不合理,冗余、混乱的数据很难使用和维护,有用的信息无法提供,无用的"信息垃圾"充斥着存储空间。为整治信息系统中的数据混乱问题,詹姆斯·马丁总结提出了4类"数据环境"(Data Environment)的概念:数据文件(Data Files)、应用数据库(Application Data Bases)、主题数据库(Subject Data Bases)和信息检索系统(Information Retrieval System)。前两类是低档次的数据环境,后两类是高档次的数据环境。主题数据库的特征如下:

(1) 面向业务主题建库(不是面向单证报表建库)。

(2) 支持信息共享(不是信息私有或部门所有)。

(3) 要求所有源数据一次一处输入系统(不是多次多处输入)。

(4) 每个主题数据库都由基本表(Base Table)构成,基本表具有原子性(表中的数据项是数据元素)、演绎性(可由表中的数据生成全部输出数据)和规范性(表中数据结构满足三范式要求,即一个数据库表中不包含已在其他表中存在的非主关键字信息),详见6.4.4节数据库模型设计的"范式建模法"。

4. 企业计算机应用发展的6个阶段

美国管理信息系统专家理查德·诺兰(Richard Nolan)在上世纪80年代初总结美国一些企业计算机应用的发展规律,提出企业计算机应用发展过程有6个阶段:起步、扩展、控制、集成、数据管理、成熟,这就是所谓的"诺兰模型"。

"诺兰模型"是对企业具有10~20年的计算机应用发展历程的总结,曲线如图6.1所示,是一种波浪式的发展过程。6个阶段模型反映了企业计算机应用发展的规律性,前3个阶段具有计算机时代的特征,后3个阶段具有信息时代的特征,其转折点是

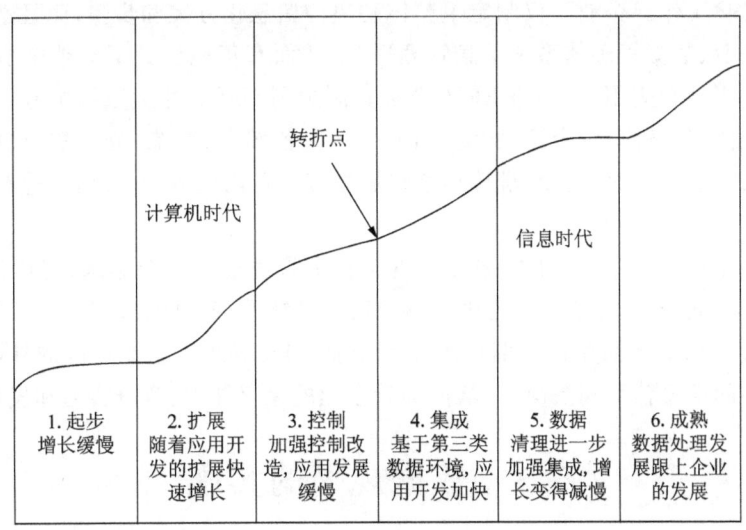

图 6.1　计算机应用发展"诺兰模型"曲线

进行总体数据规划的时机。"诺兰模型"的预见性被其后国际上许多企业的计算机应用发展情况所证实。

信息化进程处于"诺兰模型"第三阶段的企业，要想进一步推进企业信息化的发展，建立数据中心，就应该进行数据规划。

（1）初始阶段。计算机刚刚引入企业，大家都觉得很新鲜，以为计算机像家用电器一样买来设备就行了，因而应用不广，主要完成一些报表统计及计算工作，甚至只当作打字机使用。这时的信息化建设停留在一个较低的水平上。

（2）扩展阶段。企业对计算机有所了解，想利用计算机解决工作中的一些问题。这时候各种单机版的应用软件逐渐增加，但出现盲目购机、开发或购买软件，甚至互相攀比的现象。此时一些成功应用的软件已经代替了一部分手工作业。

（3）控制阶段。企业高层管理人员用投入产出优化的法则来审视计算机的应用，发现现实并不美好，甚至花钱多、收效少，因此开始对软、硬件的购置实行控制，并做出短期的规划，以求充分利用现有设备与软件，按计划与预算购买IT产品，一些职能系统内部实现网络化，如财务系统、人事系统、库存系统等，但各软件之间存在着"部门壁垒"、"信息孤岛"。这时一些职能系统的中层领导已经能够及时掌握相关信息，快速制定相应的决策。

（4）集成阶段。正式成立的企业IT主管部门努力把机构内部不同的计算中心和处理中心统一在一个系统中进行管理，比如采用统一的数据技术、统一的处理标准，使人、财、物等资源信息能够在企业高层集成共享，但集成各类软件所花费的成本更高、时间更长，系统也不稳定。此时企业的高层领导初步尝到了综合管理信息系统的益处。

（5）数据管理阶段。企业高层意识到信息战略的重要作用，高标准、大力度地加强管理信息化工作。企业不仅制定了整体解决的信息化方案和步骤，而且选定了统一的数据库平台、数据管理体系和信息管理平台，从而真正地做到了对整个机构的数据进行统一的规划和应用，如实施ERP(企业资源规划)系统、建立数据中心。这时企业内部的业务流、信息流、资金流、物流"四流合一"，各部门（系统）资源整合、信息共享，各层级人员都能够及时、全面、准确地掌握和处理企业内的各种信息，迅速制定高质量的决策。

（6）成熟阶段。企业真正地把计算机与整个管理过程结合起来，将组织内部、外部的资源充分地整合、利用，如应用了SCM(供应链管理)、CRM(客户关系管理)、BI(商业智能)、PLM(产品生命周期)、Portal(企业门户)等扩大企业资源的外延，并以更加丰富翔实的信息辅助高层决策，从而提升企业的生存能力、竞争实力和发展潜力。

6.3 数据规划的实施

下面我们详细描述以"信息资源规划的理论与方法"为指导的数据中心数据规划

的过程。

6.3.1 数据规划的步骤

数据中心的数据规划要做好需求分析和系统建模的工作,其内容和过程如图6.2所示。数据规划步骤如图6.3所示。

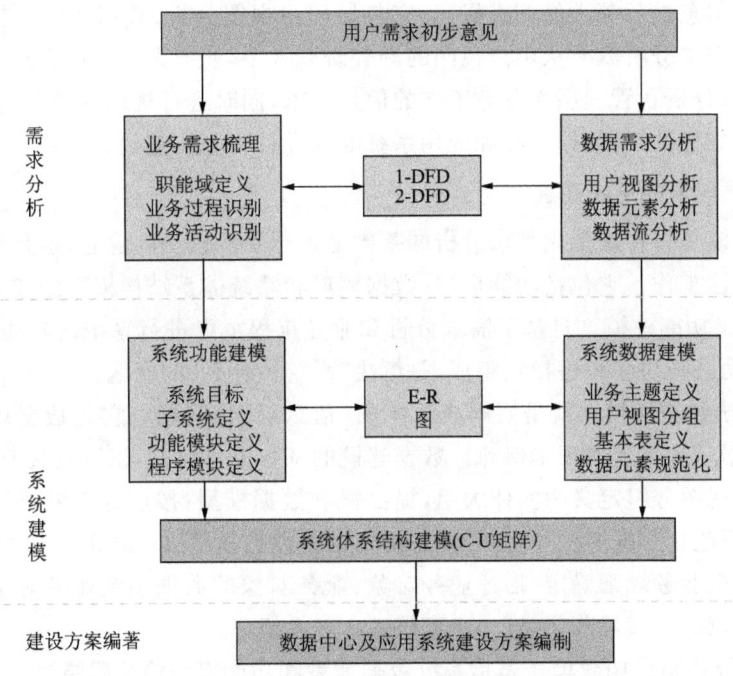

图6.2 数据中心的数据规划内容和过程示意图

数据中心的数据规划包含需求分析和系统建模两个阶段,最后根据两个阶段的成果编制数据中心建设指导手册和方案,如《数据中心建设技术规范》、《数据中心平台技术规范》等。

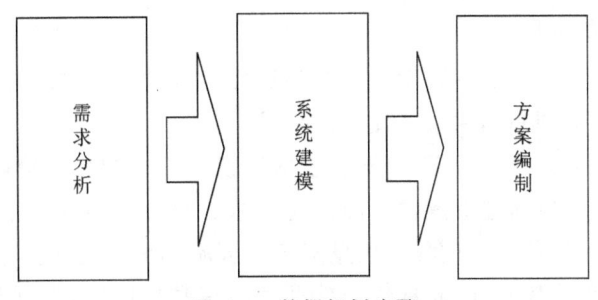

图6.3 数据规划步骤

1. 数据规划的需求分析

数据规划的第一阶段要进行需求分析,包括对功能的需求分析和对数据的需求分析。功能的需求分析包括定义职能域、定义业务过程和业务活动分析。按照信息工程方法论关于数据规划要面向全域和主要职能域的原则,由主管领导和业务分析人员对管理的所有领域按照各种业务的逻辑关系,将它们划分为若干职能区域。然后弄清各职能区域中所包含的全部业务过程,最后再将各个业务过程细分为一些业务活动。数据需求分析是数据规划中最重要、工作量最大且比较复杂的工作,要求对管理的所有领域需要的信息进行深入的调查研究,它包括用户视图分析、数据元素分析和数据流分析。数据需求分析需要从用户视图的调查研究入手,业务人员和信息技术人员要密切合作,认真分析各管理层次业务工作的信息需求;同时进行规范的信息资源管理,建立起各种基础标准,为数据中心和应用系统的建设打下坚实基础。

2. 数据规划的系统建模

系统建模是指在规范化需求分析的基础上进行系统模型的建立,这是数据规划的核心和关键性工作。它包括功能模型、数据模型和系统体系结构模型的建立。

(1) 系统功能建模。是基于需求分析和业务流程重组进行系统的功能建模,由逻辑子系统、功能模块和程序模块组成,是解决"系统做什么"的问题。

(2) 系统数据建模。就是要解决系统的"信息组织"问题。它是数据规划的核心部分,是数据环境重建的根本保障。数据建模的基本工作包括:识别定义业务主题,按主题将用户视图分组定义为实体大组,提出概念数据模型;按业务需要进一步分析实体的属性,规范化数据结构产生基本表,提出逻辑数据模型(Logical Data Model,逻辑数据模型根据业务规则确定,描述业务对象、业务对象的数据项及业务对象之间的关系);最后是数据元素规范化,进一步审核基本表的组成。

(3) 系统体系结构建模。是指系统数据模型和功能模型的关联结构,采用 C-U 矩阵(详见 6.3.3 节数据规划的系统建模)来表示,它对控制模块开发顺序和解决共享数据库的共建问题有重要的作用。系统体系结构模型分为全域系统体系结构模型和子系统体系结构模型,前者表示整个规划范围所有子系统与主题数据库的关联情况,后者表示一个子系统的所有功能模块与基本表的关联情况。

3. 数据规划的成果

在进行数据规划的工作中需要形成各种标准规范,这些都属于数据规划的成果,包括信息资源管理基础标准和技术文档规范。

(1) 信息资源管理基础标准。包括数据元素标准、信息分类编码标准、用户视图标准、概念数据标准和逻辑数据标准。这些标准的建立,将贯穿信息需求分析、数据建模和后续应用开发的全过程。信息资源管理基础标准的建立,是从源头上做好数据环境升级工作的基础,因此从数据模型到物理数据库实现,都要运用这些基础标准。

(2) 技术文档规范。包括数据流程图、用户视图分析、数据流分析、业务分析、功能模型、数据模型和系统体系结构模型。

6.3.2 数据规划的需求分析

需求分析是数据中心数据库及决策分析系统建设的第一步,它包含需求的调查和需求的分析两部分内容。

在需求调查后,对采集到的各种问题进行仔细的分析,对各类需求进行总结、归纳,最终形成一份需求分析报告。下面对需求的各阶段进行具体的描述。

1. 职能域划分

1)职能域

职能域是指一个企业或组织中的一些主要业务活动领域,职能域是对组织业务的抽象,非现有职能域的翻版。职能域的划分目的是确定规划的范围。

职能域的定义根据具体的规划项目、不同的企业类型、全企业参与规划项目的程度的不同,是有一定的差别的,但通用的划定方法就是要满足建立企业三层业务模型的需要,既要有宽度(覆盖到所建应用系统覆盖的业务范围)还要有细度(能够对所划定的域内的业务过程和业务活动拆分到最小)。

以一个电力企业为例,其主要的职能域包括生产、设备、营销、工程、财务、人事、办公和安全等。对于其应用系统,如生产域的内容就比较多,为了便于规划和使用,还要把生产域再拆分成设备管理、生产计划、物资供应等域。

2)划分职能域

基于信息工程方法论,职能域划分有以下 6 条原则:

(1) 功能相对独立,边界清晰,业务重叠程度小。
(2) 跨域调用少,域间数据流简单明确。
(3) 稳定性高。
(4) 粒度相当,便于进行管理。
(5) 符合业务运作的一般逻辑。
(6) 兼顾后期系统建设需要。

在划分职能域时,需要了解企业的发展规划,弄清楚并界定企业各部门的职责和主要业务(职责、人员、岗位),从而确定全域业务模型,划分职能域。为便于进行对职能域划分的阐述,现以某电力企业为例进行介绍。某电力企业由生产、营销、财务、人事 4 大主体组成,包括设备、营销、财务、审计监督、后勤保障、企业环境、安全以及档案管理等部门。其业务可划分为 10 个职能域,见表 6.1。

表 6.1 某电力企业职能域

编　号	职能域名称
01	生产管理
02	营销管理
03	基建工程管理

续表 6.1

编　号	职能域名称
04	财务管理
05	物流管理
06	人力资源
07	办公管理
08	综合管理
09	计划管理
10	安全监察

3) 职能域和部门的对应

职能域是完全按照同类业务来划分的，它与部门并不是一一对应的。但各个部门在职能域里面都能够找到相应的位置。不管业务发生什么变化，只要是同类企业都有这些职能。比如，上例电力企业的综合管理业务就涵盖生产、营销、财务、市场等多个业务部门的工作内容，如图 6.4 所示。

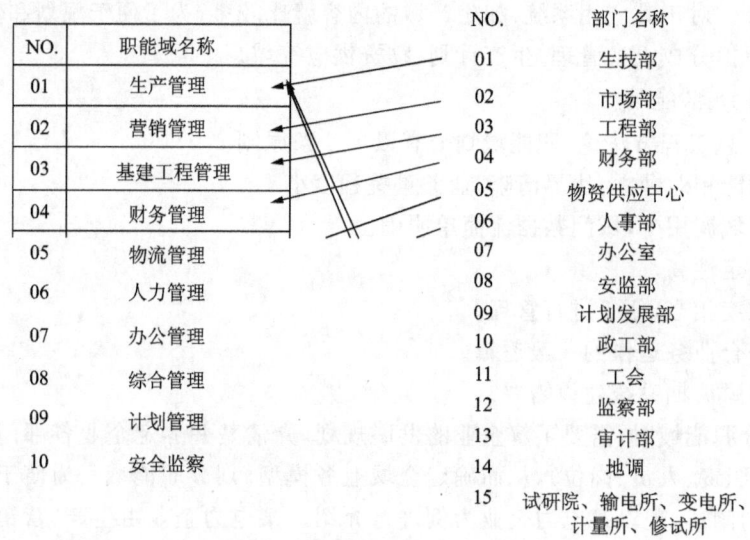

图 6.4　职能域与部门对照表

2. 业务过程和业务活动识别

1) 业务过程

每个职能域都含有若干个业务过程(Process)。比如"生产管理"职能域就包含了"设备管理"、"缺陷管理"、"运行管理"、"计划管理"等业务过程。每个业务过程都含有若干个业务活动(Activity)，如"缺陷管理"业务过程又包括"填写"、"审核"、"消缺"、"验收"等业务活动，它们是基本的、不能再分解的业务单元。业务过程和业务活动识别就是对职能域逐个进行业务分析，产生本职能域的业务模型、功能模型、数据模型。

人们可以按"业务活动"+"角色"+"时序"三个元素，进行业务流程梳理，建立业务模型。

2）业务活动

业务活动识别的原则是以最小的、不能再分的业务单元作为识别的基础，使业务活动具有相对的稳定性，可根据具体需求进行灵活配置与组合。

业务活动的命名一般采用"动-宾"结构。如电力企业的缺陷管理业务过程的业务活动一项就由填写缺陷、审核缺陷、消缺缺陷、验收消缺 4 个单元来构成，如图 6.5 所示。

业务过程	业务活动
缺陷管理	
	缺陷填写
	缺陷审核
	缺陷消缺
	消缺验收

图 6.5 缺陷管理业务模型

3. 用户视图

用户视图（User View）是最终用户对数据实体的看法。收集整理用户视图是进行系统需求分析的关键，通过收集整理用户视图，可以把握系统的信息需求，搞清系统的数据流程。用户视图可分为输入、存储、输出三类和单证/卡片、账册、报表、其他屏幕表单等四种表达方式，各职能域根据用户视图的情况，对用户视图进行编号、登记。

对视图的标识、名称、流向等概要信息和组成信息要进行统一定义，为数据库的设计做好准备，其编码规则如图 6.6 所示。

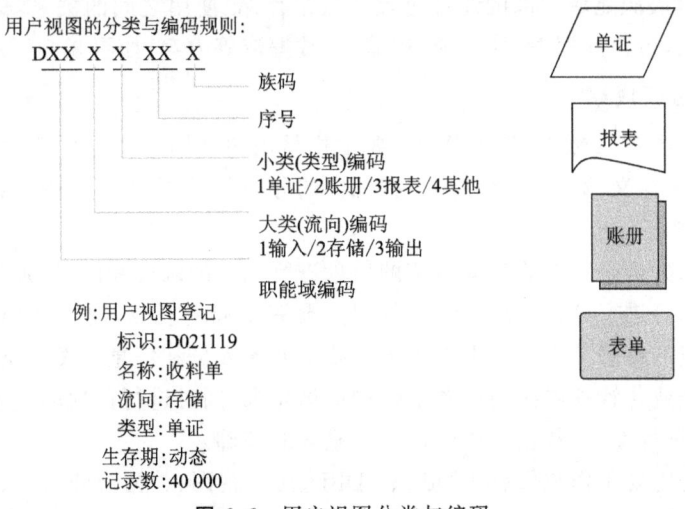

图 6.6 用户视图分类与编码

图 6.6 中,大类(流向)编码取值:1=输入,2=存储,3=输出;小类(类型)编码取值:1=单证,2=账册,3=报表,4=其他;序号:01~99;族码取值:空,A~Z。

4. 数据流程图绘制

信息流需要按用户、功能、数据 3 个要素进行描述,并进行"计算机化"分析,将不可以计算机化的业务剔除。对可计算机化的业务进行抽象与演绎,建立起相应的各职能域的功能模型和数据模型。通过数据模型分析某个职能域与其他外部域的信息的关联,将它与外部域的信息交换关系表现出来。这样,弄清楚了业务活动产生什么样的数据,业务活动与数据有什么关系,就能够设计出各职能域的主题数据库。

数据流分析的有效方法是绘制数据流程图。要对每个职能域绘出一二级数据流程图,从而搞清楚职能域内外、职能域之间、职能域内部的信息流。比如,生产管理中的工作票管理,其中,工作票的负责人、签发人、许可人来源于人力资源域;工作票涉及的工作设备来源于生产管理域中的设备管理;工作票的工作内容可能是计划管理域的既定计划,也可能是基建工程管理域的工程项目;工作票所配备的工器具来源于物流管理域;而工作票配属的危险点分析及安全措施等则来源于安全监察域。这样,信息的来源就显得非常清楚。

进行数据流定性分析的方法和结果,是绘制各职能域的一级数据流程图(1-DFD)和二级数据流程图(2-DFD)。

1) 一级数据流程图

1-DFD 解决职能域之间、职能域与外单位的数据流问题。包含处理框、外部项、数据流等内容,如图 6.7 所示。

2) 二级数据流程图

2-DFD 解决职能域内部的业务过程和数据存储、使用之间的关系,即职能域内部的数据流问题,包含处理框、外部项、存储框、数据流等内容,如图 6.8 所示。

5. 需求分析成果

总结以上内容,数据需求分析的主要工作是用户视图分类与登记、用户视图组成分析、数据元素定义、数据元素在用户视图中的分布分析、数据流程图、数据流的输入/输出/存储分析等。

数据需求分析是对企业管理所需的信息进行深入的调查和研究,强调对全企业或企业的主要部分进行分析,像业务分析一样,要有全局的观点,建立全局的数据标准,进行数据集成的奠基工作。数据需求分析要求业务人员和信息开发人员密切合作,认真调查研究企业各管理层次的业务工作的信息需求,同时进行正规的信息资源管理工作,建立起各种标准,为数据中心建设打下坚实的基础。

这阶段的主要工作成果有 1-DFD、2-DFD、用户视图、数据流分析等。某一市级电力企业需求分析阶段的主要工作成果数量统计见表 6.2。

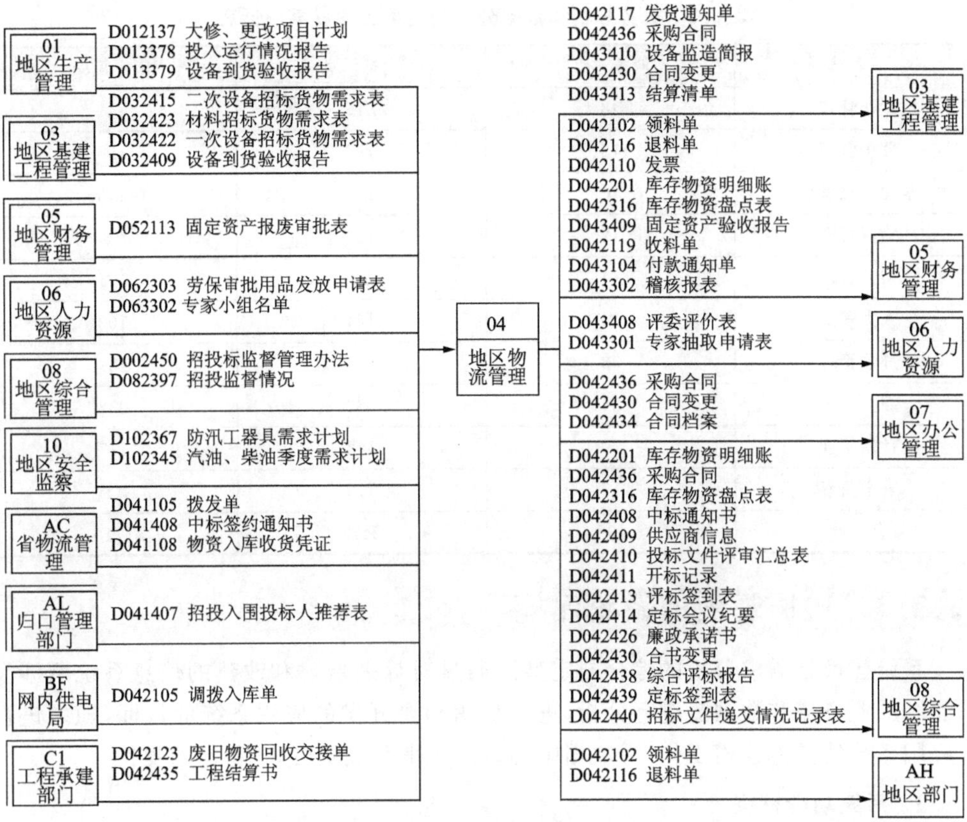

6.3 数据规划的实施　269

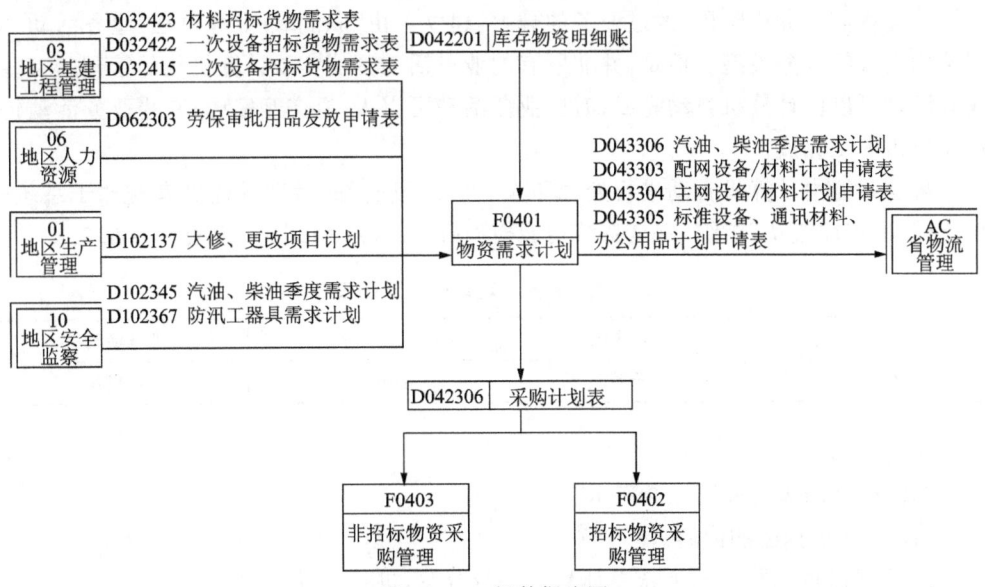

图 6.7　一级数据流图

图 6.8　二级数据流图

表 6.2 业务分析和数据分析的主要工作成果统计表

职能域	业务过程	业务活动	用户视图
生产管理	48	816	341
营销管理	12	156	168
基建工程管理	10	107	145
物流管理	12	122	73
财务管理	14	90	171
人力资源	13	124	103
办公管理	33	281	189
综合管理	34	382	332
计划管理	5	142	117
安全监察	17	193	71
合　计	198	2413	1710

6.3.3　数据规划的系统建模

系统建模是需求分析的综合与定型。通过对计划新建和改建的信息系统所涉及职能域的业务流和数据流进行分析，进一步明确要开发的应用系统的目标，随之进行各应用系统的具体建模工作，为数据中心数据的来源提供可靠、稳定的支持。

1. 系统功能建模

1) 功能模型建立方法

前面在需求分析阶段，通过业务的分解，建立了由"职能域-业务过程-业务活动"3层结构组成的业务模型。但是，并非所有的业务活动都能实现计算机化的管理。有些业务活动可以由计算机自动完成；有些业务活动可以人-机交互完成；有些业务活动仍然需要由人工完成。

将这些能由计算机自动进行处理和人-机交互进行的活动挑选出来，按"子系统-功能模块-程序模块"组织，就是系统功能模型（Function Model），说明见表6.3。

表 6.3　业务与功能模型参照表

业务模型	职能域	业务过程	业务活动
功能模型	子系统	功能模块	程序模块

2) 功能模型的表述

功能模型的表述如图6.9所示。

(1) 子系统描述的内容。

① 子系统的目标。对系统总体目标进行分解，进行更具体的界定。

② 子系统的边界。确定覆盖哪个职能域或跨职能域，为哪个管理层次或跨管理

层服务。

③ 信息加工处理深度或信息系统类型。明确子系统属于事务处理(TPS)、联机实时处理分析(OLTP/OLAP)、决策支持系统(DSS)、领导信息系统(EIS)、战略信息系统(SIS)中的哪一种。

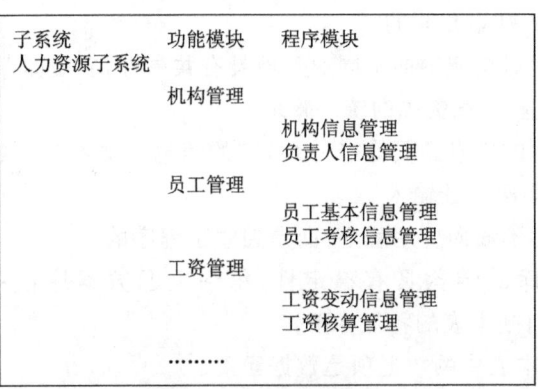

图 6.9　功能模型示例

(2) 功能模块描述的内容。要求列出子系统的主要功能,并用短文加以描述,其中包括子系统的目标分解。

(3) 程序模块描述的内容。

① 程序名称。

② 程序类型(录入、查询、打印、传输等)。

③ 程序存取(关联的基本表)。

④ 处理逻辑(输入、处理、输出)。

⑤ 必要的算法说明。

⑥ 必要的流程说明。

2. 系统数据建模

1) 数据建模内容

系统数据建模包括建立全域数据模型和各子系统数据模型。经过用户视图规范化和数据流分析,可以对各职能域的信息需求加以综合,即建立全域(数据规划范围内)的概念数据模型。具体做法是:根据管理知识、经验和数据流分析结果,识别出所有的业务主题,其定义作为数据库的名称,形成主题数据库,再对每一主题的内容加以描述或列出所含的属性。

全域数据模型与子系统数据模型的关系如下:

(1) 全域数据模型的所有主题和基本表都分解到各子系统的数据模型中去,各子系统数据模型的主题与基本表都合成到全域数据模型之中。

(2) 全域数据模型的某一主题或基本表可以存在于几个子系统数据模型之中,它们之间完全保持一致性(标示、名称和组成结构相同)。

(3) 全域数据模型是对各子系统数据模型的统览,每一基本表的创建和维护必须由具体的子系统负责。一般来说,一个子系统负责创建维护,多个子系统使用读取。

2) 主题数据库的概念和特征

(1) 业务主题的客观性决定了主题数据库的统一性,同行业的不同企业的主题数据库结构是相同的或基本相同的。

(2) 主题数据库对企业中的不同业务域具有共享性,它不是某一部门或个人的私有数据,必须纳入企业信息资源的统一管理。

(3) 主题数据库的信息源具有唯一性,它的信息采集必须一次一处地进入系统,同一数据不应该是多次多处输入。

(4) 主题数据库不面向应用程序,而是独立于程序的。

(5) 主题数据库的结构具有稳定性,每一主题数据库由一个或一组基本表(BaseTable)组成,而基本表的特征如下:

① 原子性。基本表中的数据项是数据元素。
② 演绎性。可由基本表中的数据生成全部输出数据。
③ 规范性。基本表中的数据满足三范式。

3) 数据建模过程

数据建模和数据库设计是以业务知识和管理经验为基础,采用软件工具来进行,它省去人工绘制图表等繁琐工作。具体步骤如下:

(1) 准备数据建模的基础资料。各职能域的用户视图及其组成;各职能域的数据流程图;各职能域的输入/输出/数据流和数据存储;全域数据元素集及用户视图分布等。

(2) 识别定义业务主题,描述主题的信息内容,建立概念数据模型。

(3) 按主题的信息内容对用户视图进行分组,定义一、二级基本表(标示、名称、主键、属性表),建立逻辑数据模型。

(4) 审核基本表的组成,按照数据元素标准和信息分类编码标准进行基本表的制作。

(5) 研究讨论。业务领导/专家对信息共享与交流的意见。

(6) 各子系统创建并使用的主题数据库/基本表的规划。

(7) 各子系统使用、其他子系统创建的主题数据库/基本表的规划。

(8) 业务负责人复查数据建模过程的合理性和完整性。

3. 体系结构建模

在信息工程方法论中,信息系统体系结构(Information System Architecture,ISA)是指系统数据模型和功能模型的关联结构,采用C-U矩阵来表示。

全域系统体系结构模型(全域C-U矩阵)是整个规划范围内所有子系统和主题数据库之间的关系,仍以某电力企业的业务为例,如图6.10和图6.11所示。

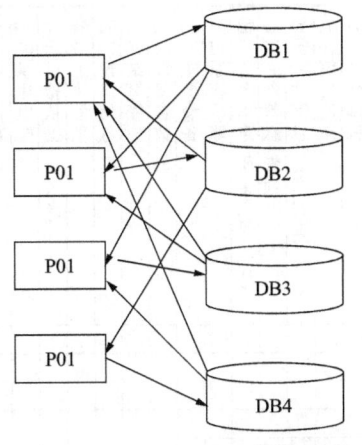

数据库 \ 模块	DB1	DB2	DB3	DB4
P01	C	U	U	U
P02	U	C		U
P03		U	C	U
P04		U		C
P05		U		A

图 6.10　全域 C-U 矩阵(1)

子系统标示/名称 \ 主题数据库名称	文件信息	会议信息	档案信息	工作计划	指标信息	组织机构	职工信息	薪酬福利	社会保险	招聘信息	培训信息	专家库	党团组织	党团员信息	党风廉政	宣传教育	效能监察	纪检监察案件	审计信息	工会组织信息	民主信息	固定资产信息	合同信息	招投标信息	物资信息	供应商信息	设备台账	输电线路台账	交通运行	检修更改项目	工器具信息	客户信息	业扩报装信息	抄表信息	电能计量	电值信息
02 地区营销管理	A			U	U		A																									A	A	A	A	A
03 地区基建工程	A	U			U																	A	A	A	A											
04 地区物流管理	A				U	U																A	A	A	A											
06 地区人力资源					A	A	A	A	C	A	A																C									
07 地区办公管理	A	A	A	A		A													A																	
08 地区计划管理	U			U	U																	C	A	U	U	U	U				U	U			U	
09 地区政工管理	A	C			A			C	A	A		A																								
10 地区监察管理	A	C			A					A	C	A			A			U																		
11 地区工会管理	A	C	A		C	A		C					A		A	A																				
12 地区审计管理	C			U											A																					
13 地区安全监察	A	A	A	A	A			A	U																		U	U	U	U		A	U			

图 6.11　全域 C-U 矩阵(2)

子系统体系结构模型(子系统 C-U 矩阵)是子系统内所有功能/程序模块与基本表之间的关系,如图 6.12 所示。

一个子系统的 C-U 矩阵,其列由这个子系统数据模型的基本表构成,其行由该系统功能模型的程序模块构成。基本表与程序模块之间的存取关系,就形成了所谓的 C-U 矩阵。其中,C(Create)表示程序模块对基本表的存入关系,即创建或维护基本表;而 U(Use)表示对基本表的使用关系;A(Access)表示对基本表的访问关系。为了保持数据库的一致性,数据要求采取一处一源存入,也就是说,每个基本表在矩阵中一般只有一个 C 与之对应。所以,基本表的信息共享主要体现在该表被程序模块所使用和访问的次数,也就是对应的 U/A 的数目越多,它的信息共享性就越好。所以,一个子系统的 C-U 矩阵,很好地表达了信息共享的情况。

系统体系结构模型的建立是决定共享数据库的创建与使用责任,进行数据分布分析和制定系统开发计划的科学依据。

274　第 6 章　数据规划与数据库设计

基本表名称　　程序模块标示/名称	6105抢修信息	6103投诉信息	6106诉求电话	6104举报信息	6108业扩预约信息	1107培训计划	1112培训活动(考核结果)	6109坐席排班	6110值班记录	0109文件信息(规章制度)	0110文件信息(管理办法)	61客服信息(服务质量测评)	6111系统故障	4903主要设备	4904设备参数	4908结算账户	6102窗口信息	6107走访信息	4907计费依据(一表多计)	4909供用电合同	5003业扩装(申请)	5004供电方案	5003费用明细	5002初勘信息
P020101 登记报修信息	C																							
P020102 登记投诉信息		C																						
P020103 登记诉求信息			C																					
P020104 登记举报信息				C																				
P020105 登记报装申请信息					C																			
P020106 注销完成业务工单	A	A	A	A	A																			
P020107 录入客户回访信息	A	A		A																				
P020108 维护业务解答录音												A	C											
P020109 查询业务受理信息	U	U	U	U	U													U						
P020201 录入客户代表培训记录						U	U																	
P020202 录入客户代表排班信息								C																
P020203 录入客户代表考核信息												C												
P020204 录入客服系统差错信息													C											
P020205 查看值班坐席工作状态									U															
P020206 查听客户代表解答录音												U												
P020303 查看 95598 坐席状态									U															
P020304 录入服务器窗口设置信息																	C							
P020305 录入客户满意度回访信息																	C							
P020306 查询统计 95598 业务量	U	U	U	U	U							U												

图 6.12　子系统 C-U 矩阵

　　支持工具及信息资源元库，数据规划工作包括了大量复杂的调查资料的分析整理，尤其是在众多人员分小组进行过程中，需要保持定义与理解的一致性；资料的存储、修改和支持后续的数据中心和应用系统建设工作，更需要规划信息和知识记存与使用的连续性。因此，必须有科学、实用的网络化工具支持规划人员的全程工作。

4. 信息分类编码

1) 信息分类编码的定义

　　信息是指具有一定含义的事物或概念。信息分类(Information Classifying)就是把具有某种共同属性或特征的信息归并在一起，把不具备有这种共同属性或特征的信息区别编码并标准化。

　　把对某一类信息赋予代码的过程为编码(Coding)。信息编码(Information Coding)就是将表示信息的某种符号体系转换成便于计算机或人识别和处理的另一种符号体系；或在同一体系中，由一种信息表示形式改变为另一种信息表示形式的过程。

　　信息分类编码标准(Standard of Information Classifying and Coding)就是将信息按照科学的原则方法进行分类并加以编码，经有关方面协商一致，由标准化主管机构批准发布,作为有关单位在一定范围内进行信息处理与交换时共同遵守的规则。

在信息化时代,信息的标准化工作越来越重要,没有标准化就没有信息化,信息分类编码标准是数据中心建设标准中最基础的标准。在现代社会中,信息分类编码是提高劳动生产率和科学管理水平的重要方法。美国新兴管理学的开创者莫里 L·库克(Morris L·Cooker)说:"只有当我们学会了分类和编码,做好简化和标准化工作,才会出现任何真正的科学的管理。"

2) 信息分类编码的目的

信息分类编码标准化的根本目的仍然是提高对企业信息的把握,提高资源利用效率,提高企业管理能力水平,提高企业经济效益。信息分类编码标准化,能够最大限度地避免对信息的命名、描述、分类和编码不一致所造成的误解和歧义,减少诸如一名多物、一物多名、对同一名称的分类和描述不同的现象;以及同一信息内容具有不同代码等混乱现象,做到使事物(或概念)名称和术语含义统一化和规范化,并确立与事物(或概念)之间的一一对应关系,从而保证了对信息表述的唯一性、可靠性和可比性。

3) 信息分类编码的作用

信息分类编码体系是数据中心建设的基石,是数据中心与各类信息系统之间、信息系统与信息系统之间的桥梁。为了规范信息分类编码工作,企业集团应建立起统一的信息分类与编码体系,以期实现信息分类编码工作的标准化。其主要优点如下:

(1) 基于编码的标示特征能给使用者提供一种定位或分类的信息,对该编码对应的实物或信息有一个整体的、直观的了解,便于工作开展,提高沟通效率,提高每个人的工作效能。

(2) 可以避免信息重复录入,避免不同应用系统间对同一信息有着不同的编码,真正实现系统间信息共享。

(3) 可以保证信息的一致性和信息系统的一体化,实现信息的交换、传递和共享,充分发挥各应用系统中信息资源的作用。

(4) 为企业基础数据库的制定和数据中心的建设,以及实现企业集团内信息共享奠定基础。

(5) 可以使企业信息系统充分发挥作用,这也是使数据中心和应用系统高效率运行、资源共享的前提。

4) 信息分类编码的要点

企业在进行信息分类编码时应注意下列几点:

(1) 分类编码的思维必须是"纯分类"编码,不能再掺杂隶属关系编码的概念。至于产品的隶属关系可以通过产品结构的技术性描述文件来了解。

(2) 编码规则要尽可能的简明方便,使顺序码增长,保证不出现溢出,同时保证每一类属性中的编号个数保持在 20~30 个之间,即可以在计算机同一屏上显示出来,提高交互产生编码的速度。

(3) 必须坚持一个编码对象对应一个编号,一个编号对应一个编码对象。

(4) 编码应尽可能采用数字，使用字母时，必须要求使用人员都能正确识别字母，否则会影响交流，另外在某些字段类型时，使用字母会给计算机运算和排序带来麻烦。

(5) 编码体系识别的特性、特征，这是支持产品设计选型要用到的一些特性、特征，其他特性、特征宜用数据库追加记录并提供查询。编码位数的长度控制在13、14位比较合适，超过20位将失去意义。

(6) 编码的流水号要充分考虑企业的发展，三位长度比较合适，太短容易溢出，太长浪费资源。对流水号要有一套回收规则，而且与管理相关。一种方法是等流水号用到最大时，统一回收已发出的号，同时要求管理部门收回所有与此号相关的文档和实物，保证此号可以重新使用；另一种是随时回收，随时使用，但要求管理部门随时收回所有与此号相关的文档和实物。从回避风险、降低管理的要求出发，第一种方法比较合适，但不能保证现场使用资料的流水号是连续的。如果流水号不回收，由于试制、试用等原因，很快就会溢出。

5. 系统建模成果

总结以上内容，系统建模的主要工作包括用户视图分类与登记、用户视图组成分析、数据元素定义、数据元素在用户视图中的分布分析、数据流程图、数据流的输入/输出/存储分析等。

系统功能建模的目的是使企业领导、管理人员和信息技术人员对所规划的信息系统功能有统一的、概括的、完整的认识，保证成功地进行集成化的信息系统建设。

系统数据建模的目的是确定系统应该有哪些业务主题数据库，即各功能模块的运作是在什么数据的支持下进行的，这些数据组织到基本表的层次应具有什么样的结构。

某一市级电力企业建立了8个功能子系统，该企业系统功能建模和数据建模的成果统计见表6.4。

表6.4 系统功能建模和数据建模成果统计表

子系统	主题数据库	基本表	功能模块	程序模块	数据元素
生产管理	37	258	34	234	1138
营销管理	22	140	11	116	852
基建工程管理	16	81	11	79	526
物流管理	14	66	11	92	511
财务管理	20	92	13	81	614
人力资源	11	86	13	88	428
办公管理	17	88	29	175	655
综合管理	10	41	13	85	278
计划管理	12	56	6	47	373
安全监察	10	58	12	120	384
合计	169	966	153	1117	5759

6.3.4 数据规划的成果

1. 规划成果

企业数据规划的实施一般会形成"数据规划方案"、"数据源分析规划"、"数据模型标准"、"基本数据集标准"等4项成果。这些成果将用于指导和规范数据中心和应用系统建设。为便于解释,我们仍以某一电力企业数据规划成果为例,如图6.13所示。

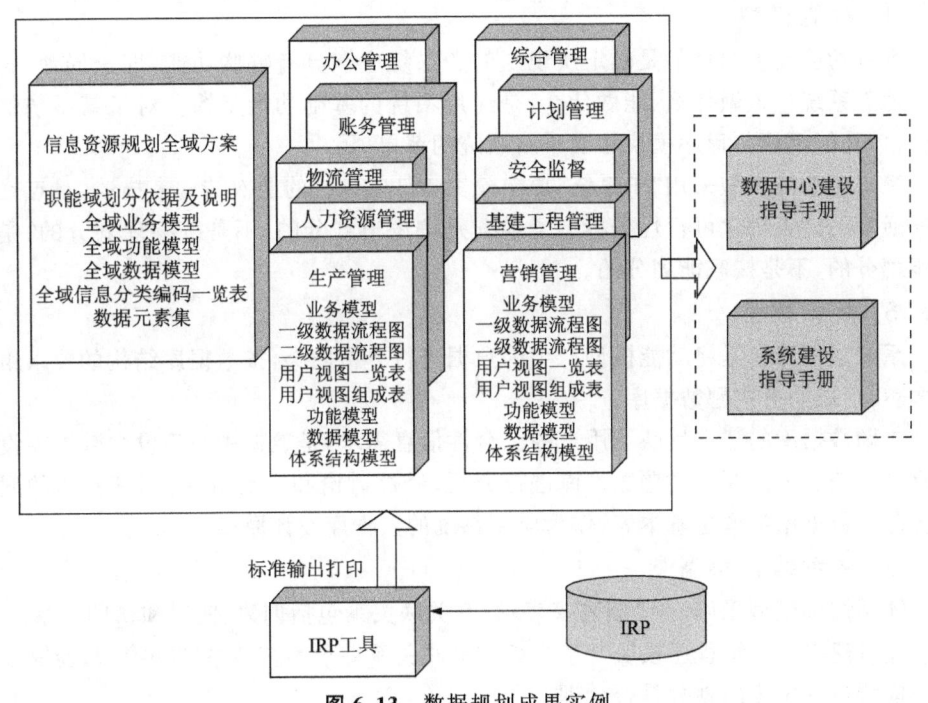

图 6.13 数据规划成果实例

2. 成果说明

1) 业务模型

业务模型按"职能域-业务过程-业务活动"建立,是对现有业务需求的整合与优化。

业务模型划分为最小的业务单元——业务活动后,具有相对的稳定性,可根据具体需求进行灵活配置与组合。它实现了业务过程与其对应的用户视图的关联,使得用户在理解业务的同时,能够获得相关的数据项。

2) 用户视图

在业务过程中,对每项业务需要的或产生的数据(包括单证、报表、账册及其他)进行收集、整理、归类,并将电子文件保存在元库中,作为应用系统原型开发的基础。

对用户视图中的栏目内容进行分析,整理形成数据项集,消除同义异名的情况,统一规范用户视图的数据项。

3）数据流程图

数据流程图形象地展示了不同应用系统间横向数据流及上下级单位间的纵向数据流，为建立数据交换平台、共享数据模型等奠定基础。

一级数据流程图描述了用户视图与职能域有数据流向关系的各单位（包括上级部门、供应商、客户等）以及上下级、部门间的信息交换情况。

二级数据流程图表现了业务过程与用户视图间建立的关联，以便查漏补缺。

4）功能模型

系统功能建模的目的是确定所规划的子系统应该具有哪些功能，即全局地、自顶向下地看系统应该做什么、能做什么，是应用系统的基础功能架构。对于新系统的开发而言，功能模块与程序模块相当于新系统的菜单项。

系统的功能模型采用"子系统-功能模块-程序模块"的层次结构来描述，重点在于业务活动的计算机化可行性分析。子系统是按逻辑划分的，不是按物理划分的；是按功能划分的，不是按职能划分的。

5）数据模型

系统数据建模是将功能模型产生的数据进行分析归类，按数据库结构的要求组成基本表，形成业务主题数据库。

主题数据库的建立反映了用户的综合性信息需求，是数据中心建设中数据库设计的原型。按业务需要对主题数据库进行分析，经过讨论和全局协调，识别实体的属性并规范化数据结构产生基本表，作为应用系统的数据库设计原型。

6）体系结构模型

体系结构模型采用 C-U 矩阵来表示，其关联关系包括创建、使用和访问关系。

通过建立子系统程序模块与基本表的关联关系即子系统体系结构模型，能够发现程序模块或基本表的划分是否合理。

子系统体系结构模型的建立规范了数据源，明确了应用系统数据的创建与使用责任。

通过建立子系统与主题数据库的关联关系，即全域体系结构模型，确定数据中心和应用系统共享数据库的创建与使用责任，进行数据分布分析。

7）数据项/数据元素

用户视图规范的过程产生数据项，基本表属性的识别过程中产生数据元素，通过计算机自动匹配或根据经验人机交互查找两种方式进行规范，形成统一的数据元素集。

数据元素是数据库建立的基本元素，按不同用户需求形成数据项，组织形成应用系统的界面。

8）信息分类编码

根据信息内容的属性或特征，将信息按一定的原则和方法进行区分和归类，并建立起一定的分类系统和排列顺序，构成信息分类编码标准。

通过建立数据元素与信息分类编码的关联，使企业制定的编码规范落实到主题数据库的基本表中，同时通过对用户视图的分析和基本表的建立也补充了一些编码。

信息分类编码标准化是进行信息交换、建设数据中心和实现信息资源共享的重要前提，是实现管理工作现代化的必要条件。

3. 成果应用

通过数据规划，建立以数据中心的主题数据库为基础的信息平台，整合提升已有的信息系统，开发新的集成化的信息系统。数据规划成果应用如图6.14所示。

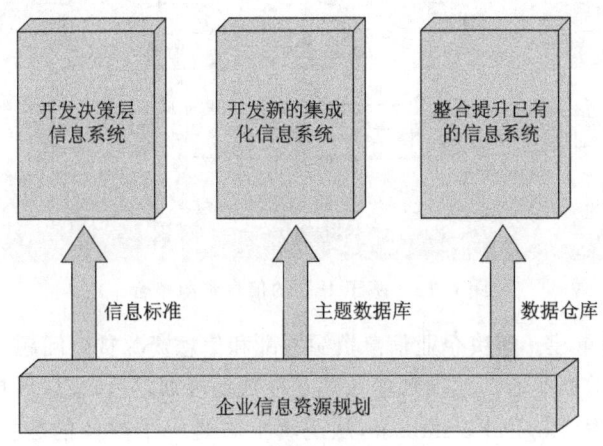

图 6.14 数据规划成果应用

1）数据规划在数据中心的应用

基于数据规划（IRP）的信息资源整合（IRI）即数据环境重建（Data Environment Reengineering，DER），这是信息资源整合 IRI 的实质所在，即重整已有的数据库资源，建立新的信息库，建立以数据中心的主题数据库和以数据仓库为主体的高档次的数据环境，如图6.15所示。

（1）整合数据结构。以数据规划所得到的数据模型的基本表和统一的数据标准为依据，评估已有数据库的数据结构，保留、修订或重建数据结构，建立数据中心的数据存储结构。

（2）完成数据转换。将已积累的数据库资源按重整后的数据结构迁移，继承已有的数据库资源，作为数据中心数据存储的一部分内容。

（3）组织数据录入。对新建的数据结构，组织数据加载，作为数据中心数据存储的另一部分内容。

（4）研制数据交换接口。根据数据规划内外数据流分析结果，制定与外单位的数据对接表标准，实现内外数据"一对多"的自动化交换。

（5）提供决策服务。以数据中心的主题数据库、数据仓库和空间信息库等为支持，开发和运行集成化、网络化和可视化的管理决策层应用系统——首长信息系统（Executive Information System，EIS），为领导和管理决策层提供有效的信息服务。

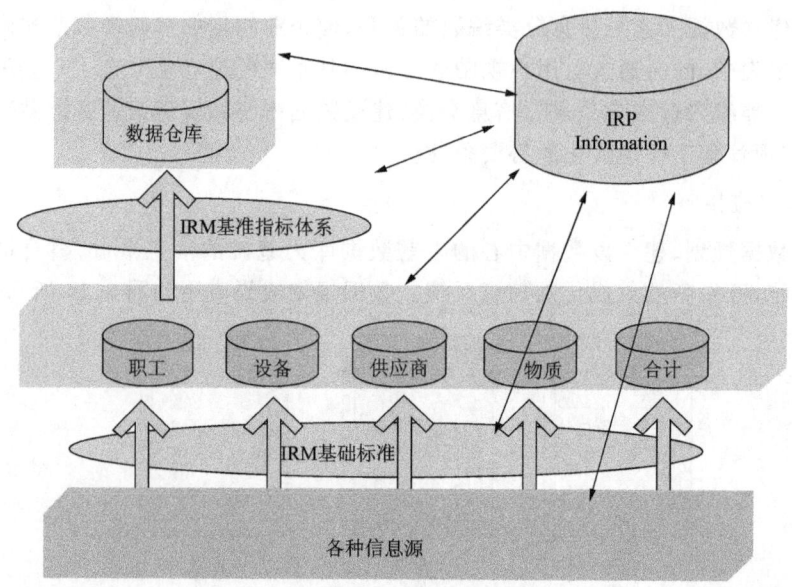

图 6.15　基于 IRP 的信息资源整合

(6) 数据环境重建。解决企业信息资源混乱和信息资源贫乏问题，就要做好数据环境重建工作，建设数据中心。数据环境重建是在数据规划之后，按以下具体步骤进行：

① 逻辑数据库(Logical Database，从逻辑上看是一个整体的数据库，称为逻辑数据库)设计根据数据规划的数据模型，与业务人员一起进一步审查、修正各主题库的基本表，参照业务规范，制定表间关联、列参照性和约束，完成数据一致性设计。

② 物理数据库(Physical Database，实现数据的物理存储)设计根据企业所采用的数据库管理系统(Database Management System, DBMS)的特性，在逻辑数据库的基础上生成，并按 DBMS 进行规范化设计。

③ 信息分类编码按 A 类、B 类、C 类管理，建立企业生产经营主系统代码管理机制，建立和加载编码库。

④ 组织业务数据加载和维护，按信息源和共享要求建立数据维护和备份、转储机制，以及数据库的安全恢复机制。

⑤ 全面支持 OLAP(Online Analytical Processes，联机分析处理)功能，兼容企业的多种数据源。分层次建立数据汇总与存储机制，设计和建立支持决策分析系统的数据仓库。

⑥ 建立与第三方分析查询工具(如 Business Objects 等)的兼容机制，支持数据的抽取、转换等处理。

2) 以数据规划成果指导应用系统建设

对应用系统的建设主要表现在基于 IRP 的应用软件项目的开发上，以数据规划成果指导基于 IRP 的应用软件项目的工作，如图 6.16 所示。

(1) 整合应用项目。对于已成熟应用的项目，通过建立简单的数据转换接口，即通过应用集成或数据集成实现新老应用系统的整合。

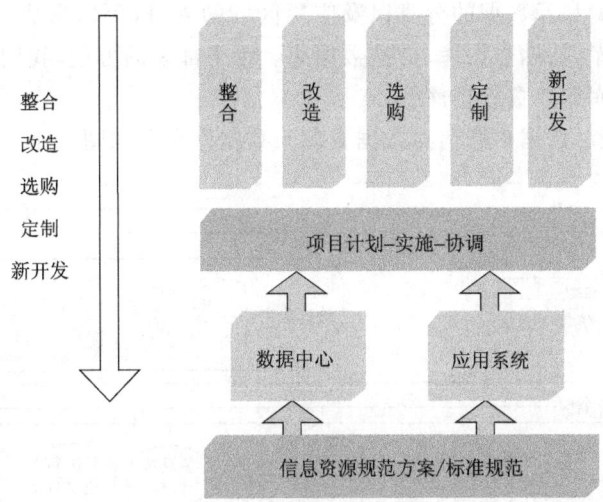

图 6.16　基于 IRP 应用软件项目建设

（2）改造应用项目。对于已应用但又不太符合要求的项目，通过对数据结构进行适当调整，与新的数据环境交换信息，即通过应用集成或数据集成实现新老应用系统的整合。

（3）选购应用项目。选购能按照统一规划建立应用架构和数据架构的应用软件，要求数据架构和信息标准相符，如不相符就要重新定制或改制。这需要与供应商协商解决，以满足企业的需要。

（4）定制应用项目。按统一规划建立的应用架构和数据架构及有关的数据标准，要求开发商为企业开发新的应用系统。

（5）新开发应用项目。完全按统一规划建立的应用架构和数据架构及数据标准，自行组织开发或委托开发。

6.4　数据库设计

6.4.1　数据库规划

数据资源是企业在长期信息化建设过程中积累的宝贵财富，数据资源可以分为两类：业务数据和元数据。

业务数据从功能上可以分为基础共享业务数据、交换业务数据以及各种服务于业务主题或统计报表的主题类业务数据；元数据是关于数据的数据，元数据可按用途的不同分为三类：技术元数据、业务元数据、操作元数据。

结合应用部署可以将数据中心数据的部署区域从逻辑上划分为三个区域，分别是应用区、核心存储区、交换区。因交换区会跨不同的网络，交换区又可以细分为内部交换区和前置区。

结合业务数据和元数据的分类以及应用区域的划分,可以形成三类数据库,分别是应用支撑数据库、基础数据库、交换数据库。为了部署的方便,我们将交换数据库分为内部交换规则库和前置数据库。

基于这种理解,数据中心信息数据资源与数据库规划如图 6.17 所示。

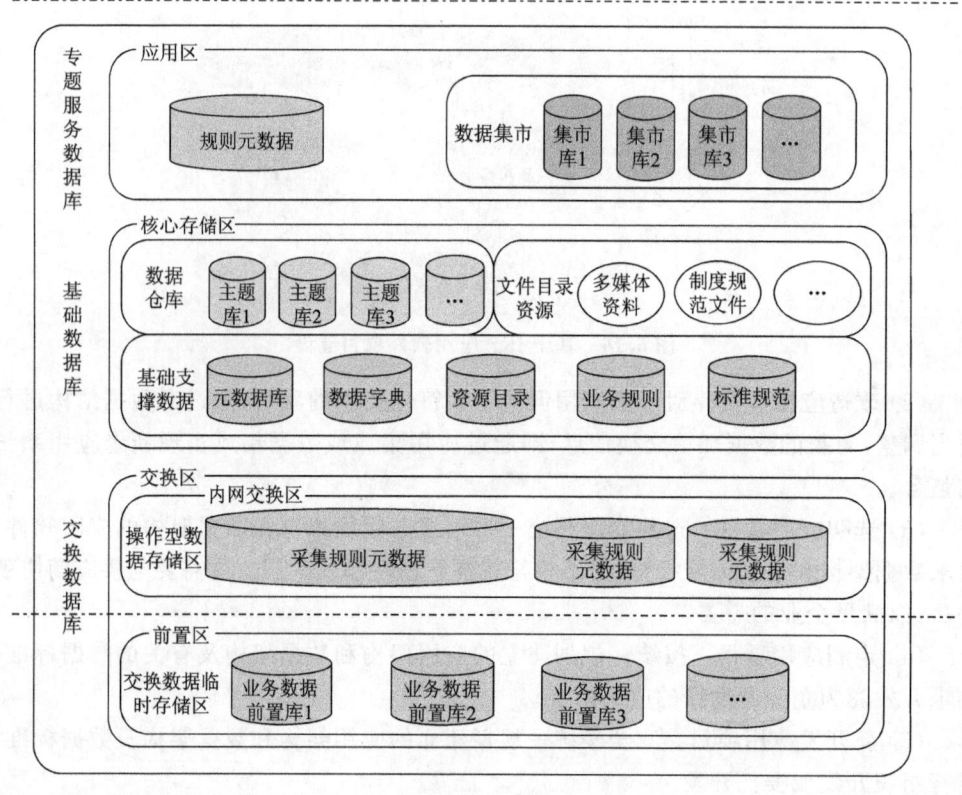

图 6.17 数据库规划示意图

1. 前置数据库

前置数据库存放用于交换的业务数据。为了数据交换的安全性,所有数据的交换通过前置库进行,前置库由 ODS(操作型数据存储区)和 EDS(交换数据临时存储区)组成。在数据采集时,数据首先进入 EDS,然后通过清洗、转换、加载进入 ODS,最后整合到数据仓库;在数据发布交换时,数据仓库中的数据首先进入 ODS,然后等待其他业务系统同步读取。

2. 交换规则数据库

除前置库以外,交换数据库还包括交换规则的存储数据库。数据交换过程中的数据范围、要求、转换规则都在交换规则库中存储。

3. 基础数据库

基础数据库包含了数据仓库和相关元数据两部分，数据仓库是共享的核心基础数据库，它通过关系数据库和文件目录两种方式对不同的业务数据进行存储。相关元数据包括标准规范、数据字典等内容。

4. 应用支撑数据库

应用支撑数据库包含数据集市和相关的元数据，数据集市是为了构建应用系统而在中心库数据基础上进行处理后形成的应用主题类数据；相关元数据是指应用管理类的数据，比如权限、系统运行环境参数等信息。

5. 数据模型

通过数据规划企业可以得到一个与计算机软硬件具体性能无关的全局数据模型。把数据模型转换成数据库管理系统（DBMS）支持的数据中心数据模型（层次、网状、关系、对象关系等）的逻辑结构，考虑所设计的数据中心主题数据库如何具体实现，就是本章节要解决的问题。数据规划所建立的主题数据库在数据中心中的体现就是ODS、数据仓库和数据集市，这是数据中心业务数据存储的核心，也是数据中心应用建设人员最关心的部分。目前使用的数据库基本上都是关系数据库，以下内容将基于关系型数据库来进行描述。

6.4.2 数据存储区域划分

根据数据中心数据库规划，数据中心的数据存储由交换数据临时存储区、操作型数据存储区、数据仓库、数据集市4个区域构成，具体建设的时候需要根据它们各自的特点分别进行设计，数据中心数据存储区域结构如图6.18所示。

1. 交换数据临时存储区

交换数据临时存储区（Exchange Data Store，EDS）是用来保证数据交换过程中安全隔离和临时存储的存储区，其数据结构应与接入的应用系统保持一致。

2. 操作型数据存储区

操作型数据存储区（Operational Data Store，ODS）存放集成的、可更新的、近实时的业务数据。ODS主要用于异构业务数据源的明细数据整合后、进入数据仓库前的存储，并提供企业面向业务的、近实时的统一数据视图，支持企业全局业务数据的近实时查询与分析。

ODS是业务系统间公共和共享数据的存储区，是业务系统与数据仓库间的数据迁移的缓存区，是支持数据中心应用中实时查询数据的存储区，是日常业务决策支持的数据存储区。ODS数据模型依据数据模型构建，基于主题域组织，其主题域划分和核心数据实体与企业数据模型相同。

3. 数据仓库

数据仓库（Data Warehouse，DW）存放面向主题的、集成的、相对稳定的、反映历史变化的数据。数据仓库统一存放与管理经整合后、具有分析价值的企业历史数据,支持基于大量历史数据的企业决策分析。

数据仓库中存储从业务系统中导出的用于决策支持和挖掘的企业数据,也导出操作型数据的轻度汇总数据。数据仓库的数据一部分通过ODS导入,一部分通过业务系统直接导入。数据仓库的数据模型按照主题组织,主题域划分与数据模型相同,数据模型依据数据模型构建。

4. 数据集市

数据集市(Data Markets,DM)是以数据仓库数据为唯一数据源、面向特定分析应用、按一定方式重新组织的数据集合,是数据仓库的子集。

数据集市基于数据仓库创建,用于不同业务部门的需求和不同分析应用的分析数据的存储,数据集市的数据来自于数据仓库,并对部分数据进行高度汇总。数据集市的数据模型与企业数据模型一致,用于描述企业业务部门、企业综合分析以及高级管理人员分析所需的数据。数据集市模型也按主题组织,但其主题域划分与数据模型不同,数据集市的主题是基于企业的不同部门、不同人员的分析需求而组织的。

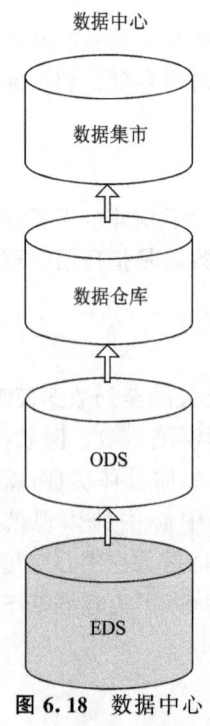

图 6.18 数据中心存储区域

5. 数据交换流程

数据中心内的数据交换实现方式如下:

(1) 从 EDS 到 ODS 通过数据复制或者 ETL 工具实现。

(2) 从 ODS 到数据仓库通过 ETL 工具实现。

(3) 从数据仓库到数据集市通过 ETL 工具实现。

6. 区域功能特点

ODS、数据仓库和数据集市 3 个区域的业务功能、数据规模、数据源、主题范围、时效性、更新频率、集中度、用途、使用者等功能特点见表 6.5。

表 6.5　ODS、数据仓库与数据集市的功能特点

	操作型数据存储区	数据仓库	数据集市
业务功能	为部门及以下级别提供操作支持	为整个企业与业务部门提供决策支持	为部门或特别业务需求提供决策支持
数据规模	GB 级	GB—TB 级	GB 级
数据源	分散的、来自业务应用与外部数据源的数据	从 ODS 获得的、集成的数据	从数据仓库获得的、集成的数据

续表 6.5

	操作型数据存储区	数据仓库	数据集市
主题范围	按数据主题划分	按数据主题划分	按部门或业务需求划分
时效性	新数据	历史数据	历史数据
更新频率	准实时更新	中等更新频率	较低更新频率
集中度	低度集中	中度集中	高度集中
用途	操作型,支持读写	信息型,只读	信息型,只读
使用者	具体业务人员	业务分析员与管理人员	业务分析员与管理人员

6.4.3 数据建设过程

在数据中心数据构建过程中,需要进行需求分析、系统建模、ODS 建模、数据仓库建模、数据集市建模、数据源分析、数据的获取与整合、应用设计等步骤。通常情况下,并不是一次就能够完成所有的工作,它是一个不断完善、反复迭代的过程。

当需求分析完成后,应针对具体的需求进行逻辑分析(详见 6.3 节"数据规划的实施"),然后构建 ODS 模型、数据仓库模型,并进行数据集市建模。针对具体的数据模型进行数据源的分析,若发现现有的数据源不能提供所需的数据,则需要对 ODS、数据仓库和数据集市模型进行相应的修改,然后进行数据的获取与整合(图 6.19)。在数据获取与整合的过程中,可能会发现某些逻辑上的错误,此时应重新进行分析。

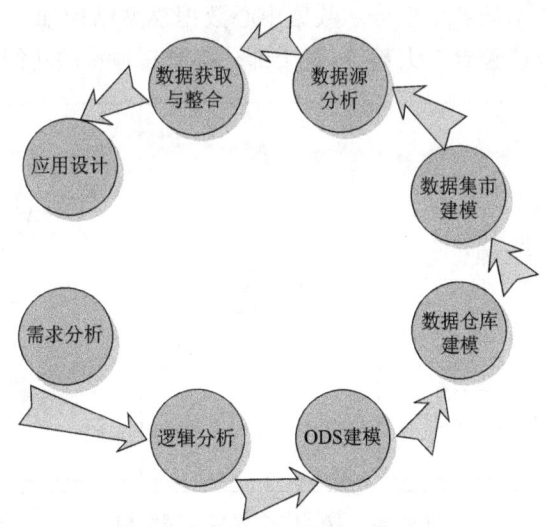

图 6.19 数据仓库构建的过程

数据中心数据结构设计的核心部分是 ODS 建模、数据仓库建模和数据集市建模部分,其设计主要依据以下几点:

(1) 数据规划中的系统数据建模是对功能模型产生的数据进行分析归类,按数据库的要求组成基本表的结构,形成数据中心业务主题数据库。

(2) 主题数据库的建立反映用户的综合性信息需求,是数据中心建设中数据库设计的原型。

(3) 按业务需要对主题数据库进行分析,经过讨论和全局协调,识别实体的属性并确定数据结构产生基本表,作为数据中心和应用系统的数据库设计原型。

(4) 体系结构模型中子系统体系结构模型的建立,规范数据源,明确应用系统数据的创建与使用责任。

(5) 通过建立子系统与主题数据库的关联关系,即全域体系结构模型,确定数据中心和应用系统共享数据库的创建与使用责任、进行数据分布分析。

(6) 用户视图规范的过程中产生数据项,基本表属性的识别过程中产生数据元素,通过计算机自动匹配或根据经验人机交互查找两种方式进行规范,形成统一的数据中心数据元素集。

(7) 数据元素是数据库建立的基本元素,按不同用户需求形成数据项,组织形成应用系统的界面。

6.4.4 数据库模型设计

1. 数据模型结构

数据中心的数据模型结构和数据中心的整体架构是紧密关联在一起的,一个好的数据模型不仅仅是对业务进行抽象划分,而且对实现技术也进行具体的指导,它应该涵盖从业务到实现技术的各个部分。数据中心数据模型结构如图 6.20 所示,整个数据中心的数据模型应该包含 5 大部分,每个部分都有其独特的功能。

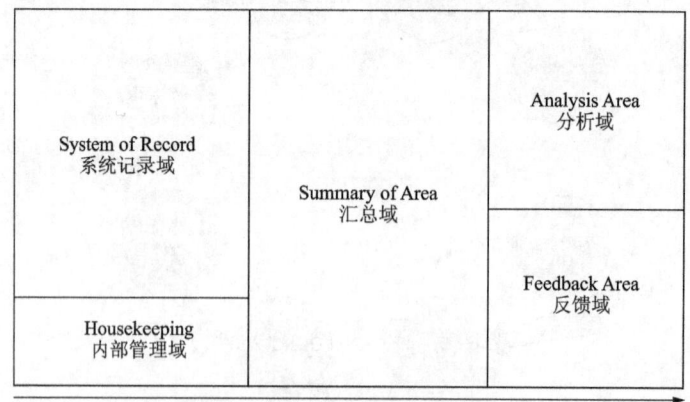

图 6.20 数据中心数据模型结构

(1) 系统记录域(System of Record)。这部分是主要的数据中心业务数据存储区,数据模型在这里保证数据的一致性。

(2) 内部管理域(Housekeeping)。这部分主要存储数据中心用于内部管理的元数据,数据模型在这里能够帮助工作人员进行统一的元数据的管理。

(3) 汇总域(Summary of Area)。这部分数据来自于系统记录域的汇总,数据模型在这里保证分析域的主题分析的性能,满足部分的报表查询。ODS、数据仓库和数据集市根据应用的需要都可以有自己的汇总域。

(4) 分析域(Analysis Area)。这部分数据模型主要用于各个业务部分的具体的主题业务分析。这部分数据模型可以单独存储在相应的数据集市中。

(5) 反馈域(Feedback Area)。它是可选项,这部分数据模型主要用于相应前端应用的反馈数据,数据中心可以根据业务的需要设置这一区域。

2. 数据模型层次

数据中心的数据结构分为基础模型和应用模型两个部分。应用模型根据应用系统建设需要设计;基础模型根据数据规划成果设计。基础模型分为业务模型、数据模型和信息模型3个部分。

(1) 业务模型描述企业结构和业务活动本质的、概括的认识,采用"职能区域、业务过程、业务活动"的层次结构描述,如业务职能区域的划分和业务过程、业务活动的业务规范。

(2) 数据模型是指采用"实体-关系"的方法描述数据的模型,即是指用实体、属性及其关系对企业运营和管理过程中涉及的所有业务概念和逻辑规则进行统一定义、命名和编码。数据模型是业务人员、IT人员和开发商之间进行沟通的一套语言。数据模型分为概念数据模型、逻辑数据模型和物理数据模型。

① 概念数据模型是一种高层次的数据模型,定义重要的业务事务及其关系,它主要由核心的数据主题或其集合,以及主题间的业务关系组成。例如,客户主题域由客户基本信息、客户存取款信息两个主题构成等。

② 逻辑数据模型是对概念数据模型的进一步分解和细化,描述实体、属性以及实体之间的关系,它使用通用的字符类型与长度来描述每个属性。例如,客户的基本信息包括客户姓名、地址、出生日期等属性,客户姓名为字符类型,长度为20。

③ 物理数据模型描述模型实体的细节,并对数据冗余与性能进行平衡;同时需要考虑所用数据库产品所对应的数据类型、长度、索引等具体因素。在设计物理数据模型的时候,必须先确定数据库平台和应用架构。例如,将客户姓名以"Varchar(5)"存储在Oracle数据库,而且建立索引用于加速检索。

数据模型基于业务模型构建,用于支持ODS模型、数据仓库模型和数据集市模型的建设及新建业务系统的数据模型的建设。它们都是按照主题组织的,主题是依据企业业务的核心数据进行组织。企业数据模型、ODS数据模型和数据仓库数据模型都是关系型数据模型,数据集市数据模型是多维数据模型(如星型模型、雪花型模型)。

(3) 信息模型是对数据模型采用面向对象的方法进行描述,提高数据元素的抽象层次,是高度复用的、提供模型间的操作方法。通过资源规划产生的信息模型是指采用面向对象的方法对现实事物进行描述的模型,包括事物的属性和行为信息,用于软件系统的开发。信息模型类和类的属性可以转化为数据模型。数据模型最终转化为具体数据库的表和表的字段；信息模型可以转换为物理数据库的表和字段，也可以转换为软件系统开发的代码。

信息模型不是按照主题组织的，它是按照包组织的，包的划分原则是包内模型元素可以作为一个整体进行复用，信息模型需要进行模型转换才能用于数据存储应用，信息模型的直接应用是软件系统的开发。

（4）公共信息模型基于信息模型构建，公共信息模型的构建可以参考各行业已有的国际标准规范（如电力行业的 IEC CIM）。公共信息模型可转换为集成交换接口，也可以用于指导 ODS 模型的建设。

公共信息模型描述企业各个信息系统应用之间公共的、共享的数据，为不同业务应用系统的集成和互操作提供一致的语义。公共信息模型是企业信息模型的一个子集，公共信息模型在工程项目中可以通过模型转换用于指导 ODS 数据模型建设和企业内部各应用系统间、企业与外部应用系统间集成交换接口（如 Web Service）的建设。

3. 数据建模内容

数据仓库的数据建模大致分为业务建模、领域概念建模、逻辑建模、物理建模 4 个阶段，如图 6.21 所示。

图 6.21 数据仓库建模阶段划分

（1）业务建模是指对商业（或非商业）组织及其运作的流程进行的建模过程。最常见的商业组织就是企业，所以，针对商业组织的业务建模一般是指对企业的组织及其业务过程进行建模（详见 6.3.2 节"数据规划的需求分析"）。业务建模工作主要包含以下几个部分：

① 划分整个单位的业务，一般按照业务部门的划分进行各个部分之间业务工作的界定，理清各业务部门之间的关系。

② 深入了解各个业务部门的具体业务流程，并将其程序化。

③ 提出修改和改进业务部门工作流程的方法，并将其程序化。

④ 数据建模的范围界定，整个数据仓库项目的目标和阶段划分。

（2）我们设计一个系统，总是希望它能解决一些问题，这些问题总是会映射到现实问题和概念，对这些问题进行归纳、分析的过程就是概念建模。概念建模专注于分析问题域本身，发掘重要的业务领域概念，并且建立业务领域概念之间的关系（详见 6.3.3 节"数据规划的系统建模"）。领域概念建模工作主要包含以下几个部分：

① 抽取关键业务概念,并将其抽象化。
② 将业务概念分组,按照业务主线聚合类似的分组概念。
③ 细化分组概念,理清分组概念内的业务流程,并将其抽象化。
④ 理清分组概念之间的关联,形成完整的领域概念模型。

(3) 逻辑建模不牵扯具体数据库的实现细节,以一种独立于特定数据库实现的形式捕获数据需求,直接反映出业务部门的需求,对系统的物理实施有着重要的指导作用。逻辑建模针对于具体应用,范式是数据库逻辑模型设计的基本理论。逻辑建模工作主要包含以下几个部分:

① 业务概念实体化,并考虑其具体的属性。
② 事件实体化,并考虑其属性内容。
③ 说明实体化,并考虑其属性内容。

(4) 物理建模侧重于对特定数据库物理存储介质的访问存取性能优化。物理建模工作主要包含以下几个部分:

① 针对特定物理化平台,进行相应的技术调整。
② 针对模型的性能考虑,对特定平台进行相应的调整。
③ 针对管理的需要,结合特定的平台进行相应的调整。
④ 生成最后的执行脚本,并将其完善。

4. 模型建设方法

目前,业界流行的数据仓库的建模方法非常多,这里主要介绍范式建模法、维度建模法、实体建模法等方法,每种方法从本质上讲就是从不同的角度看业务中的问题,不管从技术层面还是业务层面,其实代表的是哲学上的一种世界观。下面简要介绍一下这些建模方法。

1) 范式建模法

范式建模法是我们在构建数据模型时常用的一种方法,该方法主要由比尔·恩门(Bill Inmon)所提倡,主要解决关系型数据库的数据存储,利用一种技术层面上的方法。目前,在关系型数据库中的建模方法中,大部分采用的是三范式(Third Normal Form,3NF)建模法,如图 6.22 所示。

范式是数据库逻辑模型设计的基本理论,一个关系模型可以从第一范式到第五范式进行无损分解,这个过程也可称为规范化。在数据仓库的模型设计中目前一般采用第三范式,它有着严格的数学定义。从其表达的含义来看,一个符合第三范式的关系必须具有以下 3 个条件:

(1) 每个属性值都唯一,不具有多义性。
(2) 每个非主属性必须完全依赖于整个主键,而非主键的一部分。
(3) 每个非主属性不能依赖于其他关系中的属性,否则,这种属性应该归到其他关系中去。

由于范式是在整个关系型数据库的理论基础之上发展而来的,因此,在这里不多作介绍,读者可以通过阅读相应的材料来获得这方面的知识。

数据仓库模型的建设方法和业务系统的企业数据模型类似。在业务系统中,企业数据模型决定了数据的来源,而企业数据模型也分为两个层次,即主题域模型和逻辑模型。同样,主题域模型可以看作业务模型的概念模型,而逻辑模型则是域模型在关系型数据库上的实例化。

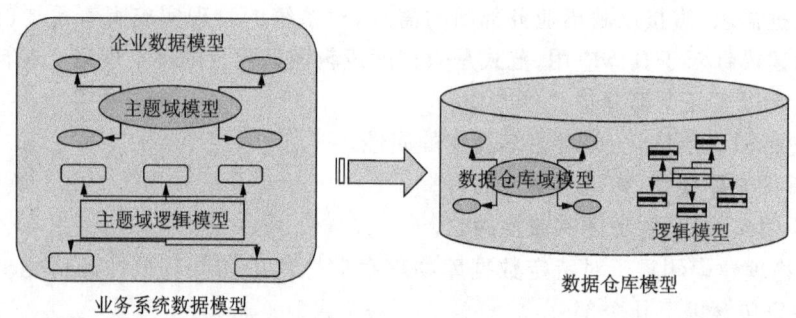

图 6.22 范式建模法

从业务数据模型转向数据库模型时,同样也需要有数据库的域模型,即概念模型,同时也存在域模型的逻辑模型。这里,业务模型中的数据模型和数据库的模型稍微有一些不同,主要区别如下:

(1) 数据库的域模型应该包含企业数据模型的域模型之间的关系,以及各主题域定义。数据库的域模型的概念应该比业务系统的主题域模型范围更广。

(2) 数据库的逻辑模型需要从业务系统的数据模型中的逻辑模型中抽象实体、实体的属性、实体的子类,以及实体的关系等。

范式建模法的最大优点就是从关系型数据库的角度出发,结合了业务系统的数据模型,能够比较方便地实现数据库的建模。但其缺点也是明显的,由于建模方法限定在关系型数据库之上,在某些时候反而限制了整个数据仓库模型的灵活性及性能等,特别是考虑到数据仓库的底层数据向数据集市的数据进行汇总时,需要进行一定的变通才能满足相应的需求。

2) 维度建模法

Ralph Kimball 最先提出"维度建模法"这一概念。其最简单的描述就是按照事实表(维表)来构建数据仓库、数据集市。这种方法广为人知的名字就是星型模式(Star-schema)。

图 6.23 所示是典型的星型架构。星型模式之所以被广泛使用,在于针对各个维作了大量的预处理,如按照维进行预先的统计、分类、排序等。通过这些预处理,能够极大地提升数据仓库的处理能力。特别是针对 3NF 的建模方法,星型模式在性能上拥有明显的优势。

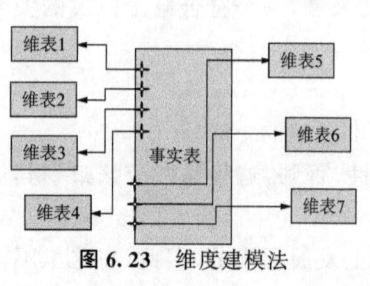

图 6.23 维度建模法

维度建模非常直观,紧紧围绕着业务模型,可以直观地反映出业务模型中的业务问题。不需要经过特别的抽象处理就可以完成维度建模,这一点也是维度建模的优势。但是,维度建模法的缺点也是非常明显的,由于在构建星型模式之前需要进行大量的数据预处理,因此会导致大量的数据处理工作。而且,当业务发生变化,需要重新进行维度的定义时,往往需要重新进行维度数据的预处理。在这些处理过程中,往往会导致大量的数据冗余;同时,如果只是依靠单纯的维度建模,不能保证数据来源的一致性和准确性。所以,在数据仓库的底层不是特别适用于维度建模的方法。

维度建模的领域主要适用于数据集市层,它的最大作用其实是为了解决数据仓库建模中的性能问题。维度建模很难能够提供一个完整的描述业务实体之间复杂关系的抽象方法。

3) 实体建模法

实体建模法并不是数据仓库建模中常见的一个方法,它来源于哲学的一个流派。从哲学的意义上说,客观世界应该是可以细分的,可以分成由一个个实体,以及实体与实体之间的关系组成。所以,我们在数据中心数据库的建模过程中完全可以引入这个方法,将整个业务也划分成一个个的实体,而每个实体之间的关系,以及针对这些关系的说明就是我们数据建模需要做的工作。

实体法粗看起来好像有一些抽象,其实理解起来很容易,我们可以将任何一个业务过程划分成 3 个部分,即实体、事件和说明,如图 6.24 所示。

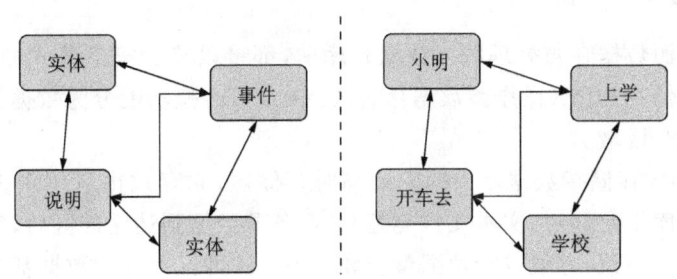

图 6.24 实体建模法

图 6.24 表述的是一个抽象的含义,如果描述一个简单的事实:"小明开车去学校上学"。以这个业务事实为例,可以把"小明"、"学校"看成是一个实体,"上学"描述的是一个业务过程,在这里可以抽象为一个具体"事件",而"开车去"则可以看成是事件"上学"的一个说明。

从上面的举例我们可以了解,使用的抽象归纳方法其实很简单,任何业务都可以看成以下 3 个部分:

(1) 实体。主要指领域模型中特定的概念主体,指发生业务关系的对象。

(2) 事件。主要指概念主体之间完成一次业务流程的过程,特指特定的业务过程。

(3) 说明。主要是针对实体和事件的特殊说明。

由于实体建模法能够很轻松地实现业务模型的划分，因此，在业务建模阶段和领域概念建模阶段，实体建模法有着广泛的应用。在没有现成的行业模型的情况下，可以采用实体建模的方法，和客户一起理清整个业务的模型，进行领域概念模型的划分，抽象出具体的业务概念，结合客户的使用特点，完全可以创建出一个符合自己需要的数据模型。

但是，实体建模法也有着自己先天的缺陷，由于实体说明法只是一种抽象客观世界的方法，因此，该建模方法只能局限在业务建模和领域概念建模阶段。到了逻辑建模阶段和物理建模阶段，则是范式建模和维度建模发挥长处的阶段。

在创建数据仓库模型时，可用上述3种数据仓库的建模方法，在各个阶段分别采用不同的方法，从而能够保证整个数据仓库建模的质量。

2）数据建模流程

（1）在进行系统设计与开发之前，各个业务部门人员应该就核心的业务概念及其关系（即概念模型）达成一致。

（2）系统设计时，技术人员与业务人员一起，直接进行逻辑模型的设计，而不再单独设计概念模型。

（3）逻辑模型设计完成之后，再根据所选的数据库产品及其他因素进行物理模型的设计。

6.4.5 ODS 设计

应用系统源数据在被处理载入数据仓库前，都将以符合第三范式的形式，按照数据主题模型存储在 ODS（操作型数据存储区）中。ODS 按功能分为数据缓冲区和统一信息视图区两个区域。

ODS 缓冲区存储指数据库中的一段临时存储区，它存放由应用系统提供的源数据。不同数据库平台（包括文本文件类型）的业务源数据到达缓冲区后，实现源数据在数据库平台上的一致，方便进行数据整合和处理。缓冲区存储的数据基本上与源系统保持一致。缓冲区存储的数据被处理后不会被保留。

ODS 统一信息视图区为企业提供统一的数据视图，该部分的数据也是按主题进行组织的，近实时的、集成的数据存储使得最终用户能够快速查询近期企业详细的生产数据。在统一信息视图区中，强调必须分析业务部门实时获取数据的需求；同时，分析业务部门之间对企业级数据共享的需求，这两点是统一信息视图区建设与否的重要评估标准。

ODS 统一信息视图的模型依据企业数据模型构建，是基于主题域组织的，其主题域划分和核心数据实体与企业数据模型相同，是参照数据规划的数据模型成果来设计的。

1. 数据要求

（1）ODS 的数据应通过数据交换平台从各个应用系统采集得到。

(2) ODS 的数据应满足数据仓库的数据抽取需求,并支撑用户对企业全局当前数据的近实时查询与分析。

(3) ODS 的数据应根据分析需求对采集得来的业务明细数据进行整理、清洗和统一。

(4) ODS 的数据应通过定时轮询或事件驱动的方式对数据进行近实时更新。

(5) ODS 的数据应反映企业的当前全局信息,涵盖数据规划出的业务领域的数据。

2. 设计原则

(1) ODS 数据模型必须符合第三范式。

(2) ODS 数据模型的主题域划分应与企业数据规划的数据模型主题域划分保持一致。

(3) 各建设单位的 ODS 数据模型设计应以 ODS 数据模型为基础遵照执行,原则上可以根据自身的个性化需求增加实体或属性,但不可删除、修改 ODS 数据模型的实体和属性。

(4) ODS 数据模型的修订和各建设单位的扩展应遵循企业数据规划,如需求超出数据规划的数据模型范围时,需要提出申请,由数据规划组进行统一修订。

3. 设计步骤

1) 确定数据范围

确定数据范围实际上是对 ODS 进行主题划分的过程,这种划分是在对应用系统进行调研的基础上而进行的,并不十分关心整个数据仓库系统上端应用需求。但是,需要把上端应用需求与 ODS 数据范围进行验证,以确保应用所需的数据都已经从应用系统中抽取出来,并且得到了很好的组织。一般来讲,主题的划分是以应用系统的信息模型为依据的,设计者需要综合考虑各种应用系统的信息模型然后进行宏观的归并,得到企业范围内的高层数据视图,并加以抽象,划定几个逻辑的数据主题范围。在这个阶段,以实体关系(E-R)模型表示数据主题关系最为恰当。

2) 根据数据范围进行深入的数据分析和主题定义

在第一步中定义了企业范围内的高层数据视图和所收集到的各种应用系统的资料。在这一步中,需要对大的数据主题进行分解,并进行主题定义,直到每个主题能够直接对应一个主题数据模型为止。

在这个阶段,将把第一步生成的每个 E-R 图中的实体进行分解,分解的结果仍以 E-R 表示为佳。

3) 定义主题元素

定义实体、实体间的对应关系、实体属性、数据存储粒度、数据存储期限。

4) 迭代,归并实体和属性定义

在 ODS 中,因数据来自于多个系统,数据主题划分时虽然对数据概念进行了一定程度上的归并,但具体的来自于不同应用系统中的实体和相应的实体属性等还需要进一步进行归并,保证各实体的一致性。

5) 形成逻辑结构说明书

经过以上步骤,将上述的数据范围、主题定义、实体和相关属性的定义等在 ODS 逻辑结构说明书中进行精确、详尽的描述。

4. 设计内容

1) 逻辑结构

ODS 是基于某个主题的一组数据的集合,并不局限在某个应用系统。它是从业务关联的角度看数据,而不是从传统的应用角度看数据。ODS 设计与 DW(数据仓库)设计在着眼点上有所不同,ODS 重点考虑业务系统数据是什么样子的,关系如何,在业务流程处理的哪个环节,以及数据抽取接口等问题。

2) 存储周期

数据在 ODS 区中的存储周期需要根据业务要求进行周密的考虑,它将直接影响到 ODS 区的大小,其数据保存的时间通常较短。

具体存在以下几种情况:

(1) 立即删除。对于中间数据或临时数据在加载到数据仓库后则立即删除,以节省存储空间。

(2) 存储一段时间后删除。对于细节数据或者汇总数据,可以根据实际需要按周、月、年进行存储,超过该时间期限的数据则删除。

(3) 备份到外部介质。对于超过存储期限、使用频率较低但还有利用价值的数据,则备份到外部介质上,供需要时使用。

存储周期设计最终形成 ODS 数据存储周期说明书,其中需要详细说明哪些数据采用哪种存储周期或存储方式,并且也要说明采用这种设计的原因及优点、缺陷等。

3) 存储粒度

逻辑设计中要解决的一个重要问题是决定数据的粒度划分层次,粒度层次划分适当与否直接影响到 ODS 区中的数据量和所适合的查询类型。

ODS 区中的数据是从生产数据库中取出的细节性数据,接近实时,数据粒度基本上保持与源系统一致。

存储粒度设计后总结形成 ODS 数据存储粒度说明书,其中不仅需要详细说明哪些数据采用哪样的存储粒度,而且也需要说明使用这种存储粒度的原因及优点、缺陷等。

4) ODS 物理模型

ODS 物理模型设计是对 ODS 数据的物理层进行设计,也就是对数据的存储方式进行设计,主要包括确定数据的存储结构、确定索引策略、确定数据存放位置、确定存储分配等。

确定 ODS 实现的物理模型,要求设计人员必须做好以下几项工作:

① 了解所选用的数据库管理系统,特别是存储结构和存取方法。

② 了解数据环境、数据的使用频度、使用方式、数据规模以及响应时间要求等问题,这些是对时间和空间效率进行平衡和优化的重要依据。

③ 了解外部存储设备的特性,如分块原则、块大小的规定、设备的 I/O 特性等。

(1) 确定数据的存储结构。一个数据库管理系统往往都会提供多种存储结构供设计人员选用,不同的存储结构有不同的实现方式,各有各的适用范围和优缺点。设计人员在选择合适的存储结构时应该权衡三个方面:存取时间、存储空间利用率和维护代价。

数据存储结构确定后整理成 ODS 数据存储结构说明书,说明书中需要详细说明哪些数据采用什么样的存储结构,以及采用这种存储结构是由哪些主要因素、哪些次要因素决定的等内容。

(2) 确定索引策略。数据仓库的数据量很大,需要对数据的存取路径进行仔细的设计和选择。在数据仓库中,设计人员可以考虑对各个数据存储建立专用的、复杂的索引,以获得最高的存取效率。在数据仓库中的数据是不常更新的,也就是说每个数据存储是稳定的,因此虽然建立专用的、复杂的索引有一定的代价,但索引一旦建立就几乎不需维护。

索引策略确定后形成 ODS 索引策略说明书,其中需要详细说明哪些数据需要采用什么样的索引策略以及采用这样的策略的原因及优势、缺陷等。

(3) 确定数据存放位置。同一个主题的数据并不要求存放在相同的介质上。在物理设计时,常常按数据的重要程度、使用频率以及对响应时间的要求进行分类,并将不同类的数据分别存储在不同的存储设备中。重要程度高、经常存取并对响应时间要求高的数据存放在高速存储设备上,如硬盘;存取频率低或对存取响应时间要求低的数据则可以放在低速存储设备上,如磁盘或磁带。

数据存放位置的确定还要考虑到其他一些方面,如决定是否进行合并表;是否对一些经常性的应用建立数据序列;对常用的、不常修改的表或属性是否进行冗余存储。

数据存放位置确定后形成 ODS 数据存放位置说明书,其中需要详细说明哪些数据采用什么存储介质、哪些数据采用合并表、哪些数据建立数据序列、哪些数据进行冗余存储以及采用这样设计的原因等内容。

(4) 确定存储分配。许多数据库管理系统提供了一些存储分配的参数供设计者进行物理优化处理,如块的尺寸、缓冲区的大小和个数等等。

存储分配确定后整理形成 ODS 存储分配说明书,说明书中一方面需要准确说明块的尺寸、缓冲区的大小和个数等内容;另一方面需要说明这样的设计给访问当前系统数据带来的优点和缺点等。

(5) 分区设计。对于记录数达到千万条以上的数据表通常需要进行分区;对于数据量较小的表,分区意义不大。

对于大表,分析数据的增长特性,为表建立不同的分区,以改善大表操作的性能;大表分区均建立在对应的子系统的表空间上;表的索引分区采用 Local 型,每个分区与表相对应。

分区时可以根据具体的数据特性,采用不同的分区方法,如范围分区、列表分区、哈希分区、复合分区等。对于有时间字段且数据是按时间生成的,则采用时间范围分区;对于数据按地域均匀分布的情况,则采用列表分区;对于某些数据具有明显的离散特性且没有明显的分类的情况,则可以考虑采用哈希分区的方法;当然,在适当的时候可以考虑复合分区的方法。

最后,在 ODS 分区设计说明书中详细说明对哪些表采用什么样的分区方法,以及采用这样的方法针对的是数据的哪些特性等内容。

6.4.6 数据仓库设计

数据的存储和管理是企业级数据仓库的核心内容之一,企业级数据仓库存储详细数据及必要的汇总数据,支持整个企业的业务分析和决策。ODS 的数据通过 ETL 有效地集成到数据仓库中,并按照主题进行重新组织。数据仓库设计时应全面考虑,实施时可以先按照需求的轻重缓急选择部分业务主题,然后逐步扩展到全部业务。

数据仓库区是专门针对企业数据整合和数据历史存储需求而组织的集中化、一体化的数据存储区域。数据仓库由覆盖多个主题域的企业信息组成,这些信息主要是低级别、细粒度数据,同时可以根据数据分析需求建立一定粒度的汇总数据。它们按照一定频率定期更新,主要用于为数据集市提供整合后的、高质量的数据。数据仓库一般很少直接面向最终用户。

数据仓库侧重于数据的存储和整合,通常采用简单索引。

数据仓库区内的数据按照主题存放,数据粒度与 ODS 缓冲区一致或粗于缓冲区。这些数据主要是企业级数据与历史信息,数据在线存储的周期一般较长。数据仓库区的数据是由 ODS 缓冲区的数据按照数据仓库模型的要求进行整合后形成的。

1. 数据要求

(1) 数据仓库区的数据应通过 ETL 对 ODS 的数据进行抽取、清洗、转换、加载等处理得到。

(2) 数据仓库区的数据应能灵活、快速地满足企业各级决策层、管理层和分析人员对企业历史数据的报表、查询、分析和挖掘需求。

(3) 分析需求不断变化,数据仓库区的数据应存储从 ODS 抽取来的基础明细数据,以满足数据仓库的灵活性;同时,数据仓库区还应存储在明细数据的基础上生成的汇总数据及派生指标数据,以满足用户的快速查询分析的性能要求。

2. 设计原则

(1) 数据仓库采用符合第三范式的关系模型和星型模型等混合模型存放数据。

(2) 数据仓库的模型设计应以 ODS 数据模型为核心基础数据模型,在此基础上根据分析主题进行重新组织和扩展,添加汇总及派生数据。

(3) 数据仓库的数据模型设计应站在企业的角度,进行全局设计,同时兼顾数据仓库分步实施的需求。

3. 设计步骤

(1) 选择与数据仓库分析应用相关的数据。在 ODS 数据模型的基础上,过滤和消除那些在数据仓库中并不需要的数据,决定在模型中要包含的数据,并考虑存档及其他将来可能使用的数据。

(2) 在键中增加时间。为每个实体增加时间成分,以提供历史视图,并解决因模型从"时间点"变换到"时间段"引起的关系中的结果变化。

(3) 增加派生数据。计算和存储经常使用的或要求一致性算法的数据,保证指标的一致性,提高数据交付性能。

(4) 确定粒度级别。根据数据仓库潜在的能力和灵活性、终端用户操作的开销及性能、存储空间的需求等因素确定数据仓库数据的粒度级别,平衡业务需求、性能和隐含的代价。

(5) 汇总数据。简化数据交付,改善数据交付处理性能。

(6) 合并实体。把经常使用的、有相同键和插入模式的数据合并到一个实体中,原始的实体仍然可以保留,减少连接操作的数量,提高数据交付处理的性能,增强一致性。

(7) 建立数组。在满足适当条件的情况下,在属性实体领域创建数组,改进数据交付性能。

(8) 分离数据。根据稳定性和用法来分离数据,通过分离实体,平衡数据获取性能和数据交付性能。

(9) 总结并形成数据仓库模型结构说明书。总结以上步骤的内容,形成数据仓库模型结构说明书。

在上述数据仓库模型设计的 9 个步骤中,第 1~4 步骤着眼于确保数据仓库模型满足业务需求;而第 5~8 步骤则集中考虑了影响数据仓库性能的因素。

4. 设计内容

1) 逻辑结构

数据仓库逻辑模型设计要进行的工作主要有分析主题域,确定当前要装载的主题;确定粒度层次划分;确定数据分割策略;关系模式定义;记录系统定义。

逻辑模型设计的成果是,对每个当前要装载的主题的逻辑实现进行定义,并将相关内容记录在数据仓库的元数据中,包括适当的粒度划分、合理的数据分割策略、适当的表划分、定义合适的数据来源等。

2) 划分粒度层次

数据仓库逻辑设计中要解决的一个重要问题是决定数据仓库的粒度划分层次,粒度层次划分适当与否直接影响到数据仓库中的数据量和所适合的查询类型。

确定合适的粒度级的起点是粗略估算数据仓库中将来的数据行数和所需的DASD(直接存取存储设备)数。毫无疑问，即使在最好的情况下也无法计算出准确数字，但在建立数据仓库之初，所需的只是一个数量级上的估计。

数据粒度级别的确定在一定程度上要依靠以往信息系统开发的经验。在很低的细节级上建立轻度汇总的数据级是没有意义的，因为这样需要太多的资源来处理数据；而在太高的细节级上建立轻度汇总的数据级，则意味着许多分析必须在真实档案级上进行。因此，确定轻度汇总的粒度级的第一件事是进行有根据的预测，之后根据一定数量的反复分析来改进这个预测。

对于轻度汇总的数据为了确定合适的粒度级别，唯一可行的方法是将数据拿到最终用户的面前。只有当最终用户实际看到了数据之后，才能给出确定的回答。

设计粒度层次后，整理形成数据仓库粒度层次说明书，其中需要对各种数据的粒度层次进行详细描述，并说明采用这种设计的依据是什么，得到哪些用户的认证等。

3) 确定数据分割策略

选择适当的数据分割标准，一般要考虑几方面的因素：数据量(而非记录行数)、数据分析处理的实际情况、简单易行以及粒度划分策略等。数据量的大小是决定是否进行数据分割和如何分割的主要因素；数据分析处理的要求是选择数据分割标准的一个主要依据，因为数据分割是与数据分析处理的对象紧密联系的；还要考虑选择的数据分割标准应是自然的、易于实施的；同时也要考虑数据分割的标准与粒度划分层次是相适应的。

分割策略设计完成后，总结整理形成数据仓库数据分割策略说明书，需要对各种数据采用的分割策略、依据等内容进行详细描述。

4) 确定存储周期

数据仓库中的数据相对稳定，变化较小或基本不变化，而且通常都是一些历史数据，其存储周期一般也较长。实际建设过程中可根据具体的业务需求进行适当的设计。

(1) 长期存储。对于可能要提供具体业务查询的数据，需要长期存储在数据仓库中。

(2) 备份到外部介质。对于超过存储期限、使用频率较低但还有利用价值的数据，则备份到外部介质上，供需要时使用。

数据存储周期确定后形成数据仓库存储周期说明书，其中需要详细描述哪些数据需要长期存储、哪些数据可以备份到外部介质上，以及采用此种设计的依据等内容。

5) 定义关系模式

数据仓库的每个主题都是由多个表来实现的，这些表依靠主题的公共码键联系在一起，形成一个完整的主题。在这一步里，要对选定的当前实施的主题进行模式划分，形成多个表，并确定各个表的关系模式。

在传统的数据库逻辑模型设计中,根据需求分析阶段获得的数据流程图,利用实体关联方法将概念模型转换为实体关联 E-R(实体关系)图,以 3NF(第三范式)的形式组织数据仓库中的数据模型。

关系模式确定后,整理形成数据仓库关系模式说明书,对各类数据采用的关系模式进行详细描述。

6) 数据仓库物理模型

数据仓库物理模型所做的工作是确定数据的存储结构,确定索引策略,确定数据存放位置,确定存储分配。

确定数据仓库实现的物理模型,要求设计人员做好以下几项工作:要全面了解所选用的数据库管理系统,特别是存储结构和存取方法;了解数据环境、数据的使用频度、使用方式、数据规模以及响应时间要求等问题,这些是对时间和空间效率进行平衡和优化的重要依据;了解外部存储设备的特性,如分块原则、块大小的规定、设备的 I/O 特性等。

(1) 确定数据的存储结构。一个数据库管理系统往往提供多种存储结构供设计人员选用,不同的存储结构有不同的实现方式,各有各的适用范围和优缺点,设计人员应酌情选择。

传统的 Client/Server 结构是以主机系统为中心,系统相对独立,容易产生"信息孤岛"的问题;而在以网络为中心的结构中,各种平台的系统依靠网络连接在一起,实现信息传递和信息共享,但仍是分布式处理和管理的模式,还未从根本上解决信息孤岛的问题,走 SAN 的道路是必然趋势。存储区域网络(SAN)由数台 SAN 高速光纤交换机组成,存储资源(如磁盘阵列和磁带库)全部通过光纤通道连接到 SAN 上,对存储资源的访问也全部通过 SAN 网络进行,大大提高了存储资源的访问效率。

确定数据存储结构后形成数据仓库存储结构说明书,在说明书中详细描述采用的存储结构以及采用的存储结构与其他存储结构的对比情况等。

(2) 确定索引策略。数据仓库的数据量很大,因此需要对数据的存取路径进行仔细的设计和选择。在数据仓库中,设计人员可以考虑对各个数据存储建立专用的、复杂的索引,以获得最高的存取效率。在数据仓库中的数据是不常更新的,也就是说每个数据存储是稳定的,因此虽然建立专用的、复杂的索引有一定的代价,但索引一旦建立就几乎不需维护。

索引策略确定后形成数据仓库索引策略说明书,其中需要对各类数据采用的索引策略和采用该策略的依据等内容进行详细描述。

(3) 确定数据存放位置。同一个主题的数据并不要求存放在相同的介质上。在物理设计时,常常按数据的重要程度、使用频率以及对响应时间的要求进行分类,并将不同类的数据分别存储在不同的存储设备中。重要程度高、经常存取并对响应时间要求高的数据就存放在高速存储设备上,如硬盘,存取频率低或对存取响应时间要求低的数据则可以放在低速存储设备上,如磁盘或磁带。

数据存放位置的确定还要考虑到其他一些方面，如决定是否进行合并表；是否对一些经常性的应用建立数据序列；对常用的、不常修改的表或属性是否进行冗余存储。

数据存放位置确定后形成数据仓库数据存放位置说明书，其中详细说明哪些数据采用什么样的存储介质、哪些数据采用合并表、哪些数据建立数据序列、哪些数据进行冗余存储以及采用此种设计的原因等内容。

(4) 确定存储分配。许多数据库管理系统提供了一些存储分配的参数供设计者进行物理优化处理，如块的尺寸、缓冲区的大小和个数等。

存储分配确定后整理形成数据仓库存储分配说明书，说明书中一方面需要准确说明块的尺寸、缓冲区的大小和个数等内容；另一方面需要说明这样的设计给访问当前系统数据带来的优点和缺点等。

(5) 分区设计。对于记录达到上千万条以上的数据表通常需要进行分区，对于数据量较小的表，分区意义不大。

对于大表，分析数据的增长特性，为表建立不同的分区，以改善大表操作的性能；大表分区均建在对应的子系统的表空间上；表的索引分区采用 Local 型，每个分区与表相对应。

分区时可根据具体的数据特性，采用不同的分区方法，如范围分区、列表分区、哈希分区、复合分区等。对于有时间字段且数据是按时间生成的，则采用时间范围分区；对于数据按地域均匀分布的情况，则采用列表分区；对于某些数据具有明显的离散特性且没有明显的分类的情况，则可以考虑采用哈希分区的方法；当然，在适当的时候可以考虑复合分区的方法。

分区设计确定后形成数据仓库分区设计说明书，其中需要详细说明对哪些表采用什么样的分区方法，以及采用这样的方法针对的是数据的哪些特性等。

6.4.7 数据集市设计

数据集市是一组特定的针对某个主题域、部门或用户分类的数据集合。这些数据需要针对用户的快速访问和数据输出进行优化，优化的方式包括对数据结构进行汇总和索引。

数据集市可以保障数据仓库的高可用性、可扩展性和高性能。

1. 数据要求

(1) 数据集市应通过 ETL 对数据仓库数据进行抽取、清洗、转换和加载。

(2) 数据集市应直接引用数据仓库中生成的派生指标数据和汇总数据，从而保证整体统计口径的一致性。

(3) 数据集市的数据应直接支撑管理层和分析人员的个性化、深层次的分析需求，作为面向报表服务、多维分析服务和应用服务的数据输入。

2. 设计原则

(1) 数据集市采用符合第三范式的关系模型和星型模型等混合模型存放数据。

(2) 数据集市的数据模型必须满足用户的查询分析的高效性和针对性需求。

3. 设计步骤

(1) 划分粒度层次。粗略估算数据集市应用中未来的数据量;制定初步的粒度层次划分策略,并进行反复的分析和验证;把初步粒度层次划分策略与用户进行讨论确认。

(2) 确定数据分割策略。根据数据量(而非记录行数)、数据分析处理的实际情况以及粒度划分策略等因素确定数据分割策略。

(3) 确定存储周期。根据具体的业务需求进行存储周期设计。

(4) 定义关系模式。根据数据集市的应用需求对选定的主题进行细分,形成多个表,并确定各个表的关系模式。

(5) 总结并形成数据集市模型结构说明书。总结以上步骤的内容,形成数据集市模型结构说明书。

4. 设计内容

1) 逻辑结构

数据集市逻辑模型设计要进行的工作主要有分析主题域,确定当前要装载的主题;确定粒度层次划分;确定数据分割策略;确定事实数据;确定维度;关系模式定义;记录系统定义。

逻辑模型设计的成果是对每个当前要装载的主题的逻辑实现进行定义,并将相关内容记录在数据集市的元数据中,包括适当的粒度划分、合理的数据分割策略、适当的表划分、合理的维度定义、合理的数据值定义及合适的数据来源等。

2) 划分粒度层次

数据集市逻辑设计中要解决的一个重要问题是决定数据集市的粒度划分层次,粒度层次划分适当与否直接影响到数据集市中的数据量和所适合的查询类型。

确定合适的粒度级的起点是粗略估算数据集市中将来的数据行数和所需的DASD(直接存取存储设备)数。毫无疑问,即使在最好的情况下也无法计算出准确数字,但在建立数据集市之初,所需的只是一个数量级上的估计。

数据粒度级别的确定需要常识和经验的帮助。在很低的细节级上建立轻度汇总的数据级是没有意义的,因为这样需要太多的资源来处理数据;而在太高的细节上建立轻度汇总的数据,则意味着许多分析必须在真实数据上进行。因此,确定轻度汇总的粒度级的第一件事是进行有根据的预测,之后根据一定数量的反复分析来改进这个预测。

对于轻度汇总的数据为了确定合适的粒度级别,唯一可行的方法是将数据拿到最终用户的面前。只有当最终用户实际看到数据之后,才能给出确定的回答。

粒度层次设计完成后,整理形成数据集市粒度层次说明书,其中需要对各种数据的粒度层次进行详细描述,并说明采用这种设计的依据是什么,得到哪些用户的认证等。

3) 确定数据分割策略

选择适当的数据分割标准,一般要考虑几方面的因素:数据量(而非记录行数)、数据分析处理的实际情况、简单易行以及粒度划分策略等。数据量的大小是决定是否进行数据分割和如何分割的主要因素;数据分析处理的要求是选择数据分割标准的一个主要依据,因为数据分割是与数据分析处理的对象紧密联系的;还要考虑选择的数据分割标准应是自然的、易于实施的;同时也要考虑数据分割的标准与粒度划分层次是相适应的。

分割策略设计完成后,总结整理形成数据集市数据分割策略说明书,其中不仅需要对各种数据采用的分割策略进行详细描述,还需要描述采用此分割策略的依据等内容。

4) 确定存储周期

数据集市中的数据相对稳定,变化较小或基本不变化,通常都是一些历史数据,其存储周期一般也较长。实际建设过程中可根据具体的业务需求进行适当的设计。

(1) 长期存储。对于可能要提供某些具体的业务查询的数据,需要长期存储在数据集市中。

(2) 备份到外部介质。对于超过存储期限、使用频率较低但还有利用价值的数据,则备份到外部介质上,供需要时使用。

数据存储周期确定后形成数据集市存储周期说明书,其中需要详细描述哪些数据需要长期存储,哪些数据可以备份到外部介质上,以及采用此种设计的依据等内容。

5) 定义关系模式

数据集市的每个主题都是由多个表来实现的,这些表依靠主题的公共码键联系在一起,形成一个完整的主题。在这一步里,要对选定的当前实施的主题进行模式划分,形成多个表,并确定各个表的关系模式。

在传统的数据库逻辑模型设计中,根据需求分析阶段获得的数据流程图,利用实体关联方法将概念模型转换为实体关联 E-R 图。数据集市主要提供的是查询操作,而最易于执行查询操作的逻辑模型是星型模型或者雪花型模型。

星型模式是一种多维的数据关系,它由一个事实表(Fact Table)和一组维表(Dimension Table)组成。每个维表都有一个维作为主键,所有这些维组合成事实表的主键,换言之,事实表主键的每个元素都是维表的外键。事实表的非主属性称为事实(Fact),它们一般都是数值或其他可以进行计算的数据,而维大都是时间、地域等类型的数据。

雪花型模型是对星型模型的维表进一步层次化,将某些维表扩展为事实表,这样既可以应付不同级别的用户的查询,又可以将源数据通过层次间的联系向上综合,最大限度地减少数据存储量,提高查询功能,也使系统更加专业化和实用化。雪花模型就是将星型模型中的维表细化,将它看作小型事实表,

小的事实表即是模型的一个层次,小的事实表可以细化出更小的事实表,迭代结

果便是雪花型模型。它的每个小事实表既是上一级的维表也是下一层次维表的事实表,数据从维表往上一层向中心事实数据表综合。因此,它具有高度的综合性和多层次的特点。

这些模型可以使用常用的建模工具,如 PowerDsigner、ERWin 等进行表示,也可以用图表的方式描述事实表与维度表之间的关系。

关系模式确定后,整理形成数据集市关系模式说明书,其中需要对各类数据采用的关系模式进行详细描述。

6) 数据集市物理模型

数据集市物理模型所做的工作是确定数据的存储结构,确定索引策略,确定数据存放位置,确定存储分配。

确定数据集市实现的物理模型,要求设计人员必须做好以下几项工作:要全面了解所选用的数据库管理系统,特别是存储结构和存取方法;了解数据环境、数据的使用频度、使用方式、数据规模以及响应时间要求等问题,这些是对时间和空间效率进行平衡和优化的重要依据;了解外部存储设备的特性,如分块原则、块大小的规定、设备的 I/O 特性等。

(1) 确定数据的存储结构。一个数据库管理系统往往都提供多种存储结构供设计人员选用,不同的存储结构有不同的实现方式,各有各的适用范围和优缺点,设计人员应酌情选择。

传统的 Client/Server 结构是以主机系统为中心,系统相对独立,容易产生"信息孤岛"的问题;而在以网络为中心的结构中,各种平台的系统依靠网络连接在一起,实现信息传递和信息共享,但仍是分布式处理和管理的模式,还未从根本上解决信息孤岛的问题,走 SAN 的道路是必然趋势。存储区域网络(SAN)由数台 SAN 高速光纤交换机组成,存储资源(如磁盘阵列和磁带库)全部通过光纤通道连接到 SAN 上,对存储资源的访问也全部通过 SAN 网络进行,大大提高了存储资源的访问效率。

确定数据存储结构后,形成数据集市存储结构说明书,在说明书中详细描述采用的存储结构以及采用的存储结构与其他存储结构的对比情况等。

(2) 确定索引策略。数据集市的数据量很大,因此需要对数据的存取路径进行仔细的设计和选择。在数据集市中,设计人员可以考虑对各个数据存储建立专用的、复杂的索引,以获得最高的存取效率。在数据集市中的数据是不常更新的,也就是说每个数据存储是稳定的,因此虽然建立专用的、复杂的索引有一定的代价,但索引一旦建立就几乎不需维护。

索引策略确定后,形成数据集市索引策略说明书,其中需要对各类数据采用的索引策略和采用该策略的依据等内容进行详细描述。

(3) 确定数据存放位置。同一个主题的数据并不要求存放在相同的介质上。在物理设计时,常常按数据的重要程度、使用频率以及对响应时间的要求进行分类,并将不同类的数据分别存储在不同的存储设备中。重要程度高、经常存取并对响应时间要求高的数据就存放在高速存储设备上,如硬盘;存取频率低或对存取响应时间要求低的数据则可以放在低速存储设备上,如磁盘或磁带。

数据存放位置的确定还要考虑到其他一些方面,如决定是否进行合并表;是否对一些经常性的应用建立数据序列;对常用的、不常修改的表或属性是否进行冗余存储。

数据存放位置确定后,形成数据集市数据存放位置说明书,其中详细说明哪些数据采用什么样的存储介质,哪些数据采用合并表,哪些数据建立数据序列,哪些数据进行冗余存储以及采用此种设计的原因等内容。

(4) 确定存储分配。许多数据库管理系统提供了一些存储分配的参数供设计者进行物理优化处理,如块的尺寸、缓冲区的大小和个数等。

存储分配确定后整理形成数据集市存储分配说明书,说明书中一方面需要准确说明块的尺寸、缓冲区的大小和个数等内容;另一方面需要说明这样的设计给访问当前系统数据带来的优点和缺点等。

(5) 分区设计。对于记录数达千万条以上的数据表通常需要进行分区,对于数据量较小的表,分区意义不大。

对于大表,分析数据的增长特性,为表建立不同的分区,以改善大表操作的性能;大表分区均建在对应的子系统的表空间上;表的索引分区采用 Local 型,每个分区与表相对应。

分区时可根据具体的数据特性,采用不同的分区方法,如范围分区、列表分区、哈希分区、复合分区等。对于有时间字段且数据是按时间生成的,则采用时间范围分区;对于数据按地域均匀分布的情况,则采用列表分区;对于某些数据具有明显的离散特性且没有明显的分类的情况,则可以考虑采用哈希分区的方法;当然,在适当的时候可以考虑复合分区的方法。

分区设计确定后形成数据集市分区设计说明书,其中需要详细说明对哪些表采用什么样的分区方法,以及采用这样的方法针对的是数据的哪些特性等。

6.4.8 数据容量计算

有了足够的且可以随着业务增长而扩充的数据容量,才能保证数据中心应用系统的正常工作。因此,必须预算数据中心的数据存储容量以及今后几年的发展趋势,并从存储容量出发确定对服务器的性能要求。数据中心总体存储容量规划包括以下4个部分:

① 数据仓库容量(包括数据、索引和归档日志)。

② 数据集市容量(包括数据、索引和归档日志)。

③ ODS 容量(包括数据、索引和归档日志)。

④ 数据仓库、数据集市、ODS 备份在磁盘阵列上的空间(假设磁盘阵列上只存放它们的每日增量备份,且只保留一周)。

我们设定一个企业(机构)业务数据的当前总量(包括若干年历史)为 N,在 N 的

基础上一年增长为 $K\%$,以此估算数据中心的数据存储容量。不同企业(机构)的数据量是不同的,数据存储容量的具体数值要根据实际情况确定,以下以一个电力企业(机构)数据中心对数据容量规划为例,供读者参考。

1. ODS 容量需求

假设业务数据每天的变动总量为企业数据总量的 5%,见表 6.6。

表 6.6 ODS 容量需求估算

编号	空间用途	固定容量	运算说明
	OS		
	① 操作系统	4G	比较固定(放在本地磁盘)
	② 交换区	32G	比较固定(放在本地磁盘)
	DataBase		
	① 数据库系统软件	2G	比较固定(放在本地磁盘)
	② 数据库系统数据	2G	比较固定
	③ 数据库回滚段	16G	比较固定
	④ 数据库其他数据	8G	比较固定
	⑤ 数据库备份临时空间	16G	比较固定
D1	ODS 数据 ① 目前数据	$N \times 5\%$	ODS 一方面是业务系统源数据的变动数据量进入到数据仓库的缓冲区;此外它还存放企业(机构)信息视图
D2	② 目前索引	$0.2 \times D1$	根据经验 ODS 的索引比较规划,约占数据量的 20%
D3	ODS 当前数据	$D1+D2$	
D4	① 每年增长数据总量	$D3 \times K\%$	
D5	M 年的 ODS 总量	$D3+D4 \times M$	

2. 数据仓库容量需求

数据仓库容量需求见表 6.7。

表 6.7 数据仓库容量需求估算

编号	空间用途	固定容量	运算说明
	OS		
	① 操作系统	4G	比较固定(放在本地磁盘)
	② 交换区	32G	比较固定(放在本地磁盘)
	DataBase		
	① 数据库系统软件	2G	比较固定(放在本地磁盘)
	② 数据库系统数据	2G	比较固定
	③ 数据库回滚段	16G	比较固定
	④ 数据库其他数据	8G	比较固定
	⑤ 数据库备份临时空间	16G	比较固定

续表 6.7

编号	空间用途	固定容量	运算说明
W1	DW 数据 ① 目前数据	N	数据仓库是企业级范围内数据经整合后的存储体,其大约等于企业范围业务数据的合计
W2	② 目前索引	$0.3 \times W1$	数据仓库偏重于数据的整合和存储,其索引较少,一般为数据仓库数据量的 30%
W3	DW 当前数据	$W1+W2$	
W4	① 每年增长数据总量	$W3 \times K\%$	
W5	M 年的 DW 总量	$W3+W4 \times M$	

3. 数据集市容量需求

数据仓库容量需求见表 6.8。

表 6.8　数据集市容量需求估算

编号	空间用途	固定容量	运算说明
	OS ① 操作系统 ② 交换区	4G 32G	比较固定(放在本地磁盘) 比较固定(放在本地磁盘)
	DataBase ① 数据库系统软件 ② 数据库系统数据 ③ 数据库回滚段 ④ 数据库其他数据 ⑤ 数据库备份临时空间	2G 2G 16G 8G 16G	比较固定(放在本地磁盘) 比较固定 比较固定 比较固定 比较固定
M1	DW 数据 ① 目前数据	$0.4 \times W1$	数据集市是基于分析主题对数据进行存储,数据是汇总的、非明细的。根据经验,数据集市的当前数据空间约等于数据仓库当前数据的 30%~50%,我们取 40%
M2	② 目前索引	$0.5 \times M1$	数据集市偏重于数据查询和统计,其索引较多,约占数据量的 50%
M3	DW 当前数据	$M1+M2$	
M4	① 每年增长数据总量	$M3 \times K\%$	
M5	M 年的 DW 总量	$M3+M4 \times M$	

4. 备份空间容量需求

备份空间容量需求见表 6.9。

表6.9 备份空间容量需求估算方法

应用服务器	容量	增量备份频率	增量备份数据量	在磁盘上保留全备份个数	一级备份
ODS	D5	每日	D5×5%	0	D5×5%×7+D5×0
数据仓库	W5	每日	W5×5%	0	W5×5%×7+W5×0
数据集市	M5	每日	M5×5%	0	M5×5%×7+M5×0

5. 存储需求估算示例

假设某企业业务数据的当前总量 N（包括若干年历史）为 2TB，年增长（K）为 20%，其数据中心总体存储量估算结果见表 6.10。

表6.10 数据中心总体存储量估算

	当前/TB	每年增量/TB	3年后/TB	6年后/TB
ODS	0.12	0.02	0.19	0.24
ODS 备份	0.04	不需要	0.07	0.08
数据仓库	2.60	0.52	4.16	5.72
数据仓库备份	0.91	不需要	1.46	2.00
数据集市	1.20	0.24	1.92	2.64
数据集市备份	0.42	不需要	0.67	0.92
数据中心总体存储容量	5.29		8.47	11.60

第 7 章 数据中心应用支撑平台

组件搭建坚实舞台，夯实应用服务基石。

数据中心的应用支撑平台根据复用、共享、模块化的设计思想，以支撑组件作为系统运行的基本单元，在组件之上搭建应用支撑系统平台，为数据中心高层应用环境提供运行和管理服务。应用支撑平台采用面向服务的、流程驱动的体系架构，使用合适的平台开发工具支撑服务化的基础应用开发，为软件应用系统的开发、运行和整合提供一个基础的框架。通过采用一致结构的、基于标准服务的支撑平台技术，实现各应用系统之间的互联、互通和互操作，以及数据的安全、共享与集成。

7.1 应用支撑平台概述

7.1.1 平台概述

应用支撑平台是支撑数据中心应用建设的基础平台环境，为最大限度提高开发效率，降低工程实施、维护的成本和风险，开发了大量公共支撑组件，并提供组件的运行和管理环境。它包括数据访问组件、数据抽取组件、安全控制组件、通用组件等。

这些运行支撑组件要能被数据中心运行维护人员有效利用，需要通过二次开发和重组，以应用的形式提供出来，这就是我们所说的应用支撑系统。应用支撑系统构建在应用服务器之上，提供针对企业（机构）应用的体系结构和服务模块。包括系统监控、性能监控、元数据管理、安全管理、备份和恢复、归档和恢复、消息中间件等。

7.1.2 设计原则

应用支撑平台为数据中心的各类应用系统提供技术支撑，它协助建立起一个合理、开放和基于标准的应用支撑体系。这个平台随着业务的发展和技术的更新将会日趋完善，并服务于数据中心所有的应用系统。应用支撑平层的设计应遵循以下原则：

（1）技术先进。针对数据中心数据的异构存储、编码格式不标准、结构不一致、汇总方式不一样、文件格式各异、整合程度不同等问题，平台设计要采用先进、成熟的数据转换、分析、挖掘、管理技术，以保证数据中心系统建设的实用性和先进性。

（2）安全性高。平台要结合现有的安全信任体系，对数据传输、管理、发布、使用等不同环节，设计由外到内、由局部到全面、多层次的、纵深的、有效地部署和配置全面安全解决方案，以达到最佳的安全互补状态，保证数据中心系统受到可靠、安全的保护。

（3）高效可靠。适应业务要求，采用增量传输方式实现准确、完整、可靠、高效的数据传输。

（4）可扩展性。应用支撑平台不仅要满足目前数据中心的要求，也要适应未来业务发展对数据中心提出的要求。平台设计要采用开放的技术，适应不断变化的数据采集范围和数据提供方式。

（5）易操作性和易管理性。数据中心的日常运行管理涉及业务人员及技术人员，支撑平台要提供简单易用的图形管理界面，方便管理人员对平台进行日常配置、维护和管理。

7.1.3 设计思想

（1）数据中心应用支撑平台采用面向服务架构（SOA）的方式，基于先进的企业服务总线 ESB 技术，遵循 XML 技术标准和规范，为跨地域、跨部门、跨平台的不同应用系统、不同数据库之间的互联互通提供包含提取、转换、传输和加载等操作的数据整合服务，实现扩展性良好的"松耦合"结构的应用和数据集成。

（2）通过分布式部署和集中式管理架构，可以有效解决各节点之间数据上传下达的及时与高效问题，在安全、方便、快捷、顺畅地进行信息交换的同时，保证数据的一致性和准确性，实现数据的一次采集、多系统共享。

（3）基于应用支撑平台节点服务器适配器的可视化配置功能，可以有效解决数据中心应用快速搭建问题，实现不同机构、应用系统、数据库之间基于不同传输协议的数据快速交换与信息共享，为各种应用提供良好的运行管理环境。

（4）依托应用支撑框架快速构建应用服务，通过统一的组件标准以及部署工具实现服务的应用部署，让用户迅速体验应用服务功能。基于工具软件的服务封装，实现集成化的管理和应用。通过对主流厂家产品接口的二次开发和应用封装，既利用了厂家工具软件的优越性能，又提高了数据采集、整合、管理、服务应用过程的易用性和业务可视化程度，使技术人员、数据管理人员、业务人员能够有效地分工协作，实现对数据中心系统的集成化管理和应用。

7.2 应用支撑平台设计

7.2.1 总体框架

应用支撑平台由运行支撑组件和应用支撑系统两部分构成，其中，运行支撑组件使用对象主要是技术人员和开发人员，应用支撑系统基于运行支撑组件建设，将部署到最终用户的运行环境当中。应用支撑平台的构成如图 7.1 所示。

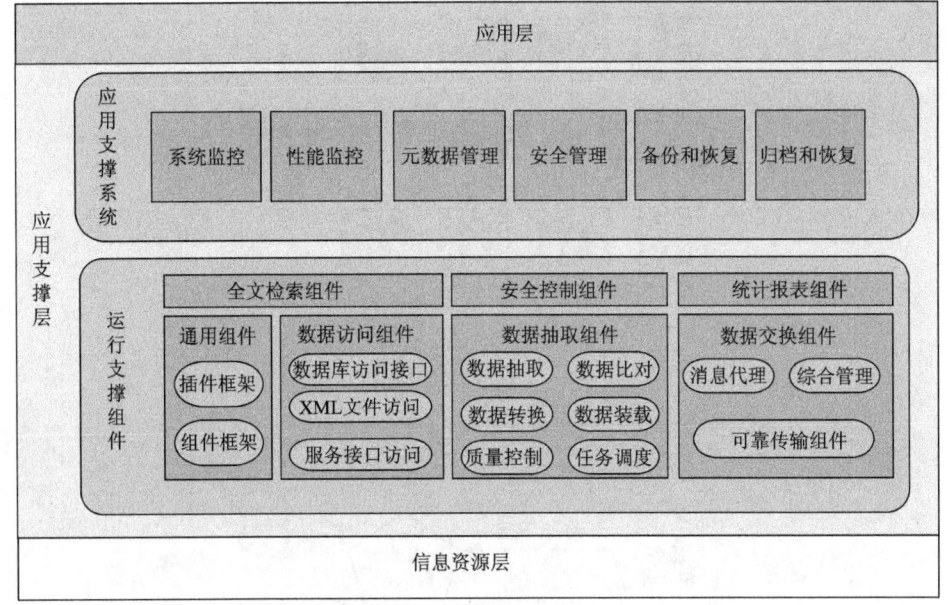

图 7.1 应用支撑平台结构

1. 运行支撑组件

运行支撑组件主要由数据访问组件、数据抽取组件、数据交换组件、全文检索组件、安全控制组件、统计报表组件、通用组件等部分构成。应用支撑系统的建设需要选用相应组件二次开发和重组,以便应用功能运行时所需的资源能有效地分配和调度。

2. 应用支撑系统

应用支撑系统主要由系统监控、性能监控、元数据管理、备份和恢复、归档和恢复等部分组成。数据中心应用层的系统基于应用支撑系统建设,保证数据中心应用资源的可管理和可维护。

7.2.2 面向服务的架构

数据中心应用支撑平台采用 SOA 设计思想。SOA 是一个具有粗粒度、松耦合、独立于平台与编程语言、基于标准的软件体系结构模型,如图 7.2 所示。在 SOA 模型中,所有业务逻辑均以服务形式进行封装,它们可以被共享、重用和配置。任何一种应用均由若干种服务组成,这些服务通过企业服务总线(ESB)进行通信、交互以及编排管理。每个服务通过标准的接口可以被其他服务所调用。每个应用系统由服务提供者、服务消费者以及服务代理组成,它们以一种标准方式进行服务交互,从而来完成业务功能,其交互关系如图 7.3 所示。

SOA 模型采用面向服务思想实现应用功能,以统一和通用的服务方式进行应用交互,从而可容易地实现应用系统之间的数据集成、应用集成、业务集成。

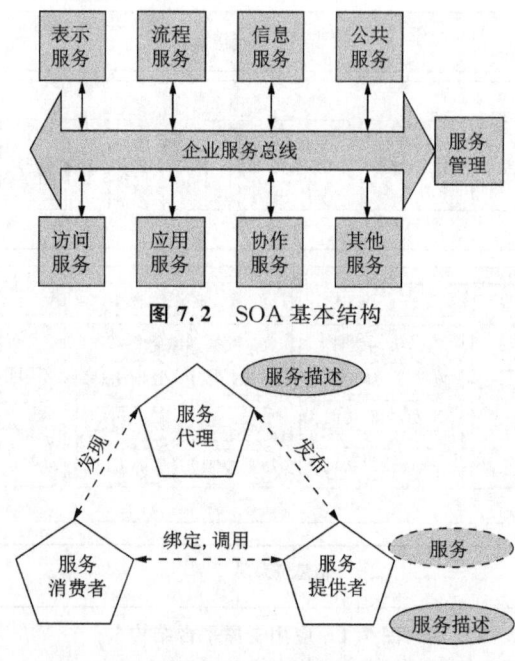

图 7.2　SOA 基本结构

图 7.3　SOA 服务协作

7.2.3　运行支撑组件

1. 数据访问组件

数据中心的业务数据源数据环境复杂，同时存在关系型数据库管理系统（如 Oracle、SQL Server、Sybase、DB2 等），或者多媒体、空间地理信息图片、XML 文件、文本文件等非结构化数据。

数据访问组件主要提供对各类数据资源的动态接入，能够实时地访问分布在各数据源的数据。

组件对外的接口方式有以下几种：

1）数据库访问接口

包含访问不同数据库所要求的数据库驱动程序及驱动程序所支持的函数，应用程序通过调用不同的驱动程序所支持的函数来操纵不同的数据库。应用程序操作不同类型的数据库，要动态地链接到不同的驱动程序上。

数据库访问接口主要完成以下三项工作：

（1）建立与数据库的连接。

（2）发送 SQL 语句。

（3）处理查询结果。

2）XML 文件访问

目前，网上有很多信息格式是半结构化或非结构化的，其来源极端异构。利用

XML文件作为中间件对这些信息进行元数据搜索,提供统一界面的检索系统是一个较好的应用方案。XML最大的优点在于它的数据描述和传送能力,具备很强的开放性。为了使基于XML的数据交换成为可能,必须实现数据库的XML数据存取,并且将XML数据同应用程序集成,进而使之同现有的规则和技术相结合。开发基于XML动态应用(如动态信息发布、动态数据交换等)的前提是所支持的数据库必须能支持XML。XML提供描述不同类型数据的标准格式,例如数据库记录、图形、声音等,并且可一致而正确地解码、管理和显示信息。

3) 服务接口访问

对于空间数据等特殊的数据,组件提供开放式接口,利用适配器模式封装外部处理类,并提供统一的对外服务接口。

2. 数据抽取组件

数据采集汇总后形成数据中心的基础性数据,数据中心按照统一的规则集成并提高数据的价值,通过数据抽取、转换、装载的过程,完成数据从数据源向目标数据库的转化。数据整合涵盖对抽取的数据源管理、数据比对、转换、装载、数据质量控制、抽取转换监控和调度等功能,其中最关键的步骤是数据转换,它涉及数据格式的转换和内容的清理,运算量较大,实现比较复杂。

1) 数据抽取

数据抽取是指从不同类型的数据中抽取数据,对于不同源数据形式、不同数据量的源数据、不同性能要求和业务量的业务系统,应采取不同的数据抽取接口。在数据抽取时需要重点考虑数据抽取的效率。数据的抽取不会影响业务系统的性能,在进行数据抽取时可以制定相应的策略,包括抽取方式、抽取时机、抽取周期等内容。

(1) 抽取方式。增量抽取、完全抽取等。

(2) 抽取时机。尽可能避开业务系统的高峰时段,比如在夜间业务系统比较闲时进行。

(3) 抽取周期。对不同类型的数据源,应综合考虑业务需求和系统代价,制定合理的抽取周期。

2) 数据比对

将一个系统的数据定时复制到另一个系统,最好的情况是能增量复制,即每次只复制新增或变更过的数据,以减小网络流量,提高复制效率,尤其在数据量达到百万级或千万级时。但很多系统没有时间戳字段或其他字段用来标示数据内容是新增或被修改过,因此在复制时无法只提取增量部分,而是全部数据都全部复制一遍,极度费时。而且这种系统通常还不容许在原有数据表中添加新字段来做标记。

数据比对组件就是在这种场景下设计开发出来的。

数据比对组件使用SQL复制技术,针对依靠关系型数据库时间戳不能自动分离出数据增量的情况下,如何识别数据的增量部分。

SQL复制技术能够支持网络上同构或异构数据库之间数据的有效传输和冗余性

复制,能够实现多种复制模式(如准实时复制、定时复制、双向复制、复制转发等,复制范围可整表复制或表中部分行复制或修改单元复制)。

数据比对组件支持任意表之间、任意主键之间的数据比较,将复制数据源的增量应用到复制目标。

3) 数据转换

数据转换是将抽取后的源数据根据数据模型和规则的要求,进行数据的转换、去重、拆分、汇总等处理,保证来自不同系统、不同格式的数据的一致性和完整性,并按要求装入主题数据库。

数据转化主要解决由于以下原因造成的数据不一致性问题:

(1) 源数据系统同目标数据库在模型上的差异性。

(2) 源数据系统平台不一致。目标数据库的数据源可能包括基于不同平台的数据库的数据。

(3) 源数据结构的不一致。有些数据源由于历史的原因,导致同一个表在不同的时期数据结构不一致。

(4) 源数据定义不规范,导致错误数据。

(5) 对数据的约束不严格,导致无意义数据。

(6) 存在重复记录。

(7) 由于平台系统的不同,可能会存在大量的转码工作。

根据实际情况,数据转化工作一般会在以下几个环节中具体实现:

(1) 在抽取过程中进行数据处理。

(2) 使用异步数据加载,以文件的方式处理。

(3) 在数据加载过程中进行数据处理。

4) 数据装载

数据装载就是将抽取、转化后的数据加载到目标数据库中。数据加载策略要考虑加载周期及数据追加策略两方面的内容。数据的加载策略根据数据的抽取策略以及业务规则确定,一般有3种类型:直接加载、全部覆盖、更新加载。

(1) 直接加载。是指每次加载时直接将数据追加到目的表中。对于典型的流水数据,一般采用此方法。

(2) 全部覆盖。对于抽取数据本身已包括了数据的当前和所有历史状况,对目标表采用全部覆盖方式。

(3) 更新加载。对于需要连续记录业务的状态变化的情况,用当前的最新状态同历史状态数据进行比对,根据情况采用更新追加的方式。

5) 质量控制

数据在抽取、转换、装载的过程中,由于系统集成或者历史数据问题可能会造成数据质量问题,具体表现在以下几点:

(1) 正确性。数据是否正确体现在现实或可证实的来源。

(2) 完整性。数据之间的参照完整性是否存在或一致。

(3) 一致性。数据是否被一致定义或理解。

(4) 完备性。所有需要的数据是否都存在。

(5) 有效性。数据是否在企业（机构）定义的可接受的范围之内。

(6) 时效性。数据在需要的时间内是否有效。

(7) 可获取性。数据是否易于获取、易于理解和易于使用。

为了有效地控制数据集成的质量，可以从数据流的角度来考虑，首先对数据值异常的源数据进行分析。这些异常数据值大多包括不匹配预期数据特征的数据、超出可接受范围的数据、与有效值不一致的数据、不遵从业务规则的数据或是不一致的地址数据。

提高数据质量的过程可以称为数据清洗，数据清洗的任务往往很复杂，可以采用编写嵌入在数据处理过程的逻辑代码来完成此过程，或者利用已有的数据质量工具。

6) 任务调度

整个数据抽取处理过程需要按一定步骤并满足某些条件来进行，考虑到将来数据集成处理的多样性和复杂性，需要将数据处理过程分为一个一个的单元工作任务，每个单元工作可能是清洗、加载或转换，也可能是数据加工。数据抽取的调度功能组件是为对复杂的数据处理过程更好地进行调度和监控而设计，通过单元工作任务调度的方式处理数据抽取过程。

数据抽取流程是指完成每个维表数据及事实表数据导入的顺序，包括两个部分：初始导入数据时的数据整合流程，以及增量导入时的数据整合流程。

在初始导入数据时的数据整合流程包括以下步骤：

(1) 自动生成维的数据装载。

(2) 手工维护维度装载。

(3) 缓慢变化维表数据装载。

(4) 聚合表初始生成。

在增量导入时的数据整合流程包括以下步骤：

(1) 缓慢变化维表数据装载。

(2) 事实表数据装载阶段。

(3) 数据汇总和聚合。

(4) 作业调度和异常情况处理。

在以上流程步骤中进行任务调度包括以下策略：

(1) 驱动策略。

① 前导任务驱动。只有当另外一个任务成功后，自己才运行。

② 文件驱动。当下传的文件到达，并经过检验准确后任务才运行。

③ 时间驱动。当到达某个时点时，任务便开始运行。

④ 事件驱动。如人工参与导致任务执行。

(2) 通知设计[重要信息(成功/失败)的通知]。

① 成功退出。

• 分段提交方式。当分段提交的当次任务都正确完成,即工作任务运行状态临时表中登记的作业状态全部为完成时,退出任务调度。

• 自动提交方式。当当期所有的任务都正确完成,即任务运行状态表中登记的作业状态全部为完成时,退出任务调度。

② 失败退出。

• 关键作业异常。关键作业运行异常并影响剩下的作业不能运行时,则退出任务调度。

• 超过任务时限。当超过预先设定的任务时限时,退出任务调度。

• 数据库异常。当不能正常操作数据库时,退出任务调度。

• 操作系统异常。当发生操作系统异常,导致程序不能正常运行,如文件系统异常导致读写文件错时,需要退出任务调度。

③ 手工退出。需要人为干预任务调度时,能以手工操作的方式退出任务调度。

3. 数据交换组件

数据交换组件包括可靠传输组件、综合管理组件、消息代理组件。

1) 可靠传输组件

可靠传输组件的功能大致分为通道管理、路由管理、控制总线等几部分。

(1) 数据传输通道管理。通道是整个可靠传输系统的核心,所有的传输方式以及队列的缓冲都是由通道实现的。

① P2P 通道。实现点对点传递的通道,为只有一个发送方、一个接收方的消息传递提供通道。

② 订阅发布通道。实现一对多的传递通道,为一个发布方、多个接收方之间提供消息传递的通道。

③ 死信通道。对消息传递过程中不能送达接收方的消息进行管理。对不能传递到最终目的地的消息提供查询以及后续操作。

④ 非法通道。对消息传递过程中消息不合法(比如格式不正确)进行管理,对不合法的消息提供查询以及后续操作。

⑤ 通道管理。主要是对系统运行过程中,需要按照业务优先级别建立不同的通道,对于这种优先级的多个通道以及各种类型的通道进行统一的管理。主要负责通道的建立,以及运行维护。

(2) 路由解析。路由解析是在消息传递过程中,对消息转发的控制。主要有 4 大功能:路由表、分解器、聚合器、优化管理。

① 路由表主要根据配置的节点关系以及用户关系,将消息从发送方路由发送到最终接收方。

② 分解器主要是在消息传递过程中将比较大的消息分解为消息序列进行发送。

③ 聚合器是将接收到所有的消息序列重新组合为消息。

④ 优化管理是在路由过程中根据消息的吞吐量进行效率上的优化。

(3) 控制总线。控制总线是各个节点之间的控制连接的总线,可以用来探测节点与节点之间的网络情况,在数据交换平台中流转的各种控制信息都可以通过数据总线互相传递。

在多个传递系统连接在一起进行数据交换时,对于每个系统是分散在不同地方。因此,需要控制总线将各个传递系统连接起来。在控制总线上主要传输以下几种类型的信息:

① 配置消息。各个传递系统的配置信息,这样可以在一个地方统一进行配置管理,然后通过控制总线同步到各个传递系统中。

② 网络状况消息。用来监控每个系统以及连接系统之间的网络情况。

③ 测试消息。专门的测试消息,用来监控每个传递系统里面的每一个组件的工作情况。

④ 异常。每个传递系统的系统情况通过控制总线传递,这样能够在一台机器能够监控到所有的传递系统网络的异常情况。

⑤ 统计信息。每个传递系统的统计信息通过控制总线统一汇总,能够统计分析整个传递系统网络的统计情况。

⑥ 实时控制台。通过控制总线,能够将所有的实施控制台集成到一个地方,统一地进行实时监控。

2) 综合管理组件

综合管理组件是数据交换的重要组成部分,实现对可靠传输系统的系统安全管理、监控管理等功能,与可靠传输系统一起组成数据交换平台,为数据交换提供可靠保障。

(1) 安全管理。安全管理实现对综合管理系统操作用户统一权限控制,可靠传输系统接入用户系统进行分配。安全管理由用户身份认证、接入系统维护、接入用户维护 3 部分组成。

① 用户身份认证。综合管理系统的操作人员及管理人员,可以通过安全支撑平台提供的统一身份认证方式登录,综合管理系统需要提供功能对这些人员身份的真实性进行验证或认证。

② 接入用户维护。为了实现数据交换,参与数据交换的各种系统都需要作为数据交换平台的用户接入,并具有各自的访问权限。当平台上线运行时,参与协同的各种系统需要首先进行注册登记,获取一个唯一的连接账户,并分配访问和数据交换权限,才能参与其他系统之间的数据交互。通过连接用户管理实现对各部门系统连接用户的管理,主要包括连接用户的新增、修改、删除、口令修改、权限管理、登录策略及限制等。

③接入系统维护。一个接入用户可能被几个接入系统同时使用，也就是接入用户与接入系统是一对多的关系。在接入用户维护中，选择的接入系统名称由接入系统维护管理。接入系统管理实现对各部门系统进行定义管理，主要包括业务系统的新增、修改、删除、口令修改、权限管理、登录策略及限制等。

（2）监控管理。系统运行的状态越透明，可靠性就越高。综合管理提供的传输监控工具可以实时监控当前系统正在处理的事务，可以帮助系统管理员及时掌握系统的状态，可以防止系统异常崩溃，或者在系统崩溃前通过手工干预的方式恢复系统。

综合管理的监控由传输过程监控、实时状态监控、任务队列监控、异常过程监控、系统资源监控、业务量监控6部分组成。

①传递过程监控。是对传递的每个消息每个任务进行监控。主要实时监控消息的大小、消息传递大小、消息的传递速度。

②实时状态监控。监控整个系统自运行以来的消息发送、接收数，以及当前用户连接数等。

③任务队列监控。对当前系统发送、接收队列的任务情况进行监控。

④异常过程监控。对系统运行过程中的程序运行错误以及业务错误进行监控。

⑤系统资源监控。对系统运行过程中系统的CPU、内存、网络等资源进行监控。

⑥业务量监控。综合管理系统通过对可靠传输系统传输过程数据日志的分析，通过业务量监控功能可以实现传输数据流跟踪、数据流量分析和统计等有关数据流方面的管理。

3）消息代理组件

消息代理的主要功能分为两类，一类是与接口系统交互的API开发接口，以及发送/接受监听处理功能；一类是对消息的处理功能，包括消息的构造、消息解析、数据转换、消息加密解密、消息压缩解压等功能。

（1）API开发接口。是提供给接口系统的API，以支持接口系统通过API开发接口来发送或者接收消息。

（2）发送/接受监听处理。是监听API与系统的连接，然后将消息接收或者发送给接口系统。

（3）消息构造。将接收到接口系统的数据按照统一的消息规范标准将数据封装构造成消息。

（4）消息解析。是将消息按照统一的消息规范将其中的业务数据解析出来。

（5）数据转换。根据数据规则进行不同类型的数据格式之间的转换。数据规则的定制是按照XSL的格式进行的。

（6）加密。是在消息构造过程中按照统一的加密算法对消息进行加密，以保证传输过程中的安全；解密是在消息解析过程中的加密的逆过程。

（7）压缩。是在消息构造过程中对消息进行压缩，以提高传输过程中的效率；解压是在消息解析过程中压缩的逆过程。

4. 全文检索组件

1) 抓取数据信息

用户根据需检索的关键字,由全文搜索系统程序在数据中心中抓取用户需要检索的信息,并把所有抓取的信息存放在指定的搜索服务器上。

2) 建立索引数据库

由全文搜索系统程序对收集回来的信息进行分析,提取相关信息(包括共享信息包含的关键词、关键词位置、生成时间、大小),根据一定的相关度算法进行大量复杂计算,得到每一个文本针对文本内容中每一个关键字的相关度或重要性,然后用这些相关信息建立文本索引数据库。

3) 索引数据库搜索

当用户输入搜索关键字后,分解搜索请求,由全文搜索系统程序从文本索引数据库中找到符合该关键字的所有相关文本信息,就可以定向到信息资源库中表和字段的信息。

4) 对搜索结果排序

所有相关文本及针对该关键字的相关信息在索引库中都有记录,只需综合相关信息和文本级别形成相关度数值,然后进行排序,相关度越高,排序越靠前。最后由页面生成系统将搜索结果的文本内容摘要等内容组织排序并返回给用户。

5. 安全控制组件

安全控制组件与安全信任服务系统结合,使用信息服务系统颁发的数字证书和加密体制,实现统一的身份认证和单点登录。

(1) 管理授权。针对管理人员不同的职责权限,通过基于角色的授权机制,分别授予管理人员不同级别的管理权限,控制系统的使用。

(2) 服务授权。通过对数据中心数据服务和交换服务使用权限的设定,控制不同部门对服务越权的访问。

6. 统计报表组件

利用应用支撑平台提供的统计报表组件,设计开发整合用户个性化要求的各种作业表单、台账、统计报表、分析报表,使系统的报表切实满足用户日常业务运作的需要。

报表组件采用多源分片、不规则分组、动态格间运算、行列对称等技术,使得复杂报表的设计简单化,以往难以实现的报表可以轻松实现,避免大量的复杂 SQL 编写与前期数据准备,报表设计的效率提高一个数量级。

(1) 报表组件提供多数据源支持,包括 JDBC 支持、TXT 数据源支持、自定义数据源支持、XML 数据源支持、多数据源及异构数据库支持、可视化 SQL 生成、可视化的数据绑定与公式输入、数据字典、直接支持数据库连接池。

(2) 报表组件提供图形化设计工具,用户能够轻松完成报表设计工作,无需编码即可实现高水准报表的设计。

（3）报表组件提供对报表元素的丰富属性设置，包括常见的显示格式、代码值与显示值的对应、属性表达式支持等。

7. 通用组件

1）插件框架

插件框架的设计包括平台(Platform)和插件(Plug-in)两个部分。平台的功能通常包括软件的核心功能和插件的处理功能；而插件通常用来对平台功能的扩展与补充，可以集中管理，能够定义出标准接口。插件需要通过平台扩展接口获取主框架的各种资源和数据，包括各种系统句柄、程序内部数据以及内存分配等；而平台则通过插件接口调用插件所实现的功能，读取插件处理数据等。

2）组件框架

将大而复杂的软件应用分成一系列可先行实现、易于开发、理解和调整的软件单元组件。每个组件功能确定，单独设计，分开编码，最后用组件组装应用，完成系统开发和部署。因此，以组件为基础的软件系统解决方案，开发效率高，投资少，维护成本低，复用能力强，软件升级简单。

组件是事先定义了编程接口和功能、相互独立的软件单元。一个组件一般由组件标识符、接口、创建方法和功能等要素组成。组件多由组件工厂创建，组件工厂也是组件，其创建一般由组件框架提供的系统函数来生成。组件的功能定义了组件需要完成的事情。通常情况下，组件标识符、组件接口、创建方法是组件对用户程序的契约和承诺，设计好后不能轻易改变，但组件的功能可以修改，体现多态性。

组件框架通常由容器、组件和黏合剂三部分组成。容器就是一个根据框架体系结构的 API 管理应用程序组件以及提供 API 访问的系统运行环境，容器是一个递归概念，它也是组件；组件则是遵循容器规范、实现 API 接口的功能部件；黏合剂主要供容器来组装组件之间的相互关系，多表现为一个或多个部署描述符和配置文件，流行的描述语法格式包括 XML、属性文件和 Windows 系统中常用的段节式结构等。通过黏合剂，整个框架就能够实现组件的动态加载、相互去耦合多态性。

组件框架应该再细分成表现层框架、业务层框架、数据层框架、公共服务框架、基础框架、系统框架和与业务系统密切相关的业务框架等结构，选择组件框架设计模式开发信息系统已经成为当今缩短系统开发周期、提高稳定性、降低维护成本、延长生命周期的主流技术。目前，从运行环境、基础框架到专业的业务实现方面均有可以利用的成熟框架。

7.2.4 应用支撑系统

应用支撑系统是为了更好地利用组件开发和维护数据中心业务应用系统稳定运行而建立的一套管理环境，利用应用的管理属性，建立元数据管理环境，以利于应用功能的部署和调整；实时监控数据中心当前系统正在处理的事务，防止系统异常崩溃；通过对数据中心数据服务和交换服务使用权限的设定,控制不同部门对服务越权的访问,控制系统的使用。

1. 系统监控

系统监控提供一种通用的机制与服务,监视组成数据仓库系统各部件的运行状态,当发生异常时能够主动地向特定目标通知异常。

系统监控是对与系统运行紧密相关的系统关键运行状态的监视,而不是代替特定的系统管理工具进行系统管理操作。

系统监控应根据支撑架构中的应用管理的要求,向应用管理系统通报系统的运行状态。

1)系统监控的要求

系统监控服务分为监视与报警两部分功能。监视功能包括对应用系统、数据库及应用系统运行环境的监视。

(1)监视功能要求。

① 必须支持图形化的监控管理工具及图表分析功能。

② 必须能够捕获应用系统发出的异常告警信息。

③ 监控管理工具应该支持对不同的监控对象设定不同的采集频率的功能,并通过随时间变化的性能监视图反映状态的变化。

④ 监控管理工具应该支持操作员主动地获取各监控对象的状态。

(2)报警功能要求。

① 监控管理工具应该支持设定各监控对象的阈值,一旦发现对象状态超出阈值范围,则产生告警信息,并主动告警。

② 监控管理工具产生的告警信息,应该包括以下属性:

- 告警级别。告警信息的错误级别。
- 告警者。创建告警信息的部件或模块。
- 问题位置。发生异常的部件或模块。
- 告警代码。告警的代号。
- 附加信息。具体的错误信息。

③ 告警信息应该支持以下 5 个告警级别:

- 系统崩溃。系统崩溃无法正常运行。
- 系统错误。系统的组成组件发生异常,但通过负载均衡、故障转移等自动化措施,只对系统性能产生影响,一段时间内不影响系统功能。
- 警告。系统正常运行,但关键状态存在风险,有可能发展成为系统异常或崩溃。
- 业务错误。系统正常运行,但某个业务处理事件失败。
- 提示信息。系统运行信息。

④ 监控管理工具应支持声音、图像、短信、E-mail 等不同的告警方式。

⑤ 监控管理工具应该支持不同级别告警方式的灵活定制。

⑥ 监控管理工具应该支持对同类告警信息的合并以及告警频率的定制。

⑦ 监控管理工具应该支持根据告警代码及关键字等信息，搜索已有的告警信息及相关的错误处理方法。

⑧ 监控管理工具应该支持统计处于不同状态的告警信息。

⑨ 监控管理工具应该支持俘获异常处理服务发出的告警信息，并根据制定的规则报警。

⑩ 监控管理工具应该支持根据告警信息的属性查询历史告警信息。

⑪ 监控管理工具应该支持定时地检查并以一定的告警方式汇报自身的工作状态。

2）系统监控内容

（1）应用系统监控服务。提供对数据仓库项目应用的监控，如 ETL 工作流、报表获取是否正常等应用的监控，主要包括以下内容：

① ETL 各子工作流程的触发状态。

② ETL 各子流程错误控制所报告的异常参数。

③ ETL 各子流程内流转时间是否满足数据仓库 ETL 过程完整运行的时间要求。

④ 报表目录的报表预运行状态。

⑤ 报表目录的查询响应是否正常。

（2）操作系统监控服务。提供针对各种操作系统，包括 AIX、Solaris、HP-UX、Linux、Windows 等的系统监控，监控内容如下：

① CPU、内存、交换区的使用率、空闲率。

② 磁盘 I/O、网络 I/O 的繁忙情况。

③ 关键进程、宕机进程、消耗 CPU 最多的前 N 个进程。

④ 重要文件的大小、属性、校验值、内容关键字监控。

⑤ 文件系统空闲、使用情况及 NFS 监控等。

（3）数据库监控服务。提供针对数据库，包括数据仓库内 ODS 区、数据仓库区、数据集市区等存储区域的监控，监控内容如下：

① 数据库启动、停止状态。

② 数据库日志告警信息分析。

③ 数据库表、表空间、数据文件等状态监控。

④ 数据库客户端连接数、CPU 消耗、磁盘 IO 消耗情况。

⑤ 缓冲区命中率、锁、死锁等情况监控。

（4）硬件监控服务。提供针对各种服务器、存储和网络设备的监控，主要内容如下：

① 系统错误日志。

② 磁盘状态。

③ 光纤卡、网卡状态。

④ 交换机端口状态。

2. 性能管理

性能是数据中心的每个组件都需要考虑的问题。在设计过程中都需要考虑系统的性能问题，需要考虑的方面包括系统负载、索引构建、大文件传输、用户查询响应时间、备份与恢复时长等。

（1）性能管理措施。在数据中心一般采用以下措施来优化性能：

① 数据存储。在数据存储上采用并行存储/管理的方式，从而有效提高数据访问的性能。

② 数据库归档。对数据库进行监控分析，随时识别并定位不活动的数据，把长期不用的数据封装归档，降低活动数据的规模，有效提升查询分析的性能。

③ 数据库优化。对数据中心数据库的使用情况进行实时监控调优，监控对象包括响应时间、吞吐量、数据库的可用性、数据库的命中率以及内存的使用效率等。主要包括以下优化措施：

- 对数据量较大的表采用分区技术，给频繁访问的字段建立索引。
- 将组成同一个表空间的数据文件放在不同的硬盘上，做到硬盘之间 I/O 负载均衡。
- 将表和索引空间分开。
- 创造用户表空间，与系统表空间磁盘分开。
- 创建回滚段专用的表空间，防止空间竞争影响事务的完成。
- 创建临时表空间用于排序操作，尽可能地防止数据库碎片存在多个表空间中。
- 把常用代码表缓存到内存中。

④ 汇总表。对常用的汇总数据建立汇总表，对不常用的汇总数据进行分组操作，取得数据展现性能和管理复杂度之间的均衡。

⑤ 固定报表。对于固定报表，通过调度功能在晚上空闲的时间预先生成，并在上班前使用分发功能发送给各个业务人员使用，减轻工作时间内数据中心系统的负载。

⑥ 缓存分页。决策分析应用在设计时应充分考虑对缓存技术的使用，在必要时可以增加缓存服务器，由此来提高系统的性能。

⑦ 前端展示工具。

- 要充分使用其数据缓存机制，使重复进行的查询分析操作无需频繁地查询数据库。
- 应按照查询需求对数据进行分页显示，从而减少网络传输，全面提高查询性能。
- 应减少客户端与数据库系统的过量网络传输，限制过大的查询结果集，限制查询语句通配符的使用。
- 应对查询的运行进程进行监控，停止长时间运行的查询，从而控制系统的资源使用效率。

⑧ SQL 语句优化。调整大量消耗 CPU 或 I/O 资源的 SQL 语句，消除不必要的大表、全表搜索，减少不必要的 I/O，避免影响整个数据库的性能发挥。

⑨ 索引优化。应根据数据中心决策分析环境中的访问模式和查询需求来进行优化，确保最优的索引使用，在索引调优时必须兼顾索引占有空间与应用需求的平衡。

⑩ 参数优化。应根据应用需求优化配置各类参数，如数据库缓冲区、日志缓冲、SQL 解析缓冲参数、排序类参数、检查点参数等，应在重点分析需求侧以及相应的软硬件配置的基础上进行优化设置。

⑪ 物理 I/O。应对访问频率高的数据采用物理 I/O 性能高的存储设备，提高访问性能。

⑫ 负载均衡和集群技术。对于服务器和应用系统采用负载均衡和集群技术，提高性能和可用性。

(2) 性能管理流程。

① 需求分析。调优应深刻理解实际应用的目的，从全局出发，努力解决隐藏在表面现象下的问题。

② 制定调优计划。根据调优需求，制定详细的调优计划，包括调整方向、调优技术、调优设置、性能影响、预期效果以及调优成本分析等内容。

③ 寻找管理因素。根据应用需求，分析日常监控中得到的系统和数据库性能指标信息，寻找瓶颈；记录产生最大乃至最小影响的性能决定因素的列表，以进行相应的调整。

④ 调优。针对性能影响因素，提出调优措施，包括调优技术、性能权衡、调优成本分析以及对其他性能的影响。综合调优措施，确定主要调整方向，进行调优。

⑤ 测试调优效果。整理目标应用在处理时间、I/O 请求、内存需求、网络数据信息量等方面的资源需求，测试调优效果，与期望的性能指标进行比较。

⑥ 记录管理日志并整理管理报告。对性能调整工作进行记录，形成工作报告，并存档，作为以后工作的参考。

3. 元数据管理

元数据涉及数据中心的开发、运行、维护的整个生命周期，是应用支撑系统的重要环节。

1) 元数据类型

元数据包含三种类型，即业务元数据、技术元数据和操作元数据。

(1) 业务元数据。业务元数据目标是面向业务用户，并且包含文本化的定义和描述，通常用来定义和描述数据的业务特征。这一类元数据用于数据仓库、数据源、数据精炼、数据访问和分析。

业务元数据面向各级业务人员，定义和描述数据的业务特征。

① 数据定义。数据的业务定义。

② 业务规则。数据计算和转换的方式。

③ 逻辑数据分组。
④ 有效值的设定。
⑤ 从用户角度出发的数据处理术语的通俗定义。
⑥ 业务标准的定义。
⑦ 实体层次的定义。

(2) 技术元数据。技术元数据目标是面向技术用户,并且包含 SQL 化的数据仓库定义(通常表征数据的技术特征)。这一类元数据用于数据仓库、数据源、数据抽取和数据精炼、数据访问和分析。

技术元数据面向信息技术人员,定义数据的技术特征。
① 数据库的源数据描述(表结构、字段属性)。
② 数据库的目标数据描述(主题名、表结构、字段属性)。
③ 数据访问控制和安全性规则。
④ 数据元素的形式和大小。
⑤ 提取、转换和加载等数据处理作业的从属关系。
⑥ 数据转换规则。
⑦ ETL 程序文件编制。
⑧ 最近修改的时间标志。
⑨ 最近更新或加载的时间标志。
⑩ 加载、更新和存档的时间安排。
⑪ 查询运行时间的信息。
⑫ 加载详细资料(插入、更新、丢弃记录)。
⑬ ETL 程序运行失败的信息。
⑭ 创建数据库或文件的脚本名称。
⑮ 加载数据库的脚本名称。
⑯ 读、更改、删除数据的系统或程序的名称。
⑰ 创建数据的系统、程序和模块的名称。
⑱ 编辑数据的系统、程序和模块的名称。

2) 元数据管理框架

用户可以通过元数据快速地修改数据中心的运行和维护策略,适应业务需求的变化。图 7.4 所示是以元数据为核心的数据中心元数据的管理框架。

(1) 系统管理。控制信息化部门原有各应用系统与数据中心系统接口的调度和权限,基于元数据异构应用系统的数据交换的调度和权限控制。

(2) 数据规则管理。包含数据抽取和转换规则、数据汇总和加载规则的管理。

(3) 业务逻辑管理。一般来讲,业务逻辑是针对业务用户的,例如数据项的对应关系、业务数据计算方法等。业务逻辑的定义和变化往往产生新的规则,成为数据规则管理的对象。

(4) 变化管理。面向数据使用规则，跟踪业务使用要求的变化，更新元数据，更新数据仓库；跟踪和协调数据集市的变化，以保证数据的实用性和数据的同步、一致性。

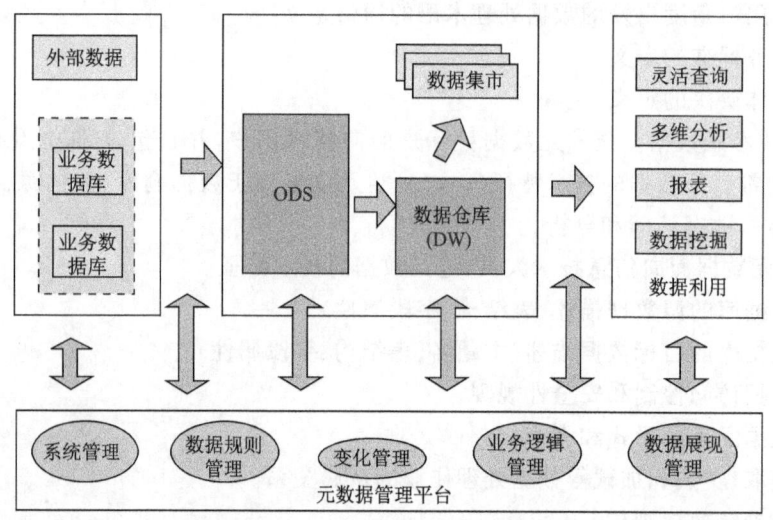

图 7.4　元数据管理框架

(5) 数据展现管理。如何满足不同使用人员的不同需求和不同习惯，如何将数据仓库的展现与其他业务系统展现有机结合在一起，数据展现管理可以通过统一的 API 和模式，建立统一的企业信息门户(Enterprise Information Portal)标准和允许个性化定制的功能，实现"统一接入手段、集成化应用界面、个性化定制"。

3) 元数据管理服务

元数据管理服务是一组帮助用户管理元数据的服务。元数据描述了数据的结构和意义，同时也描述了应用程序和流程的结构和意义。

元数据服务提供了一种存储和管理关于信息系统和应用程序的元数据的方法。该技术充当数据和组件定义、开发和部署模型、可重用软件组件及数据仓储描述的中枢。

元数据服务由知识库引擎、工具、API(应用程序编程接口)、标准信息模型、浏览器、SDK(软件开发工具包)组成。

(1) 元数据整合服务。元数据整合服务主要由元数据整合引擎实现。元数据整合引擎包含多种元数据集成适配器，可以获取数据中心相关数据源的元数据，并按照一致的格式将其存储在元数据库中。元数据整合引擎采用即插即用的柔性结构进行设计，各种元数据集成适配器均可根据需要动态加载到平台中。

元数据的添加、编辑和删除等操作可由系统管理员完成。元数据整合服务提供完善的流程管理机制，保证系统管理员安全、有效地管理元数据。同时，为防止多名系统管理员编辑同一元数据可能造成的不一致的现象，系统提供检入、检出功能，保证元数据视图的完整性和一致性。此外，系统制定版本控制规则和简洁、一致的元数据标示机制,用于跟踪、控制和发布不同版本的元数据,并允许元数据消费者决定使用哪个版本的元数据。

(2) 元数据搜索。系统建立元数据的搜索索引,并提供搜索界面,允许系统用户对元数据库内的技术、业务和操作元数据进行检索,便于系统用户轻松定位元数据。

(3) 应用层元数据服务。系统提供应用层的元数据服务,即元数据管理者对元数据进行发布和授权管理,而元数据消费者可以浏览授权的元数据。同时,为了进一步增加应用层元数据服务的灵活性和易用性,系统允许用户将浏览的元数据以 XML 的形式导出,进一步整合到本地资源中。

(4) 数据层元数据服务。系统基于完备的通信协议和异步消息机制,为其他系统提供元数据交换接口,以"拉"或"推"的方式提供元数据服务,满足其他系统自动、批量获取元数据的要求。系统解析接收到的 XML 消息,对请求的元数据进行封装处理,并将打包的元数据(XML 形式)传输至其他系统。

(5) 影响分析。在数据中心中,一个数据可能与其他数据存在着千丝万缕的联系,牵一发而动全身。系统对数据之间的依赖关系进行维护与管理,并允许系统用户以不同方式、不同路径进行全局影响分析,得出需要的分析报表,辅助系统用户评估更改的影响,确定实施更改所需的工作量和费用。

(6) 数据来源分析。系统提供智能化的信息跟踪功能,使系统用户了解数据的来龙去脉,准确掌握数据在应用中流动变化的来源和目的,也可辅助各级领导判断决策结果的正确性。

(7) 审计功能。系统记录用户和其他系统的访问信息,支持访问审计,审计功能提高了平台的安全性。对访问信息的记录和统计为数据中心的性能调节提供数据参考。

4) 元数据的使用

按元数据使用范围,分为以下 3 个层次:

(1) 数据获取层。

① 开发人员使用本层面的元数据进行数据集成。

② 在部署数据中心之后,运维人员使用本层面的元数据来管理和监控正在运行的系统功能。

③ 决策分析应用的用户使用本层面的元数据来校验指标的计算规则,发现数据所存在的质量问题。

(2) 数据存储层。

① 运维人员使用本层面的元数据进行数据加载。

② 管理员使用本层面的元数据管理数据中心的数据。

③ 决策分析应用的用户使用本层面的元数据理解数据中心中的数据。

(3) 应用层。

① 决策分析应用的用户使用本层面的元数据进行预定义查询、预定义报表,并定义查询和报表的输入参数。

② 开发者和管理员使用本层面的元数据进行决策分析应用的开发和管理。

5）元数据管理的内容

元数据管理主要包括以下内容：

（1）元数据获取。通过元数据获取流程整合数据中心多个源（包括工具、数据库和流程）中的不同元数据，并使用数据库作为元数据知识库进行统一存储管理，元数据获取可采用自动化和手工密集型等方式。

（2）元数据发布。需要建立一套元数据的发布流程来管理元数据的发布，使得用户的查询请求得到及时有效的反馈。

（3）元数据访问。需要建立一套元数据访问权限的授予、管理流程机制，控制合法用户对元数据资料的有效访问。元数据发布后，用户能通过元数据报表来查询各种元数据的内容，使用关联影响分析、依赖分析、血统分析等方法来分析元数据间的关系，通过搜索功能对元数据对象进行精确或模糊查询，以 XML 等标准进行元数据交换，并提供 API 接口和 Web Service 接口接入。

（4）元数据变更管理。当元数据发生变更时，元数据管理应用应该捕捉到这种变更，给出分析报告，指引用户完成元数据同步工作。

（5）版本控制。自动跟踪和记录元数据的更新（包括变更时间和变更原因），生成完整的元数据变更历史。

6）元数据管理的实施

（1）在元数据管理应用的建立过程中应遵循 CWM 标准，以增强系统的可扩展性。

（2）元数据所包含的范围广，在建立元数据管理应用时，要采取增量式、渐进式的建设原则。

（3）元数据管理应用的实施步骤如下：

① 确定系统的边界范围。在建设数据中心的初期，元数据管理应用范围确定的原则是首先保障重点，不求大，只求精。

② 设计元数据管理应用的功能。

③ 整理现有系统的元数据，加入语义层的对应，存到元数据知识库中。

④ 确定元数据管理的工具，实现元数据管理应用的功能。元数据管理工具应带有相应的 API 编程接口，实现对元数据库中对象的访问；同时，元数据管理的工具应可以完成元模型导入导出的功能。

7）元数据维护流程

元数据维护流程如下：

（1）制定元数据管理策略。定义各业务部门和信息管理部门在元数据制定和执行过程中的职责和权利。

（2）元数据需求定义。是一个动态的持续过程，随着业务的发展，对新业务功能产生的新的元数据需求进行定义。

（3）元数据定义。信息管理部门负责技术元数据定义，业务部门配合信息管理部门定义业务元数据。

（4）元数据发布实施。各级信息管理部门负责元数据的发布实施。

（5）元数据应用反馈。建立一个从需求到应用的闭环流程的应用反馈渠道。

（6）元数据歧义仲裁。在元数据应用过程中，在元数据发生歧义时进行仲裁。

（7）元数据修订。建立包括需求、定义、审定、发布、应用反馈在内的一个连续工作流程，并建立一个支持维护流程的元数据管理组织。

4．安全管理

数据中心的安全管理内容详见第 9 章"数据中心安全系统"的安全技术要求，结合安全防护项目，确保数据中心的计算环境安全、区域边界安全、网络与基础设施安全，并实现数据中心的安全审计管理和安全监控管理。

5．备份和恢复

1）设计范围

备份及恢复方案的设计包含了数据仓库生产环境中所有服务器系统、应用系统和数据库数据的备份。同时，在设计的过程中也考虑以后与其他业务系统备份的集中管理。本节内容侧重描述数据仓库数据库的备份策略、备份及恢复的流程等内容。

2）备份策略

针对数据仓库数据库的备份策略有冷备份、完全备份及增量备份。

（1）冷备份。当数据仓库应用与数据库系统全部宕机后，进行文件系统、数据仓库应用、数据库系统的备份。

（2）完全备份。拷贝给定文件系统或数据库内的所有数据，而不管它是否改变。

（3）增量备份。只备份在上一次备份后所增加或改动的部分数据。增量备份分为多级，每一次增量都源自上一次备份后的改动部分。

（4）备份策略依靠以下条件来选择：

① 根据要备份的数据内容、数据类型、数据大小来决定采取什么样的备份策略。

② 根据数据仓库数据恢复的策略来决定采取什么样的备份策略。

③ 根据数据仓库运行机制及备份设备的特点来决定采取什么样的备份策略。

3）备份内容

备份及恢复需要对不同类型存储数据方式有所了解，并制定相应的备份方法。

（1）元数据。数据仓库运转必需的业务元数据及技术元数据的备份。如技术元数据对应的数据仓库结构的描述（各个主题的定义、星型模式或雪花模式的描述定义）、ODS 层的数据模型描述（描述关系表及其关联方式）、对数据稽核规则的定义、数据集市定义描述与装载描述（包括 cube 的维度、层次、度量及相应事实表、概要表的抽取规则等）。

（2）ODS。ODS 缓冲区存储指数据库中的一段临时存储区，它存放由业务系统提供的源数据。不同数据库平台(包括文本)的业务源数据到达缓冲区后,实现数据库平台的一致,方便进行数据整合和处理。缓冲区存储的数据基本上与源系统保持一致。缓冲区存储的数据被处理后,不会被保留。所以这部分数据不需要备份。统一信息视图区存放的是来自于业务系统数据库的各类业务数据以及通过对数据ETL形成一致的数据集成视图,这部分数据需要备份。

(3) 数据仓库。数据仓库区的数据是按照主题存放的,数据粒度与ODS一致或粗于ODS区,它存放数据及历史信息,数据在线存储的周期通常比较长。数据仓库区域的数据是建立数据集市的来源。

(4) 数据集市。数据集市的数据根据应用类型的不同而采用不同类型的数据模型,其存储方式通常采用星型模式或雪花模式。相比较而言,数据仓库内存储的数据比数据集市的粒度更细。

(5) 操作系统。依赖于数据仓库应用运行的具体环境,可能存在如下的标准文件系统:UFS(Unix File Systems)、NTFS(Windows-NT File System)、NFS(Network File Systems)。

(6) ETL过程。根据数据仓库选择ETL实现方式的不同,ETL的备份可以分为ETL工具相关组件的备份、ETL应用程序的备份。

(7) BI应用系统。BI前台展现所部署的应用服务器,其BI产品的配置信息应被完整备份,保证应用服务正常。

(8) 报表历史数据。访问用户通过BI产品获取的报表需要按照一定时间间隔被自动保存。

6. 归档和恢复

1) 归档与备份的关系

备份和归档都是数据存储的应用形式,只是应用目的不同。备份是对数据进行复制,是为了确保在出现数据丢失或系统灾难时将复制的数据恢复回来,因此备份通常是短期的并且经常被覆盖;归档则是针对海量数据的应用,是对数据进行有计划的迁移,当数据停止改变或不被频繁使用时,通过归档把它们转移到一个近线数据库或文档,但仍需保证其可用性。备份和归档虽有区别但又互相联系,只要涉及数据归档必然会有数据备份的需求,并且两者都是对存储设备进行操作,因此它们完全可以基于同一技术体系来实现。

(1) 备份用于快速复制和恢复,以减少故障、人员错误或灾难带来的影响。

(2) 归档则用于对数据进行有效的管理、保留和长期的访问与检索。

可以将归档和备份结合起来,发挥优化成本、改进存储基础设施的整体效力。在有效的归档解决方案环境下,备份变得更加有效率,而归档也可以利用备份基础设施满足用户的数据保护需要。

2) 归档数据分类

随着业务的不断发展,数据仓库文件将逐渐增大。由此给数据库管理工作带来很大的困难,一方面要为在线业务提供越来越大的高性能磁盘容量;另一方面数据库的工作性能却越来越差。对数据库进行归档能很好地解决这个问题。所有与数据仓库项目建设相关的数据库和日志文件都需要定期归档。有可能需要存档和清除的数据包括:

(1) 数据仓库历史数据。
(2) 应用系统的日志。
(3) 所有批处理程序的日志。
(4) 接口数据文件。

3) 归档的设计

(1) 数据仓库归档。数据仓库归档需要监控、分析和预测数据量的增加,利用在线数据库随时识别并定位不活动的数据,把长期不用的数据封装归档,这样就大幅降低活动数据的规模,可以大幅提升数据库等应用程序查询时的效率。经过归档,即使在应用程序本身已经废弃的情况下还能够重新利用其数据,同时保有实时访问已归档数据的能力,归档数据如图 7.5 所示。

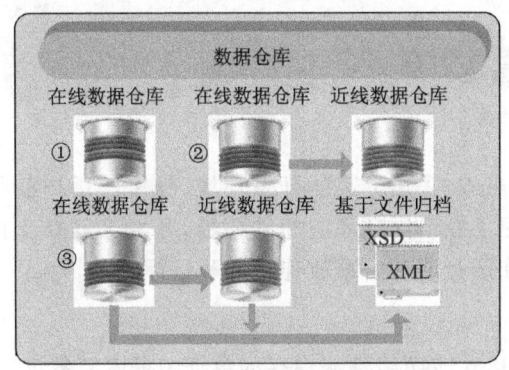

图 7.5　数据仓库归档设计

① 部署近线数据仓库(存储大量的非常用数据)归档以后,在线数据仓库只保留经常访问的数据。其他大部分数据被归档到近线数据仓库内。

② 近线数据仓库内超过一定时间的数据,或在线数据仓库内确定很长时间内不再访问的数据基于文件(标准格式.XML 和.XSD 文件)作归档处理。

(2) 应用系统、批处理程序的日志。应用程序、批处理程序的日志文件,一般的情况下在系统中保存 1 个月的时间。存档的脚本每月定期把应用程序的日志文件转移到磁带或临时的存档区域。

(3) 接口数据文件。接口数据文件分为两部分,一部分规定其内容,包括数据、报表等;另一部分规定其输出的格式要求,包括文本文件输出方式和 XML 文件的输出方式。

4) 归档数据的恢复及访问

归档数据的访问依据查询的频度采用不同的方式进行访问。采用如下的方案能形成一套有效的归档数据管理模式。

（1）一定历史时期的数据需要被集中访问。当查询最近归档的历史数据，并且是需要集中查询的时候，提供访问近线数据仓库的接口或单独的查询客户端，供用户直接访问查询。

（2）历史归档数据被经常性、小批量的查询访问。将历史归档数据恢复到近线数据仓库内，提供访问接口或单独的查询客户端。这样处理的优势在于既为用户提供了简便快捷的数据访问途经，又将归档数据的状态、归档数据的恢复、增加等因素的影响尽可能减小。但要强调的是从近线数据仓库内再次生成文件归档数据时，要注意该批次的数据是否已做过历史归档动作。

7.3 支撑平台开发工具

数据中心应用平台建设有两个基本要素，即支撑平台和开发体系，上一节介绍了应用支撑平台的设计，这一节将阐述开发体系的工具及其应具备的功能，作为工具开发选型的一个参考。

7.3.1 数据转换工具

1. 程序包配置

在数据集成项目当中，采用分离的开发环境，分离的用户验收测试和分离的产品发布。为方便、简化程序在不同环境之间的移植，开发工具要支持基于配置文件的动态更新，配置文件允许运行期动态修改连接源和目标。

2. 值提取功能

数据转换使用表达式转换组件从现存的数据中提取新数据，并对转换中的数据补充附加信息。例如，从 Web 日志记录的字符串中提取日期/时间戳。

3. 排序功能

排序就是将无序的数据集排成一个有序的数据集。排序包括升序和降序，允许排序对大小写敏感或是对大小写不敏感，并可以存在不需要排序的列。

4. 模糊匹配

模糊查询转换和模糊分组是一种在数据流中直接检测和修复数据质量的数据转换技术。模糊查找的功能是将由于拼写错误、截断、缺少或插入的标记、空字段、意外的缩略语和其他不规则问题造成的"有问题"的输入与引用表中的无错记录相匹配。模糊分组检测输入行之间的相似性，并通过使用其字符串值确定哪些行是重复项，对于在目标数据库提高数据质量很有作用。

5. 查询功能

查询是指从一个含有被处理数据值的关键字的参考表中获取数据的功能。查询功能允许处理过程使用缓存查询数据来优化速度。缓存的大小可以设置，同样也可以使用 SQL 语句创建缓存。

在数据仓库环境中查询功能应支持以下操作：

（1）支持代理键（Surrogate Key）。当从操作源装载事实行（Fact Rows）的时候，替代键必须从数据仓库中的新行、维度数据关联的业务键（Business Key）确定。

（2）支持建立维度表格。从那些在数据仓库维度表格中的数据检索业务键。

（3）任何在查询表/缓存中没有找到查询值的输入行可以有选择地重定向到错误输入设备。

6. 模块化功能

模块化使数据中心的各个部件可以复用。通过允许构建一系列可在不同的小单元中使用的部件（包括源、目标、转换和映射），实现自底向上或自顶向下的执行方法。工作单元指一组映射实例的序列，可以被认为是一个任务中的一个相对独立的组成部分。这些工作单元可以一起安置在任务流中。

7. 渐变维度功能

渐变维度（SCD）的概念是 Ralph Kimball 在他的队数据仓库的研究中提出的。它描述了捕获并记录数据库实体改动的问题，这些实体并没有在"记录系统"中记录这些数据。一个典型的例子，在一个仓库中把一种产品移动到另一类产品中，这引起产品类别属性的改变却没有改变产品的标识符。处理这种问题有以下 3 种方法：

（1）覆写原有数据，不保存历史数据。这一类改动的典型处理方法是用最新的属性值更新对应的记录。

（2）创建一项新记录，历史数据很重要必须被保存。这类改动的典型处理方法是为实体创建一个新记录，这个记录有一个属性域用来指示这个实体当前的状态。

（3）保存特定的历史数据，历史数据很重要必须被保存。对每一个记录有一个可被重写的"当前"属性，还有那些为预测的改动而设的属性，像"2004 value"和"2003 value"，这些属性为此目的而设置并因此被初始化为空。这项技术不适合捕获不可预知的改动的完整历史记录。

8. 维度表装载功能

维度表和真实表的结合应该是基于代理键而不是自然键，代理键是一种用于替代自然键附加的键。

产生代理键的功能是由序列转换（Sequence Transformation）组件实现的。它为管道中的每一行内容产生一个增量的数值，这个数值就可以作为代理键被插入到目标表中。

9. 事实表装载功能

产生事实表（Fact Tables）通常有以下 2 个步骤：

（1）按要求的粒度聚合事实表。它执行把指定列的输入值分组的函数。这种聚合函数包括类似于 SQL 的聚合功能,像大家熟悉的 Sum、Count、Minimum、Maximum 和 Average;还有一些比较陌生的,如 First、Last、Median、Percentile、Standard Deviation 和 Variance。

（2）获取代理键。从查找表中取出输入行指定的键值。这项功能通常用于从待插入事实表的维度表中获取代理键。

10. 同应用程序包整合

应用程序包在企业资源管理、客户关系管理和供应链领域被广泛应用。在逻辑层上对 PeopleSoft 这样的应用程序的支持是应用程序集成的关键。应用适配器提供一些预置的能够减少手工代码量的软件组件,能够降低开发时间和成本,这些组件是应用感知(Application-aware)的代码,因此能轻松地从这些应用程序中提取信息,用于减少程序整合的工作量。

11. 消息中间件

工具包含有整合消息中间件的组件,这些组件是双向的,既可以往消息队列中加入消息,也可以从中弹出消息。

12. Web 服务

提供一个 Web 服务任务,当给定一个 Web 服务的 HTTP 地址,程序能从 Web 服务中解析 SOAP,并把它保存在文件或变量中,其他工具就可以处理这些数据。Web 服务任务使用 HTTP 连接管理器来连接 Web 服务。HTTP 连接管理器可以指向一个 Web 站点或是一个 Web 服务描述文件。

13. 安全功能

工具提供许多层级的安全功能,可以在以下部分设置访问许可:
（1）在数据库管理工具中设置。
（2）在服务器安装中设置,可以确保只有特定的用户访问服务器。
（3）在用户组设置。文件夹的安全和配置选项可以被赋给一个用户组,用户加入这个组就可以继承与这个用户组相关的文件夹的安全许可。

14. 协作开发

通过提供小粒度版本控制和自动控制以及灵活的开发工具来帮助进行跨组跨站点跨工程的合作开发。合作工程中像版本管理这类问题通过三层架构来解决。

15. 设计期调试

工具提供在调试器中调试映射的能力。用户可以在一个事务中设置断点来挂起映射的执行,并检查结合点处的数据。开发者可以通过数据监视器在数据流的任何一点上检查数据。数据监视器可以自动产生一个断点,开发人员也可以自己设置断点,然后用监视器去查看包中的任意对象的属性。

7.3.2 数据库管理工具

数据库管理工具是一种操纵和管理数据库的大型软件,用于建立、使用和维护数据库,并对数据库进行统一的管理和控制,确保数据库的安全性和完整性。用户通过数据库管理工具访问数据库中的数据,数据库管理员也通过该工具进行数据库的维护工作。它提供多种功能,允许多个应用程序和用户使用不同的方法在任意时刻去建立、修改和询问数据库。用户还能方便地定义和操纵数据,维护数据的安全性和完整性,进行多用户下的并发控制和恢复数据库。

按功能划分,数据库管理工具可分为以下 11 个部分:

1. 模式翻译

翻译模式提供数据定义语言。用它书写的数据库模式被翻译为内部表示。数据库的逻辑结构、完整性约束和物理储存结构保存在内部的数据字典中。数据库的各种数据操作和数据库的维护管理都是以数据库模式为依据。

2. 应用程序的编译

应用程序的编译把包含着访问数据库语句的应用程序,编译成在数据库管理工具支持下可运行的目标程序。

3. 交互式查询

交互式查询提供易使用的交互式查询语言,如 SQL(结构化查询语言)。数据库管理工具负责执行查询命令,并将查询结果显示在屏幕上。

4. 数据的组织与存取

数据的组织与存取提供数据在外围储存设备上的物理组织与存取方法。

5. 事务运行管理

事务运行管理提供事务运行管理及运行日志,事务运行安全性监控和数据完整性检查,事务并发控制及系统恢复等功能。

6. 数据库的维护

数据库的维护为数据库管理员提供软件支持,包括数据安全控制、完整性保障、数据库备份、数据库重组以及性能监控等维护工具。

7. 数据定义功能

数据定义功能利用数据语言来定义数据库结构,它们刻画数据库框架,并被保存在数据字典中。

8. 数据存取功能

数据存取功能使用数据操纵语言实现对数据库数据的基本存取操作,包括检索、插入、修改和删除。

9. 数据库运行管理功能

数据库运行管理提供数据控制功能，即数据的安全性、完整性和并发控制等，对数据库运行进行有效的控制和管理，确保数据正确有效。

10. 数据库的建立和维护功能

建立和维护功能包括数据库初始数据的装入，数据库的转储、恢复、重组织，系统性能监视、分析等功能。

11. 数据库的传输

数据库管理工具提供处理数据的传输，实现用户程序与数据库管理工具之间的通信，通常与操作系统协调完成。

7.3.3 多维数据库

多维数据库(Multi Dimesional Database, MDD)就是将数据存放在一个多维数组中的工具，它存在大量稀疏矩阵(非零元素占全部元素的百分比很小的矩阵，例如 5% 以下)，用户可以通过多维视图来观察数据。与关系数据库相比，多维数据库增加了一个时间维，它的优势在于可以提高数据处理速度，加快反应时间，提高查询效率。

目前有两种 MDD 的 OLAP(联机分析处理)产品：基于多维数据库的 MOLAP (多维联机分析处理)和基于关系数据库的 ROLAP(关系联机分析处理)。其功能有以下几个方面：

1. 分析能力

分析应用要求有一个广泛的性能范围，包括从直观的数据探询到复杂的计算和丰富的查询。通过基本的桌面工具，例如，电子表格、报表生成器、查询工具和 Web 浏览器来提供整个企业(机构)范围的数据访问和分析。把丰富多样的数据融入分析应用中，使分析应用不再局限于文本和数字的分析，从而增强分析能力，促进交叉功能间合作决定的形成。

2. 数据探询

数据库把获取的信息按规律整理成几种类别，这些类别就叫"维"，例如，可以按时间、地理位置、产品、区域、方法等来分类。在每一个维里，数据是按等级排列起来的，用户在查询时就可以很容易地从一个汇总的信息再查到下面明细的部分。

3. 数据模型支持

多维数据库能在一个维里支持多种数据模型，并支持各种参差不齐的数据模型，也就是说各个等级的不同部门可以有不同的数据模型。例如，一个大企业销售组织的管理标准就比小企业的多。

4. 复杂的 OLAP 计算

分析应用要求 OLAP(联机分析处理)服务器能够对大数据量进行快速复杂的计

算。计算应用中,像预测、性能测试和盈利分析这些应用都对 OLAP 服务器有很高的要求,所以它必须具备快速、强健、灵活的特性。多维数据库提供全面的计算区域,包括总计、公式计算、多维交叉计算和过程计算等。其内包含上百个 OLAP 能辨识的公式,例如,代数式、统计公式、时间序列公式和财务公式。

5. 复杂的 OLAP 查询

除了基本的 OLAP 查询、钻入、旋转和切割功能外,多维数据库还具备服务器环境下多维数据的排序、过滤、分类功能。最终用户可以进行蜂窝式的查询,进行布尔式的过滤,可以按照不同的标准、等级、属性来选取数据,还可以和其他用户一起分享查询结果。

6. 属性分析

许多"维"本身都包含有一些附加的描述性信息,而这些信息是和"维"的家庭成员紧密关联的。例如,在一个产品维里每一个特定的产品都有它自己的包装、颜色和尺寸属性。多维数据库能帮助最终用户把无数的属性确定到每个维的每个成员上,这样在分析中就包含有属性的信息。

7. 时间智能

每个分析应用都包含时间维。多维数据库有足够的灵活性让用户可以按照企业(机构)的时间表来确定分析时段和时间维的结构。可以根据时间颗粒结构的不同标准来下载数据,例如,销售数据按每天来提取,预算数据按每星期来提取。

8. 连接的报告对象

连接的报告对象是指用户可以把一些附加的描述信息粘贴到任何一个数据值上。其他人可以看到这个粘贴对象,也可以反馈另外的粘贴对象。这个粘贴物可以是简单的文本文件,也可以是电子表格,还可以是丰富的多媒体内容,例如,音频和视频。

9. 多用户读写访问

许多分析应用如预算、计划、预测和模型制作等,要求允许多个用户能同时更新由 OLAP 服务器管理的数据。多维数据库能支持对 OLAP 信息的多用户即时读写访问,使数据更加完善。如果一个用户正在查询信息,同时另一个用户正在更改信息,那么第一个用户看到的是查询开始时已被提交的数据。这就确保所有用户使用的数据是正确和连贯的。

10. 对查询的快速反应

为了使分析应用更有效率,多维数据库要做到通过直观的、反复的查询,用户能轻松自如地分析数据,而无需任何等待。

11. 多线程的结构

多维数据库设置一个可升级的多线程结构用来对用户的要求作出快速有效的反应。不能胜任的操作系统线程通过多个处理器被发送到对称多处理硬件平台上,在此平台上利用最小的资源消耗为成百上千个并发用户提供快速的反应时间。

12. 灵活的计算

多维数据库具备可升级性能，支持最大型的企业（机构）分析应用的需求。动态的和平行的计算能创建出大块的分析应用平台，用来分析数百亿计的数据。还可通过选择"预先计算"、"即时计算"或"即时计算并存储"等方式来增强分析、查询性能。

13. 完备的安全性

多维数据库支持强健的用户和数据安全性，其访问控制可控制到存储单元一级。可授予的权限包括无访问权限、只读访问和读/写访问。

7.3.4 报表工具

（1）项目化部署。针对一套配置文件发布的报表工具以项目形式进行服务器部署，一个项目中无论包含多少个数据源、多少张报表、多少个OLAP分析模型，均只要对整体项目进行统一配置即可。项目配置信息主要包括项目文件路径、数据库连接串（JDBC）等。如果使用工具Portal，配置文件甚至不用手动修改，通过页面向导可以逐步以交互方式由系统生成。

（2）项目索引中包含所有报表引用参数信息。在基于参数信息自动创建参数页面的应用中，所有报表都必然要用到报表参数，对报表显示内容进行控制。报表的项目文件中包含了报表及数据源所用到的参数信息，包括参数名称、类型、缺省值、绑定数据源、多个参数在录入时的先后顺序等。如果使用工具Portal，通过项目文件中的参数信息，Portal会自动创建出适当的参数录入和报表调阅页面，从而省去系统的最终用户在应用开发后或应用维护中的相关代码工作。

（3）提供全面的服务器API（Application Programming Interface，应用程序编程接口），可以快速实现更多自定义门户功能。工具的API包括获取项目基本信息（名称、注释、数据库连接、项目内报表及数据源）、获取报表基本信息（名称、注释、在项目中的虚拟路径等）、获取数据源信息（名称、注释、SQL语句、返回数据集、对返回数据集的再加工等）、获取参数信息（名称、类型、缺省值、在例如页面中的前后顺序、绑定数据源等）等，除此以外，报表控制操作方面还包括项目的代码创建和修改报表设计内容、设定报表任务（定时编译并形成缓存）、控制报表显示风格、控制报表浏览工具条（打印、导出等）权限、外围驱动报表浏览工具条指定功能按钮等。

7.3.5 多维分析工具

目前，常见的OLAP（联机分析处理）主要有基于多维数据库的MOLAP和基于关系数据库的ROLAP。在数据仓库应用中，OLAP一般是数据仓库应用的前端工具。同时，OLAP工具还可以与数据挖掘工具、统计分析工具配合使用，增强决策分析的功能。OLAP功能可以分为以下几个方面：

（1）提供数据的多维概念视图。数据的多维视图使最终用户能多角度、多层次和多侧面考察数据库中的数据，从而深入理解包含在数据中的信息及其内涵。

（2）快速响应用户的分析请求。

（3）提供给用户强大的统计、分析和报表处理功能。

（4）共享特性。这是指 OLAP 系统应有很高的安全性。例如，当多个用户同时向 OLAP 服务器写数据时，系统应能在适当的粒度级别上加更新锁。

（5）信息性。这是指 OLAP 系统分析所需的数据及导出的有用信息。

（6）有一个强有力的 SQL（结构化查询语言）生成器，能创建包含多重选择和相关子查询的复杂 SQL 查询程序，足以胜任各种分析计算。

（7）能根据目标数据库进行 SQL 优化，如果目标数据库支持 SQL 的扩展，能充分利用其提供的这些扩展。

（8）提供通过元数据描述数据模型的机制，并实时使用这些元数据来创建查询。

（9）为系统管理人员提供监测系统性能的机制。

（10）能够根据把应用程序分布到客户机、服务器或中间层（应用服务器）等多个层次的需要，具有在各个应用部件上管理数据库访问的能力。

7.3.6 数据挖掘工具

数据挖掘的过程一般包括数据抽样、数据描述和预处理、数据变换、模型的建立、模型评估和发布等。数据挖掘工具能够方便地导出挖掘的模型，方便在以后的应用中使用该模型。数据挖掘工具应具备如下功能特点：

1. 可伸缩性

数据挖掘工具应该可以处理尽可能大的数据量，尽可能多的数据类型，尽可能高地提高处理的效率，尽可能使处理的结果有效。

2. 操作简易

数据挖掘工具为用户提供友好的可视化操作界面和图形化报表工具，在进行数据挖掘的过程中应该尽可能提高自动化运行程度。

3. 可视化功能

包括源数据的可视化、挖掘模型的可视化、挖掘过程的可视化、挖掘结果的可视化。可视化的程度、质量和交互的灵活性都将严重影响到数据挖掘系统的使用和解释能力。人们接受外界信息时，80％是通过视觉获得的，数据挖掘工具的可视化能力十分重要。

4. 与数据库结合

数据挖掘工具可以连接尽可能多的数据库管理系统和其他的数据资源，与其他工具进行集成；数据挖掘工具与数据库紧密结合，减少数据转换的时间，充分利用整个数据和数据仓库的处理能力，在数据仓库内直接进行数据挖掘。开发模型、测试模型、部署模型都要充分利用数据仓库的处理能力。

7.3.7 元数据管理工具

元数据管理工具依据按照元数据标准书写的 XML Schema,动态地生成可以定制的个性化管理页面和后台存储结构,实现对元数据的增加、删除、修改、查询等数据管理基本操作。其主要功能如下:

1. XML Schema 解析

用户第一次选择元数据实例进入系统时,系统会自动分析 Schema 元数据描述文件,生成元数据实例 XML(可扩展标记语言)文件、元数据生成界面风格 XML 文件和字典 XML 文件。

2. 用户管理

包括用户认证授权管理、用户密码管理两个基本功能。用户认证授权管理模块依据用户的登录方式分别给予相应的访问权限。用户密码管理只限于管理员修改登录密码使用。

3. 元数据管理

元数据管理模块包含元数据记录的浏览、添加、删除、修改和下载功能。此外,当具备网络条件时,通用元数据管理工具还提供了向中心版通用元数据管理工具集中元数据记录的功能。

4. 模板管理

支持使用模板进行元数据录入的功能,为元数据录入人员快速、正确和简单地进行元数据录入提供了帮助。该模块主要包括元数据模板的添加、修改和删除等功能。

5. 风格定制

该模块用于实现个性化的界面风格,包括添加元数据界面的设定、概要显示的设定、详细显示界面的设定等功能。

7.3.8 数据建模工具

数据建模工具提供了一个完整的建模解决方案,业务或系统分析人员、设计人员、数据库管理员(DBA)和开发人员可以对其裁剪以满足特定的需求;其模块化的结构为购买和扩展提供灵活性,开发单位可以根据项目的规模和范围来选择所需要的工具。

下面分别介绍数据建模工具的 6 个模块。

1. 数据分析模块

用户通过分析功能描述复杂的处理模型,表达系统中的处理流程,描述它们之间的数据交换,并映射出系统的数据库模型。

2. 数据库构造模块

提供概念数据模型设计、自动物理数据模型的生成、非规范化的物理设计、针对多种数据库管理系统的数据库生成、支持多种开发工具和高质量的文档。使用其逆向工程（根据已经存在的产品模型，反向推出产品设计数据的过程）能力，设计人员可以得到一个数据库结构的"蓝图"，可用于建立数据结构文档，维护数据库或移植数据库到另一个不同的数据库管理工具中。

3. 数据组件生成模块

通过提供完整的物理建模能力和利用模型进行开发的能力，开发人员针对多种开发环境，包括 Java、.NET、PowerBuilder、Visual Basic、Delphi 和 Power++等，快速地生成对象和组件，生成用于创建数据驱动的 Web 站点的组件，从一个数据库管理工具发布"动态"的数据，提供数据库管理工具，以及桌面数据库的物理数据库生成、维护和文档的生成。

4. 模型共享模块

模块提供所有模型对象的一个全局的层次结构浏览视图，以确保贯穿整个开发周期的一致性和稳定性。提供用户和组的说明定义以及访问权限的管理，包括模型锁定安全机制。包含一个灵活的字典浏览器，用以浏览、创建和更新跨项目的所有模型信息和版本控制系统。

5. 数据库建模和实现模块

提供对传统的数据库管理工具和数据仓库特定的数据库管理工具平台的支持，同时支持维建模特性和高性能索引模式，从众多的运行数据库引入源信息。维护源和目标信息之间的链接追踪，用于第三方数据抽取、查询及分析工具。提供针对主要关系型数据库管理工具，诸如 Oracle、Sybase、SQL Server、Informix、DB2，以及数据仓库特定的数据库管理工具，如 Red Brick Warehouse 和 ASIQ 的完全仓库处理支持。

6. 图形化访问模块

提供对模型信息的只读访问，包括处理、概念、物理和仓库模型。提供图形化的查看模型信息视图，提供生成所有模型的报表和文档功能。

7.4 支撑平台技术指标

7.4.1 数据中心软件平台组成

数据中心支撑软件平台包含数据仓库软件、数据库软件、ETL 软件、OLAP 软件、报表工具，结构如图 7.6 所示。

数据中心主要的软件平台是支持应用系统高效、可靠工作的基础设施，因此，必须从实际的需要以及今后几年的发展趋势，高标准地确定对数据中心主要软件的技术要求。以下描述数据中心主要软件平台应具备的技术指标。

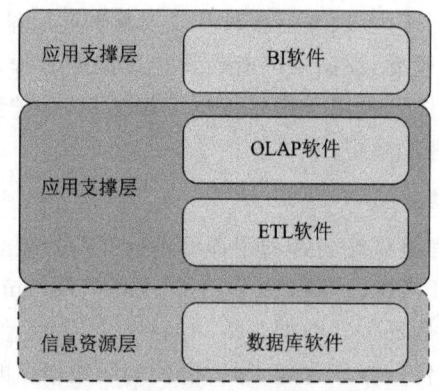

图 7.6　数据中心软件平台组成

7.4.2　数据库技术指标

（1）数据库的功能必须满足以下要求：

① 在单一数据库中能同时支持关系模型和多维模型。

② 支持对星型模型的性能优化。

③ 支持多种数据分区技术，例如，范围分区、列表分区、散列分区、复合分区等。

④ 索引及其联结方法必须支持位图索引（静态和动态）和位图连接索引、星型索引、散列联结等。

⑤ 高效的汇总数据的生成、显示及管理，对于应用访问完全的透明，支持物化视图或其数据预汇总技术。

（2）提供数据库构建向导、索引向导、性能智能向导等多种辅助管理工具简化数据库的管理，提供数据库的自我管理和资源调度功能，支持部分核心数据库参数由数据库系统自我调节。

（3）强大的并行处理能力，多维分析引擎支持服务器集群技术，有效地支持数据修改与查询在节点内和节点间的并行处理，而不影响查询的性能。

（4）有效地支持数据量的海量增长，查询的性能无明显的降低。

（5）支持对数据仓库中数据的高效压缩。

（6）支持通过 SQL 和编程语言访问数据立方体的数据。

（7）支持复杂的、大数据量的、突发查询，具有对复杂查询进行优化处理的能力。

（8）支持不可预知性、大数据量的查询，支持多用户并发读写操作，保证高可靠性。

（9）支持高效的查询响应能力，具有良好的查询优化功能，保证高可用性。

（10）支持在线升级和扩展，保证足够的可扩展性，在扩展节点时无需进行数据的重新分布。

（11）支持大容量、10TB 级以上的数据存储能力。

（12）在数据库安全性方面，支持 NCSC（美国国家计算机安全中心）的 C2 级安全标准,通过相关的测试;支持数据库存储加密、数据传输通道加密、完善的权限管理。

(13) 支持全面的数据分区管理,如基于范围、哈希、列表及其复合分区手段。

(14) 支持严格的一致性。

(15) 细致的锁粒度的管理,能够满足数据库级、表级、行级锁控制。

(16) 提供并行查询、并行加载等并行处理功能,提供异步 I/O,支持对多个磁盘设备的并行访问。

(17) 数据库提供智能的自我管理能力,提供较强的联机管理能力。

(18) 数据库软件系统应具有较强的容错能力、错误恢复能力、错误记录及预警能力。

(19) 具有自动备份、日志管理等功能,对任何被保护的数据资源,如系统文件、应用程序文件、数据库文件等的访问、拷贝或修改等操作都应详细记录下来,任何非法存取操作应立刻有告警反映到主控台上。

(20) 支持数据库软件系统死锁自动解锁。

(21) 具有快速的并发用户查询速度,并发控制稳定可靠,多线索多进程。

(22) 支持 ANSI/ISO SQL 92、ANSI/ISO SQL 99 标准。

(23) 支持多语言。包括对中文及 Unicode 编码的支持。

7.4.3　ETL 软件技术指标

(1) ETL(数据抽取、转换和加载)支持主流硬件平台和操作系统,如 Windows、AIX、UNIX、Linux 等。

(2) 能充分利用数据库的表空间复制等技术来提高转换性能。

(3) 能简化 ETL 设计开发过程,提高设计人员的开发生成效率。

(4) ETL 流程具备模块化、灵活性以及可扩展性。

(5) ETL 处理过程可提供图形化的操作界面,具有良好的易用性。

(6) ETL 处理过程必须包括有统一调度、监控和管理的功能,具有完整的日志管理和数据审计功能,并且有相关的监控预警机制,保证 ETL 正常进行。

(7) ETL 处理过程支持校验点。当外部数据记录特别庞大时,如果因为某种原因发生故障中断后,可以从最近的校验点恢复处理。

(8) ETL 处理过程可以定义外部数据记录的错误限制,比如发现最多 1000 条错误数据记录时停止进行处理,同时将发生错误的数据记录加到相应的错误表中。

(9) ETL 处理过程支持各种字符集的转换。

(10) ETL 处理过程必须支持并行处理。

(11) ETL 处理过程采用高性能的数据抽取接口,比如专用数据库驱动接口、JDBC、ODBC 接口等。

(12) ETL 处理过程对数据源系统的影响应尽可能小。

(13) 能够和流程相集成,并能够作为 Web 服务公开。

(14) 能对数据来历进行管理和跟踪。

(15) 数据调度的监控要求实现对处理状态的监控,对出错信息的监控,提供处理开始时间、完成时间、成功失败标示等。

(16) 通过数据规则自动生成的数据校正对象、映射等,自动化地进行数据校正的任务。

(17) 支持数据质量的数据审计能力,评估数据质量的规范性。

(18) 支持数据库的分区功能,提高 ETL 性能。

(19) 支持多线程 ETL 功能。

(20) 提供 ETL 任务的负载均衡运行机制。

(21) 支持数据压缩能力。

(22) 支持在 ETL 工具中调用外部程序,支持自定义数据转换函数或者过程。

(23) 支持数据合并等功能。

(24) 支持批量加载。

(25) 具备 ETL 的调度功能。

(26) ETL 过程具有完整的日志管理和数据审计功能,并且有相关的监控预警机制,保证 ETL 正常运行。

7.4.4　OLAP 技术指标

(1) 可视化的界面,直观的数据操作,提供针对数据仓库特征的多种优化手段,如分区。

(2) 具有丰富的图形展现功能。

(3) 具有分析优化处理功能。

(4) 支持 ROLAP、MOLAP 和 HOLAP。

(5) 在 MOLAP 实现时,支持多维型、关系型、混合型 3 种 CUBE(立方体)存储方式,支持定期智能更新 CUBE 功能。

(6) 在 OLAP 分析中应能直接钻取到详细数据,也能进行多维数据和详细数据的混合分析。

(7) 能够实现将数据存储到多维数据库中,或将明细数据存储到关系数据库中,通过系统内部直接、无缝地连接到相应的关系数据库。

(8) 维度上支持层次划分。

(9) 维度处理应具有非受限的跨维操作,维度随意的建立及过滤功能和多维数据的计算功能、多维数据的子集分析功能,以及控制分析数据记录数的功能。

(10) 提供丰富的函数,可自由扩展,便于二次开发。

(11) 完整的安全设计功能,可以按照使用人员的访问权限和职责范围进行分组。

(12) 应是可扩展的体系结构,支持多 OLAP 服务器之间的负载平衡,支持服务器的容错,支持大数据量,支持多用户和并行访问。

(13) 支持多种数据压缩方式,包括维度层次上的压缩方式。
(14) 应能提供分析作业调度管理能力。
(15) 应能提供增量汇总技术,说明提高汇总和分析性能可采取的措施。
(16) 具有切片、切块、旋转、钻取和钻透等多维分析基本操作。
(17) 支持稀疏、密集维度,具有多种压缩方法。
(18) 具有丰富的分析功能,如最优/最差分析、例外分析、排名分析、比较分析等。
(19) 支持复杂计算,提供主要的计算函数支持,允许用户自定义计算脚本。
(20) 支持不对称维,支持缓慢变化维,支持多种业务应用模型。
(21) 支持 SQL 访问功能,便于支持用户的技术投资。
(22) 支持单元级授权,提高数据和应用的访问级别。

7.4.5 BI 软件技术指标

(1) 同一张交叉报表上可以向上/下钻取,保持报表格式不变,并且图形和报表数据还能够保持一致。
(2) 提供 BI(商业智能)元数据管理模型,无需专业 IT 技术人员也可以进行灵活的查询、报表分析和仪表盘的发布。
(3) 为提高数据库的查询性能,语义模型能够支持数据按分表、分区存储。
(4) 报表功能能够同时从 MOLAP、ROLAP 以及关系型数据库读取数据。
(5) 以纯 Web 方式查询、设计、发布报表,不需要使用插件和小应用程序(Applet)。
(6) 支持对象方式的报表设计与制作,支持不同语义模型之间对象的直接拷贝粘贴。
(7) 支持各种类型报表,支持复杂的交叉表,支持用户直接鼠标拖拽设计交叉表。
(8) 支持灵活的报表功能,能够对报表的每个单元格定义计算公式。
(9) 支持存储过程,存储过程返回的结果集能与普通表一样,如进行增加新的计算列、增加过滤等操作。
(10) 支持复杂、定制化报表,能够方便地制作各种复杂的分析报告,能够使用 Word 制作报表模块。
(11) 提供事件管理功能,能够根据数据的异常变化来触发相应事件,如发送 E-mail、操作数据、运行报表等。
(12) 能够对数据进行预警,预警条件可以由用户动态设置。
(13) 支持 HTML 技术,可以在报表中插入各种 HTML 脚本,扩展报表功能。
(14) 支持手工编写 SQL,支持 MDX 语言。
(15) 报表功能与 Office 工具软件无缝集成在一起,可以通过 Office 直接访问报表。
(16) 支持集群功能,具备自动查询服务器缓存优化功能。

(17) 应具有高度的开放性和集成性。一方面,即席查询应能访问各种数据源的数据,访问结果也能输出到多种通用文件格式中;另一方面,即席查询应支持 XML,并可集成到 Dashboard(一种实时连续桌面信息检索引擎,以窗口形式出现在桌面上,可以提供实时天气情况、股票报价、航班时间等信息)或 Portal(门户)中,为使用人员提供全面的信息分析服务。

(18) 灵活的安全控制机制,可以对用户的使用权限进行细粒度的控制,比如,用户读写权限、新建查询权限、钻取权限、调度权限等,并能与数据库相配合,实现行级别和列级别的数据控制,即不同用户访问同一报表时可返回不同内容。

(19) 多维数据库访问功能,展现工具应同时支持关系型数据库和多维数据库,保证用户使用界面基本一致,并能充分利用多维数据库的特性。

(20) 支持多种图形,支持各种普遍的报表图形,如饼图、柱状图等;支持多种复杂图形,如雷达图、散点图、三维图形等;同时,系统还应支持图形钻取功能,并实现图形与报表的联动。

第 8 章 数据中心应用系统

以"数据服务"为核心,方显数据中心应用本色。

数据中心是企业(机构)的业务系统和数据资源进行集中、集成、共享、分析的场所和工具,在应用层面上包含业务系统和基于数据仓库的分析系统,在数据层面上包含数据、数据的集成和整合的流程。建立统一的数据中心应用系统平台,将有效地提高数据的共享和利用率,并提供多种应用分析功能,为企业(机构)的管理和决策提供更深层次的支持。本章以上一章的应用支撑平台为基础,从数据交换平台、决策分析应用、信息门户这三个方面阐述数据中心应用系统平台的功能设计和建设步骤。

8.1 应用系统概述

数据中心的应用系统是以数据中心数据库为数据源,依靠支撑平台快速搭建统计分析、决策支持类型的企业级应用。

8.1.1 建设目标

在充分利用现有信息化资源的基础上,通过数据中心综合业务系统建设,建立一个全企业(机构)业务数据的数据库群,实现数据"源头一次采集、统一管理维护、多方共享"的开发利用局面,提升管理能力和决策支持水平,有效挖掘数据价值,为管理决策提供全面、及时、准确的信息服务。通过统一规划、统一标准、统一平台,整合现有分散、不完整、无法协同运行的各业务管理系统,解决业务数据多头采集、多头汇总上报、信息无法共享的问题。

8.1.2 设计原则

为保证数据中心应用系统的质量,根据用户实际需要和系统建设的目标,在进行系统的设计、开发、部署和运行管理规划时将遵循如下原则:

(1) 安全性。通过系统平台的相关安全设置及应用系统安全性的实现,确保整个系统的安全性。保证系统数据处理的一致性,保证业务和数据不被非法侵用和修改伪造,保证数据不因意外情况丢失和损坏,提供多种安全检查审计手段。确保系统不被非授权用户侵入,数据不丢失,传输时数据不被非法获取、篡改,确认使用者、发送者和接收者的身份等。

(2) 可伸缩性。系统应该真正符合三层客户/服务器体系结构,使一群相同或不同的服务器能协同工作,平滑升级。随着应用水平的提高、规模的扩大和需求的增加,系统的体系结构不需做较大的改变就能满足新增的需求。

(3) 可扩展性。系统平台应能方便扩展,以支持有价值的新兴应用。同时,多服务器集群协同工作,实时地监测服务器状态,自动平衡负载,以保证实现大量用户并发处理和高效的网页浏览。

(4) 开放性。支持 XML(可扩展标记语言)、SOAP(简单对象访问协议)、Web Service、LDAP(轻量目录访问协议)等当前受到普遍支持的开放标准,从而保证系统能够与其他平台的应用系统、数据库等相互交换数据并进行应用级的互操作和互连性。

(5) 可移植性。系统构建在通用基础架构之上,可以保证组件的重用,保证在将来发展中能迅速采用最新出现的技术、长期保持系统的先进性。

(6) 实时性。保证实时完成大容量数据处理的时效性和系统的高性能,对业务提供并发处理支持。

(7) 可管理性。由于系统部署的范围比较广,因此系统平台必须具有良好的可管理和易于维护的特点。应充分考虑到可管理性对系统的重要性,在设计中充分利用各种先进的计算机软件提供的多种管理手段,使应用系统易管理、易维护。

(8) 集成性。系统的设计将充分考虑现有的技术投资及未来功能要求,利用多种集成技术,使整个系统既能保护现有投资,又能够适应未来的功能和技术要求。

8.2 功能架构与建设内容

8.2.1 功能架构

数据中心应用系统功能架构如图 8.1 所示。

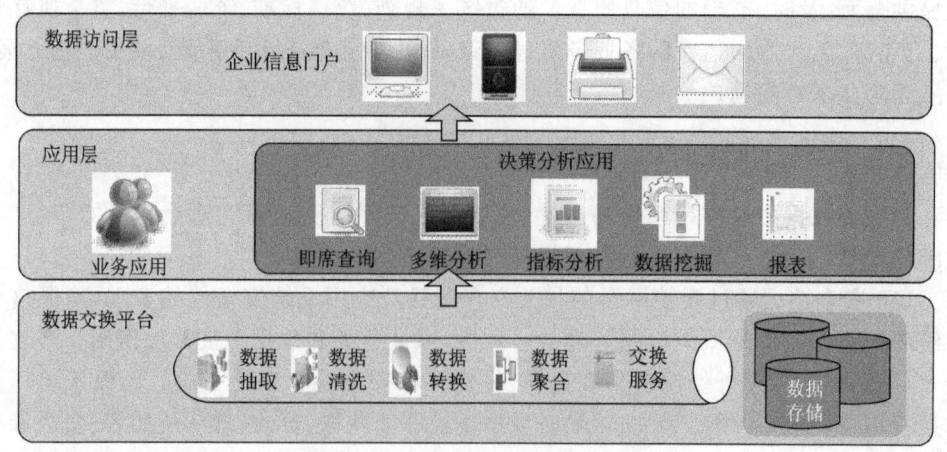

图 8.1 数据中心应用系统功能架构

8.2.2 建设内容

(1) 搭建数据交换平台,建设 ETL 应用,实现 ODS 到数据仓库、数据仓库到数据集市的数据抽取、清洗、转换与加载。

(2) 开发决策分析应用,通过报表、即席查询、多维分析、数据挖掘等多种分析技术与工具,为各级管理人员提供多角度、深层次的数据分析及前端展现,辅助经营策略和管理方针的决策。

(3) 建立综合信息门户系统,实现数据和应用程序简单、统一的访问,提供用户与用户、用户与应用程序、应用程序与应用程序之间的交互平台。集成不同的应用程序和数据,以一种透明的方式提供给用户多个异构数据的一个简单访问点,并提供统一的协同工作环境,使用户能够随时在线交流。

8.3 数据交换平台

数据交换平台是数据中心数据与其他应用系统沟通的桥梁,是进行数据交换的基站。数据交换平台负责从各个业务系统采集数据,对数据进行清洗与整合,按照数据中心建设标准规范数据,形成核心数据库,并提供给其他应用系统使用。

8.3.1 功能结构

数据交换平台功能架构如图 8.2 所示。

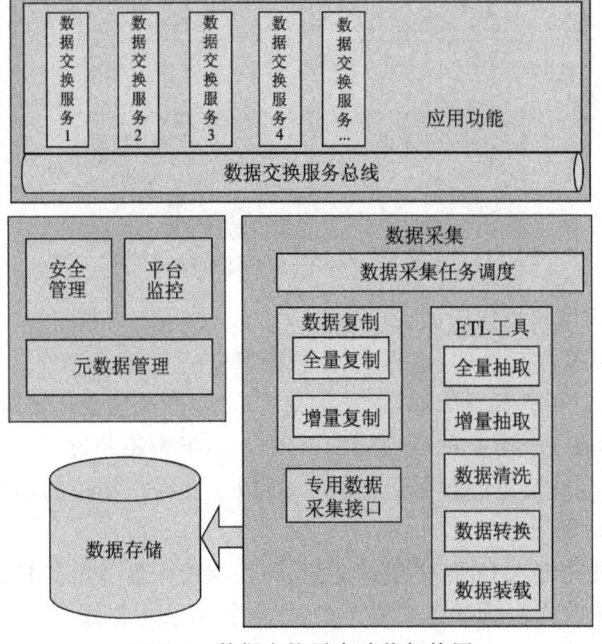

图 8.2 数据交换平台功能架构图

数据交换平台功能由支撑功能与应用功能两部分组成。支撑功能是数据交换平台的基础，包括数据采集、元数据管理、数据交换服务总线、平台监控及安全管理功能。应用功能是指与具体业务系统相关，应用功能利用数据交换平台的数据交换服务总线，以数据交换服务的形式为各业务系统提供数据共享服务。

8.3.2 建设内容

1. 数据采集功能

1）数据采集功能框架

数据采集功能框架如图8.3所示。

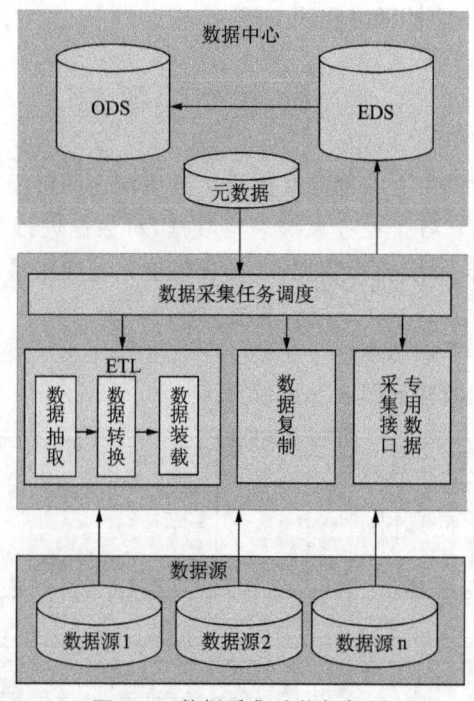

图8.3 数据采集功能框架图

(1) EDS的物理建模原则如下：

① 应根据ODS物理模型，设计EDS的物理模型。

② EDS应针对不同的数据源，逻辑上采用分区（按单位或地域）存储。

③ EDS数据表中的数据的生命周期可以设定（通常不超过3个月）。

④ 当需要整合或清洗的数据量过大时，可以建立同样结构的临时表，在临时表中只保留需要处理的部分数据。

(2) 交换数据在进入ODS之前的清洗、转换与校验等工作在EDS中完成。

(3) 数据采集方式包括下述三种方式：数据复制采集方式、ETL工具采集方式及专用数据采集接口采集方式。

(4) 在选定的数据采集方式下,依据对数据源采集数据完整性,分为全量数据采集和增量数据采集两种。

① 全量数据采集。应用于对数据源的首次采集(系统初始化),从数据源中将需要交换的数据采集出来。全量数据采集的传输和处理工作量大,适用于首次数据采集或发生重大数据灾难时的数据恢复。

② 增量数据采集。增量数据采集只采集自上次采集以来数据源中新增、修改或删除的数据。增量数据采集应该是定期的,并根据交换数据的周期制定增量数据采集的时间间隔。增量数据的处理方式如下:

- 完全刷新的方式,适用于历史数据无需保留的情况。
- 设置最新和最近的两种状态,适用于保留短期历史数据的情况。
- 完全历史保留,适用于需要将该表的整个变化历史保留的情况,通常采取时间戳的方式。

2) 数据采集原则

(1) 数据采集任务不能影响业务系统的运行。一般来说,核心业务系统白天工作频繁,难以承载数据抽取的要求,这种情形下数据抽取工作原则上要安排在非工作时段进行。数据采集任务调度必须可以设定数据采集任务的优先时段表。

(2) 不同业务系统的数据产生周期不同,会影响到数据采集的周期。数据采集应根据业务系统及交换数据的周期要求,设定数据采集时间周期表。

(3) 数据采集任务的执行时间原则上应与数据采集周期时间成正比,即数据采集周期时间间隔要求短(长)的采集任务,其采集任务的执行时间也要求短(长)。如对按日采集的数据,应能在3~5h内完成抽取、清洗、加载、处理等工作;对按月采集的数据,数据抽取、清洗、加载和处理等工作可以放宽到48h内完成。

(4) 对于数据采集量特别大且数据转换操作特别复杂的任务,利用ETL工具会消耗大量的资源和时间,建议通过编制专门数据采集接口程序完成数据采集任务,以提高数据采集工作的效率。

(5) 以数据源为单位进行的全量采集的任务,可以以数据源为单位进行数据初始化操作,当数据源的数据采集操作出现问题时,可以仅对该数据源进行全量采集恢复,而对其他数据源的数据采集没有任何影响。

3) 数据采集方式

(1) 数据复制。

① 数据复制是通过将源数据库中指定的数据复制到目标数据库中,以保持源数据库与目标数据库指定数据的一致,数据复制适用于被采集的数据无需进行复杂的数据转换的情形。

② 数据复制包括全量复制和增量复制两种情形。

(2) ETL工具。适用于数据源中被采集的数据需要转换的情形,其工作模式如图8.4所示。

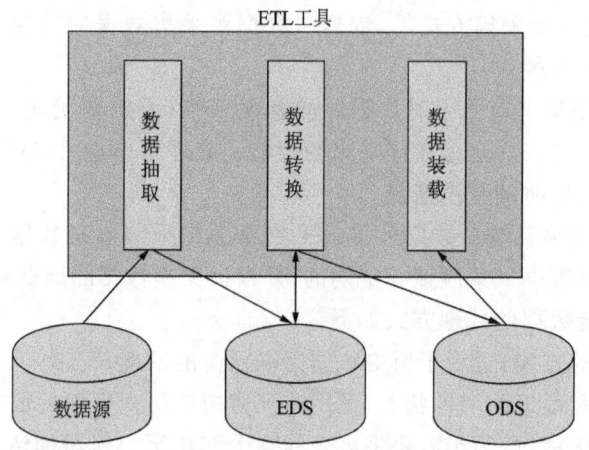

图 8.4 ETL 工具的工作模式

数据交换平台使用 ETL 工具完成交换数据采集任务的工作流程如下：

① 使用 ETL 工具从数据源中抽取需要交换的数据到 EDS 中。

② 使用 ETL 工具处理 EDS 中的交换数据，处理过程包括：清洗、拆分、转换与汇总等。

③ 数据清洗的任务是过滤那些不符合交换接口规范要求的数据，主要包括不完整的数据、错误的数据和重复的数据三大类。

④ 数据转换是将操作数据整理聚合成交换数据，通常的数据转换工作包括字段的映射、字段的拆分、多字段的混合运算、跨异构数据库的关联、时间类型的转换等。

⑤ 使用 ETL 工具将 EDS 中经过清洗与转换的"干净数据"装载到 ODS 中。

(3) 专用数据采集接口。

① 专用数据采集接口适用于数据复制及 ETL 工具难以满足数据采集任务的情形，通过购买第三方产品或自行开发实现。

② 为高效完成数据采集任务，专用数据采集接口可以单独使用，也可以与数据复制或 ETL 工具结合使用。

4) 数据采集任务调度

(1) 数据采集工作不但涉及企业(机构)数据资源环境的各个方面，而且数据采集过程不能影响业务系统的正常运行，这就需要对数据采集任务进行任务调度和监督管理。

(2) 数据采集任务调度和监督管理一般包括以下内容：

① 可以控制数据采集任务的采集时间、采集频率及先后次序。

② 能够对数据采集过程进行备份与恢复，当发生系统故障时，能够回滚或继续执行数据采集操作。

③ 支持时间触发方式。

④ 支持事件触发方式。

⑤ 提供编写数据采集脚本的接口并能够执行数据采集任务脚本。

2. 元数据管理

（1）数据交换平台所用到的元数据是数据中心元数据集合的一个子集，所以数据交换平台的元数据管理只管理数据交换平台所涉及的元数据。

（2）数据交换平台元数据包括以下几类：

① 数据源元数据。描述数据源的信息，包括数据源位置、类型、访问用户密码，以及其中的数据表、数据结构、数据类型等。

② 目标数据元数据。描述 ODS 中的数据结构，涉及 ODS 中存储数据的数据结构、数据类型等。

③ 数据转换元数据。描述在 ETL 工具数据转换过程中从数据源到目标数据的数据转换关系。这些关系不仅仅是简单的计算公式，还包括根据参照表做的各种字段的拼接和替换。

④ 数据采集任务调度元数据。描述数据采集任务执行的时间、周期、顺序和相互依赖关系。

⑤ 数据交换服务元数据。描述数据交换服务的信息，包括功能描述、版本信息、服务所在位置等。

（3）数据交换平台必须提供对自身元数据的管理功能，包括对元数据的增加、修改、删除、浏览查询等一般维护功能，以及维护元数据之间的关联、依赖关系，并提供元数据的影响分析、来源分析。

（4）数据交换平台相关元数据发生变更时，首先应提供变更申请，内容包括变更时间、变更原因、变更影响的数据结构、变更影响的数据接口文件、变更内容（新增加的数据字段，新增加业务代码，变更业务代码等）、业务变更详细描述等。由管理员评估后，方可实施变更。

3. 数据交换服务总线

（1）数据交换服务总线支持数据交换功能的实现，数据交换服务总线由一组基本的交换服务功能组成，包括接入服务、访问控制服务、消息转换服务、路由服务、适配器服务及管理服务等。

（2）数据交换服务总线功能描述如下：

① 接入服务功能。实现服务调用的统一入口功能，包括接收服务请求消息及实现调用者使用的通信协议与服务总线内部通信协议之间转换。

② 访问控制服务功能。实现身份鉴别与权限控制。

③ 消息转换服务功能。提供不同格式的消息之间的转换，包括输入消息转换和输出消息转换。

④ 路由服务功能。根据请求的服务名，查找服务目录，找到对应服务部署的地址。

⑤ 适配器服务功能。实现服务总线内部通信协议与被调用的服务使用的通信协

议之间的转换,并调用服务和获得服务返回结果。

⑥ 管理服务功能。实现服务的全生命周期管理功能,包括服务定义、服务注册、服务使用、服务维护、服务弃用与服务退役等全生命周期管理功能。

(3) 数据交换服务总线必须包括下述特性:

① 是基于面向服务架构的。

② 与操作系统和编程语言无关,并能在 Java 和.Net 应用程序之间工作。

③ 使用 XML 作为标准通信语言。

④ 支持 Web 服务标准。

⑤ 支持消息传递(同步、异步、点对点、发布-订阅)。

⑥ 包含基于标准的适配器(如 JCA、文件适配器、数据库适配器),用于数据采集。

⑦ 包含对服务编制(Orchestration)和编排(Choreography)的支持。

⑧ 包含智能的以及基于内容的路由服务(Itenerary 路由)。

⑨ 包含标准安全模型,用于 ESB 的认证、授权和审计。

⑩ 包含转换服务,使用可视化映射工具定义 XSLT 规则,在发送应用和接收应用之间能够进行格式转换、语义转换。

⑪ 包含基于模式(Schema)的验证,用于发送和接收消息。

4. 平台监控

(1) 平台监控用来监测数据交换平台上各个系统组件的状态、日志、异常等,并进行记录、统计与分析;同时通过 Web 浏览器方式,为系统管理员提供远程性能监控与远程日志查看功能。平台监控的功能框架如图 8.5 所示。

(2) 平台监控管理的基本功能一般包括以下内容:

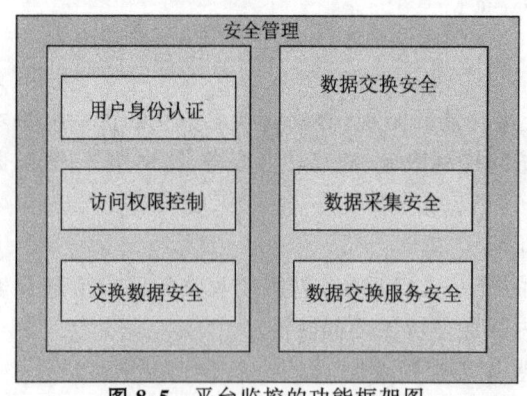

图 8.5 平台监控的功能框架图

① 平台参数与报警参数配置。对平台的各项参数进行配置,包括配置各个监控参数的报警阈值等。

② 监测各个系统组件的状态。对平台各个系统模块的状态进行监测。

③ 记录平台日志和异常信息。记录平台的日志,显示与查询异常信息。

④ 监控对象的启停控制。对被监控对象进行启动、停止、重启操作。

⑤ 能够及时(实时)了解当前的监控信息,当监控对象的性能参数超过告警阈值时,及时(实时)产生报警。告警阈值能够分级设置,不同级别产生不同的告警。通过多种告警手段提供现场和远程告警,并且可定制发送方式和告警的优先级。

⑥ 通过图形化方式直观地显示监控信息,并能够进行统计分析。

(3) 记录和存放的平台监控信息一般包括以下内容:

① 数据采集。对数据抽取任务的全过程进行监控,包括抽取任务队列、抽取任务运行状态、抽取数据统计、转换数据统计、装载数据统计及对 EDS 的监控。

② 数据交换服务总线。对交换服务总线进行监控,包括每个数据交换服务的统计信息及运行状态等。

③ 安全管理。对安全管理进行监控,包括系统连接、登录、访问信息等。

④ 平台日志。查看平台日志。

⑤ 报警配置。利用各种监控参数制定报警规则。

5. 安全管理

(1) 安全管理是数据交换平台实现数据安全的基础,必须使用数字签名和加密等技术,保证数据的安全交换及用户的身份认证和授权。安全管理的功能框架如图 8.6 所示。

(2) 安全管理包括平台访问安全和数据交换安全两个基本功能。

① 平台访问安全。提供身份验证和权限控制机制,保证只有合法用户才能访问平台,且能够控制平台各个功能的权限。

② 数据交换安全。必须保证数据抽取过程数据在网络上传输的安全性,必须采用数据加密方法保证数据即使被截取也难以被破解。此外,业务系统之间的数据交换也必须具有数据加密机制,防止数据被窃取。

(3) 安全管理的原则如下:

① 数据交换过程中的数据加密应当是难以被破解的,防止攻击者利用各种破解手段对数据包进行破解。

② 对平台用户利用安全策略强制实现用户口令安全规则,如限制口令长度、限定口令修改时间间隔等,保证其身份的合法性。

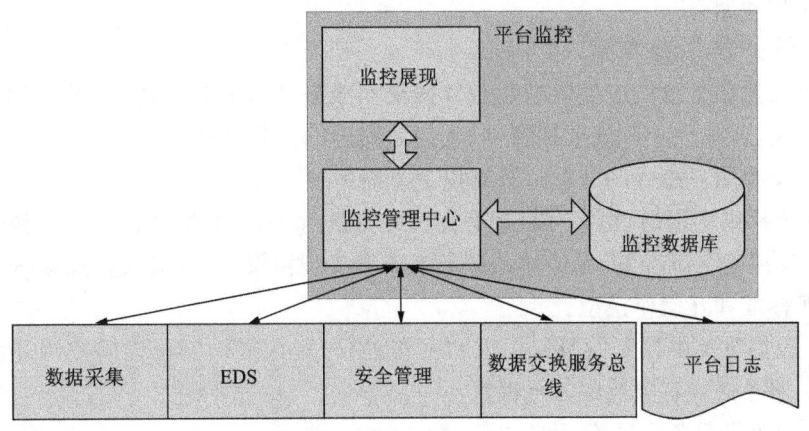

图 8.6 安全管理的功能框架图

③ 能够对平台的安全事件进行详细的日志记录。

8.3.3 接口技术实现

1. 开发技术

1) 接口技术

(1) 数据交换服务应采用 Web 服务方式实现,符合 WS-I 国际标准。

(2) 数据交换服务间互操作的协议为简单对象访问协议(SOAP)。

(3) 数据交换采用 XML 文件格式,对数据的描述涉及两部分内容,一个是数据模版,另一个是按照数据模版生成的数据文件。数据模板规定交换数据的内容与格式,其文件后缀为".xsd";数据文件是按照数据模板的要求生成的 XML 数据文件,它所描述的是数据本身,其文件后缀为".xml"。XML 文件使用 GBK 编码格式,元素属性名称均为小写。

2) 服务发布与查找

数据交换平台使用 UDDI(统一描述、发现和集成协议)建立数据交换服务管理中心,为数据交换服务提供目录查找功能。

UDDI 服务对于访问者不是必须的,在效率要求较高和服务相对稳定的情况下,可以不通过 UDDI 而直接访问服务,一般情况下,应使用 UDDI 实现服务的动态绑定。

3) 服务描述

数据交换服务使用 Web 服务策略(Web Services Policy)规范来描述 Web 服务的能力、需求和一般特征,包括但不限于安全性策略。

数据交换服务使用 WSDL(描述 XML Web 服务的标准 XML 格式),描述其使用的抽象消息操作、具体的网络协议和端点地址。

数据交换服务使用 XML 模式(XML Schema)描述其接收和发送的基于 XML 的消息的结构和内容。

4) 服务注册与发现

数据交换服务总线应提供满足对数据交换服务进行分布式访问和浏览的中央注册存储功能,应提供 UDDI 数据存储、复制和安全的注册产品。

数据交换服务总线的开发一般有以下方面的技术要求:

(1) 应提供实用的、稳定可靠且有弹性的方法对 SOA 元数据进行合并和分发。

(2) 支持基于标准的、互操作的服务发布和发现协议,应该提供企业级 SOA 所需要的基于标准和互操作模型。

(3) 应提供集中控制的服务发现和发布,同时应该提供安全访问控制能力,能够对敏感的服务提供有限范围的可视性。

(4) 应提供服务审批流程。

(5) 应提供服务变更管理,支持变更的通知和订阅,能实现将注册数据的变动主动通知管理员或者相应的流程。

5）纵向服务交换流程

纵向数据交换过程中，交换数据可以通过本级数据交换平台上报到总部数据交换平台，也可以通过总部数据交换平台下传到本级数据交换平台。

纵向数据交换步骤如下（请求数据的数据交换平台称为请求端，提供数据的数据交换平台称为提供端）：

（1）请求端向提供端发送获取交换数据的请求；提供端接受到请求后，根据请求信息生成交换数据并存放在提供端的 EDS（交换数据临时存储区）中。

（2）提供端生成交换数据完毕后，向请求端发送数据采集描述信息。

（3）请求端根据数据采集描述信息，从提供端的 EDS 中采集交换数据，并放置于请求端的 EDS 中，然后在请求端 EDS 中校验和处理数据，最后通过 ETL 工具将处理完成的数据装载到请求端 ODS 中。如果校验数据、处理数据或者装载数据步骤出现错误，就向提供端返回错误信息，否则返回成功信息。

流程图如图 8.7 所示。

6）横向数据交换流程

数据交换平台负责将同级业务系统数据采集到 ODS，其过程是纵向数据交换流程的简化（在同级数据交换平台内部完成，不需要在两级数据交换平台之间通信），步骤如下：

（1）数据交换平台向业务系统发起交换数据的请求；业务系统接受请求后，根据请求信息生成交换数据并存放在数据交换平台的 EDS 中。

（2）数据交换平台在 EDS 中校验和处理数据，最后通过 ETL 工具将处理完成的数据装载到 ODS 中。如果校验数据、处理数据或者装载数据步骤出现错误，则返回错误信息，否则返回成功信息。

流程图如图 8.8 所示。

同级业务系统之间可以利用数据交换平台实现数据的实时交换，这种交换需求通过在数据交换平台上开发相应的数据交换服务实现。流程图如图 8.9 所示。

2. 接口协议

1）请求端接口

在纵向交换过程中，提供端数据交换平台利用该接口向请求端数据交换平台发出数据采集描述信息。

接口定义如下：

（1）接口名称。RequestData。

（2）功能。提供端数据交换平台利用该接口将数据采集信息传送到请求端数据交换平台，请求端数据交换平台处理后返回相关的处理结果应答信息。

（3）输入参数。

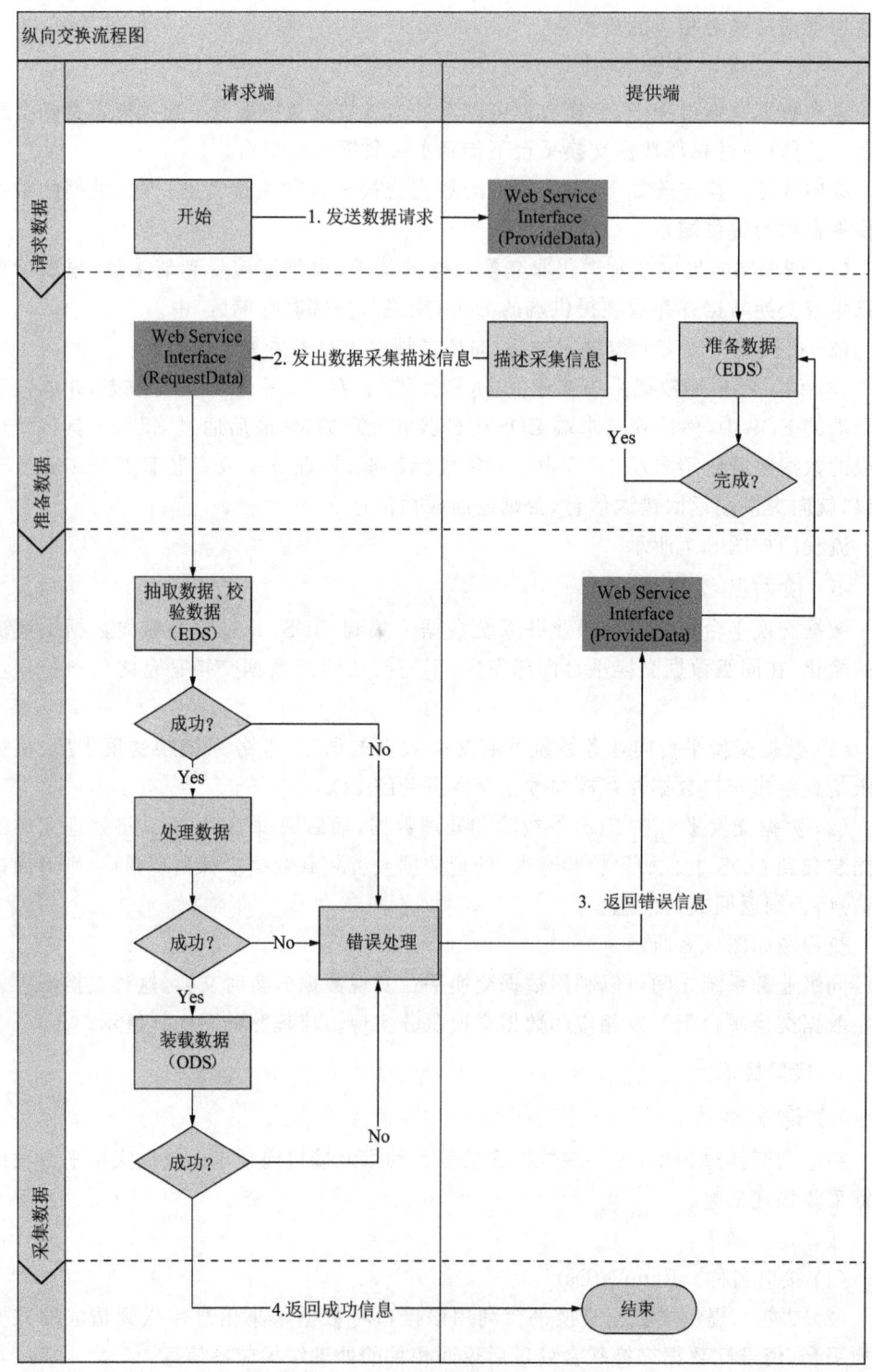

图 8.7 纵向数据交换的流程图

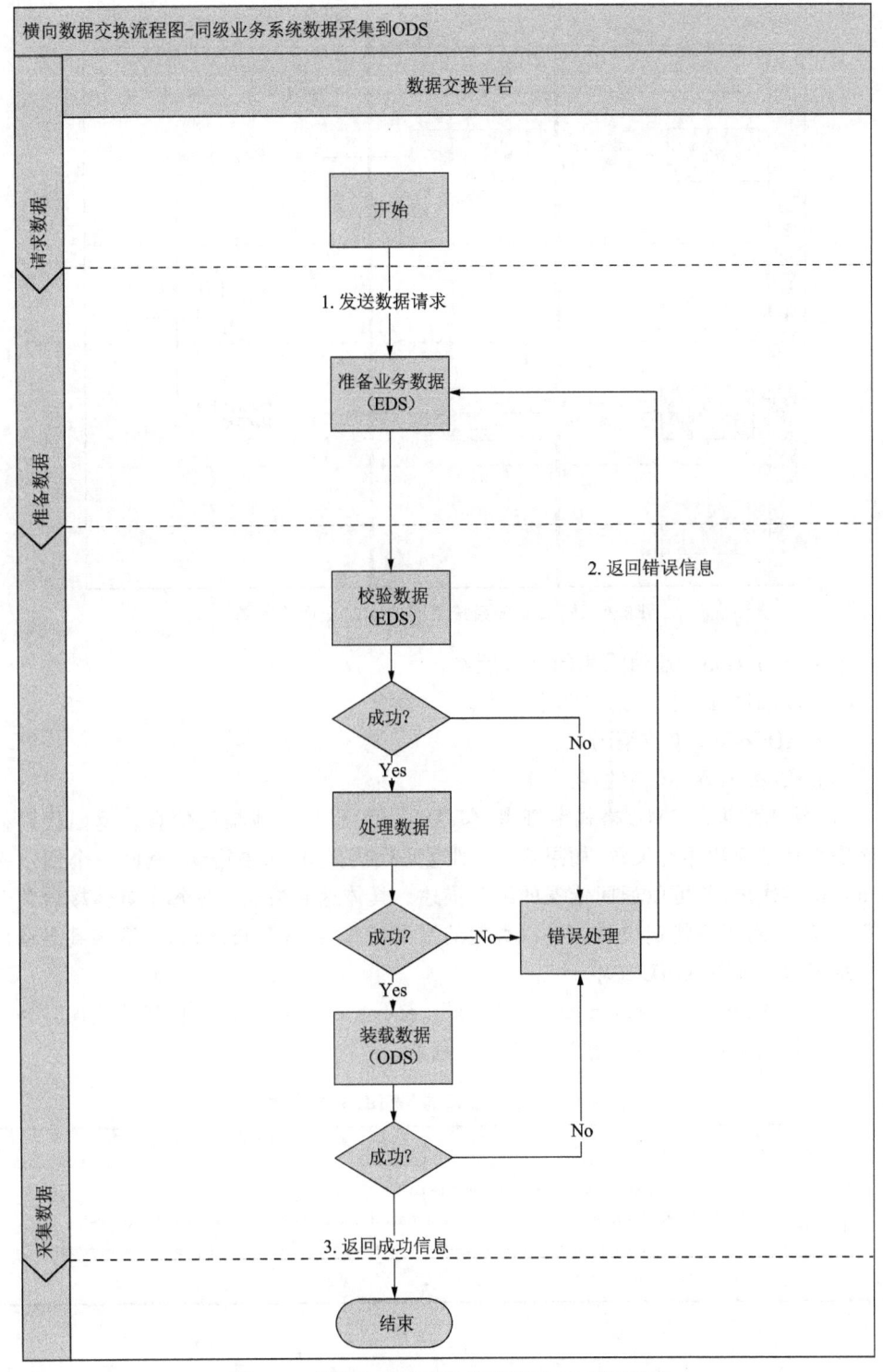

图 8.8 同级业务系统数据采集到 ODS 流程图

360 第8章 数据中心应用系统

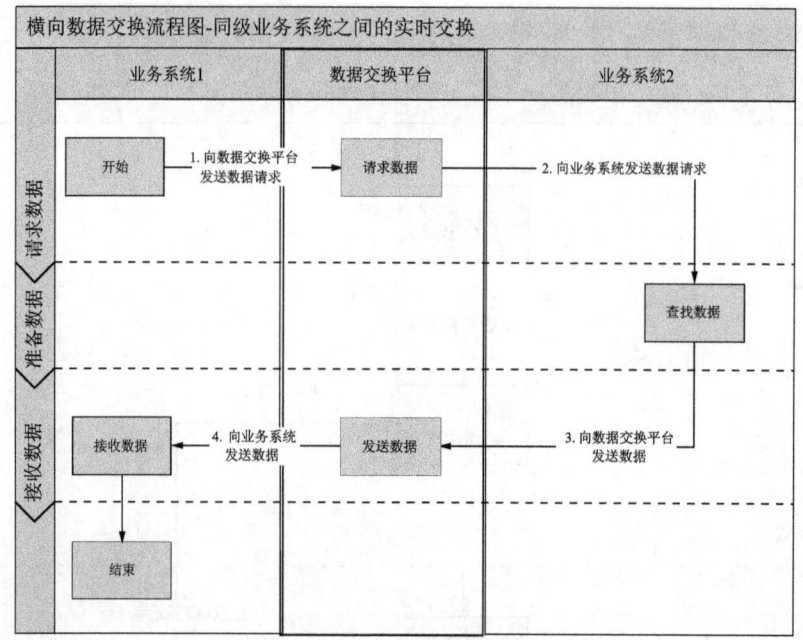

图 8.9 同级业务系统之间的实时交换流程图

① strVerstion。通信采用的接口版本。

② strIntfData。接口通讯请求数据。

③ strIDCode。单位编码。

④ strSignature。数字签名。

（4）输出结果。XML 格式字符串，包括返回代码和其他辅助信息。返回代码显示该项交易是成功还是失败，如果成功，则返回代码是 0；如果错误，返回一个预定义的非 0 错误代码，并可以返回错误的细节描述。具体返回格式参见每个具体接口关于应答的定义，对于不能定位具体接口类型的错误（例如：XML 格式错误、数字签名错误等），系统返回如下 XML 文本：

＜ErrorResponse return_code = "xxx" return_desc = "XML 文档格式错误"/＞

（5）相关的 WSDL 文档描述如表 8.1 所示。

表 8.1 请求端接口的 WSDL 文档描述

	描 述
操 作	＜wsdl:operation name = "RequestData"＞ 　　＜wsdl:input message = "RequestDataRequest"name = "RequestDataRequest"/＞ 　　＜wsdl:output message = "RequestDataResponse"name = "RequestDataResponse"/＞ ＜/wsdl:operation＞

续表 8.1

	描 述

输入信息	<wsdl:message name = "RequestDataRequest"/>
	   <wsdl:part name = "strVersion" type = "xsd:string"/>
	   <wsdl:part name = "strIntfData" type = "xsd:string"/>
	   <wsdl:part name = "strIDCode" type = "xsd:string"/>
	   <wsdl:part name = "strSignature" type = "xsd:string"/>
	</wsdl:message>

输出信息	<wsdl:message name = "RequestDataResponse"/> <wsdl:part name = "RequestDataResponse" type = "xsd:string"/> </wsdl:message>

2) 提供端接口

在纵向交换过程中,请求端数据交换平台利用该接口向提供端数据交换平台发出数据请求信息。

接口定义如下:

(1) 接口名称。ProvIDeData。

(2) 功能。请求端数据交换平台利用该接口将请求信息传送到提供端数据交换平台,提供端数据交换平台处理后返回相关的处理结果应答信息。

(3) 输入参数。

① strVerstion。通信采用的接口版本。

② strIntfData。接口通信请求数据。

③ strIDCode。单位编码。

④ strSignature。数字签名。

(4) 输出结果。XML 格式字符串,包括返回代码和其他辅助信息。返回代码显示该项交易是成功还是失败,如果成功,则返回代码是 0;如果错误,返回一个预定义的非 0 错误代码,并可以返回错误的细节描述。具体返回格式参见每个具体接口关于应答的定义,对于不能定位具体接口类型的错误(例如:XML 格式错误、数字签名错误等),系统返回如下 XML 文本:

<ErrorResponse return_code = "xxx" return_desc = "XML 文档格式错误"/>

(5) 相关的 WSDL 文档描述如表 8.2 所示。

表 8.2 提供端服务接口的 WSDL 文档描述

	描 述

操 作	<wsdl:operation name = "ProvIDeData">
	   <wsdl:input message = "ProvIDeDataRequest" name = "ProvIDeDataRequest"/>
	   <wsdl:output message = "ProvIDeDataResponse" name = "ProvIDeDataResponse"/>
	</wsdl:operation>

续表 8.2

	描 述

输入信息	`<wsdl:message name = "ProvIDeDataRequest"/>`
	　　`<wsdl:part name = "strVersion" type = "xsd:string"/>`
	　　`<wsdl:part name = "strIntfData" type = "xsd:string"/>`
	　　`<wsdl:part name = "strIDCode" type = "xsd:string"/>`
	　　`<wsdl:part name = "strSignature" type = "xsd:string"/>`
	`</wsdl:message>`

输出信息	`<wsdl:message name = "ProvIDeDataResponse">`
	　　`<wsdl:part name = "ProvIDeDataResponse" type = "xsd:string"/>`
	`</wsdl:message>`

3) 数据获取接口

横向交换过程中,业务系统利用该接口从数据交换平台获取交换数据。

接口定义如下：

(1) 接口名称。GetData。

(2) 功能。获取某个基本表的数据。

(3) 输入参数。

① strUserCredential。用户凭据,PKI 统一认证服务提供的用户身份令牌。

② strTableURI。表标示。

③ strFilter。查询条件。

(4) 输出结果。XML 格式字符串,如果成功就返回查询的数据。

错误则返回错误代码,具体返回格式参见每个具体接口关于应答的定义,对于不能定位具体接口类型的错误(例如：XML 格式错误、数字签名错误等),系统返回如下XML 文本：

`<ErrorResponse return_code = "xxx" return_desc = "XML 文档格式错误"/>`

现以某一电力企业为例,表述如下：

```
<? xml version = "1.0" encoding = "gbk"? >
<bdzxx>
    <row gnwzbm = "000000000000000000000001">
        <gnwzmc>功能位置名称 1</gnwzmc>
        <sjgnwzbm>上级功能位置编码 1</sjgnwzbm>
        <bdzlx>变电站类型 1</bdzlx>
        <dydj>电压等级 1</dydj>
        <bdzrl>变电站容量 1</bdzrl>
        <yxzt>运行状态 1</yxzt>
        <ssdq>所属地区 1</ssdq>
        <jdb>经度 1</jdb>
```

```xml
            <wd>纬度1</wd>
            <dz>地址1</dz>
            <tyrq>投运日期1</tyrq>
            <tyrqb>退役日期1</tyrqb>
            <sjdw>设计单位1</sjdw>
            <cjdwa>承建单位1</cjdwa>
            <cqdw>产权单位1</cqdw>
            <zsfs>值守方式1</zsfs>
            <sszxz>所属中心站1</sszxz>
            <yxglbm>运行管理部门1</yxglbm>
            <sbglbm>设备管理部门1</sbglbm>
    </row>
    <row gnwzbm = "000000000000000000000002">
            <gnwzmc>功能位置名称2</gnwzmc>
            <sjgnwzbm>上级功能位置编码2</sjgnwzbm>
            <bdzlx>变电站类型2</bdzlx>
            <dydj>电压等级2</dydj>
            <bdzrl>变电站容量2</bdzrl>
            <yxzt>运行状态2</yxzt>
            <ssdq>所属地区2</ssdq>
            <jdb>经度2</jdb>
            <wd>纬度2</wd>
            <dz>地址2</dz>
            <tyrq>投运日期2</tyrq>
            <tyrqb>退役日期2</tyrqb>
            <sjdw>设计单位2</sjdw>
            <cjdwa>承建单位2</cjdwa>
            <cqdw>产权单位2</cqdw>
            <zsfs>值守方式2</zsfs>
            <sszxz>所属中心站2</sszxz>
            <yxglbm>运行管理部门2</yxglbm>
            <sbglbm>设备管理部门2</sbglbm>
    </row>
</bdzxx>
```

(5) 相关的WSDL文档描述如表8.3所示。

表 8.3　数据读取接口的 WSDL 文档描述

	描　述

操　作	`<wsdl:operation name = "GetData">`
	　　`<wsdl:input message = "GetDataRequest" name = "GetDataRequest"/>`
	　　`<wsdl:output message = "GetDataResponse" name = "GetDataResponse"/>`
	`</wsdl:operation>`

输入信息	`<wsdl:message name = "GetDataRequest">`
	　　`<wsdl:part name = "strUserCredential" type = "xsd:string"/>`
	　　`<wsdl:part name = "strTableURI" type = "xsd:string"/>`
	　　`<wsdl:part name = "strFilter" type = "xsd:string"/>`
	`</wsdl:message>`

输出信息	`<wsdl:message name = "GetDataResponse">`
	　　`<wsdl:part name = "GetDataResponse" type = "xsd:string"/>`
	`</wsdl:message>`

4）数据发送接口

横向交换过程中，业务系统利用该接口向数据交换平台发送交换数据。

现以某一电力企业为例，对数据发送接口表述如下：

(1) 接口名称。SendData。

(2) 功能。发送某个基本表的数据。

(3) 输入参数。

① strUserCredential。用户凭据，PKI 统一认证服务提供的用户身份令牌。

② strUpdateString。更新数据所用到的查询语句。

(4) 输出结果。XML 格式字符串，如果成功，则返回代码是 0；如果错误，返回一个预定义的非 0 错误代码，并可以返回错误的细节描述。具体返回格式参见每个具体接口关于应答的定义，对于不能定位具体接口类型的错误(例如，XML 格式错误、数字签名错误等)，要编写返回代码定义手册，以便对照检查，系统返回如下 XML 文本：

`<ErrorResponse return_code = "xxx" return_desc = "XML 文档格式错误"/>`

如下面例子所示：

```
<? xml version = "1.0" encoding = "gbk"? >
<bdzxx>
    <newdata gnwzbm = "0000000000000000000000001">
        <gnwzmc>功能位置名称 1</gnwzmc>
        <sjgnwzbm>上级功能位置编码 1</sjgnwzbm>
        <bdzlx>变电站类型 1</bdzlx>
        <dydj>电压等级 1</dydj>
        <bdzrl>变电站容量 1</bdzrl>
        <yxzt>运行状态 1</yxzt>
```

```xml
        <ssdq>所属地区1</ssdq>
        <jdb>经度1</jdb>
        <wd>纬度1</wd>
        <dz>地址1</dz>
        <tyrq>投运日期1</tyrq>
        <tyrqb>退役日期1</tyrqb>
        <sjdw>设计单位1</sjdw>
        <cjdwa>承建单位1</cjdwa>
        <cqdw>产权单位1</cqdw>
        <zsfs>值守方式1</zsfs>
        <sszxz>所属中心站1</sszxz>
        <yxglbm>运行管理部门1</yxglbm>
        <sbglbm>设备管理部门1</sbglbm>
    </newdata>
    <newdata gnwzbm="000000000000000000000002">
        <gnwzmc>功能位置名称2</gnwzmc>
        <sjgnwzbm>上级功能位置编码2</sjgnwzbm>
        <bdzlx>变电站类型2</bdzlx>
        <dydj>电压等级2</dydj>
        <bdzrl>变电站容量2</bdzrl>
        <yxzt>运行状态2</yxzt>
        <ssdq>所属地区2</ssdq>
        <jdb>经度2</jdb>
        <wd>纬度2</wd>
        <dz>地址2</dz>
        <tyrq>投运日期2</tyrq>
        <tyrqb>退役日期2</tyrqb>
        <sjdw>设计单位2</sjdw>
        <cjdwa>承建单位2</cjdwa>
        <cqdw>产权单位2</cqdw>
        <zsfs>值守方式2</zsfs>
        <sszxz>所属中心站2</sszxz>
        <yxglbm>运行管理部门2</yxglbm>
        <sbglbm>设备管理部门2</sbglbm>
    </newdata>
</bdzxx>
```

(5) 相关的 WSDL 文档描述如表 8.4 所示。

表 8.4 数据读取接口的 WSDL 文档描述

	描 述

操 作	`<wsdl:operation name = "SendData">`
	　　`<wsdl:input message = "SendDataRequest" name`
	　　　　　　　　`= "SendDataRequest"/>`
	　　`<wsdl:output message = "SednDataResponse" name`
	　　　　　　　　`= "SendDataResponse"/>`
	`</wsdl:operation>`

输入信息	`<wsdl:message name = "SendDataRequest">`
	　　`<wsdl:part name = "strUserCredential" type = "xsd:string"/>`
	　　`<wsdl:part name = "strUpdateString" type = "xsd:string"/>`
	`</wsdl:message>`

输出信息	`<wsdl:message name = "SendDataResponse">`
	　　`<wsdl:part name = "SendDataResponse" type = "xsd:string"/>`
	`</wsdl:message>`

8.3.4 多级数据交换

图 8.10 显示基于数据交换平台的数据纵向交换和横向交换(考虑 3 级数据交换的情况)。

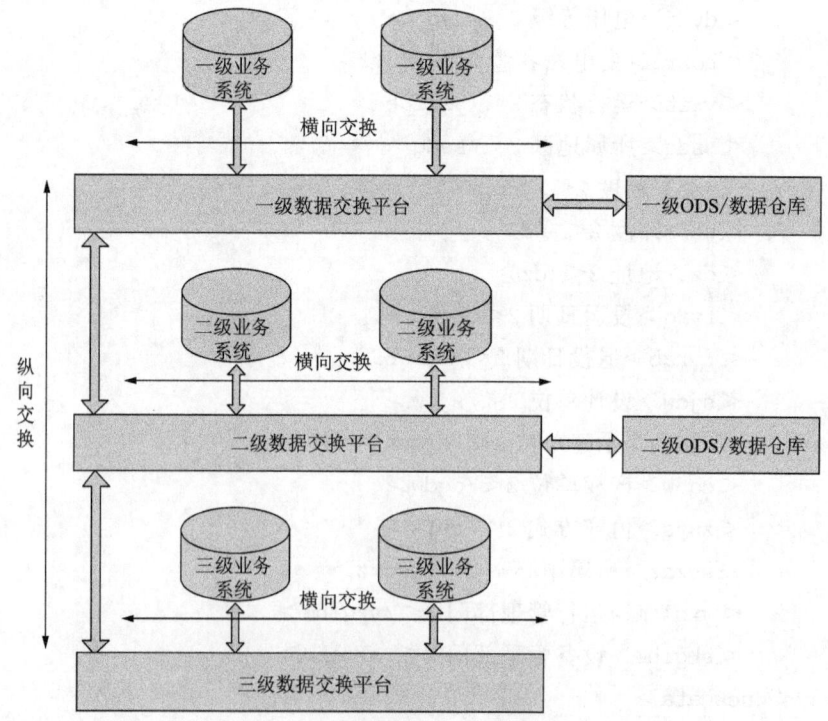

图 8.10 数据纵向交换和横向交换

(1) 已实现省级业务集中的情况下,采用两级数据交换平台实现数据交换;未实现省级业务集中的情况下,采用三级数据交换平台实现数据交换。

(2) 数据交换平台负责为同级 ODS 采集数据,包括同级业务系统产生的数据和下级数据交换平台上传的数据。

(3) 数据交换平台负责实现同级业务系统之间的横向数据交换,这种交换应当是实时的。

(4) 纵向数据交换(双向)由上、下两级数据交换平台共同完成,数据交换平台提供的数据必须符合数据交换规范的要求。

8.4 决策分析应用

数据应用分析系统是挖掘数据中心数据价值的利器,只有通过挖掘后的数据才能为用户提供有效的决策支持。系统基于 SOA 的架构,在能够满足业务性能要求的前提下,应用层优先考虑将决策分析功能封装为服务的方式,提供给其他使用者调用。

8.4.1 功能结构

数据中心应用分析是一个要求时间、效率、利益的过程,它需要快速准确、能适应需求多变的环境、具有弹性体系的决策支持解决方案。虽然随着信息化的进程,数据中心中积累了大量的基础数据,管理者希望能从涉及多部门、不同信息系统的历史数据中挖掘"宝藏",充分利用、发掘现有数据,将操作型数据转变为决策型数据,为决策提供依据,做出正确及时的决策。应用分析系统功能结构如图 8.11 所示。

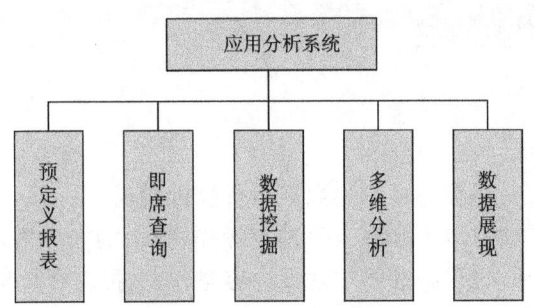

图 8.11 应用分析系统功能结构

1. 预定义报表

预定义报表主要指的是数据中心系统中所使用到的固定报表。预定义报表系统从数据集市取得所需数据,对取得的源数据进行处理,生成报表的各项指标,并集成到信息门户当中,用户可以从 Web 页面直接调用,查看报表。

2. 即席查询

即席查询是指用户使用特定客户端连接到数据集市，针对关心的指标进行查询，然后根据查询出的结果，随时调整查询内容的查询方法。使用即席查询，用户可以按照随时变化的查询要求，及时查询出在不同约束条件下，自己所关心的特定指标。实现在维度和指标方面更为灵活、更为开放的自由组合查询。

3. 数据挖掘

数据挖掘又称为数据库中的知识发现，是指从存放在数据库、数据仓库或其他信息库中的大量数据中挖掘出有趣知识的过程。数据挖掘提供丰富的数据挖掘模型和灵活算法，挖掘结果能够转化为主流格式的图表，并可集成于其他的应用中。当前出现的数据挖掘系统主要包括集中式的和分布式的数据挖掘系统，而每种系统的具体结构及其各个组成部分却有多种不同的实现技术和实现方式。

4. 多维分析

多维分析系统通过 OLEDB、ADO 及 ODBC 等数据接口访问数据仓库中的数据，OLAP 负责实现多维数据分析，数据集市负责提取数据仓库中的隐含知识和对 OLAP 结果作深层次的分析处理。多维分析支持数据的多维概念视图，支持多个维度层次，能通过切片、切块、旋转、上钻、下钻等技术，提供丰富的统计、分析等功能。

5. 数据展现

数据展现在数据中心应用系统中主要是利用第三方工具进行数据展现，同时展现工具要支持多维数据库，同时还要有很丰富的图表案例，使展现出来的数据不至于空洞，使图像更加生动，同时使展现出来的数据更加真实等。

8.4.2 建设内容

1. 预定义报表

1）单报表处理

单报表可以直接从数据库中取出数据进行分析展现。

开发一个报表需要从以下步骤入手进行操作：报表的业务需求分析、报表收集与整理、报表的数据需求分析、报表需求建设内容与开发、报表展示与测试等。其涉及的数据来源于 OLAP 分析得到的数据。

报表变化较快，可能在需求分析、逻辑分析后，到具体实现时，报表格式甚至报表内容都已经发生变化，在这种情况下，需要对变化后的报表重新进行完整的分析，并将分析结果完整的记录下来，然后再根据分析结果进行设计、实现。

2）多报表处理

通常，同一主题的多个报表间有较强的关联，有些数据会在多个报表中以不同方式出现。因此,可以对多个报表进行整合。

由于报表处理逻辑和展现格式都已经确定,在这一步设计中,只需要确定具体实现、测试方法。

多报表间的优化。在明确分析完单报表逻辑后,实际加到系统中时,与其他报表统一处理的步骤。

3) 预定义报表物理实现

在处理报表时,通常需要对中间运算结果及最后生成的报表进行存储。因此在进行典型设计时,必须确定中间表和最终报表的物理存储参数。

由于预定义报表的结构及内容都可以预先确定,并且只会在每次数据装载完毕后运算一次,同时只存在插入操作,没有更改操作,因此在确定物理存储参数时,需要根据不同数据库类型为此类数据表的优化措施,确定恰当的物理存储参数。

2. 即席查询

即席查询是指用户使用特定客户端连接到数据集市,针对关心的指标进行查询,然后根据查询出的结果,随时调整查询内容的查询方法。使用即席查询,用户可以及时查询出在不同约束条件下,自己所关心的特定指标,实现了在维度和指标方面更为灵活、更为开放的自由组合查询。

即席查询子系统允许用户自定义数据库数据源,实现单个事实表、单个资料表的查询或两个事实表、两个资料表的关联查询。在查询的过程中,系统允许用户选择关心的维度或指标,针对维度或指标设定过滤条件,对某个维度分组,对某个维度或指标实现简单的汇总,在分组和汇总的基础上实现图表展示,实现维度或指标的排序(对汇总提供 Top N 排序功能)、提供一些简单的函数来创建所需的公式字段,系统提供套用模板来展示即席报表的功能,也提供将创建的即席报表存储为模板以备套用的功能。

即席查询主要是基于以下需求的查询:

(1) 基于单个事实表的即席查询。
(2) 基于单个资料表的即席查询。
(3) 基于单个清单表的即席查询。
(4) 基于两个事实表关联的即席查询。
(5) 基于两个资料表关联的即席查询。

即席查询子系统使用与应用集成发布相同的技术和架构,具体的技术策略参见应用集成发布部分的设计思路和框架结构。

3. 多维分析

数据仓库多维分析一般采用的是联机分析处理(Online Analytical Processes,OLAP)技术实现。

1) OLAP 概述

OLAP 是使分析人员、管理人员或执行人员能够从多角度对信息进行快速、一致、交互地存取，从而获得对数据更深入了解的一项软件技术。OLAP 的目标是满足决策支持或者满足在多维环境下特定的查询和报表需求，它的技术核心是"维"这个概念。

"维"（Dimension）是人们观察客观世界的角度，是一种高层次的类型划分。"维"一般包含着层次关系，这种层次关系有时会相当复杂。OLAP 通过把一个实体的多项重要的属性定义为多个维，使用户能对不同维上的数据进行比较。

OLAP 的基本多维分析操作有钻取（Roll Up 和 Drill Down）、切片（Slice）和切块（Dice）及旋转（Pivot）等。

OLAP 有多种实现方法，根据存储数据的方式不同可以分为关系型联机分析处理（Relational Online analytical Processes，ROLAP）、多维联机分析处理（Multidimensional Online Analytical Processes，MOLAP）、混合型联机分析处理［Combination of MOLAP(ROLAP,HOLAP)］。维的存储类型由数据集市实施驱动。如果有大量数据且刷新速率很高，或者有明细海量数据时选择 ROLAP。选择 MOLAP 可以存储用于分析的聚集数据。

2) OLAP 分析方式

(1) ROLAP。ROLAP 表示基于关系数据库的 OLAP 实现（Relational OLAP）。以关系数据库为核心，以关系型结构进行多维数据的表示和存储。ROLAP 将多维数据库的多维结构划分为两类表：一类是事实表，用来存储数据和维关键字；另一类是维表，即对每个维至少使用一个表来存放维的层次、成员类别等维的描述信息。维表和事实表通过主关键字和外关键字联系在一起，形成了"星型模式"。对于层次复杂的维，为避免冗余数据占用过大的存储空间，可以使用多个表来描述，这种星型模式的扩展称为"雪花模式"。

(2) MOLAP。MOLAP 表示基于多维数据组织的 OLAP 实现（Multidimensional OLAP）。以多维数据组织方式为核心，也就是说，MOLAP 使用多维数组存储数据。多维数据在存储中将形成"立方块（Cube）"的结构，在 MOLAP 中对"立方块"的"旋转"、"切块"、"切片"是产生多维数据报表的主要技术。

(3) HOLAP。HOLAP 表示基于混合数据组织的 OLAP 实现（Hybrid OLAP）。如低层是关系型的，高层是多维矩阵型的。这种方式具有更好的灵活性。

3) OLAP 分析指标

根据业务规则及业务需求对指标进行分类，定义指标体系，并定义对这些指标进行分析的角度及各角度之间的组合关系。

4) OLAP 分析模型

(1) 单一指标分析模型。单一指标通过定义其维度表和事实表，采用星型模型和雪花型进行分析。

① 星型模型。一个表或者视图包含层次的所有级别信息，通过不同字段描述，每

一样记录代表层次中的一个节点,一般用字段包含一些属性信息,在一个级别中成员ID必须是唯一的。

星型模型允许映射各个级别的维度成员和属性,但是不允许从一个字段映射多个元素,比如从一个表或者视图的一个字段映射到多个维度成员或者属性。

处理星型维度时,推荐使用代理键,如果维度值在不同级别中不是唯一的,同时要定义级别和基于级别的层次和使用星型模式作为源表类型。

② 雪花型模型。在一个表集合中,每个表中有两个字段,一个代表维度某个级别ID,另外一个代表其父亲ID,每条记录代表维度成员和其父亲,比如机构和分支机构的一条记录。

雪花型模型允许映射各个级别的成员、父级和属性,不允许映射一个字段到每个元素,比如映射一个表或者视图到每个级别。

处理雪花型维度时,要使用代理键或自然键,如果不同维度中不同级别的成员不唯一,必须使用代理键;至少定义一个级别和基于级别的层次。映射维度数据来源的时候使用雪花型。

(2) 单指标分析步骤如下:
① 正确区分事实、维度和属性。
② 设计维度表,包括维度表的定义、维度层次的定义、维度属性的定义。
③ 设计事实表,包括主键、外键,以及事实表与维度表之间的关系。
④ 建立星型模型或者雪花模型。

(3) 多指标分析步骤。在对单个指标分析之后,需要将相关指标集合起来,进行综合分析,尽量减少重复分析工作。在分析时,要分析各指标之间的关系,维度是否可以共享等,将各指标之间共享的分析步骤集合起来,形成中间分析结果,供各指标使用。

(4) 多主题分析步骤。在进行典型设计时,不但要考虑当前主题的建设,还需要考虑当前主题和已经建设完成的主题之间的整合问题,同时,还应该尽可能考虑到与将要建设的主题的整合。

由于多主题间的联系关系比较复杂,只能在进行典型设计时,具体问题具体分析,采用不同的方法进行整合。

4. 数据挖掘

随着信息技术的高速发展,人们积累的数据量急剧增长,动辄以 TB 计,如何从海量的数据中提取有用的知识成为当务之急。数据挖掘就是为顺应这种需要而发展起来的数据处理技术,是知识发现(Knowledge Discovery in Database)的关键步骤。

1) 数据挖掘步骤

图 8.12 给出的数据挖掘实现步骤有 3 个阶段:数据准备阶段、挖掘阶段、结果分析和评价阶段。

一般包括定义问题、数据准备、数据挖掘、结果分析和知识运用等步骤。

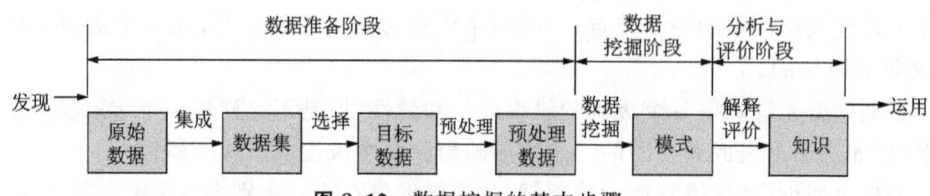

图 8.12 数据挖掘的基本步骤

(1) 定义问题。清晰地定义出业务问题,确定数据挖掘的目的。

(2) 数据准备。选择数据,在大型数据库和数据集市目标中提取数据挖掘的目标数据集;数据预处理,进行数据再加工,包括检查数据的完整性及数据的一致性、去噪声、填补丢失的域、删除无效数据等。

(3) 数据挖掘。根据数据功能的类型和数据的特点选择相应的算法,在净化和转换过的数据集上进行数据挖掘。

(4) 结果分析。对数据挖掘的结果进行解释和评价,转换成为能够最终被用户理解的知识。

(5) 知识运用。将分析所得到的知识集成到业务信息系统的组织结构中去。

2) 数据挖掘类型

数据挖掘方法分为两大类:预测型和描述型。

(1) 预测型数据挖掘。预测型模式是可以根据数据项的值精确确定某种结果的模式。挖掘预测型模式所使用的数据也都是可以明确知道结果的。

① 分类(Classification)。分类就是找出一个类别的概念描述,它代表了这类数据的整体信息,即该类的内涵描述,并用这种描述来构造模型,一般用规则或决策树模式表示。分类是利用训练数据集通过一定的算法而求得分类规则。

② 回归分析(Regression)。回归分析是根据具有已知值的变量来预测其他变量的值。它与分类模式相似,差别在于分类模式的预测值是离散的,回归模式的预测是连续的。

③ 时序分析(Time Series)。时序分析模式是指通过时间序列搜索出的重复发生概率较高的模式。与回归分析一样,它也是用已知的数据预测未来的值,但这些数据的区别是变量所处时间的不同。

(2) 描述型数据挖掘。描述型模式是对数据中存在的规则做一种描述,或者根据数据的相似性进行数据分组。

① 关联分析(Association Analysis)。两个或两个以上变量的取值之间存在某种规律性,就称为关联。数据关联是数据库中存在的一类重要的、可被发现的知识。关联分为简单关联、时序关联和因果关联。关联分析的目的是找出数据库中隐藏的关联网。一般用支持度和可信度两个阈值来度量关联规则的相关性,并不断引入兴趣度、相关性等参数,使得挖掘的规则更符合需求。

② 聚类分析(Clustering)。聚类是把数据按照相似性归纳成若干类别,同一类中的数据彼此相似,不同类中的数据相异。聚类分析可以建立宏观的概念,发现数据的

分布模式,以及数据属性之间可能存在的相互关系。

3) 数据挖掘算法

数据挖掘算法是创建数据挖掘模型的机制。为了创建模型,算法将首先分析一组数据并查找特定模式和趋势。算法使用此分析的结果来定义挖掘模型的参数,然后,这些参数应用于整个数据集,提取可行模式和详细统计信息。

(1) 关联算法。查找数据集中的不同属性之间的相关性。这类算法最常见的应用是创建可用于顾客购买行为模式分析的关联规则。关联模型基于包含各事例的标识符及各事例所包含项的标识符的数据集生成。

(2) 聚类分析算法。基于数据集中的其他属性预测一个或多个离散变量。聚类分析算法是一种分段算法。该算法使用迭代技术将数据集中的事例分组为包含类似特征的分类。在浏览数据、标示数据中的异常及创建预测时,这些分组十分有用。聚类分析模型标示数据集中可能无法随意观察出在逻辑上得出的关系。

聚类分析算法不同于决策树算法等其他数据挖掘算法,区别在于无需指定可预测列便能生成聚类分析模型。聚类分析算法严格地根据数据及该算法所标示的分类里存在的关系来定型。

(3) 决策树算法。决策树算法由分类和回归算法组成,用于对离散和连续属性进行预测性建模。

对于离散属性,该算法根据数据与输入列之间的关系进行预测。它使这些列的值预测指定为可预测的列的状态。具体地说,该算法标示了与可预测列相关的输入列。决策树根据朝向特定结果发展的趋势进行预测。

对于连续属性,该算法使用线性回归确定决策树的拆分位置。

如果将多个列设置为可预测列,或输入数据中包含设置为可预测的嵌套表,则该算法将为每个可预测列生成一个单独的决策树。

(4) Naive Bayes 算法。Naive Bayes 算法是一种分类算法,用于预测性建模。Naive Bayes 算法使用贝叶斯定理,但未将可能存在的依赖关系考虑在内,因此该假定称为理想化假定。

(5) 神经网络算法。神经网络算法组合输入属性的每个可能状态和可预测属性的每个可能状态,并使用定型数据计算概率。之后,可以根据输入属性,将这些概率用于分类或回归,并预测被预测属性的结果。

使用神经元网络算法构造的挖掘模型可以包含多个网络,这取决于用于输入和预测的列的数量,或者取决于仅用于预测的列的数量。一个挖掘模型包含的网络数取决于挖掘模型使用的输入列和预测列包含的状态数。

(6) 顺序分析和聚类分析算法。顺序分析和聚类分析算法是一种顺序分析算法。可以使用该算法来研究包含可通过下面的路径或"顺序"链接到的事件的数据。该算法通过对相同的顺序进行分组或分类来查找最常见的顺序。

该算法在许多方面都类似于聚类分析算法。不过,顺序分析和聚类分析算法不是查找包含类似属性的事例的分类,而是查找顺序中包含类似路径的事例的分类。

(7) 时序算法。时序算法提供了一些针对连续值(例如一段时间内的产品销售额)预测进行了优化的回归算法。时序算法的一个重要功能就是可以执行交叉预测。如果用两个单独但相关的序列为该算法定型,则可以在生成的模型中根据一个序列的行为预测另一个序列的结果。

(8) 线性回归算法。线性回归算法是决策树算法的一种变体,有助于计算依赖变量和独立变量之间的线性关系,然后使用该关系进行预测。该关系采用的表示形式是最能代表数据序列的线的公式。可以使用线性回归确定两个连续列之间的关系。

(9) 逻辑回归算法。逻辑回归算法是神经网络算法的一种变体。逻辑回归是一种众所周知的统计方法,用于对二进制结果(如 Yes-No 结果)建模。

5. 数据展现

1) 展现内容

(1) 展现数据。OLAP 分析出来的数据也是展现数据,展现数据是经过多维数据进行分析后的数据,在确定展现数据的时候要确定是通过立方体展现的数据,还是通过二维表的星型结构进行展现的数据,二维表展现的数据不像立方体的数据展现的那么复杂,两种展现数据都有自己特色。

(2) 展现格式。数据经过 OLAP 分析后,产生出很多数据,为展现的时候更加清晰明确,所以为报表定义很多格式,定义报表格式很多,可以通过柱状图、饼图等方式来展现报表。

在这一步,应该形成展现格式文件。针对需求分析中的每一个需求,确定需求的展现方式。如果同一需求要求有多种展现方式,则记录需要的所有展现方式。

2) 展现方式

以下列出一些主要的展现方式:

(1) 文字说明。用文字简单直接地描述客户所最关心的内容,一般放在页面的上部最容易看到的位置。

(2) 固定报表。固定报表主要是以固定表格的形式满足相应业务用户对于信息的使用需求。固定报表所反映的往往是用户关心的常用指标,它是一种例行报表,如年报、月报、日报等。样例如图 8.13 所示。

销售额统计报表

客户名称	年	季	销售额	比上期	比去年同期
东南实业	1997	1	¥61 258.07		
		2	¥38 483.63	62.82%	
		3	¥38 547.22	100.17%	
		4	¥53 032.95	137.58%	
	1998	1	¥94 225.31	177.67%	153.82%
		2	¥99 415.29	105.51%	258.33%
		3	¥104 901.65	105.52%	272.14%
		4	¥123 798.68	118.01%	233.44%

图 8.13 报表样例

(3) 仪表盘。主要用于表示当前工作的完成情况、进度等,让公司领导可以根据业务指标指针的摆动做出及时、高效的判断,样例如图 8.14 所示。

图 8.14　仪表盘样例

(4) 雷达图。主要显示各组数据偏离数据的中心点的距离,样例如图 8.15 所示。

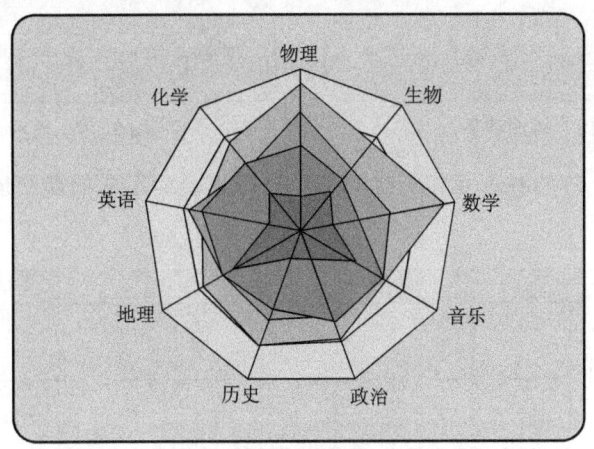

图 8.15　雷达图样例

(5) 柱状图和条形图。直观反映指标数据间的比较关系,样例如图 8.16 所示。

(6) 折线图。对指标数据变化趋势的演示,侧重于单一的数据,样例如图 8.17

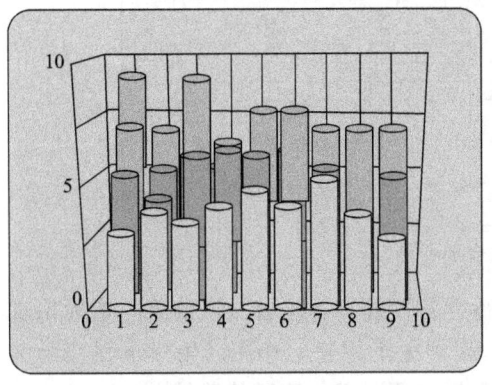

图 8.16　柱状图样例

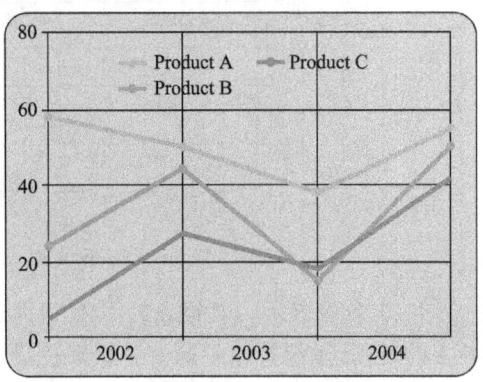

图 8.17　折线图样例

所示。

(7) 饼图。显示每一组数据相对于总数值的大小和所占比重,样例如图 8.18 所示。

(8) 面积图。显示每一数值所占大小随时间或者类别而变化的曲线,样例如图 8.19 所示。

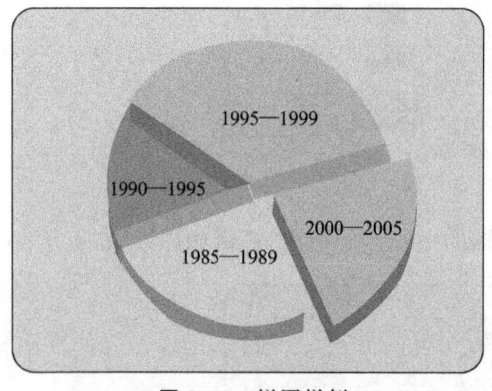

图 8.18　饼图样例

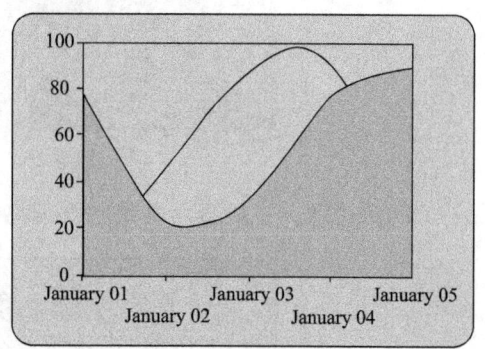

图 8.19　面积图样例

(9) 组合图。将两种不互相干扰的图形进行组合而形成的新图形,样例如图 8.20 所示。

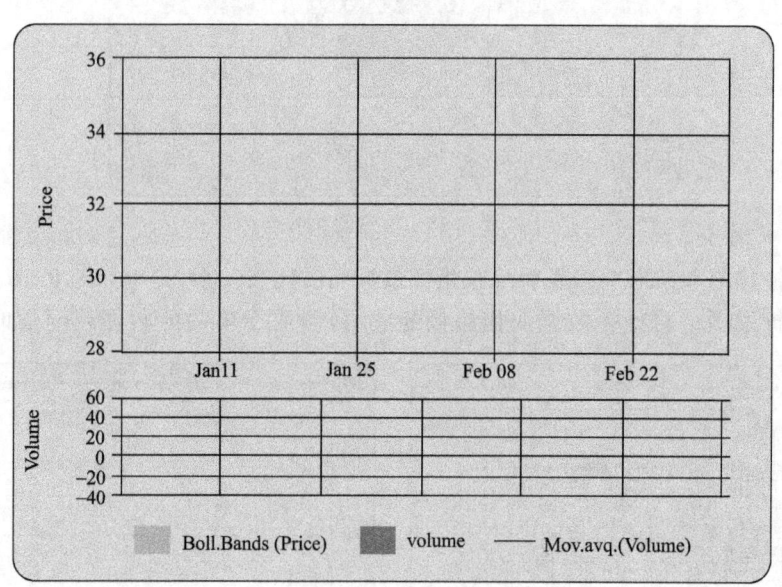

图 8.20　组合图样例

(10) 告警分析。对报表的 KPI 指标进行异常监控。当这些报表的某一指标出现异常的时候,系统将以不同的背景颜色显示,起到警示用户的作用。用户根据实际业务逻辑制定告警规则,真正对生产计划和业务运作情况进行实时的监控。

(11) 动态地图区域展现分析方法。使用地图显示各区域的 KPI 指标数据信息,可以在空间维度上进行钻取、探查,还可以方便地从图形钻取到表格,也可以从表格转换到图形。

(12) TopN 分析。对根据 KPI 指标排序后的前(后)几名进行分析。

(13) 80/20 分析。检验两组类似数据之间的关系,并改变它们所描述的关系。

(14) 平衡计分卡。综合考虑企业(机构)发展过程中的财务指标和一系列非财务指标的平衡。

(15) 本量利分析。主要用于财务部门,分析成本-销量-利润之间的关系。

(16) 杜邦财务分析。主要用于财务部门,反映主要财务比率及其相互关系。

8.5 信息门户系统

门户系统是数据中心价值体现的窗口。最终用户只有通过门户应用才能真正体会到数据中心带来的好处。

统一门户子系统的功能是为企业(机构)提供数据信息发布的统一平台,是数据中心的统一访问入口和管理平台。它提供应用集成功能,通过多种方式整合上一节数据综合应用系统开发出的应用功能,实现单点登录;提供信息发布管理功能,内容管理功能及个性化平台;提供数据集成功能。

门户系统以支持业务管理为首要目的,能够解决业务管理中的主要业务问题,加快企业(机构)内部信息流通,提高工作效率。因此,设计的定位不仅仅是一个门户系统,同时还将与业务管理相关的系统集成在一起,进一步满足当前业务的迫切需要,适应新的业务要求。目标是建设集成现有业务系统的、协同工作的安全信息门户。

8.5.1 功能结构

统一门户子系统涉及的功能模块如图 8.21 所示。

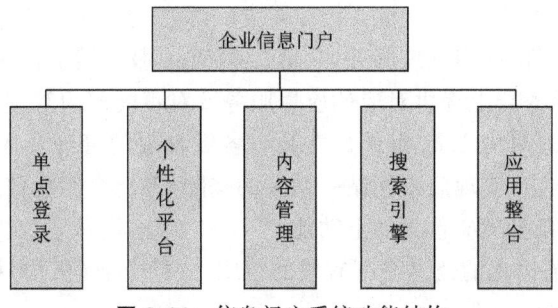

图 8.21 信息门户系统功能结构

1. 单点登录

单点登录(Single Sign-on,简称 SSO)是一种方便用户访问多个系统的技术,用户只需在登录时进行一次注册,就可以在多个系统间自由穿梭,不必重复输入用户名和密码来确定身份。数据中心单点登录提供应用集成接口,通过门户可以实现对后台多个子系统的单点登录。即用户登录门户之后,经由门户进入后台系统或访问后台系统的功能,就不再需要进行登录。一个完整的数据中心 SSO 单点登录用户认证系统应具备以下功能:

(1)统一用户管理。实现用户信息的集中管理,并提供标准接口。

(2)统一认证。用户认证是集中统一的,支持 PKI、用户名/密码、B/S 和 C/S 等多种身份认证方式。

(3)SSO 单点登录。支持不同域内多个应用系统间的单点登录。

2. 个性化平台

门户网站按照专业划分信息展现的内容,不同专业有不同的展现方式。按照不同的专业划分,用户可以在不同的专业模块中看到所关注的信息,并且每种信息都有不同的展现方式,例如,图表、曲线等。用户可以很方便地进入该专业查询自己关注的信息,过滤掉不感兴趣的信息;也可以根据自己的需要定制数据中心门户界面,仅显示对自己有用的相关信息和链接子系统;自行选择显示语言、页面样式,增加了信息门户对用户的亲和力。通过个性化界面提高用户访问效率。提供了主动式的个性化服务,它可以根据你的角色,显示不同的平台信息。

一般信息门户应提供以下功能:

(1)个性化内容和应用。基于角色和组织定义的用户可以获得与其相关的内容和服务。例如,针对不同的客户群体分发的不同产品目录和报价。

(2)个性化语言显示,信息门户可以支持支持多语言,如英语、日语等。

(3)对内容的组织和显示样式进行定义。

(4)收藏夹功能。对感兴趣的信息进行快速存储和查找。

3. 内容管理

信息门户平台提供内容管理服务,只负责在 Web 服务器上提供空间、初始化网站目录结构、在应用服务器上提供对应的应用服务及对不同部门管理员的初始授权。各部门在复合授权管理架构之上,继续建立具有各级权限的管理员体系,各级管理员发布各自信息,自主维护,实现门户网站一站式的登陆、各地个性化信息的展现。

信息门户的内容管理应包含如下功能:

(1)对各类非结构化的信息进行有效的组织,支持企业(机构)根据自身情况快速搭建内容的组织结构。

(2)提供对信息安全性的多级别、多方式的定义,以保证信息的完整、真实和安全。

(3) 可预先定义信息的发布形式和页面显示格式。
(4) 可与内外网站相结合进行管理。
(5) 可与工作流程管理结合对信息的规划、组织、分发和查看进行控制和审批。
(6) 内部和外部用户可以通过浏览器、智能搜索、个性化工具等快速获得信息。
(7) 可针对不同的用户设定内容的不同分发。

4. 搜索引擎

信息门户搜索包括简易搜索、高级索引、订阅、分类浏览、最佳搜索结果及第三方可扩展性等强大而又实用的信息搜索能力,帮助用户快速找到自己所需的信息。在用户界面中,用户还可以方便地在结果集中再搜索,得到精确的、经过排列的结果集。

利用门户信息索引和搜索服务,可以搜索以多种格式存储在多个不同位置的人员、网站、文档或其他信息。信息门户通过使用下列功能使搜索更加快速,搜索效果更加理想。

(1) 单个位置搜索。该功能搜索以多个不同格式存储在多个不同位置的信息。
(2) 关键字搜索。该功能在门户网站上查找人员、网站、文档、图像或其他类型的信息。
(3) 主题区域。该功能便于不熟悉门户网站其他区域的用户查找他们所需的信息。
(4) 内容自动分类。
(5) 对与搜索高度相关的项目进行最佳匹配标记。
(6) 通知。该功能告诉您搜索结果。
(7) 用户配置文件。用于根据特定内容(标题、位置和人员发布的其他详细信息)搜索人员。

无论是搜索特定信息,还是仅浏览一组相关项目,门户搜索引擎都使之变得更加轻松。

5. 应用整合

门户平台向各业务部门提供专门的业务数据展现与分析,是用户进入数据综合应用系统的入口。在数据展现与分析中,为用户提供各种形式的数据展现方式,便于对数据进行整理分析。

作为一种整合、分类、集成和访问信息的方法,信息门户为员工、客户、供应商和合作伙伴提供了一个获取内部信息的统一平台。信息门户不仅集成企业(机构)的信息资源,同时也通过单点登录集成各种应用系统。

8.5.2 建设内容

1. 单点登录

平台提供应用集成接口,通过门户可以实现对后台多个子系统的单点登录。即用户登录门户之后,经由门户进入后台系统或访问后台系统的功能、数据,就不再需要进行登录。系统支持用户的分级授权机制。系统管理员根据用户申请为用户定义角色权限。

1) 实现机制

单点登录的机制其实是比较简单的,用一个现实中的例子做比较:北京著名的颐和园内部有许多独立的景点,例如"苏州街"、"佛香阁"、"德和园"等,都在各自景点门口单独售票。如果游客计划游遍所有的景点,这种售票方式就显得很不方便。于是游客选择购买一张通票(也叫套票),只需要在每个景点门口出示套票就能进入每个景点,不需重复购买。

单点登录的机制也一样,如图 8.22 所示,当用户第一次访问应用系统 1 时,因为还没有登录,会被引导到认证系统中进行登录(1);根据用户提供的登录信息,认证系统进行身份效验,如果通过效验,应该返回给用户一个认证的凭据——ticket(2);用户再访问别的应用的时候(3,5)就会将这个 ticket 带上,作为自己认证的凭据,应用系统接受到请求之后会把 ticket 送到认证系统进行效验,检查 ticket 的合法性(4,6)。如果通过效验,用户就可以在不用再次登录的情况下访问应用系统 2 和应用系统 3 了。

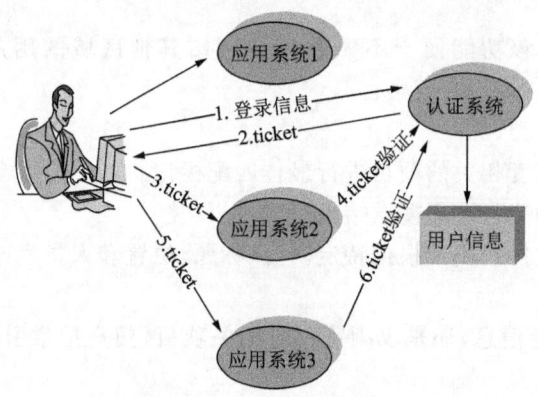

图 8.22　SSO 实现机制

从图 8.22 可以看出,要实现 SSO,主要需要以下的功能:

(1) 所有应用系统共享一个身份认证系统。统一的认证系统是 SSO 的前提之一。认证系统的主要功能是将用户的登录信息和用户信息库相比较,对用户进行登录认证;认证成功后,认证系统应该生成统一的认证标志(ticket),返还给用户。另外,认证系统还应该对 ticket 进行效验,判断其有效性。

(2) 所有应用系统能够识别和提取 ticket 信息要实现 SSO 的功能。让用户只登录一次,就必须让应用系统能够识别已经登录过的用户。应用系统应该能对 ticket 进行识别和提取,通过与认证系统的通讯,自动判断当前用户是否登录过,从而完成单点登录的功能。

上面的功能只是一个非常简单的 SSO 架构,在现实情况下的 SSO 有着更加复杂的结构。

(1) 单一的用户信息数据库并不是必须的,因为许多系统都不能做到集中存储全部用户信息,所以应该允许用户信息放置在不同的存储中,如图 8.23 所示。事实上,只要统一认证系统,统一 ticket 的产生和效验,无论用户信息存储在什么地方,都能实现单点登录。

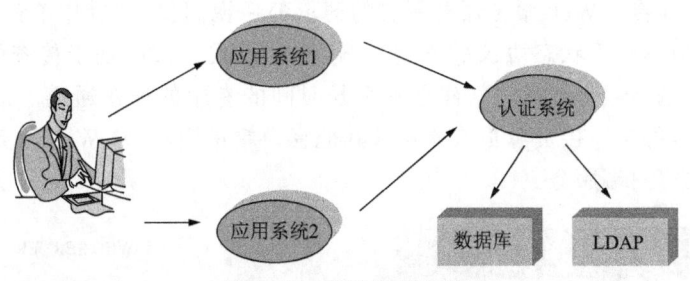

图 8.23　SSO 数据存储

(2) 统一的认证系统并不是说只有单个的认证服务器,如图 8.20 所示,整个系统可以存在两个以上的认证服务器,这些服务器甚至可以是不同的产品。认证服务器之间只要通过标准的通讯协议,互相交换认证信息,就能完成更高级别的单点登录。如图 8.24 所示,当用户在访问应用系统 1 时,由第一个认证服务器进行认证后,得到由此服务器产生的 ticket。当用户访问应用系统 4 的时候,认证服务器 2 能够识别此 ticket 是由第一个服务器产生的,通过认证服务器之间标准的通讯协议(例如 SAML)来交换认证信息,仍然能够完成 SSO 的功能。

2) Web-SSO 的实现

随着互联网的高速发展,Web 应用几乎统治绝大部分的软件应用系统 Web。Web-SSO 有其自身的特点和优势,实现简单,并且易用。很多商业软件和开源软件都有对 Web-SSO 的实现,为实现 Web-SSO 提供架构指南和服务指南,为实现 Web-SSO 提供了理论的依据和实现的方法。

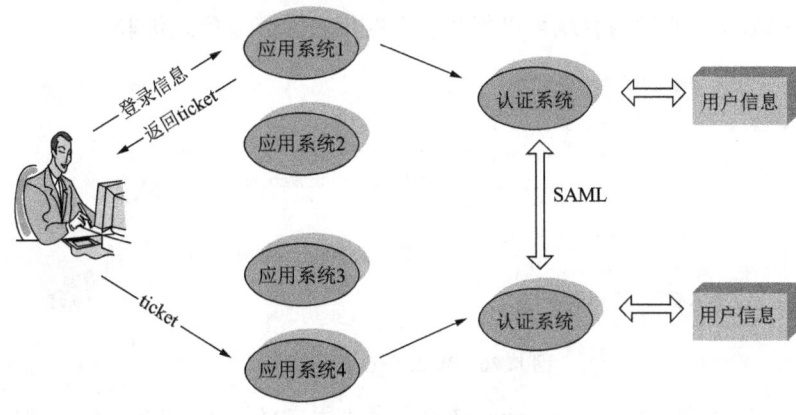

图 8.24　SSO 认证过程

Web 协议(也就是 HTTP)是一个无状态的协议。一个 Web 应用由很多个 Web 页面组成,每个页面都由唯一的 URL 定义。用户在浏览器地址栏输入页面的 URL,浏览器就会向 Web Server 发送请求。如图 8.25 所示,浏览器向 Web 服务器发送了两个请求,申请了两个页面。这两个页面的请求分别使用了两个单独的 HTTP 连接。浏览器和 Web 服务器会在第一个请求完成以后关闭连接通道,在接到第二个请求的时候重新建立连接。Web 服务器对所有的请求都一视同仁,都看作单独的连接,并不区分请求的客户端(无状态协议的表现)。这样的方式大大区别于传统的 C/S 结构,不需要在客户端与服务器端之间建立一个长时间的专用的连接通道。正是因为有了无状态的特性,每个连接资源很快能够被其他客户端重用,一台 Web 服务器才能同时为成千上万的客户端服务。

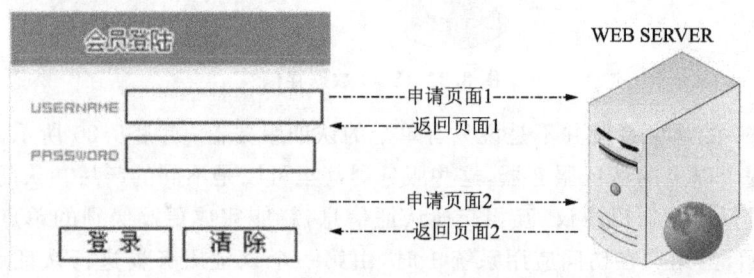

图 8.25 Web 认证过程

但是通常的 Web 应用是有状态的。例如用户在访问页面 1 的时候进行登录,客户端的每个请求都是单独的连接,当客户再次访问页面 2 的时候,如何才能告诉 Web 服务器,客户刚才已经登录过了呢?浏览器和服务器之间有约定:通过 Cookie 技术来维护应用的状态。Cookie 是可以被 Web 服务器设置的字符串,并且可以保存在浏览器中。如图 8.26 所示,当浏览器访问页面 1 时,Web 服务器设置一个 Cookie,并将这个 Cookie 和页面 1 一起返回给浏览器,浏览器接到 Cookie 之后,就会保存起来,在它访问页面 2 的时候会把这个 Cookie 也带上,Web 服务器接到请求时也能读出 Cookie 的值,根据 Cookie 值的内容就可以判断和恢复用户的部分信息状态。

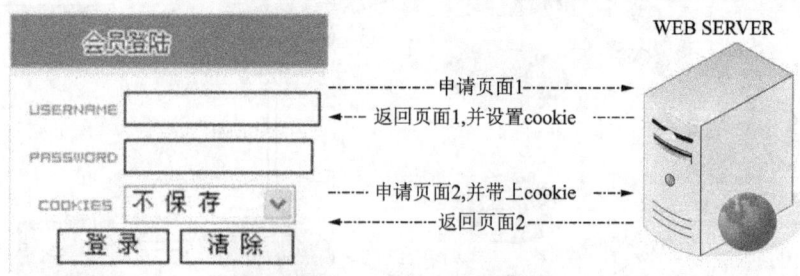

图 8.26 Web-SSO 认证过程

Web-SSO 完全可以利用 Cookie 结束来完成用户登录信息的保存,将浏览器中的 Cookie 和上文中的 Ticket 结合起来,完成 SSO 的功能。

为完成一个简单的 SSO 的功能,需要以下两个部分的合作:

(1) 统一的身份认证服务。

(2) 修改 Web 应用,使得每个应用都通过这个统一的认证服务来进行身份效验。

3) 主要实现功能

(1) 会话管理。这部分功能主要是完成用户登录信息的确认,以及对于会话的维护。可以查看一段之间内的会话状态和信息。包括没有过期和过期了或者被用户注销的会话;可以强制删除会话。当会话过期或被强制删除时,有一定的通知机制来通知相关应用,如果应用不支持通知机制,则应负责验证会话的有效性。

(2) 统一用户管理。域和部门管理,基本的用户、用户组管理。维护一些域、部门、用户和用户组的基本信息。

① 域信息的维护包括增删改域及冻结域,域一旦冻结,虽然域信息暂时没有被删除,但是有关域的一切信息修改都无法进行。

② 部门信息的维护包括删改部门及增减部门之下的部门和增减部门之下的用户。

③ 用户信息的维护包括增删改用户,修改用户的所属部门。

④ 用户组信息的维护包括增删改用户组和增删改用户组的联系人。

(3) 重定向服务。这是系统单点登录功能的核心。它把用户的浏览器从登录界面重定向到应用页面,或从应用页面重定向到应用界面。

(4) 集成应用管理。集成包括各个业务系统,一般用户具体访问的是应用服务器,应用服务器就像是应用的一个实例,系统中称应用服务器为应用实例。

(5) 管理员的管理。包括超级管理员的管理和域管理员的管理。超级管理员的管理包括增删管理员和管理员信息的修改;域管理员的管理包括增删域管理员和域管理员信息的修改。子系统也因区分超级管理员和域管理员的管理权限,他们各自要拥有各自的管理范围和管理界面。

2. 个性化平台

1) 门户网站结构设计

为实现个性化和基于角色的定制,网站采用模块化的结构。模块化是指门户网站的所有内容由若干相互独立的模块组成,这些模块按照某种排列顺序组装成整个网站。用户可以根据需要定制权限范围内的模块及模块的上下、左右显示顺序,模块的背景色等。由于模块之间彼此独立,单个模块的增加、修改、删除不会对别的模块造成影响,所以模块化的门户网站易于维护、易于扩充。

整个门户网站从上而下可以分为页面、栏目、模块三个层次。其中,页面的上部显示导航栏,下部又分为左、中、右三部分,三部分内容全部由模块填充。导航栏由若干栏目构成,引导用户访问网站的相关内容。管理员可以根据需要添加、修改、删除栏目,指定能够访问栏目的角色,调整栏目显示的前后顺序,栏目及其相关信息存储在数据库中。模块是网站的最小单元,页面中显示的模块由用户选择的栏目决定,根据选择的栏目,加载不同的模块,页面中模块的位置由页面的左中右部分、每一部分中模块的上下顺序共同决定,每一个模块有其模块号唯一标示,模块的相关信息也存储在数据库中,加载模块时根据模块号绑定数据库中数据。页面结构如图 8.27 所示,其中模 2、3 表示该模块位于页面的中间部分,是栏目 2 下的模块 3,显示顺序为 3,其他类推。

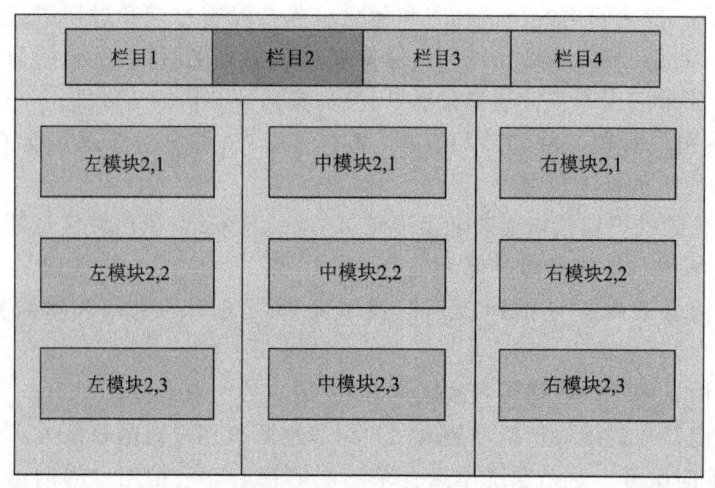

图 8.27 页面结构图

2) 基于角色的访问控制设计

对于整个门户网站系统的访问控制,是通过建立用户、角色、权限之间的映射关系来完成的。首先根据需要添加角色、添加网站所有的用户,然后通过为用户分配角色或从角色中删除用户,网站建立了用户与角色的映射关系。同时,网站通过以下措施建立角色与权限的映射关系:将用户的权限分成栏目访问和模块编辑两个部分,栏目与模块是父子关系,只要能访问某个栏目,就能访问该栏目下的所有模块,但必须有对具体模块的编辑权,才能编辑模块。当加入新栏目时,同时指定能够访问该栏目的角色,则角色下的所有用户都能访问该栏目,为该栏目添加模块时,同时指定能够编辑模块的角色,则角色下的所有用户都有权编辑模块。指定栏目访问和模块编辑的角色的过程实际上就是对角色的授权过程。当有新的变化时,重新指定能够访问栏目的角色和能够编辑模块的角色即可,这实际上就是角色的权限更改的过程。

3) 个性化定制

该系统的个性化是基于角色访问控制基础上的个性化。它体现在用户对网站内容、布局、显示样式和感兴趣事件最新通知的定制。用户的个人定制体现在模块级,用户在所属角色的权限范围内,可以定制关心的模块并屏蔽掉无用的模块,定制模块的上下、左右顺序,模块的背景色,字体的大小、类型、颜色等,重新组合桌面环境,系统会在数据库中保存用户的个人设定,下次登录时就会显示出个人的定制界面。如果用户所属角色的权限发生了变化或者用户被调整到了新的角色或用户所属的角色处于停止状态,系统就会通知用户重新定制。另外,系统设计了表单让用户选择性地填写自己的基本情况及感兴趣的内容,而有关这些内容的最新信息将由系统在合适的时间以电子邮件的形式反馈给用户。

4) 表结构设计

在所有 B/S 结构的信息系统中,数据库都是处在系统的最底层,也是相对独立的一层。这里是系统的数据中心,支撑着整个系统的运行,用户需要的所有信息都是应用程序通过基于数据库的中间件调用数据库数据而得到的,数据库的设计、开发在整个信息系统的设计、开发中占有很重要的比重。基于以上网站结构、角色和个性化设计的考虑,设计数据库如图 8.28 所示。

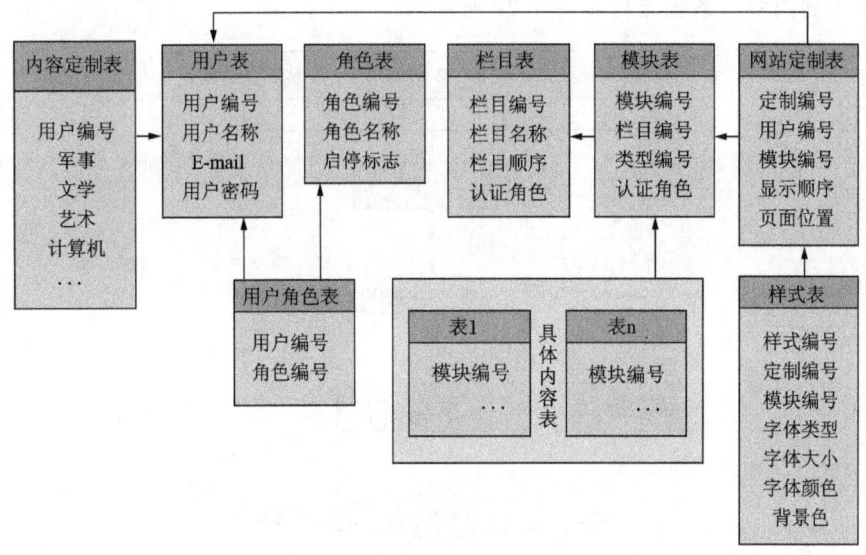

图 8.28 数据库设计图

用户和角色是多对多的关系,所以建一个用户角色表作为交叉表来存储用户的角色划分;角色表中的启停标志是用来控制是否启动该角色的;系统的角色授权体现在栏目表和模块表的认证角色字段。当添加、删除或修改能够访问栏目的角色时,更新该字段即可;同理,模块表的认证角色字段也实现了能够进行模块编辑的角色的授权。

网站定制表中的页面位置字段存储表示该模块的横向显示模式,是在页面的左边、中间、还是右边等;显示顺序字段则表示每一部分中的上下顺序。内容定制表存储了用户感兴趣的内容,系统根据该表的数据将相应的内容提供给用户。具体内容表是多个表的集合,存储每个模块的具体内容,其中的每个表都有模块编号字段,标示出表中记录是属于哪个模块的,模块表与每个具体内容表都是父子关系,依赖模块编号字段关联,加载模块时,根据模块编号绑定具体内容表中的记录。

当用户发出访问请求时,先遍历用户表,确定是否有此用户,如果有,再遍历网站定制表。

(1) 如果没有对应的记录,说明用户是第一次登录或者还没有定制。按系统的默认设置,先遍历用户角色表和角色表,确定用户对应的所有处于启动状态的角色;再遍历栏目表,检查其认证角色字段,如果该字段包含有用户对应的任何一个角色,则显示该栏目,否则,对用户隐藏该栏目;然后遍历模块表,根据栏目编号加载该栏目下的所有模块,并检查认证角色字段,如果包含有用户对应的任何一个角色,则给予编辑权,否则,只给予浏览权。同时根据模块编号绑定该模块对应的具体内容表中的内容。

(2) 如果有对应的记录,说明用户已经定制了网站内容,根据该表加载对应的模块、模块的布局、显示样式,同时确定是否有模块的编辑权,并根据模块编号绑定具体内容表中的内容。系统流程如图 8.29 所示。

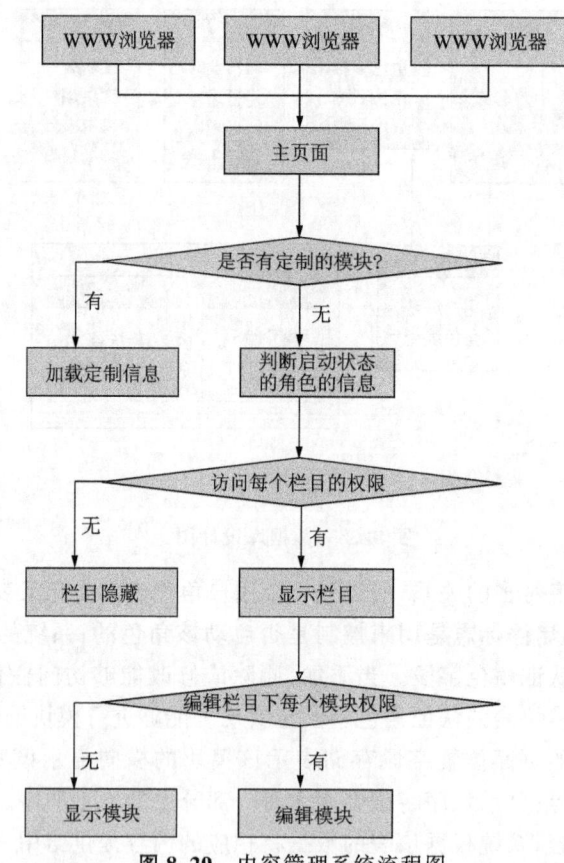

图 8.29 内容管理系统流程图

5) 主要实现功能

(1) 界面定制。系统界面定制包含界面内容定制和界面结构定制。界面内容定制主要是对各个信息或服务模块的具体内容进行定制。界面结构定制是指系统界面的总体模块类别和布局形式的定制。用户不仅可以定制系统界面的总体模块类别和布局形式,而且用户可以对各个信息或服务模块的具体内容进行定制。

(2) 资源定制。系统资源定制服务功能可根据用户各自的具体特征和需求,事先组织、分类、聚合自身的文献信息资源和服务。定制信息处理平台采用最新的 Web 数据库、智能代理、数据推送等技术,对具体用户所需的系统界面、资源集合、检索工具与技术、检索利用的服务过程、检索结果等进行定制,实现个性化信息服务,从而实现对数据的集中组织、分类、索引和检索。通过导入、链接和独特的外部文件支持能力可以跨平台应用环境索引、检索信息资源,提高信息管理与服务的功能及效率。

(3) 页面定制。Web 页面定制让用户自己选择从服务器端传送过来的信息,包括页面的内容组合、网页风格、发送形式等,让用户拥有自己的工作平台主页。

(4) 功能定制。在信息门户中,可以定制的功能如下:

① 产品信息。这个功能可以为用户提供一个展示自己产品和获得其他产品信息的途径。

② 供求信息。主要用来在网上交换供求需要,让用户更方便快捷地进行交易。

③ 数字资源。主要搜集用户感兴趣的新闻或文章,并进行内容分类。

3. 内容管理

数据中心内容管理系统是信息实时发布、更新和维护的全流程管理平台,是门户网站不可或缺的组成部分。它不仅能够提升门户网站的远程信息管理能力,增强门户网站的可维护性,而且由它产生的网站信息数据库,可以为站内资源检索系统等其他网站子系统提供数据源支持。

1) 多站点管理

(1) 多个父站点、子站点的创建与统一管理,支持站点批量克隆。

(2) 站点高速缓存,支持负载均衡,实现超大访问量支持能力。

(3) 站点文件上传安全限制、空间限制、站点日志限制、自动报警、个性化,实现站点无人值守管理。

(4) 支持无限频道管理,任意频道分栏,支持频道隐藏、停止、移动、复制、聚合和个性化。

(5) 访问统计、管理统计、用户行为跟踪分析功能,以及强大的广告管理系统。

2) 自由模版引擎

(1) 支持任意 HTML 编辑器所见即所得制作频道、模块和模块细览模版的功能。

(2) 模版引擎管理、自由模版置标、静态模版自动预编译转化、模版可视化管理。

(3) 模版资源库管理、在线模版资源下载管理和模版加速管理。

(4) 模版 CSS 样式管理,模版属性管理,模版 Zip 格式上传下载。

3) 模块组件管理

(1) 模块校验、模块自动安装、卸载和版本管理功能;支持模块模版、模块细览模版、模块样式等设置和模块属性管理。

(2) 与开发平台的无缝集成,跨语言的模块开发,支持第三方任意功能模块开发。

(3) 支持 CNGOV/ST(政府网站格式内容规范)、SOAP 和 W3C(万维网联盟)各项规范，以及 EAI 和 BI 的集成。

4）门户内容管理

（1）文本、HTML、XML、文档、图片、音频、视频和多媒体等内容采集和转换。

（2）所见即所得采集、编辑、发布管理、编辑器图文混排管理、工作流程管理控制。

（3）内容创建、内容审批、内容发布、内容审计、内容修订、内容转换、内容档案和内容销毁的全生命周期管理。

（4）内容多版本控制和痕迹保留，内容导入/导出，内容批量加载和 RSS 内容聚合。

（5）动态管理动态发布、动态管理动静混合发布管理，实现跨媒体和跨操作系统平台发布。

5）系统安全管理

（1）系统应用层安全，用户角色权限安全，LDAP 支持，AD 和 Membership 支持。

（2）SSL 加密安全，用户注册登录安全，用户访问日志和管理日志。

（3）内容管理系统安全保护，防止 DoS(Denial of service,拒绝服务)攻击，支持网页防篡改及黑客防御能力。

（4）数据备份恢复安全，异地容灾备份管理和网站群远程实时监控与报警功能。

6）系统管理扩展

（1）前后台一体化和前后台分离两种模式所见即所得管理，全面支持 Ajax 和 Client API。

（2）TEXT、HTML、RTF、OFFICE、PDF 等多种媒体的全文搜索能力，支持 RSS 信息聚合标准，支持 SOAP，支持友好 URL 地址。

（3）多语言发布、多语言管理，支持多数据库管理及多服务器负载均衡管理。

（4）提供自动链接检查、多任务计划调度、回收站管理、版权保护和手机支持。

（5）强大的个性化服务能力，支持对用户的个性化的桌面定制管理。

（6）用户注册信息和字段的无限自定义功能，可以方便地进行 SSO 统一用户认证集成。

7）模块组件包

（1）文字/HTML、链接、在线广告、网上调查、模块镜像、二级菜单、通知公告、日程活动、信息发布。

（2）内容采编发、分页内容、数据库搜索、常见问题、自定义表单、在线文档、站点地图、内置防火墙。

（3）用户桌面、电子邮件、日程任务、即时消息、意见反馈、讨论组、通信录、公文流转、在线用户、在线招聘、项目管理。

（4）图片库、文件下载、版权保护、XML/XSL、产品管理、邮件订阅、网上商城、模版插件、信息采集、智能搜索引擎、智能表单、智能报表。

4. 搜索引擎

互联网搜索已成为许多员工解决日常工作问题的一种工具。在建设数据中心门户过程中,用户除希望解决单点登录、数据集成、应用集成等问题之外,还希望门户能够提供类似互联网搜索的工具,方便从数据中心内部海量的信息中找到所需的知识。

1) 信息门户搜索的特点

信息门户搜索、互联网搜索及桌面搜索从技术实现的基本原理上讲基本相同,但由于搜索的数据源不同、服务的对象不尽相同等,搜索的功能与特点也不尽相同,下面是简单的比较(表8.5)。

表8.5 信息门户搜索与互联网搜索对比

	互联网搜索	信息门户搜索
搜索范围	整个互联网	企业(机构)内部所有的信息资源及部分外部资源(如 Internet、专业情报网等)
搜索对象	网页、图像、MP3 等部分类型的多媒体文件	知识库、目录、帮助文件、新闻等。包括网页、电子邮件、Office 文件、PDF 文件、图片、音视频多媒体文件、图表、公文、研究报告、解决方案等
信息及时性	更新周期长,静态缓存的索引,周期切换	信息更新比较及时,动态更新索引,保证数据一致性
准确性、相关性	不可能查全	更全面、更准确,支持字词索引,复合元数据查询、排序更加合理
安全性	公开信息,不存在安全考虑	访问权限控制非常重要
管理应用	找到信息后服务完成	需要更完备的整合和管理,支持各种分类、聚类手段,支持安全开放接口便于与其他系统整合
应用特点	大而全,旨在为用户提供更丰富的搜索结果	专业、定向的搜索,注重结果的准确性和高度匹配性,并且是一种具有安全控制的搜索

2) 信息门户搜索的基本步骤

信息门户搜索工具通常具有发现、组织、联系和响应四个层次的应用支持能力,帮助员工搜索、发现内部的各种数据、信息、知识和外在的各类知识;将信息进行有效的组织、整理,让人们了解信息之间的联系,从中挖掘新的知识;将人们联系起来,相互之间传递和分享无形的知识。如图8.30所示,信息门户搜索基本分为以下三步:

(1) 从数据源抓取信息,利用自动采集程序,访问互联网(通过 Spider 程序)或各种应用数据库(如 Domino 采集网关、JDBC 技术)抓取所有相关信息(网页、信息、知识等)。

(2) 建立索引数据库,由分析索引系统程序对收集回来的信息进行分析,提取相关数据(包括数据所在 URL 或位置、编码类型、包含的所有关键词、关键词位置、生成时间、大小、与其他数据的链接关系等),根据一定的相关度算法进行大量复杂计算,得到各种数据的相关度(或重要性),然后用这些相关信息建立索引数据库。

(3) 在索引数据库中搜索排序,当用户输入关键词搜索后,由搜索系统程序从索引数据库中找到符合该关键词的所有相关信息,由页面生成系统根据用户的访问权限将搜索结果的链接地址和内容摘要等内容组织起来,通过搜索 Portlet 在门户中展现给用户。

由于大量的应用系统都具有各自安全管理体系和数据存储结构,因此在门户搜索中必须解决以下几个问题:

① 实现各应用系统的单点登录,保证搜索工具能够正确地获取应用系统的信息。

② 用户由于权限不同,搜索相同的信息展现的结果也不同,因此必须实现搜索结果的权限过滤,保证信息安全。

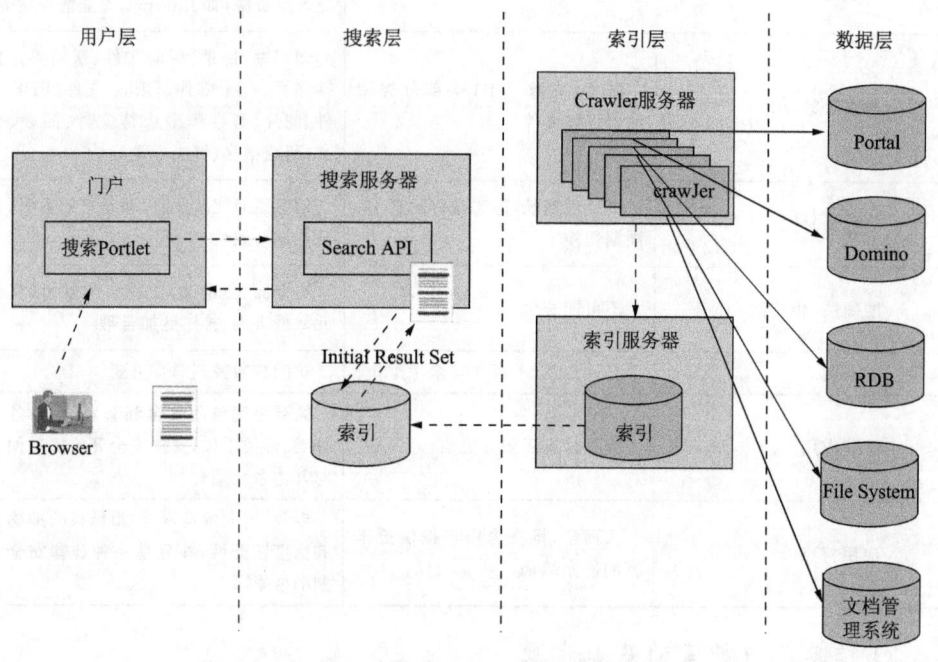

图 8.30 信息门户搜索引擎技术架构

3) 搜索工具的选择

信息门户搜索工具有二大类,一类是门户产品自带,如 IBM Web Sphere Portal、Microsoft SharePoint 等均内置搜索功能,其特点是与门户应用一体化,减少整合的工作量;另一类是独立的搜索工具,如 Autonomy,这类产品专注在搜索应用上,具有很高的专业性。

在选择门户搜索工具时应注意以下一些功能和要求:

(1) 优秀的搜索引擎。除具备搜索企业(机构)信息外,还能够搜索人员,并建立信息与信息、人与信息、人与人之间的关系。

（2）强大的处理能力。支持 TB 级海量数据，在处理大规模的数据量和大量并发用户访问时，仍然可以提供理想的响应时间和处理能力。

（3）准确的分词处理。能够准确地分析信息内容，进行分词处理，特别是中文检索的准确性。

（4）丰富的数据格式支持。可以处理包括流行的 XML、HTML、PDF、Word、Excel、PowerPoint 等格式的文件，可以从这些格式的文件中提取内容文本，实现全文搜索。

（5）跨数据源检索。支持从文件系统、网站、关系型数据库管理系统、Lotus Notes、Exchange 等系统中进行信息汇聚的数据网关（Gateway），并且提供便于进行二次开发的数据网关开发包。

（6）多语种支持。支持多种语言，尤其是中文处理能力。

（7）跨平台支持。支持所有主流的操作系统和硬件平台。

（8）良好的扩展能力，无论从系统层面还是功能层面，都可以方便地进行扩充，或增强服务性能，或增加功能，支持集群技术和分布式部署。

（9）完善的安全机制。提供完善而灵活的安全访问控制机制，包括权限控制、用户认证和用户授权，以保证系统内信息内容的安全，用户认证功能实现用户单一登录，提供系统级、索引库级、记录级和字段级的安全控制，只有用户有权访问的内容才显示在检索结果清单和分类视图中。

4）搜索引擎建设过程

门户搜索是信息门户建设的一项重要内容，由于搜索的数据源多、数据量大、使用规模大，因此在实施中存在设备投入大、开发与实施工作量大等问题，制定合理的实施策略是搜索应用成功的保证。

（1）门户建设初期，建议搜索内容与范围定位在门户自身，这样资源投入不大，但也能产生一些应用效果。

（2）门户运行中，建议搜索范围扩展到非结构化数据，并实现常用文件的全文搜索，重点放在企业级搜索平台的构建上，避免过多的资源投入在对结构化数据搜索的处理上。

（3）门户发展过程，可将搜索范围拓展到全企业（机构），并重点实现与关系型数据库的整合。

搜索通过信息门户建设可以为员工提供更好的应用体验，但在应用过程中也需要合理地控制用户的期望，以提高搜索应用的投入产出比。

5. 应用整合

应用与门户集成，可采用如下的方式：

（1）远程 Portlet（WSRP）方式。数据中心提供标准的 WSRP 服务集成到信息门户，本方式需由信息门户提供 WSRP 接入。

(2) HTTP 页面方式。HTTP 页面可以是数据中心原有的页面，也可以是封装信息门户的页面。数据中心通过 IFrame 技术将这些页面嵌入信息门户中，信息门户端仅需要进行简单的开发实现集成。

(3) Web Service 方式。数据中心提供标准的 Web Service 对其决策分析应用进行封装，信息门户通过 Web Service 服务取得交互信息，进行展示封装。本方式需要信息门户对页面展示逻辑和交互逻辑进行开发。

(4) 直接访问接口方式。由信息门户开发独立的 Portlet，直接访问数据中心提供的接口服务读取数据。这种方式的信息门户不仅要开发页面展示逻辑和交互过程，同时要开发数据逻辑，是开发量最大的一种方式，增加了信息门户的负载。

在上述四种集成方式中，远程 Portlet 方式和 HTTP 页面方式的实现方式最简单，但不符合信息技术架构；Web Service 方式符合 SOA 架构且实现方式较简单；直接访问数据中心接口方式最复杂、性能最差。因此推荐使用 Web Service 方式，原则上不推荐使用直接访问数据中心接口方式。

第 9 章 数据中心安全系统

"安而不忘危,治而不忘乱,存而不忘亡。"

作为信息系统中数据交换最频繁、资源最密集的地方,数据中心无疑是个充满着巨大诱惑的数字城堡,任何防护上的疏漏必将导致不可估量的损失,因此构筑一道安全防护体系将是这座数字城堡首先面对的问题。本章对数据中心安全系统进行全面的阐述,从物理环境、链路与网络、计算机系统、应用系统等构成要素和人为因素,以及法规、技术、管理等多个方面对数据中心如何建设安全系统进行探讨。

9.1 安全系统概述

随着 Internet 应用日益深化,数据中心运行环境正从传统客户机/服务器向网络连接的中央服务器转型,受其影响,基础设施框架下多层应用程序与硬件、网络、操作系统的关系变得愈加复杂。这种复杂性也为数据中心的安全体系引入许多不确定因素,一些未实施正确安全策略的数据中心,黑客和蠕虫将顺势而入。尽管大多数系统管理员已经认识到来自网络的恶意行为对数据中心造成的严重损害,而且许多数据中心已经部署了依靠访问控制防御来获得安全性的设备,但对于日趋成熟和危险的各类攻击手段,数据中心的防御措施、信息安全机制和安全服务等将面临巨大的挑战。

9.1.1 安全需求

数据中心的安全性需要从物理环境、链路与网络、计算机系统、应用系统等构成要素和人为因素的各个方面来全面考虑防卫的问题。

1. 物理环境的安全

保证数据中心的所有设备和机房及其他场地的安全,是整个数据中心信息系统安全的前提。为保护计算机设备、设施(含网络),以及其他媒体免遭地震、水灾、火灾、有害气体和其他环境事故(如电磁污染等)破坏,应采取各种保护措施和手段。

2. 链路与网络的安全

数据链路与网络的通信连接就安全而言,是较为薄弱的环节。网络层是网络入侵者进攻数据中心信息系统的渠道和通路,许多安全问题都集中体现在网络层的安全方面。其具体表现如下:

(1) 网络拓扑结构。保证网络安全的首要问题就是要合理划分网段,利用网络中间设备的安全机制控制各网络间的访问。

(2) 网络协议。由于网络系统内运行的 TCP/IP 协议并非专为安全通讯而设计，所以网络系统存在大量安全隐患和威胁。

3. 计算机系统的安全

没有计算机系统的安全就没有数据中心的安全。目前，所使用计算机的操作系统并不是完美无缺、无懈可击的，其系统本身在结构和代码设计时偏重于考虑系统使用的方便性，所以导致系统的安全机制不健全，存在很多安全漏洞。

而数据库管理系统的安全与操作系统的安全又密不可分，所以随之而来就带来了一系列必须防范的安全问题，绝不可掉以轻心。

4. 应用系统的安全

数据中心应用系统的安全，包括各个业务系统的应用系统，例如内部办公自动化系统、网上审批系统等。目前，应用层安全的解决往往依赖于网络层、操作系统、数据库的安全。由于应用系统复杂多样，没有特定的安全技术能够完全解决某些特殊应用系统的安全问题。但对一些通用的应用程序，如 Web Server 程序、FTP 服务程序、E-mail 服务程序、浏览器、MS Office 办公软件等，网络安全巡警系统或系统漏洞扫描可以帮助检查这些应用程序自身的安全漏洞和由于配置不当造成的安全漏洞。

5. 人为因素

不管什么样的数据中心都离不开人的管理，数据中心安全系统中最关键、最核心和最活跃的因素是人。有一批品德优良、道纪守法、业务过硬的工作人员加上严格与完整的管理制度，才能保证数据中心的安全运行。

9.1.2 安全系统设计的思路

数据中心安全系统设计应围绕着吃透两头，突出一点；三个保卫，一个支撑；分级管理，层层设防；三位一体，综合治理这四条思路来展开。

1. 吃透两头，突出一点

做好安全系统设计，必须要吃透两头。一头是国家有关信息系统安全运行管理的规范和要求，一头是数据中心系统所在企业或机构对安全的需求和人、财、物的实际情况。要对数据中心系统可能发生的安全风险进行分析，并从数据中心的任务确定系统对安全功能的需求。然后，根据存在的威胁及需求建立起安全环境，明确需要解决的安全问题。针对安全环境把它转化为带有安全技术功能和指标性质的安全目标。安全目标足以满足安全需求与对抗威胁，并且成为信息保障技术框架的安全设计依据。

建立数据中心安全系统中最核心的是保卫国家、企业或机构机密的数据信息，使得所有这些数据信息免受非授权泄露、篡改、伪造和删节，即保证这些数据信息的机密性、可用性、完整性、可控性和不可否认性。由系统的需要决定网络配置与网络结构，也决定了对它们的保卫。总之,一切保卫措施都将重点围绕着保卫数据信息这一核心。

2. 三个保卫,一个支撑

对数据中心这样一个大的网络系统,需要保卫的区域很多。应重点抓住对网络和基础设施的保卫,对边界和外部接入的保卫,以及对计算机环境的保卫(简称为三个保卫),并采取有力的措施;同时,还要建设一个支撑数据中心安全保障体系的基础设施。通过三个保卫,一个支撑的总体技术手段,可以把握住系统安全的大局。

支撑数据中心安全保障体系的基础设施包括公钥基础设施(Public Key Infrastructure-PKI)和检测与响应。支撑基础设施是一套相关联的活动与能够提供安全服务的基础设施的综合,它涉及网络环境的各个环节。公钥基础设施是密码服务的基础。本地的 PKI 提供本地授权,广域网范围的 PKI 提供证书、目录,以及密钥产生与发布功能,PKI 提供不同级别的信息保护。

3. 分级管理,层层设防

建立数据中心信息保障技术框架就是要从技术上建立起多层次的纵深保卫战略,以防止数据中心系统的内部和外部的攻击,也防止内外勾结的攻击。这种战略使得如果在某个层次上或者某一类保护被攻破后,仍无法攻破整个信息安全基础设施,更无法攻破整个数据中心网络,确保数据中心核心和关键业务连续地、安全地运行,并且能迅速地检测、恢复被攻破的部分,使整个数据中心信息保障体系能迅速恢复到被攻击前的安全状态。

数据中心信息基础设施是具有很多脆弱性的复杂系统。为此,信息保障体系遵循深层防卫策略的基本原理,采用了多种信息保障技术,在攻击者万一破坏了某个保护机制的情况下,其他保护机制能够提供附加的保护。采用层次化的保护策略,并不意味需要在各个可能受攻击的位置采取同一种保障机制,而是通过在主要位置设置适当的保护级别,便能够依据各机构的特殊需要实现保护。另外,分层策略允许在适当的时候采用低级别的保障解决方案以降低信息保障的代价,同时也允许在关键位置(例如区域边界)明智地使用高级保障解决方案。

在层次上分为网络及网络基础设施的保卫,这是对抗外部攻击者的第一道防线,也是防止内外勾结、内部向外部提供方便以便攻击内部网络的最后一道防线。第二层为边界及接入网的保卫,这里以防火墙为主,同时发挥虚拟专网(VPN)的保护作用,附之以网络入侵检测、网络防病毒,及其二者相应的告警与对抗措施,这是防止外部攻击的第二道防线,也是防止内部攻击的第二道防线。第三个层次是计算机环境的保卫,这是抗击外部攻击的最后一道防线,也是抗击内部攻击的第一道防线。

数据中心每一层次都不同程度地配有用户标示与鉴别、访问控制、信息流控制、加/解密、完整性保护、不可否认性保护、网络及网络隔离、入侵检测、病毒防护、漏洞扫描、安全审计、物理安全、备份、灾难恢复、应急处理等,它们互相配合,构成一个有机的保卫整体。各个层次和各种保障技术类型及强度都是在满足安全目标的前提下组织设置的。

4. 三位一体，综合治理

保证数据中心系统安全运行需要多种策略的综合作用，需要多项对策和措施协调、合作，构成一个有机的网络安全防范体系。计算机信息系统的社会化、网络化和跨时空化的特点，决定了数据中心的安全保护工作要科学化、法律化和规范化。因此，对数据中心的安全保护应从安全技术、安全法规和安全管理三方面着手。在这三者之间，安全技术是保障，法律法规是根本，安全管理是基础。

数据中心安全系统中最关键、最核心和最活跃的因素是人。只有从最高领导层到全体工作人员提高安全意识，建立完整的安全管理组织，明确安全目标、安全策略和安全职责，每一个人都对自己处理的工作负责，才能建立起完整配套的安全管理系统，才能从技术上提高安全管理人员和安全维护人员的技术水平，才能最终建立可靠的数据中心安全保障系统。

9.1.3 安全机制

面对各种恶意攻击，数据中心需要制定并实施多种用于预防安全攻击或者恢复系统的安全机制。

(1) 环境安全机制。
(2) 数据访问控制安全机制。
(3) 数据加密与数据备份机制。
(4) 病毒防护机制。
(5) 系统安全机制。
(6) 身份认证及授权机制。
(7) 灾难恢复及事故处理。
(8) 紧急响应机制。
(9) 口令管理机制。
(10) 安全教育机制。
(11) 审计机制。

9.1.4 安全服务

数据中心需要及时得到各类信息安全服务，以便解决遇到的各类安全问题。

完善的信息安全服务体系应当包括以下 8 项安全服务，即安全评估服务、安全修复服务、安全保障服务、安全顾问服务、安全信息服务、安全培训服务、数据恢复服务和产品集成服务。

1. 安全评估服务

全面给出每个层次的安全隐患和脆弱性报告，以及安全性整改建议。使用户对信息安全各个层次的安全性状况和整体安全状况有全面具体的了解，为用户进行信息安全决策和管理提供依据。具体内容如下：

(1) 实体安全性评估。

(2) 平台安全性评估。

(3) 数据安全性评估。

(4) 通信安全性评估。

(5) 应用安全性评估。

(6) 运行安全性评估。

(7) 管理安全性评估。

2. 安全修复服务

对业务系统程序安全性、业务系统的防抵赖、访问控制、备份与恢复和可靠性等提出安全解决措施并进行协调、修复和改造等工作，内部用户不能对业务系统进行非法访问、中断和破坏。保证业务系统数据完整和可靠运行。具体内容如下：

(1) 实体安全性修复。

(2) 平台安全性修复。

(3) 数据安全性修复。

3. 安全保障服务

为客户提供快速技术支持服务，保证客户不遭受新的安全性威胁带来的损失，保证客户网络系统的安全与性能平衡。具体内容应如下：

(1) 应急响应。

(2) 定期检测和审计。

(3) 安全技术升级服务。

4. 安全顾问服务

其具体内容如下：

(1) 安全需求方案设计。

(2) 安全策略和管理。

(3) 安全诊断服务。

(4) 渗透测试。

(5) 安全陷阱设置。

5. 安全信息服务

漏洞和补丁通报为用户实时提供世界上最新出现的安全漏洞和安全升级通告，并在最短的时间内发到用户手中。追踪和整理世界信息安全技术最新动态，产品和行业情况、安全厂商情况、安全标准与法规等内容，使用户及时掌握新的安全技术、政策、法规和行业动态。具体内容如下：

(1) 最新漏洞、安全公告和补丁通报。

(2) 技术动态/行业动态通报。

6. 安全培训服务

为用户网络设备及系统管理的人员按照日常安全常识及管理培训、安全攻防、技术培训和特殊安全培训等三大模块架构进行系统专业的培训。具体内容如下：

(1) 安全技术培训。

(2) 安全产品使用培训。

(3) 安全管理培训。

(4) 安全资质认证培训。

7. 数据恢复服务

为用户提供全面的数据备份/恢复方案，将用户因各种原因造成的损失降到最低限度。具体内容如下：

(1) 数据备份。

(2) 数据恢复。

(3) 数据库恢复。

(4) 阵列数据恢复。

8. 产品集成服务

为用户提供全线的安全产品与解决方案，实施各类安全产品部署，满足集中配置、集中管理和集中监控的要求，安全软、硬件产品互相之间功能互补，构成一个多层的保护体系。具体内容如下：

(1) 防杀病毒产品。

(2) 访问控制类产品。

(3) 安全管理平台。

(4) 入侵检测产品。

(5) 身份认证产品。

(6) 内网管理产品。

(7) 信息审计产品。

(8) 邮件过滤产品。

(9) 其他安全相关产品。

9.2 信息安全防护等级

9.2.1 信息安全等级保护制度

1. 背 景

信息安全等级保护制度是国家在国民经济和社会信息化的发展过程中，提高信息安全保障能力和水平，维护国家安全、社会稳定和公共利益，保障和促进信息化建设健康发展的一项基本制度。实行信息安全等级保护制度,能够充分调动国家、法人和其他组织及公民的积极性,发挥各方面的作用,达到有效保护的目的,增强安全保护的整体性、针对性和实效性,使信息系统安全建设更加突出重点、统一规范、科学合理,对促进我国信息安全的发展将起到重要推动作用。

为了进一步提高信息安全的保障能力和防护水平,维护国家安全、公共利益和社会稳定,保障和促进信息化建设的健康发展,1994年国务院颁布的《中华人民共和国计算机信息系统安全保护条例》规定,"计算机信息系统实行安全等级保护,安全等级的划分标准和安全等级保护的具体办法,由公安部会同有关部门制定"。2003年中央办公厅、国务院办公厅转发的《国家信息化领导小组关于加强信息安全保障工作的意见》(中办发[2003]27号)明确指出,"要重点保护基础信息网络和关系国家安全、经济命脉、社会稳定等方面的重要信息系统,抓紧建立信息安全等级保护制度,制定信息安全等级保护的管理办法和技术指南"。2004年,公安部、国家保密局、国家密码管理委员会办公室、国务院信息化工作办公室联合下发了《关于信息安全等级保护工作的实施意见》(66号文)。2005年国务院信息化办公室下发了《电子政务信息安全等级保护实施指南》(25号文)。2005年底,公安部下发了《关于开展信息系统安全等级保护基础调查工作的通知》(公信安[2005]1431号),并从2006年1月由全国各级公安机关组织开展了全国范围内各行业、企业信息系统的基础信息调研工作,先后出台了《信息系统安全保护等级定级指南(试用稿)》、《信息系统安全等级保护基本要求(试用稿)》、《信息系统安全等级保护测评准则(送审稿)》、《信息系统安全等级保护实施指南(送审稿)》等指导性文件。2007年6月27日,公安部、国家保密局、国家密码管理局、国务院信息工作办公室印发《信息安全等级保护管理办法》(公通字[2007]43号)。

2. 基本内容

信息安全等级保护是指对国家秘密信息、法人和其他组织及公民的专有信息及公开信息和存储、传输、处理这些信息的信息系统分等级实行安全保护,对信息系统中使用的信息安全产品实行按等级管理,对信息系统中发生的信息安全事件分等级响应、处置。

信息系统是指由计算机及其相关和配套的设备、设施构成的,按照一定的应用目标和规则对信息进行存储、传输、处理的系统或者网络。信息是指在信息系统中存储、传输、处理的数字化信息。典型的信息系统应由计算机硬件设备(包括服务器设备、客户端设备、打印机及存储器等外围设备)、计算机网络硬件设备(包括交换机、路由器、各种适配器以及通信线路等)、安装于这些硬件设备上的软件、所提供的服务及相关的人员构成。

根据信息和信息系统在国家安全、经济建设、社会生活中的重要程度;遭到破坏后对国家安全、社会秩序、公共利益及公民、法人和其他组织的合法权益的危害程度;针对信息的保密性、完整性和可用性要求及信息系统必须要达到的基本的安全保护水平等因素,信息和信息系统的安全保护等级共分五级:

第一级为自主保护级,适用于一般的信息和信息系统,其受到破坏后,会对公民、法人和其他组织的权益有一定影响,但不危害国家安全、社会秩序、经济建设和公共利益。

第二级为指导保护级,适用于一定程度上涉及国家安全、社会秩序、经济建设和公共利益的一般信息和信息系统,其受到破坏后,会对国家安全、社会秩序、经济建设和公共利益造成一定损害。

第三级为监督保护级,适用于涉及国家安全、社会秩序、经济建设和公共利益的信息和信息系统,其受到破坏后,会对国家安全、社会秩序、经济建设和公共利益造成较大损害。

第四级为强制保护级,适用于涉及国家安全、社会秩序、经济建设和公共利益的重要信息和信息系统,其受到破坏后,会对国家安全、社会秩序、经济建设和公共利益造成严重损害。

第五级为专控保护级,适用于涉及国家安全、社会秩序、经济建设和公共利益的重要信息和信息系统的核心子系统,其受到破坏后,会对国家安全、社会秩序、经济建设和公共利益造成特别严重损害。

国家通过制定统一的管理规范和技术标准,组织行政机关、公民、法人和其他组织根据信息和信息系统的不同重要程度开展有针对性的保护工作。国家对不同安全保护级别的信息和信息系统实行不同强度的监管政策。第一级依照国家管理规范和技术标准进行自主保护;第二级在信息安全监管职能部门指导下依照国家管理规范和技术标准进行自主保护;第三级依照国家管理规范和技术标准进行自主保护,信息安全监管职能部门对其进行监督、检查;第四级依照国家管理规范和技术标准进行自主保护,信息安全监管职能部门对其进行强制监督、检查;第五级依照国家管理规范和技术标准进行自主保护,国家指定专门部门、专门机构进行专门监督。

9.2.2 数据中心信息安全防护等级

对数据中心进行信息安全防护等级划分,其目的是按照等级评估的结果,更好地采取相应的安全策略。

基于重要性考虑,数据中心的信息安全等级防护可以按照三级标准来建设。

9.2.3 信息安全防护三级标准建设的内容

1. 自主访问控制

计算机信息系统可信计算机定义和控制系统中命名用户对命名客体的访问。实施机制(例如,访问控制表)允许命名用户以用户和(或)用户的身份规定并控制客体的共享;阻止非授权用户读取敏感信息,并控制访问权限扩散。自主访问控制机制根据用户指定方式或默认方式阻止非授权用户访问客体。访问控制的粒度是单个用户。没有存取权的用户允许由授权用户指定对客体的访问权,阻止非授权用户读取敏感信息。

2. 强制访问控制

计算机信息系统可信计算机对所有主体及其所控制的客体(例如进程、文件、段、设备)实施强制访问控制。为这些主体及客体指定敏感标记,这些标记是等级分类和非等级类别的组合,它们是实施强制访问控制的依据。计算机信息系统可信计算机支持两种或两种以上成分组成的安全级。计算机信息系统可信计算机控制的所有主体对客体的访问应满足:仅当主体安全级中的等级分类高于或等于客体安全级中的等级分类,且主体安全级中的非等级类别包含了客体安全级中的全部非等级类别,主体才能读取客体;仅当主体安全级中的等级分类低于或等于客体安全级中的等级分类,且主体安全级汇总的非等级类别包含于客体安全级中的非等级类别,主体才能写一个客体。计算机信息系统可信计算机使用身份和鉴别数据,鉴别用户的身份,并保证用户创建的计算机信息系统可信计算机外部主体的安全级和授权该用户的安全级和授权的控制。

3. 标 记

计算机信息系统可信计算机应维护与主体及其控制的存储客体(例如,进程、文件、段、设备)相关的敏感标记。这些标记是实施强制访问的基础。为了输入未加安全标记的数据,计算机信息系统可信计算机向授权用户要求接受这些数据的安全级别,且可由计算机信息系统可信计算机审计。

4. 身份鉴别

计算机信息系统可信计算机初始执行时,首先要求用户标示自己的身份,而且计算机信息系统可信计算机维护用户身份识别数据并确定用户访问权及授权数据,计算机信息系统可信计算机使用这些数据鉴别用户身份,并使用保护机制(例如,口令)来鉴别用户的身份;阻止非授权用户访问用户身份鉴别数据。通过为用户提供唯一标示,计算机信息系统可信计算机能够使用户对自己的行为负责。计算机信息系统可信计算机还具备将身份标示与该用户所有可审计行为相关联的能力。

5. 客体重用

在计算机信息系统可信计算机的空间存储客体空间中,对客体初始指定、分配或再分配一个主体之前,撤销客体所含信息的所有授权,当主体获得对一个已被释放的客体的访问权时,当前主体不能获得原主体活动所产生的任何信息。

6. 审 计

计算机信息系统可信计算机能创建和维护受保护客体的访问审计跟踪记录,并能阻止非授权的用户对它访问或破坏。

计算机信息台可信计算机能记录下述事件:使用身份鉴别机制;将客体引入用户地址空间(例如,打开文件、程序初始化);删除客体;由操作员、系统管理员或(和)系统安全管理员实施的动作,以及其他与系统安全有关的事件。对于每一事件,其审计记录包括事件的日期和时间、用户、事件类型、事件是否成功。对于身份鉴别事件,审计记录包含来源(例如,终端标识符);对于客体引入用户地址空间的事件及客体删除事件,审计记录包含客体及客体的安全界别。此外,计算机信息系统可信计算机具有审计更改可读输出记号的能力。

对不能由计算机信息系统可信计算机独立分辨的审计事件,审计机制提供审计记录接口,可由授权主体调用。这些审计记录区别于计算机信息系统可信计算机独立分辨的审计记录。

7. 数据完整性

计算机信息系统可信计算机通过自主的完整性策略,阻止非授权用户修改或破坏敏感信息,在网络环境中,使用完整性敏感标记来确信信息在传送中未受损。

9.3 安全防范体系框架结构

数据中心安全防范体系的建设应在信息系统安全策略指导下,充分考虑所面临的安全威胁,根据目前数据中心的安全状况,遵循安全法规标准,采取安全措施,从管理制度等不同方面构建数据中心安全防范体系框架。

9.3.1 安全防范体系框架结构规划的标准和规范

安全防范体系框架结构规划应遵循的标准和规范主要包含以下内容:
(1) ISO27001 信息安全管理体系要求。
(2) ISO13335 信息技术安全管理指导。
(3) ISO7498 信息处理系统,开放系统互联,基本参考模型,安全结构。
(4)《国家信息化领导小组关于加强信息安全保障工作的意见》(中办发[2003]27号)。
(5)《关于信息安全等级保护工作的实施意见》(公通字[2004]66号)精神。
(6)《信息系统安全保护等级定级指南》GBT 22240-2008。
(7)《信息系统安全等级保护基本要求》GBT 22239-2008。
(8) BS7799-1 信息安全管理体系规范。
(9) NSA IATF 信息保障技术框架。

9.3.2 安全防范体系设计的原则

数据中心安全防范体系设计应遵循以下原则:
(1) 标准规范原则。符合国家信息安全保障体系的要求,符合国家信息安全等级保护和国家密码管理等相关制度、标准的要求。
(2) 可持续性原则。安全体系的设计可满足数据中心生命周期的持续安全保障。
(3) 可扩展性原则。随着技术发展和网络应用的开展,数据中心必然面临着不断改进、扩展的需求。在数据中心安全体系建设过程中,必须考虑到应用及安全需求的扩展,安全系统应具有较强的扩充、升级兼容能力,以满足业务高速发展的需要。

(4) 适度安全原则。在安全策略制定上,要尽量考虑安全机制的合理性,对重点信息资源,一定要实现重点保护。在保证安全的前提下,应尽量减少安全机制的规模和复杂性,使之具有可操作性,避免因过于复杂而导致安全措施难以执行。

(5) 管理与技术相结合原则。任何一个信息系统的安全,都包括了产品、过程、人等多方面因素,必须在考虑技术解决方案的同时,充分考虑法律、法规、管理等方面的制约和调控作用。坚持技术和管理相结合,坚持多人负责制,相互配合、相互制约,坚持职责分离,坚持最小权利原则等。

(6) 整体规划、分步实施原则。数据中心安全体系建设是系统工程,必须有统一的规划;同时安全系统建设是一个复杂的长期的系统工程,为了确保系统建设的成功,应当采取分步实施的原则,先建设那些成熟的、必要的且容易实现的部分。对采用先进技术的部分,采用示范的方式由点到面地逐渐铺开。

(7) 先进性和可行性相结合原则。安全体系的设计要具有一定的前瞻性,要考虑安全技术的发展趋势,满足业务未来发展的需求,提供可行的方案与规划,具备很强的可操作性。

(8) 等级性原则。等级性原则是指安全层次和安全级别。良好的信息安全系统必然是分为不同等级的,包括对信息保密程度分级,对用户操作权限分级,对网络安全程度分级(安全子网和安全区域),对系统实现结构的分级(应用层、网络层、链路层等),从而针对不同级别的安全对象,提供全面、可选的安全算法和安全体制,以满足数据中心不同层次的各种实际需求。

(9) 动态发展原则。要根据数据中心安全的变化不断调整安全措施,适应新的数据中心环境,满足新的数据中心安全需求。

(10) 易操作性原则。首先,安全措施需要人为去完成,如果措施过于复杂,对人的要求过高,本身就降低了安全性。其次,措施的采用不能影响系统的正常运行。

9.3.3 安全防范体系框架结构总体规划

1. 国际和国内信息安全体系框架

OSI 国际标准《信息处理系统开放系统互联的安全体系结构(ISO7498)》中的信息安全保障体系将信息安全分为管理体系、组织体系和技术体系三个部分,从内容上剖析了信息安全体系。OSI 信息安全体系框架如图 9.1 所示。

2004 年,国家信息化专家咨询委员会对国家信息安全保障体系进行了设计,国家信息安全保障体系主要由组织管理、技术保障、信息安全基础设施、产业支撑、人才教育与培养、法规与标准等六大部分组成。

国家信息安全保障体系框架如图 9.2 所示。

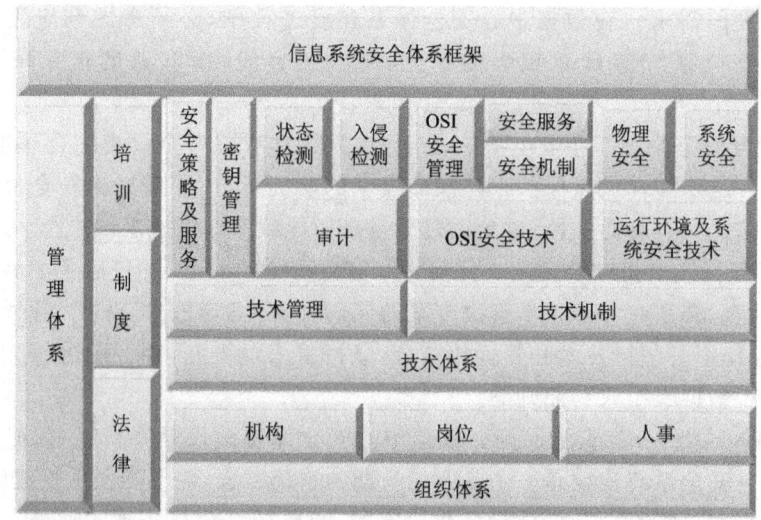

图 9.1　OSI 信息安全体系框架

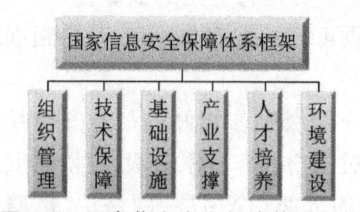

图 9.2　国家信息安全保障体系框架

国家强调加强信息安全管理工作主要有以下重点：

(1) 实行信息安全等级保护制度。进行基于密码技术的网络信任体系建设，包括密码管理体制、身份认证、授权管理、责任认定等内容。

(2) 建设信息安全监控体系，提高对网络攻击、病毒入侵的应变能力。

(3) 推动信息安全技术研发与产业发展。要提高关键技术的开发能力、加强自主创新、规范测评认证体系。

(4) 加强信息安全法制与标准建设。坚决打击网络犯罪、建设标准体系、规范网络行为。

(5) 采取设立学科、加大培训、提高技能等方式，提高广大民众的自律、守法意识。

(6) 加强信息安全组织建设。成立信息安全协调小组、实施责任制、对信息安全进行依法管理。

2. 数据中心安全防范体系框架

参考 OSI 信息安全体系框架和国家信息安全保障体系，数据中心安全防范体系框架结构设计如图 9.3 所示。

其中，数据中心安全防范组织体系负责操控数据中心安全防范技术；数据中心安全防范技术体系是一切信息安全行为的基础；数据中心安全防范安全管理体系负责管制数据中心安全防范技术体系和组织体系。

1) 数据中心安全防范组织体系

(1) 机构设置。数据中心安全防范组织体系包括数据中心安全领导机构和数据中心安全工作机构,如图9.4所示。

数据中心安全防范体系		
技术体系	组织体系	管理体系
·物理环境安全 ·链路和网络安全 ·计算机系统安全 ·应用安全	·机构 ·人员	·技术标准 ·管理制度

图9.3 数据中心安全防范体系框架结构

图9.4 数据中心安全防范组织结构

① 数据中心安全领导机构。数据中心应设置安全领导机构,作为信息安全的最高决策机构,主要工作内容如下:
- 贯彻落实国家有关数据中心网络与信息安全工作的政策和法规。
- 负责审定数据中心信息安全策略、网络与信息安全重点工作计划,确定信息安全发展思路。
- 制定数据中心信息安全发展战略、总体规划、管理规范等。
- 负责建立数据中心信息安全组织。
- 协调解决数据中心网络与信息安全的重大问题。
- 审批数据中心重大安全项目的投资及建设。
- 负责解决并协调数据中心信息安全建设过程中战略性问题和冲突。

② 数据中心安全工作机构。数据中心安全工作机构的主要工作内容如下:
- 负责数据中心信息安全的具体业务管理与日常工作管理。
- 执行数据中心安全领导机构的决策,向安全领导机构汇报信息安全工作。
- 研究提出数据中心信息安全的发展战略、总体规划、重大政策、管理规范等。

确定数据中心安全组织结构后,应分配相关安全责任,使信息安全在组织内得以有效管理,明确定义安全角色与职责。

(2)人员设置。数据中心安全工作机构应包括以下角色,如图9.5所示。

① 安全管理员。数据中心应设置信息安全管理员,负责整个数据中心信息安全

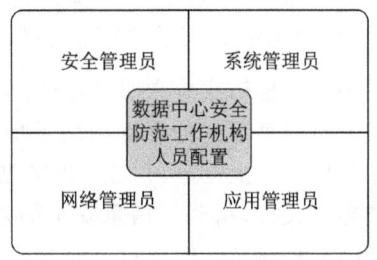

图9.5 数据中心安全防范工作机构人员配置

管理的各项工作,并向数据中心安全领导机构汇报,安全管理员的主要职责如下:
- 制定信息安全方针、信息安全管理制度及信息安全技术规范等。
- 为数据中心制定安全培训计划,并负责培训。
- 负责数据中心信息安全相关项目的需求、建设和测试等。
- 对其他管理员进行安全指导。

② 系统管理员。数据中心应设置系统管理员,负责操作系统、数据库系统等的安全运维和监管,主要职责如下:
- 对责任系统进行安全配置。
- 对责任系统进行日常安全运维管理及应急处置。
- 对责任系统进行安全运行监控,并定期提交安全运行报告。

③ 网络管理员。数据中心应设置网络管理员,负责网络设备等的安全运维和监管,主要职责如下:
- 负责网络规划与调整,对网络设备进行安全配置。
- 负责网络设备的日常安全运维管理及应急处置。
- 负责网络设备的安全运行监控,并定期提交安全运行报告。

④ 应用管理员。数据中心应设置应用管理员,负责应用系统的安全运维和监管,主要职责如下:
- 对应用系统进行日常维护和应急处理,并制定应用系统的安全管理制度。
- 对应用系统进行安全运行监控,并定期提交安全运行报告。

2) 数据中心安全防范管理体系

数据中心安全防范管理体系框架如图9.6所示。

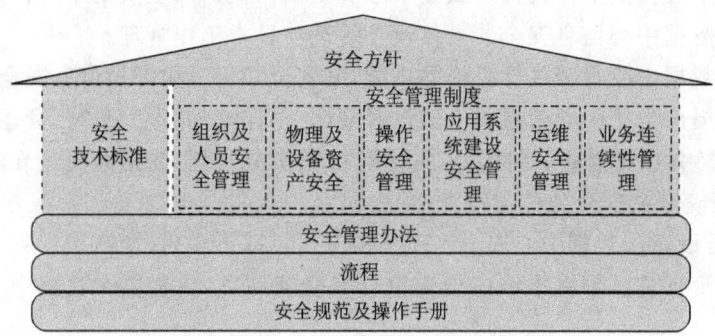

图 9.6 数据中心安全防范管理体系框架

安全管理框架从指导性到具体性依次分为四层,由安全方针统领。安全方针位于图的最上层,呈屋顶形状,其下有三个层次的管理制度类型,包括安全管理办法、安全管理流程和安全规范及操作手册。从上至下,管理制度类型依据层次依次细化。

安全方针是信息安全指导性文件,指明了信息安全的发展方向,为信息安全提供管理指导和支持。安全管理办法是对信息安全各方面内容进行管理的方法总述;安全管理流程是在信息安全管理办法的基础上,详细描述各安全控制流程;安全规范及操作手册层为用户提供详细使用文档。

整个信息安全管理框架涵盖两大方面的内容,即安全技术标准和安全管理制度。其中,安全技术标准分为以下几种:

① 国际标准。
② 国家标准。
③ 行业标准。
④ 自行制定或已经正式发布的技术标准。

参考信息安全管理体系的国际标准 ISO27001,安全管理制度主要分为 6 个方面:

① 组织及人员安全管理。
② 物理及设备资产安全。
③ 操作安全管理。
④ 应用系统建设安全管理。
⑤ 运维安全管理。
⑥ 业务连续性管理。

其中,人员安全管理及其人员培训、应用系统建设安全管理和运维安全管理尤为重要。

3) 数据中心安全防范技术体系

数据中心安全防范技术体系分为 4 个部分:物理环境安全、链路和网络安全、计算机系统安全和应用安全,如图 9.7 所示。其中,物理环境安全包括机房环境安全和设备安全等内容;链路和网络安全包括安全区域设计、入侵防护设计、漏洞扫描设计、边界安全防护、内网安全审计设计、网络设备安全设计和桌面安全防护系统设计等内容;计算机系统安全包括操作系统安全、病毒防治系统和数据库安全等内容;应用安全包括数据传输安全、用户权限管理、业务日志、程序安全、用户签到、日志和审计、业务监控、密码管理、操作安全及身份认证和授权等内容。

图 9.7 数据中心安全防范技术体系

9.4 物理环境安全

保证数据中心的机房和所有设备及其他场地的安全,是整个数据中心信息系统安全的前提。如果机房的安全得不到有力的保证,存在这样那样的不安全因素,则整个数据中心的安全也就不可能实现。

物理环境安全是指在物理介质层次上对存储和传输的网络信息的安全保护,也就是保护数据中心网络设备、设施及其他媒体免遭地震、水灾、火灾等事故,以及人为行为导致的破坏过程。

数据中心机房环境条件的好坏,在充分发挥系统的性能、延长机器使用寿命,以及确保工作人员的身体健康等方面都是非常重要的。影响数据中心设备和工作人员的物理安全分为环境安全和设备安全。环境安全是指数据中心所在环境的安全保护,如区域防护和灾难保护,包括场地安全、温度、湿度、静电、灰尘、防火、用电安全等;设备安全是指设备的防盗、防电磁泄漏、防电磁干扰、存储介质管理等。

9.4.1 机房环境安全

机房环境安全详见本书的"第3章数据中心机房",在此不再赘述。

9.4.2 设备安全

设备安全的主要目标是防止数据中心资产流失、损坏及对业务活动造成破坏。

数据中心的设备可能会因为环境因素(如火灾、电磁干扰)、未授权访问、供电异常、设备故障等方面的原因,面临着资产损失、损坏、敏感信息泄露或系统运行中断的风险。因此,设备安全应考虑设备安置、供电、电缆、设备维护、办公场所外的设备及设备处置与再利用方面的安全控制。

1. 设备的安置及保护

应妥善安置及保护数据中心的设备,以降低来自未经授权的访问及环境威胁所造成的风险。

数据中心设备的安置与保护可以考虑以下原则:设备的布置应有利于减少对工作区的不必要的访问;敏感数据的信息处理与存储设施应当妥善放置,降低在使用期间内对其缺乏监督的风险;要求特别保护的项目应与其他设备进行隔离,以降低所需保护的等级;采取措施,尽量降低盗窃、火灾等环境威胁所产生的潜在的风险;考虑实施"禁止在信息处理设施附近饮食、饮水和吸烟"等。

2. 支持性设施

应保护数据中心设备免受电力中断或其他因为支持性设施失效所导致的中断。

应有足够的支持性设施(例如,电、供水、排污、加热/通风和空调)来支持系统。支持性设施应定期检查并适当的测试以确保他们的功能,减少由于它们的故障或失效带来的风险。应按照设备制造商的说明提供合适的供电。其中,电力供应是计算机、通信等信息设施应用的必要条件。对于数据中心系统,如果没有备用电源,电力供应中断就会引起业务活动的中断。因此,保证数据中心重要信息设备的供电可靠性对保持业务活动的正常运作十分重要。

常采取的措施有多路供电途径,以避免单点电力供应发生故障的危险;不间断电源(UPS);备用发电机等。

3. 电缆传输安全

应当对传输信息资料的通讯电缆或支持信息服务的电力电缆加以保护,使其免于被窃听或被破坏。

用于传送数据的通信电缆或支持数据中心信息服务的电力电缆被截断会造成信息的不可用,甚至造成整个系统的中断;用于传送敏感信息的通信电缆被截获,会造成秘密泄露。组织应采取适当的措施对电缆进行保护,防止截断或损坏,如电缆应尽可能埋在地下,或得到其他适当的保护;使用专门管线,避免线路通过公共区域;电源电缆应与通信电缆分离,以防干扰;定期对线路进行维护,及时发现线路故障隐患等。

4. 设备维护

设备应进行正确维护,以确保其持续的可用性及完整性。

设备维护不当会引起设备故障,从而造成数据中心的信息不可用,甚至造成信息不完整。因此,组织应按照设备维护手册的要求或有关维护规程对设备进行适当的维护,确保设备处于良好的工作状态,即保持设备持续的可用性和完整性。如按照供应商推荐的保养时间间隔和规范进行设备保养;只有经授权的维护人员才能维修和保养设备;维修人员应具备一定的维修技术能力;应当把所有可疑故障和实际发生的事故记录下来;当将设备送外进行保养时,应采取适当的控制,防止敏感信息的泄露等。

5. 外部设备安全

在组织场所以外使用数据中心的信息处理设备应当得到管理层授权。

场所外设备(Equipment Off-Premises)是指离开组织正常工作场所的设备,可以分为两类,一类是因工作需要,将设备带离组织的工作场所,如因公外出所携带的便携式计算机、移动电话、文件等;另一类是固定在组织场所之外的设备,如无人值守机房内的通信设备、档案资料等。

场所外设备可能遭受盗窃、未经授权的访问或环境因素的威胁,组织应考虑场所外的设备所存在的风险,所提供的保护至少应等同于组织内相同用途的设备。如任何人在组织外使用信息处理设备,应当一律经由数据中心管理层授权许可;从办公场所带走的设备和存储介质在公共场所使用时,不应无人看管;应始终遵守制造商有关保护设备的指南要求;对经常在场所外使用的设备应当在保险公司进行投保,以转移风险等。

6. 设备处置及重用的安全

数据中心的设备在报废或再利用前，应当清除储存在设备中的信息。

数据中心的信息设备到期报废或被淘汰需处置时，或设备改为它用时，处理不当会造成敏感信息的泄露。

可以采取的措施包括：在设备处置或征得利用之前，组织应采取适当的方法将设备内存储媒体的敏感数据及许可的软件清除；应在风险评估的基础上履行审批手续，以决定对设备内装有敏感数据的存储设备的处置方法——消磁、物理销毁、报废或重新利用等。

7. 设备的转移

未经授权，不得将数据中心的设备、信息或软件带离工作场所。

设备在未经授权的情况下，不应让数据中心的设备、信息或软件离开办公场地；应识别有权允许资产移动，离开办公场地的雇员、合同方和第三方用户；应设置设备移动的时间限制，并在返还时执行一致性检查。必要时可以删除设备中的记录，当设备返回时，再恢复记录。

9.5 链路和网络安全

数据中心在数据通信中，每一层次中都有自己独特的安全问题。数据链路层（第二协议层）的通信连接就安全而言，是较为薄弱的环节。而网络安全的问题应该在多个协议层针对不同的弱点进行解决。本节将重点讨论与链路和网络相关的安全问题。

9.5.1 网络安全需求分析

数据中心网络系统的可靠运转是基于通讯子网、计算机硬件和操作系统及各种应用软件等各方面、各层次的良好运行。因此，它的风险将来自对各个关键点可能造成的威胁，这些威胁可能造成总体功能的失效。

1. 来自外部网络的安全威胁

来自外部网络的安全攻击的手段及可能造成的危害多种多样。

（1）修改网站页面，甚至利用该服务器攻击其他单位网站，导致单位声誉受损。

（2）释放病毒，占用系统资源，导致主机不能完成相应的工作，造成系统乃至全网的瘫痪。

（3）释放"特洛伊木马"，取得系统的控制权，进而攻击整个内部网络。

（4）窃取机密的信息，谋取非法所得。

外部网络破坏的主要方式如下：

（1）外部网络的非法用户的恶意攻击、窃取信息。

(2) 通过网络传送的病毒和电子邮件夹带的病毒。
(3) 内部网络缺乏有效的手段监视系统、评估网络系统和操作系统的安全性。
(4) 目前流行的许多操作系统均存在网络安全漏洞,如 UNIX 服务器、NT 服务器及 Windows、桌面 PC。
(5) 来自 Internet 的 Web 浏览可能存在的恶意 Java/ActiveX 控件。

2. 来自内部网络的安全威胁

1) 网络的实际结构无法控制

数据中心用户众多,用户的应用水平差异较大,给管理带来很多困难。网络的物理连接经常会发生变化,这种变化主要由以下原因造成:
(1) 办公地点调整,如迁址、装修等。
(2) 网络应用人员的调整,如员工的加入或调离。
(3) 网络设备的调整,如设备升级更新。
(4) 人为错误,如网络施工中的失误。

这些因素都会导致网络结构发生变化,网络管理者如果不能及时发现,将其纳入网络安全的总体策略,很可能发生网络配置不当,从而造成网络性能的下降,更严重的会造成网络安全的严重隐患,导致直接经济损失。

因此,数据中心需要一种有效的扫描工具,定期对网络进行扫描,发现网络结构的变化,及时纠正错误,调整网络安全策略。

2) 网管人员无法及时了解网络的运行状况

网络是一个多应用的平台,上面运行着多种应用,其中包括网站系统、办公自动化系统、邮件系统等。作为网络管理员,应该能够全面了解这些应用的运行情况。同时,由于网络用户众多,很可能发生用户运行其他应用程序的情况,这样做的后果一方面可能影响网络的正常工作,降低系统的工作效率,另一方面还可能破坏系统的总体安全策略,对网络安全造成威胁。

因此,网络管理员应拥有有效的工具,及时发现错误,关闭非法应用,保证数据中心网络的安全。

3) 无法了解网络的漏洞和可能发生的攻击

网络建成后,应该制定完善的网络安全和网络管理策略,但是实际情况是,再有经验的网络管理者也不可能完全依靠自身的能力建立十分完善的安全系统。具体原因如下:
(1) 即使最初制定的安全策略已经十分可靠,但是随着网络结构和应用的不断变化,安全策略也应该及时进行相应的调整。
(2) 目前黑客的活动越来越猖獗、越来越隐蔽。
(3) 黑客工具可以轻易得到,依靠网络管理人员的个人力量无法与巨大的黑客群体抗衡。
(4) 传统方式的安全策略采取被动挨打的方式,等待入侵者的攻击,而缺乏主动防范的功能。

(5) 由于网络配置不当导致的安全隐患。

(6) 来自内部网的病毒的破坏。

(7) 内部网络各网段上运行不同应用,而这些应用又要共享某些数据,这些放有共享数据的主机没有有效的保护措施,容易受到攻击。

因此,需要一种强有力的工具来帮助网络管理者对网络风险进行客观的评估,及时发现网络中的安全隐患,并提出切实可行的防范措施。

4) 对于已经或正在发生的攻击缺乏有效的追查手段

网络的安全策略一旦建立,会对整个网络起到全面的保护作用,但是没有绝对安全的网络,少数攻击行为会穿过防火墙最终发生。攻击行为一旦发生,最重要的问题在于怎样减小损失和追查当事人的责任。

首先,一旦发现有攻击行为,系统应该能够及时报警,自动采取相应的对策,如关闭有关服务、切断物理线路的连接等。

有些攻击行为相当隐蔽,攻击发生之后很长时间才会被发现。这种情况下,就需要网络管理者通过有关线索,追踪攻击行为的发起者,追究当事人的责任。但是,由于多种原因,类似的追查工作往往难以进行,具体原因如下:

(1) 操作系统日志不健全,如 Windows95/98 不提供操作日志功能。

(2) 对于某些欺骗行为不能够识别。

(3) 对于日志文件记录的内容无法进行有效的分析。

(4) 缺乏对攻击现场回放工具。

(5) 缺乏防御同样攻击的解决办法。

由此可见,为了能够追查攻击的来源,系统应该具备有效的工具,记录攻击行为的全过程,为调查工作提供依据,同时也是对非法入侵者的有效震慑。

另外,由于人手有限,某些工作人员经常一身数职,违反安全系统原则,对系统安全构成严重威胁。因此,应该从技术和管理等多种渠道加强管理和监控,杜绝这个层面上的安全问题。

9.5.2 网络安全规划

针对以上对网络安全需求的分析,网络安全建设需要从多个方面入手,如图 9.8 所示。

1. 安全区域设计

安全区域(以下简称为安全域)是指同一系统内有相同的安全保护需求,相互信任,并具有相同的安全访问控制和边界控制策略的子网或网络。安全域划分是保证网络及基础设施稳定正常的基础,也是保障业务信息安全的基础。

1) 安全域设计方法

安全域模型设计采用"同构性简化"方法,基本思路是认为一个复杂的网络应当是由一些相通的网络结构元所组成,这些网络结构元以拼接、递归等方式构造出一个大的网络。

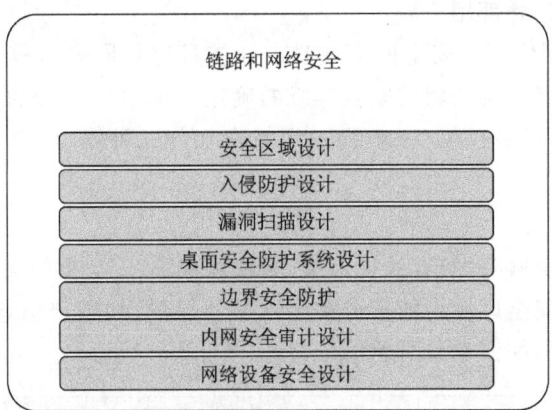

图 9.8 网络安全设计

一般来讲,对信息系统安全域(保护对象)的设计应主要考虑如下方面因素:
(1) 业务和功能特性。
① 业务系统逻辑和应用关联性。
② 业务系统对外连接。对外业务、支撑、内部管理。
(2) 安全特性的要求。
① 安全要求相似性。可用性、保密性和完整性的要求。
② 威胁相似性。威胁来源、威胁方式和强度。
③ 资产价值相近性。重要与非重要资产分离。
(3) 参照现有状况。
① 现有网络结构的状况。现有网络结构、地域和机房等。
② 参照现有的管理部门职权划分。

2) 安全域设计步骤

一个数据中心内部安全域的划分主要有如下步骤:

(1) 查看网络上承载的业务系统的访问终端与业务主机的访问关系及业务主机之间的访问关系,若业务主机之间没有任何访问关系,则单独考虑各业务系统安全域的划分,若业务主机之间有访问关系,则几个业务系统一起考虑安全域的划分。

(2) 划分安全计算域。根据业务系统的业务功能实现机制、保护等级程度进行安全计算域的划分,一般分为核心处理域和访问域,其中数据库服务器等后台处理设备归入核心处理域,前台直接面对用户的应用服务器归入访问域;局域网访问域可以有多种类型,包括开发区、测试区、数据共享区、数据交换区、第三方维护管理区、VPN 接入区等;局域网的内部核心处理域包括数据库、安全控制管理、后台维护区(网管工作区)等,核心处理域应具有隔离设备对该区域进行安全隔离,如防火墙、路由器(使用 ACL)、交换机(使用 VLAN)等。

(3) 划分安全用户域。根据业务系统的访问用户分类进行安全用户域的划分,访问同类数据的用户终端、需要进行相同级别保护划为一类安全用户域,一般分为管理用户域、内部用户域、外部用户域。

(4) 划分安全网络域。安全网络域是由连接具有相同安全等级的计算域和(或)用户域组成的网络域。网络域的安全等级的确定与网络所连接的安全用户域和(或)安全计算域的安全等级有关。一般同一网络内化分三种安全域:外部域、接入域、内部域。

3) 安全域模型

该模型包含安全服务域、有线接入域、无线接入域、安全支撑域和安全互联域等五个安全区域。同一安全区域内的资产实施统一的保护,如进出信息保护机制、访问控制、物理安全特性等,如图 9.9 所示。

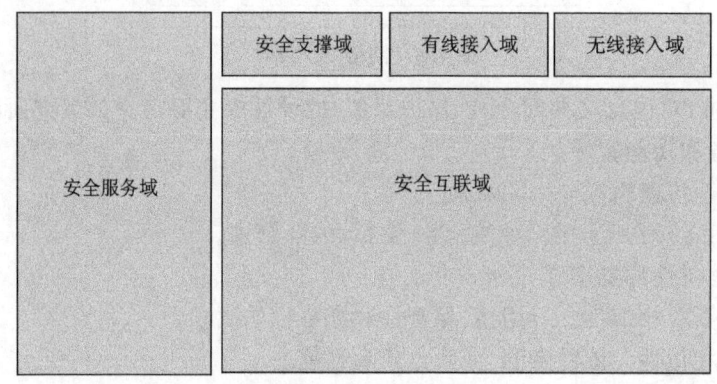

图 9.9 安全域模型

(1) 安全服务域。安全服务域是指由各信息系统的主机/服务器经局域网连接组成的存储和处理数据信息的区域。

(2) 有线接入域。有线接入域是指由有线用户终端及有线网络接入基础设施组成的区域。终端安全是信息安全防护的瓶颈和重点。

(3) 无线接入域。无线接入域是指由无线用户终端、无线集线器、无线访问节点、无线网桥和无线网卡等无线接入基础设施组成的区域。

(4) 安全支撑域。安全支撑域是指由各类安全产品的管理平台、监控中心、维护终端和服务器等组成的区域,实现的功能包括安全域内的身份认证、权限控制、病毒防护、补丁升级,各类安全事件的收集、整理、关联分析,安全审计,入侵检测,漏洞扫描等。

(5) 安全互联域。安全互联域是指由连接安全服务域、有线接入域、无线接入域、安全支撑域和外联网(Extranet)的互联基础设施构成的区域。

4) 安全域细分模型

安全服务域细分为关键业务、综合业务、公共服务和开发测试等 4 个子域;安全互联域细分为局域网互联、广域网互联、外部网互联、因特网互联4个子域，如图9.10所示。

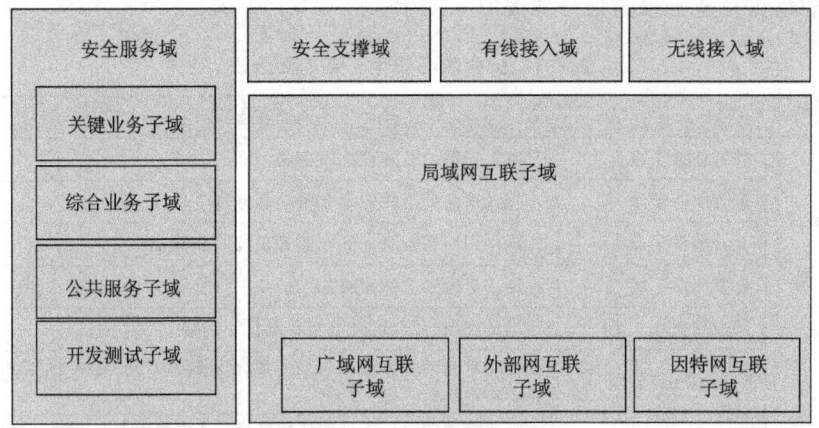

图 9.10 安全域细分模型

(1) 安全服务域划分。

① 等保三级的业务系统服务器划入关键业务子域，例如，财务管理系统。

② SAN集中存储系统划入关键业务子域，并在SAN存储设备上单独划分出物理/逻辑存储区域，分别对应关键业务子域、综合业务子域、公共服务子域、开发测试子域中的存储的空间。

③ 等保未达到三级的业务系统服务器划入综合业务子域，例如，人力资源、网站系统、邮件系统等业务系统服务器。

④ 提供网络基础服务的非业务系统服务器划入公共服务子域，例如，DNS服务器、Windows域服务器等。

⑤ 用于开发和测试的服务器划分入开发测试子域。

(2) 有线接入域划分。所有有线用户终端及有线网络接入基础设施划入有线接入域。

(3) 无线接入域划分。所有无线用户终端和无线集线器、无线访问节点、无线网桥、无线网卡等无线接入基础设施划入无线接入域。

(4) 安全支撑域划分。各类安全产品的管理平台、监控中心、维护终端和服务器划入安全支撑域。

(5) 安全互联域划分。

① 局域网核心层、汇聚层互联设备和链路划入局域网互联子域。

② 自主管理的综合数字网接入链路和接入设备，包含网络设备、安全设备和前端服务器划入广域网互联子域。

③ 自主管理的第三方合作伙伴网络接入链路和接入设备，包含网络设备、安全设备和前端服务器划入外部网互联子域。

④ 自主管理的因特网接入链路和接入设备，包含网络设备、安全设备和前端服务器划入因特网互联子域。

安全域和安全子域的划分如表 9.1 所示。

表 9.1 安全域和安全子域的划分表

安全域		信息系统
安全服务域	关键业务子域	等保三级的业务系统服务器
	综合业务子域	等保未达到三级的业务系统服务器
	公共服务子域	提供网络基础服务的非业务系统服务器
	开发测试子域	用于开发和测试的服务器
安全互联域	局域网互联子域	局域网核心层、汇聚层互联设备和链路
	广域网互连子域	自主管理的综合数字网接入链路和接入设备，包含网络设备、安全设备和前端服务器
	外部网互联子域	自主管理的第三方合作伙伴网络接入链路和接入设备，包含网络设备、安全设备和前端服务器
	因特网互联子域	自主管理的因特网接入链路和接入设备，包含网络设备、安全设备和前端服务器
安全支撑域		各类安全产品的管理平台、监控中心、维护终端和服务器
有线接入域		所有有线用户终端及有线网络接入基础设施
无线接入域		所有无线用户终端和无线集线器、无线访问节点、无线网桥、无线网卡等无线接入基础设施

5）安全域互访原则

（1）安全服务域、安全支撑域、有线接入域、无线接入域之间的互访必须经过安全互联域，不允许直接连接。

（2）关键业务子域、综合业务子域、公共服务子域、开发测试子与之间的互访必须经过安全互联域，不允许直接连接。

（3）广域网互联子域、外部网互联子域、因特网互联子域和其他安全域或子域之间的互访必须经过安全互联域，不允许直接连接。

（4）广域网互联子域、外部网互联子域、因特网互联子域之间的互访必须经过安全互联域，不允许直接连接。

6）安全子域内部防护原则

同一安全子域，如关键业务子域、综合业务子域、基础业务子域、公共服务子域、开发测试子域内部的不同系统之间应采用 VLAN 进行隔离，VLAN 间的路由应设置在核心或汇聚层设备上，不允许通过接入层交换机进行路由。

2. 入侵防护设计

1）入侵防护简介

随着网络入侵事件的不断增加和黑客攻击水平的不断提高，一方面网络感染病毒、遭受攻击的速度日益加快,另一方面网络受到攻击作出响应的时间却越来越滞后。解决这一矛盾,传统的防火墙或入侵检测技术(IDS)显得力不从心,这就需要引入一种全新的技术——IPS(Intrusion Prevention System,入侵防护系统)。入侵防护系统(IPS)倾向于提供主动防护,其设计宗旨是预先对入侵活动和攻击性网络流量进行拦截,避免其造成损失,而不是简单地在恶意流量传送时或传送后才发出警报。IPS是通过直接嵌入到网络流量中实现这一功能的,即通过一个网络端口接收来自外部系统的流量,经过检查确认其中不包含异常活动或可疑内容后,再通过另外一个端口将它传送到内部系统中。这样一来,有问题的数据包,以及所有来自同一数据流的后续数据包,都能在IPS设备中被清除掉。

2) IPS 分类

(1) 基于主机的入侵防护(HIPS)。HIPS通过在主机/服务器上安装软件代理程序,防止网络攻击入侵操作系统以及应用程序。基于主机的入侵防护能够保护服务器的安全弱点不被不法分子所利用。基于主机的入侵防护技术可以根据自定义的安全策略及分析学习机制来阻断对服务器、主机发起的恶意入侵。HIPS可以阻断缓冲区溢出、改变登录口令、改写动态链接库以及其他试图从操作系统夺取控制权的入侵行为,整体提升主机的安全水平。

在技术上,HIPS采用独特的服务器保护途径,利用由包过滤、状态包检测和实时入侵检测组成分层防护体系。这种体系能够在提供合理吞吐率的前提下,最大限度地保护服务器的敏感内容,既可以以软件形式嵌入到应用程序对操作系统的调用当中,通过拦截针对操作系统的可疑调用,提供对主机的安全防护;也可以以更改操作系统内核程序的方式,提供比操作系统更加严谨的安全控制机制。

由于HIPS工作在受保护的主机/服务器上,它不但能够利用特征和行为规则检测,阻止诸如缓冲区溢出之类的已知攻击,还能够防范未知攻击,防止针对Web页面、应用和资源的未授权的任何非法访问。HIPS与具体的主机/服务器操作系统平台紧密相关,不同的平台需要不同的软件代理程序。

(2) 基于网络的入侵防护(NIPS)。NIPS通过检测流经的网络流量,提供对网络系统的安全保护。由于它采用在线连接方式,所以一旦辨识出入侵行为,NIPS就可以去除整个网络会话,而不仅仅是复位会话。同样由于实时在线,NIPS需要具备很高的性能,以免成为网络的瓶颈,因此NIPS通常被设计成类似于交换机的网络设备,提供线速吞吐速率以及多个网络端口。

NIPS必须基于特定的硬件平台,才能实现千兆级网络流量的深度数据包检测和阻断功能。这种特定的硬件平台通常可以分为三类:第一类是网络处理器(网络芯片);第二类是专用的FPGA编程芯片;第三类是专用的ASIC芯片。

在技术上,NIPS吸取了目前NIDS所有的成熟技术,包括特征匹配、协议分析和异常检测。特征匹配是最广泛应用的技术,具有准确率高、速度快的特点。基于状态的特征匹配不但要检测攻击行为的特征,还要检查当前网络的会话状态,避免受到欺骗攻击。协议分析是一种较新的入侵检测技术，它充分利用网络协议的高度有序性，并结合高速数据包捕捉和协议分析，来快速检测某种攻击特征。协议分析正在逐渐进入成熟应用阶段。协议分析能够理解不同协议的工作原理，以此分析这些协议的数据包，来寻找可疑或不正常的访问行为。协议分析不仅仅基于协议标准（如 RFC），还基于协议的具体实现，这是因为很多协议的实现偏离了协议标准。通过协议分析，IPS 能够针对插入（Insertion）与规避（Evasion）攻击进行检测。异常检测的误报率比较高，NIPS 不将其作为主要技术。

（3）应用入侵防护（AIP）。NIPS 产品有一个特例，即应用入侵防护（Application Intrusion Prevention，AIP），它把基于主机的入侵防护扩展成为位于应用服务器之前的网络设备。AIP 被设计成一种高性能的设备，配置在应用数据的网络链路上，以确保用户遵守设定好的安全策略，保护服务器的安全。NIPS 工作在网络上，直接对数据包进行检测和阻断，与具体的主机/服务器操作系统平台无关。随着处理器性能的提高，每一层次的交换机都有可能集成入侵防护功能。

3. 漏洞扫描设计

漏洞扫描是指对重要计算机信息系统进行检查，发现其中可被黑客利用的漏洞。漏洞扫描的结果实际上就是对系统安全性能的一个评估，它指出了哪些攻击是可能的，因此成为安全方案的一个重要组成部分。漏洞扫描器是一种自动检测远程或本地主机安全性弱点的程序。通过使用漏洞扫描器，系统管理员能够发现所维护的服务器的各种 TCP 端口的分配、提供的服务、服务软件版本和这些服务及软件呈现在 Internet 上的安全漏洞。从而在计算机网络系统安全防护中做到有的放矢，及时修补漏洞。

漏洞扫描技术是建立在端口扫描技术的基础之上的。从对入侵行为的分析和收集的漏洞来看，绝大多数都是针对某一个网络服务，也就是针对某一个特定的端口的。所以漏洞扫描技术也是以与端口扫描技术同样的思路来开展扫描的。漏洞扫描技术的原理主要是通过以各种方法来检查目标主机是否存在漏洞，在端口扫描后得知目标主机开启的端口以及端口上的网络服务，将这些相关信息与网络漏洞扫描系统提供的漏洞库进行匹配，查看是否有满足匹配条件的漏洞存在。另外，通过模拟黑客的攻击手法，对目标主机系统进行攻击性的安全漏洞扫描，如测试弱势口令等。若模拟攻击成功，则表明目标主机系统存在安全漏洞。

一般情况可以将漏洞扫描器分为两种类型，主机漏洞扫描器（Host Scanner）和网络漏洞扫描器（Network Scanner）。

主机漏洞扫描器是指在本地运行检测系统漏洞的程序，网络漏洞扫描器是指基于 Internet 远程检测目标网络和主机系统漏洞的程序。网络漏洞扫描器通过远程检测目标主机 TCP/IP 不同端口的服务，记录目标给予的回答。通过这种方法，可以搜集到很多目标主机的各种信息，例如是否能用匿名登录，是否有可写的 FTP 目录等。在获得目标主机 TCP/IP 端口和其对应的网络访问服务的相关信息后，与网络漏洞扫描系统提供的漏洞库进行匹配，如果满足匹配条件，则视为漏洞存在。在匹配原理上，网络漏洞扫描器可以采用的是基于规则的匹配技术，即根据安全专家对网络系统安全漏洞、黑客攻击案例的分析和系统管理员关于网络系统安全配置的实际经验，形成一套标准的系统漏洞库，然后在此基础之上构成相应的匹配规则，由程序自动进行系统漏洞扫描的分析工作。

4. 桌面安全防护系统设计（终端安全管理）

应对数据中心终端进行统一管理。终端安全管理需要进行基于安全策略的终端管理产品，一般选择开放式 B/S 体系结构和标准化数据通讯方式，对局域网内部的网络安全行为进行全面监管，检测并保障桌面系统的安全。

终端管理系统应具有四大模块：桌面行为监管、桌面系统监管、系统资源管理，通过统一定制、下发安全策略并强制执行的机制，实现对局域网内部桌面系统的管理和维护，能有效保障桌面系统及机密数据的安全。

1）统一定制、强制执行的安全策略管理

终端管理系统需要提供强大的策略定制机制。管理员根据自身网络特点，能够通过系统有效地实施全局网络配置和安全管理、监控策略，以实现真正的统一安全策略。管理员可以灵活地创建不同的安全策略，在不同类型的桌面系统可以应用不同的安全策略，同时提供对安全策略的应用情况进行跟踪和审计，为整个系统提供了灵活的、弹性的安全机制。

2）补丁管理及软件分发

终端管理系统需要提供桌面系统补丁管理的功能，帮助管理员对网内基于 Windows 2000/XP/2003 等机器快速部署最新的重要更新和安全更新。检测桌面系统已安装的补丁和需要安装的补丁，管理员能通过 Console 对桌面系统下发安装新补丁的命令。管理员可从微软网站自动下载更新补丁库，并审核是否允许桌面系统安装。通过策略定制，桌面系统可以自动检测、下载和安装补丁。

系统能将特定软件包或驱动程序下发给预定义的用户组，并能根据用户的要求自动执行已下发的软件。

3）终端行为监管

终端管理系统需要提供对桌面系统的行为进行统一监管功能，能对主机的拨号、打印、外存使用、文件读写、网络访问等行为进行策略控制，满足主机、区域安全性的安全需求。

（1）对拨号行为的监管。实时监视普通电话线、ISDN、ADSL 等方式的拨号上网；通过策略定制限制主机是否允许拨号以及指定拨打 ISP 号码。

（2）对打印机进行监管。实时监视对网络、本地打印机的使用；通过策略定制限制主机是否允许打印以及可以使用哪些打印机。

（3）对文件的监视。监控网络或者本地指定的文件或文件夹的删除、属性变化、内容变化、名称变化等行为。

(4) 对计算机外存设备的监管。对软驱、光驱、USB、光驱等读写的监控；通过策略定制限制主机是否允许使用外存设备。

(5) 非法外联的监管。系统自动检测主机违规接入 Internet 的行为,并告警。

(6) 网络访问行为的监管。通过策略对终端主机用户的网络访问行为进行记录,当用户访问了受限的站点时,系统发出告警。

4) 终端系统监控

终端管理系统需要提供对主机系统主要信息(包括进程信息、端口连接信息、软件信息、硬件信息、CPU 使用率、磁盘使用率、内存使用率等)进行监视的功能,并通过定制全局、局部策略对主机的资源、运行状态进行总体监控。

(1) 进程监控。提供黑白名单两种方式,保证主机运行进程的可控性;可远程终止指定主机上面的用户进程;所有被控主机的进程可查看监视。

(2) 端口连接监视。提供黑白名单两种方式,保证主机网络状态的可控性;监视主机的连接状态,内容包括使用何种协议、本地和远程 IP、本地和远程端口、连接状态等。

(3) 软/硬件信息监视。可以监视主机安装的软件信息和硬件信息,当软硬件信息改变时,提供了报警功能。

(4) 性能信息监视。可以监视桌面系统的 CPU、磁盘、内存的使用情况,包括 CPU 占用率、磁盘总量、磁盘使用量、磁盘使用率、内存总量、内存使用量、内存使用率等,并可以定制各种策略对进程使用 CPU、磁盘、内存做出限制,出现异常后及时进行报警。

(5) 禁用网卡。紧急情况下用户可以下发禁用网卡的命令给终端主机,将所有的网卡禁用,避免问题终端对网络的影响。

5) IP 管理

对整体 IP 进行管理,通过建立整体 IP-MAC 地址库,提供对网络内部 IP 资源的全方位管理功能。显示 IP 地址资源使用情况,对于已分配的 IP 地址要与 MAC 进行绑定,对于未分配的 IP 地址可以自由使用,也可以禁止使用。

管理员根据需要进行策略化配置,对 IP 地址的使用情况进行实时监测,防止 IP 地址被非法盗用,保证已经预留的 IP 地址只能被预留者使用,对非法 IP-MAC 进行报警并能根据策略,采用多种方式切断非法主机的网络通信。

6) 杀毒软件检测

对终端安装的杀毒软件进行检测,可检测主机运行的杀毒软件版本和杀毒软件病毒库版本及升级时间等,应支持检测国内外绝大多数流行的杀毒软件,包括瑞星、诺盾、MacAfee、卡巴斯基等。

7) 安全分析报表

对收集的事件进行详尽的分析和统计,并支持丰富的报表功能,实现分析结果的可视化。帮助网络管理员对网络中的情况进行深度挖掘分析,并支持管理员从不同方面进行网络事件的可视化分析。

8) 外设监控

对计算机外设,如软驱、光驱、USB等设备进行实时监控,有效保护内部机密数据。

9) 文件监控及网络共享监视

对指定文件和目录根据策略进行访问行为(创建、修改、删除、重命令等)的监视和控制。对网络共享目录的访问行为进行监视,记录详细的访问日志。

10) 与安全管理中心(SOC)系统整合

终端管理系统和安全管理中心(SOC)系统可以进行整合,终端管理系统负责桌面系统的安全保障,安全管理中心(SOC)系统负责整体网络服务器及边界网关的安全保障,并可以收集、分析、处理终端管理系统上报的报警事件,终端管理系统也可接收来自安全管理中心(SOC)系统工作流中指派的命令和安全预警信息,终端管理系统与安全管理中心(SOC)系统可从内到外保证网络安全,减少安全事件,并帮助管理员快速定位、解决网络安全故障。

5. 边界安全防护

边界安全防护是指安全域之间边界防护。

1) 边界定义

各安全域之间边界分为以下6类:

(1) 一类边界。安全互联域与外部网络间边界。

(2) 二类边界。安全服务域和安全互联域间边界。

(3) 三类边界。安全支撑域与安全互联域间边界。

(4) 四类边界。有线接入域与安全互联域间边界。

(5) 五类边界。无线接入域与安全互联域间边界。

根据安全服务域和安全互联域内部子域的划分,安全服务域和安全互联域间互联互访的二类边界细分为以下几个边界:

(1) 关键业务子域与局域网互联子域间边界。

(2) 综合业务子域与局域网互联子域间边界。

(3) 公共服务子域与局域网互联子域间边界。

(4) 开发测试子域与局域网互联子域间边界。

根据安全互联域内部子域的划分和外部网络的种类,安全互联域与外部网络间互联互访的一类边界细分为以下几个边界:

(1) 广域网互联子域与广域网间边界。

(2) 因特网互联子域与因特网间访边界。

(3) 外部网互联子域与第三方网络间边界。

边界定义如图9.11所示。

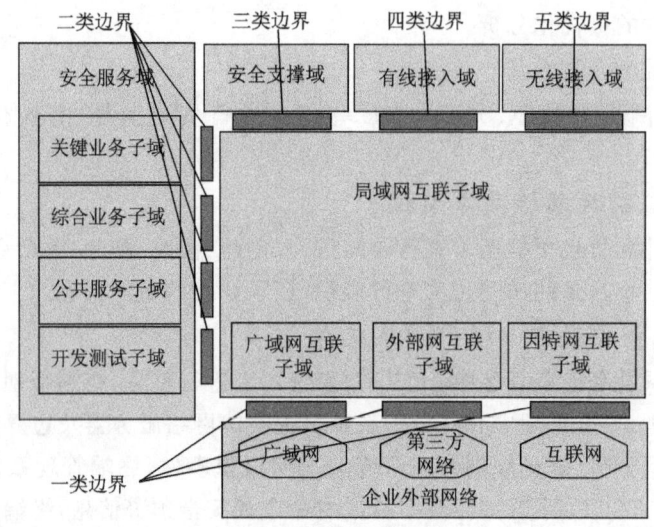

图 9.11 边界定义

2) 边界整合

安全域之间互联接口数量越多,安全性越难以控制,因此,必须在保证各种互联需求的前提下对安全域边界进行合理整合,通过对系统接口的有效整理和归并,减少接口数量,提高接口规范性。边界整合最终要实现不同类别边界链路层物理隔离,边界设备(如交换机、路由器或防火墙等)实现硬件独立,杜绝混用现象。同时边界设备要满足冗余要求。

安全域边界整合的原则如下:

(1) 安全支撑域与安全互联域之间所有的互访接口整合为一个边界。

(2) 有线接入域与安全互联域之间所有的互访接口整合为一个边界。

(3) 安全互联域与外部网络之间所有的互访接口整合为三个边界,分别是:

① 广域网互连子域与广域网之间所有的互访接口整合为一个边界。

② 因特网互联子域与因特网之间所有的互访接口整合为一个边界。

③ 外部网互联子域与第三方网络之间所有的互访接口整合为一个边界。

(4) 安全服务域与安全互联域之间所有的互访接口整合为四个边界:关键业务子域边界、综合业务子域边界、公共服务子域边界、开发测试子域边界。

① 关键业务子域与局域网互联子域之间所有的互访接口整合为一个边界。

② 综合业务子域与局域网互联子域之间所有的互访接口整合为一个边界。

③ 公共服务子域与局域网互联子域之间所有的互访接口整合为一个边界。

④ 开发测试子域与局域网互联子域之间所有的互访接口整合为一个边界。

3) 边界防护技术

目前常用的边界保护技术主要包括防火墙、接口服务器、病毒过滤、入侵防护、单向物理隔离、拒绝服务防护等。

(1) 防火墙。防火墙可以根据互联系统的安全策略对进出网络的信息流进行控制(允许、拒绝、监测)。防火墙作为不同网络或网络安全区域之间信息的出入口,能根据系统的安全策略控制出入网络的信息流,且具有较强的抗攻击能力。它是提供信息安全服务,实现网络和信息安全的基础设施。在逻辑上,防火墙是一个分离器,一个限制器,也是一个分析器,有效地监控了内部网和外部网之间的活动,保证内部网络的安全。

通过防火墙可以防止非系统内用户的非法入侵、过滤不安全服务及规划网络信息的流向。防火墙的重要作用是网络隔离和对用户进行访问控制,目的是防止对网络信息资源的非授权访问和操作,包括各个子网对上级网络,各个同级子网之间的非法访问和操作。这些访问控制,在物理链路一级的加密设备中很难实现,而防火墙则具有很强的安全网络访问控制能力,主要体现在它完善的访问控制策略上。

(2) 接口服务器。接口服务器的目的在于实现威胁等级高的系统访问威胁等级低的系统时,Server-Server 间的通信。通过接口服务器,使防护等级高的系统中后台的核心服务器对威胁等级高的系统屏蔽,在向威胁等级高的系统访问时,看到的仅仅是应用接口服务器,这样对系统的防护更加有效,而且也更容易实现二者之间的访问控制,因此适用于威胁等级高的系统访问防护等级高的系统。这种保护方式需要与单层或双重异构防火墙结合进行部署。

类似设备,如堡垒主机、数据交换服务器等。

(3) 病毒过滤。病毒过滤一般采用全面的协议保护和内嵌的内容过滤功能,能够对 SMTP、POP3、IMAP、HTTP、FTP 等应用协议进行病毒过滤以及采用关键字、URL 过滤等方式来阻止非法数据的进入。由于数据流经历了完全的过滤检查,必然会使得其效率有所降低。

(4) 入侵防护。入侵防护是一种主动式的安全防御技术,它不仅能实时监控到各种恶意与非法的网络流量,同时还可以直接将有害的流量阻挡于所保护的网络之外,从而对其网络性能进行最佳的优化。入侵防护主要用来防护三种类型的攻击:异常流量类防护、攻击特征类防护、漏洞攻击类防护。

(5) 单向物理隔离。物理隔离技术通常采用高速电子开关隔离硬件和专有协议,确保网络间在任意时刻物理链路完全断开。同时可以在两个相互物理隔离的网络间安全、高速、可靠地进行数据交换。

(6) 拒绝服务防护。拒绝服务防护一般包含两个方面:一是针对不断发展的攻击形式,能够有效地进行检测;二是降低对业务系统或者是网络的影响,保证业务系统的连续性和可用性。通常拒绝服务防护应能够从背景流量中精确的区分攻击流量、降低攻击对服务的影响、具备很强的扩展性和良好的可靠性。

(7) 认证和授权。基于数字证书,实现网络访问身份的高强度认证,保障网络边界的安全;只有通过数字证书校验的合法的、被授权的用户才可以接入网络,才可以访问后台的业务系统。

4) 边界防护要求

不同类别的边界应采用不同的边界防护技术，如表 9.2 所示。

表 9.2　边界防护要求

边界 \ 防护技术		防火墙	病毒过滤	入侵防护	拒绝服务防护	认证授权
一类边界	广域网互联子域	√	√	√		√
	外部网互联子域	√	√	√		√
	因特网互联子域	√	√	√	√	√
二类边界	关键业务子域	√		√		√
	综合业务子域	√		√		√
	公共服务子域	√		√		√
	开发测试子域	√				√
三类边界						
四类边界		√	√			
五类边界		√	√			

6．内网安全审计

内网安全审计包括 3 个方面：主机审计、网络审计和数据库审计，下面详细描述。

1) 主机审计

主机审计子系统设计的主要功能如下：

(1) 系统信息综合审计功能。对系统的配置信息和运行情况进行审计，包括主机机器名、网络配置、用户登录、进程情况、CPU 和内存使用情况、硬盘容量等。

(2) 网络连接审计与保护功能。网络功能审计包括对主机网络实时信息的审计、设置网络规则和查询网络日志信息的功能。记录和审计主机的网络连接情况，审计主机开启的服务，制定网络连接规则，允许或禁止指定的网络连接，对数据包内容进行过滤，非法的连接产生报警事件。能够有效的发现网络内部新接入的访问数据的计算机，并发出报警。

(3) 拨号审计功能。对 Modem 进行审计，任何方式的拨号都将禁止，可以设定规则在特定时间内让特定的号码允许拨出。同时，记录任何允许和禁止的拨号事件。

(4) 文件操作审计。能够有效监控终端计算机共享文件目录的访问情况，可记录到源 IP、用户、执行的操作等最基本的层次。在驱动级对客户端的文件读、写、删除、移动、拷贝等操作进行审计，比如能够对用户访问 doc、txt 等各种格式文件的操作进行记录或报警。

(5) 系统日志审计。系统日志审计包括系统日志、安全日志、应用程序写入的系统日志、其他服务（如 DNS Server）日志等，同时对系统日志进行查询和管理。

(6) 进程审计。设置进程为合法或非法后，提供非法进程实时报警和报警信息查询功能。对系统进程进行实时审计,当出现没有被网络管理人员定义为合法的进程启动时,系统会产生进程报警信息。

(7) 打印审计。对各主机的打印操作进行审计,包括打印机名称、打印机位置、打印对象、打印份数及打印用户和打印时间等;同时还可以对打印进行控制,允许或禁止打印。

(8) 主机 IP/盘符审计。对被审计主机的 IP 地址修改进行记录和禁止;同时可以查询指定时间段内被审计主机的 IP 地址修改信息;并且可以控制和管理光驱、软驱及 USB 接口使用;对于违规事件,系统会产生报警信息。

(9) 邮件审计。对各主机基于 POP3 协议的邮件收发进行审计,用于实时监控和事后查询邮件操作。可审计内容包括邮件日期、收发者及主题等。

(10) 对文件操作监测的控制功能。严格控制文件的操作,保证不同级别的人员和部门拥有不同的权限,包括复制、保存、另存为等。措施有防止文件拷贝(只有受权者才可以拷贝);控制"保存"和"另存为"操作(只有受权者才可以保存),并且防止屏幕拷贝;设置文件的利用有效时间;重要电子文档在限定用户阅读范围基础上,附加指定在哪些机器上允许阅读(根据机器名、某段 IP 地址、MAC 地址的一个或多个组合)。

(11) 对于外部设备监测的控制功能。对于部门内部的计算机,根据不同的需求,阻断对外的接口。

2) 网络审计

网络审计子系统的主要功能如下:

(1) 网络入侵检测功能。对从网络中抓取到的包进行协议分析,与相应的入侵检测规则库进行模式匹配,从而发现有入侵特征的数据包;同时记忆基于连接的网络数据包前后状态,从中分析入侵的可能或企图。发现入侵或可疑企图即产生入侵事件。

(2) 协议审计功能。此功能对应用协议的操作和内容进行进一步的分析,对有特殊内容或某些违规的操作产生报警事件。管理员可以定义违反规则的内容策略,在匹配到相应内容后记录并产生报警事件通知管理员。

(3) 流量统计功能。对抓取的数据包根据某一类(如 IP 地址、MAC 地址、URL 等)进行归类统计,可以得到各种流量统计表或统计图。可以对某些地址的流量速度进行限制,超过规定值时即产生报警事件。

(4) 对加密数据进行审计。克服数据包类型的差别和加密和复杂程序,可以截获并控制过滤数据包的流量内容。

(5) MAC 地址绑定功能。制定 IP 地址与 MAC 地址的对应关系,如果抓取到的数据包与此对应关系不符,则产生报警事件。

3) 数据库审计

数据库审计系统采用网络传感器组件,对特定的连接数据包(数据库远程连接)进行分析,从数据库访问操作入手,对抓到的数据包进行语法分析,从而审计对数据库中的哪些数据进行操作,可以对特定的数据操作制定规则,产生报警事件。

由于数据库系统的种类比较多,所以数据库审计从网络方面入手,监控数据库的操作。可以审计所有的远程数据库操作,通过旁路技术实现审计。

数据库审计子系统的网络审计功能通过对数据包中数据操作语法的分析,可以知道对数据库中的某个表、某个字段进行了什么操作,并可对违规的操作产生报警事件。

(1) 数据库远程操作审计。通过对数据包中数据操作语法的分析,可以知道对数据库中的某个表、某个字段进行了什么操作,并可对违规的操作产生报警事件。

(2) 数据库远程管理审计。对数据库系统本身所产生的日志文件进行审计,达到远程管理数据库的目的。

7. 网络设备安全设计

数据中心常用的网络设备包括交换机、路由器和防火墙。由于防火墙是专用的安全设备,所以它在自身的安全方面的考虑是比较全面的。比如,在默认情况下,它关闭了不必要的网络服务端口,从防火墙外端口是无法 telnet 或 ssh 到防火墙上的,同时它也不响应 ping 包,这样就避免了许多潜在的攻击。对于交换机和路由器而言,它们的主要作用是进行数据的转发,因此在设备自身的安全性方面考虑的就不是很周全。在默认的情况下,交换机和路由器的许多网络服务端口都是打开的,这就是等于为黑客预留了进入的通道。为了使交换机和路由器设置更为安全,需要对网络设备进行一些安全配置。

1) 网络设备访问控制的安全配置

(1) 严格控制可以访问网络设备的管理员。任何一次维护都需要记录备案。

(2) 建议不要远程访问网络设备。即使需要远程访问网络设备,建议使用访问控制列表和高强度的密码控制。

(3) 严格控制 CON 端口的访问。具体的措施如下:

① 如果可以开机箱的,则可以切断与 CON 口互联的物理线路。

② 可以改变默认的连接属性,例如修改波特率(默认是 96000,可以改为其他的)。

③ 配合使用访问控制列表控制对 CON 口的访问。

④ 给 CON 口设置高强度的密码。

(4) 如果不使用 AUX 端口,则禁止这个端口。默认是未被启用。

(5) 建议采用权限分级策略。

(6) 为特权模式的进入设置强壮的密码。

(7) 控制对 VTY 的访问。如果不需要远程访问则禁止它;如果需要则一定要设置强壮的密码。由于 VTY 在网络的传输过程中为加密,所以需要对其进行严格的控制。如设置强壮的密码;控制连接的并发数目;采用访问列表严格控制访问的地址;可以采用 AAA 设置用户的访问控制等。

(8) IOS 的升级和备份,以及配置文件的备份建议使用 FTP 代替 TFTP。

(9) 及时的升级和修补 IOS 软件。

2) 网络设备网络服务安全配置

(1) 禁止其他的 TCP、UDP Small 服务。

(2) 禁止 Finger 服务。

(3) 建议禁止 HTTP 服务。如果启用了 HTTP 服务则需要对其进行安全配置：设置用户名和密码；采用访问列表进行控制。

(4) 禁止 BOOTP 服务。禁止从网络启动和自动从网络下载初始配置文件。

(5) 禁止 IP Source Routing。

(6) 建议如果不需要 ARP-Proxy 服务则禁止它，网络设备默认识开启的。

(7) 明确的禁止 IP Directed Broadcast。

(8) 禁止 IP Classless。

(9) 禁止 ICMP 协议的 IP Unreachables，Redirects，Mask Replies。

(10) 建议禁止 SNMP 协议服务。在禁止时必须删除一些 SNMP 服务的默认配置。或者需要访问列表来过滤。

(11) 如果没必要则禁止 WINS 和 DNS 服务。

(12) 明确禁止不使用的端口。

3) 网络设备路由协议安全配置

(1) 禁止默认启用的 ARP-Proxy，它容易引起路由表的混乱。

(2) 启用 OSPF 路由协议的认证。默认的 OSPF 认证密码是明文传输的，建议启用 MD5 认证。并设置一定强度密钥(key，相对的网络设备必须有相同的 Key)。

(3) RIP 协议的认证。只有 RIP-V2 支持，RIP-1 不支持。建议启用 RIP-V2，并且采用 MD5 认证。普通认证同样是明文传输的。

(4) 启用 passive-interface 命令可以禁用一些不需要接收和转发路由信息的端口。建议对于不需要路由的端口，启用 passive-interface。但是，在 RIP 协议中只禁止转发路由信息，并没有禁止接收；在 OSPF 协议中禁止转发和接收路由信息。

(5) 启用访问列表过滤一些垃圾和恶意路由信息，控制网络的垃圾信息流。

(6) 建议启用 IP Unicast Reverse-Path Verification。它能够检查源 IP 地址的准确性，从而可以防止一定的 IP Spoofing。但是它只能在启用 CEF(Cisco Express Forwarding)的网络设备上使用。

4) 网络设备其他安全配置

(1) 及时升级 IOS 软件，并且要迅速地为 IOS 安装补丁。

(2) 要严格认真地为 IOS 作安全备份。

(3) 要为网络设备的配置文件作安全备份。

(4) 购买 UPS 设备，或者至少要有冗余电源。

(5) 要有完备的网络设备的安全访问和维护记录日志。

(6) 要严格设置登录 Banner。必须包含非授权用户禁止登录的字样。

(7) IP 欺骗的简单防护。如过滤非公有地址访问内部网络。

(8) 建议采用访问列表控制流出内部网络的地址必须是属于内部网络的。

(9) TCP SYN 的防范。

(10) LAND.C 进攻的防范。

(11) Smurf 进攻的防范。

(12) ICMP 协议的安全配置。

(13) DDoS 的防范。

(14) 建议启用 SSH，废弃掉 Telnet。

9.6 计算机系统安全

没有计算机系统的安全就没有信息的安全。在数据中心系统的各个层次上，硬件、操作系统、网络部件、数据库管理系统软件及应用软件，各自在安全中都肩负着重要的职责。作为系统软件中最基础部分的操作系统，其安全问题的解决又是重中之重。在软件的范畴中，操作系统处在最底层，是所有其他软件的基础，它在解决安全问题上也起着基础性、关键性的作用，没有操作系统的安全支持，计算机系统的安全就缺乏了根基。本节从操作系统安全、数据库安全及病毒防治几个部分，介绍如何为安全数据中心提供一个可信的安全平台。

9.6.1 计算机系统安全需求

1. 操作系统安全需求

操作系统是计算机资源的直接管理者，它直接和硬件打交道并为用户提供接口，是计算机软件的基础和核心。数据库管理系统 DBMS 是建立在操作系统之上的，如果没有操作系统安全机制的支持，就不可能保障其存取控制的安全可信性。在网络环境中，网络安全依赖于各主机系统的安全可信性，没有操作系统的安全，就谈不上主机系统和网络系统的安全性。因此，操作系统的安全是整个主机系统安全的基础，没有操作系统安全，就不可能真正解决数据库安全、网络安全和其他应用软件的安全问题。

另外，一个有效可靠的操作系统也应具有很强的安全性，必须具有相应的保护措施，杜绝或限制天窗、隐蔽通道、特洛伊木马等对系统构成的安全隐患；对系统中的信息提供足够的保护，防止未授权用户的滥用或毁坏。只靠硬件不能提供充分的保护手段，必须由操作系统的安全机制与相关硬件相结合才能提供强有力的保护。因此，操作系统安全是计算机信息系统安全的一个不可缺少的支柱，对操作系统安全进行设计具有重要的意义。

2. 数据库安全需求

随着计算机技术的飞速发展，数据库的应用十分广泛，深入到各个领域，但随之而来产生了数据的安全问题。各种应用系统的数据库中大量数据的安全问题、敏感数据的防窃取和防篡改问题，越来越引起人们的高度重视。数据库系统作为信息的聚集体，是计算机信息系统的核心部件，其安全性至关重要。因此，如何有效地保证数据库系统的安全,实现数据的保密性、完整性和有效性,已经成为业界人士探索研究的重要课题。

3. 病毒防治系统需求

计算机病毒的主要危害如下:

(1)病毒激发对计算机数据信息的直接破坏作用。

(2)占用磁盘空间和对信息的破坏。

(3)抢占系统资源。

(4)影响计算机运行速度。

(5)计算机病毒错误所产生的后果往往是不可预见的,反病毒工作者曾经详细指出黑色星期五病毒存在9处错误,乒乓病毒有5处错误等。但是人们不可能花费大量时间去分析数万种病毒的错误所在。大量含有未知错误的病毒扩散传播,其后果是难以预料的。

(6)计算机病毒的兼容性对系统运行的影响,病毒的兼容性较差,常常导致死机。

(7)计算机病毒给用户造成严重的心理压力,计算机病毒像"幽灵"一样笼罩在广大计算机用户心头,给人们造成巨大的心理压力,极大地影响了现代计算机的使用效率,由此带来的无形损失是难以估量的。

9.6.2 计算机系统安全规划

1. 操作系统安全

要保证操作系统安全,应开展以下工作。

1)周期性设备弱点加固

周期性设备弱点安全加固工作要针对不同目标系统,制定相应的系统加固方案。通过打补丁、修改安全配置、增加安全机制等方法,合理进行安全性加强。

设备弱点安全加固,包括设备的安全配置、加固、优化和安全方面的系统升级。设备的安全配置、加固和安全优化是指在不影响业务处理能力的前提下,在设备初始安装以后对初始配置的安全化和优化更改,大多数设备在初始安装的时候都运行开了很多不必要的服务,而这些不必要的服务却带来了大量的安全弱点和安全威胁。在经过设备的安全配置、加固和安全优化以后可以基本上消除这一类安全弱点和安全威胁。设备弱点加固针对操作系统、数据库系统、网络设备、安全设备及重要的应用系统。

2)账号与口令安全管理

(1)账号是否是已知的,而不是未知账号。

(2)账号是否应继续存在。

(3)账号的权限是否合理。

(4)账号是否有相关申请和变更记录。

(5) 账号权限撤销记录。
(6) 口令长度是否大于 8 位。
(7) 口令是否满足复杂度要求。
(8) 是否存在缺省的口令。
(9) 口令是否定期更换。

2. 数据库安全

要保证数据库安全，除了开展周期性设备弱点加固、账号与口令安全管理之外，还应进行数据库加密和审计。

1) 数据库加密

数据库安全防护技术通常提供一个安全适用的数据库保密支撑平台，对数据库存储的内容实施有效保护，最终增强普通关系数据库管理系统的安全性。数据库安全防护技术能够提供一系列安全功能和措施；可以对数据库文件或访问硬盘片上的数据进行加密；可以实现权限分离并形成相互制约关系；可以保证最小特权原则在数据库管理中的实施；可以指定特定的数据库服务器能够使用数据库内容加密功能，防止利用服务器进行假冒。

一个行之有效的数据库加密技术主要有以下 6 个方面的功能和特性。

(1) 身份认证。用户除提供用户名、口令外，还必须按照系统安全要求提供其他相关安全凭证，如使用终端密钥。

(2) 通信加密与完整性保护。有关数据库的访问在网络传输中都被加密，通信一次一密的意义在于防重放、防篡改。

(3) 数据库数据存储加密与完整性保护。数据库系统采用数据项级存储加密，即数据库中不同的记录、每条记录的不同字段都采用不同的密钥加密，辅以校验措施来保证数据库数据存储的保密性和完整性，防止数据的非授权访问和修改。

(4) 数据库加密设置。系统中可以选择需要加密的数据库列，以便于用户选择那些敏感信息进行加密而不是全部数据都加密。只对用户的敏感数据加密可以提高数据库访问速度。这样有利于用户在效率与安全性之间进行自主选择。

(5) 多级密钥管理模式。主密钥和主密钥变量保存在安全区域，二级密钥受主密钥变量加密保护，数据加密的密钥存储或传输时利用二级密钥加密保护，使用时受主密钥保护。

(6) 安全备份。系统提供数据库明文备份功能和密钥备份功能。

2) 数据库审计

数据库审计系统是一套高性能和高稳定性的数据库审计产品，系统捕获信息通过网络旁路的方式实现，无需改变被审计数据库的任何设置，并且不影响被审计数据库的任何服务性能。系统能实时地、智能地解析网络上和被审计数据库相关的数据库的登录、注销、插入、删除、执行存储过程等操作，能够精确到 SQL 操作语句，并能及时判断出违规操作行为并进行记录、报警，实现数据库的实时监控，从而在网络上建立起一套数据安全告警和审计机制,为数据库系统的安全运行及事后审计提供了有力保障。

数据库审计系统主要功能如下:

(1) 审计重要的数据库,能够截取并智能地分析、还原各种数据库操作。

(2) 审计重要数据库表和视图的相关操作。

(3) 跟踪记录存储过程的执行,发现针对数据库的异常操作。

(4) 数据库系统登录角色跟踪和登录工具跟踪。

(5) 支持关键字匹配规则。

(6) 提供多种安全响应措施,包括记录、多种方式报警等。

(7) 功能强大的查询和专业化报表生成。

3. 病毒防治系统

数据中心应部署网络版的统一防病毒系统。

网络版防病毒系统是确保整个系统信息安全的重要手段。针对病毒种类繁多,增长迅速、隐蔽性、再生性强、易传播,发作快、危害严重的特点,网络版防病毒系统必须对全网范围内的关键组件和信息资源实行全方位、立体、动态、实时的病毒防护。为此,必须提供强大、灵活、可统一实施的防病毒策略和集中的管理、事件监控等必要手段,支持自动下载并分发最新的病毒特征码和扫描引擎,提供强大的病毒响应和处理机制等,网络病毒防护系统应易安装、使用和管理。产品须采用 B/S 管理和 C/S 通信构架,具有良好的可扩展性和易用性,支持大型网络跨地域跨网段的部署和管理,具有全网统一杀毒和升级的功能。

1) 监控、病毒处理能力

(1) 提供实时和定时检测、清除病毒功能,实时检测和清除来自各种途径的各类恶意代码和特洛伊木马等黑客程序。对来自 Internet、E-mail 或是光盘、软盘、移动存储、网络等各种入口渠道的宏病毒、特洛伊木马、黑客程序和有害程序等全面进行实时监控。

(2) 发现病毒后,提供多种处理方法,例如清除、删除或隔离。具有病毒自动隔离功能,对无法清除病毒的被感染文件,防病毒软件能够自动隔离感染文件,并在用户许可的情况下传送至防病毒软件生产商。隔离系统不能将本地染毒文件隔离到其他计算机或服务器,以防止隔离的文件被未经授权的人员查看。

(3) 支持邮件客户端防(杀)病毒,如 Outlook、foxmail、Outlook Express 等多种邮件客户端。

(4) 直接对运行的进程和线程进行扫描,清除在内存中正在运行的病毒。

(5) 具有网页监控功能,查杀含有未知恶意代码网页,确保用户在浏览网页时不被恶意网页病毒干扰和破坏。

(6) 具有即时通信监视功能,用来对 MSN、QQ 等通信工具进行病毒实时监视。

(7) 支持查杀 DOS、Windows 等系统的 ZIP、ARJ、CAB、RAR、LZH、UPX、ASPACK、FSG 等多种压缩包裹格式的文件,并支持查杀多重压缩格式文件,同时不限压缩层数。

(8) 提供可疑程序扫描工具,有效检测可疑威胁,并可在管理员许可的情况下提交给厂商处理。

(9) 集成了防火墙功能,可以有效抵御网络攻击(如 ARP 防火墙)。

(10) 具有系统漏洞检查与修复功能,可以检查漏洞并修复系统漏洞,增强系统本身防病毒能力。客户端集成流氓软件清除工具,可有效解决现今常见的流氓软件,并具有免疫的功能。

(11) 要求占用系统资源低,性能优越,对 CPU 资源占用率低,占用较少内存和硬盘资源。

2) 集中管理和部署

(1) 允许管理员通过控制台,集中地实现所有节点上防毒软件的监控、配置、查询等管理工作,包括 Linux 系统上的防病毒软件。

(2) 负责病毒扫描引擎和代码库的更新,并能将此扫描引擎和代码库自动提供给各种服务器和客户端,不需要另外设置升级服务器。

(3) 具有共享管理功能,可以搜索网络内电脑的文件共享情况,并可以关闭共享,防止病毒通过共享传播。

(4) 控制中心具有多用户管理模式,即超级管理员和普通管理员权限,根据实际情况给予新添用户进行模块授权管理。

(5) 具备分组管理功能。管理员在控制台上,可以按照自己的需要对所有的网络终端结点进行任意分组。管理员可以对全网所有的客户端进行统一管理,也可以根据分组,对某个组中成员进行特别管理,包括设置客户端密码、实时监控客户端配置、统一刷新客户端状态、统一发送广播、查询历史记录等。不同组可以执行不同的防(杀)病毒策略。

(6) 具有分级分布管理,网络管理支持基于强制策略的分级管理模式,主控中心可以管理分控中心和分控中心下面的每一个客户端,实现大型网络的分层次的管理。

(7) 具有全网通告和消息功能,可以通过主控平台对全网进行发通告和消息,方便于管理。

(8) 具有定制安装组件功能,可以根据需求,对客户端进行有选择性的安装,达到一个最佳运行状态。

(9) 客户端支持多种安装方式,即远程安装、Web 安装、本地安装、共享安装、域安装,以适应多种网络的安装部署工作。

(10) 客户端具有隐私保护功能,有效保护用户在电脑中的敏感信息不被盗取转送到不安全网站服务器上。

(11) 管理人员可以远程给客户端进行断开网络,发现局域网内的客户端中了某些蠕虫类、ARP 类的病毒,可以由控制中心将其断网,从而解决减小病毒造成的威胁。

3）及时更新和响应

（1）增量升级（包括主控制中心从 Internet 升级,客户端从控制中心升级,下级中心从上级中心升级）,以减少升级时带来的网络流量;可设置升级周期和升级时间范围,保证及时升级并避免升级时占用网络带宽影响用户正常业务的通信。

（2）客户端脱离主控中心后,可作为一个单机版来使用,仍然可以直接通过互联网升级,保证员工在离开局域网后病毒库能得到及时更新查杀病毒,达到全方位防护效果。

（3）具有二次开发接口及服务的能力。

9.7 应用安全

9.7.1 数据传输安全

数据安全传输主要解决的问题包括传输数据的真实性、完整性、机密性。真实性是保证数据接收者能够验证消息发送者的真实身份,以防假冒;完整性是指消息接收者能够判断接收到数据在传输过程中是否被非法篡改,确信收到的是完整的数据;机密性是保证敏感数据通过网络传输不会泄密。要实现数据在网络上的安全传输,有以下几种方案可供选择。

1. 使用加密技术

使用加密技术的目的是对传输中的数据流加密,以防止通信线路上的窃听、泄露、篡改和破坏。在发送端,通过数学方法,将待发送数据进行转换（加密技术）,使那些没有获得密钥的人很难读懂;在接收端,拥有密钥的人将接收到的加密数据转换为原来的数据（解密技术）。利用加密技术,可以认证通信的参与者,确认数据传输的完整性,而且可以保证通信的私有性。

现在较成熟的加密技术采用 Netscape 开发的安全套接字层协议 SSL（Secure Sockets Layer）。

2. 利用 VPN 技术构筑安全的数据传输通道

虚拟专用网络（Virtual Private Network,简称 VPN）通过利用 Internet 现有的物理链路,虚拟构建起一条逻辑专用通道（也称为隧道）,并且在数据发送服务器端对数据加密,然后通过这条通道将数据快速高效的传输到数据接收端,然后通过数据解密,将数据还原提交给客户。它为用户提供了一种通过 Internet 网络安全地对内部专用网络进行远程访问的连接方式。

目前 VPN 主要采用隧道技术、加解密技术、密钥管理技术、使用者与设备身份认证技术等安全技术来保证数据的安全传输。IPSec 协议集是虚拟专用网络 VPN 主要采用的协议。

要实际应用先进的 VPN 技术,主要有以下 4 种类型的解决方案:

（1）基于硬件的 VPN。具有专门实现诸如认证、封装、加密和滤通功能的处理器的产品,可提供最高的性能。这类产品通常包括虚拟接入服务器和具备 VPN 能力的路由器。

(2) 基于软件的 VPN。服务器平台提供与现存远程接入或路由器选择模块配套的 VPN 软件模块,在提供 VPN 功能时,其性能很受影响。

(3) 基于防火墙的 VPN。将软件模块增加到防火墙包中。

(4) ISP 的 VPN 服务。ISP 利用操作自己拥有的基于硬件或防火墙的 VPN 产品提供可管理的 VPN 服务。

经过 VPN 的一系列安全技术处理,用户可以在不建立物理链路的基础上,通过现有的 Internet 网络构建一条能满足实际需求的专用通道,在保证数据安全传输的同时,提高传输效率。随着网络技术的不断发展,以及用户对数据传输安全的强烈要求,VPN 将会成为网络的主要组成部分,VPN 技术也将更趋完善,在电子商务应用中起着决定性的作用。

9.7.2 安全审计

当一个攻击事件发生时,防火墙、入侵侦测、防毒系统、网络设备都发出了自身的警报信息,但由于缺乏事件的关联分析,一个事件会引起多个或大量的安全信息。这使信息管理人员无法进行实时处理,往往顾此失彼,无法针对事件做出快速有效的处理办法。

日志安全审计系统提供对事件的实时监控和关联、自动事故应急处理及合乎规范的报告。它能自动监控策略违反事件、识别并应对违反事件并提交合乎规范的数据,从而显示重要 IT 控制的效果。它包括多个模块,可让管理人员实时地从每秒数千个事件中收集、关联、监视和显示数据。此软件能解决多个规定之间的 IT 控制,同时减小网络环境中什么该发生和什么确实在发生之间的认知差距。

日志安全审计系统可进行实时安全性事件管理和监控,具有身份和系统管理的双重优势。针对使用者、网络和应用程序事件,提供完整的即时仪表板检视,让管理人员对于潜在威胁的回应更为迅速,并可协助简化人工回报处理程序,透过自动化流程削减成本,建立严格的安全性与规范遵循方案。

为避免实际网络建设和维护中的安全漏洞,及时发现系统受到的攻击和失误操作,除建立各个层次上的安全保密设施以外,数据中心网络还将相应建立一套多级安全审计系统,使在各个层次系统进行的访问和操作,均留下痕迹,为及时发现安全问题和正确地追踪出行为责任人提供有力的证据。多级安全审计包括网络级审计、系统级审计和应用级审计三方面。

1. 网络级审计

网络级安全审计通过对流经路由器、交换机及防火墙的数据流进行统计和分析,记录和通告在这一层上的安全事件发生情况。审计的主要内容如下:

(1) 进出网络的流量记录。

(2) 进出网络各个连接的记录(包括源地址、目的地址、连接时间等)。

(3) 违反安全规则的连接记录(包括源地址、目的地址、连接时间、违反的安全规则等)。

数据中心网络的网络级审计将主要利用防火墙、路由器、交换机等的日志功能、网络分析仪、网管系统来实现。

2. 系统级审计

系统级审计是指对系统的安全漏洞、安全攻击、危险操作及病毒事件进行实时检查分析和详细的记录,使管理人员能及时封堵安全漏洞和确认安全责任。城市应急联动系统网络主要通过如下措施实现对操作系统和应用服务器(如 Web、邮件等)和数据库平台上的操作进行详细审计跟踪:利用操作系统和应用平台的审计系统;建立系统安全扫描系统和入侵检测系统,病毒防范系统。在系统级应重点审计下述的内容:

(1) 目录的建立和删除。

(2) 文件的创建、打开、关闭、删除、改名、写入、回收。

(3) 修改目录项。

(4) 队列活动。

(5) 服务器事件,如日期和时间的修改、停机、卷的安装和拆卸。

(6) 用户事件,如登录注册、退出、连接终止、空间限制、赋于受托人权利及停用账户。

(7) 目录服务事件,如修改口令、安全措施、注册限制。

(8) 系统安全漏洞。

(9) 病毒记录。

(10) 系统的记录等。

3. 应用级审计

由于应用级涉及的是具体的业务系统,应用级的安全审计将针对不同应用子系统所关心的安全问题和具体安全要求,进行有针对性的审计。

(1) 访问人(WHO),谁对信息进行了访问。

(2) 访问时间(WHEN),什么时候进行的访问。

(3) 访问内容(WHAT),对哪些信息进行了访问。

(4) 访问地点(WHERE),从哪里发起的访问。

具体来讲,数据中心网络的各种业务系统,如公文交换系统、电子邮件系统、决策信息服务系统、电视电话会议系统、视频点播系统等,都要设计对它们处理和保护的数据资源进行详细跟踪的系统。审计系统应能对设置的事件做详细的电子日志,并提供报警途径,使一旦发生故障和安全事件,可根据审计记录追查原因和分清责任。

审计内容应包括对上述系统登录访问的时间、发起地点、访问者的身份角色和访问对象的地址、服务类别和所进行的各种操作,如对应用程序文件、数据库文件的读、写、创建、修改、拷贝、删除,口令的修改等操作。

9.7.3 业务日志

由网络设备产生的日志称为网络设备日志,由主机服务器产生的日志称为主机(操作系统)日志,由应用程序产生的日志称为应用系统日志,由安全产品产生的日志称为安全产品日志。日志分析管理系统能够对各类日志进行统一的管理和分析,并快速定位故障点。

通常应用系统往往都是相互关联的,一个系统出现故障,往往要对数台甚至数十台主机进行调查才能确定出真正的故障原因,这样就导致了故障恢复效率低下。通过日志分析管理,可以快速、联合的定位故障,及时排除故障。

另外,日志分析管理在追查责任和系统恢复等方面都起着至关重要的作用,也是目前分析黑客攻击行为,协助公司管理的最佳途径之一。

9.7.4 应用安全保密

数据中心网络应用级安全保密设计包括以下三部分:建立电子身份注册和实体鉴别系统、采用基于角色的访问控制与授权机制、实现业务应用系统安全保密。

这三部分可通过建立网络用户身份识别系统和完善的访问控制与授权机制,采用加密、数字签名等先进密码技术,保证网络用户身份的真实性、不同角色的人对应用系统能且只能访问安全策略允许其访问的信息,同时保证信息在传输及存贮过程中的保密性、完整性、真实性和不可否认性。

1. 建立电子身份注册和实体鉴别系统

身份认证和实体鉴别是指通过对操作者、收发双方实体的身份认证和鉴别,保证合法实体(操作者、通信双方)的真实性,防止非授权或冒充身份的操作访问。

为了确保数据中心信息的保密性、真实完整性和不可抵赖性,除了在通信传输中采用符合国家要求的加密算法等措施外,必须建立一套数据中心网络的信任及信任验证机制,以实现网络用户身份认证和实体鉴别,即参加信息交换的单位和用户必须有一个可以被验证的身份标志——数字证书。为此,数据中心网络将建立一个基于国家统一的 CA 数字证书认证系统下的一个子中心 RA(Registration Authority)数字证书注册审批机构。RA 系统是 CA 的证书发放、管理的延伸。它负责证书申请者的信息录入、审核及证书发放等工作;同时,对发放的证书完成相应的管理功能。发放的数字证书可以存放于 IC 卡、硬盘或软盘等介质中。RA 系统是整个 CA 中心得以正常运营不可缺少的一部分。

在数据中心网络范围内,单位-单位、个人-个人、用户-服务器之间的身份认证和实体鉴别,在基于公钥体系的 PKI(Public Key Infrastructure)系统支持下,采用以 USB 私钥或 IC 卡为载体的数字证书(或与指纹相结合)作为单位和用户的唯一标志,通过 RA 授权认证系统,实现网上身份的鉴别和认证。

需要说明的是,对一般工作人员的身份认证采用 USB 私钥或 IC 卡输入技术;对重要人员的身份认证采用 USB 私钥或 IC 卡输入＋指纹识别技术；对通信双方实体的鉴别通过密码设备之间的基于密码技术的机机认证（如信道密码机）；信息的真实性和完整性鉴别通过密码设备对信息的加/解密和数字签名处理实现，对领导批示文件可附加指纹信息，保证信息不被篡改和伪造。

2. 基于角色的访问控制与授权

采用基于角色的访问控制与授权策略的目的是：为数据中心网络应用系统提供一种安全、灵活的用户权限控制管理机制。

数据中心网络采用基于角色的访问控制与授权策略作为用户的组织和管理模式。基于角色的访问控制与授权方式具有以下特点：

(1) 系统的授权是面向角色（人与权限属性的集合体）的，而不是面向用户的，这样系统的授权和用户的定义可以分离，方便管理。

(2) 在用户变换了岗位之后，其职责也发生了变化，相应的权限也发生变化。这时，系统只需赋予用户新的角色即可完成用户授权的改变，而无需在很细的授权粒度改变用户的授权，从而使系统具有很强的灵活性。

数据中心网络通过如下技术措施实现基于角色的访问控制与授权策略：

(1) 建立统一的授权中心，授权中心负责定义角色，并定义各角色的密级访问控制列表。

(2) 用户在系统中的实际权限，通过获得的角色密级访问控制表、功能访问权限和其他数据访问权限组合而得。

(3) 基于 PKI（公共密钥基础设施）系统，每个人均拥有自己的公钥证书和秘密私钥，相对地拥有各自明确的权限。

3. 业务应用系统安全保密

从信息的流程看，数据中心网络的业务应用系统分为三大类，相应采取的安全保密技术如下：

1) 基于客户机/浏览器-服务器的个人-共享信息业务系统

采用通过安全代理系统和授权认证系统构成一个完整的信息管理安全子系统，保证不同人只能访问安全策略允许其访问的信息，并为信息传输提供安全加密通道。

2) 基于客户机/浏览器-服务器/数据库的个人-信息业务系统

采用基于角色的访问控制与授权技术，要求网内每个用户在对服务器和数据库访问时，必须提交足以说明其身份和权限并可验证的标志；服务器端在接受访问和允许操作前，必须验证用户的身份和权限，并要始终控制按照许可的权限进行操作，从而实现不同人只能访问安全策略允许其访问和操作的服务器/数据库信息或资源。

3) 基于存储转发机制的单位-单位或个人-个人通信业务系统

采用针对具体应用模式的应用层加密系统，如邮件、文件加密等。对重要的公文信息实现端到端的全程加密及数字签名,以确保数据的完整性和不可否认性。采用安全加密套件为上述应用系统提供数据加密、数据完整性、认证、授权和数字签名等安全服务(API接口方式),为业务应用开发服务。上述安全保密系统均由PKI系统支撑,进行密钥和证书的管理。

9.8 安全管理

参照信息安全管理模型,按照先进的信息安全管理标准建立全面规划、明确目的、正确部署、组织完整的信息安全管理体系,达到动态、系统、全员参与、制度化、以预防为主的信息安全管理方式,用最低的成本,保障信息安全合理水平,从而保证业务的有效性与连续性。

安全管理贯穿于安全系统的始终。实践告诉我们仅有安全防范技术,而无严格的安全管理体系相配套,是难以保障网络系统安全的。必须在安全管理标准的框架下制定一系列安全管理制度,对安全技术和安全设施进行管理。实现安全管理必须遵循可操作、全局性、动态性、管理与技术的有机结合、责权分明、分权制约及安全管理的制度化等原则。

1. 安全管理模型

安全管理是以管理对象的安全为任务和目标的管理。安全管理的最终目标是将系统的风险降低到用户可接受的程度,保证系统的安全运行和使用。风险的识别与评估是安全管理的基础,风险的控制是安全管理的目的。从这个意义上讲,安全管理实际上是风险管理的过程。由此可见,安全管理策略的制定依据就是系统的风险分析和安全要求。

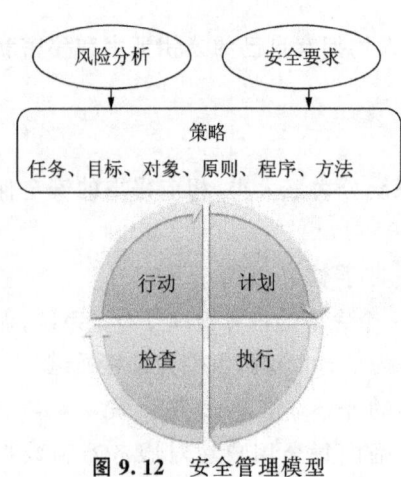

图 9.12 安全管理模型

新的风险不断出现,系统的安全需求也不断变化。也就是说安全问题是动态的。因此,安全管理应该是一个不断改进的持续发展过程。图9.12所示的安全管理模型就体现了这种持续改进的模式。

信息安全管理系统模型一般被认为是安全策略的正式陈述(Formal Presentation),并由系统组织强制实施,用以检验安全策略的完整性和一致性,它描述的是组织为贯彻实施安全策略而必须采取的所有安全机制的组合。信息安全管理是一个持续发展的过程,像其他管理过程那样,它也遵循着一般性的循环模式,信息安全管理体系模型就是常说的PDCA模型,它包括计划(Plan)、执行(Do)、检查(Check)和改进(Action)的持续改进模式。

(1) 计划。这是信息安全管理周期的起点,作为安全管理的准备阶段,为后续活动提供基础和依据。计划阶段的活动包括建立组织机构,明晰责任,确定安全目标、战略和策略,进行风险评估,选择安全措施,并在明确安全需求的基础上制定安全计划、业务连续性计划、意识培训等信息安全管理程序和过程。

(2) 实施。实施阶段是实现计划阶段确定目标的过程,包括安全策略、所选择的安全措施或控制、安全意识和培训程序等。

(3) 检查。信息安全实施过程的效果如何,需要通过监视、审计、复查、评估等手段来进行检查,检查的依据就是计划阶段建立的安全策略、目标、程序,以及标准、法律法规和实践经验,检查的结果是进一步采取措施的依据。

(4) 改进。如果检查发现安全实施的效果不能满足计划阶段建立的需求,或者有意外事件发生,或者某些因素引起了新的变化,经过管理层认可,需要采取应对措施进行改进,并按照已经建立的响应机制来行事,必要时进入新的一轮信息安全管理周期,以便持续改进和发展信息安全。

安全管理活动通过循环在已有的安全管理策略指导下进行的,每次循环都会通过检查环节发现新的问题,然后采取行动予以改进,从而形成安全管理策略和活动的螺旋式提升。

2. 安全管理建设

在数据中心安全管理建设中,注重管理机构、管理制度和人员的有机结合。安全管理不仅是技术上的问题,还涉及机构、制度、人员和意识,是一个多层次、全方位的系统。

通过组建完整的数据中心安全管理机构,设置安全管理人员,规划安全管理策略,确定安全管理机制,明确安全管理原则和完善安全管理措施,制定严格的安全管理制度,加强安全管理教育培训,合理地协调法律、技术和管理三种因素,实现安全管理的科学化、系统化、法制化和规范化,达到保障数据中心安全的目的。

安全管理机构是安全管理的实施者、安全制度的制定者,为整个安全系统提供组织基础。安全管理制度是安全管理的规范和依据,是整个安全管理体系的制度基础。人员培训则不仅为安全管理提供具体的操作者和有力的人员保障,还能提高一般办公人员的安全意识,将安全隐患降到最低。

3. 安全管理系统建设内容

(1) 安全机构建设。必须设立专门的管理机构,配备相应的管理人员,实行领导责任制,明确主管领导,落实部门责任,各司其职,各尽其责。主要内容包括各级管理机构的建立;各级管理机构的职能、权限划分;人员岗位、数量、职责的确定。

(2) 安全制度建设。建立物理安全、系统与数据库安全、网络安全、应用安全、运行安全和信息安全等方面的规章制度,在数据中心运维制度的制定中要强调安全方面的操作规范。

(3) 安全队伍建设。威胁和保障是安全管理工作的主题,它们在很大程度上受制于人为的因素。必须加强对安全管理工作人员和一般公务人员的安全教育、培训和管理,强化安全意识和法制观念,提升职业道德、掌握安全技术、确保措施落实。

4. 安全管理系统建设步骤

信息安全管理系统是一个系统化、程序化和文件化的管理系统,属于风险管理的范畴,系统的建立需要全面、科学的安全风险评估。它体现预防控制为主的思想,强调遵守国家有关信息安全的法律法规,强调全过程和动态控制,本着控制费用与风险平衡的原则,合理选择安全控制方式保护组织所拥有的关键信息资产,确保信息的保密性、完整性和可用性,从而保持组织的竞争优势和业务运作的持续性。

构建信息安全管理系统不是一蹴而就的,也不是每个数据中心都使用一个统一的模板,不同的组织在建立与完善信息安全管理系统时,可根据自己的特点和具体情况,采取不同的步骤和方法。但总体来说,建立信息安全管理系统一般要经过以下几个主要步骤:

(1) 信息安全管理系统策划与准备。策划与准备阶段主要是做好建立信息安全管理系统的各种前期工作。内容包括教育培训、拟定计划、安全管理发展情况调研,以及人力资源的配置与管理。

(2) 确定信息安全管理系统适用的范围。信息安全管理系统的范围就是需要重点进行管理的安全领域。组织需要根据自己的实际情况,可以在整个组织范围内、也可以在个别部门或领域内实施。在本阶段的工作,应将组织划分成不同的信息安全控制领域,这样做易于组织对有不同需求的领域进行适当的信息安全管理。在定义适用范围时,应重点考虑组织的适用环境、适用人员、现有 IT 技术、现有信息资产等。

(3) 现状调查与风险评估。依据有关信息安全技术与管理标准,对信息系统及由其处理、传输和存储的信息的机密性、完整性和可用性等安全属性进行调研和评价,以及评估信息资产面临的威胁及导致安全事件发生的可能性,并结合安全事件所涉及的信息资产价值来判断安全事件一旦发生对组织造成的影响。

(4) 建立信息安全管理框架。建立信息安全管理系统要规划和建立一个合理的信息安全管理框架,要从整体和全局的视角,从信息系统的所有层面进行整体安全建设,从信息系统本身出发,根据业务性质、组织特征、信息资产状况和技术条件,建立信息资产清单,进行风险分析、需求分析和选择安全控制,准备适用性声明等步骤,从而建立安全系统并提出安全解决方案。

(5) 信息安全管理系统文件编写。建立并保持一个文件化的信息安全管理系统是 ISO/IEC27001:2005 标准的总体要求,编写信息安全管理体系文件是建立信息安全管理体系的基础工作,也是一个组织实现风险控制、评价和改进信息安全管理系统、实现持续改进不可少的依据。在信息安全管理系统建立的文件中应该包含安全方针文档、适用范围文档、风险评估文档、实施与控制文档、适用性声明文档。

(6) 信息安全管理系统的运行与改进。信息安全管理系统文件编制完成以后,组织应按照文件的控制要求进行审核与批准并发布实施,至此,信息安全管理系统将进入运行阶段。在此期间,组织应加强运作力度,充分发挥系统本身的各项功能,及时发现系统策划中存在的问题,找出问题根源,采取纠正措施,并按照更改控制程序要求对体系予以更改,以达到进一步完善信息安全管理系统的目的。

(7) 信息安全管理系统审核。系统审核是为获得审核证据,对系统进行客观的评价,以确定满足审核准则的程度所进行的完整的、独立的并形成文件的检查过程。系统审核包括内部审核和外部审核(第三方审核)。内部审核一般以组织名义进行,可作为组织自我合格检查的基础;外部审核由外部独立的组织进行,可以提供符合要求(如 ISO/IEC27001)的认证或注册。

信息安全管理系统的建立是一个目标叠加的过程,是在不断发展变化的技术环境中进行的,是一个动态的、闭环的风险管理过程,要想获得有效的成果,需要从评估、防护、监管、响应到恢复,这些都需要从上到下的参与和重视,否则只能是流于形式与过程,起不到真正有效的安全控制的目的和作用。

9.9 数据中心安全总体部署案例

为了使读者对数据中心的安全系统有一个整体的认识,本节将以银行数据中心实施的安全系统为例,介绍安全体系的总体部署,以便读者能更好地理解数据中心的安全系统。

9.9.1 面临的安全问题

银行数据中心网络安全面临以下问题:

银行数据大集中使数据中心的网络流量骤升,安全设备性能能否承受巨大的压力,包括 DDoS 攻击、木马、病毒、蠕虫、SQL 注入等干扰。如何保证服务器稳定可靠工作?如何在服务器间合理分配负载,充分利用服务器资源?针对如何实现数据中心网络、安全设备的统一管理,实时掌握网络安全状态和如何确保数据中心安全运行的需求,这里提供一套较完整的银行数据中心安全系统解决方案。

9.9.2 安全防护与应用优化解决方案

银行数据中心的安全防护需要从性能保护、攻击防护、负载均衡、应用优化,到安全管理全方位考虑,构建立体、层次的安全防护体系。典型组网如图 9.13 所示。

1. 数据中心之性能保护

银行数据中心具有业务流量大、性能要求高的特点,为此部署了全系列的万兆安全产品,以满足数据中心的高性能要求,使安全产品不再成为数据中心性能瓶颈。

这些安全产品基于业界先进的多核硬件平台,主要包括万兆防火墙、万兆 IPS、万兆 AFC(异常流量清洗)、万兆 ACG(应用控制网关)、万兆业务模块等。

同时,为了充分利用原有网络设备,减少网结构复杂度,降低建设成本和维护成本,这些安全产品都是插卡式、模块化设计,在银行数据中心采用 SecBlade 安全业务模块是安全方案的一个重要特点。SecBlade 安全业务模块包括 FW 防火墙模块、IPS 模块、SSL VPN 模块、AFC 异常流量清洗模块、ACG 应用控制网关模块、LB 负载均衡模块等,可以插卡形式部署在核心交换机/路由器上。从而实现了网络与安全的深度融合,同时具有很高的可靠性。在安全模块出现故障时,业务流量自动绕行,避免了单点故障带来的风险,满足了银行数据中心对高可靠性的要求。

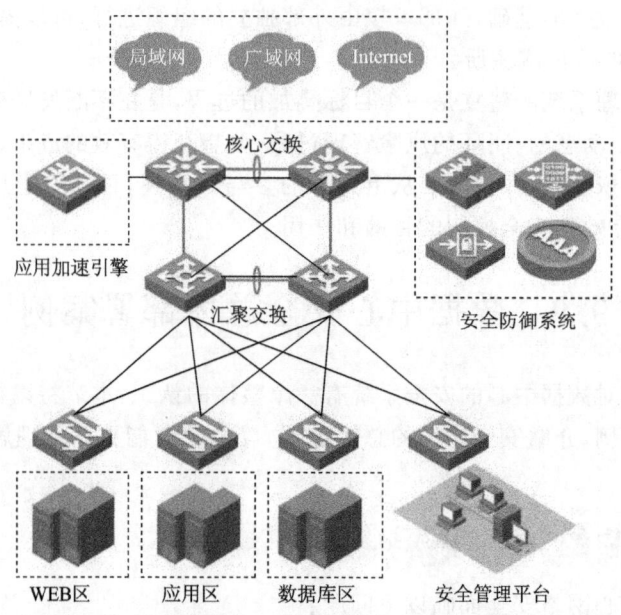

图 9.13　银行数据中心安全防护与应用优化解决方案

2. 对数据中心攻击的防护

对数据中心攻击的防护如图 9.14 所示。

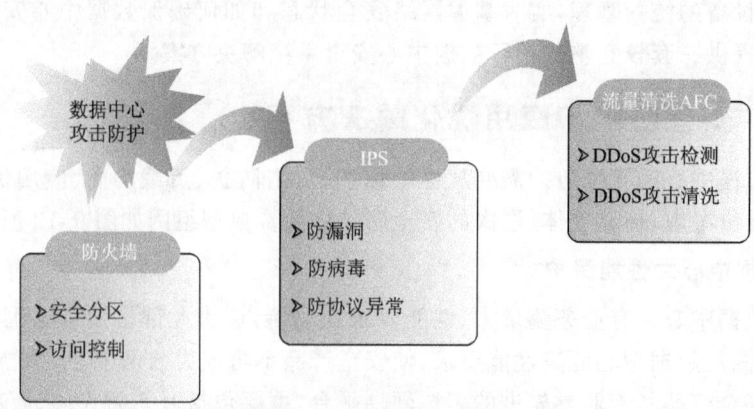

图 9.14　攻击防护体系

（1）边界访问控制。防火墙具有较完善的隔离控制能力和安全防范能力。通过在核心交换机上部署防火墙模块,利用虚拟化防火墙功能,实现不同安全区域间、不同应用层次间和不同服务器间多种粒度级别的安全隔离，从而在整体上保证了所有接入设备均受控于整体的安全策略。

(2) 深度智能防御。银行数据中心通常具有互联网出口，因此面临着来自互联网的各种攻击和威胁，如 DDoS 攻击、各种蠕虫、木马、病毒等。这些攻击直接威胁到银行数据中心能否稳定、安全地运行。

传统的防火墙设备由于工作在 2～4 层，无法实现对应用层攻击的深度检测。入侵防御系统(IPS)集成入侵检测与防御、病毒防护、协议异常保护等功能，可以精确实时地识别并防御蠕虫、病毒、木马等网络攻击，防止攻击者对数据中心的破坏，保障敏感数据不被窃取以及业务的持续运行，从而达到对网络上运行的银行业务的保护、网络基础设施的保护和网络性能的保护，如图 9.15 所示。

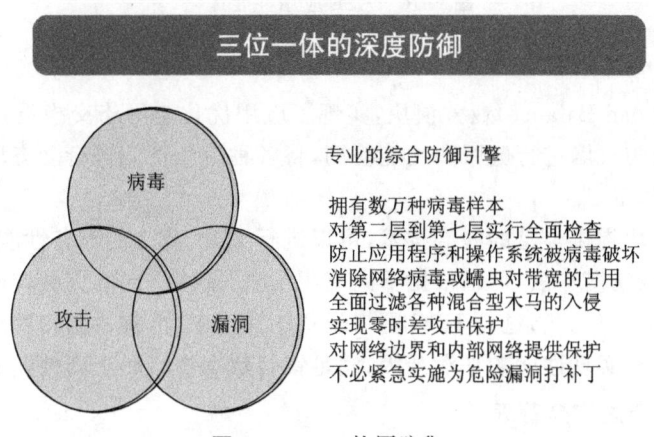

图 9.15　IPS 协同防御

(3) 流量清洗。针对 DDoS 攻击，流量清洗产品 AFC(Anomaly Flow Cleaner)通过静态漏洞攻击特征检查、动态规则过滤、异常流量限速和 H3C 独创的"基于用户行为的单向防御"技术，实现多层次安全防护，精确检测并阻断各种网络层和应用层的 Does/DDoS 攻击和未知恶意流量，包括 SYN Flood、UDP Flood、ICMP Flood、CC、DNS Query Flood、HTTP Get Flood 等，支持线速的流量清洗，保护用户免遭海量分布式拒绝服务(DDoS)攻击的威胁，实现前所未有的高性能安全防护。

通过在 Internet 入口处部署高性能的 AFC，与智能管理平台联动，实现对异常攻击流量的过滤，从而构建安全可靠的高性能网络，提升业务处理能力。

3. 数据中心之应用优化

随着银行业务的快速发展，Web 服务器性能瓶颈日趋凸现，为了解决诸如此类的性能问题，采用连接管理技术进行 TCP 卸载和传输层端到端优化，对 SSL、压缩、加密等进行并发处理，应用优化设备，提高了数据中心服务器的数据访问性能。

采用面向 Web 应用的 ASE 系列高性能应用加速硬件产品，将 Web 加速、SSL 卸载和加速、压缩、TCP 优化、负载均衡等技术集成在一个硬件平台上，并且每个功能模块都是由专有的硬件芯片运行。利用全硬件加速处理技术来帮助企业提高应用性能，如图 9.16 所示。

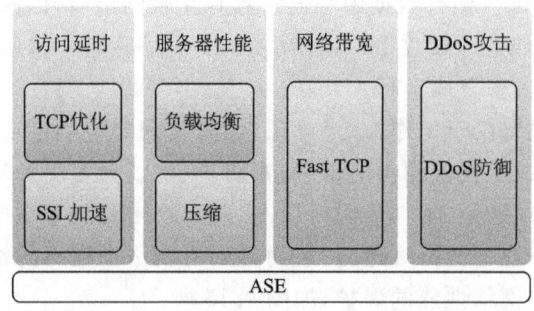

图 9.16　ASE 应用性能优化

4．数据中心之负载均衡

采用 LB(Load Balance)业务模块，实现了应用优化与网络交换设备的较好融合。通过对服务器、防火墙进行健康和性能检测，将各种应用访问进行动态均衡分发，极大地提高了访问速度。

LB 业务模块提供丰富的检测技术，可以进行实时、高效的设备性能探测。同时提供了全面的负载均衡算法，可以根据不同应用场景，采用不同的负载均衡算法，确保服务器访问效率最大化。通过与 H3C 网络设备的深度融合，提供高密度的业务接口，并且支持多块模块，实现性能的平滑升级，满足银行数据中心对于高性能的业务需求。

5．数据中心之安全管理

安全管理中心集成多种产品，实现数据中心统一部署、监控和管理，如图 9.17 所示。可对网络设备、安全设备、服务器的海量安全事件进行采集、分析、关联、汇聚和统

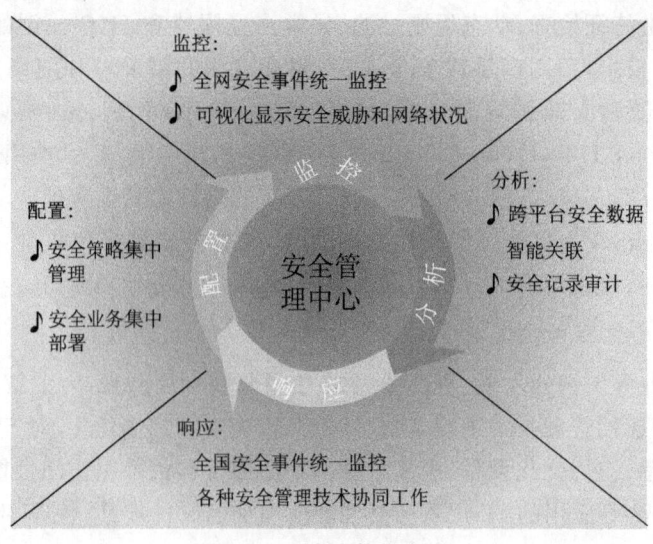

图 9.17　安全管理中心

一处理,实时输出安全报告,协助管理员及时掌握数据中心的安全状态。通过将安全体系中各层次的安全产品、网络设备、用户终端等纳入到一个紧密"统一安全管理平台",对安全事件的深度感知和关联分析以及安全部件的协同响应,构建一个智能安全防御体系。

9.10 安全设备选型

数据中心常用的网络及信息安全产品主要有防火墙、入侵检测、入侵防护、安全审计、漏洞扫描及桌面安全防护等软件和硬件,安全技术比较成熟,市场上产品种类也较多,为此,本节对数据中心安全设备的选型要求提出参考建议。

9.10.1 千兆防火墙的选型要求

(1) 产品应为国内自主研发,并拥有软件著作权登记证书。

(2) 应具备国内权威机构的相关认证:公安部、国家信息安全测评认证中心、中国人民解放军信息安全测评认证中心、国家保密局,并提供相关证书编号。

(3) 应具备标准千兆网络光接口,10/100/1000 兆网络电接口,10/100/1000 兆网络接口。

(4) 平均无故障时间(MTBF)不小于 9 万小时。

(5) 应支持透明、路由、NAT、透明路由的混合模式的工作模式,支持多种网络地址转换,包括支持源网络地址转换,支持目的网络地址转换,支持双向地址转换,支持端口映射。

(6) 应当可以通过图形配置界面,方便对网口的工作模式进行设定,如半双工/全双工、MTU 等。

(7) 应支持 H.323,UPNP 等多媒体协议,应当支持在 NAT 工作方式下的多媒体协议穿透,应支持 TNS、RTSP 等动态协议。

(8) 应支持基于时间的访问控制,应当可以手工配置时间,应当支持 NTP 服务器。

(9) 防火墙应具有局域网 IP/MAC 地址绑定功能,且必须具备 MAC 的自动学习功能。

(10) 提供应用代理功能,包括 HTTP、FTP、TELNET、SMTP、POP3、DNS、ICMP、SOCKS 代理及自定义代理,并可实现透明代理。

(11) 产品应当支持 DHCP 服务器、DHCP Relay、DHCP 客户端。

(12) 支持 Radius 和防火墙本地数据库认证。

(13) 产品应支持动态路由协议,如 OSPF、RIP,支持策略路由等。

(14) 支持对 HTTP、SMTP、FTP 的内容过滤。

(15) 防 IP 碎片包攻击、SYN 攻击、Does/DDoS 攻击,可防 TCP、UDP 等端口扫

描等。

(16) 产品应具备独立可配置的入侵检测模块,支持与多种 IDS 产品的联动,并提供标准的 PUMA 联动协议。

(17) 详细记录防火墙上曾经发生过的事件(配置管理、运行信息、网络攻击、端口扫描等),可以按条件进行日志查询,对授权管理员划分不同的安全角色,并按照安全角色进行授权管理。

(18) 产品应当具备全中文的 GUI 界面,应当支持命令行的配置方式,应当支持集中管理功能,应当支持产品配置的导入导出功能。

(19) 可通过图形界面对网络接口、处理器、存储器等关键部件的状态进行实时监控,产品应提供远程管理接口。

(20) 产品应当支持多台防火墙主机的集群,支持防火墙系统自身的负载均衡,应支持双机热备,支持状态表同步。

(21) 产品应当支持对某一网络对象的保证带宽设定,支持对某一网络对象的最高带宽限定,支持对网络对象或应用的带宽优先级设定。

(22) 并发连接数 120 万,吞吐量 2Gbit/s。

(23) 产品采用标准的 IPSec,应当支持国际通用的 3DES 加密算法,支持网关-网关的 VPN 方式,支持网关-客户端的 VPN 方式,产品本身应具备 VPN 的 NAT 穿透功能,具备 ADSL 拨号及断线自动重拨功能,并能据此同其他设备建立 VPN 连接。

9.10.2 百兆防火墙的选型要求

(1) 产品应为国内自主研发,并拥有软件著作权登记证书。

(2) 应具备国内权威机构的相关认证:公安部、国家信息安全测评认证中心、中国人民解放军信息安全测评认证中心、国家保密局,并提供相关证书编号。

(3) 应具备标准 10/100M 网络电接口。

(4) 平均无故障时间(MTBF)不小于 6 万小时。

(5) 应支持透明、路由、NAT、透明路由的混合模式的工作模式,支持多种网络地址转换,包括支持源网络地址转换,支持目的网络地址转换,支持双向地址转换,支持端口映射。

(6) 应当可以通过图形配置界面,方便对网口的工作模式进行设定,如半双工/全双工、MTU 等。

(7) 应支持 H.323,UPNP 等多媒体协议,支持在 NAT 工作方式下的多媒体协议穿透,支持 TNS,RTSP 等动态协议。

(8) 应支持基于时间的访问控制,可以手工配置时间、支持 NTP 服务器。

(9) 防火墙应具有局域网 IP/MAC 地址绑定功能,且必须具备 MAC 的自动学习功能。

(10) 提供应用代理功能,包括 HTTP、FTP、TELNET、SMTP、POP3、DNS、

ICMP、SOCKS 代理及自定义代理，并可实现透明代理。

(11) 产品应当支持 DHCP 服务器、DHCP Relay、DHCP 客户端。

(12) 支持 Radius 和防火墙本地数据库认证。

(13) 产品应支持动态路由协议，如 OSPF、RIP，支持策略路由等。

(14) 支持对 HTTP、SMTP、FTP 的内容过滤。

(15) 防 IP 碎片包攻击、SYN 攻击、Does/DDoS 攻击，可防 TCP、UDP 等端口扫描等。

(16) 产品应具备独立可配置的入侵检测模块，支持与多种 IDS 产品的联动，并提供标准的 PUMA 联动协议。

(17) 详细记录防火墙上曾经发生过的事件（配置管理、运行信息、网络攻击、端口扫描等），可以按条件进行日志查询，对授权管理员划分不同的安全角色，并按照安全角色进行授权管理。

(18) 产品应当具备全中文的 GUI 界面，应当支持命令行的配置方式，应当支持集中管理功能，应当支持产品配置的导入导出功能。

(19) 可通过图形界面对网络接口、处理器、存储器等关键部件的状态进行实时监控，产品应提供远程管理接口。

(20) 应支持多台防火墙主机的集群，支持防火墙系统自身的负载均衡，应支持双机热备，支持状态表同步。

(21) 产品支持对某一网络对象的保证带宽设定，支持对某一网络对象的最高带宽限定，支持对网络对象或应用的带宽优先级设定。

(22) 并发连接数 60 万，吞吐量 200Mbit/s。

(23) 产品采用标准的 IPSec，应当支持国际通用的 3DES 加密算法，支持网关-网关的 VPN 方式，支持网关-客户端的 VPN 方式，产品本身应具备 VPN 的 NAT 穿透功能，具备 ADSL 拨号及断线自动重拨功能，并能据此同其他设备建立 VPN 连接。

9.10.3 千兆入侵检测系统的选型要求

(1) 产品应为国内自主研发，并拥有软件著作权登记证书。

(2) 应具备国内权威机构的相关认证：公安部、国家信息安全测评认证中心、中国人民解放军信息安全测评认证中心、国家保密局，并提供相关证书编号。

(3) 应具备标准 1000Base-SX(SC)接口；标准 10/100/1000Base-TX 接口。

(4) 最大 TCP 检测会话数不低于 800 000，最大 IP 重组数不低于 500 000，检测流量 800M。

(5) 平均无故障时间(MTBF)不小于 6 万小时。

(6) 应支持全中文的图形化界面，支持命令行管理的方式，支持安全管理平台的密码身份认证，支持网络流量及使用状况的检查监视。

(7) 应当具备对重点监控对象的自定义功能，可以定义网段或主机。

(8) 应当支持对检测规则的临界值进行设定。

(9) 应当支持用户自定义策略的分析,对规定事件内的多个相同事件进行合并,简化界面显示。

(10) 应当支持协议解码功能,支持 IP 碎片重组。

(11) 应当支持主流的抗 IDS 技术,应具备防 ARP 欺骗的功能。

(12) 应当具备检测来自多个位置的多个攻击的能力,能够检测网络层/基于包的攻击,能够支持会话记录功能。

(13) 应当能够进行数据流纪录,针对各种协议及行为进行数据跟踪,支持 TCP、UDP、ICMP、IPX、HTTP、FTP、TELNET、SMTP、NFS、rash、DNS、POP2、POP3、IMAP、TFTP、FINGER、SSL、NETBIOS 等协议的检测,并集成数据报分析工具进行分析。

(14) 应当支持 HTTP、POP3、HTTPS、SSH、TELENT、FTP 及其他用户自定义端口,支持 FTP、TELNET、SMTP、POP3、TFTP、MSN 及自定义协议的会话重放。

(15) 应当具备反向路由追踪的功能,支持多种响应方式。

(16) 应当支持日志的备份,并能够生成备份文件,支持数据库的交叉备份,支持用户自定义的计划备份,支持日志备份文件的合并。

(17) 应当提供可定制的报告,可自由选择报表模板,任意定义条件,包括时间范围、探测器、攻击风险、事件类型、事件 ID、目标地址、源地址、目标端口、远端口,支持用户对获得报告的时间进行自定义。

(18) 探测器与控制台之间应当采用基于密钥的双向通讯,探测器和控制台应当采用双向身份认证机制,探测器和控制台之间的通讯应当采用 SSL 方式。

(19) 应当能够提供自身文件完整性检查,对系统中被修改过的文件报警。

9.10.4 百兆入侵检测系统的选型要求

(1) 产品应为国内自主研发,并拥有软件著作权登记证书。

(2) 应具备国内权威机构的相关认证:公安部、国家信息安全测评认证中心、中国人民解放军信息安全测评认证中心、国家保密局,并提供相关证书编号。

(3) 应具备标准 10/100Base-TX 接口

(4) 最大 TCP 检测会话数不低于 150 000,最大 IP 重组数不低于 120 000,检测流量 95M。

(5) 平均无故障时间(MTBF)不小于 6 万小时。

(6) 应支持全中文的图形化界面,支持命令行管理的方式,支持安全管理平台的密码身份认证,支持网络流量及使用状况的检查监视。

(7) 应当具备对重点监控对象的自定义功能,可以定义网段或主机。

(8) 应当支持对检测规则的临界值进行设定。

(9) 应当支持用户自定义策略的分析,应当对规定事件内的多个相同事件进行合并,简化界面显示。

(10) 应当支持协议解码功能,支持 IP 碎片重组。

(11) 应当支持主流的抗 IDS 技术,应具备防 ARP 欺骗的功能。

(12) 应当具备检测来自多个位置的多个攻击的能力,能够检测网络层/基于包的攻击,能够支持会话记录功能。

(13) 应当能够进行数据流纪录,针对各种协议及行为进行数据跟踪,支持 TCP、UDP、ICMP、IPX、HTTP、FTP、telnet、SMTP、NFS、RSH、DNS、POP2、POP3、IMAP、TFTP、FINGER、SSL、NETBIOS 等协议的检测,并集成数据报分析工具进行分析。

(14) 应当支持 SMTP、POP3、HTTP、HTTPS、SSH、TELNET、FTP 及其他用户自定义端口,支持 FTP、TELNET、SMTP、POP3、TFTP、MSN 及自定义协议的会话重放。

(15) 应当具备反向路由追踪的功能,支持多种响应方式。

(16) 应当支持日志的备份,并能够生成备份文件,支持数据库的交叉备份,支持用户自定义的计划备份,支持日志备份文件的合并。

(17) 应当提供可定制的报告,可自由选择报表模板,任意定义条件,包括时间范围、探测器、攻击风险、事件类型、事件 ID、目标地址、源地址、目标端口、远端口,支持用户对获得报告的时间进行自定义。

(18) 探测器与控制台之间应当采用基于密钥的双向通信,探测器和控制台应当采用双向身份认证机制,探测器和控制台之间的通信应当采用 SSL 方式。

(19) 应当能够提供自身文件完整性检查,对系统中被修改过的文件报警。

9.10.5 入侵防护 IPS 选型要求

(1) 采用全面深入的协议分析技术,结合模式匹配、协议识别、协议异常检测、关联分析等多种技术,准确识别各种攻击。

(2) 覆盖广泛的攻击特征库,与 CVE、Bugtraq 兼容,能够对至少多种攻击行为进行检测。厂商提供对规则库的升级更新,频率不低于每周一次。

(3) 规则库提供详细的漏洞描述和详尽的解决方案,用户可以直接点击里面的补丁链接升级系统;支持用户自定义规则,提供友好的向导形式界面,几乎所有协议解码的字段均能让用户自定义;支持内置的防火墙,支持基于 IP 地址段、协议、时间的过滤,提供深层次的访问控制;支持未知攻击的应急处理,提供基于协议特征串的快捷保护功能。

(4) 提供丰富的入侵阻断和响应方式,包括丢弃数据包、丢弃会话、控制台告警、Email、日志数据库记录、snmp trap、防火墙联动、打印机及用户自定义的行为。

(5) 可以阻止蠕虫、网络病毒,包括 Santy、Witty、Mydoom、Sasser、MS Blaster、SQL Slammer、Nimda 及 Code-Red 等;可以阻止间谍软件,包括冰河木马、流光广外

女生木马、Netspy 木马、NetBus 木马等；可以阻止 IM 即时通信，包括 MSN、QQ、Yahoo Messager、ICQ、新浪 UC 等；可以阻止网络在线游戏，包括魔兽世界、魔兽争霸、星际争霸、网络游戏平台联众对战中心、QQ 游戏、MSN 游戏、传奇世界等（要求提供支持网络游戏的详细列表）；可以阻止 P2P 下载，包括 BitTorrent、POCO、eDonkey、eMule 等；可以阻止在线视频，包括 Real Video(rtsp)、Micrsoft Window Media Video (wmv)等。

（6）支持实时的 3～7 层的网络流量分析功能，用户可自定义统计指定网络范围或指定协议的数据流量。

（7）支持基于实时统计的事件告警显示，帮助管理员在众多的告警日志中迅速定位高风险的隐患，提供过去 24 小时事件统计分布图。

（8）能够实现会话的记录和重组，对包括 HTTP、SMTP、FTP、Telnet、POP3 等多种会话进行记录及回放。

（9）支持通过"串联"或"并联"两种方式灵活接入网络，支持 IPS 和 IDS 的混合运行模式。

（10）产品能够适应不同的网络环境，支持 MPLS 协议，支持 VLAN 802.1Q。

（11）支持 fail-open 特性，产品出现故障时，能自动转变成通路，不影响流量。

9.10.6　安全审计设备选型要求

（1）日志的集中存储和管理。来自各种操作系统、数据库和网络设备的日志信息经过转换后集中存放到同一个数据库中，统一进行分析处理和生成报表，方便管理员的日常维护和管理工作。

（2）应支持以下系统：Windows NT/2000/XP/2003 系列、Linux、Solaris 2.7 以上、AIX 4.3 以上。

（3）能够主动发 SNMP Trap 日志或 syslog 日志的任何网络设备或安全产品。

（4）支持的日志格式包括 Windows 平台下支持 EventLog、微软的 IIS/FTP/NNTP/SMTP 日志、UNIX 平台下支持操作系统登录日志、各个用户的 Shell 操作命令日志、Apache 日志、Syslog 日志、网络设备所发出的 SNMP Trap 日志或 syslog 日志、Oracle、MySQL、MS SQL Server 数据库的审计日志。

（5）可根据用户需要定制开发相应的日志收集模块，以便收集用户的应用环境中所特有的日志数据。

（6）可以对要收集的日志数据指定过滤条件，过滤条件可以指定日志类型。过滤条件可以远程集中配置。同时，系统还会对短时间内的重复日志进行过滤，防止 flood 攻击。

（7）系统必须提供 C/C++ 语言的 API 供用户在开发新的应用系统时调用，从而可以将新的日志也发送到本系统的数据库中进行分析和处理。

（8）系统必须内置完善的入侵检测知识库，可以根据知识库对日志数据进行分析,识别出多种可能的入侵行为,如异常登录、攻击 Web 服务器、缓冲区溢出攻击、系统异常等。知识库可以进行升级,以便检测出最新的攻击手段。同时,熟练的用户也可以根据需要自行向知识库中添加新的规则。

(9) 告警方式包括屏幕打印告警信息、将告警信息写入数据库、在页面上显示、电子邮件告警等多种方式。不同类型的告警信息可以发送给不同的管理员。

(10) 日志数据库中的数据可以备份到远程 FTP 服务器中,备份可以定期自动进行,也可以由用户手动进行。

(11) 可以远程收集各个业务主机的性能数据和状态,包括 CPU 占用率、内存占用率和磁盘占用率等。当负荷超出指定的门限时可以自动进行告警,通知管理员采取合适的动作。

(12) 日志数据库可提供基于不同关键字及其组合的查询统计功能。查询结果的显示可以依据不同关键字(例如,节点名、系统类型、安全等级)进行排序。可将查询、统计结果以多种方式生成报表,例如,PDF、HTML、纯文本格式。

(13) 用户交互和系统内部的日志传输均使用加密通道。

9.10.7 漏洞扫描设备选型要求

(1) 能对网络安全检测、评估、分析和统计。

(2) 扫描对象应涵盖各种网络设备(路由器、防火墙)等、各种主机操作系统(包括各个版本的 Win9X、Win2000、Win XP,各个版本的 Linux,各个厂商的 SUN、IBM、HP UNIX)和当前主流的数据库系统(Oracle、SAYBASE、MySQL 等)。

(3) 可在用户指定的 IP 地址段内对上述目标自动发现、识别,根据其类型采取相应的漏洞扫描手段进行扫描。

(4) 拥有可升级的、并提供快速升级能力的漏洞库。

(5) 符合国际 CVE 标准的漏洞库。

(6) 扫描范围应包括系统的配置漏洞,即发现系统在安全配置策略上的漏洞和不合理处及修补办法。

(7) 支持事件统计分析,协议异常检测,有效防止各种攻击欺骗。

(8) 支持多线程并行扫描。

(9) 具有灵活的用户可以自定义的安全策略。

(10) 可产生详细的多类型图形化的扫描结果报告,对所有发现的漏洞逐个解释,提供解决办法,包括应下载的补丁程序的 url、建议升级到的版本号或建议的配置策略等。

(11) 可以在一定程度上与入侵检测产品相结合。

(12) 误报率不高于 5%。

(13) 成功检测率不低于 95%。

(14) 对现有的系统性能不造成影响。

9.10.8 桌面安全防护选型要求

(1) 全方位准入控制。完善的接入控制,可以支持局域网、广域网、VPN、无线各种接入方式,支持包括 HUB 在内的各种复杂网络、异构网络环境下的部署,保证从任何地点、任何方式下的接入安全。

(2) 严格的身份认证。除基于用户名和密码的身份认证外,支持智能卡、数字证书认证,增强身份认证的安全性。同时,支持多元素绑定,如账号、MAC 地址、IP 地址、所在 VLAN、接入设备 IP、接入设备端口、无线 SSID、QinQ 等。

(3) 完备的安全状态评估。根据管理员配置的安全策略,用户可以进行的安全认证检查包括终端病毒库版本检查、终端补丁检查、终端安装的应用软件检查、代理及拨号配置、多网卡检查、注册表管理、操作系统密码管理等;支持和瑞星、江民、金山、Symantec、MacAfee、Trend Micro、安博士、卡巴斯基等国内外主流病毒厂商联动,同时为了更好的满足客户的需求,也支持与微软 SMS、LANDesk、BigFix 等业界高端的桌面安全产品的配合使用。例如已经购买微软的桌面管理工具 SMS 的用户,可以与 SMS 配合,实现终端用户的准入控制,由 SMS 实现各种 Windows 环境下用户的桌面管理需求:资产管理、补丁管理、软件分发和安装等。

(4) 基于用户的准入控制。在用户终端通过病毒、补丁等安全信息检查后,可基于用户的角色,向联动设备下发事先配置的接入控制策略,按照用户角色权限规范用户的网络使用行为。终端用户的所属 VLAN、ACL 访问策略等安全措施均可由管理员统一配置实施,即使是在 HUB 环境,也可区分不同的用户并执行不同的控制。

(5) 灵活方便的执行模式。按照网络管理员配置的安全策略区别对待不同身份的用户,定制不同的安全检查和处理模式,包括监控模式、提醒模式、隔离模式和下线模式。用户可以根据自己的实际需要,为 VIP 客户、内部员工、外来访客等不同人群,定义不同的安全策略执行方式。

(6) 全面的 ARP 攻击防御。通过 ARP 网关地址自动下发、自动绑定的功能,使终端用户免受 ARP 欺骗攻击的影响,同时提供了 ARP 攻击报文过滤、ARP 异常流量检测等控制措施,杜绝恶意用户的 ARP 攻击行为。

(7) 桌面资产管理。实现对终端资产全方位的监控和管理,可以对终端软硬件使用情况、变更情况进行监控,同时还支持终端资产的配置管理和软件的统一分发、远程协助、桌面防火墙管理,帮助客户更有效地管理用户的桌面资产。

(8) U 盘审计及外设管理。可以对 U 盘和外设的访问过程进行监控,可以查看重要文件通过 U 盘拷贝时,有无存在不当使用行为。提供对 U 盘和其他外设的管理功能,可以对终端用户的各种外设进行控制,有效防止重要信息的泄密,而且在离线状态下依然生效。

(9) 易于部署的无客户端。提供了安装的易用部署方式,用户事先不需要安装客户端,上网时系统会自动载入客户端,对用户身份和终端安全状态进行检查,用户不需要改变上网习惯的同时,可以得到安全保障。

(10) 多种层次的高可用性。提供双机冷备和双机热备功能,可以避免单台服务器单机引起的认证中断,同时还支持单机故障的逃生方案,临时允许客户端不用认证就可以使用网络,保证了经济敏感用户的利益。

(11) 扩展开放的解决方案。提供了一个扩展、开放的结构框架,最大限度地保护了用户已有的投资。广泛、深入地和国内外防病毒、操作系统、桌面安全等厂商展开合作,融合各家所长;与第三方认证服务器、联动设备等之间的交互基于标准、开放的协议架构和规范,易于互联互通。

第10章 数据中心容灾备份系统

"明者远见于未萌,而智者避危于无形。"

容灾备份系统简称"灾备系统",又称为灾难恢复系统或灾难备份系统。灾备系统是数据中心保护数据的最后手段,其建设是一项系统工程,不但涉及数据中心的服务器、存储、网络,而且涉及组织架构、业务流程、规章制度、外部协作关系、资金投入等各个方面,灾难系统需要对可能遭受的风险进行风险分析和业务影响分析,结合数据中心的现状进行设计,同时筹备所需的各种资源,制定详细的任务进度计划,通过严格的项目管理措施,才能保证项目的质量和进度要求。灾备系统建设完成后,还必须经过演练加以改进和完善,使灾备系统在需要时真正起到备份和恢复的作用。

10.1 容灾备份的意义

随着计算机的普及和信息技术的进步,特别是计算机网络的飞速发展,信息安全的重要性日趋明显。但是作为信息安全的一个重要内容——数据备份的重要性却往往被人们所忽视。只要发生数据传输、数据存储和数据交换,就有可能产生系统失效、数据丢失或遭到破坏。如果没有采取数据备份和数据恢复手段与措施,就会导致数据丢失或损毁,给数据中心造成的损失是无法弥补与估量的。

造成数据故障的原因是多种多样的。通常,数据故障的原因可划分为系统故障、事务故障和介质故障三大类。从信息安全的角度出发,实际上第三方或敌方的信息攻击,也会产生不同程度的数据故障,例如,计算机病毒型、特洛伊木马型、黑客入侵型、逻辑炸弹型等攻击。这些因素将会造成的后果有数据丢失、数据被修改、增加无用数据及系统瘫痪等。数据中心就是要千方百计地维护系统和数据的完整性与准确性。通常所采取的措施有安装防火墙,防止黑客入侵;安装防病毒软件,采取存取控制措施;选用高可靠性的软件产品;增强计算机网络的安全性等。但是,世界上没有万无一失的信息安全措施,信息世界攻击和反攻击也永无止境。对信息的攻击和防护好似矛与盾的关系,螺旋式地向前发展。

因此,数据备份与数据恢复是保护数据的最后手段,也是防止主动型信息攻击的最后一道防线。

10.2 数据备份与容灾的关系

从定义上看，备份是指为防止系统出现操作失误或系统故障导致数据丢失，而将全部或部分数据集合从应用主机的硬盘或阵列复制到其他的存储介质的过程。容灾系统是指在相隔较远的异地，建立两套或多套功能相同的 IT 系统，互相之间可以进行健康状态监视和功能切换，当一处系统因意外（如火灾、地震等）停止工作时，整个应用系统可以切换到另一处，使得该系统功能可以继续正常工作。

备份与容灾所关注的对象有所不同，备份关心数据的安全，容灾关心业务应用的安全，可以把备份称作"数据保护"，而容灾称作"业务应用保护"。备份最多表现为通过备份软件使用磁带机或者磁带库将数据进行拷贝，也有用户使用磁盘、光盘作为存储介质，备份系统具有性能低、成本低的特点；容灾是系统的高可用性技术的一个组成部分，容灾系统更加强调处理外界环境对系统的影响，特别是灾难性事件对整个数据中心的影响，提供节点级别的系统恢复功能，容灾系统具有性能高、成本高的特点。

要保护数据，需要数据备份和容灾系统。但是很多用户在搭建了备份系统之后就认为高枕无忧了，其实还需要搭建容灾系统。备份与容灾是存储领域两个极其重要的部分，二者有着紧密的联系。数据容灾与数据备份的联系主要体现在以下几个方面：

1. 数据备份是数据容灾的基础

数据备份是数据可用的最后一道防线，其目的是为了系统数据崩溃时能够快速恢复数据。虽然它也算一种容灾方案，但这种容灾能力非常有限，因为传统的备份主要是采用数据内置或外置的磁带机进行冷备份，备份磁带同时也在机房中统一处理，一旦整个机房出现火灾、盗窃和地震等灾难时，这些备份磁带也随之销毁，所存储的磁带备份也起不到任何容灾功能。

2. 容灾不是简单备份

真正的数据容灾就是要避免传统冷备份的先天不足，它能在灾难发生时，全面、及时地恢复整个系统。从其对系统的保护程度来分，可以将容灾系统分为数据容灾和应用容灾。而按其容灾能力的高低可分为多个层次，例如国际标准 SHARE78 定义的容灾系统有七个层次：最简单的仅在本地进行磁带备份；将备份的磁带存储在异地；建立应用系统实时切换的异地备份系统等，恢复时间也可以从几天到小时级到分钟级、秒级或 0 数据丢失等。

无论是采用哪种容灾方案，数据备份还是最基础的，没有备份的数据，任何容灾方案都没有现实意义。但光有备份是不够的，容灾也必不可少。容灾对于数据中心而言，就是提供一个能防止各种灾难的计算机信息系统。

10.3 数据备份系统的建设

数据中心的灾备系统分为数据备份系统和灾难恢复系统两大部分。本节及下一节将从数据备份需遵循的原则、备份的类型、方式、系统架构及备份的策略等方面阐述数据备份系统的建设。

10.3.1 数据备份的原则和要求

对数据进行备份是为了保证数据的一致性和完整性，消除系统使用者和操作者的后顾之忧。

1. 数据备份的原则

不同的应用环境要求用不同的解决方案来适应，一般来说，一个完善的备份系统，需要满足以下原则：

(1) 稳定性。备份产品的主要作用是为系统提供一个数据保护的方法，于是该产品本身的稳定性和可靠性就变成了最重要的一个方面。首先，备份软件一定要与操作系统 100% 兼容，其次，当事故发生时，能够快速有效地恢复数据。

(2) 全面性。在复杂的计算机网络环境中，可能包括了各种操作平台(如各种厂家 UNIX、NetWare、Windows、Linux 等)，并安装了各种应用系统(如 ERP、数据库、集群系统等)，选用的备份软件要支持各种操作系统、数据库和典型应用。

(3) 自动化。很多系统由于工作性质，对何时备份、用多长时间备份都有一定的限制。在非工作时间系统负荷较轻，适于备份。可是这会增加系统管理员的负担，由于精力状态等原因，还会给备份安全带来潜在的隐患。因此，备份方案应能提供定时的自动备份，并利用自动磁带库等技术进行自动更换磁带。在自动备份过程中，还要有日志记录功能，并在出现异常情况时自动报警。

(4) 高性能。随着业务的不断发展，数据越来越多，更新越来越快，在休息时间来不及备份如此多的内容，在工作时间备份又会影响系统性能。这就要求在设计备份时，尽量考虑到提高数据备份的速度，利用多种技术加快对数据的备份，充分利用通道的带宽和性能。

(5) 维持应用系统的有效运行。实时备份对应用系统的性能将会产生一定的影响，有时会很大。如何采取有效的技术手段避免备份对服务器系统、数据库系统、网络系统的影响，将是非常重要的。

(6) 操作简单。数据备份应用于不同领域，进行数据备份的操作管理人员也处于不同的层次。这就需要一个直观的、操作简单的，在任何操作系统平台下都统一的图形化用户界面，缩短操作人员的学习时间，减轻操作人员的工作压力，使备份工作得以轻松地设置和完成。

(7) 实时性。部分关键性的业务需要 7×24h 不间断运行，在备份的时候，有一些文件可能仍然处于打开的状态。那么在进行备份的时候，要采取措施，实时地查看文件大小，进行事务跟踪，以保证正确地备份系统中的所有文件。

（8）容灾考虑。将本地的数据远程复制一份，存放在远离数据中心的地方，以防数据中心发生不可预测的灾难，实现异地容灾备份管理。

2. 数据备份的要求

遵循上述原则，对数据备份有下列要求：

（1）数据备份实现自动化，以减少系统管理员的工作量。
（2）数据备份工作应制度化、科学化。
（3）介质管理的有效化，防止读写操作的失误。
（4）数据分门别类保存到存储介质中，使数据的存储更细致、科学。
（5）自动介质的清晰轮转，提高介质的安全性和使用寿命。
（6）对各种平台的应用系统及其他信息数据进行集中的备份，系统管理员可以在任意一台工作站上管理、监控、配置备份系统，实现分布处理、集中管理。
（7）维护人员可以容易地恢复损坏的整个文件系统和各类数据。
（8）备份系统还应考虑网络带宽对备份性能的影响，备份系统平台的选择及安全性、备份系统容量的适度冗余，备份系统良好的扩展性等因素。

10.3.2 数据备份的方式与规则

1. 数据备份的方式

数据备份按采用的依据不同，有多种备份方式。

1）按备份的数据量来分

按备份的数据量来分，有如下 4 种备份方式：

（1）全备份。备份系统中所有的数据。优点是恢复时间最短，操作最方便，也最可靠；缺点是备份数据量大，数据多时可能做一次全备份需很长时间。全备份也可以称为完全备份。

（2）增量备份。备份上一次备份以后更新的所有数据，其优点是每次备份的数据量少，占用空间少，备份时间短；缺点是恢复时需要全备份及多份增量备份。

（3）差分备份。备份上一次全备份以后更新的所有数据，其优缺点介于以上两者之间。

（4）按需备份。根据临时需要有选择地进行备份。

2）按照备份状态来划分

按照备份状态来划分，备份方式有物理备份和逻辑备份两种：

（1）物理备份。物理备份是指将实际物理存储的数据文件从一处复制到另一处进行备份。冷备份、热备份都属于物理备份。

① 冷备份。也称脱机备份，是指以正常方式打开的数据文件关闭，并对所有数据

文件进行备份。其缺点是需要一定的时间来完成,在恢复期间,最终用户无法访问数据,而且这种方法不易做到实时的备份。

② 热备份。也称联机备份,是指数据文件处于打开状态中,用户对数据进行操作的情况下进行的备份。通过使用数据系统的复制服务器,连接正在运行的主数据服务器和热备份服务器,当主服务器的数据修改时,变化的数据通过复制服务器可以传递到备份数据服务器中,保证两个服务器中的数据一致。这种热备份方式实际上是一种实时备份,两处的数据分别运行在不同的机器上,并且数据都被分别写到不同的设备中。

(2) 逻辑备份。逻辑备份是将数据从系统中读出,并将其导入转写到一个文件中,这也是经常使用的一种备份方式。物理备份和逻辑备份的区别在于:物理备份是转储需备份数据的物理文件(如数据库文件、控制文件、归档日志文件等),一旦发生故障可以还原文件;逻辑备份是对备份对象(如数据库用户、表、存储过程等)利用工具进行导出,一旦发生故障需要将数据导入。

3) 从备份层次来划分

从备份层次来划分,备份方式有硬件冗余和软件备份两种。常用的硬件冗余技术有双机容错、磁盘双工、RAID 与磁盘镜像等多种形式。硬件冗余技术的使用使系统具有充分的容错能力,对于提高系统的可靠性非常有效。硬件冗余也有不足之处,首先是不能解决因病毒或人为操作引起的数据丢失及系统瘫痪等灾难;其次是如果错误数据也写入备份磁盘,硬件冗余也无能为力。

硬件提供了备份系统的基础,而具体的备份策略的制定、备份介质的管理以及一些扩展功能的实现,则都是由备份软件来最终完成的。

理想的备份系统应该使用硬件容错来防止硬件故障,使用软件备份和硬件容错相结合的方式来解决软件故障或人为误操作造成的数据丢失。

4) 从备份地点来划分

从备份地点来划分,可以分为本地备份和异地备份。

2. 数据备份选择的规则

在不同的情况下,应该选择最合适的方式,但是无论选择何种备份类型,一般应满足如下规则:

(1) 对于操作系统和应用程序代码,可在每次系统更新或安装新软件时做一次全备份。

(2) 对于一些日常数据更新量大,但总体数据量不是非常大的关键应用数据,可每天在用户使用量较小的时候安排全备份。

(3) 对于日常更新量相对于总体数据量较小,而总体数据量非常大的关键应用数据,可每隔一个月或一周安排一次全备份,在此基础上,每隔一个较短的时间间隔做增量备份。

10.3.3 备份数据的保存介质

目前,常用的备份数据保存介质主要有下面几种。

1. D2T 方式

D2T(Disk to Tape)方式是传统数据备份方式,基本数据流程为:备份服务器按照既定策略,在相应时间发出控制命令,将生产服务器主盘的数据通过 LAN 或 SAN 备份到磁带机或磁带库中。随着磁带机及磁带技术的发展,磁带机的读/写速度及磁带容量已有了突飞猛进的发展,但由于磁带机及磁带是机械设备,其固有的上载、定位、下载、顺序读/写等特性,使用户数量大、备份主机数目较多时,备份或恢复速度仍然较慢,尤其对大数据量的恢复。

2. D2D 方式

随着基于 SATA 磁盘技术的成熟及价格的下降,D2D(Disk to Disk)方式正逐渐被越来越多的用户采用,基本数据流程为:备份服务器按照既定策略,在相应时间发出控制命令,将生产服务器主盘的数据通过 LAN 或 SAN 备份到相应的磁盘设备中。

1) 磁盘设备管理方式

对磁盘设备的管理有以下两种方式:

(1) 在磁盘上创建目录,将各种数据备份到相应目录中。

(2) 在磁盘上创建目录,在该目录上由备份软件创建虚拟磁带库,将各种数据备份到相应的虚拟磁带中。与第一种方式相比,有以下两方面显著优势:

① 便于数据管理,如可将虚拟磁带按不同的数据类型分组。

② 预分配连续磁盘空间,避免了大量文件系统碎片造成系统性能下降。

2) 磁盘设备管理的特点

在虚拟磁带库的基础上,可进一步基于裸磁盘创建虚拟磁带库,与基于文件系统的方式相比,除了便于数据管理外,还具以下两方面特点:

(1) 由于基于裸磁盘,保存在磁盘的备份文件操作系统无法识别,避免了病毒感染和人为误删除文件的隐患。

(2) 备份软件直接对磁盘设备操作,避免了文件系统带来的备份及恢复性能影响。

磁盘设备属随机读取设备,避免了磁带的固有缺陷,可大幅提高备份及恢复速度,但其不具备离线管理特点,所以当要备份的数据量大且保存时间长时,该方式也有一定的缺陷。

3. D2D2T 方式

D2D2T(Disk to Disk to Tape)方式结合了传统磁带的离线管理和磁盘高速备份恢复的特性,基本数据流程为:备份服务器按照既定策略,在相应时间发出控制命令,将生产服务器主盘的数据通过 LAN 或 SAN 备份到相应的磁盘设备中,由相应生产主机或备份服务器(依备份架构而定)在既定时间自动将保存在备份磁盘中的数据复制到磁带库中。同时,缩短磁盘中相应备份数据的保存周期,从而可以将其覆盖新的备份数据,释放了备份磁盘的空间。

相比使用磁带机或者磁带库设备直接对系统数据进行备份,采用 D2D2T 的备份模式能够为用户提供更高等级的服务质量和更快速的服务响应。由于数据是首先备份至虚拟磁带库,即磁盘介质,而磁盘的读/写速度远高于磁带的速度,因此备份和恢复窗口大大缩小,不仅减小了备份时对运营系统主机造成的工作负荷,释放了宝贵的系统资源,还有利于通过改进备份策略来提供对运营系统的数据进行间隔时间更短的备份。从备份的机制上提供对应用系统数据更好的保护,减小数据丢失的风险和系统停运的时间。

10.3.4 备份系统的架构

备份系统的架构按照备份的方式不同分为以下几种形式。

1. 主机备份架构

主机备份是传统的数据备份的方式,这种方式是基于 DAS 结构的存储备份,在 DAS 结构中,数据存储设备直接连接在各种服务器或客户端的扩展接口,主机备份系统结构如图 10.1 所示。它完全以服务器为中心,存储硬件设备依附于相应的服务器,一般情况下只为各自所依附的服务器提供数据备份服务,存储设备通过电缆线连接到服务器上,服务器和存储设备之间的访问请求是直接通过电缆传输进行的。在这种备份模式下,每台主机都配备专用的存储磁盘或磁带系统,主机中的数据必须备份到位于本地的专用磁带设备或磁盘阵列中。这样,即使一台磁带机(或磁带库)处于空闲状态,另一台主机也不能使用它进行备份工作,磁带资源利用率较低。另外,不同的操作系统平台使用的备份恢复程序一般也不相同,这使备份工作和对资源的总体管理变得更加复杂。

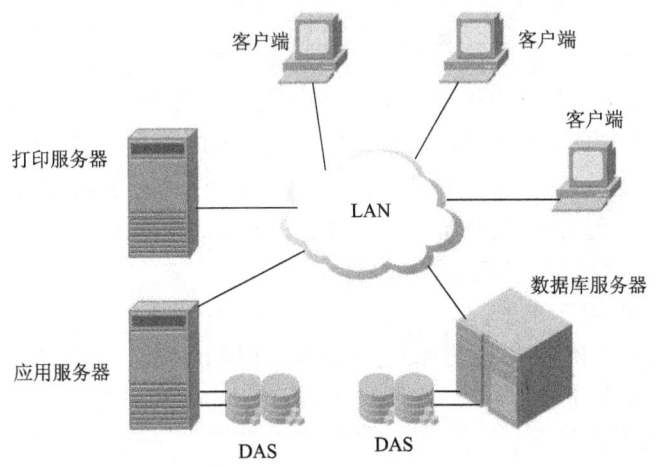

图 10.1 主机备份系统结构

主机备份结构适合于对存储容量要求不高、服务器数量较少的小型数据中心。

主机备份结构的优点如下：

(1) 安装方便、成本较低。

(2) 数据传输速率快，备份管理简单。

(3) 存储容量的扩展简单。

主机备份结构的缺点如下：

(1) 不利于备份系统的共享。

(2) 不适合进行大型的数据备份。

2. LAN 备份架构

为了克服主机备份的专用磁带系统利用率低，备份系统不易共享的缺点，可以采用 LAN 备份方式，即磁带资源由一个主备份/恢复服务器控制，而备份和恢复进程由一些管理软件来控制。主备份服务器接收其他服务器通过局域网发来的数据，并将其存入公用磁盘或磁带系统中。这种集中存储的方式极大地提高了磁带资源的利用效率。LAN 备份流程如图 10.2 所示。

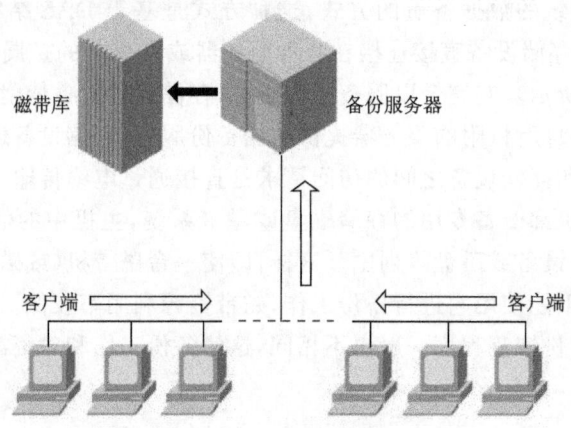

图 10.2 LAN 备份流程

LAN 备份架构中数据的传输是以 LAN 网络为基础的。其中配置一台服务器作为备份服务器，由它负责整个系统的备份操作。磁带库则接在某台服务器上，在数据备份时备份对象把数据通过网络传输到磁带库中实现备份。LAN 备份适合网络中需要备份数据的服务器较多，但是备份数据量不是很大的数据中心。

LAN 备份结构的优点如下：

(1) 结构简单，易于部署。

(2) 能够实现备份资源（磁带库/备份磁盘阵列等）共享。

(3) 实施集中备份管理。

它的缺点如下：

(1) 当备份数据量增大后，对网络传输压力大。

(2) 备份服务器故障易于对整个 LAN 网络的备份产生影响。

3. LAN-Free 备份架构

1) 背　景

在 LAN 备份方案中,磁带机/库只由本地服务器进行备份操作,欲备份的数据全部通过网络传输到备份服务器,再经由备份服务器备份到磁带机/库中。随着每台主机上数据量的不断增大,备份数据在网络上的传输势必给网络造成很大压力,影响正常的业务应用系统在网络上的传输。通过调整备份窗口,可解决部分问题,但随着备份主机数量不断增多,备份窗口的调整经常发生重叠,最终导致数据备份时间与正常的业务应用处理时间重叠,从而备份数据占用网络带宽,严重影响业务应用系统的响应时间。这种情况下,可以采用基于 SAN 存储架构的 LAN-Free 备份。

SAN 存储区域网在服务器之间,以及服务器和存储设备之间建立了高速的数据传输链路。在 SAN 内进行大量数据的传输、复制、备份时不再占用宝贵的 LAN 资源,从而使 LAN 的带宽得到极大的释放,服务器能以更高的效率为前端网络客户机提供服务。

2) LAN-Free 备份

LAN-Free 备份主要指快速随机存储设备(磁盘阵列或服务器硬盘)向备份存储设备(磁带库或磁带机)复制数据,SAN 技术中的 LAN-Free 功能用在数据备份上就是所谓的 LAN-Free 备份。

SAN 的结构决定了备份数据的源设备和目的设备都存在于一个高速 SAN 网中,并可被所有 SAN 内的服务器共享。与传统的主机备份或网络备份方式相比,LAN-Free 备份在速度、可靠性、备份效率、LAN 带宽释放等方面显示了无可比拟的优势,LAN-Free 备份结构如图 10.3 所示。

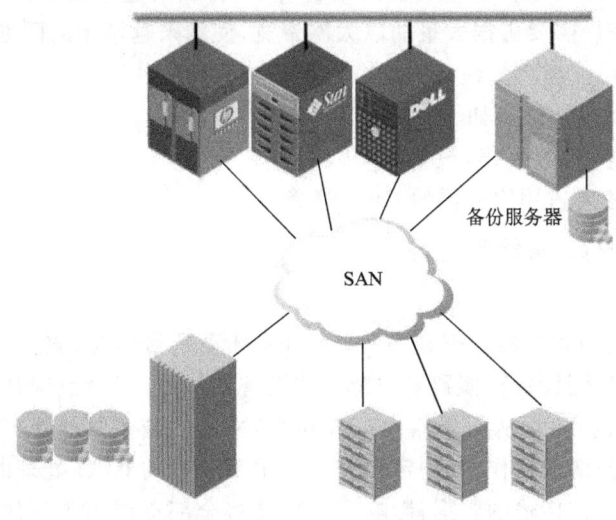

图 10.3　LAN-Free 备份结构

LAN-Free备份全面支持文件级的数据备份和数据库级的全程或增量备份,这种备份服务可由服务器直接发起,也可由客户机通过服务器发起。在多服务器、多存储设备、大容量数据频繁备份的应用需求环境中,SAN的LAN-Free备份更显示出其强大的功能。

LAN-Free备份的技术关键在于备份设备如何能够被SAN中的多个服务器共享。具体地说就是磁带库机械手的共享管理与备份作业的控制策略。基于SAN技术实现LAN-Free备份时,也同传统的网络数据备份一样需要有备份服务器。但SAN中的备份服务器的主要工作已经不再是简单地通过网络得到数据,直接完成备份作业,而是管理SAN中被共享的备份设备,接受其他服务器或客户机的备份请求,按优先级将所有的备份作业进行排队管理,控制备份数据在SAN中的传输。因此,根据不同的服务器平台,选择合适的SAN备份软件并进行合理配置,确定高效安全的备份管理机制,对于更好地进行数据备份具有重要的实际意义。

3) LAN-Free备份的优缺点

LAN-Free备份适合较大数据量存储,需要较高数据存储访问速率的数据中心。

LAN-Free备份的优点如下:

(1) 高性能的数据备份。在SAN存储区域网络中,光纤技术的应用使数据的传输速率得到很大的提升,在全双工的传输方式下可达到不低于200MBps的传输速率,从而使系统的备份性能得到质的飞跃。

(2) 灵活的可扩展性。在SAN存储网络中,系统拥有很好的可扩展性,整个网络在设计上采用了模块化和可热更换性,使系统能满足灵活扩展的存储备份需求。

(3) 数据备份的集中化管理。由于采用了SAN存储架构,使数据从原有的数据岛转向数据集中化,从而实现了集中化的数据备份。

(4) 解放LAN网络。在传统的网络备份中,特别是越来越多的数据需要备份的今天,大量数据备份需要占据大量的以太网带宽,使越来越紧张的网络带宽不堪重任。而LAN-Free备份能够有效地解决这个问题。

LAN-Free备份的缺点如下:

(1) 需要搭建SAN网络,投资较大。

(2) 备份时需要占用服务器的CPU等资源。

4. SERVER-Less备份架构

1) 背 景

LAN-Free备份操作将数据在SAN上由源移动到目标时,服务器仍然参与了将备份数据从一个存储设备转移到另一个存储设备的过程,因为数据必须先从SAN的磁盘移到服务器内存,再从服务器内存移到SAN上的磁带驱动器,即服务器仍然要管理传输和执行激活的操作,在一定程度上占用了宝贵的CPU处理时间和服务器内存。由于管理这些被传输的数据,影响了服务器将全部资源用于其他重要任务,如运行应用软件和处理数据等,结果尽管备份窗口不像使用SAN以前那样受到限制,但仍然不够用,备份操作仍然必须安排在不影响服务器上的用户和业务处理的时间段内。还有一个问题是,LAN-Free 技术的恢复能力依赖用户的应用。许多产品并不支持文件级或目录级恢复,映像级恢复就变得较为常见。映像级恢复就是把整个映像从磁带复制到磁盘上,如果需要快速恢复某一个文件,整个操作将变得非常麻烦。

减少对系统资源消耗的办法之一就是采用 SERVER-Less 备份技术。它是 LAN-Free 的一种延伸,可使数据能够在 SAN 结构中的两个存储设备之间直接传输,通常是在磁盘阵列和磁带库之间。这种方案的主要优点之一是不需要在服务器中缓存数据,显著减少了对主机 CPU 的占用,提高操作系统的工作效率。

2)实施方式

与 LAN-Free 一样,SERVER-Less 备份也有几种实施方式。通常情况下,备份数据通过名为数据移动器的设备从磁盘阵列传输到磁带库上。该设备可能是光纤通道交换机、存储路由器、智能磁带或磁盘设备或者是专门的备份服务器。数据移动器执行的命令其实是把数据从一个存储设备传输到另一个设备。

实施这个过程的一种方法是借助于 SCSI-3 的扩展复制命令,它使服务器能够发送命令给存储设备,指示后者把数据直接传输到另一个设备,不必通过服务器内存。数据移动器收到扩展复制命令后,执行相应功能。

另一种方法就是利用网络数据管理协议(NDMP)。这种协议实际上为服务器、备份和恢复应用及备份设备等部件之间的通信充当一种接口。在实施过程中,NDMP 把命令从服务器传输到备份应用中,而与 NDMP 兼容的备份软件开始实际的数据传输工作,且数据的传输并不通过服务器内存。NDMP 的目的在于方便异构环境下的备份和恢复过程,并增强不同厂商的备份和恢复管理软件,以及存储硬件之间的兼容性。

SERVER-Less 备份的系统结构如图 10.4 所示。

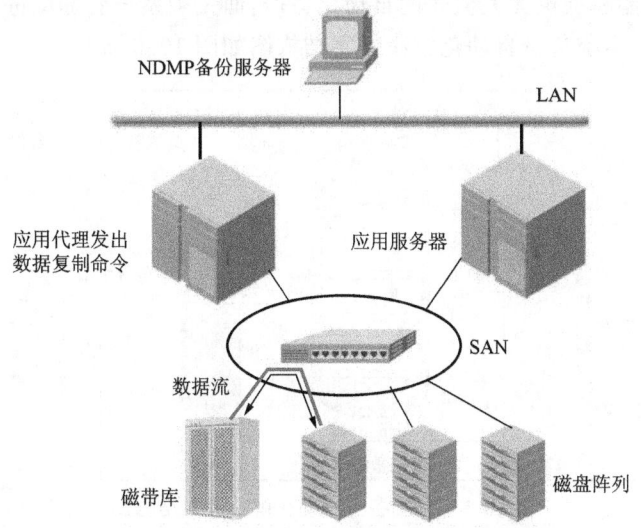

图 10.4 SERVER-Less 备份的系统结构

3) SERVER-Less 备份的优缺点

SERVER-Less 备份适合大量数据存储,且对存储及恢复时间要求较高的数据中心。

SERVER-Less 备份的优点如下:

(1) 由于服务器瓶颈已不存在,备份将更快。

(2) 配置灵活,可以通过软件实现,也可以通过硬件实现。

(3) 由于数据被直接送到磁带设备而不受服务器性能的限制,磁带机的速度被发挥到最佳。

(4) 能在任何时候进行备份并不会对用户网络造成影响,真正实现 7×24h 全天候备份。

(5) 数据恢复速度更快。

SERVER-Less 备份的缺点如下:

(1) 成本高,实施难度大。

(2) 目前还没有统一的系统结构,支持的平台有限,尚未有大规模应用。

10.3.5 备份系统的组成

备份的管理是备份过程中非常重要的一环,在管理上的混乱必然会降低备份的可靠性。备份管理是一个全面的概念,包括制度的制定和存储介质的管理。事实上,备份的管理在决定引进备份技术的那一刻就开始了。它包括对备份技术的选择、备份设备的选择、介质的选择、软件的选择、备份及恢复方案的制定,以及备份制度的确立等。

最理想的备份是完全不需要人工介入的,为了降低人为错误的发生,用户可以考虑采用自动化备份解决方案。备份自动化解决方案正是为解决传统备份方案中的不足而设计的,它能够提供无人值守的自动化备份,而无须系统管理员进行任何干涉。

一个完善的系统备份自动化解决方案结构图如图 10.5 所示。

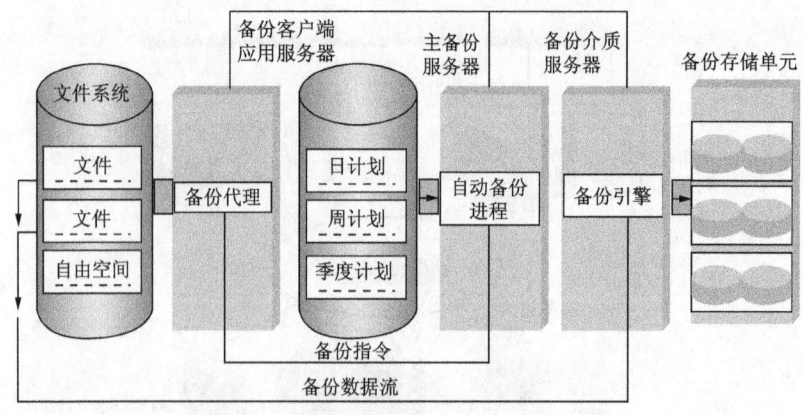

图 10.5 系统备份自动化解决方案结构图

从管理角度看,备份系统的主要功能组件有以下几个。

1. 备份客户端

需要备份数据的任何计算机都称为备份客户端。通常是指应用程序、数据库或文件服务器。备份客户端也用来表示能从在线存储上读取数据并将数据传送到备份服务器的软件组件。

2. 备份服务器

将数据复制到备份介质并保存历史备份信息的计算机系统称为备份服务器。备份服务器通常分成以下两类：

（1）主备份服务器。用于安排备份和恢复工作，并维护数据的存放介质。

（2）介质服务器。按照主备份服务器的指令将数据复制到备份介质上。备份存储单元与介质服务器相连。

3. 备份存储单元

数据磁带、磁盘或光盘。通常由介质服务器控制和管理。

4. 备份过程

备份是主备份服务器、备份客户端和介质服务器三方协作的过程。

（1）主备份服务器根据预先设定的备份安排，启动并监控备份工作。主备份服务器根据预先制定的策略和当前的条件为每个备份任务选择一个介质服务器。

（2）有数据需要备份的客户端执行备份任务时，将要备份的数据从它的在线卷传送到指定的介质服务器，同时将实际备份过的文件列表传送至主备份服务器。

（3）介质服务器选择一个或多个备份存储单元，选择并加载介质，通过网络接受客户端数据，并将数据写入存储介质。

5. 恢复过程

要从备份恢复数据也需要三方的共同协作。

（1）客户端请求主备份服务器恢复特定备份的数据。

（2）主备份服务器确定由哪个备份介质服务器来监控被请求的备份，然后命令该介质服务器执行恢复操作。

（3）介质服务器查找并安装包含恢复数据的备份介质，然后将数据发送到请求恢复的客户端。

（4）备份客户端接收来自介质服务器的数据，并将数据写入本机文件系统。

6. 备份管理软件

好的备份硬件是完成备份任务的基础，而备份软件则关系到是否能够将备份硬件的优良特性完全发挥出来。良好的备份管理软件具有如下功能：

（1）磁带驱动器的管理。一般磁带驱动器的厂商并不提供设备的驱动程序，对磁带驱动器的管理和控制工作，完全是备份软件的任务。磁带的卷动、吞吐磁带等机械动作，都要靠备份软件的控制来完成。

(2) 磁带库等多种存储介质的管理。与磁带驱动器一样,磁带库的厂商也不提供任何驱动程序,机械动作的管理和控制也全权交由备份软件负责。与磁带驱动器相区别的是,磁带库具有更复杂的内部结构,备份软件的管理相应的也就更复杂。例如机械手的动作和位置、磁带仓的槽位等。这些管理工作的复杂程度比单一磁带驱动器要高出很多,所以备份软件要支持对磁带库等多种存储介质的管理。

(3) 备份数据的管理。作为全自动的系统,备份软件必须对备份下来的数据进行统一管理和维护。在简单的情况下,备份软件只需要记住数据存放的位置就可以了,这一般是依靠建立一个索引来完成的。然而随着技术的进步,备份系统的数据保存方式也越来越复杂多变。例如一些备份软件允许多个文件同时写入一盘磁带,这时备份数据的管理就不再像传统方式下那么简单了,往往需要建立多重索引才能定位数据。

数据格式也是一个需要关心的问题。就像磁盘有不同的文件系统格式一样,磁带的组织也有不同的格式。一般备份软件会支持若干种磁带格式,以保证自己的开放性和兼容性,但是使用通用的磁带格式也会损失一部分性能。所以,大型备份软件一般还是偏爱某种特殊的格式。这些专用的格式一般都具有高容量,高备份性能的优势,但是需要注意的是,特殊格式对恢复工作来说,是一个小小的隐患。

(4) 备份策略的制定。备份数据遵循 2/8 原则,即 20% 的数据被更新的概率是 80%,因此,每次备份都完整的复制所有数据是一种非常不合理的做法。事实上,真实环境中的备份工作往往是基于一次完整备份之后的增量或差量备份。那么完整备份与增量备份和差量备份之间如何组合,才能最有效的实现备份保护,这正是备份策略所关心的问题。此外,根据预前制定的规则和策略,备份工作何时启动,对哪些数据进行备份,以及工作过程中意外情况的处理,这些都是备份软件具备的功能。这其中包括了与数据库应用的配合接口,也包括了一些备份软件自身的特殊功能。例如很多情况下需要对打开的文件进行备份,这就需要备份软件能够在保证数据完整性的情况下,对打开的文件进行操作。另外,由于备份工作一般都是在无人看管的环境下进行,一旦出现意外,正常工作无法继续时,备份软件必须能够具有一定的意外处理能力。

(5) 数据的恢复。数据备份的目的是为了恢复,该功能自然也是备份软件的重要部分。支持智能灾难恢复技术,即用户几乎无需干预数据恢复过程,只要利用备份数据介质,就可以迅速自动的恢复数据。同时支持多种恢复机制,用户可以灵活选择恢复程度和恢复方式,极大地方便用户。

10.4 数据备份策略

备份策略是指确定需要备份的数据、估计备份所需时间及采用何种备份方式。

10.4.1 备份策略的规划

如何规划备份策略和选择适当的备份介质是一项至关重要的工作。在制定备策略时,必须充分了解备份方案应具备哪些条件要素,应考虑通过已有的或有条件达到的技术和管理手段,尽可能地防止重要数据丢失,最低程度减少各种灾难带来的损失。

数据量的大小和数据的修改频率对数据备份策略的选择有重要影响。备份策略按备份方式一般可分为完全备份、增量备份、差分备份等几种。一个完善的备份策略在备份手段上应具备自动化的流程设定、数据的安全性、完整性、磁带管理及支持各种数据形态(如数据库及信息系统),能跨平台地整合作业系统的备份功能。

在制定和规划备份策略时需要考虑的因素如下:

(1) 选择合适的备份频率(如经常备份,有规律备份,做了结构上的修改应及时备份等)。尽量采用定时器、批处理等由计算机自动完成的方式,以减少备份过程中的手工干预,防止操作人员的漏操作或误操作。

(2) 根据数据的重要性可选择一种或几种备份交叉的形式制定备份策略。

(3) 若数据量比较小或者数据实时性不强或者是只读的,备份的介质可采用磁盘或光盘。在备份策略上可执行每天一次数据库增量备份,每周进行一次完全备份。备份时间尽量选择在晚上服务器比较空闲的时间段进行,备份数据要妥善保管。

(4) 就一般策略来说,当对数据的实时性要求较强,或数据的变化较多而数据需要长期保存时,备份介质可采用磁带或磁盘。在备份策略上可选择每天两次,甚至每小时一次的数据热完全备份或事务日志备份。为把灾难损失减少到最少,备份数据应保存一个月以上。另外每当存储数据的数据库的结构发生变化,或进行批量数据处理前应做一次数据库的完全备份,且这个备份数据要长期保存。数据备份也可以考虑光盘备份。

(5) 当实现数据库文件或者文件组备份策略时,应时常备份事务日志。当巨大的数据库分布在多个文件上时,必须采用这种策略。

(6) 备份数据的保管和编册记录是防止数据丢失的另一个重要因素。这将避免数据备份进度的混乱,应清楚记录所有步骤,并为实施备份的所有备份人员提供此类信息,以免发生问题时因忙乱找不到应使用的备份数据。数据备份与关键应用服务器最好是分散保管在不同的地方,通过网络进行数据备份。定时清洁和维护磁带机或光盘。把磁带和光盘放在合适的地方,避免磁带和光盘放置在过热和潮湿的环境中。备份的磁带和光盘最好只允许网络管理员和系统管理员访问它们。要完整、清晰地做好备份磁带和光盘的标签。

10.4.2 常用备份策略

对需要备份的数据,可以采用完全备份、增量备份、差分备份或按需备份这四种方式中的一种或者几种的组合。考虑到各企业(机构)的实际情况,其数据中心的备份策略在数据中心上线后可以进行灵活的调整,制定备份策略的考虑因素包括备份的数据内容、数据类型、数据大小、数据恢复的策略、应用的运行机制、备份设备的特点等。

如为了保证数据中心应用的高可用性,ODS、数据集市和数据仓库的备份规范可以如下所示:

(1) ODS、数据集市和数据仓库至少每天做一次增量或差量备份。

(2) ODS、数据集市和数据仓库每周做一次全量备份。

(3) ODS、数据集市和数据仓库至少保留最新的两次全备和14天增量备份。

(4) 应对业务元数据及技术元数据进行备份,每次更新后做一次全量备份,至少保留一份备份。

(5) 应对ETL的应用程序和系统配置信息进行备份,每次更新后做一次全量备份,至少保留一份备份。

(6) 应对决策分析应用的报表文件、权限配置信息、与门户集成程序及系统配置信息进行备份,每次更新后做一次全量备份,至少保留一份备份。

1. 备份窗口与恢复窗口

决定采用何种备份方式,还取决于以下两个重要因素:

(1) 备份窗口。完成一次给定备份所需的时间。这个备份窗口由需要备份数据的总量和处理数据的网络架构的速度来决定。

(2) 恢复窗口。恢复整个系统所需的时间。恢复窗口的长短取决于网络的负载和磁带库的性能及速度。

在实际应用中,必须根据备份窗口和恢复窗口的大小,以及整个数据量,决定采用何种备份方式。一般来说,差分备份避免了完全备份和增量备份的缺陷,又具有它们的优点。差分备份无须每天都做系统完全备份,并且灾难恢复很方便,只需要上一次完全备份磁带和灾难发生前一天磁带就可以完全恢复数据,因此采用完全备份结合差分备份的方式较为适宜。

2. 备份设备的容量估算

备份设备的容量估算公式为

$$C=[(q_1+q_2\times d)\times 4\times m\times (1+i)]\times (1+u)$$

其中,q_1表示网络中的总数据量;q_2表示每天数据改变量;d表示数据备份时间表(即增量备份的天数);m表示期望无人干涉的时间;i表示数据增长量的估计;u表示坏带,这是不可预见因素。

根据推算的备份容量,再考虑一定的冗余,即可以选择需要多少槽位的磁带库。

3. 备份方式

如果需要提高备份速度,可考虑增加磁带库的驱动器。对于一般的网络环境,如果通过网络进行数据备份,采用磁带库已能够满足要求。对于需要进行更大规模的数据备份,建议选择目前较流行的SAN数据备份方案。

需要指出的是,在选择磁带库产品初期投资时,首先从容量方面一定要考虑到未来的增长速度,至少要考虑到未来2~3年的数据需求。选型时首先要看固有数据量是多大,每天增长的数据量是多大,数据备份周期是多久,采用完全备份还是增量备份的方式,再考虑未来几年的需求,然后再选择合适的库体容量,同时还要考虑到带库是否可通过升级、级联等方式保护现有投资;容量确立后根据备份窗口时间、数据吞吐量等确定所需的驱动器、磁带机数量。另外还要确定采用的连接方式,是与服务器直连连接还是通过 SAN 方式连接,对特殊的应用备份则还要考虑采用专业的备份软件。

4. 选择磁带库设备还要考虑的问题

在选择具体厂商的磁带库设备时除容量外还要考虑以下几个问题:

(1) 机械手速度、安全性、稳定性等指标。

(2) 考虑支持磁带机的种类,是否支持混装带机,因为目前一般客户都有很多不同的应用,需要不同的备份设备。

(3) 考虑 MTBF 值(平均无故障时间)、可支持最多存储次数、服务等指标。

选择大容量存储介质与备份设备要根据系统的实际需求出发,并留有良好的升级、扩容的余地,在合理的成本内,使宝贵的数据做到万无一失。

10.4.3 制定备份策略应考虑的问题

数据的集中管理是数据保护的重要先决条件,而存储系统在数据中心建设中地位较特殊,其结构往往决定了整个系统的体系结构及功能,存储策略的设计和实施计划一定要仔细斟酌。在进行规划的时候应该注意整体考虑,通常应该注意以下几个方面的问题。

1. 存储备份系统容量和性能要合适

要注意存储系统的容量和性能能否满足目前和近期的应用要求,这也是选择存储系统的出发点。提出这个问题的原因在于在建设数据存储系统的时候发现,许多用户对自己的数据存储需求不是很清楚。不同的应用信息系统对数据传输速率的要求会有所不同。应该了解自身信息系统在存储系统容量、数据传输速率、数据增长率等方面的要求,然后合理规划。

2. 可靠性、高性能和可用性

建设数据存储系统时要特别注意可靠性、高性能和可用性,这是数据存储系统的关键所在。在保证数据可靠的前提下,存储产品还必须满足在不同操作平台上文件共享可控、容量可扩展等多方要求。一定要考虑系统的可扩展性问题,因为日后数据增长到一定规模之后,系统必然要升级,如何保持信息系统稳定运行,实现平滑过渡需要事先规划。

3. 保护已有投资

规划好了数据存储系统的规模大小、存储模式以后,在购买产品时要考虑与现有应用系统的兼容性,最大限度地利用现有数据信息及存储资源对于保护已有投资很关键。大多数数据中心的系统拥有基于不同网络协议和异构的操作平台,原有系统可能运行于不同的操作系统平台，新增的存储系统应该能被这些平台访问，以实现数据的共享与管理。

4．"重硬轻软"不可取

存储系统包括光纤交换机、光纤磁盘柜、磁带库等硬件，随着网络应用的不断普及，数据存储量的日益加大和存储任务的多样复杂化，原有的存储应用软件开始表现出强烈的不适应性，需要部署存储管理软件来将这些硬件和实际应用最好地进行结合，使应用运行得更快更可靠、性价比最大化、总体拥有成本能降低。

5．管理方法

一定要制定切实有效的数据安全策略，并且严格执行，这样才能临危不乱，保障数据安全。

10.5 灾备系统的定义、分类及常用技术

数据中心的业务应用系统是数据处理的重要应用，为了保证业务的连续性，有必要针对业务系统建设数据中心的灾难恢复系统。本节主要讨论灾难恢复（灾备）的概念、灾备系统的需求分析、建设原则、建设目标及系统规划。

10.5.1 灾难恢复的定义

灾难恢复（灾备）是指在发生灾难性事故的时候，利用已备份的数据或其他手段，及时对原系统进行恢复，以保证数据的安全性及业务的连续性。

当灾难发生时，留给系统管理员的恢复时间往往相当短暂。但现有的数据备份措施没有任何一种能够使系统从大的灾难中迅速恢复过来。通常系统管理员想要恢复系统至少需要下列几个步骤：

(1) 恢复硬件。
(2) 重新装入操作系统。
(3) 设置操作系统(驱动程序设援、系统、用户设置)。
(4) 重新装入应用程序，进行系统设置。
(5) 用最新的备份恢复系统数据。

灾难恢复包括系统恢复、数据恢复和应用恢复的全过程。

即使一切顺利，这一过程也需要很长时间，这种漫长的恢复时间对用户来说几乎是不可忍受的，同时也会严重损害数据中心的信誉。但如果系统管理员采用系统备份措施，灾难恢复将变得相当简单和迅速。

系统备份与普通数据备份的不同在于，它不仅备份系统中的数据，还备份系统中安装的应用程序、数据库系统、用户设置、系统参数等信息，以便需要时迅速恢复整个系统。

系统备份方案中必须包含灾难恢复措施，灾难恢复同普通数据恢复的最大区别在

于:在整个系统都失效时,用灾难恢复措施能够迅速恢复系统而不必重装系统。需要注意的是,备份不等于单纯的复制,因为系统的很多重要信息无法用复制的方式备份下来,而且管理也是备份的重要组成部分。管理包括自动备份计划、历史记录保存、日志管理、报表生成等,没有管理功能的备份,不能算是真正意义上的备份,因为单纯的复制并不能减轻繁重的备份任务。在网络环境中,系统和应用程序安装起来并不是那么简单,系统管理员必须找出所有的安装盘和原来的安装记录进行安装,然后重新设置各种参数、用户信息、权限等,这个过程可能要持续好几天。因此,最有效的方法是对整个系统进行备份。这样,无论系统遇到多大的灾难,都能够应付自如。

10.5.2 灾备系统的分类

根据数据中心的安全要求,应对灾难恢复系统采用的技术路线做出全面的考虑。

1. 数据级容灾和应用级容灾

按照容灾系统对应用系统的保护程度可以分为数据级容灾和应用级容灾,业务级容灾的大部分内容是非 IT 系统,不在本文讨论范围。

数据级容灾系统只保证数据的完整性、可靠性和安全性,但提供实时服务的请求在灾难中会中断。应用级容灾系统能够提供不间断的应用服务,让服务请求能够透明(在灾难发生时毫无觉察)地继续运行,保证数据中心提供的服务完整、可靠、安全。因此对服务中断不太敏感的部分可以选择数据级容灾,以便节省成本,在数据级容灾的基础上构建应用级容灾系统,保证实时服务不间断运行,为用户提供更好的服务。

(1) 数据级容灾。通过在异地建立一份数据复制的方式保证数据的安全性,当本地工作系统出现不可恢复的物理故障时,容灾系统提供可用的数据。数据级容灾是容灾的基础形式,由于只需要考虑数据的复制和存放,不需要考虑备用系统,实现起来相对简单,投资也较少。数据级容灾需要考虑三方面问题:在线模式与离线模式问题;远程数据复制技术问题;同步与异步容灾问题。

(2) 应用级容灾。应用级容灾能保证业务的连续性。在数据级容灾的基础上,建立备份的应用系统环境,当本地工作系统出现不可恢复的物理故障时,容灾系统提供可用的数据和应用系统。

应用级容灾系统是建立在数据级容灾系统基础上的,同时能完成数据和应用系统环境的复制存放和管理。为实现发生灾难时的应用切换,容灾中心需要配置与工作系统同构和相同功能的业务网络、应用服务器、应用软件等。

应用级容灾还需要考虑数据复制的完全性、数据的一致性、数据的完整性、网络的通畅性、容灾切换的性能影响、应用软件的适应性改造等问题,以及为保证业务运行的所需设备、环境、人员及其相应的管理。

2. 灾难恢复系统的在线/离线模式

(1) 在线模式。在线灾难恢复系统要求工作系统与灾难备份系统通过网络线路连接,数据通过网络实时或定时从工作系统传输到灾难备份系统。对数据保护的实时性高,对业务连续性要求高,就需要采用在线模式。

(2) 离线模式。离线灾难备份系统的数据通过存储介质(磁带、光盘等)搬运到异地保存起来实现数据的保护。离线模式适合于对数据保护的实时性要求不高的场合,离线模式设备比较简单,投资较少。

3. 数据备份技术

正常情况下系统的各种应用在数据中心运行,数据存放在数据中心和灾难备份中心两地保存。当灾难发生时,使用备份数据对工作系统进行恢复或将应用切换到备份中心。灾难备份系统中数据备份技术的选择应符合数据恢复时间或系统切换时间满足业务连续性的要求。目前数据备份技术主要有如下几种:

(1) 磁带备份。

(2) 基于应用程序的备份。通过应用程序或者中间件产品,将数据中心的数据复制到灾难备份中心。在正常情况下,数据中心的应用程序在将数据写入本地存储系统的同时将数据发送到灾难备份中心,灾难备份中心只在后台处理数据,当数据中心瘫痪时,由于灾难备份中心也存有生产数据,所以可以迅速接管业务。这种备份方式往往需要应用程序的修改,工作量比较大。另外,由应用程序本身来处理数据的复制任务,对应用系统的性能影响较大。

(3) 数据库的远程数据复制。基本原理是将数据中心的数据库日志传送到远程灾难备份中心的数据库中,通过日志同步两端的数据库。这种方式需要数据库软件的支持。由于数据库方式只是传送数据库日志,与应用没有直接关系,因此无须对应用程序做大量修改。这种灾难备份方式比较适合于只对数据库有远程灾难备份需求,传输距离较长且网络传输带宽不大的用户环境。

(4) 服务器逻辑卷的远程数据复制。这种方式在服务器操作系统逻辑卷管理软件基础上实现,通过 IP 网络将逻辑卷操作传输到异地主机,在异地主机执行同样的逻辑卷操作,保证本地和远端逻辑卷的一致性。这种灾难备份方式适合文件、数据库等多种数据的远程复制要求,并且对应用系统和数据库是透明的,但需要数据中心和灾难备份中心主机同构。

(5) 基于存储备份软件实现的远程数据复制。数据的复制和同步通过存储备份软件实现,系统的灵活性很强,完全不依赖主机系统和存储系统,也不影响本地应用的响应速度,数据可以从任何存储设备上镜像到任何地点的任何存储设备上。

(6) 基于智能存储设备的远程数据复制。由智能存储设备自身管理软件实现数据的远程复制,即智能存储设备将系统中的存储操作指令发送到远端的智能存储设备上,在远端智能存储设备中重做存储操作指令,实现数据远程复制。这种灾难备份方式要求数据中心和灾难备份中心配置同构的智能存储设备。

4. 同步/异步方式

数据复制技术是灾难备份系统的核心技术。数据复制技术主要是将数据中心的生产数据复制成灾难备份数据,灾难备份数据与生产数据应保持一致。在线模式下,数据复制的主要方式有同步数据复制和异步数据复制两种。

(1) 同步数据复制。同步数据复制指的是备份中心的数据在任何时间与数据中心的数据均保持一致。复制环境中的任何一个结点的复制数据发生了更新操作,这种变化会立刻反映到其他所有的复制结点,同步数据复制方式在主机向本地磁盘写数据的同时,将数据传到备份中心的磁盘系统,在确认远程备份系统的数据同步更新后,完成写数据的操作。只有当备份数据的写操作完成后,主机程序继续进行,否则主机程序将等待备份数据的写操作的完成。同步数据复制方式的数据实时性强,灾难发生时备份数据能够与生产数据保持一致,几乎没有数据丢失,恢复时间短。同步数据复制技术可以保证数据的一致性和完整性,实现起来较为简单,但是增加了网络和应用系统的负担,由于需要等待远程站点的确认,数据更新操作时间长,影响应用的性能。

同时,由于数据在两个中心间传输要消耗时间,使得数据读/写操作时间受到两个中心之间距离的影响,两个中心间的距离限制很难突破60km。由于受到传输技术的限制,该方式对数据中心和备份中心之间的距离和通信质量有严格要求。一般适用于同城异地的备份。

(2) 异步数据复制。异步数据复制方式是在主机系统向本地磁盘写数据后,将本地生产数据以后台的方式复制到异地。异步数据复制方式对数据的更新操作不必等本地卷和备份卷的数据都更新完毕后才算是更新完成,因此减少了更新操作的时间,对生产主机性能的影响较小。异步数据复制方式的所有复制结点的数据在一定时间内是不一致的。复制环境中的其中一个结点的复制数据发生了更新操作,这种改变将在一段时间后反映到其他复制结点以最终保证所有复制结点间的数据一致。异步复制技术可以保证数据的一致性,实现起来较为复杂,但是减少了网络和应用系统的负担。但由于数据不能时时同步,灾难发生时可能出现少量数据的丢失。

5. 存储子系统

存储子系统是容灾系统的重要组成部分。保存大量数据的灾难备份中心存储子系统适合采用 SAN 架构,由磁盘阵列和 SAN 交换设备组成数据存储池。存储系统中存储设备是最重要的部分,其性能的好坏直接决定了整个 SAN 存储系统,存储设备特别是磁盘阵列必须考虑以下重要技术特性:

(1) 存储子系统的性能。对磁盘阵列产品来说,性能指数主要有两个,即带宽和 IOps(每秒 IO 次数)。带宽决定于整个阵列系统,与所配置的磁盘个数也有一定关系,而 IOps 则基本由阵列控制器决定。在 Web、E-mail 数据库等小文件频繁读/写的环境下,性能主要由 IOps 决定。在视频、测绘等大文件连续读/写的环境下,性能主要由带宽决定。

(2) 存储子系统的数据保护能力。数据保护能力是指在存储设备的设计方面,对各种偶然性错误和意外情况的预测,以及采取的预防或补救措施。存储系统是一个从软到硬的复杂系统,所以对数据保护能力的评价应当考虑到整个系统。一些低端磁盘阵列厂商宣称他们的产品由于采用了 RAID、热交换磁盘、双电源等技术,数据将永不丢失。对一些中小型用户，这些数据保护技术基本可以满足要求，对重要的应用系统，还需要考虑对数据完整性的保护，对主机连接的保护及对远程容灾的支持等方面。

（3）存储子系统的容量。存储容量是存储系统最基本的参数，用户不仅要关心产品的最大容量，还要关心实际可使用容量及扩容成本等问题。

（4）存储子系统的连接性。在 SAN 环境中，以光纤连接设备（光纤通道交换机等）为中心，连接主机、磁盘阵列、磁带库等多种设备，环境比较复杂。因此在产品选型时，要充分考虑设备间的连接性。选择具有良好的开放性和连接性的产品，不仅是当前系统正常连接和运行的要求，也为系统将来扩展提供更大的空间和灵活性。

（5）存储子系统的可管理性。可管理性是存储产品的重要性能。首先，用户应考虑产品所提供的管理功能或方式是否实用可靠。其次，要考虑管理的方便性，是否支持中心化管理和远程管理，是否支持故障自动通知机制，在配置改变或系统扩容时，不需宕机或尽可能缩短宕机时间，也是企业级产品的重要特征。

（6）存储子系统的其他功能的考虑，如数据快照功能、LUN Masking 功能、异地数据复制功能等。

6．服务器系统

容灾系统中服务器平台的性能和可靠性对容灾系统的整体性能有重要影响。在选择容灾服务器时应注意以下问题：

（1）随着计算机软、硬件技术的飞速发展，传统的 RISC 服务器/UNIX 在性能、可靠性方面越来越高，而在性价比和易用性等方面也较以前有很大的提高。而基于 Microsoft Windows 操作系统的 PC Server 在性能方面也有非常大的提高，价格相对小型机来说低廉，比较适合做中小型系统的容灾服务器。

（2）在需要采用应用级容灾的情况下，往往要求容灾中心服务器与用户数据中心服务器同构，实现应用系统的兼容。特别应当注意容灾中心服务器中软件环境的配置，容灾中心的软件环境必须能够保证应用服务的正常运行。

（3）在需要采用服务器逻辑卷数据复制技术实现容灾功能的情况下，容灾中心服务器与用户数据中心服务器同构。

（4）为了节省容灾系统的建设成本，在性能满足的条件下，几种应用可以共享一台服务器。

容灾系统服务器的性能应满足容灾方案的要求，如 CPU 处理能力、数据缓存能力、良好的 I/O 吞吐能力、服务器的性能稳定等。服务器应具有一定的高可用性（如冗余网卡，使用 RAID 磁盘等），保证在灾难恢复期间的可靠运行。

① CPU 性能。可以用服务器的 TPC-C（Transaction Processing Performance Council，事务处理性能委员会 C 类指标）值作为相对选型参考值。厂家公布的 TPC-C 值，一般是采用该服务器最大的硬件配置，接近 100% 使用率得到的 TPC-C 值，而实际购买的配置往往小得多，实际系统性能的 TPC-C 值不会有公布值那么高，在设计服务器处理能力时，需要将一些实际经验值和 TIC-C 值一起综合考虑，留有一定余量。

② 内存大小。内存是所有程序运行的环境,一般来说内存空间越大服务器的事务处理性能越好,但不同的应用对内存的要求不同,所以在数据处理系统服务器内存设计中,需要从应用的角度来考虑,寻找最佳的配置。

③ I/O 性能。服务器的 I/O 性能包括内置磁盘性能、网卡性能、HBA 卡性能等。服务器的 I/O 性能应达到灾难备份系统的要求并与容灾系统的网络环境相适应。

④ 应用系统的负载均衡。在由多台服务器提供服务的情况下使用负载均衡技术,以防止服务器结点过载或未被充分利用的情况发生。

7. 灾难备份设备的共享

以实现高度整合和共享为方向,如多个系统共享一套容灾设备,在不影响容灾性能时要考虑所提供的功能或方式是否实用可靠。其次,要考虑管理的方便性,是否支持中心化管理和远程管理,是否支持故障自动通知机制,在配置改变或系统扩容时,不需宕机或尽可能缩短宕机时间,这些也是产品的重要特征。

8. 同城灾难备份与异地灾难备份

按照容灾距离的远近可以分为同城灾难备份与异地灾难备份

(1) 同城灾难备份。同城灾难备份方案是在同城或相近区域内建立两个数据中心:一个为数据中心,负责日常生产运行;另一个为灾难备份中心,负责在灾难发生后的应用系统运行。同城灾难备份的数据中心与灾难备份中心的距离比较近,通信线路质量较好,比较容易实现数据的同步镜像,保证高度的数据完整性和数据零丢失。同城灾难备份一般用于防范火灾、建筑物破坏、供电故障、计算机系统及人为破坏引起的灾难。

(2) 异地灾难备份。异地灾难备份主备中心之间的距离较远(一般在 100km 以上),因此一般采用异步镜像,会有少量的数据丢失。

异地灾难备份不仅可以防范火灾、建筑物破坏等可能遇到的风险隐患,还能够防范战争、地震、水灾等风险。由于同城灾难备份和异地灾难备份各有所长,为达到最理想的防灾效果,数据中心应考虑采用同城和异地各建立一个灾难备份中心的方式解决。

10.5.3 灾难恢复常用技术

1. 数据复制

1) 数据复制的概念

数据复制是指将数据从一台源系统的存储设备复制到另一台目标系统的存储设备,并通过一系列过程来保持两台设备中数据的同步。数据复制技术是保障数据安全、提高业务连续性的重要技术。例如,在远程站点(灾难恢复站点)生成再现数据的实时副本,在灾难发生、数据中心瘫痪的情况下,远程站点的数据仍然立即可用。

从一个存储设备到另一个存储设备的数据复制,有很多方式可以完成。传统的方式一般采用磁带传送的技术分发数据。现在，部分业务运作是建立在网络互连的基础上，对数据立即存取的要求越来越高，由于磁带不支持数据立即存取的运行模式，取而代之的是在线数据复制技术。

简而言之，复制技术就是将主数据中心的数据复制到不同物理地点，用以支持分布式应用或建立备用数据中心，增强系统可靠性。在数据复制技术中，复制配置和复制类型是两个重要方面，是区别不同复制技术的主要指标。复制配置，指的是有多少个源服务器被复制到多少个目标服务器，包括一对一复制、一对多复制、多对一复制、多对多复制。复制类型，指的是程序如何在两个系统之间进行数据同步；一个复制解决方案可能根据计划好的时间间隔来同步数据（计划复制），也可以以同步或异步方式连续进行数据复制。数据复制类型主要有以下三种：

(1) 同步复制。同步复制指的是复制数据在任何时间在多个复制结点间均保持一致。如果复制环境中的任何一个结点的复制数据发生了更新操作，这种变化会立刻反映到其他所有的复制结点。

在一个同步复制环境中，数据必须在主系统完成写入过程之前被写入到目标系统中，以确保目标系统上最大程度的数据一致性。同步复制的优点在于，同步复制使得无论何时，目标系统上的数据都与源系统数据完全相同；其缺点在于，同步复制也可能导致源系统的性能延迟，尤其是在两个系统间的网络连接速度比较慢的情况下，延迟问题更为严重。

(2) 异步复制。异步复制的所有复制结点的数据在一定时间内是不同步的。如果复制环境中其中一个结点的复制数据发生了更新操作，这种改变将在一定的时间后反映到其他复制结点，最终将保证所有复制结点间的数据一致。使用异步复制时，源系统在执行前不会等候目标系统的确认。复制软件会对数据进行排队，然后在网络可用期间在系统之间批处理地传递改变的数据。为了保持数据的一致性，有些解决方案将同步和异步复制操作组合在一起：当发生通信问题时，同步复制会转为异步复制；当通信问题解决后，又会转回同步方式。确保数据写入目标系统的顺序与源系统相同，从而维持数据的正确性。

(3) 计划复制。对有些用途而言，连续的复制不是理想的方案，采用计划复制更为适宜。在这种复制方式中，变化的数据将按预先设定的时间间隔被同步复制。

2) 数据复制的必要性

随着信息化建设的高速发展，用户的应用系统也越来越依赖数据中心的服务支持。在当今异构的业务环境下，用户非常重视数据的高可用性，往往需要对数据持续的 $7\times24h$ 的访问和持续的操作。数据的安全性已经成为数据中心建设的首要考虑因素。

现有的很多技术手段可以保证数据中心内的数据安全和系统可用，如 RAID 技术、高可用系统、本地数据备份等，这些技术都在数据中心范围内保障数据安全和系统可用。但当数据中心遭受灾难时这些措施就无能为力了，所有的应用和数据都会遭到损坏,而可能造成数据中心灾难的原因则多种多样,包括天灾,如火灾、水灾、地震等,也包括人祸,如人为错误、电力故障、通信中断,甚至恐怖活动等。尤其在目前互通互连的国际网络环境下,远程的故障中断往往能造成本地的严重问题。数据中心灾难将会使系统遭受难以估量的损失,这些教训使人们更加重视整个数据中心的安全性和应用可持续性。

(1) 传统的方案不够完整。虽然服务器的硬盘和磁盘介质的使用日益普遍,传统的灾难恢复方案还只是磁带备份。恢复的手段通常是用丢失数据的最近一次备份,选择丢失数据的最"佳"备份版本存储的磁带,然后寻取该磁带(如果是远程的,则需要较长时间)、装载磁带、恢复所丢失的文件、再将该文件复制回位。从磁带进行数据恢复的问题是,速度不够快,而且永远不会是数据最新的版本。

(2) 使用数据复制来获得最大化的数据可用性。复制软件可为关键型数据创建远程的副本以达到最大化的数据可用性,通过现有网络对关键型数据保留一份冗余复制。

在灾难恢复或业务持续性计划中,对关键数据的远程复制是一个重要考量。在复杂异构环境中具备对业务关键型数据的持续实时同步,使用户业务在系统故障时能够保持持续的运作。

3) 数据复制的方式

实现存储复制有两种基本的方式:基于存储设备的数据复制;基于主机系统的数据复制。

(1) 基于存储设备的数据复制。基于存储设备的数据复制,即智能存储系统的远程镜像,属于企业级存储系统功能,这种数据复制在存储系统内部实现,与主机无关。使用高端存储阵列厂商提供的复制技术和故障切换功能,可支持苛求应用的数据备份与灾难恢复需要。基于存储的解决方案利用存储阵列控制器作为操作平台来提供复制功能,硬件与软件的集成使存储设备具有对复制配置的高度控制,带来比其他复制方法更高的服务水平保证。这样做的好处是,在主机上的资源占用很小,能在业务运行需要的情况下,保持 I/O 的响应时间。但是,取得高服务质量是要付出代价的。基于存储复制的前提是同类对同类的存储设备配置,这意味着支持复制功能必须部署两种类似配置的高端存储阵列,从而增加了费用,并绑定在单一厂商存储解决方案上。

(2) 基于主机系统的数据复制。基于主机系统的数据复制,主要以软件的形式进行数据复制。例如各数据库厂商目前在数据库软件中都提供一些数据分发的功能,在操作系统上与数据库有接口,操作系统上某些文件的复制,可把数据定期、在线地复制到目的机器上。

基于服务器的复制软件使用任何可安装在服务器平台上的存储软件,提供异构的存储支持。这种方式的优点是,与应用(尤其数据应用)结合较紧,在数据一致性、完整性上保持得较好,与数据库的日志文件基本一致。而且,采用软件数据复制方式具有配置灵活、价格低、高性能等特征。但是基于主机系统的解决方案的运行费用和管理费用很高,因为软件需要安装在每一台服务器和备份服务器上。运行在通用服务器平台上并与业务应用共享资源,还可能导致服务器性能损失。

4) 复制方案的选择

对于用户而言,选择基于主机系统的数据复制还是选择基于存储设备的数据复制,主要取决于存储需求和设计。对于数据中心,可选用高端的基于存储设备的数据复制。基于存储设备的复制与用软件复制相比,实现效果要好得多,因为通过硬件实现复制,效果能得到充分保证。这是因为若出现突然中断的情况,无论同步还是异步,因为部分数据放在主机的缓存中,因而可能会丢失。不过,基于存储设备的数据复制造成的数据丢失,不会造成数据库的瘫痪,不会出现数据的不一致性。所以,丢失的一部分数据对真正出现的灾难来说,在一定范围内是可以承受的。而在计算资源充裕的情况下或一些成本预算较紧的应用环境中,可以考虑通过软件完成数据复制。

5) 数据复制应注意的问题

(1) 重视防病毒。网络系统很容易受到外界各种毁坏因素的影响,计算机病毒是潜在的威胁,未消除的计算机病毒很可能会对组织造成巨大的伤害,丝毫不比火灾或地震逊色。它会让磁盘中的数据无法使用,即使进行了数据复制,但元数据已遭破坏,复制的数据亦会同样遭受破坏,因此,应重视预防病毒。

(2) 复制对应用透明。在线数据复制对应用应当是透明的。从应用的角度来看,复制的数据应当是一份独立的复制。复制的数据不需要通过数据恢复,应用程序可以直接使用。

(3) 数据一致性。计算机操作系统通过文件系统、数据库系统和应用程序使用复杂的内部数据结构来组织和管理用户数据,包括数据库索引、文件目录、数据日志等。需要通过排序磁带写操作来保证这些结构和用户数据的完整性,保证系统内数据的可重建。

(4) 足够的带宽。用于灾备为目的的数据复制主要采用集中的网络数据复制,复制数据量非常大,占用大量带宽并影响了应用系统的运行,因此最好具有独立数据复制的宽带。

(5) 完整的灾备。灾备应该是一个完整的系统,包括灾备的功能软件和灾备硬件设备,从前端的应用到后台的数据库等,都需要全面的灾备。其中,硬件设备包括存储设备、远程设备(从数据中心到备份中心的连接)和主机设备;功能软件包括数据复制软件和应用切换软件。

(6) 平时做好数据复制。平时可靠的数据复制是灾备的前提,因此,平时应定时、定点、定期地做好数据复制工作。

(7) 配合远程切换。灾备系统的最终目的是提高应用和数据的高可用性,保证即使数据中心现场灾难的情况下,关键业务停机时间最短。因而,在数据复制已保证了远程现场数据一致性的情况下，还需要应用切换，使关键业务能够及时地切换到异地，并在备份中心尽快地工作。

对整个灾备系统而言，只有数据复制并不是完整的灾备，还需配合有效的应用切换，使灾备系统可达到业务连续性保护的目的。

2. 集群技术

要保证数据中心业务连续性，就必须先保证高可用性。集群技术是保证数据中心高可用性的重要技术手段。

1) 可用性

可用性是指需要时，系统能够提供的服务质量。可用性一般包括以下两个方面：

(1) 功能。系统在需要的时候能够提供必要的服务。

(2) 性能。系统在提供服务的同时，需要有足够的服务质量。

因此，设计可用性系统的目标，应该是让其可用性体现在以下三个方面：

(1) 当需要使用时系统可用。

(2) 故障环境下具有足够的性能。

(3) 故障环境下具有足够的功能。

并不是所有系统都必须每天 24 小时可用，并保持其所有功能的最佳系统水平。可用性的基本作用是能够让系统在需要的时候提供良好的服务。

2) 高可用性

高可用性是一个相对的概念，是指系统在相当长的一段时间内连续（没有中断）执行其功能的能力。这个相当长的时间是指该系统的各个部件的正常运营时间比业界建议的可靠运营时间还要长。高可用性大多数情况下通过容错技术来实现。高可用性是一个不容易量化的术语，无论是系统高可用性的范围，还是高可用性的程度，都必须参考个案分析的原则来理解。高可用性系统通过配置集群服务器、多条输入/输出路径、镜像磁盘、冗余网络连接等技术来实现。有些组件（如计算机主板）不需要备份，因为它们发生故障的概率很低。有的组件可以按不同级别备份，采用数据冗余、硬件冗余技术进行 $N+1$ 或者 $1+1$ 备份。同等技术条件下高可用性系统是通过增加系统成本来实现的，系统的可用性越高，需要的投资越大。

例如，在两台服务器的集群里，每一台服务器有一块网卡，从客户的角度看，一块网卡发生故障就意味着一台服务器瘫痪，这台服务器因为无法与客户通信而不能提供正常服务。该集群的性能也由于正常运行的服务器数量减少而下降。如果该集群中的服务器都配置冗余网卡，那么一块网卡发生故障并不会导致一台服务器失效，因此也不会降低系统的整体性能。因此，系统的投资越高，同样性能级别的可用性就越高（通过降低系统的故障敏感度而实现）。

在设计高可用性系统时，需要考虑系统的可用性程度和投资的平衡。确定最可能发生故障的系统组件，配置冗余组件，这样某一个组件发生故障时另一个组件可以接管它。通过硬件或者软件的设定使冗余组件能够随时监测所备份的组件的功能，一旦其出现故障，能够自动进行功能替换。冗余组件的工作方式一般有两种：Active/Standby方式和Load/Sharing方式。

(1) Active/Standby方式。冗余组件(Standby)随时监测正在提供服务的活动组件(Active)的工作状况，但是并不提供系统服务，一旦检测到活动组件故障，冗余组件则向相关组件发出接管工作的通知，接替故障组件的工作。冗余组件可以是一个或多个，可以同时为一个或者数个组件提供备份。这种方式的缺点是冗余组件在其他组件没有故障的情况下是空闲的，增加了系统的成本。

(2) Load/Sharing方式。这种方式下，所有的组件都正常提供服务，同时监测其他组件的工作状况。一旦某一组件发生故障，其他的组件就会分担这个组件的工作，继续正常地对外提供系统服务。这种方式能够充分发挥所有组件的作用，有效地利用投资。缺点是在组件发生故障时，系统性能会下降。尤其是当多个组件同时发生故障的时候，其他组件在接替工作的时候可能会因为负荷过大发生连锁反应，造成系统性能恶化甚至无法正常工作。所以在Load-Sharing方式下要确保每个组件都能够有一定的资源冗余。

在给系统配置了冗余组件之后，并不能说明系统一定具有高可用性。还需要让冗余组件在所备份的组件发生故障的时候能够接管它的工作，这在很大程度上依赖于监控系统组件的软件，它能够随时监测其他组件的工作状况，并且在必要的时候将功能切换到冗余组件。

软件通常情况下通过下面几种形式使系统具有高可用性：

(1) 磁盘子系统固件和基于服务器的卷管理器，监控磁盘镜像并在故障发生时重新定向输入/输出数据流。

(2) 运行在服务器端或智能存储设备上的多路径软件（如Veritas的卷管理器或EMC的PowerPath）检测存储设备的故障，并响应和重定向输入/输出请求到预备路径。

(3) 故障冗余管理软件监控应用，如果同一服务器或其他服务器上的应用不能响应则重新启动。

(4) 网络软件堆栈检测到远端计算机的响应故障时，输入/输出请求将被重定向到备用网络路径。

(5) 网络交换机和路由器相互监控，当检测到故障时，会将流量自动路由到备用路径。

需要说明的是，软件本身也可能发生故障。在设计高可用性系统时，还需要考虑相关软件的故障发生概率及恢复自身的能力。

3) 集群技术

集群(Cluster)技术就是将多台服务器用集群软件连接在一起，组成一个高度透明的大型服务器群的计算机系统，作为一个整体为客户端提供服务，客户端能共享网络上的所有资源，如数据或应用软件等；同时客户端的用户并不关心其应用服务运行在哪台服务器上，只关心其应用服务是否能连续工作。当集群系统内某一台服务器出现故障时，其备援服务器便立即接管该故障服务器的应用服务，继续为前端的用户提供服务，运行一个集群需要特殊的软件、硬件支持。

从客户端看来，集群中的所有服务器是一个系统，就像一台大型的计算机系统，其上运行着客户端需要的应用服务。由于集群系统能够保证用户的业务是连续的并且具有持续可用的特性，即具有 $7\times24h$ 的可用性。在一年之内可达 99.99% 可用性时，这样的集群系统称为高可用性的集群系统。

在高可用性的集群系统中，由于是多台服务器在高可用性的集群系统软件的管理下为客户端提供服务，故每一个计算机的部件都有冗余备份，如服务器的主板、网卡、网络、电源系统、风扇系统、应用软件、存储设备等，其中最重要的是数据存放的介质要有冗余保护，一旦某个部件出现问题，冗余部件会自动接管故障部件的工作，也就是说某台服务器出现故障，则备份服务器将在集群软件的指挥下自动接管故障服务器的工作，从而消除了此故障对整个系统的影响。

现在常用的双机热备份系统仅仅是只有两个结点的、最简单的集群系统，是高可用性集群系统的特例。

高可用性的集群系统主要包括以下几个方面的硬件组件：

(1) 服务器组。在高可用性的集群系统中每个结点的服务器必须有自己的 CPU、内存和磁盘。每个服务器结点的磁盘安装操作系统和集群软件程序。

(2) 对外提供服务的网络。集群系统中的服务器一般采用 TCP/IP 网络协议与客户端相连。每个服务器上都有自己的应用服务，客户端必须通过集群服务器中的网络通路来得到自己的服务。

(3) 心跳信号通路。在高可用性的集群系统中每个结点必须有心跳接口，用于服务器结点之间互相监视和通信，以取得备援服务器的工作状态。常见的心跳信号可通过串行通信线路(RS-232)、TCP/IP 网络和共享磁盘阵列互相传递信息。心跳线路最好使用两条不同的通信路径，达到监视线路冗余的效果。

(4) 数据共享磁盘。在高可用性的集群系统中由于运行的都是关键业务，故使用的存储服务器都应是企业级的存储服务器，这些存储服务器应具有先进技术来保障其数据安全。

一般数据放在企业级的存储服务器的共享磁盘的空间中，它是各服务器结点之间维持数据一致性的桥梁，各服务器结点在集群软件的控制下不会同时访问共享磁盘。

集群系统是一个安全、稳定而可靠的系统，集群系统不光有集群软件，还有整个硬件平台的冗余，即整机备份。它是一个高可用、无单点故障的系统。集群系统对于客户端是一个整体，其内部不同的应用运行在不同的服务器中，每台服务器上都有自己的 CPU 和内存来支持应用。只有运行关键业务的信息系统，并且业务需要 $7\times24h$ 的高可用性(如主数据库服务器、对外发布信息的服务器等)，才需要采用集群技术，以保证系统永不停机。

集群高可用性技术可以通过双机容错和多机集群用两种技术法来实现。

4）双机容错技术

双机容错系统由两台服务器和共享存储系统及相应双机软件组成，双机容错系统的体系结构如图10.6所示。

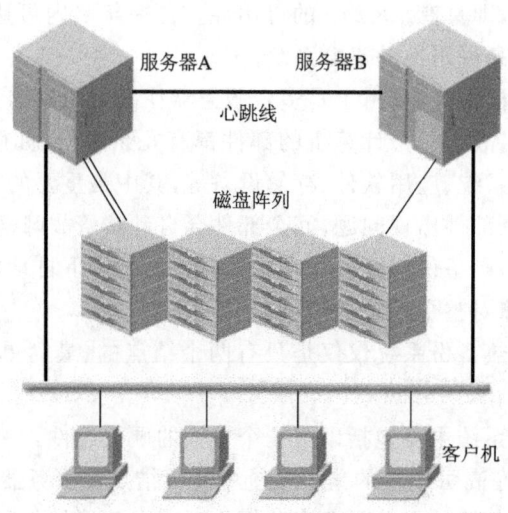

图10.6 双机容错系统的体系结构

在双机容错系统中，每台主机都有自己的系统盘，各自安装操作系统和应用程序。而且每台主机至少安装两块网卡，一块连接到网络上，对外提供服务；另一块与另一台主机连接，用以侦测对方的工作状况。同时每台主机都连接在共享磁盘子系统上，各种应用所需的数据均存储在磁盘阵列子系统上。

双机热备份系统采用"心跳"方法保证主系统与备用系统的联系。一旦"心跳"信号检测到主机系统发生故障，或者备用系统无法收到主机系统的"心跳"信号，则系统的高可用性管理软件认为主机系统发生故障，主机停止工作，并将系统资源转移到备用系统上，备用系统将替代主机发挥作用，以保证网络服务运行不间断。

双机容错系统有以下几种工作方式：

(1) 互备模式(Active/Active)。正常情况下，两台服务器均为前端客户提供各自的应用服务，并互相监视对方的运行情况。当一台服务器出现故障情况，不能对客户端提供正常服务时，另一台服务器将接管对方的应用，继续为客户端提供正常服务，从而保证信息系统的业务不间断。

(2) 热备模式(Active/Standby)。正常情况下，一台服务器是工作机，另一台服务器为备份机。工作机在为信息系统提供服务时，备份机在监视工作机的工作。当工作机出现故障，不能对前端客户提供服务时，备份机接管工作机的应用，继续为客户端提供正常服务，从而保证信息系统的业务不间断。当工作机修复后，可重新接入系统要回自己的应用。

(3) 并发访问模式(Concurrent)。针对 Oracle Parallel Server 环境设计,允许多个结点在同一时刻访问同一块数据,不支持 AIX 的 JFS,因此应用必须建立在裸逻辑卷上。

在双机容错系统的配置中,双机软件是必不可少的。一切故障的诊断、服务的切换、硬件的控制都由双机软件来控制实现。

为了使双机系统对外像一个单主机系统一样,双机软件还可以为双机系统生成一个系统虚拟 IP 地址对外工作,客户机通过虚拟 IP 地址访问双机系统,从而避免因为主机 IP 地址改变导致客户机无法访问的问题。

双机软件还可以控制两台服务器对共享磁盘子系统的访问,同一时刻只能有一台主机可以对其访问,避免了同时访问可能对数据造成的破坏。

双机软件通过侦测网卡或两台服务器之间互连的串口线进行两台主机的状态判断,一旦工作的主机出现问题,双机软件立即控制备份机接管系统的虚拟 IP 和共享磁盘子系统的控制权;并启动备份机上的服务对外工作,从而保证系统的实时性和可靠性。

10.6 灾备系统的建设

灾备系统的建设首先对系统需求进行详细的分析,制定系统建设的原则,明确系统建设的目标,在综合考虑多种灾备体系及模型的基础上,规划处切合实际需要的灾难恢复系统。

10.6.1 灾备系统建设的需求、原则和目标

1. 灾备系统建设的需求分析

灾难恢复是信息系统的整体恢复过程,不仅应考虑数据恢复,还包括网络的恢复及应用的恢复。在建设灾备系统时,同样要关注灾备的流程、规范及其具体措施。管理者应该明确其关键职能,评估灾难发生时所造成的风险及潜在的影响,制定合理计划来减少这些风险和影响,制定规章制度来保证整个灾难恢复的顺利实施。

1) 需求分析的必要性

根据国际灾难恢复行业规范,任何准备建设灾难恢复系统的单位,首先应该对自身的工作现状、风险及可能产生的业务影响有清晰的了解,并应尽可能多地考虑到各种可能的风险;同时还需要分析用户关键性的业务功能,以及这些功能一旦失去作用时可能造成的损失和影响,这就需要对机构的工作情况进行调查研究,进行相应的风险分析和业务影响分析。

对于准备建设灾难恢复系统的用户来说,应如何启动灾难恢复系统建设,投入多

少才能有效保护单位的资产并避免浪费呢？

　　损失和业务中断时间之间存在关联，业务中断时间越长，损失就越大；同时，恢复数据所需的时间越少，业务处理服务中断的时间就越短，所需方案的成本就越高。

　　因此，应综合考虑投入和收益的平衡。结合用户可以容忍的数据损失和服务中断时间，制定单位的灾难恢复策略和预案。这就需要专业人员根据单位信息系统及应用系统现状进行灾难恢复的需求分析。

　　数据中心在经过多年建设之后，其IT系统往往具有异构和技术复杂的特点。因此在进行灾难恢复系统建设时，要对整个系统现状有一个清晰的了解，包括系统中的服务器与服务系统，存储系统的使用情况，数据库和中间件的使用，网络情况和系统中的数据量及数据量的分布等。灾难恢复系统的建设具有复杂性。灾难恢复系统应考虑恢复的不单是一个部门或某一个系统，它可能牵涉整个IT服务体系。灾难恢复系统建设涉及的系统、应用部门较多，不经过系统的、全面的调研则无法清楚地了解和描绘灾难恢复系统的真正需求。

　　鉴于灾难恢复系统的启用和切换是一个小概率的事件，灾难恢复系统的效率必然很低。作为临时性的代用系统，对于灾难恢复系统的投入必然和工作系统的投入存在一定的矛盾。而最终用户往往希望在灾难发生时，能够在最短的时间内获得与灾难发生前没有差异的信息系统服务。如何利用有限的资源达到尽可能好的服务质量也是灾难恢复系统建设必须考虑的问题。

　　在灾难发生后，灾难恢复系统作为临时性替代系统，必须保证持续的服务提供能力，直到工作系统完成重建和回切。在需求分析时应考虑灾难恢复系统和原工作系统在业务上的次序及服务品质上的差异，灾难恢复系统与其他系统间的互联互通的要求，以及对内部资源的依赖性和优先级的协调。必须合理地处理好灾难恢复系统的这种外部和内部的关联性才能够保证灾难恢复系统的有效运作。

　　合理地确定灾难恢复系统的持续能力也是灾难恢复系统建设需求分析的重要内容。需要灾难恢复系统提供服务的时间越长，建设成本会越高。灾难恢复系统完成建设后，必须保证持续的更新和维护才能够保证灾难恢复系统长期有效，灾难恢复系统的更新维护制度、运行维护管理也是必须考虑的内容。

　　2）灾难恢复系统建设的需求分析

　　需求分析是建设灾难备份系统的基础工作。要进行灾难恢复的建设，首先应当对工作状态、风险及对业务的影响有清晰的了解。

　　在进行灾备工程之前应当进行灾备工程的系统分析，包括应用系统的风险分析、对应用系统的影响分析。

　　（1）风险分析。风险分析是指对数据中心信息系统可能遭遇的风险进行分析，包括技术漏洞风险、黑客攻击风险、人为破坏风险和自然灾害风险等。

　　风险分析要从技术和管理两个方面进行分析，既要考虑技术上的缺陷所来的

风险,也要考虑管理方面对系统安全的影响。风险分析一般应考虑系统的如下方面:
① 应用系统安全风险。
② 数据安全风险。
③ 数据库系统安全风险。
④ 操作系统安全风险。
⑤ 网络系统安全风险。
⑥ 安全管理制度方面的安全风险。
⑦ 环境和硬件风险等多个方面。

风险分析的结果应当产生一份风险分析报告,包括可能发生的风险、风险的精确描述、风险的范围、风险的前提或者限制因素等。

风险分析报告原则上应当包括如下内容:
① 用户资产可能面对的风险。
② 评估各种危险发生的可能性。
③ 风险发生对用户造成的损失。
④ 评估风险的控制措施,并提出控制风险的建议。

国务院信息化办公室下发的《信息安全风险评估指南》,详细介绍了风险分析的流程与风险分析的过程,可以作为风险分析的实施向导。

(2) 业务影响分析。业务影响分析就是分析各种风险对数据中心应用系统的影响。业务影响分析将数据中心的运营分成不同的功能,分析每个功能不可用时的影响。业务影响分析主要收集数据中心应用系统的人员情况、人员职责、工作流程及数据流程情况等,分析信息流程中断对应用系统的影响情况及业务中断对数据中心的影响和可能造成的损失,根据这些信息进行综合评估。业务影响分析的结果包括以下主要结论:
① 灾难范围,灾难影响到数据中心的哪些运营。
② 停机时间,由于灾难造成的不能正常运营的时间。
③ 根据数据中心应用系统敏感性,确定业务功能可接受的中断时间。
④ 确定关键的业务功能及各业务功能间的依赖关系。根据各应用系统不同的方面,制定不同的业务影响分析指标,确定各个应用系统的恢复时间目标,各应用系统恢复的顺序和不同应用系统恢复的等级。
⑤ 灾难恢复资源要求。
⑥ 评估由于中断造成的经济损失和非经济损失,经济损失包括直接经济损失和间接经济损失。直接经济损失包括资产的损失、收入的减少、额外费用的增加等。间接经济损失包括丧失的预期收益、丧失的商业机会、影响的市场份额等。同时要定性分析由于中断所造成的社会影响、政治影响、社会形象及公关影响、合作伙伴影响等非经济损失。

2. 灾难恢复系统建设的基本原则

灾难恢复系统的建设遵循统筹规划、资源共享、分级实施、平灾结合的原则。充分调动和发挥各方面的积极性,全面提高抵御灾难打击的能力和灾难恢复的能力。

1) 统筹规划

统筹规划就是从实际出发,对数据中心安全威胁和防护措施的有效性等进行评估,通过统筹考虑,合理布局,加以科学的引导和调控,形成发展有序的容灾体系格局。

2) 资源共享

资源共享就是讲求实效,保证重点,资源互备。在保障主要数据中心安全的前提下,考虑灾备基础设施和其他资源的充分共享,防止重复建设,避免资源浪费。

3) 分级实施

分级实施就是根据数据的重要性,面临风险的大小,业务中断所带来的损失等因素的风险评估和安全成本核算,确定灾备建设的等级,根据自己的实际情况选择合适的容灾方案,防止"过保护"和"欠保护"现象的发生。

在 2007 年 11 月实施的《信息系统灾难恢复规范》(GB/T 20988—2007)中,将灾难恢复划分为以下 6 个等级:

(1) 等级六——数据零丢失和远程集群支持。
(2) 等级五——实时数据传输及完整设备支持。
(3) 等级四——电子传输及完整设备支持。
(4) 等级三——电子传输和部分设备支持。
(5) 等级二——备用场地支持。
(6) 等级一——基本支持。

其中,每一个灾难恢复等级应具有的技术和管理支持,见表 10.1。

表 10.1 灾难恢复应具有的技术和管理支持

要素	要求	等级一	等级二	等级三	等级四	等级五	等级六
数据备份系统	完全数据备份至少每周一次	○	○				
	完全数据备份至少每天一次			○	○	○	○
	备份介质场外存放	○	○	○	○	○	○
	每天多次利用通信网络将关键数据定时批量传送至备用场地			○	○		
	采用远程数据复制技术,并利用通信网络将关键数据实时复制到备份场地					○	
	远程实时备份,实现数据零丢失						○

续表 10.1

要素	要求	等级一	等级二	等级三	等级四	等级五	等级六
备用数据处理系统	灾难发生时能在预定时间内调配所需的数据处理设备到场		○				
	配备灾难恢复所需的部分数据处理设备			○			
	配备灾难恢复所需的全部数据处理设备,并处于就绪或运行状态				○	○	
	备用数据处理系统具备与生产数据处理系统一致的处理能力并完全兼容						○
	应用软件是"集群的",可实时无缝切换						○
	具备远程集群系统的实时监控和自动切换能力						○
备用网络系统	灾难发生时能在预定时间内调配所需的通信线路和网络设备到位		○				
	配备部分通信线路和相应的网络设备			○			
	配备与工作系统相同等级的通信线路和网络设备				○	○	○
	备用网络处于运行状态				○	○	○
	具备通信网络自动或集中切换能力					○	
	最终用户可通过网络同时接入主、备中心						○
备用基础设施	有符合介质存放条件的备用场地	○	○	○	○	○	○
	有符合备用数据处理系统和备用网络设备运行要求的场地				○	○	○
	有满足关键业务功能恢复运作要求的场地			○			○
	以上场地应保持7×24h运作				○		○
技术支持(在备用场地)	7×24h专职计算机机房管理人员			○	○		○
	7×24h专职数据备份技术支持人员				○		○
	7×24h专职硬件、网络技术支持人员				○		○
	7×24h专职操作系统、数据库和应用软件记住支持人员						○
	有节制存取、验证和转储管理制度	○	○	○	○	○	○

续表 10.1

要素	要 求	等级一	等级二	等级三	等级四	等级五	等级六
运行维护支持	按截止特性对备份数据进行定期的有效性验证	○	○	○	○	○	○
	有备用计算机机房运行管理制度		○	○	○	○	○
	有硬件和网络运行管理制度				○	○	○
	有实时数据备份系统运行管理制度					○	○
	有操作系统、数据库和应用软件运行管理制度						○
	有备用数据处理设备硬件维护管理制度			○			
	有电子传输数据备份系统运行管理制度			○	○		
	与相关厂商有符合灾难恢复时间要求的紧急供货协议		○				
	与相关运营商有符合灾难恢复时间要求的备用通信线路协议		○				
灾难恢复预案	有相应的经过完整测试和演练的灾难恢复预案	○	○	○	○	○	○

4）平灾结合

平灾结合就是考虑到灾难恢复资源是为小概率事件准备的，平时多处于闲置状态，因此，在不影响灾难备份和恢复功能的前提下，加强容灾设备的使用效率，做到物尽其用。

灾难恢复系统是否真正可以在灾难发生时起到预想的效果必须通过应急演练才能得到验证。演练的结果要进行系统评估，通过应急演练发现问题并及时改进。因此，应急演练也是灾难恢复系统建设中的重要环节。

3. 灾难恢复系统的目标

灾难恢复目标应该包括以下几方面：

（1）灾难恢复范围。根据业务影响分析确定业务恢复范围，进而确定恢复范围和顺序。

（2）灾难恢复时间范围。根据业务影响分析的结果，确定各系统灾难恢复的时间目标和恢复点目标。

（3）灾难恢复顺序要求。根据业务影响分析中业务的相关性和恢复的优先级要求，结合各系统间的资源依赖关系，制定信息系统的恢复顺序和优先级关系。

（4）灾难恢复系统建设规划。根据灾难恢复范围、恢复时间目标和灾难恢复处理能力的要求，结合未来发展规划，制定灾难恢复系统建设的项目目标和时间进度目标，并按照进度要求合理规划预算投入。

10.6.2 灾备系统的规划

1. 灾备模式的基本体系架构

灾备模式主要有"同城灾备"、"异地灾备"及"同城-异地灾备"三种主要方式。同城灾备是指灾备中心与数据中心处于同一城市内,可同时采用同步备份与异步备份技术。其具有最低的投资成本,最快的灾难恢复速度,极高的数据保障,但无法应对区域性的灾难风险。异地灾备是指灾备中心与数据中心在不同的城市,一般只能实现异步备份。其投资成本较高,灾难恢复速度与数据保障能力略低,但可应付广泛的灾难风险。同城-异地灾备则是两者的结合,投资成本最高,但同时具有前两者优点。同城-异地模式也分两种实现方式,一种是首先建立同城灾备中心,然后异地灾备中心实现对同城灾备中心的备份;一种是同城灾备中心与异地灾备中心分别独立为数据中心实施备份。

具体选择何种灾备模式,需要综合考虑所面临的风险特点、业务特点、成本投入等多种因素。由于数据中心面临的重大风险绝大多数都发生在数据中心范围内,而同城灾备中心在业务迅速恢复方面具有比较突出的优势,因此同城灾备中心的建设一般是必须的。灾备模式的选择建议如下:

(1)集中式的数据中心采用同城-异地灾备模式。由于其业务系统与数据的影响面广,由此必须采用最为可靠的灾备模式。

(2)分布式的数据中心,可在区域数据中心建立同城灾备,并通过数据总中心的异地灾备中心,实现对各分区数据中心的集中式异地灾备。当分区域数据中心出现严重故障时,可通过同城灾备中心实现对业务的迅速接管,而出现区域性重大灾难时,可通过数据总中心的异地灾备中心实现分区域业务的恢复。这一模式既减少了分区域自建异地灾备中心所需的庞大投资,又能提供全面的灾备保护。

2. 灾备中心基础环境建设

灾备中心基础设施建设应重点考虑以下因素:

(1)选址。灾难备份中心与数据中心之间距离合理,应避免灾难备份中心与数据中心同时遭受同类风险。综合考虑数据中心与灾难备份中心交通和电讯的便利性与多样性,以及灾难备份中心当地的业务与技术支持能力、电讯资源、地理地质环境、公共资源与服务配套能力等外部支持条件。

(2)基础条件。机房环境要求与主中心相同,各项建筑基础环境(如防雷、防火、防静电、承重、分区隔离等)、供配电环境、温湿度空调环境、消防和监控安全环境等,都应参照数据中心机房环境设计,至少达到数据中心机房环境所属等级要求。考虑到灾备恢复情况下额外的外部技术支援,灾备中心在工作人员容纳方面应作适当考虑,以保证有足够空间容纳一定数量的技术人员集中协同办公。

(3)建设方式。灾备中心的建设方式可采用自建、共建与外包建设等方式,三种方式各有优势,需要结合各类机构的实际情况加以选择。自建是指机构独立建设区域数据中心,此模式具有较高的可靠性与安全性,但投入较大,适用于大型机构。共建是指数家机构共同规划投资,建设参与各方共同使用的区域灾备中心。共建模式减少了各方的投资压力,但需要各方充分协调,有效实现灾备中心的建设管理,参与机构不宜过多,适用于中型机构。托管是指将区域灾备中心由专业的灾备服务商建设管理,机构向其租用灾备物理环境,实现数据与系统的区域灾备体系建设,此模式充分利用了灾备服务专业化的优势,在最大限度减少建设投资的同时,为信息系统提供可靠保护,适用于中小型机构。

3. 网络备份体系规划

数据中心与灾备中心应建立网络热备份体系,当数据中心无法正常工作时,业务数据流可自动切换到灾备中心,保证灾备中心的备份业务系统顺利接管业务数据。目前网络热备份技术已经比较成熟,可利用多种动态路由协议(如 OSPF,BGP 等)实现。网络备份规划要点如下:

(1) 建立核心网络热备体系。数据中心是面向某个区域的庞大数据处理节点,必须在核心网络层面(如广域网、核心服务器运行的局域网)实现热备,才能保证灾备中心对区域内通信的可靠性。同时,前述灾备中心的选址要求,决定了数据中心与灾备中心之间必须建立广域网互联,因此在广域网层面实现线路热备显得尤为必要。

(2) 灾备中心网络容量。应与数据中心网络容量基本一致,网络应采用一致的技术标准。灾备中心与数据中心同步传输的链路,其带宽必须大于数据中心的峰值数据变化量。因此,同城灾备网络,应灾备中心与数据中心之间应建立光纤网络。

(3) 灾备网络应与数据中心网络采用不同运营。灾备中心对外的通信线路应采用与数据中心不同的运营商,降低风险关联。而数据中心与灾备中心之间同样需要建立两条不同运营商通信线路,以捆绑技术建立两地路由器互联,从而提高两地之间通信的可靠性,确保热备功能的有效性。

(4) 尽量建立数据中心网络与灾备中心网络的负载均衡,有利于提高灾备网络利用率与提高灾备网络可用性。灾备中心网络基本是数据中心网络的复制,目前网络热备份技术主要有两种模式,一种是主-备模式,数据流正常情况下使用数据中心生产网络,当数据中心生产网络出现故障时,才使用灾备中心网络。这一模式实现简单,但灾备网络日常实际并不使用,既造成资源浪费,也不利于提高灾备网络的可用性。另一种是负载均衡模式,正常情况下数据流同时使用两个中心的网络,数据中心网络出现故障时,则全部数据流向灾备网络。后者的实现技术比较复杂,需要专用负载均衡设备支持,但可以充分利用网络资源,也可以在日常使用中验证灾备网络的可用性,建议尽可能采用此模式。

4. 数据环境备份规划

1) 备份介质

目前,主流的备份介质包括磁带库、虚拟带库与磁盘阵列。虚拟带库是将低性能磁盘组模拟成磁带方式进行读写存储的备份介质,它既保留了磁带顺序写入在数据备份过程中特有的高性能,又可避免磁带受外环境破坏、不宜多次读写的缺点,有利于数据保存与对备份数据的恢复验证。但虚拟带库与磁带库同样存在读取效率低的缺陷,只适用于数量庞大而 RTO(恢复时间目标)要求较低(恢复能力等级为 3 以下)的数据备份环境。磁盘阵列则是以普通硬盘读写的方式,对数据进行备份的备份介质。磁盘阵列一般由具备高性能磁盘所组成,并通过高容量缓存与 I/O 负载均衡技术提高数据读写效率,适用于 RTO 性能要求较高(恢复能力等级为 3 以上)的数据备份环境。

2) 备份传输

(1) 数据备份传输的技术选择。数据备份复制方式主要有快照技术、异步复制、同步复制(表 10.2)。数据复制方式的选择主要取决于灾备需求分析中业务系统对 RPO(恢复点目标)的要求。

表 10.2 数据备份复制主要方式之比较

	快照技术	异步复制技术	同步复制技术
原理	数据指针定时对数据中心数据变化情况进行记录,并传输到灾备中心进行备份,两个快照时点之间的数据变化是不受保护	通过缓存与批量处理的方式,在较短的时延内,将数据中心生产数据复制到灾备中心	同时对生产数据与灾备中心数据进行同步写入的复制技术。在灾备中心数据成功写入前,数据中心存储系统将不处理后续的数据 I/O 请求
数据备份空间	少	多	多
适用 RPO	30 分钟以上	分钟级以上	毫秒级以上
对工作系统的影响	无	无	密切

(2) 数据备份传输的实现。目前,数据中心普遍建立了集中存储系统,因此存在存储传输网络与业务传输网络两套专用网络,从而派生出数据备份传输技术的三种实现方案:主机代理模式、存储阵列模式与 CDP(连续数据保护)代理模式。三种模式的选择主要取决于灾备恢复需求与可用于灾备建设的资源投入。从目前情况看,CDP 方式是适用面较广的数据备份传输实现方式。比较情况见表 10.3。

表 10.3 数据备份传输 3 种模式的比较

	主机代理模式	存储阵列模式	CDP 代理模式
原理	依托在业务主机中的备份软件,对数据备份传输过程进行管理,并通过业务传输网络传输到灾备中心	通过专用存储传输网络,实现数据中心存储与灾备中心存储之间数据复制	部署专用的 CDP 备份设备,令 CDP 设备本身通过数据中心存储网络实现对存储系统数据的同步复制,然后再以异步模式,将同步复制后的数据通过业务传输网络的空闲带宽传输到灾备中心
资源占用情况	占用一定主机资源	影响业务网络	基本不占用主机资源

续表 10.3

	主机代理模式	存储阵列模式	CDP 代理模式
适用备份方式	异步备份	同步备份或异步备份	异步备份为主，也适用与部分同步备份需求
建设投入	较低	高，需部署存储传输网，购置高性能存储	较高，需部署专用 CDP 设备
数据备份效率	一般	很高	较高
适用 RPO	建议 30 分钟以上	毫秒级以上	分钟级以上

5. 应用环境备份规划

应用环境备份的目的是确保灾备中心能够快速重建数据中心应用系统环境，并实现备份业务系统对工作系统有效替代。对应用环境备份的设计要点包括：

(1) 通过配置同步技术，实现数据中心应用环境的一致性。灾备中心的应用环境在技术路线、设备部署方面应尽量保证与数据中心应用环境一致。这样有利于提高灾备应用环境与生产应用环境之间手工切换的效率，也有利于日常检验灾备应用环境的可用性。

一般可通过灾备应用环境定期向生产应用环境读取配置文件、参数等方式，实现两者配置的同步。

(2) 灾备中心关键型业务系统实现集群间自动切换，其余业务系统则采用手工切换模式。数据中心应用服务器一般通过 HA 等技术建立高可用性集群，保证本地应用服务的高可靠性。同样，只要建立数据中心与灾备中心之间的高可用性网络监控技术，灾备中心备份应用服务器集群可实现与数据中心生产服务器集群之间的高可用性自动切换。为节约成本投入，建议对关键性业务系统采用此方式，以满足 RTO 一小时以内的灾备恢复需求。对于其余业务系统，只要如前所述，保证应用环境一致性，通过手工方式进行切换即可。

(3) 采用虚拟化技术对备份环境进行整合。灾备中心应用环境备份资源毕竟有限，充分利用备份应用资源对数据中心应用环境保护十分重要。虚拟化技术可实现一台物理应用服务器对多台逻辑服务器的虚拟。这样在数据中心里，大量性能要求不苛刻、RTO 要求在数小时以上的应用系统灾备环境就可以集中部署在少数的硬件服务器资源中，有利于灾备中心尽可能提高对数据中心应用系统的灾备范围。

6. 在灾备系统规划时应注意的问题

在灾备系统规划时应注意几个问题：

(1) 灾备系统对原有业务系统的影响。在制定灾备系统方案的过程中要考虑的就是灾备系统建设对原有业务系统带来的影响。比如，采用数据复制技术对系统 I/O 带来的延迟，应用数据同步对日常业务处理系统带来的压力等。因此，要通过周密的测试和分析来规避灾备系统建设时带来的这些风险，以保证业务系统不会因灾备系统的建设而出现在处理性能上下降的问题。

(2) 数据状态要保持同步。为保证在灾难发生时,业务可以成功地切换到备份中心,就必须保证灾备系统数据同步机制的可靠性。因此,建立可靠的数据同步校验机制是必须的。同时,还要考虑建立定时的、自动的数据同步核查对比机制,以检验两个中心数据的一致性,这是数据灾备工作中非常重要的一部分。

(3) 灾备系统的日常维护工作要尽可能轻,并能承担部分业务处理和测试的工作。

灾备系统的维护和管理是灾备切换成功的重要保证,在系统建设中,就必须要考虑系统的维护管理流程。数据中心任何业务处理过程的改变都必须完整地复制到备份中心;所有新业务系统上线时,必须通知备份中心,并在备份中心配置好数据同步机制;对原程序的改动也必须保证两个中心同时上线。

(4) 系统恢复时间要尽可能短。灾备系统主要是为了实现在主中心系统发生灾难时,可以在规定时间切换到备份中心,保证数据不会丢失,并且继续向用户提供服务。但往往在灾难发生时,主要技术人员不能及时到达现场,为了顺利实现系统间的切换,应该让系统切换操作尽可能地简单,并建立固定化的、标准化的切换流程,要求维护人员在切换演习时严格按照流程的指导步骤进行操作。

(5) 可实现部分业务子系统的切换和回切。当人事变动、业务变化、IT 设施变化,以及其他可能引起恢复规划文档失效的变化发生时,应及时更新各恢复规划文档,并在必要时启动模拟测试或演习,确保业务连续性系统的工作能力。

(6) 技术方案选择要遵循成熟稳定、高可靠性、可扩展性、透明性的原则。目前,国际上比较成熟的灾备技术包括 SAN/NAS 技术、远程镜像技术、虚拟存储、基于 IP 的 SAN 互联技术及快照技术等。其中基于 IP 的 SAN 远程数据灾备备份技术应用比较广泛,其是利用基于 IP 的 SAN 的互联协议,将主数据中心 SAN 中的信息通过现有的 TCP/IP 网络,远程复制到备份中心的 SAN 中的。当备份中心存储的数据量过大时,可利用快照技术将其备份到磁带库或光盘库。这种基于 IP 的 SAN 远程灾备,可以跨越 LAN、MAN 和 WAN,成本低、可扩展性好。基于 IP 的互联协议主要包括 FCIP、iFCP、InfiniBand、iSCSI 等。

(7) 构建系统方案可以选择多种技术组合方式。目前,业内应用较多的灾备方案是基于智能存储系统的远程数据复制技术,它是由智能存储系统自身实现的数据远程复制和同步,即智能存储系统将对该系统中的存储器 I/O 操作请求复制到远端的存储系统中并执行。由于在这种方式下,数据复制软件运行在存储系统内,因此较容易实现主中心和灾备中心的操作系统、数据库、系统库和目录的实时拷贝及维护能力,且不会影响主中心主机系统的性能。如果在系统恢复场具备了实时数据,那么就可以做到在灾难发生时,及时开始应用处理过程的恢复。但这种方案也有开放性差(不同厂家的存储设备系统一般不能配合使用)、对于主、备中心之间的网络条件(稳定性、带宽、链路空间距离)要求较苛刻等缺点。

7. 在灾备系统建设时应注意的问题

在灾备系统建设时应注意几个问题：

（1）灾备系统是整个数据中心建设的有机组成部分，应当和数据中心的规划建设同步进行。

（2）灾难备份的最终目标是保证应用系统的连续性，系统建设时要全面考虑数据中心的业务特点、服务的类型、服务的方式、服务的法律义务等多方面的要求。

（3）成本和效益平衡的原则。在分析数据安全和业务连续性需求的基础上平衡成本和风险，对风险的概率、风险的影响、风险造成的损失，灾难恢复系统的建设成本及运行维护成本等方面进行综合考虑，统筹规划，分步实施，防止不顾实际需求，一哄而上。

（4）按照灾难恢复的等级要求选择适当的系统和数据的备份及恢复技术。

（5）重视基础建设。基础性设施具有长期稳定不易更改的特点，打好基础避免重复建设。

（6）要充分利用现有资源，尽量做到资源共享，互为备份。

（7）根据数据中心安全要求的不同，从实际出发进行等级化管理。备份的数据也要考虑相应的安全保管，涉密数据的备份应加密处理。

总之，灾备系统的建设要根据业务实时性的要求不同，针对不同业务采用不同的备份与恢复方式，以减少投入。备份的目的是提高服务质量，创造更多的利润，因此不管采用什么备份方案，关键是在投入与效益间找到最佳平衡点。

10.7 灾备系统的组成

一个典型的数据中心灾备系统由灾备中心基础环境设施、网络通信系统、数据备份系统、灾难恢复计划等组成。

10.7.1 灾备中心基础环境设施

灾难备份中心是保证灾难恢复任务的关键性资源，灾难备份中心的位置、环境的选择是应能充分满足灾难备份中心功能定位的要求。一般来说，建设独立的灾难备份中心的投资较大，应尽量考虑资源的共享使用，降低投资成本。

1. 灾难备份中心选址

灾难备份中心地理位置是一个重要的选择参数。灾难备份中心地理位置的选择应当满足灾难恢复计划或业务连续性计划的要求。任何地点都可能发生灾害，选址目标不是任何灾害都不会发生的地方，而是选择一个不太可能和主数据中心同时受到灾难袭击的地方，避免因同一灾难同时殃及两个中心。

2. 灾难备份中心的基础设施

在确保灾备中心与数据中心技术架构基本一致的前提下，明确所需要的设备类型和数量,以及机房配电、空调、地板承重及布线的具体要求等基础环境信息,为选择具体的灾备中心基础环境提供参考。

而建设灾难备份机房必须符合以下国家对机房建设的各种标准和规范:
(1) 电子信息系统机房设计规范(GB 50174—2008)。
(2) 电子信息系统机房施工及验收规范(GB 50462—2008)。
(3) 电子计算机场地通用规范(GB/T 2887—2000)。
(4) 计算机站场地安全要求(GB/T 9361—88)。
(5) 计算机机房用活动地板技术条件(GB 65650—86)。
(6) 静电活动地板通用规范(SJ/T 10796—2001)。
(7) 信息技术-用户建筑群的通用布缆(GB/T 18233—2000)。
(8) 建筑设计防火规范(GB J6—87 2001年版)
(9) 信息技术设备的安全(GB 4943—2001)。
(10) 计算机信息系统雷电电磁波脉冲安全防范规范(GA 267—2000)。

灾难备份场所要满足避免灾难同时发生的条件,在灾难备份现场的建设时要注意场地的条件,特别是通信条件、电力供应和生活保障条件等。

所在环境能够支持必要的灾难恢复时的后勤保障,如交通、安全、饮食和住宿等。

灾难恢复现场必须能够容纳所有必要的设备和办公需要。灾难备份中心的基础设施包括工作设施、辅助设施和生活设施三个部分。一般而言,当将运营转换到恢复站点时,就不会有其他恢复站点,在恢复到正常运行之前,工作只能在恢复站点进行。因此恢复站点将是一个半永久的工作站点,恢复站点的建筑物不应是临时建筑。应该有相应的人员服务设施。

恢复站点必要的公用设施应包括电力、水和电讯设施。恢复站点的电力系统不仅要与生产站点分开,必要时还要配备临时发电设施,如柴油发电机和柴油。水是人们生活必不可少的,虽然数据中心很少用水来灭火,但水是一个站点可以工作的必要条件。电讯系统和网络系统对信息系统的运营至关重要,恢复站点应当有必要的通信设施和足够的网络带宽。

灾难备份机房是灾难恢复系统存在的场所,灾难备份机房要有足够的空间安装灾难恢复系统的各种设备,同时也要考虑在灾难发生时工作人员的操作,灾难备份机房建设也要考虑机房的物理安全、电力供应、防灾防火、场地监控等条件。

10.7.2 网络通信系统

网络环境也是灾难恢复系统重要的基础设施。在异地备份的环境中,灾难恢复系统往往形成一个独立的系统,称为灾难备份中心或容灾中心。灾难恢复系统的建设包括灾难备份中心的网络建设。灾难恢复系统的网络应能满足灾难备份中心自身运行的需要,更要保证灾难备份中心与数据中心的良好通信条件。

进行灾难恢复系统网络建设时应当尽可能地考虑网络系统自身的安全,在财力允许的范围内采用高可用的网络设计方案。进行灾难恢复系统网络建设时应考虑以下原则：

（1）保证灾难备份系统与工作系统有良好的通信，保障灾难备份系统得到实时的数据备份。

（2）保证灾难备份中心与数据中心的应用系统及用户具有良好的通信条件，保证在备份系统取代工作系统后，用户可以使用灾难备份系统进行正常的业务，达到备份系统可用的目的。

（3）灾难备份中心的网络系统应与数据中心的网络系统兼容，提供良好的互连性。由于设备兼容，灾难备份中心的网络设备与数据中心的网络设备可互为备份。灾难备份中心可以利用原有设备，降低灾难备份中心的网络建设成本，网络系统兼容也可以降低网络管理人员进行网络管理和维护工作的成本。

（4）灾难备份网络系统尽量采用安全的高可用技术。当灾难备份中心接管数据中心的工作后，灾难备份系统就成为数据中心唯一的系统，灾难备份系统自身的安全必须引起重视。

（5）尽量选用经济、实用、成熟的设备和技术，同时兼顾先进性。

一般来说，灾难备份中心与数据中心的地理位置距离较远，需要使用广域网络技术解决通信链路问题。目前，有多种网络互联技术，这些技术具有不同的特性，提供不同的服务水平，可为用户提供多种可供选择的方案，用户可根据自己的需要选择。常用的远距离传输链路技术有 ATM（异步传输模式）、SDH（同步数字层次结构）、DDN（数字数据网）、Frame Relay（帧中继）等多种方式。

VPN（虚拟专用网）是一种建立在公用网络系统上的虚拟专用网络，通过隧道技术和加密技术保证数据通道的稳定与数据安全。VPN 是一种安全性较高，且建设费用较低的连接方式。VPN 安全隧道既可以用做网间互连，也可以提供远程用户的安全访问，保证用户端的安全接入。由于 VPN 使用公用网络系统，比使用专线网络成本低，在建设灾难备份网络系统时是一个不错的选择。

为了增加网络的安全性，应当考虑必要的设备冗余，避免单点故障。一般来说，提高传输距离或增加冗余必然会增加成本，但增加了信息服务的可用性，这样做往往是值得的。

网络管理是保障网络安全的有效手段，随着互联网的发展，网络攻击事件成为网络安全的杀手。在正常服务期间或服务中断时间，网络和系统的安全都是非常重要的。建设性能强大的网络综合管理系统是防御网络攻击的重要手段。

目前，能够支持高带宽的用于远程访问的无线网技术正在兴起。无线技术已经具有用于广域通信的潜力，在组建网络或备份网络时应当予以重视。

10.7.3 数据备份系统

有关内容详见 10.3 节。

10.7.4 介质存放管理

随着信息化程度的加深,信息系统运行时间的推移,在数据中心存储系统中需要保存的数据存储介质变得越来越多,对这些存储介质必须妥善保管,需要专门的介质存放库。

介质存放库的重要功能是保障介质的安全。介质的存放地要有好的防磁防火条件,保证介质数据的安全。介质存放现场要清洁卫生,防止由于灰尘、虫害等对介质产生损坏,现场要符合介质保护的温度、湿度等条件,对介质定期做防霉、防粘等维护工作,防止介质的损坏,必要时进行介质的重新复制。

介质保管要有相应的保管制度,介质存放现场要设置门禁和监控、防盗系统。介质的使用要登记记录,防止丢失和管理混乱。

介质存放库要便于介质的保护,也要便于介质的查找。介质的保管要有专门的负责人员,使用数据库系统对介质进行有效的管理。介质入库或出库时要及时记录,保证介质库中介质的完整性。介质存放在架位上,要求按照预先确定的规则存放。介质架位应当可以保存各灾备部门所使用的所有格式磁带、光盘等介质。介质架位最好使用条形码,后台数据库系统对介质存放的架位进行统一的管理,记录介质存放的架位和状态。介质管理员可以实时检查架位的存储情况、空间大小及介质类型和容量、存储区域、存放时间等信息。介质的存放情况要便于查询,在任何时间和地点,都可以通过终端进行查询,查询内容包括介质信息、存储情况、有效期等,保证灾备恢复的现场实时指挥工作方便、快捷。介质的信息管理要保证在介质的整个生命周期中,从产生、入库保存、调用、归档直到销毁,对每个介质的信息进行追踪管理。

10.8 灾难恢复的策略

所谓数据中心灾难是指一些特殊情况发生时,数据中心的主机系统存放在磁盘上的数据,以及备份磁带库中备份介质上的数据均遭损坏。若没有很好的灾备解决方法,就可能导致严重的后果。由于灾难的出现往往是突然的、不可预知的,所以应有一套应付各种灾难情况下的灾难恢复解决措施,以备不时之需。

10.8.1 灾难恢复策略的规划

灾难恢复是为恢复计算机系统而提供的技术保证。业界的许多经验和教训说明,灾难恢复的成功在于经过良好训练和预演的人在自己的角色上实施预先计划的策略,即灾难恢复计划。

事实上,灾难恢复计划要求有周详的事前准备,尤其是灾难所引起的对业务的冲击程度的分析,并制定相应灾难后的恢复策略,利用可行的信息技术,提出最佳的恢复方案。

在系统备份和灾难恢复计划建立以后,还必须在事前反复测试,并随时调整,加以改进,完整的系统恢复方案才能得以建立。其中灾难恢复策略在整个恢复方案中起着非常重要的作用。

灾难恢复计划是不能被忽略的重要方面,但很多用户或机构常常在灾难发生时才认识到数据恢复策略的重要性。灾难恢复策略必须仔细考虑以确保能涉及所要保存的所有类型和地域的数据,还要考虑如果一场灾难性的数据损失情况发生时,这些数据和拥有数据的系统能够被恢复。

可以按照以下几个步骤来制定数据恢复策略:

(1) 评估用户或机构对数据流和有效数据的需要。
(2) 每次数据损坏事故造成的经济损失有多大。
(3) 在多长时间范围内必须成功进行数据恢复,以避免影响效益。
(4) 评估数据损失的风险,确定跨部门的数据恢复策略优先级别。
(5) 评估数据存储设备的所有潜在风险。
(6) 使用上述评估结果制定质优价廉的安全机制,包括备份。
(7) 数据损失的间接代价是什么。
(8) 通过对所有的数据损坏进行预算来制定预防策略和最终的数据恢复策略。

10.8.2 主机的灾难恢复策略

以下列出通常情况下主机可能出现的几种灾难情况,并给出相应的解决措施。

1. 主机数据磁盘故障(非系统盘)

若数据盘使用了 RAID 1、RAID 5 等技术,则可直接热替换硬盘;若数据盘已不能访问,则需先修好物理盘,然后从备份介质恢复数据。

2. 主机物理损坏(不在数据备份范畴内)

将主机数据磁盘取出,防止在维修过程中被损坏。将数据磁盘放在其他的主机上进行备份,并对主机进行维修。

3. 系统盘物理损坏

替换系统盘,通过备份系统的灾难恢复功能恢复操作系统或重新安装系统。

4. 操作系统不能启动

直接通过备份系统的灾难恢复功能恢复操作系统。例如,利用备份系统的镜像文件恢复出主机系统盘。在没有备份系统的情况下要重新安装操作系统。

5. 磁盘上数据损坏(如由于人为失误、病毒或黑客攻击)

通过备份介质上的数据备份来恢复数据,或利用数据恢复技术来找回数据。

10.8.3 文档、介质的灾难恢复策略

1. 文档及介质管理的问题

对于数据中心来说,灾难发生过后,经常出现的问题不是来自如何从磁带中将数

据恢复出来,而是来自以下几个方面:
（1）缺乏、甚至完全没有文档化的恢复计划和措施。
（2）在重新配置硬件的时候,找不到原始系统配置和设置的文档。
（3）磁带文档、归档和跟踪相关资料的缺失,或者不完整的磁带归档策略。
（4）对部门级的服务器保护不够充分。

2. 文档及介质恢复的策略

在制定数据恢复策略时,要充分考虑到灾难发生之后影响数据恢复的几个因素。主要有以下几点。

1）文档及归档系统配置

成功的业务应用和数据恢复始于完整的系统配置记录文档,包括随着时间的推延,系统配置被改变的日志记录。一旦这些文档被创建,至少要有一个副本被存放在异地,以防本地的文档及其副本被损坏或毁坏。

创建文档,并在异地将文档进行归档是快速并有效地重建系统的重要步骤。如果有一个可以进行裸设备恢复的方案,能够往磁盘上直接加载所记录的系统配置,为新设备提供自动重建,将会为关键应用服务器的重建提供更高的价值。

2）文档及归档灾难恢复的程序

为了确保业务的成功恢复,必须建立一个简捷有效的灾难恢复程序,以及严格按照既定的程序去建立文档,并与业务关键数据一起安全地异地保存。这样可以避免反复地恢复测试。

3）安全措施、文档及磁带介质跟踪

针对业务灾难偶发事件的恢复计划,应包括异地存放磁带及记录其磁带内容的文档的策略和程序。如果没有这些记录磁带内容的文档,在恢复时就要花大量的时间来索引和阅读这些磁带,以寻找藏于其中的重要数据。这样会大大地延误系统和数据的恢复。

根据业务需要来决定磁带异地存放的频率;磁带内容必须建档;异地保存的文档必须是安全的和易于取出的;同时,磁带必须是被跟踪的。

所有这些步骤对于数据的安全保护和确保有效恢复来说都是必须的。

10.8.4 其他策略

1. 判别和保护所有关键业务的服务器

为了业务的不间断,所有运行着关键业务应用的部门级服务器,都必须被迅速恢复。在大多数个案中,并没有考虑对全都关键系统的保护,造成整体系统不能运行的尴尬局面。而事实上,这些部分应该与数据中心完全一样,在同一计划中文档化其保护程序和实施方案。

任何正在使用的服务器,以及每一台台式机和便携机,从某种意义上来说都是值得保护的。最基本的数据保护可保证某种程度上的恢复。进一步而言,裸设备恢复的方案可以确保以最少的时间和工作步骤来恢复这些系统,而且只需要少量的备份设备。

2. 在线数据保护更利于恢复

在线数据保护是数据磁带保护的重要补充,能够在灾难恢复的过程中快速地确保业务运行。要想能够在灾难发生后数小时内恢复业务,必须要有一个在线的、异地的生产数据的可用副本。只要有这样的第二个、第三个副本,数据通过网络传送到异地的存储设备上,依靠无论是嵌入存储硬件中,还是挂接在存储服务器上运行的复制技术,可以使中断在数分钟内恢复运行。由于这些数据是实时和在线的,通过业务主机重定向系统就可重新运行。这种方法可将业务运行与灾难发生的区域分开,在较低的压力下,从容地重建数据中心及其业务操作。

具有持续监控、数据连贯性和可用性的自动化工具是至关重要的,通过从大量灾难事件中所获得的重要经验,使用上述手段可以保护业务运行得更可靠。

3. 建立灾难恢复中心

可以建立灾难恢复中心来及时地恢复所有的数据。所谓灾难恢复中心就是除了拥有一套完整的计算机网络系统之外,另外建立一套计算机网络系统。这套系统能在突发性灾难造成数据中心停止工作时,迅速并及时地接管原来运行在数据中心的所有或部分业务,达到减少或避免灾难事件发生时所造成的损失,提供完善、优质的服务。

灾难恢复中心有非实时和实时两种模式。非实时模式就是利用磁带备份技术,数据中心的人员每天定时备份数据,并及时送往灾难恢复中心,尽量保证灾难恢复中心拥有数据中心的最新数据,一旦灾难发生,灾难恢复中心可将业务在较短时间内恢复运作。这种模式的特点是数据备份的技术难度不大,但很难保证数据中心与备份中心间的数据实时一致。实时模式就是在数据中心和灾难恢复中心之间通过通信线路,进行数据实时备份,将数据中心主机的数据实时送往灾难恢复中心,保证数据中心和灾难恢复中心间数据一致。当灾难发生,数据中心陷于瘫痪时,灾难恢复中心将在最短的时间内接替所有或部分业务,恢复系统正常运作。

10.9 灾备系统的建设管理、预案、演练和培训

数据中心灾备系统的建设是复杂的系统工程。为了建设好灾备系统,需要对项目建设前期进行需求分析、方案设计、组织实施,并制定恢复预案,通过演练对预案加以改进和完善,此外,系统人员的培训也是系统连续、可靠运行的重要工作内容。

10.9.1 灾难恢复系统的建设管理

灾难恢复系统的建设是灾备系统设计的实施和落实,灾难恢复系统的建设应当严格按照项目管理的方法进行管理,保障项目的顺利实施。

1. 灾难恢复系统的建设过程

1) 建立灾难备份专门机构

实施灾难备份应由高级管理层决策,指定高层管理人员组织实施。由与灾难备份相关的部门组成专门机构,主要职责如下:

(1) 分析灾难备份需求,制定灾难备份方案。

(2) 确定工程预算,监督工程实施。

(3) 明确各部门的职责,协调各部门关系。

(4) 对灾难恢复计划定期进行测试和评估。

(5) 对测试和评估的结果进行审核和存档并做出相应的改进。

2) 分析灾难备份需求

重要信息系统灾难备份需求分析应包括对数据中心的风险分析和对重要信息系统的业务分析,以确定灾难恢复目标。

(1) 风险分析。

① 分析数据中心的风险,如物理安全,数据安全,人为因素,已有的备份和恢复系统、基础设施脆弱点,数据中心位置,关键技术点等。

② 明确防范风险的技术与管理手段。

③ 确定需要采取灾难恢复的类型,如灾备中心距离,数据备份方式和频率等。

(2) 业务分析。

① 分析各项业务停业将造成的损失,须考虑流失客户、损失营业额、企业形象、法律纠纷、社会安定因素等。

② 分析每项业务停顿的最大容忍时间。

③ 分析各项业务的恢复优先级。

④ 分析各项业务的相关性。

⑤ 分析可接受的交易丢失程度。

(3) 确定灾难恢复目标。

① 确定恢复业务品种范围及优先级。

② 确定灾难备份中心及服务界面的恢复时限。

③ 确定必须的恢复点。

3) 制定灾难备份方案

灾难备份方案分为多个等级。一个完整的灾难备份方案的设计基于灾难备份需求分析所得出的各业务系统灾难恢复目标,它可能涉及多个级别的应用,并且需要考虑技术手段、投资成本、管理方式等多方面因素,主要内容如下:

(1) 数据备份方案。根据灾难备份需求分析所确定的业务恢复时间和交易丢失程度确定对数据备份的要求。根据应用的重要级别、最大停顿时间、数据传输量、最大数据丢失度、数据相关性、应用相关性确定数据备份的方案。

(2) 备份处理系统。灾难备份应根据重要信息系统灾难备份需求配置相应的备份处理系统。

① 根据数据备份方案确定相应的数据备份所需的主机、存储、网络、系统、软件等。

② 根据灾难恢复应用对主机系统、磁盘系统、磁带备份、打印及外围设备的需求确定硬件配置；根据服务界面的范围、备份网络拓扑结构、网络传输速率需求、网络切换方式、网络恢复时间要求，以及本地的网络通信状况确定网络配置。

(3) 规程与管理制度。重要信息系统需要制定有关灾难备份与灾难恢复的各项规程和管理制度，同时修改数据处理中心原有规程和管理制度以确保灾难恢复的成功，这些规程和制度包括数据备份日常管理制度、备份数据保存制度、灾难备份切换流程、灾难备份系统变更管理规程及人力资源规程等。

4) 实施灾难备份方案

实施灾难备份方案的主要目标是按照所制定的灾难备份方案，完成灾难备份工作。实施过程中，要严格按照灾难备份方案的要求和内容进行，要落实相应的规章制度，要应用灾难备份方案，建设并运行灾难备份中心。

5) 制定灾难恢复计划

制定灾难恢复计划的主要目的是规范灾难恢复流程，使重要信息系统在灾难发生后能够快速地恢复数据处理系统运行和业务运作；同时重要信息系统可以根据灾难恢复计划对其数据处理中心的灾难恢复能力进行测试，并将灾难恢复计划作为相关人员的培训资料之一。

6) 保持灾难恢复计划持续可用

在制定灾难恢复计划后，为保证计划的可用性和完整性，需要制定变更管理流程、定期审核制度和定期演练制度。

(1) 工作底稿。对重要信息系统现有的数据处理中心信息处理系统配置、恢复时间、恢复范围等进行确定以形成工作底稿，详细列明数据中心需要进行灾难备份的主机、附属设备、系统软件、数据库软件、应用软件、网络设备配置清单；同时列明数据处理中心服务对象的终端设备、网络及附属设备的硬件配置、系统版本和应用软件清单。

(2) 变更流程。重要信息系统应建立变更机制以控制数据中心和灾难备份中心的变更，所有的变更对灾难恢复计划的影响均应得到评估。这些变更包括操作系统变化、新增应用软件、硬件配置更改、网络配置或路由更改等。因此，需要制订完善的变更管理流程，保证灾难恢复计划的修改与变更事项同步进行。

(3) 维护和评估。灾难恢复计划需要由各相关部门定期进行审核和更新以保证其完整和有效，(分内部审核、外部审计)灾难应变小组负责人负责组织审核工作，各相关部门参与。内部审核工作应该定期进行，审核的结果应报主管领导，并对不足之处加以改善。

外部审计机构可以接受主管部门委托，对重要信息系统的内部控制状况进行审计，也可以接受聘请对重要信息系统的内部控制做出审计评价；外部审计机构发现重要信息系统内部控制的问题和缺陷,应当及时向主管部门报告。

(4) 测试和演练。灾难恢复计划常常因为错误的假设、疏忽或设备及人员的变更而不可用,因此需要经常的测试以保证其及时和有效。测试的另一目的是为了让灾难恢复队伍和有关的人员熟悉灾难恢复计划。

2. 灾难恢复系统设备的选择

灾难恢复系统具有需求多样性、技术复杂性和产品异构性的特点,为了适应对多种应用环境的灾难备份,灾难备份系统建设要走开放的技术路线,既要解决当前问题,也要兼顾长远发展。在建设灾难备份系统时,尽量采用成熟、可靠、先进的主流技术,而不要脱离实际需求,不讲投资成本的超常规、超前设计,而是强调适度超前和易于升级扩展的建设理念。

设备配置合理和充分利用设备资源是降低灾难备份中心系统建设成本的重要手段。因此在满足灾难备份系统安全、容量、性能等要求的前提下,尽量坚持设备共享的原则,提高设备利用率。设备采购时应注意以下问题。

1) 先进性和成熟性原则

尽量采用成熟的产品,兼顾先进性,而不是新产品或新技术的堆砌。成熟的产品性能比较稳定,价格也比较合理。重要的是保证灾难备份系统的可行性、可操作性及整体架构必要的生命周期。

2) 可靠性和安全性

采用高稳定和高可靠的软、硬件产品,在需要保障整个系统 24 小时不间断运行的情况下,建立包括环境、技术、管理三方面的安全体系,为数据和应用提供最大限度的保护,在正常情况下保障备份数据的一致和完整以及与应用同步,确保灾难发生时能够及时有效地实现切换。

3) 性能价格平衡

为保障数据及时、完整复制以及对性能的要求,必须选择具有较高性能的设备和软件构建灾难备份系统。对于数据变化量大、应用繁忙的应用系统,灾难备份系统造成的性能瓶颈将直接影响灾难备份效果,甚至影响应用系统性能。虽然性能与价格成正比关系,但同样性能的产品也存在较大价格差异,通过选用具有开放式架构、模块化设计的软、硬件产品,保障系统间的完全兼容,关键设备提供适当冗余,保证横向与纵向扩展的便利。产品具有完善的自身管理功能,具备状态监控、故障分析、自动告警、在线恢复等功能,从而降低维护复杂度并减少维护成本。

3. 灾难备份/恢复与外包服务

1) 灾难备份

随着数据集中的趋势和数据中心建设的发展,中国灾难备份中心的建设正在进入高速成长的阶段。灾难备份中心的建设主要有自建、共建和外包三种方式。

(1) 自建灾难备份系统作为传统的方式,目前在国内占据绝大多数,有报道显示自建比例超过90%。自建方式存在建设周期、投入资金、管理维护、应急策略等方面的问题,对资金和技术要求都非常高。在有多个运营场地和计算机机房的情况下,利用不同场地的计算机机房互为备份,是一种节省资金的好方法。

(2) 共建的方式可以降低成本,但实际操作中存在统一标准和界定责任等问题,无论在国外还是在国内都没有成为灾难备份的主流方式。

(3) 外包服务包括灾难备份服务整体外包、租用第三方灾难备份设施、运营管理外包和应急支援等多种形式。外包可以节约成本并得到专业的服务,是国际灾难备份市场的主流方式,有数据显示国外采用灾难备份外包服务的比例达到70%以上。

2) 恢复服务

恢复服务提供商协助用户完成信息系统的灾难恢复,他们提供系统、设施和其他重要资源给用户,由于恢复服务提供商为多家用户服务,其设备由多家共享,节省了灾难备份中心的建设费用。评估灾难服务提供商时,应当注意以下几方面因素:

(1) 服务提供商是否可以满足你的要求。如提供的设备、技术支持、网络条件、场地条件、通信设施及数据恢复或应用恢复等均应满足你的备份恢复要求。该服务提供商提供的灾备现场的地理位置是否合适,恢复现场是否与你的生产现场有足够的距离。

(2) 该提供商的服务类型是否满足要求。有经验的服务提供商应当有一套完整的恢复程序和控制措施。

(3) 服务质量保证。该提供商服务意识是否能够让用户满意,是否有一套服务质量保证体系和管理方法,是否有一支技术上过硬的团队。

(4) 成功案例。该提供商是否曾经承担过类似的灾难恢复项目。是否有相似的成功案例。

(5) 服务商的长期服务。该提供商是否可以为你提供长期的服务,是否可以保持技术的发展。

(6) 该提供商的资质情况。

(7) 是否满足数据安全和保密控制方面的要求;

(8) 价格合理。

除了要看该公司的服务质量外,提供商的财务状况、其他客户对该提供商的评价、服务商的信用级别等也是重要的参考因素。还要分析提供商的恢复程序和控制措施,确保该恢复站点在需要时能正常运行。

3) 外包服务

我国灾难恢复服务外包业务刚刚起步,在选择服务提供商时要谨慎,和服务商签订严密的服务水平协议和安全保密协议。

目前,国内行业用户灾难备份建设方式以自建为主,采用外包方式的成功案例还非常少。而国内的行业用户在采购特点上有一个很重要的共性,就是注重成功案例和同行业经验,特别是在重要系统的建设问题上。这在一定程度上影响灾难外包服务的发展速度。

国内的灾难备份专家和人才比较缺乏。灾难备份作为IT整体规划的组成部分，涉及全面风险分析评估和业务连续性规划设计，以及灾难恢复需求分析、策略制定、系统实施、管理维护等诸多方面的专业素质，目前国内急需培养这方面的人才队伍。

行业标准和规范不完备。灾难备份面向的是关键业务数据和紧急情况的应对，特别是外包方式更牵涉到保密和责任等问题，因此必须有较为完善的行业标准来规范和引导市场的发展。

灾难恢复外包行业作为一种新兴行业在我国正在迅速兴起，由于灾难恢复外包具有投资成本低、服务专业化的特点，在进行灾难恢复建设时应当给予足够的重视和关注。

4. 项目管理

项目管理是项目实施的保障措施。项目管理主要包括资源管理（人力、物力、财力）、进度管理、质量管理和风险管理。

项目组是灾难备份项目的组织保证，灾难备份项目的项目组由集成商和用户单位共同组成。项目组成员包括管理协调委员会、项目经理、技术总监、系统设计人员、系统实施人员、测试验收人员、技术服务和支持人员。

资源管理就是要对工程实施的每一项工作进行人力、物力资源的适时调配，保证项目的顺利进行。

进度管理就是要制定切实可行的工程实施计划，项目经理要随时检查项目的进展情况，及时解决项目执行过程中出现的问题，保证项目按计划实施。

质量管理就是要对项目执行过程制定检查点，特别是重要的项目阶段要进行阶段检查，保证工程的质量要求。

风险管理就是要尽早预估在项目的执行过程中可能遇到的各种风险，制定相应的对策，做到风险控制。

项目的管理要尽量符合软件工程管理规范的要求，如ISO9002、CMM等管理规范的要求。有兴趣的读者可以参考相应规范。

项目结束后要进行项目的验收和文档的移交。文档是项目控制的依据，在项目进行的各个阶段都应有相应的文档。文档也是系统长期发展的重要依据，应当妥善保管。各工程现场形成的文档可能有所不同，但一般来说文档主要包括以下几方面的资料：

（1）合同谈判阶段。商务投标书和技术投标书。

（2）设备采购阶段。设备清单。

（3）系统设计阶段。工程设计方案。

（4）安装调试阶段。安装手册、安装调试记录、系统维护手册、系统维护记录。

（5）培训阶段。各种培训教材用户使用手册。

（6）系统验收阶段。系统验收方案、系统验收报告。

(7) 售后服务阶段。用户手册技术支持与服务报告。

10.9.2 灾难恢复预案、演练和培训

1. 灾难恢复预案

灾备系统的建设目的是在发生灾难的情况下及时恢复系统的可用性,并为数据中心系统的恢复创造条件,为此应当制定详细可行的灾难恢复预案(也称灾难恢复计划)和进行必要的组织。灾难恢复预案的重点在于信息系统的恢复,如系统、应用、数据和相关的设施(如网络等),在灾难事件发生时,能够保证全部或部分计算机服务的持续可用。灾难备份预案中要描述灾难恢复工作的步骤、涉及的相关角色、职责及操作流程和规范。灾难恢复预案在灾难恢复团队领导的统一指导下,由参与灾难备份的各业务部门和技术部门共同协作完成,以保持各部门相关活动的协调一致。简单地讲,灾难恢复预案就是在灾难发生时需要采取的相应步骤的详细过程。

灾难恢复预案包含了一系列灾难发生前、过程中和灾难发生后所采取的动作。灾难备份方案预案书应该文档化,并经过充分的测试,以保证灾难处理过程中各种操作的连续性和关键资源的可用性。

灾难恢复预案应当包括如下内容:

1) 确定组织机构

灾难恢复组织是灾难恢复的基础。灾难恢复团队应当包括指挥人员、技术人员、业务人员、客户服务人员等。根据数据中心的实际情况灾难恢复团队可以是正常生产时的运维人员,也可以单独组建。组织机构中人员的角色和职责情况必须清晰描述,包括指挥系统、工作系统和联系保障系统。

2) 联系保障

在灾难发生时的联系保障是非常重要的。没有联系保障就不可能协调动作完成灾难恢复期间的各种工作。因此在灾难恢复预案中需要说明灾难恢复工作中的联络和通信清单,明确描述灾难事件发生后的通知流程和人员无法联络时的处理流程。联系清单尽可能准确有效,当有变化时及时修改,保持及时性。联系清单中一般应包括主管部门人员,技术人员和联系保障人员,以及相关公司、厂商、客户、用户部门的联络人及其替补人员的联系信息。

3) 灾难宣告流程

灾难宣告流程是灾难发生时进行的流程。当发现信息系统中断或灾难发生或即将发生时,及时通知灾难事件,使技术人员正常关闭系统,为避免事态的进一步扩大赢得时间。这对信息系统的保护是非常重要的。在灾难发生后要及时通知损害评估小组,损害评估小组做出灾难评估,确定事态的影响范围和严重程度,决定将采取的应对措施。损害评估完成后,应该通知相应的灾难恢复和支持团队,以及可能受到影响的外部机构和业务伙伴。灾难警告中所传递的信息应该在灾难恢复计划中说明,信息的数量和详细程度可依据被通知的对象而定。应该包含工作时间内和非工作时间内通

告灾难恢复团队的方法。

灾难恢复预案需要制定灾难恢复预案启动的条件,当损害评估的结论达到启动条件时,相关部门将正式发出灾难宣告,宣布启动灾难恢复预案,并根据宣告流程通知各有关部门。如果评估结论未达到启动标准,则应解除灾难警告。

4) 启动灾难恢复

在灾难确认及灾难恢复预案启动之后,首先要对灾难备份数据的有效性进行验证,确保灾难备份数据的可用、有效。根据灾难备份策略进行从工作系统到灾难备份系统的切换或进行数据恢复。在系统切换之后,还可以进行更进一步的数据有效性验证并采取相应的恢复措施,为进入下一阶段的系统恢复工作做准备。

5) 工作系统的重建

在灾难备份系统正常工作之后,就需要着手进行数据中心的重建和系统恢复工作。系统重建阶段的工作集中于修复业务和处理数据的损害,恢复信息系统的处理能力。

6) 系统回切

在完成系统重建之后,进行系统的回切,并重新建立起数据中心数据和系统与灾难备份中心的备份关系,实现工作系统和灾难备份系统的正常运行。

7) 灾难恢复预案的演练

为确保所制定的灾难恢复预案在灾难发生时起到应有的作用,应对灾难恢复预案进行必要的测试、培训及演练,使各有关人员了解并掌握在灾难发生时各岗位所需承担的工作内容和必须掌握的技能。灾难恢复预案应形成文档,该文档要根据情况变化及时更新。相关人员保存文档副本并定期上报主管部门备案。

总之,灾难恢复预案就是保证灾难发生后,能及时地按照一定的策略、过程和技术方法迅速恢复系统的一套翔实且行之有效的文件。

2. 灾难恢复预案的测试和演练

1) 测　　试

灾难恢复预案制定完成后要经过测试,通过测试发现预案中存在的问题并及时做出修正。测试要定期进行,恢复预案应当每年进行测试,特别是当数据中心的应用环境发生变化后更应当进行测试。可以说定期测试是保持灾难恢复预案生命力的关键。

测试可以有多种不同的方式,如下所示:

(1) 联系测试。联系测试的目的是检查灾难恢复事件是否可以通知到灾难恢复预案列表中的有关人员。如果有些人员联系不上,应有相应的处理方法。

(2) 排练式测试。召集恢复团队的成员到场,灾难管理人员说明灾难的情况,要求参与者讨论恢复计划和团队成员各自的责任。

(3) 模拟测试。灾难管理人员假设某种灾难发生,要求恢复团队进行实际的恢复操作,在进行模拟测试时,注意不要影响实际工作系统的正常运作。

(4) 实际演练。实际演练是一次实际的灾难恢复过程,实际演练可以真正测试灾难恢复能力,是一种最具权威性的测试。

2) 演 练

灾难恢复应急演练是检验灾难恢复系统建设的有效手段。做好信息系统的灾难恢复工作,不仅要重视灾难备份系统的建设,更要高度重视灾难恢复演练。通过定期的演练,检查灾难恢复系统和灾难恢复预案的有效性,不断完善灾难恢复系统和灾难恢复预案。

根据《重要信息系统灾难恢复指南》中对"灾难恢复"的定义,灾难恢复就是一整套活动和流程的集合,是"为了将信息系统从灾难造成的故障或瘫痪状态恢复到正常运行状态,并将其支持的业务功能从灾难造成的不正常状态恢复到可接受状态。"据此,灾难恢复应急演练通常可以分成预警、启动、恢复、解除和回切五个基本阶段。

可以先组织小范围参加的技术性验证为主的实际演练,如用来验证灾难备份数据可用性的数据恢复演练,基础系统的可恢复性的系统级灾难恢复应急演练,应用系统的可恢复性的应用级灾难恢复应急演练,随后再组织全范围参与的总体演练,验证整个数据中心的灾难恢复应急处理能力。先组织进行计划性的应急演练,再组织进行非计划性的应急演练。

灾难恢复应急演练是一项综合性的活动,需要决策机构协调技术、业务和管理部门及分支机构参与。因此,应该按照业务连续性运作的要求,建立完善的灾难恢复应急组织,以确保灾难发生时能够做到决策准确及时、指令传达明晰、恢复迅速有效。

当进行整个数据中心参与的灾难恢复应急演练时,由于参演人员众多,因此演练培训可以采取分层实施,即由灾难备份中心对参加演练的骨干人员进行整体培训,骨干人员再组织实施辖内的后续培训工作。演练培训除了明确演练的目的、时间、关键时间点等要素外,还要重点强调技术实施和业务处理中的风险因素及应对措施。

对于自建灾难备份中心的部门,其灾难恢复组织全部由本单位人员构成,因此演练时主要是验证整个部门多层次的灾难恢复组织体系运作的有效性和畅通性。对于将灾难备份中心外包给专业的灾难备份服务机构的部门,演练的重点不仅在于灾难恢复组织的运行情况,而且要验证专业灾难备份服务机构协同恢复的能力和效率。在进行灾难恢复应急演练时,必须成立一个核心指挥机构,负责灾难恢复期间的指令下达、进度控制、问题跟踪和要情通告等工作,协调所有的资源尽快地完成恢复工作。通常在灾难恢复现场启动一个灾难恢复指挥中心,来全面组织恢复工作,设置专人专岗进行组织协调、进度跟踪、指令发布、信息安全、业务问题受理和指导等工作。为保证演练尽可能接近实际可能的灾难情况,演练可在无准备的情况下进行。演练后应当进行及时的评价,对出现的问题进行总结改进。

3. 培 训

灾难备份与恢复系统的建设是一项涉及技术、管理与运营的综合性系统工程,需要各方面的人员共同合作才能完成,要加快灾难恢复建设和管理人才的培养,有计划、有步骤、分层次的培养一批灾难恢复骨干队伍，同时也要加强系统运行各级有关人员的培训工作，全面提高数据中心的灾难恢复能力。

培训的主要对象是数据中心的管理人员。数据中心是一个集网络、系统软件、数据库、应用系统、硬件设备及各种辅助系统的复杂系统。系统管理人员对系统的掌握程度是系统正常运行的重要保障，也是在灾难发生时尽快恢复系统的重要保障。系统不断发展，系统管理人员队伍也会产生变化，因此对系统管理人员的定期培训是非常重要的。经过培训，系统管理人员应该掌握所管设备的安装与调试方法，掌握系统的初始化和系统参数的设定，掌握一般性故障的诊断、定位与排除，掌握系统故障和损毁后的恢复方法，并能熟练查阅各种系统操作和维护手册。系统管理人员要做到一专多能，一个系统应当有两个以上的管理人员，防止因某一管理人员缺失的情况下系统无法恢复情况的发生。

演练前的培训是非常必要的。由于发生灾难是小概率事件，大多数员工对于灾难恢复的认识还不够深刻和明确，因此除了要加强平时的灾难备份培训外，还要借助于灾难恢复应急演练强化培训效果。应急演练不但可以增强员工灾难恢复的感性认识，而且演练本身也是一次很好的灾难恢复培训。

10.10 数据灾备系统案例

上述各节讨论了数据中心的数据灾备系统的基本概念、结构原理和建设方法，本节以某大学图书馆为例介绍数据远程灾备系统的设计。

10.10.1 图书馆现状

某大学是我国著名的高等学府之一，也是首批进入"211 工程"建设和设有研究生院的全国重点高校。

该校图书馆由主校区馆、分校区 1 馆、分校区 2 馆和各分馆及院系资料室组成。图书馆总面积为 6 万平方米，阅览座位数 5000 个，纸质藏书总量为 300 万册。在保证纸质文献增长的同时，图书馆逐步调整馆藏资源结构，大幅度增加电子文献，购进了多种数据库；同时还自建了该校大学文库、研究生学位论文电子版全文库、CALIS 重点学科导航数据库、精品课程及重点学科专业课程教参全文数据库、世界自然与文化遗产特色数据库、随书光盘镜像数据库等 6 个特色数据库。

10.10.2 需求分析

该校计划在分校区一投入建设一个全新的数字图书馆。今后全校师生将可以利用新馆的数字资源系统及图书自动化管理系统。将要建立的这些系统由于涉及大量的光盘镜像系统和随书光盘系统等需要海量存储大量视、音频文件，所以需要一个海量的光纤存储系统来保证存储空间够用和较高的性能。同时，需要建立完整的数据和部分应用远程容灾系统。当主校区或者分校区一部分应用系统因意外情况或者计划内软、硬件升级而需要停机时,可由另一个校区的系统接管,暂停服务校区的此类应用。并在系统维护完毕之后,切换回主校区系统继续就近提供服务。

图书馆现有的数字化应用系统包括 Portal 门户、数字版权保护、馆际互借和全文传递系统、统一身份认证和管理系统、虚拟参考咨询系统、统一检索系统、CALIS 资源调度系统、日志系统、校外用户访问系统、z39.50 服务器系统、数字交换标准 ISO 系统、计费系统等近 30 个数字化系统。同时还有专业的图书自动化管理系统和集中存储系统。

在主校区、分校区一两个馆建设应用级异地容灾环境下的虚拟化服务器系统、智能存储备份系统,包括新购软硬件系统及其与部分原有软硬件系统的整合。升级 Oracle 数据库系统平台到 RAC+Data Guard 模式,建立新的图书自动化管理与容灾系统。在主校区馆搭建双服务器的 Oracle RAC 环境,在分校区一馆设立 Oracle Data Guard 容灾服务器(服务器已经购买)。

将现有的运行在实体服务器上的业务全面转移到 VMware vSphere 4.0 虚拟化服务器管理平台上去,实现上层应用与底层硬件的无关性,提高可管理性和对异构设备的兼容性。主校区馆需配置三台高性能虚拟机服务器,分校区一馆需配置两台高性能虚拟机服务器,功能上需实现应用业务在本地的 HA、在线业务迁移、服务器硬件故障业务不中断、DRS/DPM。经测算,目前至少需要 30 个左右的虚拟机、46 个 CPU 处理单元(核)、90GB 内存容量来支持现有业务。配置 7 台 2 路多核服务器用作其他需要实体机的应用服务。

系统总的存储需求为裸容量 130TB,其中包括 30TB FC/SAS 存储、100TB SATA 存储。要求在九号馆配置不少于 2 套存储磁盘阵列,在分校区 1 馆配置不少于 1 套存储阵列。

数据按重要程度和使用频繁度分为三级进行存储和备份:一级数据主要包括数字图书馆系统、自动化系统、自建特色数据库系统等核心数据,存储于 30TBFC/SAS 存储上,容量须平均配置到两馆的三套磁盘阵列上;二级数据主要包括读者个性化等非核心数据,存储于 60TB SATA 上,容量须在两馆间平均配置;三级数据主要包括商业数据库本地镜像,存储于 40TB SATA 上,容量配置于主校区馆阵列上。

存储容灾系统的拓扑如图 10.7 所示。

为提高投资回报率和系统服务能力,系统并非运行在全主备模式下:在正常情况下,主校区馆系统负责全部核心业务和大部分非核心业务的支持,分校区 1 馆系统负责部分非核心业务和开发测试业务的支持,系统须自动实现两馆一、二级数据在两地间的同步/异步交叉复制与备份,减少 RPO;在灾难情况下,当其中一馆的系统发生严重灾难导致服务无法提供时,可以快速地切换到另一个馆的系统上来对外提供服务,实现应用业务通过 IP 网络向异地容灾系统中恢复的快速化、自动化,减少 RTO。

两种业务的容灾要求如下:

(1) 图书馆数字化、自动化管理 Oracle 数据库,采用 Oracle DataGuard 实现数据库的远程应用级容灾保护。

（2）运行在虚拟化服务器平台上的其他业务，须采用 VMware Sites Recovery Management 或其他软硬件，系统实现通过 IP 网络在两地虚拟化服务器平台站点间的应用级容灾保护。

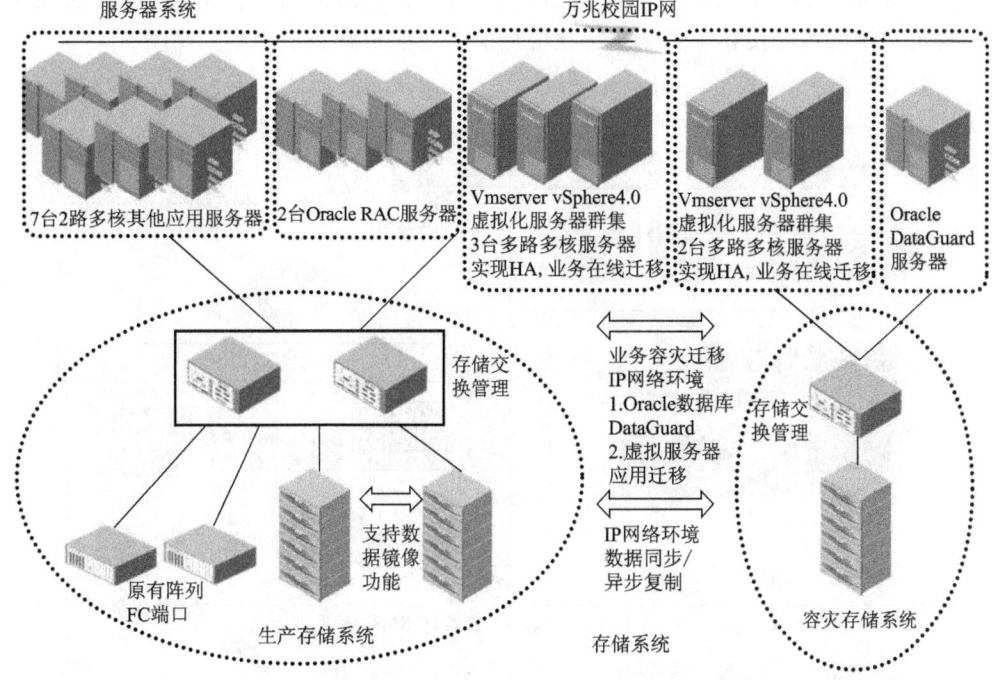

图 10.7　图书馆虚拟化服务器、存储容灾系统拓扑图

存储架构要充分考虑到原有系统的投资保护，通过各种合理手段将原有 1 套容量 6TB、以联想 SureFibre 620R2 光纤磁盘阵列为核心的 2GB SAN 纯光纤存储系统（FC 接口）;1 套容量 23TB 的华赛 S2600 SAS/SATA 混合磁盘阵列（FC/ISCSI 接口）设备利用起来，充分融入新存储备份系统中进行管理。

10.10.3　系统设计

按照建设目标，在分校区 1、主校区图书馆虚拟化基础平台上使用 5 台四路六核服务器和 7 台 2 路四核服务器。配备 3 台企业级磁盘阵列及相应远程功能性数据容灾软件，配置 3 台光纤存储交换机实现存储路径冗余。配置 2 台光纤与以太网协议转换器，实现磁盘阵列间的基于 FC 协议的数据传输转换为基于远程以太网数据传输的数据远程复制功能。虚拟化应用如图 10.8 所示。

10.10.4　系统的作用

远程容灾系统解决了图书馆工作开展中所面临的以下几大难题：

(1) 解决了新图书馆应用系统投入使用前的测试问题;图书馆新应用系统的开发到投入使用的周期由以前的 8 个月缩短到现在的 4 个月。

(2) 解决了主校区与分校区图书馆核心数据的备份、容灾复制和安全问题;数据存放安全可靠,将不存在数据丢失可能。

(3) 解决了图书馆自动化系统面临海量访问的性能压力问题和数据库可靠性问题;容灾系统的实施使整个大学数字化应用能力全面提升到一个新的高度。

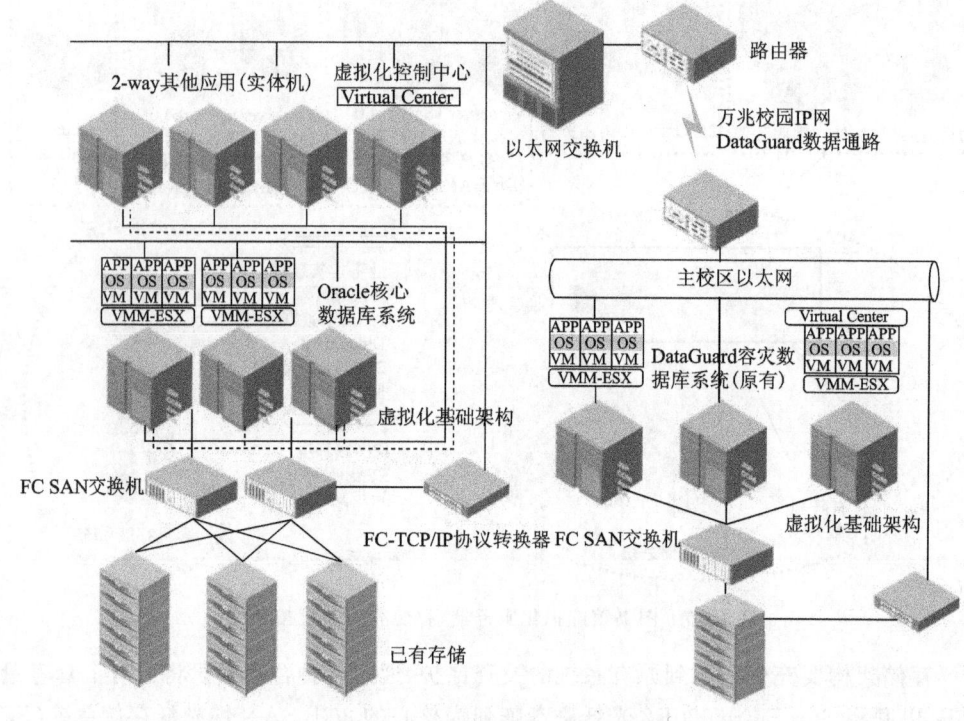

图 10.8 图书馆虚拟化应用示意图

10.11 存储备份管理软件的选型

在本书第 5 章中已经对存储系统硬件设备的选型做出了介绍。本节主要针对存储备份管理软件的选型进行简要介绍,供读者参考。

10.11.1 异构平台支持

(1) 备份管理软件各功能模块能够支持跨服务器平台的多应用复杂计算环境,包括 AIX、HP-UX、Digital UNIX、Solaris、Red Hat Linux、SuSE Linux、Red Flag Linux 和 Windows 2000/2003 等。

(2) 备份管理软件数据库和应用在线备份能够支持市场主流的 Sybase、Oracle、

Informix、DB2、Microsoft SQL Server 等。

（3）支持各种主流磁带库、机械臂、虚拟带库等，同时备份管理软件具有良好的扩展性。

10.11.2 产品技术架构

备份管理软件应技术领先，在体系结构设计、软件稳定性、可靠性和备份恢复性能等方面具有较大优势。

为了满足未来向 SAN 架构升级，系统应能够支持 SAN 的备份。也就是说要能够有向实现 LAN-Free 的备份方式，最终过渡到 Server-Free 备份方式的升级能力。

备份时间表可以按照频率周期或者日历来设置，方便用户的灵活选择。

备份管理软件应可以调整备份作业对服务器内存的占用。

备份管理软件在所有平台上具有使用完全相同的操作管理界面，管理界面友好易用，客户端和服务器端的用户界面完全支持中文菜单和帮助，要求能够支持 Java 图形化管理界面，提供 Web 控制台。

为了保障数据安全，能够支持客户加密和服务器端加密；支持各种加密算法，包括 128 位和 256 位以及早期的 40 位和 56 位加密方法。

10.11.3 备份介质管理

（1）备份管理软件支持动态的多线程传输（MultiPlexing），允许多个客户端同时在同一备份服务器上进行数据备份，可以同时将多个客户端的数据保存在同一磁带上，使备份设备工作效率达到最高。

（2）备份管理软件应支持磁带库中多磁带机的多路存取控制（对多磁带机并行操作），以提高备份和恢复速度。

（3）备份管理软件对各种备份设备（指磁带库、磁带机、机械手）应提供强大的管理和操作能力，能提供独立于备份软件之外的测试工具，借助该工具能够帮助客户快速定位故障。

（4）备份管理软件可以记录介质有效存放地点，无需人工干预。

（5）备份管理软件提供磁带库外管理的能力，包括备份的拷贝带从磁带机中退出的报告；磁带的搬迁将自动显示。

（6）备份管理软件能提供对备份磁带介质非常严格的重用机制和方便的管理方法，最大限度保证数据不会被意外删除。

（7）备份软件的内部数据库崩溃后，可以直接利用备份磁带上的自描述信息重建日志数据库，完成灾难条件下的数据恢复。

（8）备份管理软件应可以根据需求有各种方法控制备份的速度和备份对资源的占用。

（9）备份管理软件应可以控制备份作业对网络带宽的占用，以减小备份对业务运行的影响。

（10）备份管理软件可以实现介质服务器之间备份作业的负载均衡，以提高备份性能和备份服务器的利用率。

10.11.4 磁盘技术

（1）利用磁盘永久增量备份技术，能有效地缩短备份窗口，提高备份介质的利用率，加快数据恢复速度。

（2）备份管理软件支持合成备份，可以根据配置实现在备份服务器对普通全备份和增量备份进行合成。

（3）备份管理软件能够快速地将需要备份的文件备份到备份服务器的磁盘上。既可以按照定义磁盘容量水位线的方法对备份数据进行迁移，也可以根据配置在指定的时间将磁盘暂存数据转储到磁带上。

（4）为了实现逻辑错误的快速恢复，并将备份对应用系统性能影响降到最低，备份管理软件应在线支持利用各种技术（软件、硬件）的磁盘数据快照做脱机备份，同时利用磁盘快照完成快速恢复。

（5）备份设备采用磁盘时，能够实现对多块可用磁盘组成磁盘池的使用方式，并能够在多台备份服务器之间共享备份磁盘池。

（6）对备份数据能够实现分级别管理，借助于存储生命周期策略，根据备份数据重要性的不同，能够在定义的时间将数据分别备份、迁移到合适的存储上，并做过期处理。

（7）备份管理软件能够管理虚拟带库自身的软件将虚拟带库的数据复制到磁带库中，减轻介质服务器的压力，充分发挥虚拟带库的能力。备份管理软件可以直接从带库上恢复数据。

10.11.5 系统优化和灵活性

（1）数据库增量备份以变化过的数据块为最小单位进行，对数据库备份操作进行最大程度的优化。

（2）在备份的过程中设立检查点，在大型备份作业意外中断的时候能够从检查点恢复，不必从头开始进行，减少备份时间，提升备份效率。

（3）备份软件的客户端在授权后可以对本机的备份策略、备份内容进行管理，而只有服务器端才可以对整个备份系统进行管理，并且能够由客户端发起备份作业，满足客户端随时发起备份的要求。

（4）能够根据备份服务器的数量和备份数据量方式来实现，而与用于备份的磁带库驱动器、磁带库容量、磁盘容量、虚拟带库容量无关，能够实现备份数据自动拷贝，便于用户拓展和处理备份数据。

（5）允许失败的备份作业或恢复作业从上一个检查点恢复。如果备份作业失败，则可以纠正失败问题或可以从上一个检查点恢复作业,而不是从头开始,这样节约了宝贵的时间。必要时,备份和恢复作业可以被暂停和恢复。

10.11.6 报告管理

(1) 备份管理软件具备备份恢复日志,具有生成备份恢复统计报表/图表的功能,可以将备份恢复操作、备份设备及介质使用等详细进行详细的统计,并通过图表及表格的方式表现出来。

(2) 备份管理软件可以提供业务相关的备份系统报告功能,清楚地描述各应用系统的备份状况,数据增长趋势,恢复 RPO 等。

(3) 备份报告支持 Web 方式,能够提供磁带、驱动器、磁带库视图,报告磁带利用率、驱动器配置、磁带日志、磁带内容等;能提供磁盘操作报告,报告磁盘映像、磁盘日志和磁盘存储状态等;能够支持其他主流的备份软件的备份状态报告,以保护原有投资,并提供对所有备份体系的统一报告。

10.11.7 容灾支持

(1) 备份管理软件具有系统灾难恢复能力,可以在发生灾难时通过灾难恢复磁带将整个系统迅速恢复,无需重新安装操作系统、驱动程序、应用系统。整个系统能够应支持频繁的系统自动备份,备份能够统一集中到磁带库中,在灾难恢复时,能够保证恢复到最近备份时间点配置。

(2) 备份管理软件在备份数据时,能够同时产生多个磁带副本,方便客户实现备份数据异地存放的要求。

(3) 备份管理软件支持磁带容灾自动化管理,提供基于策略的磁带自动复制、弹出、过期管理,并生成详细的报告。

第 11 章 数据中心建设管理

"建设循规蹈矩，质量重于泰山。"

11.1 建设管理要点

在数据中心工程项目的实施中，良好的组织和管理将是工程项目成效好坏的重要保障。采用科学的管理方法将缩短工期、提高效率、节约劳力、降低消耗，保证工程预定目标的实现。

在进行数据中心系统建设之前，务必要周密考虑，具体涉及以下几方面的问题。

1. 需要对数据中心工程进行科学规划

数据中心工程是一个庞大的系统工程项目，应采用"总体规划、分步实施"的策略。在进行总体规划时，应组织强大的系统规划班子，聘请专家，特别是擅长于系统分析和规划的专家，对数据中心做一个与本地中长期发展战略相一致的总体规划，然后根据该规划的内容，分别启动相关项目，按计划投入相应的硬软件投资。这样不仅不会造成重复投资的现象，而且还便于各系统之间的信息交换，实现信息的共享，以充分发挥信息系统的效益；同时，应注意整体性、系统性、长期性、开放性和集成性，应尽量避免异构系统的集成，应注意各个项目的相互衔接。另外，总体规划应该是滚动式的，能随时根据内外部环境的变化，对总体规划进行修订。

2. 需要构建一个强有力的领导和管理机构

数据中心的建设自始至终都需要各个方面的支持。其中，有对管理体制创新的支持，有与各部门打交道而带来的大量的组织协调工作的支持，甚至还有对突破旧习惯势力的抵制等方面工作的支持。所以，数据中心工程要有完善的、独立的组织机构来主管建设。该机构应有一个有力的工作班子，能协调、指导、组织、实施统一建设。

3. 需要准确定位自身需求，确定系统实现目标

首先要考虑清楚目前的实际情况是什么样，自身的需求是什么，建立系统后要达到什么样的目标。每个数据中心采取什么样的运行模式无法一概而论。各地情况不尽相同，要统一运行模式是不现实的。因此，在建设数据中心过程中，本着保证事件处理的高效率、低成本、效果好的原则，根据实际情况，来确定工程的体制模式和流程模式。一般来说，选择数据中心建设模式需要考虑几个因素：体制的整合程度；政府对项目的运行与管理方式，即指挥权的划分；规模与职责范围；相关业务部门的支持能力；

建设投资规模；机构编制情况等。其中，体制的整合程度是决定性因素。数据中心工程是信息化的支撑平台，什么样的体制，就需要什么样的系统。换言之，不同的组织体系应该采用不同的模式，反之，选择不同的模式就需要架构不同的组织体系。

4. 注意从同类系统中获取成功经验

在根据自身需求对数据中心工程明确定位之后，就要进行方案的具体研究、设计与论证。在这个过程中，一个有效的方法就是直接学习同类系统已取得成功的案例与经验。比如现场考察取经、走访，吸收他人成功的经验，发挥"后发优势"，取人所长，为我所用，从而形成适合本地、本行业特点和需求的设计方案。对于技术人才相对缺乏的部门来说，也可以聘请专业的咨询研究机构进行方案的规划、设计，以及可行性论证。

5. 通过调查和招标选择优秀的系统集成商

数据中心工程对系统集成商的要求很高，因此，在实施该工程建设项目的时候，可以通过调查和招标选择优秀的系统集成商。根据集成商的资质等级来选择具有相当实力的承建单位，其中集成商的资质、信誉、经验尤其重要。此外，还应要求信息集成商提供工程的后续服务、培训等长期服务项目。从某种意义上说，这将成为数据中心工程成功应用的关键。

6. 对数据中心工程建设引入监理机制

为了保证数据中心工程建设的质量，使工程按需求如期完成，并能安全可靠地运行使用，在建设中应该引入监理机制，实行建设工程监理。信息产业部已经发布了《信息系统工程管理暂行规定》，对信息系统工程管理的目的、职责、范围、内容和管理活动都作了明确的规定，在此不再详述。

11.2 建设的一般步骤

11.2.1 准备阶段

1. 工程立项、论证并获得批准

这包括数据中心工程立项、提出可行性论证报告和建设总体规划，呈报本市或更高一级管理部门领导批准。

2. 成立工程项目小组、部门

一般来说，项目小组应该包括各级领导、管理者和使用者。

3. 进行任务需求分析

主要是通过调查和任务分析，确认数据中心工程的建设范围、规模和步骤。

4. 制定工程实施计划

根据数据中心的总体规划和业务需求分析，制定一个切实可行、安排合理、环环相扣、紧凑有序的工程实施计划,把系统建设从理想变为现实。

5. 业务规范化、制度化准备

数据中心各个应用系统的实质是推动规范化、制度化业务建设,因此,要将现行手工管理的模式,按照现代化信息系统建设的要求重新规范。首先要制定业务流程规范;其次制定和实施与业务规范相适应的行政管理制度。

6. 人员机构准备

应设立一个工作机构或配备信息化专职人员(特别是系统管理员),在数据中心规划、建设、使用过程中,从事数据中心运行制度建设、监管,进行系统维护、数据维护、系统故障报告和技术培训等工作。

11.2.2 实施阶段

数据中心建设的实施阶段是整个系统建设的主要阶段,大体包括系统需求调研、系统开发调试、软硬件网络环境建立、系统交付、试运行及用户培训等。下面从用户的角度,针对数据中心应用系统实施的几个重要环节应注意的问题进行阐述。

1. 系统需求调研阶段

应用系统需求调研目的是了解和确定应用对象的需求。承建单位对应用系统建设单位的业务情况有全面、具体的了解后,才能针对具体业务需求进行系统的开发。在这个过程中,需要应用对象部门派精通本部门业务的人员与承建单位的调研人员进行深度交流。通过询问、讨论、系统原型交互、收集原始数据、原始资料等手段,对业务内容、业务流程、表格、权限、图形操作、管理制度、标准规范等进行细致的整理,形成《需求调研报告》。进而根据此报告搭建原型系统,业务人员可以通过原型系统,对今后系统运行的模式有更深的感性认识,双方对原型系统进行讨论、调整,以至最终定稿。系统调研的过程同时也是应用对象的部门进行业务规范化、科学化、制度化继续深化的过程。系统需求调研环节把握得好,是应用系统开发建设成功的良好开端。

2. 系统开发调试阶段

落实开发和调试阶段的责任人。明确指定系统开发期间的用户方项目负责人和今后的系统管理员。项目负责人对外作为与承建方的联系人,对内作用户需求细化和改善的协调人。对承建单位提出的有关系统建设方面的问题应给予及时答复,以保证系统开发的进度和功能改善计划的实现。系统管理员须具备必要的计算机和网络知识,了解 GIS 平台、数据库平台、MIS、OA、CAD 等软件技术;同时,必须进行相关业务的学习和实践。系统管理员在系统开发过程中,可以参加部分系统的建设,同时,为承建单位准备系统调试和测试需要的各种资料和数据,保证在系统承建测试阶段,可以同时进行数据建设的工作,并及时将数据建设的阶段成果提交给开发单位进行测试,保证数据能顺利进入系统,避免数据建设的返工;根据系统建设的要求,购买系统试运行需要的软硬件,并进行软硬件网络环境的建设。保证系统开发阶段完成后,可以立即进行系统的培训和试运行工作;另外,还可以承担起对承建单位的开发进度的监督职责。

3. 硬、软件选择和安装建设阶段

在满足数据中心的技术和业务要求的基础之上,从先进性、实用性、可靠性、安全性和经济性等方面综合考虑选好各类硬件和软件,并确定性能价格比最高的解决方案。

要严格要求,精心施工,把好从设备到货、验货、装配、试机、运行的每一道工序质量,做好机房等核心设备的装调、测试、验收工作。

4. 系统交付试运行阶段

系统交付试运行是承建单位将测试完成的系统正式交付给系统使用部门试运行的过程。一般由承建单位的工程技术人员协同用户根据双方共同制定的工作计划现场完成。在这个环节应注意几个问题:一是交付环境应及时到位,当承建单位的技术人员到达现场时,用户的软硬件设备采购、机房装修、网络布线及业务科室的人员安排等均应就位;二是业务人员必须深入学习系统操作规程,认真填写《系统运行记录》,准确提出系统调整意见;三是系统使用部门的项目负责人应协调好各个业务科室的关系,积极与承建单位进行协商,保证项目的圆满交付。

5. 技术培训阶段

培训一般包括系统管理员培训和业务人员培训两个部分。系统管理员培训建议安排在系统交付之前,重点培训系统使用、系统维护、网络维护、数据维护等内容;业务人员培训在系统交付时进行,重点在系统的使用操作。方式一般有"集中讲解分头辅导"和"分头讲解分头辅导"两种方式。"集中讲解分头辅导"是指所有业务人员在一起听技术人员详细讲解系统的操作,然后分头到各自的科室去练习,由技术人员和系统管理员分头辅导。业务人员不多的时候往往采用这种方式。当业务人员比较多时,一般采用"分头讲解分头辅导"方式,也就是分别到科室中讲解并辅导。这种方式需要的时间相对多一些。

业务人员培训结束后,可以组织对业务人员使用系统情况的考核,进一步巩固学习培训成果。

11.2.3 测试阶段

数据中心网络实施主要是完成物理网络的构造和应用系统软件的安装。一般包括子网络的建设、子干网络的建设和主干网络的建设几个部分。在这一阶段要系统地制定安装步骤,准备各种物理器件、设备及必备工具。网络实施完成后要对整个网络进行测试,以确保安装工作的正确性。

系统全面而细致的测试是相当重要的,它是保证网络系统正常运行及质量保证的关键,对于在施工过程中产生的线损伤、接触不良、绕线、串线和短路等各种问题能及

时地发现和解决,消除布线中存在的隐患,确保万无一失。

为了保证布线工程的顺利进行,要及时消除存在的隐患,把握各阶段施工的质量,需进行以下3个阶段的测试:

(1) 前期是路由测试(双绞线和光纤测试)。线路通、断、短、混、串线路的情况,双绞线和光纤的端接都要认真测试。在布线中,并行测试。省时省力,整理记录,便于修正错误。

(2) 中期是系统线路指标测试。针对布线一次到位的设施一经敷设就将不再更改布线的特点,进行全面彻底的检测是保障达到设计指标和把握工程质量的强有力手段,为后期的网络建设构筑理想的平台。

(3) 后期是问题修正。在前两阶段测试的基础上,就出现的问题查明原因,予以修正,并作出全面的测试报告,汇总呈报负责人。

11.2.4 竣工验收阶段

数据中心网络工程全部完成后,承建单位应写出竣工报告。将工程竣工技术资料一式三份交给用户(包括安装工程的质量、工程说明、设备和器材明细表),提供计算机网络的详细存档资料(包括使用说明、网络拓扑结构图、设备位置图、网络中心设备位置图、结构化布线图和各配线箱等详细资料)和各数据点的测试记录报告(信号传输速率和衰减率),以及主要设备有关参数等。用户在验收时,应由建设单位组成专业验收组逐项进行测试,进行相应的抽检,以验证工程质量。用户不仅要接受纸质资料,还应接受存入计算机的电子资料,以便在计算机内建立网络资料库,进行网络的计算机管理。

数据中心网络工程完成后,要有1~3个月的试运行阶段。在此阶段,承建单位要继续负责完成网络在使用中的调试工作,对出现的问题要加以改进,并对建设单位有关人员进行培训。

11.3 建设的质量控制

质量是工程的生命,必须从严要求。数据中心工程的质量控制应当贯穿于工程项目实施的全过程的各阶段和各个方面。每个阶段、每个分部及分项工程,甚至每道工序,都要进行规范有序和严格的检查与验收。

11.3.1 工程质量控制的主要任务

1. 审查与选择好工程项目的承建者

设计单位、设备或材料的制造者或供应厂商及施工承建单位都是工程项目任务的具体实施者,他们的资格与素质会直接影响到工程质量的好坏。因此,工程项目质量控制的首要任务,就是数据中心工程建设的业主单位要选择优秀的工程实施者,这就需要在招标时对投标者的资格审查、评标时的条件评比等途径,把好资格审查关。

2. 管督承建者建立完善的质量保证体系

在对承建方的选择确定了之后,在有关任务开始前,就应要求承建方根据所承担任务的特点及质量要求,建立或完善自身的质量保证体系。一般要设有专门的质量工程师及有关组织机构,必要时还可以要求设置项目质量的负责人或经理,要有明确的质量管理目标、职责分工及完善的质量管理制度、程序和方法。这个体系应与我国的信息与通信工程质量管理体系有良好的衔接与配合关系。当前,我国推行的国际标准化组织发布的 ISO9000 质量管理和质量保证标准系列的国家标准 GB/T19000 系列,是建立质量管理和质量保证体系应遵循的指导性文件。

3. 工程设计质量的管理

(1) 明确工程设计质量的要求与标准。

(2) 做好工程设计成果的审查,尤其是做好方案审查和图纸审查。

(3) 做好协调工作,包括设计与外部有关方面(设备、材料供应等)的协调,以及设计内部各专业之间的协调。

(4) 在施工阶段的管理过程中,进行施工图的审核,对设计图纸中的质量或功能缺陷等问题提出质疑,并要求有关单位修改。

(5) 对于在施工阶段提出的设计变更也必须进行审核。

4. 施工材料、设备、配件的质量把关

在施工准备阶段,材料、设备、配件等的质量如果不符合要求,会直接影响工程的质量。数据中心工程建设的业主应当严格管督有关部门按照合同规定和设计要求的质量标准组织采购、订货、包装与运输;材料、设备、配件进场时要严格按标准进行检查和验收;进场后应严格管督,按要求储存、保管;在使用前还应经工程建设的业主对其可用性加以确认。

5. 施工过程中的质量管理

施工过程中的质量控制是数据中心工程建设的业主控制质量的工作重点,应当做到以下几点:

(1) 根据质量目标,加强对施工工艺的管理。

(2) 管督承建单位严格按工艺标准和施工规范、操作规程进行建设。

(3) 加强工序控制,严格执行检查认证制度,严格控制每道工序的质量,对重要环节还要进行现场管督、中间检查和技术复核,尤其要加强对隐蔽工程和各环节结合点的控制,以防止质量隐患。

(4) 对于不符合质量标准的,应及时加以处理。

6. 工程质量验收

(1) 检查验收分部与分项工程,认证并处理工程质量事故与质量缺陷。

(2) 对单位工程质量验收的核定。

11.3.2 施工准备阶段质量控制

1. 对承建单位组织设计和施工人员的质量控制

1) 对承建单位组织设计的质量控制

承建单位为完成工程所进行的组织设计事关工程的全局,也是建设单位委托的管理单位进行业务管理的重要任务。数据中心工程建设的业主对承建单位工程施工组织设计审核的主要内容有:

(1) 承建单位担任工程项目的组织领导班子是否健全、真实、可靠。项目经理是谁,项目技术负责人是谁,是否兼职或挂名,项目质量检查组长是谁,质检员有几名,素质怎样,主要工种的工长素质怎样,特殊工种是否都经过有关部门考核(试)并发给了上岗证。

(2) 主要组织技术措施是否得力,针对性是否很强。保证工程质量措施中,对服务器等核心设备安装工程的主要分部、分项的质量是否都有预控方法和针对性措施。

(3) 施工的总进度安排是否合理,是否有利于工作,有利于质量控制和质量检测。

2) 对施工人员的素质控制

人是施工的主体,人的素质高低直接影响工程的优劣。管理工作的重要任务之一就是推动承建单位对参加施工的各层次人员,特别是特殊专业工种的培训,在分配上公正合理,并运用各种激励措施,调动广大职工的积极性,才能不断提高人的素质,才能使质量控制系统有效的运用。

(1) 人员培训。人员培训的层次有领导者、工程技术人员、项目经理、操作者,特别是特殊工种。培训重点是关键施工工艺和新技术、新工艺的实施,新的施工规范、施工技术操作规程的贯彻。

(2) 资格审定。对负责小型机、服务器、存储设备等重要工作的作业人员的资格进行审查,要求提供相应的资格证书或证明。

(3) 调动积极性。推动承建单位健全岗位责任制,改善劳动条件。建立人尽其才,公平合理的分配制度,充分发挥人的积极性。

2. 对施工方案和施工图的质量控制

施工方案和施工图是工程施工的直接依据,数据中心工程建设的业主必须对其作全面认真审核,而且也要求承建单位对施工图认真审阅,找出问题,提出合理建议。

1) 施工图审核的重点

(1) 各类施工图纸是否齐全完备,图纸之间是否有相互矛盾或缺陷。

(2) 施工图是否符合合同、相关法规和有关方面对工程项目的要求。

(3) 施工图是否符合现行设计和施工规范,有无抵触;图纸和施工方案是否相辅相成,有无不符。

(4) 检查图纸是否有误笔和设计常见病。

2) 施工方案和施工图的会审

要将施工方案和施工图的隐患消灭于萌芽状态,对施工方案和施工图的会审是设计质量的一个有效措施,也是施工质量控制的重要手段。数据中心工程建设的业主要协调建设单位、设计单位、承建单位会审,并根据会审结果,写出会议纪要。

施工方案和施工图会审内容的主要内容有:

(1) 是否无证设计或越级设计,图样是否加盖设计证号印,并经有关单位正式签署。

(2) 施工图与施工方案是否齐全,图纸是否符合制图标准。

(3) 假如有几个设计单位共同设计的情况下,各部分图纸之间有无相互矛盾,标注有无遗漏。

(4) 是否满足工程对安全的各种要求。

(5) 施工材料来源有无保证,图中要求的条件能否满足。

(6) 电气线路、设备装置与建筑物之间、建筑物的工艺管道、运输道路、有无矛盾,处置是否合理。

(7) 对施工安全和环境有无保障。

(8) 施工方案和施工图是否符合管理工作大纲的要求。

3. 对工程材料与器件的检查

1) 检查工程材料与器件的质量和规格

对承建单位运到现场的各种工程材料与器件,其质量和规格必须符合合同规定的标准和规格。承建单位应将到达现场的工程材料与器件的出厂合格证或验收单,以及承建单位对工程材料与器件检验的结果都提交工程建设的业主审查。而且,工程建设的业主有权对现场的工程材料与器件做进一步的检验。

经检查后,凡是质量或规格不符合要求的工程材料与器件,业主有权指令承建单位将其退回,避免承建单位将不合格的材料与器件用到工程上去,造成更大的损失。

2) 检查工程材料与器件的数量

数据中心工程建设的业主要定期检查现场存放的各种工程材料与器件的数量。能掌握现场材料的数量对业主是十分重要的,一方面是为了对承建单位的施工进度计划有效的管理,以免因现场材料、器件的不足而影响工程的进度和质量;另一方面是为了合理支付材料与器件的预付款。通过对现场材料与器件的清点,还能控制承建单位盲目采购。

3) 管督现场材料与器件的存放条件

对现场各种合格的材料与器件,承建单位必须妥善存放,并做好防止损坏或变质的保护,否则,业主可一律不予确认。

11.3.3 施工过程中质量控制

1. 质量控制的要求

(1) 坚持以预防为主,重点进行事前控制,把质量问题消除在萌芽状态。

(2) 既要坚持质量标准,严格检查,又应热情帮促。管理人员热情帮促承建单位改进工作,健全制度,这本身就是做好事前控制的重要内容。管理人员可以参与承建单位制定施工方案,完善质量保证体系,健全现场质量管理制度等工作,对于技术难、质量要求高的工程,还可以为承建单位出主意,提出保证质量的技术措施。

(3) 施工过程质量控制的工作范围、深度、采用何种工作方式,应根据实际需要,结合工程特点、承建单位的技术能力和管理水平等因素,事先提出管理要求和大纲,经建设单位同意后,应作为合同条件的组成内容,在承包合同中明确规定。

(4) 在处理质量问题的过程中,应尊重事实、尊重科学,立场公正,谦虚谨慎,以理服人,做好协调工作,沟通与承建单位的感情,取得信任,以树立管理的权威。

2. 质量管理的依据

1) 合同文件

合同文件是数据中心工程建设的业主进行质量管理的根本依据,业主对工程质量的确认与拒绝主要是根据合同文件规定的要求与标准。质量达到合同标准的项目或工序,业主应予以确认;反之,就予以拒绝。

承建单位完成的工作是否达到合同的标准,应当依据试验数据或检测结果确定,仅凭经验或直观感觉,对工程进行评价或判断都是合同条件所不允许的,更不能凭管理人员个人的感情来评价工程。因此,在进行质量管理过程中,需要通过有关的仪器设备进行试验并提出数据。

合同的有关文件是根据国家有关部门制定的工程标准和法规,并结合工程的具体情况编制的。因此,一般情况下合同中有关文件与国家制定的有关标准和法规是一致的,但有时也不一定完全一致。在这种情况下,对质量管理的依据,仍然是合同文件,而不是其他的任何标准和法规。除非经建设单位与承建单位协商后,双方同意对合同中某部分进行修改,并由建设单位发出有关的变更指令。

2) 工程建设的业主指令

数据中心工程建设的业主根据工程的要求发出的指令,应视为合同文件的一部分。在涉及工程方面的任何事项上,不管合同中是否有说明,承建单位都要严格履行业主的指令。因此,业主的指令也是质量管理的依据之一。

3. 质量控制的内容

1) 审核有关技术文件、报告或报表

(1) 审核进入施工现场各分包单位的技术资质及证明文件。

(2) 审核承建单位的正式开工报告,并经现场核实后,下达开工指令。

(3) 审核承建单位提交的施工方案和施工组织设计,确保工程质量有可靠的技术保障。

(4) 审核承建单位提交的有关材料的质量检验报告。

(5) 审核承建单位提交的反映工序质量动态的统计资料或管理图表。

(6) 审核变更设计、修改图纸和技术核定书。

(7) 审核有关工程质量事故处理报告。

(8) 审核有关应用新技术、新工艺、新材料的技术鉴定书。

(9) 审核承建单位提交的关于工序交接检查,分部、分项工程质量检验报告。

(10) 审核并签署现场有关质量技术签证、文件等。

数据中心工程建设的业主应按施工顺序、进度和管理计划及时审核和签署有关质量文件、报表。

2) 质量检查内容

工程建设业主的代表(项目经理或管理员)应常驻现场,执行质量管督与检查。

(1) 开工前检查。主要是检查是否具备开工条件,开工后能否保证工程质量,能否连续地进行正常施工。

(2) 工序交接检查。对于重要的工序或对工程质量有重大影响的工序,在自检、互检的基础上,还要经管理人员进行工序交接检查。

(3) 隐蔽工程检查。凡是隐蔽的工程需经管理人员检查认证后才能掩盖。

(4) 停工后复工前的检查。当承建单位严重违反质量事宜,管理人员可行使质量否决权令其停工,或工程因某种原因停工后需恢复工作时,均应经检查认可后开始下达复工令。

(5) 分部、分项工程完工后,应经管理人员检查认可后,签署验收记录。

(6) 随班或跟踪检查。对于施工难度较大的工程或容易产生质量通病的项目,管理人员还应进行随班跟踪检查。

4. 质量控制的责任制和管理工作制度

1) 业主的职责

(1) 负责控制和检查项目的工程质量,组织单项工程、隐蔽工程的验收,组织对工程阶段的施工验收。

(2) 审查材料和工艺试验成果,进行合格签证。

(3) 审查月进度付款的工程数量和质量,并签署意见。

(4) 审查和控制项目的施工方案、施工进度,并及时报告。

(5) 签发工程项目的现场通知和违规通知。

(6) 参加对承建单位所制定的施工计划、方法、措施的审查。

(7) 组织对承建单位的各种申请进行审查,并提出处理意见。

(8) 审查质量检查员的值班记录、日报,做好分析汇总工作,编写分项工程周报。

(9) 指导和管理质量检查员的工作。

(10) 负责收集、保管工程项目各项记录、资料,并进行整理归档。
(11) 负责编写单项工程阶段报告及工作计划和总结。

2) 质量控制管理制度

工程质量控制的管理制度有以下几项:

(1) 图纸学习、会审制度。
(2) 技术交流制度。
(3) 材料检验制度。
(4) 隐蔽工程验收制度。
(5) 工程质量整改制度。
(6) 设计变更审核制度。
(7) 分部、分项工程验收制度。
(8) 业务学习及会议制度。

5. 质量管理手段

1) 现场管理

承建单位施工期间,业主要派出管理人员进驻施工现场,对承建单位的各项工程活动进行跟踪管理。现场管理在管理工作中十分重要。由于管理人员在现场,他可以随时检查施工过程中的每个细节,例如施工中所用的材料与批准的材料标准是否相符;承建单位是否按技术规范中的工艺施工;承建单位本身的质量控制人员在现场的作用如何等。

管理人员在现场,一旦发现问题,便可以及时指令承建单位予以纠正。这对杜绝或减少质量缺陷的发生,保证工程质量和进度具有很大的作用。

2) 测 量

工程中的测量贯穿整个施工管理的全过程。在施工过程中也常采用测量手段进行施工控制;对已完的工程,也要采取测量手段。在整个管理过程中,每时都离不开测量手段。

3) 试 验

在工程质量管理中,对任何项目或项目中的任何部分的质量评价,以判断是否达到标准,其唯一的依据就是试验数据。单纯采用经验的方法,或仅依据目测、感觉,对工程质量的任何评价都是不允许的。

对于已完工项目的验收,数据中心工程建设的业主依靠试验数据,作出"确认"或"拒绝"的决定。试验是质量管理中不可缺少的手段。

4) 严格执行管理程序

只要严格执行管理程序,就能控制承建单位的施工程序,这对保证工程质量是非常必要的。因此,对管理过程要建立一套完整的管理程序,质量管理程序只是其中的一个。除此还有工程变更程序、计量支付程序、延期索赔程序等,它们对施工质量同样起到控制的作用。

5）指令性文件

采取指令性文件，对承建单位的施工质量进行管理，而承建单位要严格履行工程建设的业主对任务事项发出的指示。在质量管理中，业主应当充分利用指令性文件对承建单位进行质量控制。例如，业主发现了施工质量缺陷，就以质量通知单的指令性文件，通知承建单位停工，修补或返工。

6）利用支付控制手段

质量管理是以计量支付为保障手段的，承建单位的任何工程款项的支付，均需由数据中心工程建设的业主开具支付证明。如果承建单位的工程质量没有达到合同标准，业主有权采取拒绝支付的手段，停止对承建单位部分或全部的工程款的支付。因此，它是保证工程质量的根本措施，也是业主在质量管理中的有力手段。

11.3.4 工程验收

1. 工程质量验收

1）隐蔽工程验收

隐蔽工程是指那些在施工过程中，上一道工序结束后，被下一道工序所掩盖，而无法进行复查的部位，例如，直埋电缆、电线暗管等。因此，对这些工程在下一工序施工前，现场管理人员应按设计要求、施工规范，进行检查验收。如果符合设计要求和施工规范的规定，应及时办理隐蔽工程记录手续，以便承建单位继续下一工序的施工。同时隐蔽工程记录交承建单位归入技术档案；若不符合有关规定，应以书面形式告诉承建单位，令其处理，处理符合要求后再进行隐蔽工程验收与签证。

2）分项工程验收

对重要的分项工程，数据中心工程建设的业主应按合同的质量要求，根据该分项工程施工的实际情况，参照质量评定标准进行验收。

3）分部工程验收

根据分项工程质量验收结论，参照分部工程质量标准，可得出该分部工程的质量等级，以便决定可否验收。

4）单位工程竣工验收

通过对分项、分部工程质量等级的统计推断，再结合对质量保证资料的核查和单位工程质量观感评分，便可系统地对整个单位工程作出全面的综合评定，从而决定是否达到合同所要求的质量等级，进而决定能否验收。

5）工程项目竣工验收

数据中心工程由于项目较多，要求各异，因此必须有相应的竣工验收标准。安装工程验收标准应按设计要求的施工内容、技术质量要求及验收规范的规定，各道工序应全部保质保量施工完毕，不留尾巴。各项设备、电器、仪表、通信等工程项目全部安装结束,经调试应全部符合安装技术的质量要求。工程建设的业主在组织工程项目竣工验收程序时可按图11.1所示的程序进行。

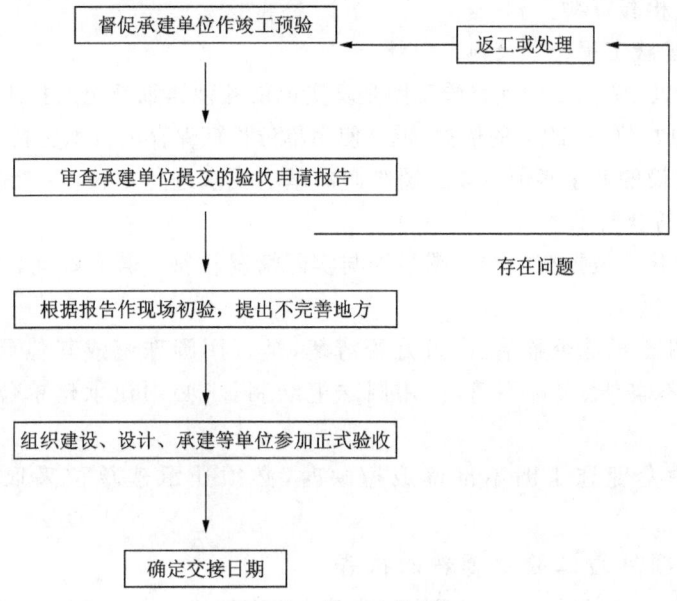

图 11.1 竣工验收程序

2. 工程资料验收

工程资料是工程项目竣工验收的重要依据之一,承建单位应按合同要求提供全套竣工验收所必需的工程资料,经工程建设的业主审核、确认无误后,才能同意竣工验收。

1) 工程项目竣工验收资料的内容

(1) 工程项目开工报告。

(2) 工程项目竣工报告。

(3) 分项、分部和单位工程技术负责人名单。

(4) 图纸会审和设计交底记录。

(5) 设计变更通知单。

(6) 技术变更核实单。

(7) 工程质量事故调查和处理资料。

(8) 材料、设备的质量合格证明。

(9) 试验、检测报告。

(10) 隐蔽工程验收记录及施工日记。

(11) 竣工图。

(12) 质量检验评定资料。

(13) 工程竣工验收及资料。

2）工程项目竣工验收资料的审核内容

(1) 材料、设备的质量合格证明材料。

(2) 试验、检验资料。

(3) 核查隐蔽工程记录及施工记录。

(4) 审查竣工图。工程项目竣工图是真实记录各种详细情况的技术文件，是对工程进行交工验收、维护、改建的依据，也是使用单位长期保存的技术资料。

① 工程建设的业主必须对竣工图绘制的基本要求进行审核，以考查承建单位提交竣工图是否符合要求。

② 审查承建单位提交的竣工图是否与实际情况相符。若有疑问，及时向承建单位提出质询。

③ 竣工图图面是否整洁、字迹是否清楚，是否用圆珠笔或其他易于退色的墨水绘制；如果不整洁、字迹不清，使用圆珠笔绘制等，必须让承建单位按要求重新绘制。

④ 审查中发现施工图不准确或短缺时，必须让承建单位采取措施修改和补充。

3）工程项目竣工验收资料的报告

数据中心工程建设的业主审查完承建单位提交的竣工资料之后，认为符合工程合同及有关规定，且准确完整、真实，便可签同意竣工验收资料的报告。

11.4 建设的投资控制

11.4.1 建设业主的主要任务

(1) 对实际完成的分部、分项工程量进行计量和审核，对承建单位提交的工程进度付款申请进行审核并签发付款证明来控制合同价款。

(2) 严格控制工程变更，按合同规定的控制程序和计量方法确定工程变更价款，及时分析工程变更对控制投资的影响。

(3) 在施工进展过程中进行投资跟踪、动态控制，对投资的支出做好分析和预测，即将收集的实际支出数据整理后与投资控制值比较，并预测尚需发生的投资支出值，及时提出报告。

(4) 作好施工管理记录和收集保存有关资料，依据合同条款，处理承建单位和建设单位提出的索赔事宜。

(5) 对项目的工程量和投资计划值，按进度要求和项目划分层层分解到各单位工程或分部分项工程。

(6) 对施工组织设计或施工方案进行认真审查和技术经济分析，积极推广应用新技术和新材料。

(7) 促进承建单位推行项目法施工,形成项目经理对项目建设的工期、质量、成本的三大目标的全面负责制,协助承建单位改革施工工艺技术,优化施工组织。

(8) 进行主动管理,帮助承建单位加强成本管理,使工程实际成本控制在合同价款之内。

11.4.2 施工阶段的投资控制

施工阶段可以采用组织措施、经济措施、技术措施、合同措施来进行投资的控制。

1. 组织措施

(1) 建立项目管理的组织保证体系,在项目管理班子中落实从投资控制方面进行投资跟踪、现场管督和控制人员,明确任务及职责,如发布工程变更指令、对已完工程的计量、支付款复核、设计挖潜复查、处理索赔事宜,进行投资计划值和实际值比较,投资控制的分析与预测,报表的数据处理,资金筹措和编制资金使用计划等。

(2) 编制本阶段投资控制详细工作流程图。

2. 经济措施

(1) 进行已完成的实际工程量的计量或复核,未完工程量的预测。

(2) 工程价款预付、工程进度付款、工程款结算、备料款和预付款的合理回扣等审核、签署。

(3) 在施工实施全过程中进行投资跟踪、动态控制和分析预测,对投资目标计划值按费用构成、工程构成、实施阶段、计划进度分解。

(4) 定期向工程管理负责人、建设单位提供投资控制报表、必要的投资支出分析对比。

(5) 编制施工阶段详细的费用支出计划,依据投资计划的进度要求编制,并控制其执行和复核付款的账单,进行资金筹措和分阶段到位。

(6) 及时办理和审核工程结算。

(7) 制定行之有效的节约投资的激励机制和约束机制。

3. 技术措施

(1) 对设计变更严格把关,并对设计变更进行经济分析和审查认可。

(2) 进一步寻找通过设计、施工工艺、材料、设备、管理等多方面的挖潜节约投资的可能,组织检查,对查出的问题进行整改,组织审核降低造价的技术措施。

(3) 加强设计交底和施工图会审工作,把问题解决在施工之前。

4. 合同措施

(1) 参与处理索赔事宜时以合同为依据。

(2) 参与合同的修改、补充工作,并分析研究对投资控制的影响。

(3) 管督、控制、处理工程建设中的有关问题时以合同为依据。

11.4.3 工程计量与支付控制

1. 工程计量

工程计量是指数据中心工程建设的业主对承建单位按合同中规定的建设项目,按施工进度计划及施工图设计要求,在建设实施时对实际完成的工程量的确认。工程计量的内容包括下列项目:

(1) 工程量清单中的全部项目。
(2) 合同文件中规定的项目。
(3) 工程变更项目。

2. 工程支付

工程支付是指建设单位对承建单位任何款项的支付,都必须由数据中心工程建设的业主出具证明,作为建设单位对承建单位支付工程款项的依据。因此,业主在项目建设管理过程中,利用计量支付的经济手段,对工程造价、进度、质量进行三大控制和全面管理。

11.4.4 工程决(结)算编制和审查

工程决(结)算是指一项工程,通过施工实施后与原设计图纸产生差异,将有出差异而增减的工程内容,按施工图预算编制方法,对原施工预算的量、价、费进行修正后,作为双方办理工程费用结算的依据。

1. 工程决(结)算编制的依据

(1) 施工图、说明书和施工图预算。
(2) 施工合同和协议。
(3) 现行预算定额、材料预算价格、费用定额及取费基础、调价方法或调价系数的规定。
(4) 图纸会审纪要。
(5) 设计变更通知。
(6) 工程停止报告。
(7) 材料代用产生的价差。

2. 工程决(结)算编制的步骤

(1) 收集整理原始资料,作好调查、核对工作。对施工图预算的量、价、费进行核对,实际完成的分部、分项工程内容与施工图预算是否一致等。

(2) 调整增减工程量。按工程变更通知、验收记录、现场签证、材料代用等资料,计算应调整增减的工程量。

(3) 按施工图预算编制方法,将调整增减的工作量来套预算定额的单价,计算增减部分的工程造价。

(4) 调整后的单位工程决(结)算总造价＝原单位工程预算总造价＋调增(减)部分的工程造价；或单位工程决(结)算总造价＝单位工程决(结)算总直接费＋间接费＋材料价格调价的差价＋计划利润＋税金。

3. 工程决(结)算的审查

(1) 核对施工图预算和增减变更因素的工程量、定额单价、取费标准、材料差价、计划利润和税金是否按规定计算，防止错漏。

(2) 审查工程决(结)算编制的依据。

(3) 审查实际完成工作量与工程决(结)算内容是否相一致。

(4) 审查材料使用量和材料结算价格。

(5) 审查工程决(结)算的编制是否符合合同条款的要求。

(6) 审查工程决(结)算编制的内容是否完整齐全。

11.5 建设的进度控制

进度控制是数据中心工程项目建设中与质量控制、投资控制并列的三大目标之一，它的任务是确保工程项目建设按期完成。

11.5.1 工程建设管理进度控制的基本方法和任务

1. 进度控制的概念

工程建设的进度控制是指对工程项目各建设阶段的工作内容、工作程序、持续时间和衔接关系编制计划，将该计划付诸实施。在实施的过程中经常检查实际进度是否按计划要求进行。对出现的偏差分析原因，采取补救措施或调整、修改原计划，直至工程竣工，交付使用。进度控制的最终目的是确保项目进度目标的实现，建设项目进度控制的总目标是建设工期。

2. 进度控制的影响因素

由于数据中心工程项目具有庞大、复杂、周期长、相关单位多等特点，因而影响进度的因素很多。要有效地进行进度控制，就必须对影响进度的各种因素进行全面的分析和预测。

1) 影响建设项目进度常见的几个因素

影响建设项目进度的因素，可归纳为人的因素，技术因素，材料、设备与配件因素，机具因素，资金因素，环境、社会因素及其他难以预料的因素等。其中人的因素影响最大，从产生的根源看，有来源于建设单位及上级机构的；有来源于设计施工及供货单位的；有来源于政府、建设主管部门、有关协作单位和社会的；有来源于各种自然条件的；也有来源于管理单位本身的。现列举常见的几个因素如下：

(1) 承建方使用要求改变或设计不当而进行设计变更。

(2) 承建方应提供的场地条件不能及时或不能正常满足工程的需要。
(3) 调研工作做得不够深入细致和资料不准确。
(4) 设计、施工中采用不成熟的工艺、技术方案失当。
(5) 图纸供应不及时、不配套或出现差错。
(6) 外界配合条件有问题,如交通运输受阻,水、电供应条件不具备等。
(7) 计划不周,导致停工待料和相关作业脱节,使工程无法正常进行。
(8) 各单位、各专业、各工序间交接、配合上的矛盾,打乱了计划安排。
(9) 材料、配件、机具、设备供应环节的差错,品种、规格、数量、时间不能满足工程的需要。
(10) 安全、质量事故的调查、分析、处理及争执的调解、仲裁等。
(11) 向有关部门提出各种申请审批手续的延误。
(12) 承建方资金方面的问题,如未及时向施工单位或供应商拨款。
(13) 突发事件影响,如恶劣天气、地震、临时停水、停电、交通中断、社会动乱等。
(14) 承建方越过管理职权无端干涉,造成指挥混乱。

2) 按责任及处理方式来看影响进度的两大类因素

按照干扰的责任及其处理方式的不同,又可将影响因素分为以下两大类:

(1) 由于承建方自身的原因造成的工期的延长,称之为工程延误。其一切损失由承建方自己承担,包括承建方在工程建设的业主的同意下,所采取加快工程进度的任何措施所增加的各种费用。同时,由于工程延误所造成的工期延长,承建方还要向建设方支付误期损失赔偿费。

(2) 由于承建方以外的原因造成施工期的延长,称之为工程延期。经过工程建设的业主批准的工程延期,所延长的时间属于合同工期的一部分,即工程竣工的时间,等于标书中规定的时间加上业主批准的工程延期的时间。

3. 进度控制的方法和措施

1) 进度控制的主要方法

(1) 进度控制的行政方法。用行政方法控制进度是指上级单位及上级领导、本单位的领导,利用其行政地位和权力,通过发布进度指令,进行指导、协调、考核。利用激励手段(奖、罚、表扬、批评)、管督、督促等方式进行进度控制。使用行政方法进行进度控制,优点是直接、迅速、有效,但要提倡科学性,防止主观、武断、片面的瞎指挥。行政方法控制进度的重点应当是进度控制目标的决策和指导,在实施中应由实施者自己进行控制,尽量减少行政干预。

国家通过行政手段审批项目建设书和可行性研究报告,对重大项目或大中型项目的工期进行决策,批准年度基本建设计划,制定工期定额,招投标办公室批准标底文件中的开竣工日期及总工期等,都是行之有效的控制进度的行政方法。

(2) 进度控制的经济方法。进度控制的经济方法是指有关部门和单位用经济手段对进度控制进行影响和制约,主要有以下几种:上级或投资方通过投资的投放速度控制工程项目的实施进度;在建设合同中写进有关工期和进度的条款;建设单位通过招标的进度优惠条件鼓励施工单位加快进度;建设单位通过工期提前奖励和延期罚款实施进度控制,通过物资的供应进行控制等。

(3)进度控制的管理技术方法。进度控制的管理技术方法主要是工程建设的业主的规划、控制和协调。所谓规划,就是确定项目的总进度目标和分进度目标;所谓控制,就是在项目进展的全过程中,进行计划进度与实际进度的比较,发现偏离,就及时采取措施进行纠正;所谓协调,就是协调参加单位之间的进度关系。

2)进度控制的措施

进度控制的措施包括组织措施、技术措施、合同措施、经济措施和信息管理措施等。

(1)组织措施。

① 落实项目管理班子中进度控制部门的人员,具体控制任务和管理职责分工。

② 进行项目分解,如按项目结构分、按项目进展阶段分、按合同结构分,并建立编码体系。

③ 确定进度协调工作制度,包括协调会议举行的时间、协调会议的参加人员等。

④ 对影响进度目标实现的干扰和风险因素进行分析。风险分析要有依据,主要是根据许多统计资料的积累,对各种因素影响进度的概率及进度拖延的损失值进行计算和预测,并应考虑有关项目审批部门对进度的影响等。

(2)技术措施则是采用加快施工进度的技术手段。

(3)合同措施主要有分段发包、提前施工,以及各合同的合同期与进度计划的协调等。

(4)经济措施是采用保证资金供应的各类方法。

(5)信息管理措施主要是通过计划进度与实际进度的动态比较,定期地向建设单位提供比较报告等。

对于进度工作,应明确一个基本思想:计划不变是相对的,而变是绝对的;平衡是相对的,不平衡是绝对的。要针对变化采取对策,定期地、经常地调整进度计划。

4. 项目实施阶段进度控制的主要任务

项目实施阶段进度控制的主要任务有设计前准备阶段的进度控制、设计阶段的进度控制及施工阶段的进度控制等。

1)设计前的准备阶段进度控制的任务

(1)向建设单位提供有关工期的信息,协助建设单位确定工期总目标。

(2)编制项目总进度计划。

(3)编制准备阶段详细工作计划,并控制该计划的执行。

(4)施工现场条件调研和分析等。

2)设计阶段进度控制的任务

(1)编制设计阶段工作进度计划并控制其执行。

(2) 编制详细的出图计划并控制其执行等。

3) 施工阶段进度控制的任务

(1) 编制施工总进度计划并控制其执行。

(2) 编制施工年、季、月实施计划并控制其执行等。

数据中心工程建设的业主不仅要审核设计单位和施工单位提交的进度计划，更要编制进度计划，调整进度计划，采取有效措施，确保进度计划目标的实现。

11.5.2 工程建设进度控制计划系统

工程项目包括单项工程、单位工程、分部工程、分项工程。根据建设的要求，一个工程项目应编制下列各种计划。

1. 工程项目前期工作计划

工程项目前期工作计划是指对可行性研究、设计任务书及初步设计的工作进度安排。通过这个计划，使建设前期的各项工作相互衔接，时间得到控制。前期工作计划由建设单位在预测的基础上进行编制。

2. 工程项目建设总进度计划

工程项目建设总进度计划是指初步设计被批准后，编制上报年度计划以前，根据初步设计，对工程项目从开始建设（设计、施工准备）至竣工交付使用全过程的统一部署，以安排各单项工程和单位工程的建设进度，合理分配年度投资，组织各方面的协作，保证初步设计确定的各项建设任务的完成。它对于保证项目建设的连续性、增强建设工作的预见性、确保项目按期完成具有重要作用。它是编制上报总体计划的依据，由以下几个部分组成：

1) 文字部分

包括工程项目的概况和特点，安排建设总进度的原则和依据，投资资金来源和总体安排情况，技术设计、施工图设计、设备交付和施工力量进场时间的安排，网络、供电等方面的协作配合及进度的衔接，计划中存在的主要问题及采取的措施，需要上级及有关部门解决的重大问题等。

2) 工程项目一览表

该表把初步设计中确定的建设内容，按照单项工程、单位工程归类并编号，明确其内容和投资额，以便各部门按统一的口径确定工程项目控制投资和进行管理。

3) 工程项目总进度计划

工程项目总进度计划是根据初步设计中确定的建设工期和工艺流程，具体安排单项工程和单位工程的进度。一般用横道图（甘特图）编制。

4) 投资计划年度分配表

该表根据工程项目总进度计划，安排各个年度的投资，以便预测各个年度的投资规模，筹集建设资金或与银行签订借款合同，规定分年用款计划。

5）工程项目进度平衡表

工程项目进度平衡表用以明确各种设计文件交付日期，主要设备交货日期，施工单位进场日期和竣工日期，通信电路接通日期等，借以保证建设中各个环节相互衔接，确保工程项目按期完工。

在以上基础上，再分别编制综合进度控制计划、设计工作进度计划、采购工作进度计划、施工进度计划、验收和完工进度计划等。

3. 工程项目年度计划

如果工程跨年度才能完成，必须制定合理可行的年度计划以控制整个工程的总进度。工程项目年度计划依据工程项目总进度计划由建设单位进行编制，该计划既要满足工程项目总进度要求，又要与当年可能获得的资金、设备、材料、施工力量相适应。根据分批配套投资或交付使用的要求，合理安排年度建设的工程项目。工程项目年度计划内容如下。

1）文字部分

说明编制年度计划的依据和原则，建设进度，本年计划投资额，本年计划完成的工程量，施工设备、材料、施工力量等建设条件的落实情况，动力资源情况，对外部协作配合项目建设进度的安排或要求，需要上级主管部门协助解决的问题，计划中存在的其他问题，为完成计划采取的各项措施等。

2）表格部分

（1）年度计划项目表。该计划对年度施工的项目确定投资额、年末形象进度，阐明建设条件（图纸、设备、材料、施工力量）的落实情况。

（2）年度竣工投产交付使用计划表。该计划阐明单项工程的工程量、投资额等的规模及本年计划完成量，并阐明竣工日期。

（3）年度建设资金平衡表和年度设备平衡表。

4. 建设管理单位的计划系统

建设管理单位除对前述几种计划进行管控外，本身还应编制以下几种计划，以便更有效地进行管控。

（1）总进度计划。建设管理编制的总进度计划阐明工程项目前期准备、设计、施工、动工前准备及项目启动等几个阶段的控制进度。

（2）总进度分解计划。

① 年度进度计划。

② 季度进度计划。

③ 月度进度计划。

④ 设计准备阶段进度计划。

⑤ 设计阶段进度计划。

⑥ 施工阶段进度计划。

⑦ 启动前准备阶段进度计划。
(3) 各子项目进度计划。
(4) 进度控制工作制度。
① 工作流程图。
② 进度控制措施(组织措施、技术措施、经济措施、合同措施)。
(5) 进度目标实现风险分析。
(6) 进度控制方法规划。

5. 设计单位的计划系统

(1) 设计准备工作计划。
(2) 设计总进度计划。
(3) 设计工作分专业进度计划

6. 施工单位的计划系统

(1) 施工准备工作计划。
(2) 施工总进度计划。
(3) 单位工程进度计划。
(4) 分部、分项工程进度计划。

11.5.3 工程施工管理中的进度控制

1. 施工进度管理的主要工作

1) 下达工程开工令

数据中心工程建设的业主在中标函发出日之后,于投标书中规定的期限内发出开工通知书。

2) 审查承建方的施工进度计划

在中标通知书颁发日期之后,承建方应在规定的时间,向工程建设的业主提交工程进度计划,业主应根据合同条件、情况及其他有关方面的因素,审查承建方的施工进度计划。

3) 管督进度计划的实施

数据中心工程建设的业主管督进度计划的实施,是一项经常性的工作,是以被确认的承建方的进度计划为依据。

如果承建方的实际进度不符合被业主确认的进度计划,业主有权要求承建方修改进度计划,表明为保证工期竣工而采取的措施。

4) 批准延期

如果由于下列的原因导致工程拖期,承建方有权提出延长工期的申请;工程建设的业主应按合同条件,批准工程延期的时间。

(1) 额外增加或附加工作的数量或性质。

(2) 本合同条件中提到的任何误期的原因。

(3) 异常恶劣的环境条件。

(4) 由建设方造成的任何延误、干扰或阻碍。

(5) 除去承建方不履行合同或违约，或由他负责以外的其他可能发生的特殊情况。

2. 施工进度计划的编制和审定

1) 施工进度计划的编制

施工进度计划是在确定了施工方案的基础上，对工程的施工程序、各个项目的延续时间及项目之间的搭接关系、工程的开工时间、竣工时间及总工期等作出安排。在此基础上，可以编制劳动力计划、材料供应计划、成品与半成品计划、设备需用量计划等。所以施工进度计划是组织施工设计中一项非常重要的内容。

(1) 编制依据。施工组织总设计进度计划、施工方案、施工预算和定额、资源供应情况、上级和建设单位对工期的要求等，都是编制施工进度计划的依据。

(2) 施工项目的划分。施工项目划分的粗细程度，应根据计划的需要来决定。一般划分项目应顺序列成表格，编排序号。凡是与工程施工直接有关的内容均应列入，非直接施工辅助性项目和服务性项目不必列入。划分项目应与施工方案一致。

(3) 计算工程量和确定项目延续时间。计算工程量应针对划分的每一个项目并分段进行。可套用施工预算的工程量，也可以根据图纸并按施工方案安排自行计算，或根据施工预算加工整理。

项目的延续时间最好是按正常情况确定，它的费用一般是最低。待编制出初始计划并经过计算再结合实际情况作必要的调整，这是避免盲目施工而造成浪费的有效办法。但现在一般是按实际施工条件来估算项目的延续时间，这样较为简便。

(4) 确定施工顺序。确定施工顺序是为了按照施工的技术规律和合理的组织关系，解决各项目之间在时间上的先后和搭接问题，以做到保证质量、安全施工、充分利用空间、争取时间、实现合理安排工期的目的。

当施工方案确定后，项目之间的工艺顺序也就随之确定了，若违背这种关系，将会出现质量、安全事故，或造成返工浪费。

由于人员、设备和材料等资源的组织和安排需要形成各项目之间的先后顺序关系，不是由工程本身决定的，而是人为的。所以组织方式不但可以调整，而且应该按规律、按管理需要与管理水平进行优化，并将工艺关系和组织关系有机地综合起来，形成项目之间的合理顺序关系。

(5) 流水作业的组织。流水作业是一种科学组织施工的方法。它建立在分工、协作和大批量工作的基础上。这时，施工进度计划的编制应当以流水作业原理为依据，以便使工作有鲜明的节奏性、均衡性和连续性。

按流水作业法划分的每一个施工过程或工序(亦称施工段)，应由固定的施工队负责完成；并确定各施工队在各施工段上的工作持续时间(称流水节拍)；各施工队按照一定的施工工艺,配合必要的设备,依次地、连续地由一个施工段转移另一个施工段,反复完成同类工作;不同的施工队完成工作的时间应适当搭接起来。

(6)施工进度计划的评估。为了鉴别计划的可行性,应从时间、技术经济效果、技术力均衡情况等方面进行评估。若有不合理之处,应重新调整。

2)施工进度计划的审定

数据中心工程建设的业主应当细致而认真地审查承建方的施工进度计划,这是保证工程质量和工程进度的一个环节。

(1)检查进度的安排在时间上是否符合合同中规定的工期要求。

(2)检查进度安排的合理性,以防止承建单位利用进度计划的安排造成建设单位违约,并以此向建设单位索赔。

(3)审查承建单位的技术力量、材料、机具设备供应计划,以确认进度计划能否实现。

(4)检查进度计划在顺序安排上是否符合逻辑和施工程序的要求。

(5)检查进度计划是否与其他实施性计划协调。

(6)检查进度计划是否满足材料与设备供应的均衡性要求。

3)工程进度的管控

数据中心工程建设的业主对工程施工进度实行管控的最根本的方法,就是通过各种途径定期取得工程的实际进展情况。

(1)检查。首先是在工程项目实施过程中,随时或定期检查项目的实际进展情况。

(2)对比。即将实际进度与计划进度进行比较,找出两者的差别。

(3)分析。即时分析实际进度情况及其对进度目标的影响程度,并分析产生差别的主要原因。

(4)研究。主要是针对分析的结论,研究补救与改进的有效途径和措施。

(5)调整。根据研究的结果帮助承建单位对原来的计划进行调整。

(6)落实。根据调整后的计划,管督组织落实,以便使进度得到控制。

在工程项目的实施过程中,按照上述方法与步骤,对工程项目实施进度进行及时的管督与控制,不断纠正进度偏离目标的情况与趋向,从而使进度目标得到实现,这就是工程建设的业主进度控制的主要任务。

11.6 建设的风险控制

数据中心工程建设的风险可定义为:在特定的条件及时间之内,数据中心工程建设的实际结果与系统建设预期的目标之间可能发生差异的程度。数据中心工程的风险和系统的应用是伴生的,风险是永远客观存在的,如何防范和控制风险也是数据中心建设过程中必须应对的问题。

11.6.1 数据中心建设存在的风险

数据中心建设往往具有投资大、周期长、知识密集、高风险等特点,不仅多采用先进技术,涉及物理设备、通信网络、系统架构、协议分析、数据整合、应用集成等各个方面,而且众多先进技术相互之间的集成本身就有相当的难度,再加上工程项目多为分散开发与异地整合,具有一定的隐蔽性,容易造成工程隐患。

在数据中心建设中,由于用户需求不全面、可行性论证不充分、合同条文不明确、系统开发不规范;缺少对设备的监理、对系统的评测验收;工程结束后,承建方没有提交完整的文档资料,致使工程缺乏连续性、继承性、可扩展性;工程长时间不能投入正常运行,工程款一拖再拖等众多原因,经常造成项目延误、重复建设、水平落后。其中建设中必然经历需求调研分析、系统规划设计、系统开发测试、系统实施等几个过程,都存在导致日后系统出现错误造成损失的风险。

(1) 需求调研阶段。技术人员对需求认识的局限性将造成数据中心的局限性。在日后系统应用过程中,当这种局限性越来越明显时,可能对系统的使用产生影响。

(2) 系统规划设计阶段。存在着系统的硬件环境风险和数据中心技术带来的风险。在摩尔定理的作用下,信息技术飞速发展,技术人员对新的硬件设备、软件和技术的掌握具有一定的局限性,造成系统规划设计阶段不能充分发挥、整合技术设备的功能或过高估计了技术设备的性能两类错误。

(3) 系统开发测试阶段。每一项功能都是由技术人员编写程序代码实现的,此项工作繁琐且复杂,人非机器,错误不可绝对避免,开发的质量需要测试工作来保证。测试工作只是模拟未来的使用方式来验证系统,不可能对系统进行全方位的验证,系统出错的可能性永存。

(4) 系统实施阶段。系统实施受到环境影响,系统建设的进度、质量、成本等与业主方和承建方都密切相关。另外,作为这项工作主要的参与者,人的责任心这样的道德风险也不能小视。

数据中心所依赖的硬件、软件系统的建设和使用过程都存在着大量的风险因素,这类风险客观长期存在,既有有形的风险(设备、环境)、也有无形的风险(行为、道德)。

11.6.2 工程建设风险控制机制

数据中心的建设从立项到最终的投入使用,包含了大量的过程活动,从风险监控的角度,需求整理、项目采购、项目计划、系统规划、应用测试、客户培训六项工作是管理的重心。数据中心不同于传统的实物产品,可度量性差,其过程表现的是人的行为和思想活动,因此建立工作过程文档实属必要,这将构成进行质量管理、控制风险的基础。

目前,控制数据中心建设的主要机制是参照信息系统集成资质认证、信息系统工程监理及其他检测机制,将从事前、事中和事后的各个环节完善对整个数据中心工程的质量控制、监督和保障,组成了对数据中心工程建设完整有效的风险控制体系。

1. 信息系统集成资质认证

计算机信息系统集成是指从事计算机应用系统工程和网络系统工程的总体策划、设计、开发、实施、服务及保障。

计算机信息系统集成的资质是指从事计算机信息系统集成的综合能力,包括技术水平、管理水平、服务水平、质量保证能力、技术装备、系统建设质量、人员构成与素质、经营业绩、资产状况等要素。资质认证规范了市场,提高了系统集成企业的综合能力,从而也提高了信息工程的质量。

2. 数据中心工程监理

数据中心工程监理是指依法设立且具备相应资质的信息系统工程监理单位,受业主单位委托,依据国家有关法律法规、技术标准和信息系统工程监理合同,对信息系统工程项目实施的监督管理。

在数据中心工程项目中引入监理机制,从工程规划咨询、设计、招投标咨询、中标方技术方案审核、施工过程、验收等方面对工程实施监理,对数据中心工程进行质量控制、投资控制、进度控制、变更与风险控制,进行合同管理、信息管理、安全管理,项目实施过程中协调建设方、承建方的关系,妥善解决出现的问题。这加大了工程管理力度,确保了工程的合理性和规范性,保证了工程实施计划的可行性以及工程实施的进度和质量。

3. 数据中心工程检测机制

在数据中心工程建设过程中,都离不开检测、检验、试验等手段所提供数据,这也是减少或避免人为因素的干扰和主观评价的影响,加强风险控制的必要手段。对数据中心建设的检测主要从以下几方面进行:

(1) 功能检测。根据设计要求和建设合同,对数据中心系统的硬件和软件的功能是否符合或达到要求进行检测。如根据GB/T 2887—2000《电子计算机场地通用规范》对机房进行检测,根据合同对硬件设备和软件设备的型号、规格等进行检测,根据系统设计要求对其功能及其兼容性测试和资料审查等。

(2) 性能检测。是指采用专业的检测设备、检测工具对数据中心系统的性能进行测试。包括对网络系统的网络丢包率测试、网络链路传输速率测试、网络连通性检测、网络传输时延测试、网络吞吐率测试,以及根据GB/T 16260—2006《软件工程产品质量》对软件进行压力测试、稳定性测试;涉及智能楼宇和综合布线的应根据ISO/IEC 11801—2000《信息技术用户建筑群的通用布缆》、GB 50339—2003《智能建筑工程质量验收规范》、GB/T 50312—2000《建筑与建筑群综合布线系统工程验收规范》等标准和规范的要求进行检测。

(3) 安全检测。根据GB/T 20269—2006《信息安全技术信息系统安全管理要求》、GB/T 20270—2006《信息安全技术网络基础安全技术要求》、GB/T 20271—2006《信息安全技术信息系统通用安全技术要求》、GB/T 18336.3—2008《信息技术安全技术信息技术安全性评估准则第 3 部分:安全保证要求》、GB 4943—2001《信息技术设备的安全》等标准的规定,采用专业检测设备,对系统进行漏洞扫描和数据库漏洞扫描,及时发现漏洞并提出解决方案。

通过对硬件、软件系统进行质量检测和安全性检测,能够充分反映数据中心建设的质量和安全性,查找质量隐患和安全漏洞,以利于及时整改,保障数据中心工程质量。

11.7 建设的信息管理

数据中心工程项目建设的信息是对参与各方主体(包括建设单位、承建单位和监理单位等)从事项目管理(或监理)提供决策支持的一种载体,如项目建议书、可行性研究报告、设计说明书、售后服务协议及实施标准等。

在数据中心工程项目建设中,能够及时、准确、完善的掌握与数据中心工程有关的大量信息,处理和管理好各类工程建设信息,是数据中心工程项目管理的重要工作内容,也是监理单位监督管理的重要内容。

11.7.1 信息管理的重要性

数据中心工程在实施过程中,项目参建者必须了解开发进度、存在的问题和预期目标。每一阶段计划安排的定期报告提供了项目的可见性。定期报告还提醒了各参建单位对该项目承担的责任以及该单位效率的重要性。开发文档规定若干个检查点和进度表,使参建单位可以评定项目的进度,如果开发文档有遗漏,不完善,或内容陈旧,则管理者将失去跟踪和控制项目的重要依据。

信息管理是各任务之间纽带,同时也是重要的凭证。

数据中心工程通常会被划分为若干个任务,由不同的单位去完成。建设单位组织相关领域专家建立项目,做各种指示灯。承建单位的分析员阐述系统需求,设计员为程序员指定总体设计,程序员编制详细的程序代码,质量保证专家和审查员评价整个系统性能和功能的完整性,负责维护的程序员改进各种操作或增强某些功能。监理单位控制项目各层面的实施情况、质量、进度、成本等。

这些单位间的信息沟通是通过文档资料的复制、分发和引用等方式实现的,因而任务之间的联系是文档的一个重要功能。

总之,信息管理的重要性体现在以下几个方面:
(1)信息是进行项目决策的依据。
(2)信息是协调项目各参与单位之间关系的纽带。
(3)信息是实施质量控制、投资控制和进度控制的基础。

11.7.2 信息的分类

数据中心工程项目的信息按照其性质、用途载体和工程阶段划分信息类型。

1. 按工程建设信息的性质划分

（1）引导信息。引导信息是用于指导人们的正确行为，以便有效地从事工程项目建设的各种技术经济活动，包括实施方案，实施组织设计、各种技术经济措施，以及设计变更通知、技术标准和规程等。

（2）辨识信息。辨识信息是用于指导人们正确认识工程项目建设中各类事物的性能、特征和效果，如软件环境、硬件环境、设备等的出厂证明书，技术合格证书，试验检验报告，中间产品和最终产品的检查验收签证等。

某些信息，例如需求分析、技术方案等既属于引导信息，又属于辨识信息。

2. 按工程建设信息的用途划分

（1）质量控制信息。包括项目实体质量信息，如质量检查、测试数据等；项目的功能及使用价值信息，如质量目标指标等；项目的工作质量信息，如质量体系文件等。

（2）投资控制信息。包括费用规划信息，如投资计划、投资估算等；实际费用信息，各类费用支出凭证；投资控制的分析比较信息，如费用的历史经验数据、现行数据、预测数据及经济与财务分析数据等。

（3）进度控制信息。包括项目进度计划，如总体进度计划等；工程实际进度的统计信息，如项目日志等；进度比较信息，如工期定额、实现指标等。

（4）其他用途信息。包括风险控制信息；合同管理信息；组织协调信息等。

3. 按工程建设信息的载体划分

包括文字信息、语言信息、符号及图表信息、视频信息等。

4. 按建设阶段信息划分

包括投资前期的决策信息、设计信息、实施信息、招标投标信息、验收信息等。

11.7.3 文档的管理

工程文档是建设信息的最集中的反映，它作为数据中心工程项目信息的载体，对工程的跟踪、控制、监管、审计、运行和维护都起着重要的作用。因此，在数据中心工程项目的建设中，必须采用科学的方法对文档进行分类，做好对工程文档的管理工作。在文档的管理过程中，需要注意以下几点：

（1）文档的格式应该统一。

（2）文档版本应该统一。

（3）文档的存档标准应统一。

（4）文档应与工程形象进度同步建立。

目前，国内尚无数据中心工程文档的管理规范；鉴于不少数据中心工程也属于电子政务工程的范畴的情况,对于数据中心项目建设的文档管理,可以参考国家档案局、国家发展和改革委员会发布的《国家电子政务工程建设项目档案管理暂行办法》(档发〔2008〕3号)来进行分类与管理,详见表11.1。

表11.1 国家电子政务工程建设项目文件归档范围和保管期限表

序 号	归 档 文 件	保管期限
1	立项阶段文件	
1.1	项目建议书阶段	
1.1.1	项目建议书及批复文件	永久
1.2	可行性研究报告阶段	
1.2.1	可行性研究报告及批复文件	永久
1.2.2	项目调整申请及批复	30年
1.3	初步设计阶段	
1.3.1	初步设计方案和投资概算报告及批复	永久
1.3.2	项目调整申请及批复	永久
2	项目管理文件	
2.1	综合管理文件	
2.1.1	建立项目领导和实施机构文件	10年
2.1.2	项目管理计划、年度总结	10年
2.1.3	投资、进度、质量、安全、合同控制等文件	10年
2.1.4	对项目各分系统的审批、评审文件	10年
2.1.5	项目管理各项制度、办法	10年
2.1.6	调研报告、考察报告	10年
2.1.7	项目试点工作安排、总结	10年
2.1.8	项目会议文件、项目简报、汇报材料	10年
2.1.9	日常管理的请示批复、往来函件	10年
2.1.10	知识产权文件、协议、证书	30年
2.1.11	项目管理工作照片、音像	30年
2.2	招投标文件	
2.2.1	招标文件、委托招标文件	30年
2.2.2	评标文件、评分标准及打分表、评标报告、中标通知	10年
2.2.3	中标的投标文件(正本)	永久
2.2.4	未中标的投标文件	终验后2年
2.2.5	政府采购文件	10年
2.3	合同文件	
2.3.1	合同谈判纪要、合同审批文件、合同书、协议书	永久

续表 11.1

序号	归档文件	保管期限
2.3.2	合同变更、索赔等文件	永久
3	设计阶段文件	
3.1	设计开发文件	
3.1.1	需求分析文件	
3.1.1.1	需求调研计划、记录、需求分析、需求规格说明书	30年
3.1.1.2	需求评审	30年
3.1.2	设计开发文件	
3.1.2.1	设计开发计划、设计方案	10年
3.1.2.2	概要设计说明书、概要设计评审	30年
3.1.2.3	详细设计说明书、详细设计评审	30年
3.1.2.4	数据库结构设计说明书	30年
3.1.2.5	编码计划、代码编写规范	30年
3.1.2.6	模块开发卷宗	30年
3.1.2.7	施工图设计	30年
3.2	信息资源规划和数据库设计(3.2~3.12可参考3.1所列文件)	
3.3	应用支撑平台和应用系统设计	
3.4	网络系统设计	
3.5	数据处理和存储系统设计	
3.6	安全系统设计	
3.7	其他系统设计(终端、备份、运维等)	
3.8	机房及配套工程设计	
3.9	环保、节能设计	
3.10	消防设计	
3.11	职业安全、职业卫生设计	
3.12	标准规范建设	
4	实施阶段文件	
4.1	总体实施	
4.1.1	实施计划、方案及批复文件	30年
4.1.2	意见汇总报告	10年
4.1.3	系统集成方案、项目配置管理方案、评审报告	30年
4.1.4	源代码及说明	30年
4.1.5	设计变更报审、代码修改记录	30年
4.1.6	网络系统文件	30年

续表 11.1

序号	归档文件	保管期限
4.1.7	二次开发支持文件、接口设计说明书、程序员开发手册	30年
4.1.8	用户使用手册、系统维护手册、软件安装盘	10年
4.1.9	系统上线保障方案、应急预案、事故及问题处理文件	10年
4.1.10	测试方案、方案评审意见、测试记录、测试报告	10年
4.1.11	培训文件、教材讲义	10年
4.1.12	试运行方案、记录、报告、试运行改进报告	10年
4.1.13	合同验收文件、开发总结报告、交接清单	30年
4.1.14	项目例会、协调会纪要、备忘录	10年
4.1.15	运行管理制度	30年
4.2	信息资源规划和数据库建设(4.2~4.12可参考4.1所列文件)	
4.3	应用支撑平台和应用系统建设	
4.4	网络系统建设	
4.5	数据处理和存储系统建设	
4.6	安全系统建设	
4.7	其他系统建设(终端、备份、运维等)	
4.8	环保、节能建设	
4.9	消防建设	
4.10	职业安全、职业卫生建设	
4.11	机房及配套工程建设	
4.11.1	土建施工文件	
4.11.1.1	技术要求、技术交底、图纸会审纪要、开工报告	30年
4.11.1.2	施工组织设计、方案及报批文件,施工工艺文件	30年
4.11.1.3	原材料出厂证明、复验单、试验报告	30年
4.11.1.4	施工定位测量、地质勘探、土岩试验报告、桩基工程记录	永久
4.11.1.5	设计变更通知、工程更改洽商单、业务联系单、备忘录、事故处理文件	永久
4.11.1.6	隐蔽工程验收记录	永久
4.11.1.7	工程质量检查、评定、签证	永久
4.11.1.8	竣工图	永久
4.11.1.9	竣工报告、竣工验收报告	永久
4.11.1.10	施工照片、音像	30年
4.11.2	线路施工安装文件	
4.11.2.1	工程技术要求、技术交底、图纸会审纪要、开工报告	30年
4.11.2.2	施工组织设计、方案及报批文件,施工计划、技术措施文件	30年

续表 11.1

序 号	归 档 文 件	保管期限
4.11.2.3	原材料出厂证明、质量鉴定、复验单、产品交付清单、到货验收记录	30 年
4.11.2.4	设计变更通知、工程更改洽商单、材料、零部件、设备代用审批手续、技术核定单、备忘录	永久
4.11.2.5	施工安装记录、质量验评、签证	永久
4.11.2.6	调试记录、测试报告	10 年
4.11.2.7	竣工图	永久
4.11.2.8	竣工报告、竣工验收报告	永久
4.11.2.9	施工照片、音像	30 年
4.12	标准规范建设	
4.12.1	标准建设总体方案、实施计划	10 年
4.12.2	征求意见稿、汇总意见、标准规范编制过程说明	10 年
4.12.3	标准送审稿、标准试行稿、专家审查意见	10 年
4.12.4	标准正式文本	30 年
4.12.5	标准应用试点报告、标准培训文件	10 年
4.12.6	标准推广应用方案、标准实施指南	10 年
5	监理文件	
5.1	监理大纲、监理规划、细则及批复	30 年
5.2	资质审核、设备材料报审、复检记录	30 年
5.3	需求变更确认	30 年
5.4	开(停、复、返)工令	10 年
5.5	施工组织设计、方案审核记录	30 年
5.6	工程进度、延长工期、人员变更审核	10 年
5.7	监理通知、监理建议、工作联系单、问题处理报告、协调会纪要、备忘录	10 年
5.8	监理周(月)报、阶段性报告、专题报告	10 年
5.9	测试方案、试运行方案审核	10 年
5.10	造价变更审查、支付审批、索赔处理文件	30 年
5.11	验收、交接文件、支付证书、结算审核文件	30 年
5.12	监理工作总结报告	永久
5.13	监理照片、音像	30 年
6	设备文件及系统软件	
6.1	选购阶段	
6.1.1	调研分析报告、技术考察报告	10 年
6.1.2	设备采购请示、批复	10 年

续表 11.1

序 号	归 档 文 件	保管期限
6.1.3	技术协议、谈判备忘录、设备配置方案	30 年
6.1.4	授权书、软件许可协议、海关商检相关文件、原产地证明、产品质量证明、设备代理商营业执照复印件	10 年
6.2	开箱验收阶段	
6.2.1	设备随机文件、装箱单、合格质量证、开箱验收记录	30 年
6.2.2	设备图纸、说明书、检测报告	30 年
6.3	安装调试阶段	
6.3.1	测试计划(方案)、安装测试记录、报告	10 年
6.3.2	验收文件、交接清单	30 年
6.4	系统升级、换版阶段	
6.4.1	升级、换版的请示与批复	30 年
6.4.2	设备及软件报废的技术鉴定书、请示及批复文件	30 年
6.4.3	设备及软件升级、换版的验收文件	30 年
6.5	设备维修、系统维护等后期服务阶段	
6.5.1	设备维修、维护请示及批复	10 年
6.5.2	设备维修、维护记录	10 年
7	财务管理文件	
7.1	财务计划及执行无间、概算执行报告	10 年
7.2	概算、预算、标底、合同价	30 年
7.3	资金申请及批复	10 年
7.4	器材、主要耗材管理	10 年
7.5	决算、财务报告	永久
7.6	审计报告	永久
7.7	交付使用的固定资产、流动资产、无形资产、递延资产清册	永久
8	验收文件	
8.1	初验阶段	
8.1.1	验收工作大纲	10 年
8.1.2	各单项、系统验收报告	30 年
8.1.3	信息安全风险评估报告	30 年
8.1.4	初步验收总报告(含工程、技术、财务、档案验收)	30 年
8.1.5	初验会议文件、验收申请、验收意见书及验收委员会签字表	30 年
8.1.6	整改方案及实施文件	10 年
8.2	终验阶段	

续表 11.1

序 号	归 档 文 件	保管期限
8.2.1	竣工验收会议文件、验收申请、汇报材料	永久
8.2.2	竣工验收报告、验收委员会签字表	永久
8.2.3	工程专家组验收意见	永久
8.2.4	技术专家组验收意见	永久
8.2.5	财务专家组验收意见	永久
8.2.6	档案专家组验收意见	永久
8.2.7	信息安全风险评估报告	30 年
8.2.8	项目建设工作总结	永久
8.2.9	项目评优报奖申报材料、批准文件及证书	30 年
8.2.10	项目稽查、检查文件、项目后评价文件	永久

第 12 章 数据中心运行管理

"运维管理无小事,节能增效保平安。"

要确保数据中心安全、可靠、持续、经济、低耗与高效地运行,必须做好运行管理工作。要做好运行管理工作,必须尽快建立高效、规范的运维体系。只有将规范和流程引入到混乱的运行环境中,让每个运维技术人员一丝不苟地按规范做,让经常做的事情制度化,让制度化的事情标准化,让标准化的事情规范化,才能构建完善规范的运维体系,提升运维管理水平。在建立健全运维体系的过程中,要不断引入运行管理的新理念、新技术与新方法,实现节能、高效、简化管理的目的,改善系统的运维质量,保证数据中心安全稳定运行。

数据中心的运行管理,实际上指的是对数据中心各系统及运行设备的管理,它包括为业务和分析系统提供数据安全存储、可靠运行支撑的 IT 基础设施(包括运行环境、网络、存储、服务器)和通用软件(操作系统、数据库、中间件)等软、硬件系统的组合平台,还包括与使用该设备的人员进行沟通和交流的过程。它的一个基石就是对用户、软件和系统设备的支持。

本章将从人员、流程、技术等三个方面,分运行管理任务和机构与基本制度、数据资源管理、运行日常管理、基础设施管理、运行管理的新理念与新技术五个部分来介绍如何做好数据中心的运行管理。

12.1 数据中心管理的任务、机构与基本制度

12.1.1 管理的目标、任务及内容

1. 管理的目标

运行管理的目标就是通过强化与规范运行管理工作,确保数据中心安全稳定运行,为数据中心的 IT 关键设备运营管理和数据信息安全,提供可持续的有力保障;为实现企业(机构)信息资源的存储、保护和应用,以及企业(机构)的核心运营提供高可用性的、持续可靠的服务支撑。

2. 管理的任务

数据中心进入使用阶段后,这时的主要任务就是对数据中心进行管理和维护,包括对基础设施、业务系统、数据库及业务系统运行状态的监视监测,及时发现与处理问题;

对应用系统的运行进行实时控制,记录其运行状态,进行必要的修改与功能扩充,以便使应用系统真正符合管理决策的需要,为管理决策者服务,使数据中心真正发挥作用。

3. 管理的内容

高效的数据中心,如果管理不规范,缺乏科学的组织与管理,数据中心的作用就不能充分发挥,本身也会陷入混乱。管理是多方面的,既包括数据中心日常的规章制度及规章制度的执行程度,还包括对数据中心中各系统运行的可靠管理。运行管理主要关注的有以下几方面内容:

(1) 运维管理队伍建设。在数据中心运维过程中,人员因素应该是首要考虑的因素。无论多么先进的设备和技术,如果没有人进行管理是不能很好地发挥作用的。因此数据中心在建设过程就必须考虑队伍建设问题,如果等数据中心从"建设期"转入"维护期"才考虑队伍建设,那就太迟了,不利于提高运行管理效率。

(2) 数据中心应配备专责运维人员。划分合理的角色,明确职责。

(3) 建立相应的管理维护制度,对管理权限、维护记录、运行日志等方面作出规定。

(4) 建立通畅的反馈机制,使研发、客户服务、运行形成良性循环。

(5) 梳理管理流程,引入 ITIL(Information Technology Infrastructure Library,信息技术基础设施库)管理流程,提高运维效率,提高管理水平和服务质量。

(6) 通过自动化、资源整合与管理、虚拟化、安全以及能源管理等新技术的采用,对数据中心进行 $7\times24h$ 监控和运行维护。

(7) 建设运维管理信息系统,实行数据中心集中化管理。将数据中心监控和管理维护纳入整体集中监控和运维,使数据中心高效、安全、稳定运行。

(8) 加强应急管理、提高系统可用率。建立完善的运行管理专项应急预案,明确运维人员在技术、管理、业务、安全等方面的职责,把责任落实到岗、落实到人;定期进行预案演练,并根据演练结果及时更新预案;配备核心应用和关键设备的备品备件,以备出现突发事件时尽快更换,及时修复,缩小影响,减少停运时间,提高可用率。

12.1.2 管理的组织机构

有效地组织好各类系统的运行对提高数据中心的运行效率是十分重要的。运行管理组织的建立与数据中心在企业(机构)中的地位是分不开的。目前,我国各企业(机构)中负责数据中心运行管理的大多是科信部、信息中心、信息部等信息管理职能部门。随着人们对信息作用的认识提高,数据中心在企业(机构)中的地位也在逐步提高。从数据中心在企业(机构)中的地位来看,目前信息机构主要有以下两种形式,如图 12.1 所示。

按照图 12.1(a)的方式,信息部门与其他职能部门平行。这种组织结构的特点是信息资源可以为整个企业(机构)共享,但是由于系统运行中有关的协调和决策工作受到本身在组织内部所处地位的影响,对信息处理的决策能力较弱。

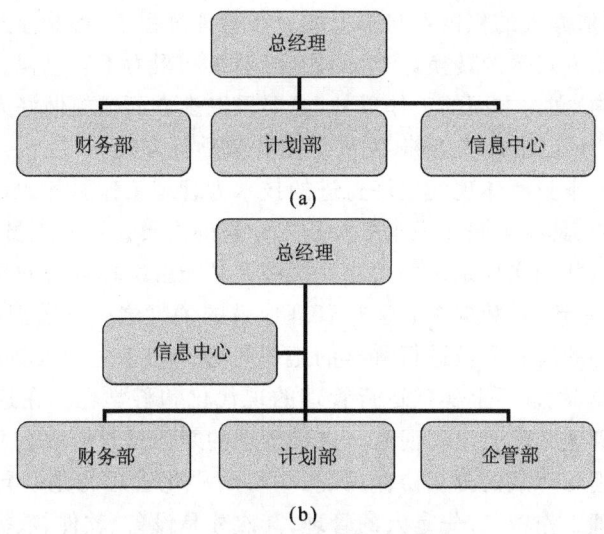

图 12.1 信息机构在组织中的地位

按照图 12.1(b)的方式,信息中心在总经理(或行政机构首长)之下、各职能部门之上。这种组织结构的特点是有利于信息资源的共享,并且在系统运行过程中由于本身所处地位较高而便于进行协调和决策,但往往容易出现脱离管理或服务较差的现象。

由于目前计算机、网络、通信等各项技术的发展,客户/服务器体系结构的运用,数据中心在组织中的地位最好是将上述两种方式结合在一起,各尽其责。信息中心主任(CIO)最好是由组织中的副总经理(或行政机构副首长)兼任,这样更有利于加强对组织内部各种信息资源的管理。

此外,作为企业(机构)信息化的重点领域,数据中心的地位在企业(机构)信息化中显得越来越重要。因此在管理职能规划方面,一些信息化比较成熟的行业和企业(机构)也开始发生了变化。企业(机构)内部从几台服务器过渡到小的机房,从小的机房又转变成为数据中心,可以说,涵盖了企业(机构)除桌面端的所有 IT 基础架构设施,非常有必要设置专门的负责人来进行管理,保障 IT 对业务的强有力的支持,数据中心经理(或主任)"随需而生"。过去,企业(机构)信息化的工作一般由科信部、信息中心、信息处等部门直接管辖,但现在,这一局面也在"随需而变"。比特网(ChinaByte)数据中心频道近期对行业企业(机构)信息化的调研发现,数据中心经理(或主任)这一新的岗位人群正在悄然形成,他们也成为企业(机构)信息化团队中,特别是 CIO 的重要支持力量。

12.1.3 数据中心的人事管理

1. 人员管理的重要性

在运行管理中人员因素应该是首要考虑的因素。因为 ITIL 的应用实际上是一个管理活动,特别依靠人的积极参与来完成。在管理过程中,可能涉及人员的职能、利益、思维模式、工作方式等的转换,产生的误解、消极和阻力不容忽视。因此,除了在制度安排、企业(机构)文化方面的工作以外,更要采取多方面措施做好人员的管理,包括服务意识培训、ITIL运维技能培养、发展规划和激励等方式。

由于数据中心本身所体现的运用先进的技术为管理工作服务的特点,其工作中必然要涉及多方面的、具有不同知识水平及技术背景的人员。这些人员在数据中心中各负其责、互相配合,共同实现系统的功能。这些人员能否发挥各自的作用,他们之间能否互相配合、协调一致,是数据中心运行管理成败的关键之一。数据中心主管人员的责任就在于对中心的所有人员进行科学的组织管理。如果主管人员不善于进行这样的组织及管理工作,就谈不上实现运行管理的现代化和科学化。在这种情况下,整个数据中心的运行管理必然会出现混乱。人员管理的好坏是数据中心发挥作用的关键,没用好的人员管理与有效的分工协作,数据中心集中化管理将是一句空话。因此,在数据中心运行管理工作中,首先是人的管理,其次才是设备、软件、数据的管理。

2. 人员的角色划分

数据中心的运行管理可以根据管理方式进行合理的角色划分,一般分为三类:

(1) 以需要管理的物理结构为分界,设置不同的管理角色。可以设置为机房管理、网络管理、系统管理、数据库管理、应用管理、安全管理、备份管理、客户技术支持等。

(2) 按照应用划分,将管理员按照不同的应用划分为不同的组,例如系统组、网络组、应用服务组等,从系统管理到应用管理全面负责。

(3) 前面两种兼而有之,客户服务、技术支持按照应用划分,其他的管理按照第一种方式。

每种方式各有利弊,要根据企业(机构)的实际情况选用。一般设置有机房管理员、网络管理员、系统管理员、数据库管理员、程序员、安全管理员、备份管理员、应用管理员、技术支持经理、客户服务经理等。

3. 人员管理的内容

人员的管理包括以下三个方面:

(1) 实行系统定岗管理。明确地规定每个人的工作岗位、工作任务及职权范围,尽可能确切地规定出各类人员在各项业务活动中应负的责任、应做的事、办事的方式、工作的次序。简单地说,要有明确的授权。

(2) 实行跟踪控制管理。对于每个岗位的工作要有定期的检查及评价,为此,对每种工作都要有一定的评价指标。这些指标应该尽可能有定量的尺度,以便检查与比较。这些指标应该有一定的客观的衡量办法,并且要真正按这些标准去衡量各类工作人员的工作,即必须有检查和评价。

(3) 实行素质能力管理。为运维人员创造出能力素质、资源支持、程序方法等多方面条件,要在工作中对运维人员进行培训,以便使他们的工作能力不断提高,工作质量不断改善,从而提高整个系统的效率。

4. 人员的责任及其绩效评价要点

数据中心中应制定各类人员的工作标准,明确职责,将责任落实到人。应建立完善运行指标体系,引入服务评价体系,建立一个能够量化的运维目标,其工作的评价标准应是所负责的应用系统在管理中发挥的作用及其效益。这样不仅能够务实地提高运行管理人员的服务质量和管理水平,也能够在目标达到时使团队工作的成绩得到肯定,提高运维人员的工作成就感。

数据中心中各类人员(例如中心主管、系统管理、网络管理、应用管理、机房管理等)的主要职责任务与绩效评价要点是:

(1) 数据中心主管人员的责任是负责整个数据中心相关的物理基础设施以及软件、硬件的选型与运维,同时还要负责数据中心外围团队的所有日常管理和运营工作。组织各方面人员协调一致地完成中心所担负的信息处理任务、掌握中心运行的全局,确保数据中心的IT关键设备和装置能安全、稳定和可靠运行;保证系统结构的完整,确定系统改善或扩充的方向,并按此方向组织系统的修改及扩充工作,以便使信息系统真正符合管理决策的需要,为管理决策者服务,使数据中心真正发挥作用。其工作的评价依据应是整个数据中心在管理中发挥的作用及其效益。

(2) 系统管理员的责任是在主管人员的组织之下,按照系统规定的工作规程进行日常的运行管理。负责管辖范围内各类系统的硬件设备和支撑软件调试、升级和维护工作,保证信息系统的安全、稳定运行;负责信息系统运行维护中的技术指导和故障的处理工作;做好分管应用系统的运行指标统计和考核工作。系统是否安全正常地运行,月运行率、可用率是否达到考核要求是对他们工作的最主要的衡量指标。

(3) 网络管理员的责任是在主管人员的组织之下,按照规定的工作规程进行日常的运行管理。负责所管辖范围内广域网、局域网的调试、升级和维护工作,保证网络的通畅、安全、稳定运行;负责指挥和协调各方做好网络系统运行工作,认真做好网络的运行管理;负责信息网络运行维护中的技术指导和故障的处理工作;做好分管网络系统的运行指标统计和考核工作。网络是否安全正常地运行,月运行率、可用率是否达到考核要求是对他们工作的最主要的衡量指标。

(4) 应用管理员的责任是在主管人员的组织之下,按照系统规定的工作规程进行日常的运行管理。负责企业(机构)单位应用服务系统的相关设备运行维护管理;负责应用系统的推广实施、升级;做好分管应用系统的运行指标统计和考核工作。系统是否安全正常地运行,月运行率、可用率是否达到考核要求是对他们工作的最主要的衡量指标。

(5) 机房管理员的责任是在主管人员的组织之下,按照系统规定的工作规程进行日常的运行管理。负责机房的运行管理监控工作,定时巡检机房基础设施;负责数据中心管辖范围内信息设备的缺陷管理;负责数据中心管辖范围内信息设备的台账管理和统计工作;按时清扫机房责任区域,保持环境整洁;做好分管机房监控系统的运行指标统计和考核工作。系统是否安全正常地运行,月运行率、可用率、设备完好率与设备消缺率是否达到考核要求是对他们工作的最主要的衡量指标。

5. 人员的培训

数据中心一般都采用了比较先进的技术和新型的 ITIL 管理模式,几乎所有的相关人员都需要通过边使用边学习的方式才能做好所担负的工作,因此,在数据中心的运行管理中,对人员的培训工作是不可缺少的。从长远来看,这种工作将使系统具有不断发展、不断完善的巨大潜力。无论对管理还是专业技术、生产技能、辅助人员来说,都必须把学习、培训和提高专业素质及业务能力作为自己工作不可缺少的部分。

数据中心的主管人员应该鼓励并组织各类人员进行知识更新和技术学习。给予时间、创造条件,采用包括自培和请进来、走出去的学习培训模式,使他们能够在完成日常工作的同时,在业务知识和工作能力上不断有所进步。

各类相关人员的知识更新或业务学习无疑应该围绕运行管理工作的需要来进行。例如了解所负责系统的总目标、特点、业务处理方式、业务处理需要等情况,这对于运行管理人员尤为重要。在市场营销业工作的计算机技术人员应该逐步了解营销类的业务工作,在企业(机构)工作的信息系统工作人员则应该逐步了解所在企业(机构)的生产及管理情况。另一方面,对于从管理部门来的工作人员,则应该逐步了解信息系统的基本构造、原理及使用方法。此外,对于各类人员都需要在工作中进行基本思想方法及工作方法的训练及培养。这包括:信息和信息系统的基本观点,信息系统为管理工作服务的基本观点,系统地全面地考察问题的思想方法,重视人在信息系统中的作用的基本观点等;同时,还应该养成严格遵守操作规程及工作步骤的工作习惯。

总之,在数据中心中,对各类运维人员的管理及培养是一个不可忽视的重要问题。

12.1.4 管理制度的建立与实施

1. 管理制度的组成

完善的管理制度是运行管理的保障。数据中心的基本规章制度包括三方面:管理规范、技术规范、操作指南(或作业指导书)。

(1)管理规范。是从规范管理人员及用户行为出发的各种制度、规定、办法与奖惩措施。

(2)技术规范。是规范运维人员在运行维护过程中各种行为的规定、规范与工作流程,例如,《应用服务管理规定》、《机房管理规定》、《信息系统运行管理规程》、《数据备份策略》。

(3)操作指南。指导运行管理人员及用户管理使用各种网络与信息系统的操作指南与用户手册,如《网站简易维护指南》、《信息门户使用指南》、《OA 系统安装使用手册》、《生产 MIS 作业指导书》、《服务器安装手册》等。

可以看出,在企业(机构)信息化发展到一定阶段,数据中心的建设重点应该要从系统实施转向以应用运维提升为主,运维质量保障、安全机制变得重要起来,这时除了技术的保障以外,制度保障显得越发重要。

2. 管理制度的建立

作为数据中心主管人员,应首先是一位管理专家,其次才是技术专家。由此,建立完善的运维制度是最主要的工作内容,是企业(机构)信息化有效执行和监督的立足点。数据中心本身管理不好,就不可能为业务部门提供满意的信息服务,业务部门对信息部门的满意度就会低,满意度低又会影响IT投资及新项目的开展,使信息部门陷入困境。所以,建立高效规范的运维机制是数据中心主管走向战略管理的第一步。对于数据中心来说,可从以下几个方面来进行,使运行管理制度化。

(1) 转变运维观念,树立规范化意识。只有树立制度化的IT运维意识,才能在日常繁杂琐碎的工作中有效地区分任务的优先级,将有限的资源投入到最能满足"客户"需要的工作中,减少与用户直接接触的成本开支。

天下大事必做于细。那么,如何保证运维工作的"无微不至"呢?方法是把运维工作和制度化紧紧地捆绑到一起。没有规矩,不成方圆。运维工作很琐碎,关键在于规范而不是创新。只有各类运维人员一丝不苟、老老实实按规范做,才能够把事情做好。

同时,建立IT运维制度非常重要,但是有了制度还要有人去执行,要强化执行制度比建立制度更重要的观念和意识。因此,对于数据中心来说,尽管由于人力、财力非常有限,难以系统建设ITIL流程,但是制度化的ITIL运维思想的引入仍然是必要的。

(2) 建立事件处理流程,强化规范执行力度。流程是最重要的,因为流程是IT管理的基础,在IT管理的过程中,针对同一问题的具体实施步骤可能不同,但流程是不会改变的。

首先需要建立故障和事件处理流程,利用运维管理系统或表格工具等记录故障及其处理情况,以建立运维日志,并定期回顾从中辨识和发现问题的线索和根源,提取经典"案例"形成知识库。建立每种事件的规范化处理指南,减少运维操作的随意性,在最大程度上降低故障发生的概率。

其次采用基于工作流技术实现的流程管理,它具有以下优点:

① 每个员工的工作在流程中有明确定义,方便进行工作量化管理。
② 管理者可以监控所有工作流程的执行状态,实现闭环管理和精确管理。
③ 增强业务各环节的协作能力,使业务运作更加顺畅。
④ 及时发现业务瓶颈,以便改善业务流程。例如运用ITIL模型运维的故障和事件处理,就是一个采用基于工作流技术实现流程管理的常见例子。故障和事件处理流程如图12.2所示。

(3) 设立ITIL服务台,引入优先处理原则。设立服务台以确定服务要求和IT运维目标,ITIL指南要求企业(机构)定义服务台的关键流程,不仅仅定义流程是什么,还包括它们是如何运作的,并指出每个流程对企业(机构)有什么影响和意义。贯彻了ITIL中的IT服务台及服务级别协议思想,例行的事就有人处理了;有了服务级别协议，制定了事件处理优先级次序，就可把事件再细分为例行事件和例外事件。

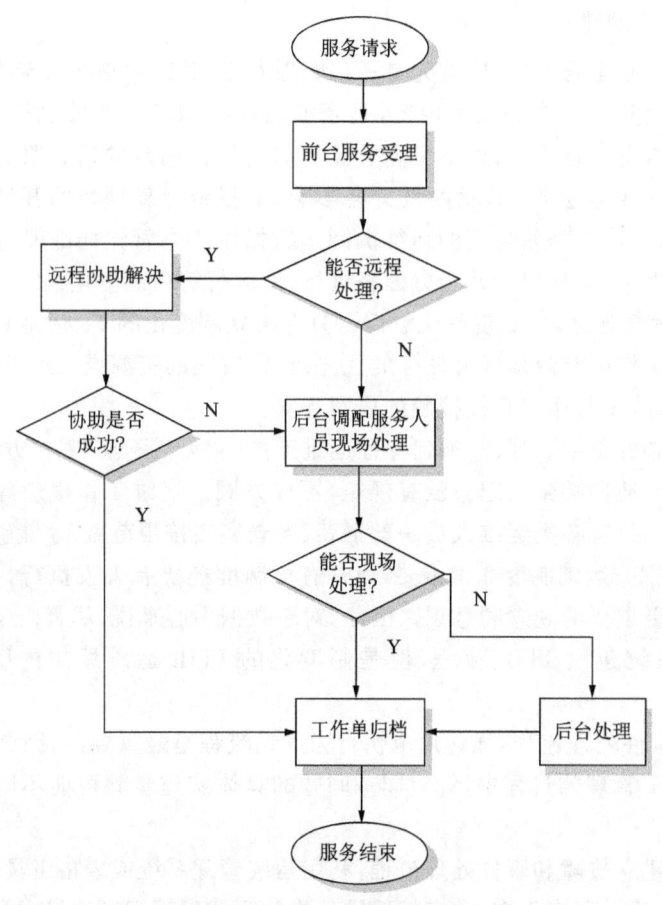

图 12.2 故障和事件处理流程

（4）最后要引入运维服务评价管理。数据中心建立完善运维绩效评价标准，给各类人员负责管理的系统或者客户服务建立一个能够量化的运维目标，这样不仅能够务实地提高服务质量和管理水平，也能够在目标达成后作为团队工作改进的成绩得到肯定，提高 IT 人员的工作成就感。

为促成运维目标的实现，作为系统管理人员要定期检查系统运行情况，发现问题及时处理，而数据中心的负责人除了要负责监督系统运行外，还要对本部门各类人员的工作进行检查和监督，积极做好各类人员的管理工作。只有这样才能保证数据中心为各层管理服务，充分发挥数据中心的作用。

3. 管理制度

各类数据中心业务各异，职能不同，其运行管理制度也不尽相同。下面以某电网公司数据中心的机房管理规定、运行管理规定和数据中心客户管理制度为例，详细阐述为了加强运行管理，对数据中心各类人员和机房环境、基础设施、安全管理、运行报告等各个环节都做出哪些相关要求,以供相关企业(机构)数据中心用户参考。

1)机房管理规定

数据中心机房主要是为信息系统设备提供运行环境的场所,可以是一幢建筑物或者建筑物的一部分,包括主机房、辅助区、支持区和行政管理区等。

主机房主要是进行电子信息处理、存储、交换和传输设备的安装和运行的建筑空间。包括服务器机房、网络机房、存储机房等功能区域。

辅助区是进行电子信息设备和软件的安装、调试、维护、运行监控和管理的场所,包括进线间、测试机房、监控中心、备件库、打印室、维修室等。

支持区是支持并保障完成信息处理过程和必要的技术作业的场所,包括变配电室、柴油发电机房、不间断电源系统室、电池室、空调机房、动力站房、消防设施用房、消防和安防控制室等。

行政管理区是进行日常行政管理及客户对托管设备进行管理的场所,包括工作人员办公室、门厅、值班室、盥洗室、更衣间和用户工作室等。

机房是数据中心重要的信息化基础设施,设立机房的目的,一是为数据中心中的 IT 关键设备运营管理和数据信息安全,提供 $7\times24h$ 的保障环境;二是防止各种非法人员进入,保护 IT 关键设备运营管理和数据信息安全。

为了保障信息机房内各种设备、信息系统的安全、可靠运行,要根据企业的特点,建立、健全机房管理规定,在规定中要明确机房管理职责,将责任落实到人。对人员进出管理、设备管理、卫生管理、机房环境管理等方面提出相关要求。并制定机房管理细则,加强日常巡检,完备机房运行日志,凡进出机房的人员必须遵守机房管理规定。

2)运行管理规定

在数据中心运行管理中,制度建设是一道必要的保障。信息化不能一蹴而就,一化就灵,信息化不是万能的,还要靠制度去保障、规范使用者的操作行为。换句话说,只有用严格的制度去约束人的行为,才能杜绝随意性。

系统的运行是长期的,而不是突击性的,而且大多数情况下都处于正常工作状态,所以随着时间的推移,运行管理常常被忽视。例如,无票操作、不按规程操作、小问题不在乎等。其实,管理本身就不是突击性的,要使每一个操作系统的人养成遵守管理制度的习惯。对运行中的异常情况要做好记录、及时报告,以便得到及时处理,否则可能酿成大问题,甚至出现灾难性故障。

系统中的数据是企业极其宝贵的资源,任何情况下不得以非正常方式修改系统中的数据。例如未经许可擅自用工具软件直接修改数据是绝对禁止的。

数据备份是保证系统安全的一个重要措施,它能够保证在系统发生故障后能恢复到最近发生的时间点上。对数据的重要修改前也应有相应的备份功能,以便保证系统数据的绝对安全。

为了保障数据中心各种设备、信息系统的安全、可靠运行,保证数据信息安全,规范运行维护管理工作,提高运行管理水平,要根据企业的实际情况,制定数据中心的运行管理规定。在规定中要明确运行管理职责,将责任落实到人。并对值班和巡检管理、工作票与作业管理、设备管理、事件与缺陷管理、安全管理、人员进出管理、机房环境管理、运行报告管理等方面提出相关要求。现仍以某电网公司数据中心运行管理规定为例,介绍运行管理规定的主要内容,以供读者参考。

(1) 值班管理。

① 在法定工作日的工作时间内,应安排值班人员在监控中心进行现场值班;其余时间应安排非现场值班,并确保在出现问题时值班人员能在1小时内赶至现场。

② 值班人员应佩戴胸卡,不得擅离岗位,忠于职守,并按规定填写值班日志。

③ 信息机房应设置专用值班电话,并向用户通告电话号码,且应报上级单位备案。

④ 值班电话应保证工作时间内有人接听,并做好相关记录。不得人为切断和私人占用值班电话。如果不能马上解决用户问题,应及时安排相关专业工程师协助解决。

⑤ 值班人员每日对机房监控系统进行例行检查,记录信息机房运行环境的物理参数,确保监控系统的正常运行,保证物理环境的安全稳定。

⑥ 交班时要对设备巡检、故障处理及各种变动情况进行交代,做到手续清楚,责任明确,前后衔接,防止错交、漏交。因错交、漏交发生的问题由交班人负责,对交班内容检查不清楚发生的问题由接班人负责。

⑦ 交接班时,如设备或系统发生事故或正在进行调试,暂缓进行交接工作,接班人员应密切配合协同处理,待故障恢复或工作告一段落后再进行交接工作。

(2) 日常巡检。

① 每日巡检,应包含如下内容:

- 服务器。包括指示灯、系统日志、报警等。
- 网络设备。包括网络接口状态、网络流量、系统日志、各类报警等。
- 安全设备。包括网络接口状态、系统日志、各类报警等。
- 应用系统。包括应用系统运行是否正常、系统服务性能是否满足要求。
- 备份系统。包括数据备份运行是否正常、是否有可用备份磁带等。
- 机房环境。包括机房市电输入配电情况、UPS电压、UPS电流、UPS负载率、温度、湿度、卫生、照明、门禁以及其他报警情况。

② 每月定检,应包含如下内容:

- 服务器。包括CPU、内存、磁盘空间使用率、安全授权等。
- 网络设备。包括网络流量分析、网络时延与抖动等。
- 安全设备。包括安全授权、磁盘空间使用率等。
- 防雷设备。包括设备运行状态等。
- 机房环境。包括消防设施运行状态、应急照明状况、空调运行状态等。

③ 每半年定检,应包含如下内容:

- UPS放电检查。

- 检查电源电压、信号线连接是否可靠。

④ 每年定检包含但不限于如下内容：
- 测量信息机房内接地电阻有无变化。
- 检查风扇运行情况，包括风力大小、防尘注油。
- 空调室外机检查。
- 用系统诊断程序对设备进行功能检查。

(3) 工作票管理。

① 对涉及以下内容的操作行为，必须填写工作票，说明需要操作的设备名称、工作目的、工作时间、影响范围，同时提出操作步骤、采取的安全措施等。
- 故障排除。
- 缺陷消除。
- 新系统安装、调试。
- 系统升级及配置变更。
- 系统投运与停运。
- 其他可能对系统运行造成影响的操作。

② 工作票由相应工作负责人提出申请，并由符合规定的工作票签发人签发后生效。工作票签发人不得兼任该项工作的工作负责人。

③ 工作票审核应从整体上考虑操作必要性、可行性、安全性，检查安全措施是否适当，防止操作影响系统安全运行。

④ 如操作将会或可能会对用户造成影响，应提前通知用户。

⑤ 进行系统重大变更操作，如结构调整，核心设备变更或大面积用户停止服务，应报信息部门负责人审批，并提前两天发出系统停运通告。

⑥ 外单位人员施工应由信息部门批准并安排监护人员，经运维人员进行信息机房工作安全技术交底，方可施工。

⑦ 应指定人员对工作票进行定期检查，并向信息部门汇报工作票执行情况。

⑧ 工作票应归档长期保存，以备查验，并定期进行统计。

(4) 作业管理。

① 操作实施过程应严格按照工作步骤执行，应有监护人对操作进行监护、监督，并逐条落实工作票的安全措施。

② 操作过程中应开启日志记录，并进行归档。

③ 要控制在机房工作的人数，在机房内禁止做与工作无关的事情。

④ 施工人员用电必须申请，经批准后，按照规定使用电源，不得乱拉电源线、插座。

⑤ 严禁日常作业使用信息机房内 UPS 电源供电。

⑥ 设备使用完毕后应注销或锁定系统，以避免不当使用。

⑦ 工作完成后，应立即进行测试检查，确认是否达到作业目的，合格后清理工

作现场。

(5) 设备管理。

① 设备标签。

• 信息机房内设备均应贴上标签,注明设备名称、设备编码、责任人、投运时间等,对多用途设备应额外标注用途。

• 标签应选用不易损坏的材料,必须打印不允许手写。

② 设备台账。在信息机房内所有设备,都必须登记入册,包括设备的型号、采购日期、配置等。设备登记列账应由专人负责,定期盘查,做到设备台账与实物相符、条理清楚。

③ 设备调入和运出。

• 设备进入信息机房前,必须由设备管理员向运维负责人提出申请,经审批同意后,由运维负责人安排设备位置及安装时间,并在规定的时间内,将设备放置指定位置。

• 设备如需运出,由设备管理员向运维负责人申请,经运维负责人同意后,方可运出。

④ 设备日常维护。

• 建立设备专管责任制,精心维护、精心操作,确保设备安全可靠运行。

• 认真监控设备运行情况,发现异常应及时向设备管理员和信息部门负责人报告,并做好现场状态信息的记录。

• 接到设备停运通知应填写工作票,根据设备停运安排和注意事项,进行数据备份、设备停运并挂上设备停运标志,还要登记设备停运时间。

• 停运设备重新投运需经信息部门负责人批准方可执行,并登记复运时间。

• 设备发生故障,启动相应的故障处理应急预案,在得到信息部门负责人通知后方可进行故障处理工作。

• 对设备硬件进行维修作业时,维修操作必须严格按照维修手册或说明中的操作规程进行,严禁带电作业,不得在通电情况下进行设备的更换、拆卸、焊接(热插拔设备除外)。

• 更换部件或设备工作变更时,全程工作必须至少有两人以上参加,工作完成后及时做好维修记录。

• 对不能处理的故障或无把握处理的故障,报相关领导后再处理。

(6) UPS 管理。

① 做好 UPS 测试预案,定期做好 UPS 系统的测试和电源的切换。

② 严格按照后备电池的运行方式和寿命,做好后备电池的定期充放电和更换。

③ UPS 市电供应出现故障时,若在后备电池容量范围内仍不能恢复市电,系统运行人员须通知有关人员对运行系统的数据进行保存,尽量降低辅助系统、显示器等非核心设备的耗电以最大限度地保证核心系统的运行。

④ UPS本身发生故障时,应采用市电直接供电以保证系统的正常运行。

⑤ 利用UPS的监控管理功能和故障报警功能,保证在UPS故障情况下,发出告警并及时对设备进行相关操作。

(7) 事件与缺陷管理。

① 事件(故障)管理。

• 发生故障后,值班人员应立即报告信息部门负责人,同时信息部门组织人员对故障进行处理,并记录处理过程,故障处理过程要在保障安全性的基础上,恢复系统的可用性,必要时,应启动应急预案。

• 信息部门应对故障影响的范围和严重程度做出判断,所有故障须通报相关主管领导;对不能立即排除的故障,应通知相关用户并向相关领导进行汇报。

• 信息部门应制定系统关键点故障处理的应急预案,并通过演练完善应急预案。

② 缺陷管理。

• 运维人员发现缺陷后应及时报告运维负责人,对缺陷进行定性并记入缺陷记录。

• 危急缺陷或严重缺陷由运维人员15分钟内报告信息部门负责人,并通知设备管理员和系统管理员。运维人员应立即分析缺陷原因,提出解决办法。30分钟内无法解决的缺陷,应及时联系相关设备厂商协助解决。

• 一般缺陷由运维人员及时处理或添加至缺陷处理计划中,并填写运行日志。

• 在缺陷没有得到处理以前,应加强监视或采取必要措施,防止进一步恶化。已经记录的缺陷,如在监视过程中有进一步恶化的趋势,应及时上报。

• 缺陷消缺后,由运维负责人对缺陷进行消缺检查。

• 缺陷消除后,运维人员需填写缺陷处理报告并及时注销记录。

• 定期对未消除的缺陷进行清理,并对处理完的缺陷汇总、归档。

(8) 安全管理。

① 人员进出管理。

• 来访人员必须经信息部门批准后方可进入,期间必须由相关人员全程陪同并及时做好登记工作,同时记录来访者进入和离开机房时间。

• 所有来访者要予以监督,只允许来访者访问特定的、已授权的设备,并介绍区域安全要求和应急程序说明。

• 第三方支持服务人员,只有在需要时才能访问受限安全区域或敏感信息处理设施,所有操作必须进行记录。

• 携带计算机、磁盘、摄像机、照相机等进出机房,必须经信息部门同意,并由机房管理人员进行核查登记。

• 严禁携带强磁物品、放射性物品、武器、易燃物、易爆物或具有腐蚀性等危险品进入信息机房,与工作无关的物品(包括个人手提包等)不得带入信息机房。

- 机房门禁卡必须统一管理和发放,使用人员必须妥善保管,不得擅自借给他人使用。
- 值班人员离开机房时,必须随手关门。
- 加强设备和用电安全管理,未经批准不得随意搬移、拆毁和插接各种用电设备。
- 信息机房内的安全监控资料应妥善保管,保存期至少为三个月;查阅、更新、销毁该资料须经信息部门批准。

② 设备安全管理。
- 重要设备应坚持双人开机、双人关机原则,开机前认真检查电源、空调设备工作是否正常运行。
- 硬件设备的技术支持原则上不使用远程技术支持,确需进行远程技术支持的报经信息部门同意后,方可进行。
- 设备维修特别是需离场维修或承包给公司外部人员维护、维修时,应核实该设备中是否存储有涉及公司秘密、不宜公开的内部资料和账号、密码等,如有应采取拆卸硬盘、有效删除有关资料等有效措施,防止泄密。
- 设备的硬件维护操作时必须戴防静电手套。
- 对怀疑有故障的设备不允许在机房内测试,避免出现电路短路现象。

(9) 机房环境管理。
① 机房安全出入口应有明显标志和企业 VI 标志。
② 机房须保持干净整洁、布线整齐、排列有序。
③ 应定期对机房地板进行吸尘打扫,保证地板干净、干燥。

(10) 资料管理。
① 资料应由专人负责管理,并负责资料安全、严防机密资料外泄。
② 应做好资料的收集、整理、登记、造册、保管、鉴定、利用等工作,设备技术资料应齐全、正确、统一、清晰。
③ 在进行项目建设时,由项目经理或指定专人负责收集和整理整个工程过程中产生的文档,进行分类,标注必要的说明,在工程验收后一周内将全部项目文档资料提交文档管理人员归档。
④ 信息机房内的设备配置、网络拓扑等资料,未经批准不得任意抄录、复制。
⑤ 根据资料的重要程度与保密要求,将重要资料复印并备份电子资料。
⑥ 信息机房内的各种图纸、资料、文件、工具、仪表在使用后应归还原处,未经允许不得擅自带离信息机房。
⑦ 设备调动时,原随机的技术资料应随机转移,使用过程中建立的资料,可择其重要性予以复制,一并列出清单,随机转移。
⑧ 设备维护报告、定期测试记录、故障分析报告和其他原始记录等,均应集中存放,专人保管,经信息部门同意可进行销毁或删除。

(11) 存储介质管理。

① 所有存储介质未经同意一律不准外借,不准流出公司。

② 备份介质需定期(每半年)进行检查,一旦发现介质损坏,应立即更换。

③ 磁盘、磁带等介质使用有效期为三年,三年后须更换新介质进行备份。

(12) 运行报告管理。

① 应定期对设备及应用系统运行情况进行统计分析,对设备及应用系统的缺陷及故障进行登记,并做好运行维修记录,每月、每年提供运行报告报送信息部门。

② 运行月报应包含设备及应用系统运行情况、存在的主要问题和处理措施、下月主要工作计划等内容。

③ 对统计数据应进行认真分析,积极查找问题原因,提出合理分析和建议。

④ 定期召开运行质量分析会,针对运行过程中发现的薄弱环节提出改进措施,并落实责任人。质量分析会议要有记录,下次会议要检查措施执行情况及质量改善情况。

3. 数据中心客户管理制度

数据中心作为主机托管的提供者,应尽力保障数据中心环境中的网络设备和服务器能够稳定、可靠地运行,从而达到高水平的管理,向客户提供高质量的服务。作为数据中心的客户,有责任和义务来了解数据中心的管理制度,并遵守数据中心的有关规范,从而确保数据中心的正常运作,也为保障客户系统的安全运行创造了良好的环境和基础。

1) 安全保密制度

(1) 遵守国家有关法律、法规,严格执行中华人民共和国计算机信息网络安全保密规定。

(2) 不得泄露有关数据中心的机密信息、数据以及文件等。

(3) 不得泄露服务器客户资料如账号、密码等信息,严禁盗用其他客户的账号和IP地址。

(4) 未经授权,任何人都不得进入数据中心非公开区域,不得接触和使用数据中心或其他客户的设备,不得干扰和妨碍数据中心或其他客户的正常工作。

(5) 未经许可,任何人不得随意变换机房内网络及服务器等设备的安装环境,不得擅自更改网络及服务器等设备的各项参数。

(6) 严禁随意挪用、变换和破坏机房内的公共设施。

(7) 配合数据中心管理人员和保安人员进行必要的安全检查。如有违反安全保密制度的情况,将视其情节轻重,根据数据中心管理规定,对当事人进行必要的处理。如果该行为构成犯罪的,将交由公安检察部门依法追究其刑事责任。

2) 客户出入机房制度

(1) 进出机房的管理制度。

① 严禁携带照相机、摄像机及强磁物进入机房。

② 机房内严禁吸烟,不得乱扔废弃物。
③ 请穿鞋套进入机房,出门时,请将使用过的鞋套扔到指定的地方。
④ 禁止客户在机架以外的地方放置机器设备,禁止私接电源。
⑤ 对违反本管理规定造成的后果和损失,该公司不承担任何责任。

(2) 机房出入证管理规定。

① 用户在签署托管合同后可至数据中心客户服务机构办理托管机房出入证,具体需要1张照片、本人身份证复印件及单位介绍信。由证件持有者在有效期内专人使用,用于日常系统维护。注意:每个托管用户只允许办理2张机房出入证(个人用户仅限1张)。

② 此证件只为数据中心客户办理。

③ 出入证仅供持证人使用,不得转借他人。

④ 持证人若不慎将证遗失,应及时通知客服人员,重新办理。

⑤ 用户维护人员人事变更,应及时到客户服务部办理出入证注销、变更手续,若由于用户原因导致出入证人证不符,延误维护工作,或维护人员离职不通知数据中心而导致离职人员对服务器操作而出现的问题,责任由用户自己承担。

⑥ 如遇紧急情况,经数据中心主管的认可后,紧急维修人员必须提供有效证件方可进入。

⑦ 临时无证维护人员进入机房,须事先由客户发介绍信、证明(内容应包括:进入机房的事由、时间、人员姓名、有效证件号码和加盖公章等相关信息)至数据中心客服机构,得到批准后,方可进入。

⑧ 若用户出入证遗失,应携带本公司介绍信(并注明已遗失)及时到数据中心客户服务登记注销,并补办出入证。

⑨ 用户合同终止时,应将机房出入证退回数据中心客户服务机构,进行注销。

⑩ 对违反本出入证管理规定造成的损失,数据中心不承担任何责任。

(3) 设备进出规定。

① 新用户在服务器上架前,应提前24小时和业务人员确认是否已经将《数据中心托管开工单》下到IDC机房,以便机房管理人员进行相关准备工作。

② 用户服务器进入机房前应去除包装箱等纸质材料,并由机房管理人员根据工单进行验收并确认,无关设备一律不得进入机房。

③ 原则上一台服务器只允许分配一个IP地址、一个网络端口。如有特殊情况,以合同规定为准。

④ 客户撤机应向客服人员提供设备清单,客服人员收到撤机清单后,依据设备清单检查用户设备(包括设备型号、数量),开具"出门条",用户方可搬出机房。

⑤ 客户需搬出设备检修或更换设备时,应将印有身份证复印件及盖有公司公章的搬机申请文件交客服部,申请文件内容要求有:单位名称、设备型号、数量、搬机日期、搬设备人员姓名及身份证号码。客服人员检查用户设备与内容一致,开具"出门

条",用户设备方可搬出机房。

12.1.5 运行服务质量监控

运行服务质量跟踪监控非常重要,管理者可以监控所有工作流程的执行状态,及时发现业务瓶颈,以便不断改善业务流程,并实现闭环管理和精确管理。运行服务质量跟踪监控主要有以下内容:

(1) 盯住服务目标要求。数据中心制定服务目标要求,即为用户承诺标准化的服务质量和对运维人员的服务要求。用户的每次服务请求和运维人员的服务过程,都将在运行管理系统中建立服务档案,或用表格工具等记录故障及其处理情况,以建立运维日志,并定期回顾从中辨识和发现问题的线索和根源,并一直被实时监控,直到问题得到圆满的解决。

(2) 盯住运维服务活动承担岗位。专门设立的服务监督员,负责受理客户的投诉及服务请求,跟踪监督各类人员按照服务控制程序优质、高效地实施服务内容。

(3) 盯住服务响应时限。每一个服务流程将建立标准的时限要求,如果超出规定时限,服务监督员或热线人员会提醒或督促相关人员。

(4) 盯住服务环节。及时了解服务细节,时时反馈服务状况。每天由专人负责对用户进行回访,回访率应在10%以上。

(5) 盯住用户满意指数和市场满意程度。每年两次定期进行用户和市场满意率调查。通过网站或问卷调查,对服务效果进行评估。

通过对用户回访及满意率问卷进行评估,查找数据中心提供的服务与用户的要求还有多少差距,需要改进的地方有哪些。做到知己知彼,制定整改方案,期待通过新一轮整改加以持续完善。只有不断提升用户的满意率,在现有业务上提供令人满意的高质量服务,才能满足用户日益增长的服务需求。

12.2 数据资源管理

数据资源是数据中心中最为重要的资源,没有数据的数据中心是没有丝毫意义和作用的。因此,对数据资源的管理是一项非常重要的运行管理工作。

为将企业(机构)组织的所有数据集中起来,以改进运营管理的视角并帮助强化客户关系。企业(机构)需要访问很多的数据库,还要开发一个抽取、转换和装载(ETL)系统,以创建并维护中心数据仓库。就算将所有数据都装入数据仓库并没有立即产生可用的、可靠的结果,还需对数据进行清洗、转换和分类等处理,为业务分析和管理报告提供可靠的结果,以满足业务分析和决策支持应用的需要。数据资源管理的内容主要包括:数据分类、数据保密级别、数据存储、数据更新、数据备份管理和数据资源整合、改造、重组等工作。有关数据资源规划的技术已在本书第6章中作了详细的阐述,有关数据的存储、备份与更新的技术也先后在本书的第5章和第10章中作了详细的阐述。本节主要从运行管理的角度，对数据资源的管理进行简要的介绍。

12.2.1 数据分类

如今，信息是企业（机构）经营活动的核心。用户数据库、产品定义、库存数据库、电子邮件存储等应用现在支持着当今经济的全天候需求。随着数据量呈指数级增长，数据中心必须制定切实可行的计划，以便在当今和将来较长的时间内有效地管理和保护这些数据，从而确保这些组织的成功和生存。然而，并非所有信息都是价值相等的。价值特别高的活动的、在线的数据必须随时可供多个组织和应用程序快速存取。有些数据要求每天 24 小时具有 100% 的即时存取能力，不容许停机。有些数据对于某些组织比对于另外一些组织更重要。有些数据会随着时间的推移而改变其价值，而有些数据的存档只是为了备偶尔存取或为了长期存储。

了解数据对于日常业务运作的价值，并了解谁需要以多快的速度存取它，是信息生命周期管理计划的所有要素的基础，这些要素包括：
- 设计有效的存储基础结构战略。
- 优化存储管理以控制与信息增长和存储利用率相关的成本和复杂性。
- 整合信息存储以使当前投资的信息基础结构变得更高效、更易于管理。
- 规划业务连续性，以便有效管理所有环境下的数据可用性。

数据分类是执行信息生命周期管理计划的任何或所有工作的必不可少的第一步。

1. 数据分类的概念

数据分类是一个流程，它定义了一个组织的不同类型数据的性能和可用性特征，并针对每种分类建议了可满足其需要的适当的存储技术。企业（机构）中的数据按逻辑类别分组，以便于实现关键存储目标。

若要制定一个灾难恢复战略或业务连续性规划，则需要按照业务的关键程度对数据进行分类。这使你能够在数据的业务价值和保护这些数据所需的数据恢复措施之间建立适当的联系。

若要定义一个资源占用收费模型，则需要按照消耗的存储资源，或按照管理成本对数据进行分类。这将确保各部门的存储负担与其所使用的存储资源量相称。

若要制定一个全面的存储战略，则需要根据业务优先级（如首先投放市场、客户宣传等）对数据进行分类。这将确保数据被维护在与其业务优先级相称的适当的存储基础结构上。

在设计一个信息存储整合规划时，你可能需要按照物理状态和位置对数据分类。这让你能够发现并消除数据孤岛，并让最重要的数据项更接近其最终用户。

2. 怎样进行数据分类

有效的数据分类从确定数据的使用目标开始，例如，制定一个业务连续性计划，为所有部门或一些部门制定资源占用收费计划，或者移动或整合一个数据中心。这决定了你如何对数据进行分组或分段以最好地实现特定的目标。这一做法希望达到的最终目的是创建一个可操作的模型,它定义了一组有限且可识别的信息,可以以一种能够满足你的既定业务目标的方式操作这些信息。

有些数据分类是直观而且特定于站点的,由你的业务做法和环境需求而定。不过,实现最佳结果需要深入了解你企业(机构)的工作机制,了解可用的技术基础结构,以及各种业务做法对信息的特定需要,它包括现在和将来的需要,以便为增长和变化做好充分规划。

有组织的数据分类还利用了经检验的方法体系和工具来推动分类流程并优化信息,因而可让你获得最大的利益。对一些看似明显的方面(如你的与存储相关的目标应是什么,或者就实现目标而言,不同的工作组是如何看待数据的价值的)做出仔细的、经过深入调查而且有根有据的决定非常重要,这一点怎么强调都不为过。每一个决定都会影响下一个决定,而且整个流程中任何一步失误都会对项目的日程安排、预算和成效造成严重影响。

每一个有效的数据分类方法都使用了经现场验证的规划工作清单,并需要与目标用户交谈,以确保收集全面的、有组织的信息。还可以借助于应用程序映射数据库和建模工具,为项目正确地确定一个清晰的远景,它将指导你如何最有效地组织信息以实现这一结果。这些工具在将数据分配到方案(为数据分组定义总体分段)、类(为数据分组提供有意义的"容器")和规则(相当于数据放置标准,它们确定每个类中包括的数据元素)方面也特别有效。一些自动执行数据收集和分类流程的工具可以进一步帮助和加速数据分类流程。

如想不受约束地考虑你的存储计划目标而不是将自己局限于现有的企业(机构)规则,那么数据分类是一种理想的做法。

3. 数据分类的价值

若能正确执行,数据分类就可以产生一个模型,这一模型可将具有相似数据管理要求的数据整合到同一逻辑分组中,从而不再需要分别描述各个数据项。然后,可以使用此模型帮助定义变化情形或提供一个框架以便创建分层存储体系结构。

数据分类模型可以为企业(机构)增添巨大的价值。有效的数据分类是实施企业(机构)数据管理优化战略的坚实基础。数据分类有以下几方面价值:

(1)提供了组织中各类数据的清晰景象。
(2)描述了在你的核心业务职能和相关数据之间的联系。
(3)使你能够展示数据对于业务来说所具有的经济价值。
(4)使你能够为每一种数据类别设计和制定共享的技术体系结构。
(5)使你能够为每一种数据类别定义一套与存储相关的服务(例如可用性、可恢复性、可管理性、可扩展性和可补充性)。

4. 数据分类的好处

对于全面实现更广泛的存储相关计划的价值来说,数据分类是一项必不可少的基础工作。通过将数据分类作为存储相关计划中一个不可缺少的组成部分,你就有机会收集必要的信息来优化你的存储环境并让你的投资得到最大回报。

应将数据分类看作关键的第一步,它使许多重要的存储管理能力得以实现。适当的数据分类为各层应用程序及其数据确立了服务级别需求,服务级别需求是由适当的技术配置级别提供的。

数据分类的最终目标是最后在企业(机构)内部提供一种可操作的数据分组机制。作为其结果产生的数据分类模型接着可以用来围绕当前的企业(机构)存储做法构建业务案例,或者用来帮助实施建议的与存储相关的计划。

12.2.2 数据保密级别

数据分类是成功实施数据保护的第一步。为了数据的安全,应对存储系统之中的数据进行分类,应对不同类别的数据和不同的存储设备设置不同的安全等级。数据分类是一个流程,它定义了一个组织的不同类型数据的性能和可用性特征,并针对每种分类建议了可满足其需要的适当的存储技术和保护机制。数据分类是把数据分为从低价值到高价值的各种类型,并且强制要求对每一种类型的信息进行正确的安全控制。高价值的数据点显然需要更严格的保护机制。实际上,信息对于企业(机构)的重要性又决定了它的分类。

例如,一个收购和合并的文件对于一家公司是有很高的战略价值的。因此,这种数据的访问原则应该是仅仅允许少数公司官员阅读这个文件。网络图表文件可以被数百人阅读,可以认为是一种专有的信息,但是控制措施比较少。有些文件可能有内在的金钱价值,如一篇包含新的技术突破的文件。许多人也许可以访问这个文件,但是,由于这个文件有出售的潜力,因此这个文件有金融价值。一旦这些访问任务定义之后,接下来就是指导你如何加密这个数据。

分类的下一个组成部分是数据要保留的时间长度。数据保存政策是以一个公司所处的行业、与其相关的规定和法律要求为基础的。与保留有关的是当这个数据不需要的时候销毁这个数据以及用来处理数据的销毁方式。一些单位采用一种默认的政策,销毁全部纸的和包括硬盘在内的电子媒介的数据。这个政策是以相关的成本、数据密感度、销毁厂商的可用性和商业风险设置为基础的。

另一个重要的事情是确定在分类的过程中是否要对数据加密。数据拥有者必须决定他们的数据是否需要加密,其目的是为了保护知识产权或满足数据安全的要求。

与数据保护有关的是数据使用,数据分类方面定义数据是用于内部有选择的使用;广泛的内部使用;还是能够公开。

数据分类过程的另一个关键要素是定义你的各种分类等级。分类的名称和类型没有严格的规则。然而,分类应该明确,这样在流程开始之后如何确定数据的类别就很容易。许多机构采取传统的军事模式,如"秘密、机密和绝密"。还有一些单位增加了类别,特别是对隐私数据。

例如,根据《中华人民共和国保守国家秘密法》和国家科委《科学技术保密条例》相关规定,我国某行业的科学数据在对外提供服务工作中分为绝密、机密、保密、内部、公开五级。

(1) 绝密是最重要的国家秘密,泄露会使国家的安全和利益遭受特别严重的损害。

(2) 机密是重要的国家秘密,泄露会使国家的安全和利益遭受严重的损害。

(3) 保密是一般的国家秘密,泄露会使国家的安全和利益遭受损害。

(4) 内部是我国未发布公开广播的数据及专项、专业数据,泄露会使行业的安全和利益遭受损害。

(5) 公开是我国参加公开广播的数据和卫星资料、通过交换途径获得的国外资料,泄露不会使行业的安全和利益遭受损害。

12.2.3 数据存储

数据存储是数据流在加工过程中产生的临时文件或加工过程中需要查找的信息。数据以某种格式记录在计算机内部或外部存储介质上。数据存储要命名,这种命名要反映信息特征的组成含义。数据流反映了系统中流动的数据,表现出动态数据的特征;数据存储反映系统中静止的数据,表现出静态数据的特征。

过去 20 年里,计算机领域发生了很大的变化,无论如何变化,计算机处理和产生数据的重要性却没有改变,数据一旦丢失,所有的计算能力变得毫无价值。必须看到,数据逐步成为一个自有存储的、不属于任何特定系统的实体,就像资本或智力财产一样,数据也成为一种可以共同享用的财富,需要加以存储和保护。这正是数据存储与管理的目的和意义所在,是本文的内容所在,也是存储对客户的价值所在。

1. 数据存储的三种方式

信息系统有三种方式,可以把信息以数据的形式存放于存储设备中,它们是在线、近线和离线存储。在线存储是把数据存放在被主机的文件系统直接管理的磁盘存储设备中,其特点是利用了系统底层的 I/O 技术,优点是可以实时访问和改变数据,性能出色,能够满足应用对 I/O 性能的要求。近线存储是指把数据存放在另外一套主机的文件系统直接管理的磁盘存储设备中,这种方式通常借助一定的软件和网络来实现不同系统间的数据异地存放,以及需要时的数据回迁,其优点是数据同样存放在正加电运行的系统上,能够保证数据存放和回迁的传输性能。离线存储是指系统运行的情况下,把数据存放在可随时脱离系统的磁带设备中,其最大特点是借助了磁带技术,优点是可以在系统运行时得到一份脱离系统的数据拷贝,便于存放在异地。这三种方式的组合应用,将会带给用户完善的数据存储和管理方案。

2. 先存储,后管理

信息化的核心目的,是利用信息技术提供更好的生产和服务方式,提高组织的竞争力。完整的信息化系统通常由多个子系统构成,例如,OA、Email、Proxy、DNS、DHCP,以及各类应用子系统等。各类系统能够 $7\times24h$ 运行,这是信息化的基本要求,为了达到这个要求,必须有完善的数据在线存储解决方案。全局考虑各子系统,为整个网络系统设计统一的数据在线存储系统,可以简化管理、减少投资,更可为数据管理打下基础。数据管理方案则是系统生命力持续的保障措施,也是走向数据再利用、发挥数据增值能力、强化竞争力的基础措施。因此,设计完善的数据管理方案,首先必须设计完善的数据在线存储方案。

随着存储技术的发展,存储出现了三个趋势:独立化、集中化和网络化。SCSI 技术实现了存储的独立化,使存储从主机系统中独立出来,成为独立的设备。光纤通道(Fibre Channel)技术的出现,产生了 FC 交换机、HBA 卡和 FC 磁盘阵列,允许用户独立于企业(机构)局域网络,在数据中心后台,设计出一个统一的数据在线存储系统,也就是存储区域网络(FC-SAN)。最近出现的 iSCSI 新储存技术,成为 Fibre channel 技术的有力竞争,使得用户在同一套以太网络上构建出数据传输系统和数据存储系统(IP-SAN)。信息化规划中,可从这三种技术中选择最恰当者,来构成数据在线存储系统。

数据在线存储归根到底是一个模式问题。无论存储技术如何发展,目前看,存储模式始终脱离不了 DAS、NAS、SAN 三种,其中 DAS、SAN 模式是以"块方式"进行数据存储的,NAS 是在以太网络上以"文件方式"进行数据存储的。无论应用系统差异多大,其数据读写方式无外乎两种:块方式、文件方式。通常情况下,各类数据库应用,例如 ERP、MIS、CRM 等,都需要"块方式"来保证数据库的性能;而各类多媒体数据应用,例如数字文件、数字图片、数字视频、数字音频等数据,以及 Email、Ftp、Web 等网络应用的数据,是以文件形式被存储和利用的,可以根据系统规模和并发请求数对系统性能的要求来选择"块存储"还是"文件存储"方式。把握住系统的数据处理方式,清楚数据是如何产生的,以何种方式存储和利用,进而考虑各子系统在存储性能、容量、扩展性、可用性、可管理性方面的要求,即可为各子系统设计出合适的存储模式,解决数据存储问题。

12.2.4 数据更新

数据更新(Data Revision)是以新数据项或记录、替换数据文件或数据库中与之相对应的旧数据项或记录的过程。通过删除、修改、再插入的操作来实现。

数据中心的数据更新是指定期对数据库进行备份后再进行更新。在保证基本数据的完整、及时和准确的前提下,系统应完成例行的数据处理及信息服务工作。常见的工作包括:例行的数据更新、统计分析、报表生成、数据的复制及保存、与外界的定期数据交流等。这些工作一般来说都是按照一定的规程,定期或不定期地运行研制中已经详细规定好了的,操作人员也应经过严格培训,清楚地了解各项操作规则,了解各种情况的处理方法。这些工作是在系统已有的各种资源的基础上,直接向领导、管理人员及其他使用者提供信息服务,当然,这里只包括例行的服务。组织系统操作人员,完成这些例行的数据处理和信息服务工作,是数据中心主管人员的又一项任务。

12.2.5 数据备份管理

数据备份是容灾的基础,是指为防止系统出现操作失误或系统故障导致数据丢失,而将全部或部分数据集合从应用主机的硬盘或阵列复制到其他的存储介质的过程。传统的数据备份主要是采用内置或外置的磁带机进行冷备份。但是这种方式只能防止操作失误等人为故障,而且其恢复时间也很长。随着技术的不断发展,数据的海量增加,不少的企业(机构)开始采用网络备份。网络备份一般通过专业的数据存储管理软件结合相应的硬件和存储设备来实现。

1. 目前比较常见的备份方式

(1) 定期磁带备份数据。

(2) 远程磁带库、光盘库备份。即将数据传送到远程备份中心制作完整的备份磁带或光盘。

(3) 远程关键数据+磁带备份。采用磁带备份数据,生产机实时向备份机发送关键数据。

(4) 远程数据库备份。就是在与主数据库所在生产机相分离的备份机上建立主数据库的一个拷贝。

(5) 网络数据镜像。这种方式是对生产系统的数据库数据和所需跟踪的重要目标文件的更新进行监控与跟踪,并将更新日志实时通过网络传送到备份系统,备份系统则根据日志对磁盘进行更新。

(6) 远程镜像磁盘。通过高速光纤通道线路和磁盘控制技术将镜像磁盘延伸到远离生产机的地方,镜像磁盘数据与主磁盘数据完全一致,更新方式为同步或异步。

数据备份必须要考虑数据恢复的问题,包括采用双机热备、磁盘镜像或容错、备份磁带异地存放、关键部件冗余等多种灾难预防措施。这些措施能够在系统发生故障后进行系统恢复。但是这些措施一般只能处理信息系统主机单点故障,对区域性、毁灭性灾难则束手无策,也不具备灾难恢复能力。

2. 备份数据的重要性

信息系统主机里面的重要数据、档案或历史记录,不论是对企业(机构)用户还是对个人用户,都是至关重要的,若不慎丢失,会造成不可估量的损失,轻则辛苦积累起来的心血付之东流,严重的会影响企业(机构)的正常运作,给科研、生产造成巨大的损失。

为了保障生产、销售、开发的正常运行,企业(机构)用户应当采取先进、有效的措施,对数据进行备份、防患于未然。

3. 造成数据危险的原因

对数据的威胁通常比较难于防范,这些威胁一旦变为现实,不仅会毁坏数据,也会毁坏访问数据的系统。造成数据丢失和毁坏的原因主要如下几个方面:

(1) 数据处理和访问软件平台故障。

（2）操作系统的设计漏洞或设计者出于不可告人的目的而人为预置的"黑洞"。
（3）系统的硬件故障。
（4）人为的操作失误。
（5）网络内非法访问者的恶意破坏。
（6）网络供电系统故障等。

12.2.6 数据资源整合、改造、重组

数据整合的概念在业界比较模糊，比如系统整合、应用整合、主机整合、存储整合、数据库整合、数据大集中等。这些不同的概念是在不同的层次、不同的角度阐述计算机系统整合的内涵和外延，是在计算机系统整合这一大的概念范畴下，存在着多种整合形式和技术手段，例如国内大型银行和电信业已经开展的全国性数据大集中，应属于数据整合的一种技术方式。

其实，整合是一个外来词汇，整合的英文单词是"Consolidation"，有合并、巩固、加强之意。它本义是指在原来的基础上加以综合建设，并不意味着推倒重来或完全更新。

从整合手段来看，主要有三个方面的系统整合：其一为物理整合，即将多设备整合为一部或较少几部更大型的设备，实现统一管理和快速反应；其二为逻辑整合，即通过系统管理软件等手段对物理上分散的设备资源和数据资源进行虚拟化的集中管理。其三是应用整合，主要有服务器整合、存储整合、数据库整合和数据整合等形式。

1. 数据整合的必要性

1) 数据和信息系统分散

我国信息化经过多年的发展，已开发了众多计算机信息系统和数据库系统，并积累了大量的基础数据。然而，丰富的数据资源由于建设时期不同、开发部门不同、使用设备不同、技术发展阶段不同和能力水平的不同等，数据存储管理极为分散，造成了过量的数据冗余和数据不一致性，使得数据资源难于查询访问，管理层无法获得有效的决策数据支持。往往管理者要了解所辖不同部门的信息，需要进入众多不同的系统，而且数据不能直接比较分析。

2) 信息资源利用程度较低

一些信息系统集成度低、互联性差、信息管理分散，数据的完整性、准确性、及时性等方面存在较大差距。有些单位已经建立了内部网和互联网，但多年来分散开发或引进的信息系统，形成了许多信息孤岛，缺乏共享的、网络化的可用度高的信息资源体系。

3) 支持管理决策能力较低

数据的共享度达不到单位对信息资源的整体开发利用的要求。简单的应用多，交叉重复也多，能支持管理和决策的应用少，能利用网络开展经营活动的应用更少。数据中蕴藏着巨大信息资源，但是没有通过有效工具充分挖掘利用，信息资源的增值作

用还没有在管理决策过程中充分发挥。

综上所述,对于大量的数据不能提供一个统一的数据接口,不能采用一种通用的标准和规范,无法获得共享通用的数据源,于是不同的应用系统之间必然会形成彼此隔离的信息孤岛。信息孤岛是当前信息化建设中亟待解决的主要症结,因此如何彻底的消除信息孤岛,有效的整合、改造、重组现有及未来的业务应用系统的数据资源已成为当前信息化建设的重中之重。

2. 整合面临的难题

随着计算机业务数量的增加,管理人员的操作也越来越多,越来越复杂,许多日趋复杂的中间业务处理环节依然或多或少地依靠手工处理进行流转;信息加工分析手段差,无法直接从各级各类业务信息系统采集数据并加以综合利用,无法对外部信息进行及时、准确的收集反馈,业务系统产生的大量数据无法提炼升华为有用的信息,并及时提供给管理决策部门;已有的业务信息系统平台及开发工具互不兼容,无法在大范围内应用等。

由于信息孤岛具有多维度性,因此信息孤岛的消除是一项十分复杂且极具挑战性的工作。所以数据整合技术具有极强的专业性,以及与实际业务的紧密相关性,如若再次缺乏前瞻性的设计规划和整合处理,势必会在消除一部分信息孤岛的过程中衍生出一些更大的信息孤岛。

目前,国外的 ETL 工具虽然能将用户数据整合到一起,但往往存在如下弊端:

(1) ETL 工具过于专业,往往需要有一定的开发能力,导致用户不能自己独立完成数据整合,所以一旦没有公司做技术支持,用户永远不能独立行走,造成承建公司投入力量增大。

(2) 业务元数据管理不到位。现在的 ETL 工具往往强调数据,却往往忽略了数据的源头——业务元数据(指标、分类等),从而导致用 ETL 工具形成了一个又一个的"数据孤岛"。

要想整合好数据资源,首先应该把业务元数据整合好,然后才是数据整合。整合实际分为两个层次,首先是业务元数据整合,然后是业务数据整合。鉴于以上原因,必须利用适合中国国情的数据整合解决方案,才可以最大限度地开发和利用用户的信息资源,并提高用户的应用投资回报率(ROI)。希望能将从源头将数据真正整合好,同时能为后续的开发利用提供数据模型保证。

只有经过数据资源整合的数据中心才能实现完整的信息安全防护措施,承担企业(机构)核心业务数据的存储、保护、计算,提供可靠的业务运营支撑,实现信息资源整合和信息安全,为信息资源共享提供便利。

3. 采用数据仓库方式进行资源整合

数据中心是将无数的"信息孤岛"整合成"信息大陆",发挥信息整体功效的一个平台。没有数据中心这个平台,再好的信息也发挥不了作用。数据中心的建设和完善,大大提升了信息资源的开发利用水平。数据资源整合应出于不影响现有系统运营、减少整合复杂度、规避系统整合风险等因素考虑,企业(机构)数据资源整合应采用数据仓库方式进行。另外,在数据资源整合汇总的同时,引入数据挖掘和 OLAP 等技术,对数据进行有效分析,特别要做好业务元数据管理,做好数据分类与保护级别定级,避免再出现因使用 ETL 工具形成的一个又一个的"数据孤岛",从而使企业(机构)级数据整合立刻发挥效用。

12.3 数据中心运行的日常管理

12.3.1 软件资源管理

数据中心的软件资源是指数据中心各系统所涉及的包括系统软件(如操作系统、数据库系统等)、通用软件(如文字处理软件、电子表格处理软件等)和专用软件(如信息系统的业务处理软件和管理软件、中间件软件、存储软件、备份软件、监控系统软件、计算机病毒防治软件、系统工具软件等)在内的各类软件的总和。这些软件是整个数据中心各系统正常运行和工作的重要工具,系统操作人员通过运行这些软件完成相应的业务操作,执行各种功能处理,提供各类信息服务。因此,必须对软件资源进行科学的管理,以保证软件系统始终处于正常工作的状态之下。

对于大型数据中心,由于涉及的软件种类可能非常多,因此可以配置专门的部门和人员进行软件资源的管理工作。对于小型数据中心,可以不必安排专职人员来完成这些工作,但也要指定能够切实负责的人员来兼管这些事情。

软件资源管理的内容主要包括:软件的采购、软件的保存、相关文档资料的保管、软件的分发与安装配置、软件运行的技术支持、软件的评价与性能检测、软件使用的培训等。

对于使用商品化软件的单位,软件的维护工作由销售厂家负责,使用者负责操作维护,组织中可以不配备专职的软件管理员,而由指定的系统操作员兼任。

对于自行开发的软件,组织中一般应该配备专职的系统维护员,系统维护员负责系统的硬件设备和软件的维护工作,及时排除故障,确保系统的正常运行,负责日常的各类代码、标准摘要、数据及源程序的纠错性维护、适应性维护工作,有时还负责系统的完善性维护。

所有软件存储介质未经同意一律不准外借,不准流出企业(机构);软件介质需定期(每半年)进行检查,一旦发现介质损坏,应立即更换备份;磁盘、磁带等介质使用有效期为三年,三年后须更换新介质进行备份。

对于移动存储介质的管理。存储介质的软件使用应符合企业(机构)的软件管理规定。

存储介质的管理实行"自管"制度,资产挂个人账;对于个人用存储介质,使用者要对其安全负责;对于部门公用、调测用的便携计算机及存储介质,由相应的部门资产管理员妥善保管、认真交接,并对资产的安全负责。

存储介质借用管理。借用人对借用期间的资产安全负责;因使用人岗位调换不再需要的存储介质及时做资产转移和清退。

外来人员携带的存储介质、演示用存储介质均须由接待人在安全岗登记后方可进入企业(机构),并凭安全岗的登记记录出门。接待人员有义务提醒来访人员遵守企业(机构)的存储介质管理规定,并承担安全保密责任。

因工作岗位变动不再需要使用存储介质时,应及时办理资产转移或清退手续。存储介质做资产转移或清退时,应删除保密数据。

归还部门公用、调测用的存储介质时,应向管理员移交使用密码,并删除存储介质内的全部调测软件和数据。

12.3.2 硬件资源管理

数据中心的硬件资源是指数据中心各系统所涉及的包括计算机主机、外围设备、网络通信设备、基础设施、备品配件及各种消耗性材料在内的所有有形物质的总和。为了完成诸如前面所述的数据分类、数据存储、数据更新、数据备份及例行信息服务工作,为数据中心中的 IT 关键设备运营管理和数据信息安全,要求各种硬件设备始终处于正常运行的状态之下,为此,需要配备一定的硬件工作人员和管理人员,负责所有硬件设备的运行、管理与维护工作。

对于大型数据中心,这一工作需要有较多的专职人员来完成;对于小型数据中心,则不要求那么多的人员及专门设备,这是小型数据中心的一个重要优点。然而,这并不是说,小型数据中心不需要进行硬件运行及维护工作,相反,如果没有人对硬件设备的运行维护负责,设备就很容易损坏,从而使整个数据中心的正常运行失去物质基础,这种情况已经在许多企业(机构)多次发生。

这里所说的运行、管理和维护工作包括数据中心各系统硬件设备、机房环境监控设备以及网络通信设备的使用管理,定期设备检修,备品配件的采购、配发及使用,各种消耗性材料(如软盘、打印纸等)的使用及管理,电源系统及工作环境的管理等。对于数据中心来说,须指定能够切实负责的人员来主管或兼管这些事情,无人负责是不行的。

硬件维护的目的是尽量减少硬件的故障率,当故障发生时能在尽可能短的时间内恢复工作,提高硬件的可用率。为此,在配置硬件时,要选购高质量的硬件设备,配备技术过硬的维护人员,同时还要建立完善的应急管理制度和关键点故障的应急预案。

系统硬件维护是硬件资源管理的主要任务之一,其主要内容包括:

(1) 实施对系统硬件设备的日常检查和维护,做好检查记录,以保证系统的正常运行。

(2) 在系统发生故障时,及时进行故障分析,排除故障,恢复系统运行;硬件维护工作中,小故障一般由本单位的硬件维护人员负责,较大的故障应及时与硬件供应商或服务商联系解决。

(3) 在设备更新、扩充、修复后,由系统管理员与硬件维护员共同研究决定,并由系统硬件维护人员负责安装和调试,直至系统运行正常。

(4) 在系统环境发生变化时。随时做好适应性的维护工作。

在硬件维护工作中,关键设备、较大的维护工作一般是外包由销售或集成厂家进行的,使用单位一般只进行一些小的维护工作,硬件维护员有时可以由机房管理员或设备管理员兼任。系统运行维护日志见表12.1。

表 12.1　系统运行维护日志例表

系统运行维护日志			
单位		日期		维护人员	
所属系统		开始时间		结束时间	
维护性质		维护类型			
具体维护内容					
完成情况		相关票单		票单编号	
备注					
说明					
1. 维护性质分为计划维护、日常维护、紧急维护			
维护性质选项	对应的维护类型选项		说明
计划维护	营销 MIS 巡检、广域网设备巡检及其他		对应于年运行方式检修计划
日常维护	操作系统补丁更新重启、程序更新、程序安装、文件整理、配置修改及其他		对应日常操作、预防性操作或用户需求等
紧急维护	网络故障、硬件故障、系统软件问题、应用程序问题、电源故障、数据库问题、使用问题、病毒或恶意软件问题及其他		对应故障处理
2. 相关票单选项有工作票、服务单、用户需求单			
3. 可以通过上述记录如实统计月报数据			

12.3.3　运行安全管理

运行安全管理是指为了防止外部对数据中心各系统资源不合法的使用和访问,保证信息系统的硬件、软件和数据不被破坏、泄露、修改或复制,维护正当的信息活动,保证信息系统安全运行所采取的措施。信息系统的安全性体现在可用性、完整性、保密性、可控制性、可靠性等五个方面。安全管理也是数据中心运行管理过程中的一项非常重要的日常工作。

1. 安全管理机构

1) 安全管理机构的组织构架与职能

安全管理机构是实施数据中心安全,进行安全管理的必要保证。通常,国家重要的数据中心的安全问题是由国家专门机构控制和管理的,由健全的安全管理机构保障和实施应用系统的安全措施。

(1) 安全审查机构。它是负责国家安全的权威机构,负责重要部门所应用的保密部件的密码编码的审查。

(2) 安全决策机构。根据安全审查机构对安全措施的审查意见,确定安全措施实施的方针和政策。

(3) 最高主管机构。最高主管机构的领导负责制定安全策略和安全原则,它必须经常地、实实在在地过问计算机的安全问题,这是安全的基点。没有这种领导,就没有安全的数据中心。同时还要组织一个强有力的数据中心安全队伍,并拨出必要的经费使安全措施得以落实。

(4) 信息主管领导。信息主管领导的任务是制定保密策略、协调安全管理、监督检查安全措施的执行情况,以防止机密信息泄露,确保机密信息的安全。

(5) 安全管理机构。安全管理机构的设置,随数据中心的大小而定。若一个数据中心的地理覆盖面很大,则在每个区域内就应设一个安全管理机构。

(6) 安全审计机构。安全审计机构也可归入安全管理机构,同样担负保护系统安全的责任,但工作重点偏向于监视系统的运行情况,收集对系统资源的各种非法访问事件,并对非法事件进行记录,然后进行分析处理。

(7) 安全管理人员。数据中心安全管理是一个复杂的过程,需要多方面的人才。数据中心安全管理机构由安全、审计、系统分析、软硬件、通信、保安等有关方面的人员组成。这些人员的具体职能划分如下:

① 安全管理机构负责人。负责整个数据中心安全,具体可有经理、主任、处长等称谓。重点负责对系统修改的授权、特权和口令的授权;对每日违章报告、控制台记录、系统报警记录等的审阅;对安全人员的培训计划;对所遇重大问题及时向系统主管领导报告等。

② 安全管理员。具体负责本区域内安全策略的实现,保证安全策略的长期有效性,负责可信硬件、软件的安装、维护,日常操作的监视,应急条件下安全措施的恢复和风险分析等。

③ 安全审计员。负责监视系统的运行情况,收集对系统资源的各种非法访问事件,并对非法事件进行记录,然后进行分析处理。如有必要,还要将审计的事件及时上报主管领导。

④ 保安员。主要负责非技术性的、常规的安全工作,如信息处理场地的保卫、办公室安全、验证出入信息中心的手续和多项规章制度的落实。

⑤ 系统管理员。系统管理员是系统安全运行的重要组成部分,其主要任务是安装和升级系统,控制系统操作,维护、管理系统时刻处在最佳状态。

以上是国家重要数据中心的情形,而对于诸如企事业单位等普通数据中心的安全要求则有较大差别。在普通数据中心中,高层领导一般不直接参与安全管理工作,往往由秘书或专职安全人员负责安全管理工作。但是,普通数据中心的高级管理机构、数据中心主管、专职的系统安全管理人员,以及所有数据中心的工作人员,在安全工作中都起着举足轻重的作用。为了保护这些应用部门的利益,需要做许多安全工作,相应的部门需制定相应的安全策略,如数据中心的系统管理、磁介质的安全管理、威胁评估、安全教育和安全检查等。

2) 安全管理机构的作用

安全管理机构的作用有以下几个方面:

(1) 制定安全计划、应急救灾措施、防止越权存取数据和非法使用系统资源的方法。

(2) 规定数据中心使用人员及其安全标志,对进入机房的人员进行识别,实行进出管理,防止非法冒充。

(3) 对数据中心进行安全分析、设计、测试、监测和控制,保证信息系统安全目标的实现。

(4) 随时记录和掌握数据中心安全运行情况,防止信息泄露与破坏,随时对不安全情况。

(5) 定期巡回检查系统设施的安全防范措施,及时发现不正常情况,防患于未然。

2. 安全管理的原则与内容

1) 安全管理的基本原则

数据中心的安全管理主要有多人负责、任期有限、职责分离和工作分立等四项基本原则。

(1) 多人负责原则。在数据中心主管认为无法保证安全以及数据中心人员足够的情况下,必须由两人或多人一起从事每项与安全有关的工作。工作人员必须由数据中心主管领导指派,忠诚可靠、胜任工作,并认真记录签署工作情况,以证明安全工作已得到保障。

所谓与安全有关的活动包括:硬件和软件的维护;系统软件的设计、实现和维护;处理保密信息;系统用媒介的发放与回收;访问控制用证件的发放与回收;重要程序和数据的删除及销毁等。

(2) 职责分离原则。未经数据中心主管领导批准,任何数据中心的工作人员都不得打听、了解或参与其职责以外的任何与系统安全有关的事情。

(3) 工作分开原则。对计算机操作与计算机编程、计算机操作与系统用媒介的保管等信息处理工作、机密资料的接收和传送、安全管理和系统管理、应用程序和系统程序的编制、访问证件的管理和其他工作必须分开,不得由相同人员或小组执行。

(4) 任期有限原则。决不能由一人长期担任安全管理职务。工作人员应不定期循环任职,强制实行休假制度,并规定对工作人员进行轮流培训,以使任期有限制度切实可行。

2）安全管理的主要内容

安全管理的内容包括用户同一性检查、用户使用权限检查和建立运行日志等。

（1）用户同一性检查。同一性检查是指用户在使用系统资源时，事先检查是否规定用户有访问数据资源的权力。通常先检查用户代码是否正确，接着检验用户的密码是否正确，当两者完全与机器中设置的代码相同时，才能使用系统的数据资源。

在设计用户同一性检查时，为防止非法修改，必须注意设置更改用户报到表的权限。同一性检查需要一定的花费，应结合多方面因素进行综合考虑，合理设计，达到最佳效果。

（2）用户使用权限检查。在同一性检查之后，还要进一步检查用户的处理要求是否合法，即检查用户是否有权访问想访问的数据。系统管理人员根据系统运行的要求、组织权限、业务权限等给用户设置具体处理权限。设置权限控制清单时，绝不能有模糊不清的权限，要给用户规定实际需要的最小权限。

处理的资源和对象包括：数据文件、记录、数据库等数据对象；命令、程序等可运行的资源；终端、打印机等设备；磁带、磁盘等存储媒体；业务处理程序；应用中的控制码等。

（3）建立运行日志。系统运行日志是记录系统运行时产生的特定文件，它是确认、追踪与系统的数据处理和资源利用有关的事件的基础，它提供发现权限检查中的问题、系统故障的恢复、系统监察等信息，也为用户提供检查自己使用系统情况的记录。

在系统设计时，要从系统的安全控制和费用两方面考虑来定义运行日志中记录哪些项目和记载的程度。另外，还要考虑监察的水平，数据的型和量、时间、处理的复杂性、安全控制的效果以及系统对硬件设备的要求及影响等。比如，关注机房环境的安全运行情况，可以采用表12.2的格式进行记录。

把运维工作前移是确保数据中心安全稳定的关键。在新系统集成过程必须启用安全策略、停止不必要的系统服务及端口、消除漏洞和脆弱口令；新设备投入使用和新系统上线运行前，必须进行安全测试。

3. 安全管理制度规范

安全管理机构要根据安全管理原则和信息系统处理数据的保密性，制定相应的管理制度或采取相应的规范，具体应做好以下工作。

1）确定系统的安全等级和安全管理的范围

信息系统安全等级划分十分重要，关系到后续工作的展开和进行。安全的可靠性可分为 A、B、C、D 四个等级。一般根据系统的实际情况确定其安全等级，并由此确定其安全管理范围。

表 12.2　信息运行值班定期巡查例表

信息运行值班定期巡查表									
上午巡查时间			下午巡查时间				值班管理员		
一、机房环境巡查(注:正常项留空白,异常打"×")									
机房环境总体是否正常(注:填写"正常"或"异常")									
机房位置	电源设备		机房温度、湿度		空调运行		机房整洁		备注(异常说明)
	上午	下午	上午	下午	上午	下午	上午	下午	
10 楼 A 区机房									
10 楼 B 区机房									
20 楼机房									
1#615 机房									
二、网络与应用系统设备巡查(注:正常项留空白,异常打"×")									
机房设备总体是否正常(注:填写"正常"或"异常")									
设备位置	应用系统		设备型号		设备数量		上午巡查	下午巡查	异常或特别说明

2) 限制数据的提供

决不向用户提供有用的信息数据,而应从数据的数量、结合、解释和时效性等几方面入手,对数据进行有效的限制。

3) 建立科学的机房管理制度

为了保证工作质量和良好的机房秩序,机房应建立科学的管理制度。主要包括以下几方面:

(1) 制定相应的出入管理制度。对于安全等级要求较高的数据中心,设计者应依据特定的标准,如计划项目、产品、人员等,确定整个数据中心环境中的各个控制区域;并实行分区控制,限制工作人员出入与己无关的区域。进出口由专人负责管理,对进入机房人员进行识别,防止非授权人员非法使用计算机系统。出入管理可以采用身份证件进行识别或安装自动识别登记系统,采用磁卡、身份卡等手段对人员进行识别、登记管理。

(2) 制定严格的操作规程。操作规程根据安全管理中职责分离、多人负责的原则,各自负责各自的工作,不能超越自己的管辖范围;并备好操作说明书,使计算机系统的操作完全标准化,以便能正确、迅速地完成业务处理,及早发现不正常的故障部位或灾害并迅速而妥善地采取应急措施。

(3) 制定完备的系统维护制度。要定期进行系统维护,以便在需要时恢复系统中丢失的数据,保证系统的安全可靠。系统维护时要采取以下保护措施:维护前要经主管部门的批准;维护时重要数据要备份,系统上的数据要抹去;对拆卸的磁盘和磁带等应从设备上卸下;维护过程中要有安全管理人员在场,并将维护的部位、故障的原因、维护内容和维护前后的详细情况记录在案。

(4) 制定应急预案,定期检查。要制定系统在紧急情况下如何尽快修复系统的应急措施,使损失减至最小。同时,要定期巡查机房及其他有关的防灾防范措施,用监控系统监视异常情况,及早发现不正常状态,及时报告给相应的系统管理员,以便采取相应行动。巡检是了解情况的过程,为日常维护保养提供依据,以便随时发现亟待解决的问题,防患于未然。例如,震动转动部件、机电结合部件或光电结合部件,常会由于机械运动而产生故障。因此,巡检时特别注意电源、电机、电扇及防火、防水、防雷、防盗等管理与技术措施的实施状况。

(5) 编制系统的维护记录。维护记录是维护计算机,进行故障诊断和安全监护的重要依据和基本原始材料。它主要记录系统的使用时间、使用人员、使用情况、机房环境条件、作业运行及操作情况、软件使用情况(名称、使用次数)、出错信息(显示、打印等资料)、故障分析及诊断处理、试用效果等。

(6) 机房环境的监测与维护。随着计算机技术的迅速发展,计算机的质量和可靠性不断提高,环境条件要求逐步降低,推动了计算机的普及推广应用。而信息系统由大量易受环境条件影响的电子设备、机械设备和机电设备组成,机房环境对计算机系统的元器件、计算机的性能和寿命、机器的稳定性及可靠性影响极大,是信息系统安全运行的重要因素之一,是系统维护与管理的首要步骤。

4) 安全人员管理

安全人员管理主要包括人事审查和录用、确定岗位和职责范围、基础培训、工作评价、人事档案管理等。

(1) 人员审查和录用。凡接触到机密信息的人员,必须坚持先审查后录用的原则。审查一般包括个人历史审查、人品审查、与被录用人员签署入职和保密协议、对在职人员进行定期或不定期的审查等。

(2) 定岗定责。在数据中心中,一般需要以下几方面的人员:安全管理、安全审计、系统管理、系统分析、系统工程、系统维护、系统操作、信息录入等。在这些人员的岗位确定之后,责任分工就是安全管理的基础,所以要制定出每一类人员的职责范围。决不允许超出自己的责任范围,必须各负其责,相互制约,确保安全。

(3) 定期培训。对刚被录用人员要先进行培训,培训内容包括职业道德、在工作岗位上可能遇到的新技术或新的工作方法、各种操作规程等,以防止泄露机密信息。对已录用的人员也要定期进行培训,以提高其工作水平。

(4) 工作绩效评价。要定期对工作人员进行工作成绩的评价,以检查其思想状况、业务素质,一方面可激发工作人员的工作热情,另一方面也为人事部门对职员的晋升提供依据。

(5) 人事档案管理。建立制度,限制无关人员接触人事档案。一旦工作人员的岗位和职责发生变化,要及时在档案内补充材料,以确保档案反映工作人员的工作、生活实情。

关于数据中心安全系统的问题已在本书第 9 章中进行专门讨论,在此不再赘述。

12.3.4 增值服务(租用、托管)管理

1. IDC(互联网数据中心)

在互联网发展初期,一些企业(机构)或网站为了解决主机托管和带宽租用的问题,把自己的服务器托管在具有托管能力并可提供带宽出租的服务商那里。发展到后来,IDC 它能够针对企业(机构)级网站建设和电子商务应用发展的迫切需求,可以提供给客户更多像数据备份、负载均衡、内容加速、防火墙、流量管理等增值服务,客户通过 IDC 平台可以享用到一切与互联网相关的设备、技术、管理、应用的服务。

目前,我国提供数据中心服务的提供商,例如北京电信、赛尔数据中心、263 首都在线、世纪互连等,他们有运行环境严格要求的机房、充沛的电力保证、充足的带宽资源、增值服务保证和较高的服务品质。

2. 增值服务(托管、租用)要求

数据中心增值服务(托管、租用)在大型主机时代就已出现,那时是为了通过托管、外包或集中方式向企业(机构)提供大型主机的管理维护,以达到专业化管理和降低运行成本的目的。而企业(机构)或政府单位通过使用 IDC 服务器托管业务,无需再建立自己的专门机房、敷设昂贵的通信线路,也无需高薪聘请网络工程师,即可解决自己使用互联网的许多专业需求。

在综合了目前 IDC 市场情况的基础上,可以将数据中心的增值服务分为三个阶段,即服务理念、服务实施体系、服务品质的保证。

1) 服务理念的建立

服务理念反映了数据中心对服务本质性的、方向性的认识,是数据中心实施服务的指导思想。评价数据中心的服务理念是否合理,主要在两方面:一方面,理念应该言之有物;另一方面,理念应该具有前瞻性。

2) 服务实施体系及标准

对服务实施体系的评价包括对服务内容、服务实施部门、服务水平以及体系完整性的评价。

在服务的实施部门方面,IDC 数据中心应有完整、规范、有序的客户服务部门和高质量的服务设施与服务环境。阵容强大、流程顺畅、操作规范的服务队伍是高质量 IDC 服务的可靠保障之一。此外,IDC 的物理线路、带宽资源、互联互通性能、可扩展性等性能指标,以及空间、电力供应、安全保障、地理位置和交通条件等基础性能,都成为衡量 IDC 服务能力的评价标准。

IDC 数据中心技术服务队伍的水平和值守时间,也是 IDC 服务一个重要的评判标准。IDC 应该拥有一支业务技能高超的工程师队伍,以保证服务的质量和服务效率;应该提供 7×24 全天候服务以保证随时响应。

能否保持服务的完整性,通过一揽子服务解决用户的后顾之忧,是 IDC 数据中心实力的反映。许多 IDC 客户都在网络上运行自己的重要业务,它们的需求是多方面的,往往需要 IDC 提供一揽子的解决方案。这要求 IDC 服务的覆盖面必须尽可能广阔,以满足不同客户的个性化需求和同一客户的不同层次需求。

3) 服务品质的保证及标准

IDC 数据中心服务的评测范畴除了服务理念与实施体系外,还有一个重要的方面,即服务品质协议(Service Level Agreement,SLA)。

SLA 是由服务提供商与用户签署的法律文件,它明确规定了 IDC 服务的内容、服务的质量和评价指标、违约责任等。SLA 不仅明确了违约方的经济惩罚性条款,而且有助于用户对服务商提供具体服务的能力、可靠性和响应速度进行充分正确的评估和监督。服务品质协议的意义不仅在于它为用户提供了服务评价准则和可量化、可操作的标准,还在于为用户享受高品质服务提供了可靠的法律保障。

3. 增值服务(托管、租用)管理要求

为了提升数据中心服务水平,规范机房管理,规范入托用户的操作行为,提高数据中心安全性与可靠性,应分别制定以下的相关要求:

(1) 测试要求。为进一步提升数据中心服务水平,规范机房管理,取消了托管用户服务器进机房测试,需要测试的用户要求按指定 IP 地址从远程登录测试,包括服务器测试、web 网页测速、FTP 测速等。

(2) 机房管理要求。IDC 机房有完善的出入管理制度,确保用户托管的设备安全。关于数据中心机房管理要求已在本书 12.1.4 节进行专门讨论,在此不再赘述。

(3) 客户设备的监控管理。一般数据中心利用信息系统监控网络平台对设备的监控可分成两级,一个是系统级的监控,主要对数据中心服务的客户进行监控,看看运行状况怎么样;另一个是应用级监控,是每个客户自己做的,能够监控到所有在机房内的设备。每个客户可以在数据中心业务楼,也可以在客户本身,通过远程监控。可以任选一个,也可以两个都要,可以加自己的设备。数据中心根据客户的授权看每个客户的设备,客户自己的设备自己看。客户与数据中心互相有一个合约关系。

12.3.5 用户服务需求管理

除了前面所述的几项任务是在日常运行中必须认真组织、切实完成的例行工作以外,数据中心常常还会有一些临时的用户信息服务需求单,向当前所运行的各种应用系统提出。例如,在网站增加某部室主页链接,临时查询某些数据,生成某些一次性的报表,进行某些统计分析,进行某种预测或方案测算等。这些信息服务需求并不在系统的日常工作范围之内,然而,其作用往往要比例行的信息服务大得多。随着管理水平的提高和各级领导信息意识的增强，这类信息需求还会越来越多。领导和管理人员经常更多地通过这些需求的满足程度来评价和看待信息系统。因此，努力满足这些需求，应该成为数据中心运行管理人员特别注意的问题之一，即承担起对用户信息服务需求的管理工作。例如，某通信中心用户服务需求单的格式如表12.3所示。

表 12.3　通信中心 EMS 系统用户服务需求单

业务部门	
需求	
具体内容	
开始时间	
完成时限	
申请人及联系方式	
单位意见或盖章	

12.3.6　运行日志记录

在完成上述各项日常管理工作的同时，应该对数据中心的系统运行情况进行详细的记录。这个问题很容易被忽视，因此，在这里作进一步的强调和说明。

系统的运行情况如何是对数据中心管理、评价十分重要且十分宝贵的资料。人们对于数据中心运行管理的专门研究，还只是刚刚开始，许多问题都处于探讨之中。即使从某一单位某一部门来说，也需要从实践中摸索和总结经验，把运行管理水平进一步提高。而不少单位却缺乏各种系统运行情况的基本数据，只停留在一般的印象上，无法对系统运行情况进行科学的分析和合理的判断，难以进一步提高运行管理水平，这是十分可惜的。数据中心的主管人员应该从系统运行的一开始就注意积累系统运行情况的详细材料。因此，要安排专人值班，做好系统的日常巡检监视工作，按要求填写运行日志，运行日志格式例子见表12.4。

在系统的运行过程中，需要收集和积累的资料包括以下几个方面：

(1) 有关工作数量的信息。例如开机的时间，每天、每周、每月提供的报表的数量，每天、每周、每月录入数据的数量，系统中积累的数据量，修改程序的数量，数据使用的频率，满足用户临时要求的数量等。这些数据反映了系统的工作负担及所提供的信息服务的规模。这是反映计算机应用系统功能的最基本数据。

(2) 工作的效率。工作的效率是指系统为了完成所规定的工作，占用了多少人力、物力及时间。例如完成一次年度报表的编制，用了多长时间、多少人力。又如使用者提出一个临时的查询要求，系统花费了多长时间才给出所要的数据。此外，系统在日常运行中，例行的操作所花费的人力是多少，消耗性材料的使用情况如何等。随着经济体制的改革，各级领导越来越多地注意经营管理。任何新技术的采用，如果不注意经济效益是不可能得到广泛应用的。

表 12.4 某分公司值班日志

值班定期检查记录				
数据网络是否正常	广域网 ATM 设备	广域网接入交换机	局域网中心交换机	局域网接入交换机
	宽带网防火墙	外网 VPN	2M 协议转换器	
应用系统是否正常	OA 系统	档案系统	生产 MIS 系统	财务 FMIS 系统
	线损系统	银电联网系统	营销 MIS	营销监控系统
	输电线路巡检系统	班组建设系统	瑞星防病毒系统	
各类网站是否正常	内部办公网站	团青网站	廉建网站	党建网站
防病毒监控平台	系统中心是否最新版本	系统通讯代理是否连接正常		
机房环境是否正常	UPS 设备	消防设备	机房温度	空调运行
	机房清洁	设备运行	设备运行声音	机房湿度
值班主要记事				

注：① 值班日志包括定期检查项、值班主要记事。
② 定期检查项按照数据网络、应用系统、机房环境等列出每工作日必须检查的内容。各分公司结合实际来定。
③ 值班主要记事要记录当天系统整体运行情况、当天重要工作或系统重大变更、交代下一值班人员注意事宜、领导交办的工作等。如无填写事宜，当天系统整体运行情况为必填项。

（3）系统所提供的信息服务的质量。信息服务和其他服务一样，不能只看数量，不看质量。如果一个信息系统生成的报表，并不是管理工作所需要的，管理人员使用起来并不方便，那么这样的报表生成得再多再快也是没有意义的。同样，使用者对于提供的方式是否满意，所提供信息的精确程度是否符合要求，信息提供得是否及时，临时提出的信息需求能否得到满足等，也都属于信息服务的质量范围之内。

（4）系统的维护修改情况。系统中的数据、软件和硬件都有一定的更新、维护和检修的工作规程。这些工作都要有详细、及时的记载，包括维护工作的内容、情况、时间、执行人员等。这不仅是为了保证系统的安全和正常运行，而且有利于系统的评价及进一步扩充。

（5）系统的故障情况。无论故障大小，都应该及时地记录以下这些情况，包括故障的发生时间、故障的现象、故障发生时的工作环境、处理的方法、处理的结果、处理人员、善后措施、原因分析。要注意的是，所说的故障不只是指计算机本身的故障，而是对整个信息系统来说的。例如，由于数据收集不及时，使年度报表的生成未能按期完成，这是整个信息系统的故障，但并不是计算机的故障。同样，收集来的原始数据有错，这也不是计算机的故障，然而这些错误的类型、数量等统计数据是非常有用的资料，其中包含了许多有益的信息，对于整个系统的扩充与发展具有重要的意义。

在以上所提到的五个方面中，那些在正常情况下的运行数据是比较容易被忽视的。因为发生故障时，人们往往比较重视对有关的情况加以及时记载，而在系统正常运行时，则不那么注意。事实上，要全面地掌握系统的情况，必须十分重视正常运行时的情况记录。

例如，服务器发生了故障，就需要考察它是在累计工作了多长时间之后发生的故障。如果这时没有平时的工作记录，就无从了解这一情况。在可靠性方面，人们常常需要平均无故障时间这一重要指标，如果没有日常的工作记录，这一指标也就无法计算。

对于自动化程度较低的数据中心来说，这些信息主要靠人工方式记录。大型计算机一般都有自动记载自身运行情况的功能。不过，即使是大型计算机也需要有人工记录作为补充手段，因为某些情况是无法只用计算机记录的。例如用户的满意程度、所生成的报表的使用频率就都只能用人工方式收集和记录。而且，当计算机本身发生故障时，它当然无法详细记录自身的故障情况了。因此，不论在哪种信息系统中，都必须有严格的运行记录制度，并要求有关人员严格遵守，认真执行。

为了使信息记载得完整准确，一方面要强调在事情发生的当时当地、由当事人记录，绝不能代填或倒填（这是许多地方信息收集不准确的原因之一），避免时过境迁，使信息记载失真。另一方面，尽量采用固定的表格或本册进行登记，而不要使用自然语言含糊地表达。这些表格或登记簿的编制应该使填写者容易填写，节省时间。同时，需要填写的内容应该含义明确、用词确切，并且尽量给予定量的描述。对于不易定量化的内容，则可以采取分类、分级的办法，让填写者选择打勾等。总之，要努力通过各种手段，尽量详尽准确地记录系统运行的情况。

在数据中心，各种运维人员都应该担负起记载运行信息的责任。硬件操作人员应该记录硬件的运行及维护情况，软件操作人员应该记录各种程序的运行及维护情况，机房管理员负责机房环境设施的日常巡检，应记录温湿度、电源负荷、空调运行参数等，负责数据校验的人员应该记录数据收集的情况，包括各类错误的数量及分类，录入人员应该记录录入的速度、数量、出错率等。要通过严格的制度及经常的教育，使各类人员明白日常巡检的重要性，使所有工作人员都把记录运行情况作为自己的重要任务。

对自动化程度较高的数据中心来说，应尽可能开发利用各种基础设施监控系统记录的信息数据，自动定义生成运行报表。因此，在建立数据中心运维管理系统时，必须考虑与监控系统间的接口问题，否则，系统建成后仍是依靠人工处理。

有些情况不是在系统运行过程中记录下来的。例如用户满意率、生成表格的使用率、使用者对例行报表的意见等。对于这些信息应该通过网站、用户回访或发调查表等方式向使用者征集，这是由应用系统的服务性质所决定的。这种工作可以定期进行，例如结合季度、半年或一年的工作总结进行，也可以根据系统运行的情况不定期地进行。不论哪种方式，数据中心的主管人员都必须亲自动手，满足管理者的需求是数据中心的出发点和内容，这是对系统是否已达到目标的检验，是对整个数据中心工作最根本的检验。企业（机构）或组织的领导也应该以此作为对数据中心及信息管理部门的工作情况进行评价的标准。

12.3.7 运行故障管理

1. 数据中心故障概述

现代基于计算机的数据中心各系统在运行过程中都不可避免地因故障而失效。硬件故障、软件错误、人工操作失误甚至对系统的恶意破坏，这些故障都可能导致系统运行的非正常中断，影响系统中数据的正确性，或者破坏系统的数据库，使部分甚至全部数据丢失。

通过系统的可靠性（或可用率）指标可以衡量和预测系统故障的发生。系统的可靠性是指在满足一定条件的应用环境中系统能够正常工作的能力。由于数据中心各系统在逻辑上是由各个子系统和功能模块构成，因此，可以按照一般工程系统的可靠性研究方法进行单元可靠性和系统可靠性的评价，也可以通过系统平均无故障运行时间、系统可用率和系统平均维修时间等指标来定量衡量。

系统可靠性实际上还包含了对数据安全性的要求，因为不完整的业务数据必然会导致用户在具体业务应用上的障碍，所以组织必须在保障业务数据安全性的前提下考虑信息系统的可靠性。运用下述的策略和手段，可以保证发生故障时业务数据的完整性，并且在一定程度上保证系统在较短时间内恢复正常运行。尽管如此，对某些要求业务系统不间断运行的组织而言，即使是极短时间的运行中断也是无法接受的，这时就需要具有极高的系统可靠性。

在实施故障恢复时可能会非常困难，仅仅简单地找出问题并在中断处恢复执行常常是不可能的，系统需要大量附加的冗余数据和处理操作。因此系统所采用的恢复技术对系统的可靠性起着决定性的作用，对系统的运行效率也有很大影响，它是衡量信息系统性能优劣的一项重要指标。

2. 故障的种类

影响数据中心各系统安全、稳定运行的故障主要有以下几类。

1）硬件故障

计算机硬件系统是支持信息系统运行的物质基础,硬件故障是指信息系统中所涉及的各种硬件设备发生的故障。例如,计算机系统的硬件故障,如CPU、内存、磁盘、主板、各种板卡插件、显示器、KVM等出现的故障。

硬件故障发生的原因有很多种,例如,系统各种配件之间的兼容性差、某些硬件产品的质量不过关等。

2）软件故障

计算机软件系统是实现信息系统运行的支持平台和应用工具,软件故障是指信息系统中所涉及的各种软件程序发生的故障。例如,操作系统崩溃,应用程序运行过程中发生重大错误等。

软件故障发生的原因也有很多种,例如,软件参数配置错误、软件使用人员错误操作、系统程序安全漏洞、应用程序设计缺陷、计算机病毒破坏等。

3）网络故障

现代信息系统一般都是一个基于计算机网络环境的系统,网络通信的畅通往往是保证整个信息系统正常工作的前提。网络故障是指由于各种原因而导致的无法连接到网络或网络通信非正常中断。例如,用户端网络、网络连接线路等问题。根据网络故障发生的原因,一般可以把网络故障再细分为两大类。

(1) 网络硬件故障。例如,网线、网卡、集线器和交换机等网络设备本身的故障,网络设备在占用系统资源(如中断请求、I/O地址)时发生冲突,驱动程序、驱动程序与操作系统、驱动程序与主板BIOS之间不兼容的问题。

(2) 网络软件设置故障。例如,网络协议配置问题,网络通信服务的安装问题,网络标示的设置问题,网络通信阻塞、广播风暴以及网络密集型应用程序造成的网络阻塞等故障。

4）外围保障设施故障

因外围保障设施故障包括电源、制冷、安控、布线、环境等设施故障直接或间接造成的信息系统运行故障。

5）人为故障

信息系统中人员的因素尤其重要。人为故障是指由于系统管理人员或操作人员的误操作或故意破坏(如删除信息系统的重要数据)而导致的信息系统运行不正常甚至中断失效。

6）不可抗力和自然灾害

这里故障主要是指因不可抗拒的自然力以及不可抗拒的社会暴力活动造成的信息系统运行故障。例如,地震、火灾、水灾、风暴、雷击、强电磁辐射干扰、战争等。这些因素一般将直接危害信息系统中硬件实体的安全,进而导致信息系统软件资源和数据资源发生重大损失。

3. 故障的预防策略

在新系统上线投入正式运行前的系统测试是检测系统可靠性、预防系统故障的一种主要手段。但是,系统测试不可能发现信息系统中的所有错误,特别是软件系统中的错误。所以,在系统投入正常使用后,还有可能在运行中暴露出隐藏的错误。另一方面,用户、管理体制、信息处理方式等系统应用环境也在发生变化,也可能由于系统不适应环境等因素的变化而发生故障。系统可靠性要求在发生上述问题时能够使系统尽量不受错误的影响,或者把故障的影响降至最低,并能够迅速修正错误或修复故障而恢复正常运行和功能实现。

提高系统可靠性,预防系统故障的发生就必须制定适当的故障预防策略,主要有下列 4 种:

(1) 故障约束。故障约束就是在信息系统中通过预防性约束措施,防止错误发生或在错误被检测出来之前防止其影响范围继续扩大。例如采取故障点自动隔离、强制中断错误的信息处理活动等约束方式。

(2) 故障检测。故障检测就是对系统的信息处理过程和运行状态进行监控和检测,以使已经发生的错误在一定的范围或步骤之内能够被检测出来。例如采取基础设施集中监控、数据校验、设备运行状态自动监控与报警等技术手段。

(3) 故障恢复。故障恢复就是将系统从错误状态恢复到某一个已知的正确状态,并为了减小数据损失而尽可能接近发生系统崩溃的时刻。例如,通过更换或修复故障设备、软件系统重新配置、利用备份数据进行数据恢复等技术,将发生故障的系统迅速从故障中恢复,继续正常运行。

(4) 针对数据中心的设备、环境等运行情况,充分做好应急事件预想,制定相应的应急预案,通过安全应急预案的落实,保证在发生各种信息安全事件的情况下,能够从容处理事件、缩小影响、减少停运时间、降低损失,确保网络与信息系统运行的安全,确保网络与信息系统内信息的安全,确保网络与信息系统管理控制的安全。

4. 预防性维护策略

在问题发生前纠正错误,周期性的维护可以降低运营费用并且保持数据中心高效运行。

预防性维护虽然常被忽视,但在现在降低运营成本并且保证数据中心运行能效更高的驱动下却扮演着至关重要的角色。一辆汽车如果定期进行保养,那么相对于只是时不时地进行维护或干脆只是在有部件损坏情况下维修,其运行一定更高效,维修次数一定更少,正常运行时间一定更长。对于数据中心来说,也是同样的道理。

预防性维护策略可以让数据中心保持在一个最佳状态下高效地运行、降低意外的修复成本,并且提高数据中心总体层面的可用性。

1) 预防性维护可有效避免问题变成灾难

在系统元件故障发生前主动确认潜在宕机事件,数据中心管理者再也不会在半夜接到有关小问题演变成灾难的电话了。这主要归功于他们在数据中心中应用了预防性维护策略。

预防性维护策略要求对供电和制冷系统进行系统性的定期的巡检。它包括组件更换、断路器面板的热量检测、组件/系统调整、清洗过滤、润滑相关设备以及升级固件等一系列服务。预先安排的定期巡检能有效排除常见的隐患,有效避免了问题出现或意外发生所致的紧急情况。等到紧急情况出现时再进行的维护是无计划的,成本昂贵且存在很大的潜在破坏性。

预防性维护传统的方法主要关注单个组件的正常状态,但是思想超前的数据中心管理人员正在转向一种整体性策略,那就是将数据中心看成一个整体,不管是发生在UPS断路器、开关或是电路中的错误,电力事件就是电力事件。

2) 预防性维护将由谁来完成

经过工厂培训并认证过的技术人员知识与经验都非常丰富,与系统设计工程师易于沟通。同时他们在影响数据中心的供电和制冷问题上知识丰富。

生产厂商和授权的第三方服务供应商在全球拥有着充足的保修原厂备件,同时可充分利用其成千上万工时的现场经验提高其现场服务工程师的专业水平。

而未经授权的第三方服务商其多余的备件数量很有限(而且可能是从"黑市"购买的)。另一方面由于他们本身安装量就非常少,他们通常会发现自己经常碰到以前从未碰到过的问题。他们对于数据中心的了解也仅限于如何修复单个组件。

宕机所带来的损失巨大,如何有效提高系统可用性最关键的一环就是将定期的预防性维护提上日程。对此可提供最高服务水平的最强有力团队就是全球的生产厂商及授权第三方技术人员。

5. 故障的记录与报告

1) 故障信息搜集与记录

当信息系统运行发生故障或异常情况时,运行管理人员必须对故障或异常进行相关的信息搜集与记录。因为对系统故障进行统计分析,必须依赖大量可靠的故障资料。故障记录的主要内容包括故障时间、故障现象、故障部位、故障原因、故障性质、记录人、故障处理人、处理过程、处理结果、待解决问题、结算费用等。

(1) 故障时间信息。收集故障停机开始时间、故障处理开始时间、故障处理完成时间。停机开始时间到故障处理开始时间属于等待时间。从故障处理开始到故障处理完成,这段时间长短反映了故障特点和故障维护人员的业务能力与技术水平,它既是研究系统可维修性的有用数据,也是对维护人员考核的依据。

(2) 故障现象信息。故障现象是判断故障原因的主要依据。信息系统在运行过程中,一旦出现异常现象应该立即停止相关操作,要仔细观察,记录故障现象,为故障分析打下基础。

（3）故障部位信息。故障部位的记录也是一项重要的内容。确切掌握系统的故障部位，不仅为分析和处理故障提供依据，而且可以直接了解系统各部分的可靠性，为改善系统，提高系统可靠性提供依据。造成系统故障的原因很多，也可能比较复杂，有些故障是单一因素造成，而大多情况下却是多种因素综合影响的结果。因而只有从故障现象入手，研究工作机理，确定故障部位，才能找出真正的原因并加以解决。

（4）故障性质信息。由故障原因可归纳为 5 类故障：硬件故障，即由于设备本身设计，制造质量或磨损，老化等原因导致的故障；软件故障，即由于程序参数配置错误等软件因素导致的故障；网络故障，即由于各种原因而导致的无法连接到网络或网络通信非正常中断；人为故障，即由于人员素质或误操作等原因导致的故障；自然灾害，即由于自然环境或不可抗拒力导致的灾难，如火灾、水灾、地震等。将故障性质的记录进行分类，分清故障责任，划归有关部门，使之制定行之有效的措施，防止类似故障的发生。

（5）故障处理信息。有些硬件故障可以通过调整、换件、维修等彻底排除，但有些时候因为硬件设计缺陷，设备老化、磨损加剧所形成的精度降低、重复性故障、多发性故障则很难排除，所以需要安排计划检修或设备改造、更新，以彻底消灭故障。大部分的软件故障可以通过重新调整参数，安装补丁程序，升级软件版本，甚至重装系统软件等方式排除。通过加强操作人员的技术技能培训，提高人员业务素质来避免人员因素造成的故障。对于自然灾害，一般通过建立系统整体的容灾容错方案予以预防和应急处理。对故障处理信息的收集，可以为今后处理新故障提供方法和依据，大大提高对故障处理的工作效率。

尽管在一些大型数据中心中，一般都有故障自动记录与报警功能的设计，但是，这些信息通常仅仅是对故障现象的简单记载，往往不够精确或者不够完整。因此，必须安排专门的人员对故障信息进行搜集、整理与详细记录。

2）故障分析

故障分析是指对故障记录资料进行统计分析，从中发现某些规律，获得有价值的信息，用以指导对系统的合理使用和维护保养，并从故障的原因入手，采取积极措施，尽可能从根本上把握故障机理，最大限度地减少故障，降低故障损失。

故障的数理统计分析是一项专业技术性较强的工作，既要求有一定的专业理论知识，又要有丰富的实际工作经验。故障统计的目的，在于发现各种设备故障的分布，找出多发故障设备，掌握各类设备的多发故障点。

故障分析的主要内容如下：

（1）根据故障的表征，分清故障的类型和性质，找出故障的根源。

（2）通过对统计资料的分析，获取有价值的信息。

故障的统计分析作为故障管理的重要一环，是制定故障对策的依据。可对故障记录文档中的各个记录项逐月分别进行统计。

3）故障报告

（1）当系统运行过程中发生故障以后，应该按规定程序报告相关的主管部门，以便派人及时进行故障排除处理。对于硬件故障应该及时报告故障信息给设备责任人或设备制造厂商。对于软件故障，如果是软件本身的问题，应该及时报告故障信息给软件开发部门或软件厂商。对于网络故障，如果是租用的商业网络通信线路，应该及时报告故障信息给相应的网络服务商，以协助解决或获取技术支持。

（2）建立数据中心信息安全突发事件信息通报制度。当发生网络与信息安全突发事件时，按要求应立即电话通知信息主管部门和分管领导，并填写《网络与信息安全突发事件报告单》，按照突发事件不同等级的要求，及时上报信息安全信息。不得迟报、漏报或瞒报。

12.3.8 运行文档管理

1. 运行文档管理的意义

数据中心运行文档主要包括系统维护操作手册，系统维护记录，图纸，售后服务保证文件，数据证书，存储数据和程序的磁盘及其他存储介质，系统开发过程中产生的各种文档及其他资料。运行文档管理在整个数据中心的运行管理工作中起着重要的作用。

1）良好的文档管理是系统工作连续进行的保障

运行管理文档也是一种重要的数据资源。文档是各项信息活动的历史记录，也是检查各类人员，责任事故的依据。只有系统运行文档保存良好，才能了解组织在经营管理过程的各种弊端、差错、不足；只有系统运行文档保存良好，才能保证这些信息在前后期的相互利用；只有各种开发及用户文档保存良好，才能保证信息系统操作的正确性、可继续培训性和系统的可维护性。

2）良好的文档管理是系统维护的保证

各种开发文档是信息系统的重要组成部分。对信息系统来说，其维护工作有以下特点：

（1）理解别人精心设计的程序通常非常困难，而且软件文档越不全、越不符合要求，理解越困难。

（2）当要求对系统进行维护时，不能依赖系统开发人员。由于维护阶段持续的时间很长，因此，当需要解释系统时，往往原来写程序的人已经不在该单位了。

（3）数据中心是一个非常庞大的在线系统工程，即使是其中的一个子系统也是非常复杂的，而且还兼容了具体业务与计算机两方面的专业知识，了解与维护系统非常困难。

以上这些关于信息系统维护的特点就决定了没有完整保存的系统开发文档，系统的维护将非常困难，甚至不可能，如果出现这样的情况，将很可能带来信息系统的长期停止运转，严重影响信息系统工作的连续性。

3) 良好的文档管理是保证系统内数据信息安全的关键环节

当系统程序、数据出现故障时，往往需要利用备份的程序与数据进行恢复；当系统需要处理以前年度或机内没有的数据时，也需要将备份的数据拷贝到机内；系统的维护也需要各种开发文档。因此，良好的文档管理是保证系统内数据信息安全完整的关键环节。

4) 良好的文档管理是系统各种信息得以充分利用，更好地为管理服务的保证

让管理人员从繁杂的事务性工作中解脱出来，充分利用计算机的优势，及时为管理人员提供各种管理决策信息，是信息化的主要目标。俗话说"巧妇难为无米之炊"，要实现运行管理的根本目标，必须要有保存完好的历史数据。只有良好的文档管理，才可能在出现各种系统故障的情况下，及时恢复被毁坏的数据；只有保存完整的数据，才能利用各个时期的数据，进行对比分析、趋势分析、决策分析等。所以说良好的文档管理是信息得以充分利用，更好地为管理服务的保证。

2. 运行文档管理的任务

运行文档管理的任务主要包括以下内容：

（1）监督、保证按要求生成各种文档。按要求生成各种文档是文档管理的基本任务。一般说来，各种开发文档应由开发人员编制，开发人员应该提供完整、符合要求的开发文档；各种报表与凭证应按预先的要求打印输出；各种系统数据应定期备份，重要的数据应强制备份；计算机源程序应有多个备份。

（2）保证各种文档的安全与保密。信息系统中有些数据信息是进行各种信息活动的重要依据，绝不允许随意泄露、破坏和遗失。各种信息资料的丢失与破坏自然会影响到信息系统的安全与保密；各种开发文档及程序的丢失与破坏都会危及运行的系统，从而危及系统中数据的安全与完整。所以，各种文档的安全与保密是与信息系统的安全密切相关的，应加强文档管理，保证各种文档的安全与保密。

（3）保证各种文档得到合理、有效的利用。文档中的信息资料是了解组织运营情况、进行分析决策的依据；各种开发文档是系统维护的保障；各种信息资料及系统程序是系统出现故障时恢复系统、保证系统连续运行的保证。

12.3.9 运行成本分析

数据中心运营成本是一项不可忽视的开支。据计世网记者专访惠普公司新一代数据中心解决方案架构师蔡建华先生得知，从管理运营方面，第三方统计数据表明，企业（机构）数据中心运营的成本已经占到整个日常 IT 投入的 60%～70%，它大致包括信息系统开发成本；日常运行费用成本；运维人员成本；培训、维护与更新成本；人员机构调整成本项目管理不利与系统使用不当的风险；人员机构调整成本；信息系统应用成本等七个部分。目前，IT 行业还没有统一的数据中心运营成本的估算标准及方法，本节将对各项数据中心运营成本进行分析，然后以某企业（机构）的数据中心项目一次

性投资后期运行维护经费估算为例,简要介绍一些运营成本的估算方法。

1. 运行成本的构成

1) 信息系统开发成本分析

信息系统开发可以自主开发,也可以请软件技术商开发,要看两者的效益成本比。如果企业(机构)机制灵活、技术人员充裕,可以考虑自主开发。如果确定外包的策略,则可能的不利因素如下:

(1) 项目管理。主要是项目涉及系统实施与企业用户两方或多方,协调和沟通的成本会大大增加。

(2) 软件知识产权。承包方与企业之间必须就软件知识产权问题预先讨论清楚并形成协议文档。

(3) 维护和更新。信息系统建成后的运行和维护是长期性的,但承包方是否具备长期服务的能力,存在一定的风险,也是个成本问题。

无论是自主开发还是外包,都应该请咨询公司或管理顾问。一般企业(机构)舍得在购买硬件上花钱,对软件的开支省之又省。其实,今天国内外大型企业在信息化方面投入,花在软件和服务方面的经费已经远远超过了在硬件方面的投入。

2) 日常运行费用成本分析

日常运行费用主要包括水电费用与房租费用等。

(1) 水电费用。经调查,29%的受访者表示,数据中心日常运行的电源消耗和冷却问题已经引起了管理层的注意,并且把它们作为减少经营成本的一个途径。考虑到大多数预测都表明电源和冷却成本占数据中心成本的大约20%,这种情况并不让人感到意外。从能源使用这个角度来看,不仅是最近几年,其实在这之前问题一直存在,主要是对能耗不太重视。

主要的能耗问题在于,一是企业过去在采购IT设备的时候,最关注的大都是IT设备本身的成本,而根本不会去想服务器每年消耗的电费是多少。第二,企业进行采购评估的时候,他们都看到是一种性能的指标,而很少会关注到能耗方面的指标。而产生这个问题的原因在于IT建设部门与运维部门往往是两支队伍,大家关注的点不一样;而且进入真正运营工作时,电费大都不是IT运营部门去管,而属于物业管,隶属于行政范围。因此,责任处于缺乏状态。

再加上数据中心服务器的排列密度很高,这也导致数据中心里面的供电可能不够,而办公区其他地方又过冷或过热。据计世网记者专访得到的统计数据显示,全世界85%的数据中心都存在这种过量制冷的问题。

2007年8月2日,在www.energystar.com上发布了一份《美国联邦政府和民营企业的计算机数据中心的快速增长和能源消费的分析》,文中有不少引起业界注目的数字。

① 2006年,数据中心(DC)在美国消费约600亿千瓦小时的电量,大约占全国总耗电量的1.5%。

② 服务器和数据中心的能源消耗在美国最近五年增长了一倍,预计在未来的五年内,还要增长将近一倍,将超过1000亿千瓦小时。

③ 今天的数据中心约占电力网格上高峰负荷的70亿千瓦,这约等于15个基本负荷的发电厂。如果目前的趋势继续下去的话,到2011年,需求将上升到120亿千瓦,这将要求美国另外建立10个发电厂,而且还只是为了满足数据中心增长的需求。

数据中心消耗能源的成本增大。根据最近的估计,到2010年,每年的电力成本预计将超过服务器的购置成本。数据中心的大量的电消耗更加令人关注。

(2) 房租费用。数据中心都是从一个小机房发展而来的。从一个小机房慢慢发展到上规模的、几千人的现代化的数据中心,随着IT信息化建设综合发展,以及现代信息技术和业务需求的变化,数据中心逐渐暴露出来很多问题。例如从技术IT架构来看,传统的IT信息系统都是基于一个一个的项目建起来的,所以系统都是以孤岛式的方式发展,这种方式对需求的应对变化很慢,常常会看到数据中心的电不够了,空间也不够了等。这些并不仅仅是水电或空间的问题,从IT的角度来讲,其实数据中心是在技术和架构方面存在问题。随着数据中心周边城市街区的开发利用,带动了地价、房租节节高升,想再扩充数据中心机房,只能多付出两至四倍的房租费用。甚至,只好往更远的郊外迁移,重建数据中心,那成本支出就是一个天文数据了。

众所周知,一个具有初级规模的企业的数据中心对于电力、冷却、承重、选址等方面都有非常严格的要求,这些要求往往是处于繁华地段的商务写字楼所不能满足的,因此,数据中心的"郊区化"、"城镇化"的趋势就越来越明显。美国Google公司数据中心的选址标准也反映了数据中心在选址方面的新趋势,包括大量的廉价电力、绿色能源、临近河流或湖泊,可提供大量的冷却用水、大片的土地、更好的隐私和安全,以及和其他Google数据中心的距离、数据中心的高速连接、税收优惠。从这些标准来看,数据中心正在走出城市,走向"农村"或者是城市边缘的城区,其目的都是追求更低廉的电力成本与降低扩充空间所带来的成本。

3) 运维人员成本分析

企业(机构)数据中心工作人员的多少要视企业(机构)的规模、数据中心的大小和工作的性质而定,他们的成本开销包括工资、奖金、福利和各种保险。在企业(机构),他们的待遇是个较敏感的问题,太高,别的人会有意见;太低,企业(机构)留不住人。因此,鉴于IT技术人员的企业(机构)中的特殊性,整个系统维护也可以考虑外包。而有少数企业(机构)、特别是大型集团性企业(机构)往往成立自己的信息技术公司,用来承担集团总部、子公司和控股公司的信息化服务,拓展盈收渠道。这样做的好处如下:

(1) 对整个企业(机构)的信息化工作能方便地进行统一管理、统一规划、统一设计、统一平台和统一标准。

(2) 能提高技术人员的收入水平。

(3) 有利于企业(机构)在信息化方面的融资。

4) 培训、维护与更新成本分析

培训包括技术人员的专业培训和使用人员的素质培训,这两方面都需要经费。维护成本包括维护人员的工资、计算机耗材、机器维修、配件更换,以及购买小型工具软件的费用。当信息系统运行速度、数据空间跟不上的企业(机构)规模或者企业(机构)服务变化与组织变更时,网络设施与信息系统需要升级与更新,因此,相对应地需要一笔更新费用。

5) 项目管理不力与系统使用不当的风险分析

数据中心的信息化项目在开发过程中如果管理不力,会带来效率的低下、工期的延长和费用的超标,甚至会影响系统的质量,为将来系统正常运行埋下隐患。系统开发完成后,如果企业(机构)没有相应的业务流程重组和好的规章制度,则有可能造成系统功能超越实际需求、业务人员消极或不愿使用、数据不能定期更新和系统维护跟不上等现象,这样将影响系统的使用效率和使系统无法带来应有的回报,并可能使所有的投资付诸东流。

6) 人员机构调整成本分析

随着数据中心的业务流程重组会带来组织机构和工作岗位的变化,进而导致人员的调整。经过培训后,一部分人能适应新的岗位或工作,一部分人则可能无法适应新的要求,另一部分人则可能富余出来。因此,数据中心的业务流程重组使企业(机构)人员素质得到提高,另一方面也可能造成少数人员的待岗或失业。这是业务流程重组过程中的正常现象,也是企业(机构)应该付出的改革成本。

7) 信息系统应用成本分析

一般来说,信息系统的应用可以改善企业(机构)运作效率。但有时由于新旧系统的转换、流程改变后的适应过程、员工认识程度的深化、系统功能的熟练使用等需要一定的时间,在这段时间内可能造成一定的生产、经营和管理困难,成本可能反而高一些,效率可能低一些。成本分析时要客观对待这种情况,既不能忽视它,也不能因一时困难产生畏难情绪,必须从长远的、战略的角度正确处理。

2. 运行成本测算的案例

经过上述的成本分析,下面以某企业(机构)的小型数据中心运维经费估算的例子来说明运营成本的测算方法,仅供参考。

某数据中心建成一次性投资后期运行维护经费估算(各项费用均以 2009 年 12 月时价进行估算)如下。

1) 运营成本分析

该项目为非盈利性项目,只做运营成本分析。项目运营后的成本统一由公司财政划拨。项目计算期总共 5 年,其中,第 1 年为建设期,2～5 年为经营期。

2) 成本估算的依据和说明

(1) 电费。项目营运时正常年耗电量为 55 万度/年,电价平均为 0.62 元/度,平均费用按 34.1 万元/年计。

（2）日常检修维护费。项目的日常检修维护设备，平均费用按 20.00 万元/年计。

（3）工资及福利。项目运营期工作人员分两个部分：

① 指挥中心人员的工资及福利费 50 000 元/人/年。

② 监督员的工资及福利费 35 000 元/人/年。

（4）无线通信租用费。根据各通信运营商的市场报价，无线通信租用费主要由以下组成：

① 手机通信资费标准见表 12.5。

表 12.5　手机通信资费标准

项　目				资费标准
基本月租费				20 元/月
在省内使用	VPN 网内	本地通话费	主叫	免费
			被叫	免费
		省内漫游费		0.20 元/分钟
		IP 长途通话费		0.20 元/分钟
	VPN 网外	本地通话费	主叫	0.20 元/分钟
			被叫	免费
		省内通话费（主叫、被叫）		0.20 元/分钟
		省内漫游费		0.20 元/分钟
其他资费				国家标准

特别优惠：每月月租 20 元，用于抵扣当月产生的网内本地通话费，当月使用不完不做下月累计。

② 无线通信信息应用资费标准见表 12.6。

表 12.6　无线通信信息应用资费标准

业务类型	项　目	资　费
短信（用户自选）	80 条网内信息包	5 元/月
	180 条网内短信包	10 元/月
	300 条网内短信包	15 元/月
彩信服务（用户自选）	5M 流量，超出后 0.30 元/封，不再收取流量费（彩 e 邮箱用户自选）	5 元/月
优惠包	不包月（每条按 0.10 元计收）	按实际条数计
	5000 条网内短信包（超出按 0.09 元计收）	450 元/月
	10000 条网内短信包（超出按 0.07 元计收）	700 元/月
	20000 条网内短信包（超出按 0.05 元计收）	1000 元/月
	50000 条网内短信包（超出按 0.04 元计收）	2000 元/月
	备注：优惠包需有一个运营商短信特服号，短信全为网内，如发往网外按国家标准进行收费。	
车辆 GPS 定位	80M/月（字节）	30 元/月
中心与运营商专线费用	2M 专线	1000 元/月

根据以上资费,无线通信费用估算见表12.7。

表12.7 无线通信费用估算表

业务类型	项目	资费(元/月)	数量	总计(元)
手机通信资费	基本月租费	20	47	940
无线应用资费	优惠包	450	1	450
	短信	15	47	705
	彩信服务	5	47	235
月合计				2330
全年合计				27 960

无线通信租用费约为2.8万元/年。

(5) INTERNET出口租用费。INTERNET出口租用费8.75万元/月,每年105万。

(6) 监控2M线路租用费。2M线路租用费500元/月,41路×500元/月=20 500元/月。

(7) 视频监控线路租用费。

20 500元/月×12个月=246 000元/年

因此,41路视频监控线路租用费为24.6万元/年。

(8) ADSL+VPDN组网租用费。10个接入单位,10条ADSL组成VPDN网络,每条线路租用费200元/月,10×200元/月=2000元/月。因此,10条ADSL线路租用费为2.4万元/年。

(9) 折旧费。固定资产折旧采用平均年限法,残值率按5%计,折旧期为5年,则年折旧费为116.01万元。

(10) 运维培训费。按10人编制,1000元/人计算。

(11) 其他费用。其他费用含办公费和不可预见费等,按以上费用总和的5%计。

3) 运营成本

总成本费用估算表见表12.8。

表12.8 总成本费用估算表

序号	年份	经营期 单位:万元			
		2	3	4	5
1	电费	34.1	34.1	34.1	34.1
2	日常检修维护费	20	20	20	20
3	无线通信费	2.8	2.8	2.8	2.8
4	折旧费	116.01	116.01	116.01	116.01
5	INTERNET出口租用费	105	105	105	105

续表 12.8

序号	年份	经营期 单位:万元			
		2	3	4	5
6	监控 2M 链路租用费	24.6	24.6	24.6	24.6
7	ADSL 线路租用费	2.4	2.4	2.4	2.4
8	指挥中心人员工资及福利(3人)	15.0	15.0	15.0	15.0
9	监督中心人员工资及福利(7人)	24.5	24.5	24.5	24.5
10	运维培训费	1.0	1.0	1.0	1.0
11	其他费用	17.37	17.37	17.37	17.37
12	总成本费用	362.78	362.78	362.78	362.78

综上所述,除去折旧费,每年需投入运营费用约 246.77 万元,费用见表 12.9。

表 12.9 运营费用估算表

序号	年份	经营期 单位:万元			
		2	3	4	5
1	电费	34.1	34.1	34.1	34.1
2	日常检修维护费	20	20	20	20
3	无线通信费	2.8	2.8	2.8	2.8
4	INTERNET 出口租用费	105	105	105	105
5	监控 2M 链路租用费	24.6	24.6	24.6	24.6
6	ADSL 线路租用费	2.4	2.4	2.4	2.4
7	指挥中心人员工资及福利(3人)	15.0	15.0	15.0	15.0
8	监督中心人员工资及福利(7人)	24.5	24.5	24.5	24.5
9	运维培训费	1.0	1.0	1.0	1.0
10	其他费用	17.37	17.37	17.37	17.37
11	总成本费用	246.77	246.77	246.77	246.77

12.3.10 运行检查与评价

数据中心运行管理的改善是永无止境的,对于数据中心项目的实施,并不是在项目验收上线之后就结束了。在整个数据中心各系统项目上线后,企业(机构)应该不断进行管理信息化相关制度的建立和完善,并进行周期性的运行效果评估,使企业(机构)的管理流程与数据中心各系统之间的结合更密切,不断地提高企业(机构)的管理水平。

数据中心运行效果评估包括运行效果分析、运行费用成本分析、运行管理水平的分析与管理水平的整体评估等。数据中心建设完成后,还需要不断地进行相应更新。在短周期内,从数据中心建成投入运行的第二年开始,就应该对这个数据中心进行能源的审计,每隔两年对数据中心的整个运行情况进行一次相应的内部评估或者内部审计,及时调整数据中心运行的效率。

例如,数据中心各系统在其运行过程中除了不断进行大量的管理和维护工作外,还要定期对系统的运行状况进行审核和评价。这项工作主要在高层分管领导的直接领导下,由系统分析员或专门的审计人员会同各类开发人员和业务部门经理共同参与进行。其目的是为了估计系统的技术能力、工作性能和系统的利用率。它不仅对系统当前的性能进行总结与评价,而且为系统的改进、扩展及淘汰提供依据。

12.4 基础设施管理

目前,基础设施管理越来越重要,它是业务连续性、系统整合、应用服务的基础,但随着IT基础设施越来越复杂,对其的管理也越来越困难。许多企业(机构)都需要花费大量的IT资源和预算来保持关键服务可用并高效运行,但由于企业(机构)不能达到应用集成管理的水平,而只能将其作为单独的孤岛来进行管理,相互之间很少甚至完全没有关联,很难实现基础设施的统一协调管理。因此对复杂IT基础设施的高效管理成为企业(机构)面临的最大挑战之一。

12.4.1 基础设施管理的意义和内容

数据中心的基础设施是指为确保数据中心的IT关键设备和装置能安全、稳定和可靠运行而配套的基本建设,如机房,包括电源、制冷、安控、布线、环境等。它是数据中心最重要的物质基础,是数据中心正常运行的保证。数据中心基础设施的建设首要目的是为数据中心中的IT关键设备运营管理和数据信息安全,提供 7×24 的保障环境。

由于IT基础设施不直接作用于企业(机构)的业务应用上,往往没有受到应有的重视。但随着业务应用对IT基础设施的依赖和压力正在加大,并且IT基础设施的可靠性有可能成为业务应用连续运作的瓶颈。而我们国家的综合信息网络都是很重要的系统,要求信息系统的可靠运营,是业务持续的保障。要做到信息系统的安全、可靠运营,有多方面的因素,既有技术上的,也有管理方面的。高可用的数据中心基础设施是最重要的物质基础,没有这个物质基础,其他的都很难做。所以要加强基础设施管理。

基础设施管理是保证数据中心高可用性的一个重要方面,通过运用科学的管理方法,采用先进的技术及完美的解决方案,有创新地对基础设施进行维护及运营,就能确保数据中心的高可用、灵活高效,保证信息系统的安全、可靠运营。

基础设施管理的内容是对为业务和分析系统提供数据安全存储、可靠运行支撑的IT基础设施实行全过程监控管理。

12.4.2 基础设施管理的主要功能

基础设施管理的主要功能是对 IT 基础设施进行监视与保护,对 IT 基础设施实现有效控制,提高 IT 基础设施管理的效率和可靠性,确保各种设施全天候可用。它包括配置管理、性能管理、故障管理、设备管理等。

12.4.3 基础设施管理的模式和目标

随着国内 IT 应用的发展,越来越多的企业(机构)认识到,除了要依靠设备本身和网络架构的可靠性之外,IT 基础设施的管理是一个关键环节,结构越来越复杂和规模越来越大的 IT 基础设施需要优秀 IT 基础设施管理软件来保证系统的正常、高效的运作,管理将和建设一样重要。

但是从基础设施管理角度来讲,非常重要的一点就是把 IT 基础设施作为一个整体进行管理,因为当你能够把整个 IT 基础设施作为一个整体进行管理的话,就可以更自如地应对架构调整引发的调整。如果把 IT 基础设施分成不同的厂商,或者分成不同的类型,或者分成不同技术领域进行管理,上层 IT 基础架构的调整,会使相互分割的不同区域进行相应的调整,这意味着不同区域要进行不同的整合,情况比较复杂。IT 基础设施的本质特点在于它的接口是开放的标准,从管理接口来讲,如果把 IT 基础设施作为一个统一对象进行管理,可以更加自如地应对上面的调整。从服务角度讲,运营商能够更迅速地响应用户的需求,现在运营商非常看好这种灵活性。

随着 IT 应用数量的不断增多,服务器、存储等设备的数量不断增加。当前数据中心的 IT 基础设施愈加复杂,使管理难度越来越大,而管理的好与坏直接影响到数据中心的效率。

目前,不少数据中心对基础设施的管理还停留在手工或者 Excel 表的阶段,对于小型的数据中心而言,这种方式还能应付,而当数据中心里的设备达到几百台甚至上千台以后,这种管理方式的问题就逐步暴露出来,一个是效率低,另一个是因更新不及时导致准确性差。例如在数据中心给设备找个合适的机柜,就需要检查该机柜内部配电容量是否够用、制冷是否能保证等。顺利地完成这些工作的前提是对数据中心的各个机柜里面的设备配置非常了解,显然,没有合适的管理工具,完全靠人工或者加上一张 Excel 表来做这些工作会让人有些力不从心。

当前的企业(机构)在管理 IT 系统时需要更加灵活敏捷。一个势在必行的工作是迅速将新技术、系统和服务器集成到管理解决方案中来提高运营效率。这使系统和服务具有高可用率的同时控制运营费用,找到合适的管理工具和服务来满足上述要求是实现这些目标的关键挑战。

12.4.4 基础设施管理的方法和工具

数据中心基础设施在规模和复杂性上都在增加,正在演进为由多种物理和虚拟服务器平台组成的混合环境。在今天不断扩大和迅速变化的数据中心环境中,数据中心的系统管理员必须在很少或不增加运营费用的条件下提供一致的、高度可用的系统，从而推动以新方式实现服务器管理的需要。

面对客户对IT基础设施管理的迫切需求，目前市场上已经有了这样的管理工具。Avocent公司（Avocent是IT基础设施管理解决方案的全球领先供应商）日前就推出了一款对数据中心的基础设施，包括服务器、存储等设备在内的资产及其用电、制冷、空间等资源进行集中管理的软件平台——AMIE。AMIE实现了从一个地点使用一种产品就能对数据中心的各种资源进行集中化的自动监测，从而为更加有效地设计和运行数据中心提供方便。AMIE可以提供一个可视化的集中管理工具，更新和查找都非常方便，可以大大提供管理效率。

可视化建模功能是AMIE最为突出的特点之一。AMIE可以提供数据中心、机架及机架内各个IT设备的图形化视图，据此可以迅速查明整个数据中心和各个机柜中的空间、电力配置、制冷方面的容量，帮助管理者进行精确和全面的容量规划，从而大幅降低数据中心的能量消耗。当它与探测技术、智能电源分配单元及数据中心配置的转换器匹配后，可以为IT人员提供对数据中心环境的全面监测，并可以编排、规划、跟踪数据中心基础设施的配置变化。

AMIE的另一个特点是能与Avocent的旗舰产品DSview 3结合使用。DSView 3能够实现远程管理和排除传统及虚拟服务器的故障，并管理Avocent的智能电源分配单元（IPDU）。AMIE还可与Avocent LANDesk Assets Lifecycle Manager（ALM）结合，实现数据中心全部资产的全生命周期管理，通过提供迅速访问分布在不同位置——不管是远在天边还是近在眼前的IT资产、排查IT资产故障并恢复IT资产所需工具，减少运营费用和提高IT资产生产力。

全球最大的IT基础架构集中管理解决方案供应商Avocent公司20多年来为多个行业的IT管理人员提供访问和控制关键IT资产的集中管理解决方案。目前，94%的Fortune 100公司在它们的IT基础设施中使用Avocent解决方案。

Avocent的DS系列解决方案包括企业（机构）KVM解决方案、控制台管理专用设备、电源管理设备和嵌入式服务器管理产品，所有这些产品都由DSView 3管理软件控制。

Avocent不断推出新技术，通过独有的星型多点冗余架构推动企业（机构）数据中心管理技术的发展。现在，越来越多的IT管理人员对如何最好地管理不断扩展的数据中心有了明确的选择，这就是满足各种规模的企业（机构）数据中心或位置需要的Avocent解决方案。特别是在企业（机构）数据业务迅速膨胀，应用多元化的今天，Avocent给企业（机构）数据中心提供了所有IT基础设施集中管理的优质可行性方案，为企业（机构）数据中心降低IT运营成本、提高IT资产利用率并有效规避风险。

12.5 数据中心运行管理的新理念与新技术

随着信息化应用的普及和深入，企业（机构）的运营、管理越来越依赖于信息系统的支撑。但是，大部分企业（机构）的信息系统载体——数据中心正在面临数据量急速膨胀、场地严重不足、运营成本高昂、能耗大、安全性差、业务连续能力低等一系列挑战。因此，构建新一代数据中心，数据中心运行管理的新理念与新技术应运而生。

数据中心的自动化管理、虚拟化管理及引入 ITIL 流程管理等，将大大提升数据中心管理效率与资源利用率。数据中心的运行管理有哪些新的管理理念和新的技术呢？下面从数据中心管理现状与问题、管理发展的趋势、自动化与虚拟化管理的优势等方面，简要介绍一些数据中心运行管理的新理念与新技术。

12.5.1 数据中心面临的挑战

数据量的爆炸式增长及信息化应用的不断深入，正在促使 IT 与业务的不断融合，同时也在促使传统的数据中心不断进行升级、改造。但是，扩容、改造后的数据中心仍然难以跟上时代的步伐。传统的数据中心正在面临一场巨大的挑战，这些挑战主要来自以下几方面：

1. 数据量急速膨胀

几年前，企业（机构）的数据量也就在几 TB，但是随着信息化应用的不断深入及数据、应用系统的逐步大集中，几百 TB、PB 级数据量的企业（机构）正在逐步增多。而且，由于很多法规都要求业务数据保存周期要长达数年，甚至有些企业（机构）的业务数据需要保存几十年，庞大的数据量和未来增长需求使传统数据中心场地、设备面临非常大的压力。很多企业（机构）的数据中心场地中已经塞满服务器，但仍不能满足需求。

2. 能耗压力

美国高德纳咨询公司在（Gartner）一项针对 CIO 的调查显示，70% 的被访者认为，电力和制冷问题是数据中心面临的最大问题；能源花费占 IT 预算的比例已经从 8% 激增到 48%。在美国，3 年的纯能源成本消耗已经等同于设备购置成本；在欧洲，3 年的纯能源成本消耗甚至已经两倍于设备购置成本。

目前，国内数据中心的运营成本中，电费通常占到数据中心实际运营成本的 70% 以上，而在电费成本中，大部分是被低效的空调用电消耗的。在国外，数据中心的总用电量和 IT 用电量比值为 1.8 左右，国内一般为 2.5，甚至达到 3，高耗电量带来运营成本的急剧攀升。

2008 年底，《数据中心决策 2008 采购库存调查研究》的结论显示，84% 的受访者表示降低数据中心能耗将是 CIO 们优先考虑的问题；40% 的受访者表示，他们所在的部门将为电力费用买单。

3. 管理压力

目前，除金融、电信等行业外，其他行业的大部分企业（机构）的数据中心面积都在几百平方米，上千平方米的数据中心非常少，上万平方米的数据中心更是寥寥，而且大部分都是紧邻办公区域，对办公环境进行简单装修而成的。但为了保证这些小型数据中心的正常运行，企业（机构）同样需要配备发电机组、UPS、灭火器、精密空调设备、7×24小时运行、监控服务等，这使数据中心的运行成本非常高。

业内专家指出，如果数据中心面积只有几百平方米，那么每平方米的建设、运营成本可能高达数万元甚至更高；而如果数据中心面积达到上万平方米，则可以享受到规模效益带来的单位面积成本的大幅降低。

因此，从长远来看，企业（机构）将数据中心外包给专业数据中心服务提供商将是未来发展的必然趋势，专业化数据中心服务通过共享发电机组、UPS、灭火器、精密空调设备、运行服务人员等，可以帮助企业（机构）大幅降低在数据中心方面的投资，并且提高运营、服务质量。

4. 高可用性压力

目前，有些企业（机构）的数据中心服务器虽然很多，但是利用率非常低。有一些专家甚至认为，传统数据中心服务器的平均使用率还不足30%；另外，对于大多数企业（机构）的数据中心来说，未能很好地根据业务部门需要做到快速、灵活、动态调配。因此，来自业务部门的压力及数据中心本身的可用性压力与日俱增。

5. 业务连续性压力

企业（机构）数据中心承载着大量的服务器、存储设备、应用系统和数据，而且，数据和业务、应用系统正在呈现集中化发展趋势。但目前除了金融、电信、航空行业外，其他大部分行业的企业（机构）在灾难恢复时间目标和灾难恢复点目标上并没有严格的规定，也没有进行必要的信息系统灾难恢复建设。即使在那些已经进行信息系统灾难恢复建设的企业（机构）当中，很多企业（机构）也都只做了同城的灾难备份，缺乏预防、应对大规模、大范围灾难的能力。并且，部分企业（机构）缺乏专项的应急演练和灾难恢复预案的变更、维护，无法真正反映信息系统和数据中心的灾难恢复能力。

如果遭遇地震、海啸、洪水、火灾、电力中断等突发灾难，这些企业（机构）的数据中心和信息系统能否快速恢复令人十分怀疑。

12.5.2 数据中心的管理现状及问题

1. 目前操作环境

（1）系统管理员在机房内进行管理操作，服务商在机房内调试系统，甚至第三方软件厂商调试人员也需要进入机房，人机混杂，不利于安全管理。

（2）数据中心内的大型服务器通过机房内本机连接的工作站，或在远程通过Telnet进行管理，存在安全隐患，管理效率低。

（3）部分机柜内使用低端8口或16口切换器管理本机柜内8~16台服务器，每个机柜内放置一套键盘、鼠标、显示器；管理员需要进入机房管理这些设备，而且同时只有一个管理员能够使用，工作效率很低。

2. 存在的问题

(1) 机房管理无法实现人机隔离，机房物理安全性得不到保证，存在人为故障隐患。IT 部门领导缺乏有效的技术手段查看机房的操作日志。

(2) 传统的通过 telenet 或者 Pc Anywhere 管理方式必须等待主机相应软件或进程正常启动后，方可操作。一旦软件进程死机，则无法管理，故障恢复时间较长。通过软件方式，也看不到 BIOS 菜单，无法进行深层次管理。

(3) 机房内各设备分属不同品牌，类型也不同，各个设备都有自己的管理界面，操作非常不方便。

12.5.3 数据中心运行管理的发展趋势

面对上述传统数据中心面临的管理压力和存在的问题，为了能让国内众多陷于计算机、网络、机房设备"快速发展与滞后管理"怪圈的企业（机构）尽快摆脱困境，寻找到现代数据中心运行管理的最佳方案，有必要了解当前的数据中心管理的发展趋势。而要了解数据中心管理的发展趋势，首先，了解企业（机构）发展远景及未来的发展趋势，是做好管理的先决条件，特别是确定企业（机构）发展得最快的、消耗资源最多的几个方面的需求，例如企业（机构）大集中系统的实施推广、高性能计算的需求。其次，要充分把握技术发展趋势，根据最近研究显示，企业（机构）IT 架构正呈现以下的趋势：设备资源整合型数据中心正在增长；硬件向着通用化、模块化、虚拟化发展；软件的工作负载分配与使用模式发生了改变；系统设计的评价标准发生了变化，要优先考虑可扩展性、可靠性、可用性、易管理性及能源消耗，性能不再成为优先考虑的评价标准。一个完整的数据中心应集成基础设施服务、Server Farm（服务器群）服务、存储服务、网络服务、安全服务、管理服务、核心应用服务等各种服务。

从上述分析可见，数据中心管理发展趋势就是大集中管理与自动化。通过自动化、资源整合与管理、虚拟化、安全及能源管理等新技术的采用，可以解决目前数据中心普遍存在的管理成本快速增加、资源管理日益复杂、信息安全及绿色环保等方面的问题，因而新一代数据中心所倡导的"节能、高效、简化管理"也已经成为目前众多企业（机构）数据中心建设时的参考标准重点关注的问题。

据"TT 数据中心"网站介绍，全球范围内最新的调查显示：为了降低成本、减少经营风险，有 80% 的受访者计划在未来的 12 个月内实施数据中心单个改造。这些项目包括自动化（64%）、绿色 IT（60%）、运营管理（59%）、虚拟化（59%）和业务持续性（58%）。显然，越来越多的数据中心管理者开始关注现有 IT 设备的优化、降低数据中心管理难度、提升数据中心运营效率。

数据中心管理者为何会出现这种转变？究其原因，主要有以下两点造成的：

第一，经济环境不景气迫使数据中心管理者努力提升效率、降低成本。经济危机的影响加深，迫使数据中心管理者削减 IT 预算。在这种情况下，数据中心要想继续支撑企业业务的发展，那么数据中心管理者必须挖掘数据中心潜力，通过提升数据中心管理效率来达到优化数据中心架构、降低成本的目的。

第二，当前大部分数据中心都迫切需要在管理方面提升效率。传统数据中心经过多年的发展，它的人与设备都在大幅增长，其技术环境也日益复杂，数据中心管理人员的管理难度越来越大。如果通过整合，降低服务器数量、提升服务器资源利用率、减少数据中心功耗、降低数据中心管理人员管理工作难度就成为数据中心未来管理工作的重点。

那么什么是数据中心管理工作中的重点与难点呢？数据中心管理者应该通过什么样的方法去提升数据中心管理效率呢？现作如下的分析。

1. 能耗管理是难题

随着数据中心的快速发展，数据中心用于 IT 设备能耗和散热上的成本增长速度是用于新服务器购买成本增长速度的八倍。因此，如何有效降低能耗支出，已经成为数据中心管理者工作的重中之重。特别是随着服务器数量日益增多，虚拟化应用开始普及，也给数据中心管理者在服务器利用、服务器能耗管理方面提出了巨大的挑战。该技术平台动态调整数据中心级别的能耗策略、降低能耗与散热成本，实现高效能耗管理。

英特尔数据中心管理平台（Data Center Manger，DCM）是英特尔之前刚刚发布的基于最新 Nehalem 架构的至强 5500 系列处理器新组件之一，DCM 具备三大基本功能，即监测、管控和报表，通过实时管理芯片、服务器、机架和数据中心的电能消耗，达到监控、管理和优化数据中心功耗的目的，再结合英特尔节点管理器技术，能够让数据中心管理轻松应对数据中心能耗管理工作。举个很简单的例子，DCM 工具可以监视 Nehalem EP 双插槽服务器的电能消耗和进口温度，如果服务器温度突破一个极限，时钟速度将自动下降。DCM 工具可以集中各个服务器组中的策略，从而实现以相当复杂的方式回应数据中心的温度和电能条件。如果必要，它还可以用应用程序服务水平协议来覆盖电能和温度条件。由于 DCM 可以在服务器层面上处理电能问题，因此管理员现在可以根据实际需要来分配服务器能力。

为什么作为英特尔会推出这么一款数据中心软件产品呢？其实很好理解，英特尔最新推出基于 Nehalem 架构的至强 5500 系列服务器在计算能力方面大大提升，在广泛的工作负载性能要求中展示了卓越不凡的性能功耗比，可以在类似功耗下提供高达 2.25 倍的性能。超凡能效可带来更出色的业务灵活性，提供更高性能以加快现有应用与业务流程的运行速度，或提供更多容量与和计算空间以增添新的应用与业务流程。这时，就需要一款优秀的数据中心能耗管理工具来配合至强 5500 系列服务器的使用。英特尔 DCM 也就应运而生。

2. 虚拟化给数据中心管理提出了更高要求

虚拟化的确给数据中心带来了诸多好处，比如说提供了服务器利用率、降低了服务器数量、减少了数据中心能耗等；但是虚拟化让数据中心环境走入了一个"虚实结合"的环境，数据中心环境的日益复杂，也使得数据中心管理难度变得越来越大。如何提升虚拟化性能、降低虚拟化管理难度也成为摆在数据中心管理者面前的难题。

一个好的虚拟化平台不仅仅是要有好的虚拟化软件产品(比如 VMware、Citrix 等),还需要能够从最底层的芯片级就对虚拟化有强有力的支持。如果在芯片级这个平台下就能够很好地支持和优化虚拟化,那么将会把虚拟化的功能发挥得更好。最新的英特尔虚拟化技术(VT),其增强特性结合最近基于 Nehalem 架构的至强 5500 系列处理器平台可使虚拟化性能提高 2.1 倍。对英特尔 VT 扩展页表(IntelVT Extended Page Tables)的全新支持可通过减少页表虚拟化带来的开销进一步提高虚拟化性能。同时,英特尔虚拟化灵活迁移技术(Intel VT FlexMigration)及领先的虚拟化软件解决方案进行灵活实时的整合,IT 部门可在少数平台上重新平衡工作负载以减少能源成本,从而进一步节省功耗。运行于虚拟机(VM)中的工作负载可以人工转移,或通过基于策略的脚本在更少的服务器上运行。通过虚拟化技术,采用英特尔架构服务器的客户显著增强了整合能力,提高了管理效率并降低了 IT 成本。

数据中心管理工作是一项复杂的工作,特别是能耗管理和虚拟化管理,对数据中心管理者提出了很高的要求。不过,只要数据中心管理者能够利用当前这个机遇,及时调整平台,选择恰当的技术与产品,对数据中心进行改造与整合,那么数据中心能耗管理工作难度将大大降低。

接下来将以不同案例,介绍自动化管理、虚拟化管理和集中管理等管理理念及需要关注的问题。

12.5.4 自动化集中管理的优势

本节将以自动化管理工具——KVM[KVM 是键盘(Keyboard)、显示器(Video)、鼠标(Mouse)的缩写]多主机系统为例,来介绍自动化集中管理的优势。

KVM 技术的核心思想是通过适当的键盘、鼠标、显示器的配置,实现系统和网络的集中管理和其高可管理性,提高系统管理员的工作效率,节约机房的面积,降低网络工程和服务器系统的总体拥有成本,避免使用多显示器产生的辐射,营造健康环保的机房。利用 KVM 多主机切换系统,就可以通过一套 KVM 在多个不同操作系统的主机或服务器之间进行切换了。KVM 系统具有以下优势:

1. 节省空间

对于数据中心这些发展极为快速的行业而言,原先所用的空间相对有限,而搬迁则会造成服务的停顿。在这些情况下,减少键盘、鼠标和显示器的数量,可以为新增加的服务器腾出大量的空间。

2. 提高效率

可以想象,当系统或网络维护人员穿梭于服务器、各种机柜所组成的丛林中,寻找出故障的机器时,效率是不会提高的。而这低效率,不但浪费了有限的人力资源,而且使出现的故障得不到及时的修复,使网络或数据中心出现不应有的停顿。能实现在由一套键盘、鼠标、显示器组成的控制台登陆所有的机器,势必将极大地提高系统或网络维护人员的工作效率。

3. 加强管理

工作效率的提高,意味着网络或数据中心得到了有效的管理,从而提高了这些系统的稳定性和安全性。

4. 节约成本

网络运营成本,尤其是那些必须 24 小时不间断运行的网络及数据中心的运行成本,逐渐成为网络经营商们成功的关键因素。同时,硬件软件费用、人员费用及场地费用也是公司运营费用的主要组成部分。对于这些发展极为快速的行业而言,原先所用的空间相对有限,而搬迁则会造成服务的停顿。在这些情况下,减少键盘、鼠标和显示器的数量,可以为新增加的服务器腾出大量的空间,同时节约了大量的成本。

5. 远程管理

系统的远程维护和管理也是这些大型系统所面临的重要问题。系统的管理和维护人员不可能 24 小时在机房里值班,而机器故障却可能在任何时候发生,因信息的交通堵塞而造成系统长时间的不稳定将极大地损坏企业的形象或产生重大的损失。通过远程的键盘、鼠标和显示器来实现系统的远程管理、维护是保证系统 24 小时不间断、稳定运行的重要手段。

6. 环保节能

使用 KVM Switch 可避免使用多台显示器,从而减少辐射,节省空调、能源等的消耗,营造健康环保节能的工作环境。

12.5.5 实现自动化管理的关键问题

数据中心的管理者认识到采用数据大集中和自动化管理,数据才有可能变得更加安全、可靠。因此,大集中是不可阻挡的趋势。但数据的大集中同时也会带来很多其他的问题。例如数据本身的安全性、可靠性等,因此,企业不得不建更多的备份中心。同样,这些多中心同步又会产生一系列的问题。

例如,为了应付数据蔓延和 IT 资源分散状况,越来越多的公司正将服务器和应用程序从远程分支机构撤回到数据中心集中管理。以惠普公司为例,从 2005 年 7 月开始到现在,已经将 85 个内部 IT 数据中心整合成分布在全球 3 个地方的 6 个新一代数据中心。并且,由于采用虚拟化技术,每年惠普数据中心减少了 60%的能源消耗,服务器数量减少了 40%,处理能力却提高了 250%。据 IDC(互联网数据中心)预测,到 2010 年,将有 170 万台新的物理服务器用于运行虚拟机,占出货总量的 14.6%。

整合数据中心和应用虚拟化技术,虽然简化了 IT 管理,降低了服务器和软件成本,提高了资源利用率等,但是,原本通过网络运行的数据和应用程序会增加很多,WAN 连接经常处于饱和状态,拥塞问题就更加严峻了。

从目前数据中心的运行管理现状来看,有六大关键问题在困扰着数据中心管理者,想要成功地实现数据中心的集中化,这六大问题是必须要解决的。究竟是哪六大问题呢?下面以某电网企业数据中心的运维为案例,结合自动化管理软件——北塔公司IT运维管理系统进行说明。

1. 抓住计算核心,保证服务器的稳定

在数据中心不可否认,服务器就是数据中心的计算核心,是各个系统运行的关键。如果把数据中心进行了整合,当服务器因为故障而宕机,那么将直接造成系统的瘫痪。服务器本身是有性能瓶颈的,同时,在可靠性、安全性等方面都有局限性存在。同时,目前 x86 服务器在实际应用中还占据着很大的比重,而作为 x86 的主要平台,Windows 系统的稳定性在业内又一直饱受置疑。当然,也可以采用 UNIX 服务器或者在 x86 平台上运行 Linux 系统,但是,UNIX 服务器的价格昂贵,而 Linux 系统又不像 Windows 那样普及。所以,对于很多的数据中心管理者来说,服务器就好像一枚不定时的炸弹,它随时可能出现问题,而一旦服务器出现了问题,往往都是最为严重的问题。

那么,通过什么管理手段来保证服务器的稳定呢?对于服务器的管理应该防患于未然,或者说,采用事前管理的手段。想要实现服务器的事前管理,就不可避免地要借助一些自动化管理工具,因为对于一个人来说,服务器的很多故障隐患不是可以随时掌握的,比方说关键进程的运行数据、CPU、内存的占用情况,对于类似这样的数据,仅仅依靠人工是不可能达到 7×24 小时掌握的。这就需要类似北塔软件 IT 运维管理系统 BTNM 这样的管理系统来辅助进行服务器的实时监控,并且在服务器的各个运行指标出现异常时及时报警,确保网络管理者在服务器宕机之前做出有效的故障处理。

2. 确保网络通畅,保证网络设备的稳定

对于很多数据中心管理者来说,网络是一个看得见也摸得着,但就是不知道内在情况的"黑盒子",虽然对于主干网络来说,可以通过网络拓扑图来进行掌握,但是对于整体网络而言,它的变化是无从所知的。当数据中心进行了整合之后,一方面网络设备的密度会加大,另一方面,网络设备与网络设备之间关联的复杂程度也会增加。

举个简单的例子来说,某台交换机的某个端口出现了故障,那么这个端口所连接的相关网络设备也有可能停止工作。这个故障对于网络管理者来说,可能会过了很长一段时间才会知道,而当他知道了这个问题之后,还要花费大量的时间去逐级定位故障原因,当故障被排除之后,可能已经过去了几个小时甚至更长的时间,而在这个时间段造成的业务损失可能是巨大的。这样的故障如果影响到业务部门,有可能造成核心业务的停滞而使企业产生业务亏损,如果影响到生产部门,有可能造成产品交付的不及时而使企业违约。

试想一下,如果在年底的时候,这样的故障影响到了财务部门,那么年底的封账就会产生问题,有可能造成单位大量的资金流失。而导致这一切的"元凶"仅仅是一个小小的交换机端口。所以说,保证网络设备的稳定,使得网络通畅也是数据中心集中化的基础之一。

当然,希望能够有效地了解网络中设备与设备之间是如何关联的,时刻掌握详尽的网络拓扑图(图 12.3),了解网络中每台设备的 IP 地址、名称,使得整体网络对于管理者来说是一张"透明"的网络。北塔软件 IT 运维管理系统 BTNM 可以为整个网络提供设备间连接情况加以注释,对关键的网络设备提供实时有效的监控,以及故障和潜在故障的快速定位,同时能够把这些信息真实有效地传递给数据中心管理者。

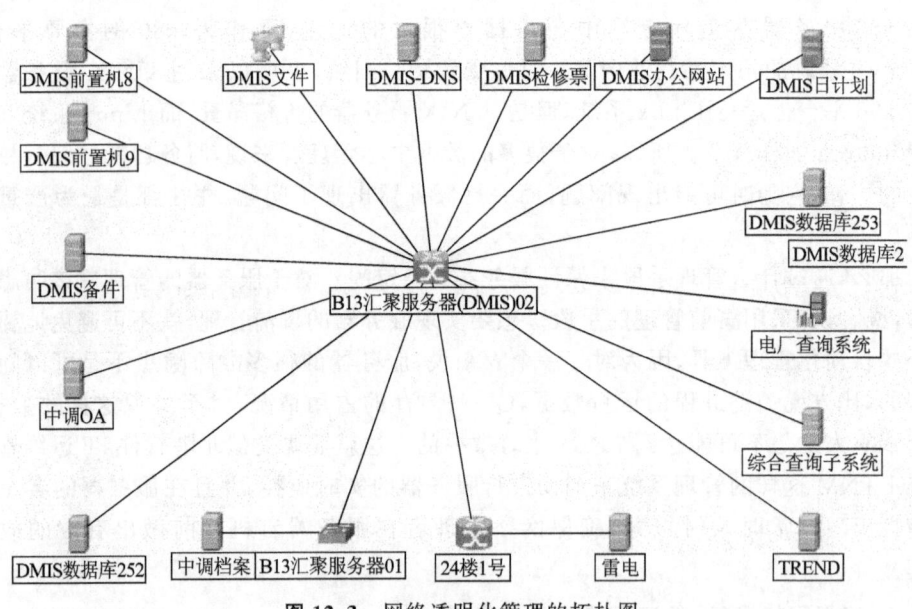

图 12.3　网络透明化管理的拓扑图

3. 让网络速度得到保证,掌控网络的流量

数据中心整合之后,网络速度是实现各个业务系统顺利运行的一个前提条件。很多人发现,网络速度慢并不是因为带宽不够而导致的。造成网速慢的很大一部分原因是网络流量分配不合理。当网络中充斥着电驴、BT 这些"血栓"的时候,你怎么可能希望您的视频会议、ERP 可以顺畅的运行呢?更可怕的是,当网络中出现了蠕虫之类的病毒之后,你的关键业务系统就可能因为得不到足够的带宽而成为一个装饰品。

所以,对于网络流量方面要尽可能详细地掌握,确保关键的业务系统的带宽不会被占用。同时,当数据中心整合之后,跨 IP 网段的分析捕捉各类异常网络数据流变得尤为重要,它是保证数据中心和各个分支机构正常运行的基础之一。

4. 保证 IT 设施的良好环境,对于机房环境的保证

数据中心进行了集中统一的整合,对服务器、网络设备、网络流量等关键要素进行

了实时的监控之后,你千万不要忘记机房环境。一旦机房环境出现了问题,你前面所做的一切努力便都会成为"无用功"。还需要对整体的核心机房环境、UPS等设备的状态进行掌握,这样才是集中化数据中心的保障。

5. 及时有效的通知,故障报警的方式

当网络产生了故障,首先要做的是让网络管理者在第一时间得到通知,进而让其了解是哪里出了故障。如果数据中心管理者事先得知某网元即将出现故障并采取应对措施,那么故障量将大大减少。对于IT运维系统来说,这就是告警管理。

对于网管员来说,数据中心大集中之后的网络变得更加复杂,网络的事前预警和出现故障后的及时报警就更加重要。

6. 妥善的资料分析,提供翔实的报表

IT运维系统是为数据中心管理者所服务的,所以IT运维系统要为数据中心管理者提供出简洁明了、一语中的的网络分析数据。整合的数据中心的网络层必然比分散的数据中心复杂,没有一份翔实的网络运行报表,网络管理是无法对网络整体进行有效的调整、升级和优化的。所以,IT运维系统必须为数据中心管理者提供有效的"网络病历"。

当然,数据中心运行管理相关的着眼点还有很多,在这里只是提出了最为重要的几个方面。

数据中心的集中化使得核心网络更加复杂,IT运维迎来了新的挑战。可是,如果没有通过良好的管理方式使得数据中心能够稳定的运行,整合后的数据中心非但不能达到预期的目的,更有可能为用户带来更多的烦恼和损失。所以,整合数据中心时千万不要忘记构建一套妥善的网络管理解决方案,以及选择合适的自动化管理工具,只有这样,数据中心才能提供稳健的服务。

12.5.6 自动化管理的实现方式

对数据中心的管理者而言,服务器、存储、路由器、交换机和客户端,种类繁多的硬件设施和软件系统的安装维护等已经压得他们喘不过气来,面对这种状况,必须有效管理好IT设备。该怎么做呢?一般企业(机构)会采取如下两种方法:

(1) 选择一家专业的数据中心来托管公司的日常运营,即将数据中心外包。如"盘丝洞"一般的数据中心,真是让CIO颇费心力,而这种方法让CIO轻松了许多。但是,外包之后,CIO仍然要考虑托管数据中心的安全、成本等诸多问题。

(2) 采用虚拟化、自动化等先进技术,重新整合IT基础,构建由"成本中心"到"利润中心"的绿色数据中心。绿色数据中心这个概念最近在业内被炒得很热,许多企业(机构)在此投入了大量的精力。因为绿色数据中心是企业(机构)CIO的关注点,也代表着企业(机构)IT发展的一种趋势。道理显而易见,但是要想做好着实不易。

其实,不论是方法一还是方法二,企业(机构)的关注点虽然集中在业务发展,但IT与业务一荣俱荣、一损俱损。伴随业务的不断发展,IT的问题在不断暴露,作为企业（机构）的管理者之一的 CIO 逐步认识到，只有先找到企业（机构）的 IT 问题，才能真正解决阻碍业务发展的桎梏。

对数据中心及 IT 系统当前面临的主要问题进行一下梳理，可以发现问题主要来自于硬件设备的扩容、虚拟化技术应用的复杂、法律规范的遵从和人力成本的攀升等四方面，而这些问题的解决离不开一个好的管理平台。一个好的管理平台可以帮助 CIO 有效管理和控制基础设施，并且充分利用和管理业务信息，从战略、应用和运营等方面实现管理优化。

这些其实就是数据中心的自动化管理，作为一种新的解决方案，它强调通过新一代的管理自动化技术使得管理操作自动化，从而有效减少人工操作，自动化的管理技术还能够将一些高级的专业技能固化为可自动执行的操作，让企业（机构）的高级 IT 管理人才从繁杂的日常维护工作中解放出来，使整个 IT 环境的维护工作更加简单和规范。

数据中心的处理速度和发生的事件是以百万计的。当数据中心每天需要处理成千笔交易时，对应用问题的状态、提醒、警告和行动都会超出操作员可以正确执行的范围。所有进入数据中心的不能出错，数据中心的运营一定要在高度自动化的前提下，有严明的纪律和既定的流程作保证。

高度集成的自动化管理机制包括三方面的自动化需求，系统自动化、网络自动化及批量作业调度的自动化。这三部分的自动化管理工具应能进行相互集成，协同工作，达到数据中心管理的高度自动化要求。

例如，IBM 公司的 Tivoli Automation 就是一款较好的自动化管理软件，它的管理工具有系统自动化管理工具 Tivoli System Automation for OS/390、网络自动化管理工具 Tivoli NetView for z/OS 和批量自动化调度工具 Tivoli Workload Scheduler for z/OS。各自功能简要介绍如下：

（1）系统自动化管理主要由 Tivoli System Automation forTivoli System Automation for OS/390（SA OS/390）来完成，以实现对 z/OS 和 OS/390 系统自动化监控及自动化操作，提供 Parallel Sysplex 管理、自动化能力，实现单点监控、远程控制和自动操作各种软硬件系统资源。

（2）网络自动化管理可以由 Tivoli NetView for z/OS（NetView）来完成。Tivoli NetView for z/OS 内置了强大的自动处理能力（AON），根据每个网络环境预先定义的或客户化政策来监视和恢复故障资源，从而最大限度地减少故障对于业务的影响，如当发现逻辑单元（LU）会话断开后，可以自动重起逻辑单元（LU）会话。

（3）批量作业的操作管理实现对批量作业的工作负载进行调度管理，保证关键批处理作业的按时正确运行。Tivoli Workload Scheduler（TWS）for z/OS 可以帮助管理操作员图形化管理、规划数据中心相关系统的定时化调度工作。它通过预先计划的方式对企业（机构）的工作负荷进行调度管理。TWS 对于大量执行的任务或作业提供了自动化处理机制确保其按时完成。它可以管理、规划批处理工作，提供包括作业启动、跟踪、再启动、恢复等管理服务。当某个定时批处理作业运行失败时,可能会由于异常情况无法释放主机资源,甚至影响整个工作流的正常运行,Tivoli Workload Scheduler for z/OS 提供了作业恢复功能,并及时向操作员报警。

数据中心管理工作是一项复杂的工作,特别是能耗管理和虚拟化管理,对数据中心管理者提出了很高的要求。因此,要选择恰当的自动化技术与产品,以提高数据中心的管理能力。

12.5.7 数据中心的虚拟化管理

1. 虚拟化的技术概念

虚拟化是一个广义的术语,本书曾在多处进行介绍,本节仍然有必要从管理等多个角度谈这个问题。虚拟化是指计算元件在虚拟的基础上而不是真实的基础上运行,是一个为了简化管理,优化资源的解决方案。如同空旷、通透的写字楼,整个楼层几乎看不到墙壁,用户可以用同样的成本构建出更加自主适用的办公空间,进而节省成本,发挥空间最大利用率。这种把有限的固定的资源根据不同需求进行重新规划以达到最大利用率的思路,在 IT 领域就叫做虚拟化技术。

虚拟化技术可以扩大硬件的容量,简化软件的重新配置过程。CPU 的虚拟化技术可以单 CPU 模拟多 CPU 并行,允许一个平台同时运行多个操作系统,并且应用程序都可以在相互独立的空间内运行而互不影响,从而显著提高计算机的工作效率。

虚拟化技术与多任务及超线程技术是完全不同的。多任务是指在一个操作系统中多个程序同时并行运行,而在虚拟化技术中,则可以同时运行多个操作系统,而且每一个操作系统中都有多个程序运行,每一个操作系统都运行在一个虚拟的 CPU 或者是虚拟主机上;而超线程技术只是单 CPU 模拟双 CPU 来平衡程序运行性能,这两个模拟出来的 CPU 是不能分离的,只能协同工作。

虚拟化技术也与 VMware Workstation 等同样能达到虚拟效果的软件不同,是一个巨大的技术进步,具体表现在减少软件虚拟机相关开销和支持更广泛的操作系统方面。

虚拟化尽管不是一个新技术,却被公认为是近几年的 IT 技术热点。其原因在于自从 1998 年 VMware 将只有在大型机中采用的虚拟化技术引入 x86 平台至今,虚拟化已经为全球用户节约了大量成本,提升了服务器运营效率,更重要的是新一代的数据中心也将基于虚拟化来进行构建,特别是现在热门的云计算,更是离不开虚拟化技术的支撑。出于战术和策略方面的考虑,服务器整合、节能、在设备甚至是数据中心之间迁移数据,虚拟化成为数据中心的一项必需功能。

2. 虚拟架构的概述

(1) 虚拟架构的形式,包括虚拟化基础架构、物理基础架构等,是一种"虚实"结合的混合 IT 架构,既有虚拟化基础设施,也有物理基础设施。

（2）利用虚拟基础架构，可以在整个基础架构范围内共享多台计算机的物理资源。利用虚拟机可以在多台虚拟机之间共享单台物理机的资源以实现最高效率。资源在多个虚拟机和应用程序之间进行共享。业务需要将基础架构的物理资源动态映射到应用程序的驱动力，即便在这些需要发生变化时也是如此。可将 x86 服务器与网络和存储器聚合成一个统一的 IT 资源池，供应用程序根据需要随时使用。这种资源优化方式有助于组织实现更高的灵活性，使资金成本和运营成本得以降低。

（3）虚拟基础架构包括以下组件：

① 裸机管理程序，可使每台 x86 计算机实现全面虚拟化。

② 虚拟基础架构服务（如资源管理和整合备份），可在虚拟机之间使可用资源达到最优配置

③ 自动化解决方案，用于通过提供特殊功能来优化特定 IT 流程，如部署或灾难恢复。

（4）虚拟化前后对比如下：

① 虚拟化前（图 12.4）。

- 每台主机一个操作系统。
- 软件硬件紧密地结合。
- 在同一主机上运行多个应用程序通常会遭遇冲突。
- 系统的资源利用率低。
- 硬件成本高昂而且不够灵活。

② 虚拟化后（图 12.5）。

- 打破了操作系统和硬件的互相依赖。
- 通过封装到虚拟机的技术，管理操作系统和应用程序为单一的文件。
- 强大的安全和故障隔离。
- 虚拟机是独立于硬件的，它们能在任何硬件上运行。

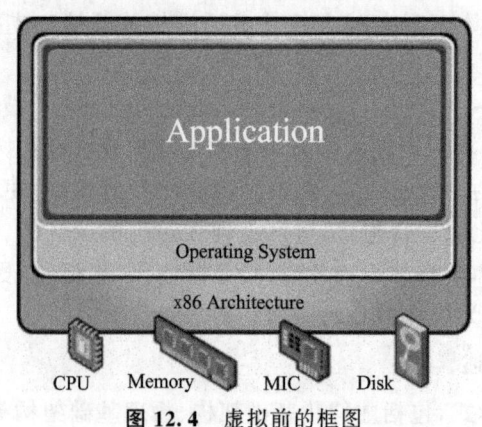

图 12.4　虚拟前的框图

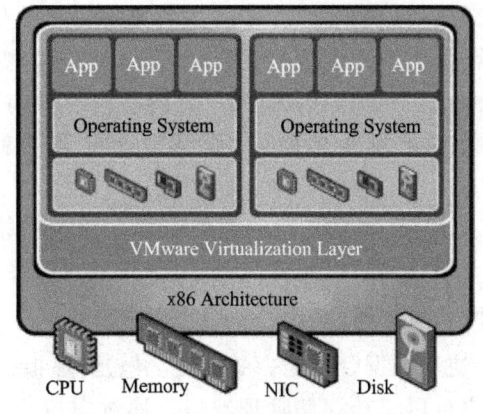

图 12.5　虚拟后的框图

3．虚拟架构的优点

现以当今比较流行的虚拟化软件平台之一——Vmware，来阐述虚拟基础架构的优点，架构的优化带来更可靠的业务连续性和节能降耗。

（1）通过 VMware 虚拟化平台构建虚拟基础架构，可在 IT 生产环境中享受虚拟化带来的好处。VMware Infrastructure 3 可以将分散的硬件资源统一起来以创建共享动态平台，同时实现应用程序的内置可用性、安全性和可扩展性。它支持多种操作系统和应用程序环境，以及网络和存储基础架构。VMware 设计的解决方案可独立于硬件和操作系统运行，因此有广泛的平台选择空间。VMware 的解决方案提供了关键集成点，使硬件和基础架构管理供应商及合作伙伴能够提供可统一应用于所有应用程序和操作系统环境、具备独特价值的产品。

（2）更充分地利用现有硬件。据 Vmware 的客户反映，他们采用 VMware 虚拟基础架构解决方案后成效显著。

① x86 服务器的利用率提高到 60%～80%（在非虚拟化的 PC 中为 5%～15%）。

② 每项虚拟化的工作负载每年节省的成本达 3000 美元以上。

③ 新应用程序的部署工作只需几分钟（而不是数天或数个星期）即可完成。

④ 从计划外停机中恢复的时间缩短了 85%。

4．传统架构与虚拟架构的比较

1）传统架构的数据安全性较差

传统架构服务器一旦存储出现单点故障，数据可能会全部丢失。而传统的备份方式昂贵且复杂，制约着企业（机构）数据的安全。

2）虚拟架构增强了备份和恢复

（1）用现有的方式（虚拟机中的备份代理），或通过备份很少数量的文件和封装来备份整个虚拟机。

（2）恢复虚拟机文件，不需裸机恢复软件，或用共享的存储立即重启虚拟机。

(3) 整合备份(VCB)。任何时候都可以进行备份，集中化备份无需代理的虚拟机。其优势是减少备份代理的数量和成本；消除生产虚拟机的备份负载；充分利用虚拟机快照；支持 SAN、iSCSi 和 NAS；第三方的备份软件有针对 VCB 的集成；物理整合是进行物理上乃至地理上的整合，而逻辑上的整合就要通过虚拟化来完成了。

走向虚拟化，就踏入了 IT 优化之路的拓展阶段。通过网络虚拟化的实施，可以为企业（机构）创建一个优良的数据中心智能化信息网络的框架。

5. 虚拟化管理的优点和实现

数据增长速度似乎快于数据管理能力的提高。但是，虚拟化将许多任务整合到了一个界面之下，使得用户可以填补存储管理缺口。通过虚拟化，备份/恢复窗口、数据和文件归档、存储资源分配等许多耗费时间的重复性任务都可以自动完成或者集中完成。

数据中心虚拟化是数据中心向面向服务的基础设施转型的重要手段。通过实现数据中心基础设施的虚拟化，将应用、数据与它们所基于的物理资源相分离，IT 部门可以更加有效地应变、更加迅速地和更加灵活地提供和维护数据中心的服务。

(1) 虚拟化管理的优点。

① 降低总体拥有成本(TCO)。数据中心虚拟化可以帮助 IT 部门提高设备利用率和能源利用的有效性，提升运营效率，以及降低投资开支。

② 提高永续性。数据中心虚拟化所提供的抽象能力有助于在不中断正常业务的情况下进行预先安排的停机维护，以及更加迅速地从意外断网事故中恢复。

③ 提高灵活性。因为 IT 部门不会受到服务和物理硬件之间预定关系的限制，所以一个协调一致的虚拟化基础设施可以迅速地满足新的应用和服务需求。

(2) 虚拟化管理的目标就是对 IT 基础设施进行简化，它可以简化对资源以及对资源管理的访问。

(3) 虚拟化管理的实现就是对现有的"虚实"结合的混合 IT 架构，实行集中化管理，实现节约空间、降低能耗、减少维护成本的目标。实现过程主要是把众多的物理 IT 架构应用系统集成到"虚拟"应用的刀片服务器环境中。

6. 虚拟化管理技术的选用

对于任何虚拟化环境来说，一个非常重要的方面是减少动态的和复杂的 IT 基础设施的管理和维护需求。另外，通过软件和工具实现的模式和技术都支持这些管理任务。这些模式和技术的组合可以为 IT 基础设施中所有资源的管理访问提供单一且安全的接口，允许管理员对所有资源进行诊断，对所有资源进行配置和修改管理，发现并维护可用资源目录，监视资源并记录它们平时的健康状况，当某个条件达到已建立的上限值时，触发器就会执行相应操作；此时执行的操作可能包括通知管理员手工作出响应，也可能会根据正确的条件自动进行响应，根据资源的使用情况、可用性和服务级别要求提供资源或收回资源；资源的提供可以手工、半自动或根据建立好的策略自动完成,获得并维护资源的使用和检测信息,并提供适当的报告,例如对资源消耗进行记录,提供补充最终用户或应用程序安全性的安全机制,为满足最终用户和应用程序SLA而记录所有资源的性能信息。

实际上,如今数据中心管理人员面临的虚拟化解决方案种类繁多,有些是专有方案,而有些是开源方案。总的来说,各自都基于以下三种基本技术当中的一种:完全虚拟化、准虚拟化、操作系统层虚拟化。但哪种技术效果最好,这取决于要进行虚拟化处理的具体工作负荷及优先业务目标。每种虚拟化方法都有各自的优点,选择哪个则取决于用户的具体情况。

随着虚拟环境继续发展和增长,数千个虚拟机是很常见的。实现一个运行良好的虚拟化数据中心的挑战将是巨大的。虚拟化确实能够节省资金,但是,它并不是免费的。我们必须要接受和管理增加的复杂性和需要的精细程度。规划和基于制度的自动化将大大有利于发展和管理虚拟化环境。

12.5.8 数据中心的流程管理

数据中心流程管理就是运用流程梳理化技术,在完善运行管理标准的基础上,规范运行操作行为,确定运维评价奖惩规则,全面落实运维责任制,以确保数据中心运维管理的安全、质量、效益的稳定提升和目标达成。

本节说明在引入ITIL(Information Technology Infrastructure Library,信息技术基础设施库)管理流程,提高运维效率,提高管理水平和服务质量的实践中,特别需要关注的问题。

1. 流程化管理的现状

在运维流程方面,IT部门一直处于原始的状态。例如在事件处理流程上,存在以下几种典型的问题:

(1) 没有明确的事件升级标准,例如满足怎样的条件后,事件必须从一线转到二线支持工程师,再转到三线研发工程师处理。

(2) 没有事件的有限级定义标准,没有建立优先级和解决时限的关联关系,从而不能保证事件解决的实效性和IT资源的有效利用。

(3) 事件产生后没有明确而唯一的责任人,从而缺乏有效对事件监控和跟踪机制。

(4) 没有统一的IT服务管理对事件受理的界面,没有事件完整记录、没有及时反馈。

这些都使事件/服务请求处理过程中没有形成严格的闭环管理;没有建立明确的重大或紧急事件处理流程,从而不能保证在相应事件发生后有效及时地处理。对事件处理过程的记录比较分散,随意性很大,没有控制。更没有严格规范的流程政策和控制手段,使之存在太多的漏洞。整体运行维护情况无法一目了然,不能够清楚地知道各位员工的工作情况和工作状态,从而缺少对流程有效的监控和跟踪。

因此，流程是最重要的，因为流程是IT管理的基础，在IT管理的过程中，针对同一问题的具体实施步骤可能不同，但流程是不会改变的。让大家看一个简单的例子：早上上班，发现计算机无法启动，你会怎么办？你可能会做以下事情：检查电缆、电源，打IT热线服务电话，请维护人员来检查机器。很快，故障找到了，问题得到了解决！如果不按流程办事，而是随意而为，那么查找一个小故障就可能用掉一整天的时间。

2. 流程化管理的内容

（1）流程结构管理。保证运维岗位履职的人员做正确的事，工作有效益。
（2）流程活动管理。保证运维岗位履职的人员正确地做事，工作有效率。
（3）流程组织管理。保证运维岗位履职的人员负责地做事，工作态度积极。

3. 流程化管理的做法

（1）把运维管理技术要求转换为具体明确通俗易懂的运维流程图和流程说明文件，对运维管理技术要求进行直观化和精细化描述，其中流程说明文件可转化成维护指南或作业指导书。
（2）组织运维流程或作业指导书的现场培训、教练、辅导，提升作业人员运维流程的熟练程度及实施技巧。
（3）讨论探索简化、优化运维流程，以在保证安全稳定运行的情况下，提高工作效率。
（4）通过流程实践活动，要不断改进和创新运维流程，促使流程周期的延续。
（5）建立健全流程贯彻执行跟踪体系。建立完善运维岗位工作流程标准贯彻执行跟踪台账，随时掌握流程执行的移位状况。

4. ITIL——流程管理的最佳实践

从IT运维的现状和发展趋势来看，ITIL（信息技术基础设施库）已经成为推进IT运维体系建设和日常操作管理的首要标准和"最佳实践"参照。ITIL是起源于英国政府自身IT管理需求开发的标准。对照ITIL的九层评估模型，可以发现许多企业目前在人员、流程、技术等三个方面存在很多问题。也就是说，在进行IT运维管理时，要在这三个方面齐头并进才能从总体上提升IT运维服务管理。要做好数据中心的运行管理，同样推荐依据ITIL服务支持流程来展开工作。

5. ITIL简介

20世纪80年代末，英国政府认识到需要建立并标准化政府部门信息系统管理的流程、规范和最佳实践经验。实现的想法是结合不同政府IT部门的管理知识并参考企业（机构）的经验，建立标准加以实施并由此受益。

由于许多政府IT部门部署了许多平台、许多应用，之间的组合几乎无限，因此英国中央电脑和电信局（CCTA，后命名为政府商务办公室，OGC）设立专项创建一套通用的、平台无关的政府IT系统运作指导。

项目的结果是CCTA发布了一系列关于计算机运作不同阶段和方面的书籍,称为IT基础架构库(IT Infrastructure Library,ITIL)。1989年ITIL第二版发布,将之前的书籍整合成ITIL服务支持和ITIL服务实施。这使得ITIL更加专注于IT服务管理,提升了整体一致性。

ITIL很快广泛流传于英国的企业(机构)和欧洲及世界各地。尽管OGC拥有知识产权,ITIL仍被视为公共共享领域,这大大鼓舞了业界采用ITIL作为IT管理的标准来达到企业(机构)的管理需求。荷兰国家考试学院(Exin)负责之后ITIL的维护和进一步发展。

总体来说,ITIL的包括六大操作性流程(五大服务支持流程+一个服务台流程,严格来说,其中服务台应该属于功能,而非流程)和五大战术流程(五大服务提供流程)。如果说企业(机构)的IT战略属于"战略层"的话,可以把服务提供称之为"战术层",把服务支持称之为"运作层"。每个ITIL流程都包括五大要点:流程目标、基本概念、主要活动、好处与风险,以及关键绩效指标与报表。所有流程的结构图如图12.6所示。

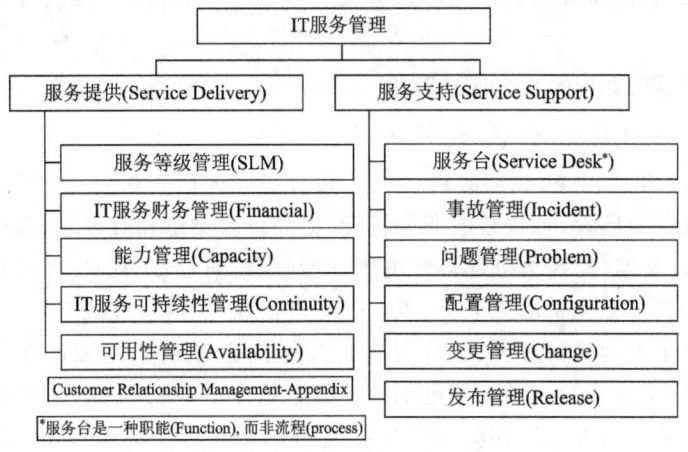

图 12.6　ITIL 十大流程及其服务台结构图

从ITIL的整体架构来看,2002年Paul Graham等专家所著的《ICT Infrastructure Management》一书中,把ITIL流程之间的关系描绘成图12.7。该图中突出了安全管理的重要性。信息系统的安全管理也正是IT治理(IT Governance)的主要内容之一。

6. 采用ITIL的原因

传统观点认为建立一个高可靠性系统需要购买最贵、最健壮、具有最少平均宕机时间的硬件。事实上如果操作员将所有冗余电源插入同一个电源插座,而电源插座的电线正在漏电,无论您的硬件多好还是没用。这是一个对潜在问题非常简单的举例。

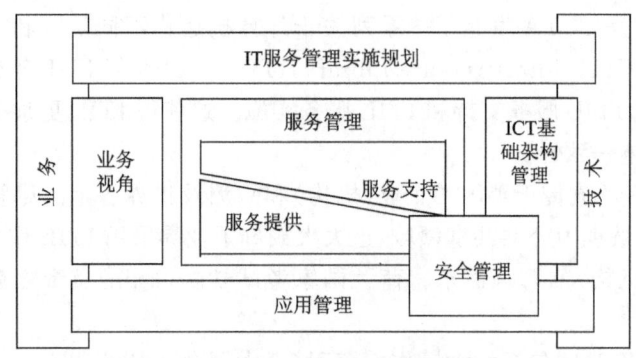

图 12.7　ITIL 整体架构

分析表明只有百分之二十的系统故障由技术问题造成，例如，硬件故障、操作系统崩溃等。剩下的整个百分之八十都是由各种人为因素造成。标准化的流程和规范可用于解决人为因素，并可采用技术确保流程的遵循和实施。

通过实施流程和工具减少宕机时间、提升可用性，客户可以降低 IT 基础架构运作的成本、减少宕机相关的损失（收入、员工效率、客户满意度），提供可信的平台以提供新的服务。

7．关注应用 ITIL 的六个成功要素

1）我国政府应用 ITIL 的现状

20 世纪 90 年代以来，我国政府投入了数百亿元的巨资进行电子政务的建设，旨在利用电子政务的建设，加快政府职能转变，提高行政质量和效率，增强政府监管和服务能力，促进社会监督，努力创建高效的服务型政府；同时带动国民经济和社会发展信息化，以期贯彻"信息化带动工业化，工业化促进信息化"的发展战略。

通过多年来持续的财政投入，特别是十二金工程、政府上网工程等众多大型项目的阶段化建设，组建了一大批支撑电子政务的数据中心，我国的电子政务建设已经取得了初步的成果。随着建设和应用的深入，电子政务的运维的压力和挑战逐渐凸现出来，已经成为影响电子政务系统应用效果的重要因素和深入发展的主要瓶颈。主要表现在以下几个方面：

（1）社会公众和政府公务部门对电子政务应用系统运行质量要求越来越高。政府网站、内部公文流转、行政审批、费税征缴、信息收集、统计与披露等大量政府核心工作越来越依赖数据中心中各种 IT 系统和基础设施环境。在最近几年，还出现了政务核心应用（如海关、税务等）全国大集中的趋势，更加大了系统运行保障的压力。如果不能很好地保障其可用性和服务质量，不仅严重影响政府运营服务效率，还会产生消极的社会影响。

（2）政府需要规范、高效的 IT 运行维护体系和资源。一直以来，各级政府的电子政务投入主要着重解决从无到有的基础设施和系统的构建，往往忽视了系统建设完成以后的运行维护。长期持续建设的惯性导致对运行维护工作投入不足。殊不知，高效的运行维护才能保证系统的应用效果和产出效益。投入的失衡,导致运行维护成为政务系统生命周期中的短板,影响了系统建设的效果和效益。

可以看到,如何在有限的投入下尽快建立高效、规范的电子政务运行体系,提高IT管理水平,改善政务系统的运行质量,已经成为当前各级政府信息化主管面临的重要问题。ITIL作为起源于政府自身IT管理需求、政府自主开发的标准,和电子政务运维有着天然的联系,对于我国改善电子政务运行质量和应用效果具有很好的参考意义。从全球电子政务领域的现状和发展趋势来看,ITIL已经成为推进运行维护体系建设和日常操作管理的首要标准和"最佳实践"参照。

2)国外政府应用ITIL的现状

英国政府是ITIL的制定者(并推出了基于ITIL的IT服务管理英国国家标准BS15000,成为后来ISO20000的蓝本),也是政府机构应用ITIL最广泛、最富有成效的国家。就世界范围来看,英联邦国家,如澳大利亚、加拿大、新西兰等国家,以及其他的欧洲国家,ITIL应用的比较早,也比较普遍。在这些国家,ITIL不仅成为政府机构自己管理大型数据中心运行管理的实践标准,还在电子政务运维外包合同谈判时,被作为评价服务提供商资格和服务能力的强制准入标准。2004年7月,澳大利亚采用ITIL作为国家ICT(Infrastructure Communication Technology)服务管理标准AS8018,是英国以后第一个采用ITIL作为标准的国家。2005年8月,澳大利亚的维多利亚州税务局(State Revenue Office of Victoria)获得了BS15000/AS8018的认证证书,成为世界上第一个获得ITIL认证的政府机构。

在美国,ITIL的应用起步比较晚,在2000年以后才被广泛关注和认可,并得到了快速的推广。2005年8月,美国州政府CIO协会(NASCIO:National Association of State Chief Information Officers)发布了针对本国政府机构IT治理和管理的指导框架:《成功之道:IT管理框架》(*IT Management Frameworks:A Foundation for Success*),将ITIL作为IT运行维护管理领域的唯一推荐标准。

可以看到,在世界范围内,ITIL已经广泛成为政府提高IT服务质量和管理IT运维外包的"最佳实践"和首选标准,这对我国各级政府持续有效的提升电子政务服务的运行质量、提高产出效益提供了实践样例,具有较强的参照意义。

3)推进我国电子政务运维中的ITIL应用

根据我国电子政务体系、建设和运维现状,可以将ITIL的应用场景分为三种:

(1)主要依靠政府自身IT运维队伍管理的规模型数据中心。主要指那些负责使用广泛、意义重大的政务系统的运行维护,已经或者将要拥有较大规模的运维资源,特别关注自身运维体系效率和规范性的省部级政府机构,例如海关、税务、统计、财政等。

(2)选择部分外包甚至全部外包的政府机构。针对那些已经或者将要进行电子政务某种形式外包的机构,关注如何使用ITIL来管理外包服务质量和过程。

(3)中小型的信息维护管理机构。主要指那些系统应用和运行管理范围较小,人员和其他投入都非常有限的机构,如只负责OA、外网网站及局域网维护,维护力量不多于10个人的地市级政府机关,以及其他小规模应用机构。

当然,在某一个政府IT部门里,也可能有几个不同场景的重叠,可以针对不同场景的侧重点或者目标,通过分解和重新整合的方式加以考量。

在下文中,并不将每个场景中ITIL应用的所有方面和过程进行系统详细的分析,仅根据业界在全球和国内的实践经验,分析一些应该注意的问题。

1) 规模型信息(数据)中心应用ITIL:关注成功六要素

在政府规模型信息(数据)中心中,要系统、深入地导入和应用ITIL,保证其实施效果,需要重点关注以下六大因素:

(1) 人员组织(People)。在政府ITIL的应用过程中,人员相关的因素应该是首要考虑的因素。因为ITIL的应用实际上是一个管理变革活动,特别依靠人的积极参与来完成。在变革过程中,由于可能涉及人员的职能、利益、思维模式、工作方式等的转换,产生的误解、消极和阻力不容忽视。除了后续谈到的制度安排、组织文化方面的工作以外,更要积极采取多种措施诱导和疏通,包括服务意识培训、ITIL应用价值讨论、技能发展规划、参与激励等以正面工作为主的方式。另外,在实践中还经常碰到一个问题,就是关于角色和职务的认知冲突问题。在ITIL中,涉及"流程经理"等类似概念,在赋予到具体人员时,常常会被误作为职务的提升和改变,进而引发其他的问题,如待遇要求等。这种情况下建议:

① 事先做好关于角色分工而不是职务安排的具体意义说明。

② 将人员在角色执行中的表现与绩效考评关联。

③ 角色称谓可以结合自身情况创新,并尽量减少和职务称谓体系的冲突。

(2) 管理流程(Process)。流程设计是ITIL实施核心之一,它必须是结合现状的,既不是现有管理流程的直接转述和电子化,也不是完全依照完美实践的照搬拷贝。流程是分阶段的目标定义、设计、固化、评价和改进过程。这中间,需要咨询服务提供商和客户共同努力才能有效达成。引入独立咨询服务商的价值在于,从特有现状出发,结合组织战略,参考行业最佳实践,建立流程未来目标规划;并在阶段化实施的过程中提供建议和辅导。其次,ITIL作为IT部门内部管理的流程,存在和外部流程(如公文流转/OA)的接口整合衔接的问题,需要在流程设计和自动化等环节中妥善解决。另外,还应该充分了解流程既有需要严格执行的僵化一面,也有面向效果变通的灵活一面。例如,IT面对高层领导的服务要求和指令,在短期内,需要一些创新的变通完成过渡。

(3) 管理工具(Technology)。管理工具是指在IT管理过程中能够借助的用来提高服务质量和效率的所有工具的总称。对于国内政府用户来说,要特别关注两类工具:

① IT监控和诊断优化工具。

② 流程自动化工具。

国内用户在引入工具时,特别重视工具本身,而常常忽视了ITIL所倡导的通过流程等制度约束和引导,才能被充分使用,更好的发挥效益。因此,即使你并没有引入ITIL流程及电子化平台,也应该为购置的其他管理工具的利用建立一些必要的(纸质)流程和制度,否则难以得到很好的应用。另外,关注工具之间的联动和信息整合,如果可能,尽早进行统一的规划,建立集成规范要求,以保证投资在未来得到充分保护,不被浪费。

(4) 管理信息(Information)。在电子政务的运维管理过程中,会产生和积累大量的信息,包括IT元素本身的、人员的、流程的等。一方面,应该关注信息来源和质量,由于这些信息的采集和集中,可能耗费的IT资源成本和管理成本,以及信息的及时性和准确性。另一方面,更重要的是通过流程等制度设计,保证充分利用这些信息,进一步改进IT服务质量和客户满意度。比如,推荐客户每周进行的电子政务运行质量分析例会等方式,利用运行质量报表(来自监控和流程),发现IT和流程的潜在问题,从而得以及时获得管理层的承诺和帮助,快速得到解决。

(5) 领导力(Leadership)。领导力是ITIL标准之外的因素,包括外部高层支持和内部管理能力两个方面。在组织内部进行ITIL变革时,来自外部高层(包括政府的信息化主管领导和应该建立的IT管理委员会等)的支持至关重要,包括对ITIL导入必要性的了解、投入资源和管理承诺、不同并行部门之间的协同、可能的风险及其控制预案等。内部领导能力则要求IT的主管和核心骨干能够对内在整个团队内部建立一致的目标愿景,领导和激励整个IT团队积极的推进ITIL的应用,与领导和IT人员的进行有效的沟通;对外和咨询服务商、产品提供商等进行管理和协作,保证项目目标的高质量达成。

(6) 组织文化(Culture)。组织文化是影响ITIL应用质量的重要因素。在目前条件下,在政府机构中建立和ITIL相适应的组织文化相对有一定的难度;但从另外一个角度来说,也是能够快速获得文化改变效果的一个优势——创建服务导向的、高效率的、规范的IT组织文化,符合目前建立服务型政府的倡议,成绩更容易被其他部门和高层领导发现和认可。

可见,ITIL的应用过程和效果的获得,不是简单的单纯通过项目建设能够达到的,是政府IT部门、咨询服务提供商、产品提供商等多方共同努力的结果,也是一个持续改进、不断优化的长期过程。

2) 使用ITIL管理外包:做好质量控制和过程跟踪

电子政务运维的外包,在全球已经成为趋势。在国内,已经有很多的政府机关将电子政务的运维进行部分或者全部外包。

使用ITIL管理外包,首要的是SLA的管理。主要包括对SLA的制定、外包商的选择和SLA的监控管理。主要应该关注以下的要点:

(1) SLA制定。界定外包的范围,由于在合同中难以将外包内容一一列举,或者在外包执行过程中变化较多,要特别注意事先在合同中约定其职责边界的界定方法、范围变更管理方法及其费用计算方法;充分结合政务服务的需要,根据SMART原则,建立面向政务业务的服务质量标准(KPI 参数、测量方法和目标质量);规定问题升级报告机制,以及日常沟通机制;特别针对政府重要应用和信息,明确保密责任(特别是对于政务内网管理方面);必要的情况下,约定服务商的退出机制等。

(2) 外包商选择。除了相关的商务考察以外,还要考察外包商的服务体系是否遵从 ITIL,是否具备服务意识,工程师是否能够很好的遵守既定流程和制度规范,管理体系是否支持流程和工作质量的持续改进等。在可能的情况下,从 OLA(内部支持方面)和 UC(来自外部厂商支持方面)的具备情况,考察服务商内部的管理体系是否能够满足支持这次外包的能力。

(3) SLA 监控。推荐通过自动化的方法监控服务质量,持续监控服务商的服务质量和过程质量。在发现问题时,优先解决问题,而不是区分责任和执行惩罚条款。

另外,在服务台的配置上,如果是全部外包,最好由服务商进行管理,以便理清工作界面;如果是部分外包,或者有多个外包商分别外包,则要加强对服务台的管理,以便能够进行统一协调,加快故障和问题的解决。

3) 小型机构借鉴 ITIL 做运维:关键是意识

对于很多只有几个 IT 人员的小型政府 IT 部门来说,由于人力、财力非常有限,虽然难以系统的建设 ITIL 的流程,但是 ITIL 的引入仍然是必要的——在应用上是简化的问题,而不是不要使用的问题。

首先是转变运维观念,建立 ITIL 倡导的面向客户的服务运维意识。只有这样,才能在日常繁杂琐碎的工作中有效的区分任务的优先级,将有限的资源投入到最能满足"客户"需要的工作中。

其次进一步明确人员分工(甚至是职责轮换),建立简单的故障和问题管理流程,利用表格工具等记录故障及其处理情况,定期回顾并从中辨识和发现问题线索和根源。建立变更管理意识和初步变更流程(例如,变更之前的团队讨论、确认等),减少变更操作的随意性,能够在很大程度上降低故障概率。

再者,还要进行一点 SLA 管理。应该自发给自己负责管理的系统或者客户服务建立一个能够量化的运维目标,这样不仅能够在未来务实的提高服务质量和管理水平,也能够在目标达成后作为团队工作改进的成绩得到肯定,提高 IT 人员的工作成就感。

如果有可能进行一些工具的配置,可以参考 IBM IRMA(IBM Infrastructure Resources Management Accelerator,IT 资源管理加速器)等标准模型,利用一些标准的软件包和服务快速的构建简要的 ITIL 平台环境。

8. 实施 ITIL 应循序渐进

对企业 IT 部门来说,实施 ITIL Service Support(服务支持)的意义在于清晰梳理日常 IT 运维管理过程中遇到的各种各样的事,使 IT 运维过程变得有序连贯,从而提高 IT 服务的能力和水平。

ITIL Service Support 能够形象地描述 IT 运维的工作内容。在 ITIL 框架下,一项 IT 服务已经像工业化流水线上的商品一样,体验着 IT 运维流程化带来的高效率和高质量。

当条件不成熟的时候,爆发式实施 ITIL,一锅端的方式是不合适的,实践证明效果也很差的。目前较为普遍的方式是渐进式,通过初期、中期和远期三个阶段循序渐进地实施 ITIL。

对企业(机构)来说,实施 ITIL 的最大意义在于把 IT 与业务紧密地结合起来,从而让企业(机构)的 IT 投资回报达到最大;对 IT 部门来说,实施 ITIL Service Support 的意义在于清晰地梳理出日常 IT 运维管理过程中各种各样的事,使 IT 运维过程变得有序连贯,从而提高 IT 服务的能力和水平。

ITIL Service Support 的流程(图 12.8)清晰地表达出一个认知:服务因事而起,因事而终。

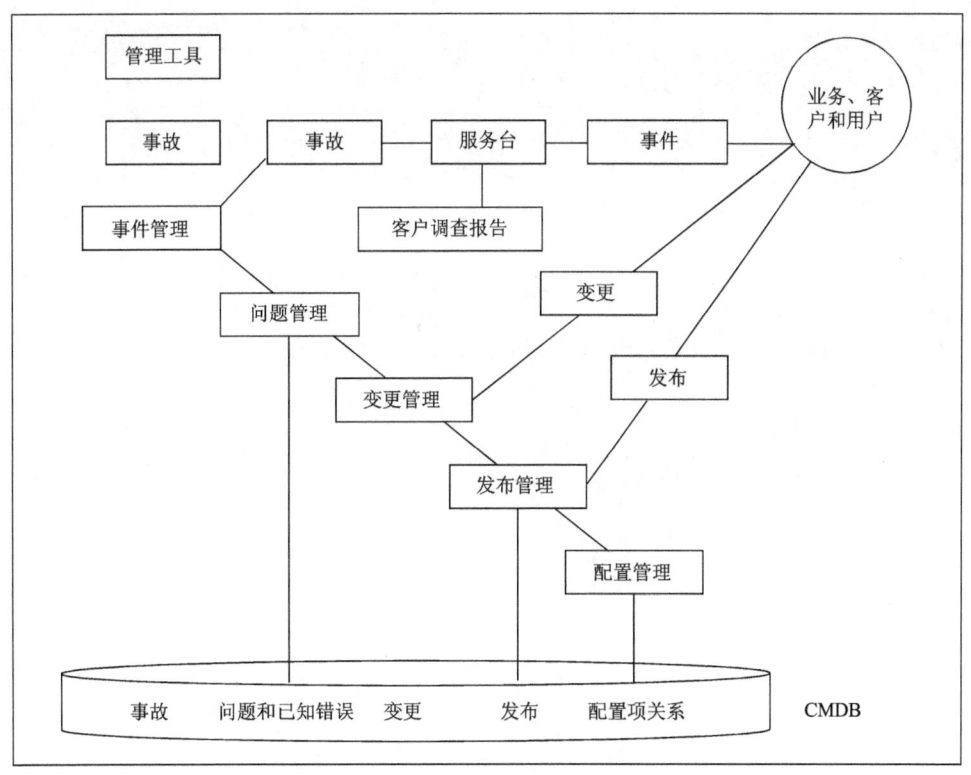

图 12.8　ITIL Service Support 流程图

在 ITIL 框架下,一项 IT 服务已经像工业化流水线上的商品一样,体验着 IT 运维流程化带来的高效率和高质量。流水线式的服务引发了对原有 IT 服务组织结构的调整,统一的服务台配合新的管理制度解除了客户直接调用工程师的弊端。不同的事经过服务台识别、分配后,进入事件管理,随之事的身份变换为事件、事故、问题、已知错误、变更、发布,完成一项服务由事发到消除的生命周期。

凡事皆有因。对 IT 运维来说,因自用户而起,事自服务台而入。服务台作为一项管理功能,它每天遇到的事最多,包括报修、投诉、咨询、商业机会乃至骚扰等。如果没有服务台,这些事都会混杂在一起进入 IT 运维的各个服务小组。有了服务台,每一件事都会经过梳理、分配,然后站队、排位,该去哪里去哪里。作为 IT 运维流程的起点,服务台做事始终要将"下一个流程"的意识贯穿于工作之中,不能乱排位置、乱指挥。

本书专业术语中英文对照

A

ABR	Area Border Router	区域边界路由器
ACG	Application Control Gateway	应用控制网关
ACL	Access Control List	路由器和交换机接口的指令列表
ADO	ActiveX Data Objects	ActiveX 数据对象
AFC	Anomaly Flow Cleaner	异常流量清洗
AIP	Application Intrusion Prevention	应用入侵防护系统
AIT	Advanced Intelligent Tape	先进智能磁带
AIX	Advanced Interactive executive	IBM 开发的 UNIX 操作系统
ALM	Application Lifecycle Management	应用程序生命周期管理
AMIE	Avocent MergePoint Infrastructure Explorer	Avocent 推出的数据中心集中管理平台
ANSI	American National Standards Institute	美国国家标准学会
API	Application Programming Interface	应用程序编程接口
ARP	Address Resolution Protocol	地址解析协议
ASIC	Application Specific Integrated Circuit	专用集成电路
ASP	Application Service Provider	应用服务提供商
ATM	Asynchronous Transfer Mode	异步传输模式

B

B/S	Browser/Server	浏览器/服务器
BGP	Border Gateway Protocol	边界网关协议
BI	Business Intelligence	商业智能
BIOS	Basic Input Output System	基本输入输出系统
BMC	Baseboard Management Controller	基板管理控制器
BOOTP	Bootstrap Protocol	自举协议
BTNM	Before Trouble Network Manager	北塔网络运维管理专家

C

C/S	Client/Server	客户机/服务器
CAD	Computer Aided Design	计算机辅助设计
CAR	Committed Access Rate	约定访问速率
CAS	Content Addressable Storage	内容地址存储

CDC	Corporate Data Center	企业数据中心
CDP	Continuous Data Protection	连续数据保护
CEF	Cisco Express Forwarding	Cisco 特快交换
CEO	Chief Executive Officer	首席执行官
CIA	Confidentiality, Integrality, Availability	信息安全的机密性、完整性和可用性
CIFS	Common Internet File System	通用 Internet 文件系统
CIM	Common Information Model	公共信息模型
CIO	Chief Information Officer	信息主管
CISC	Complex Instruction Set Computer	复杂指令系统计算机
CIST	Common and Internal Spanning Tree	公共与内部生成树
CMM	Capability Maturity Model	能力成熟度模型
CNNIC	China Internet Network Information Center	中国互联网络信息中心
CPU	Central Processing Unit	中央处理单元
CRC	Cyclical Redundancy Check	循环冗余码校验
CRM	Customer Relationship Management	客户关系管理
CRT	Cathode Ray Tube	阴极射线管
CVE	Common Vulnerabilities & Exposures	通用漏洞披露
CWM	Common Warehouse Model	公共仓库模型

D

DA	Data Administration	数据管理
DAS	Direct Attached Storage	直连存储
DASD	Direct Access Storage Device	直接进入存储装置
DAT	Digital Audio Tape	数字录音带
DBA	Database Administrator	数据库管理员
DBMS	Database Management System	数据库管理系统
DCE	Distributed Computing Environment	分布计算环境
DCM	Data Center Manger	数据中心管理平台
DDC	Direct Digital Control	直接数字控制系统
DDE	Dynamic Data Exchange	动态数据交换机制
DDN	Digital Data Network	数字数据网
DDoS	Distribution Denial of Service	分布式拒绝服务
DDS	Direct Digital Synthesizer	直接数字式频率合成器
DER	Data Environment Reengineering	数据环境重建
DFD	Data Flow Diagram	数据流程图
DHCP	Dynamic Host Configuration Protocol	动态主机配置协议
DL	Disk Library	磁盘库
DLDP	Device Link Detection Protocol	设备链路检测协议
DLL	Dynamic Link Library	动态链接库

DLP	Digital Light Procession	数字光处理
DLT	Digital Linear Tape	数字线性磁带
DM	Data Markets	数据集市
DMI	Desktop Management Interface	桌面管理接口
DMIS	Dispatch Management Information System	调度管理信息系统
DMZ	Demilitarized Zone	隔离区
DNS	Domain Name System	域名系统
DoS	Denial of Service	拒绝服务
DOS	Disk Operating System	磁盘操作系统
DPF	Discrete Packet Format	离散包格式
DPM	Distributed Power Management	分布式电源管理
DRS	Distributed Resource Scheduler	分布式资源调度
DSS	Decision Support System	决策支持系统
DW	Data Warehouse	数据仓库
DWDM	Dense Wavelength Division Multiplexing	密集波分复用

E

EAI	Enterprise Application Integration	企业应用集成
ECC	Error Correction Code	指令纠错技术
ECMP	Equal-Cost MultiPath Routing	等价多路径路由
EDC	Enterprise Data Center	企业数据中心
EDS	Exchange Data Store	交换数据临时存储区
EGP	Exterior Gateway Protocol	外部网关协议
EIA	Electronic Industries Association	电子工业协会
EIS	Executive Information System	主管信息系统
E-mail	Electronic Mail	电子邮件
EMC	Electro Magnetic Compatibility	电磁兼容性
EMP	Emergency Management Port	应急管理端口
EPEAT	Electronic Product Environmental Assessment Tool	电子产品环境影响评估工具
EPIC	Explicitly Parallel Instruction Computing	显式并行指令运算
ERP	Enterprise Resource Planning	企业资源计划
ESB	Enterprise Service Bus	企业服务总线
ETL	Extraction, Transformation, Loading	数据抽取、转换和加载

F

FC	Fiber Channel	光纤信道
FDDI	Fiber Distributed Data Interface	光纤分布式数据接口
FIB	Forwarding Information Base	转发信息库
FIFO	First In First Out	先进先出
FPGA	Field-Programmable Gate Array	现场可编程门阵列

FTP	File Transfer Protocol	文件传输协议
FW	Fire Wall	防火墙

G

GIS	Geographic Information System	地理信息系统
GR	Graceful Restart	平滑重启
GUI	Graphical User Interface	图形用户接口

H

HA	High Availability	高可用性
HBA	Host-based Disk Array	基于主机的磁盘阵列
HIPS	Host-based Intrusion Prevention System	基于主机的入侵防御系统
HMC	Hardware Motion Compensation	硬件运动补偿
HOLAP	Hybrid OLAP	混合型 OLAP
HSM	Hierarchical Storage Management	分层存储管理
HTML	Hypertext Mark-up Language	超文本标记语言
HTTP	Hypertext Transfer Protocol	超文本传输协议
HTTPS	Hypertext Transfer Protocol over Secure Socket Layer	基于安全套接字层的超文本传输协议

I

I/O	Input/Output	输入输出
IANA	Internet Assigned Numbers Authority	互联网数字分配机构
ICMP	Internet Control Message Protocol	网际控制报文协议
ICT	Infrastructure Communication Technology	信息、通信和技术
IDC	Internet Data Center	互联网数据中心
IDE	Integrated Device Electronics	集成设备电路
IDS	Intrusion Detection Systems	入侵检测系统
IE	Information Engineering	信息工程
IEC	International Electrotechnical Commission	国际电工委员会
IEEE	Institute of Electrical and Electronics Engineers	美国电气和电子工程师协会
IEM	Information Engineering Methodology	信息工程方法论
IETF	The Internet Engineering Task Force	互联网工程任务组
IGP	Interior Gateway Protocol	内部网关协议
IMAP	Interactive Mail Access Protocol	交互式邮件存取协议
IOS	Internet work Operating System	网际操作系统
IP	Internet Protocol	网络协议
IPDU	Intelligent Power Distribute Unit	智能电源分配单元
IPS	Intrusion Prevention System	入侵防御系统
IPv6	Internet Protocol Version 6	IP 协议 v6 版本

IPX	Internetwork Packet Exchange	互联网分组交换协议
IRI	Information Resource Integrating	信息资源整合
IRM	Information Resource Management	信息资源管理
IRMA	Infrastructure Resources Management Accelerator	基础设施资源管理加速器
IRP	Information Resource Planning	信息资源规划
ISA	Information System Architecture	信息系统体系结构
ISC	Intel Server Control	Intel 服务器控制
ISCSI	Internet Small Computer System Interface	Internet 小型计算机系统接口
IS-IS	Intermediate System to Intermediate System Routing Protocol	中间系统到中间系统的路由选择协议
ISO	International Organization for Standards	国际标准化组织
ISP	Internet Service Provider	互联网服务提供商
IT	Information Technology	信息技术
ITIL	Information Technology Infrastructure Library	信息技术基础设施库
ITSEC	Information Technology Security Evaluation Criteria	信息技术安全评估标准
ITSM	Information Technology Service Management	信息技术服务管理
IXC	Internet Exchange Center	联网数据交换中心

J

JDBC	Java Data Base Connectivity	Java 数据库连接
JFS	Journaled File System	日志文件系统

K

KPI	Key Performance Indicators	关键绩效指标
KVM	Keyboard, Video, Mouse	键盘、显示器、鼠标的缩写,多计算机切换器

L

LACP	Link Aggregation Control Protocol	链路汇聚控制协议
LAN	Local Area Network	局域网
LB	Load Balance	负载均衡
LCD	Liquid Crystal Display	液晶显示器
LDAP	Lightweight Directory Access Protocol	轻量目录访问协议
LED	Light Emitting Diode	发光二极管
LER	Label Edge Router	标记边界路由器
LSA	Link-State Advertisement	链路状态通告
LSDB	Link State Database	连接状态数据库
LSP	Label Switching Path	标记交换路径
LTO	Linear Tape Open	线性磁带开放协议
LUN	Logical Unit Number	逻辑单元号

M

MAC	Media Access Control	介质访问控制
MAN	Metropolitan Area Network	城域网
MDD	Multi Dimensional Database	多维数据库
MDX	Multi Dimensional Expressions	多维表达式
MIB	Management Information Base	管理信息库
MIPS	Million Instructions Per Second	每秒处理的百万级的机器语言指令数
MIS	Management Information System	管理信息系统
MOLAP	Multidimensional On-Line Analysis Processing	多维联机分析处理
MPE	Massive Parallel Processing	大规模并行处理
MPLS	Multi-Protocol Label Switching	多协议标签交换
MRTG	Multi Router Traffic Grapher	多元路由器流量记录
MSTI	Multiple Spanning Tree Instance	多生成树实例
MSTP	Multiple Spanning Tree Protocol	多生成树协议
MTBF	Mean Time Between Failure	平均无故障时间
MTTF	Mean Time To Failure	平均失效前时间
MTTR	Mean Time to Restoration	平均修复时间

N

NAS	Network Attached Storage	网络附加存储
NAT	Network Address Translation	网络地址转换
NCSC	National Computer Security Center	美国国家计算机安全中心
NDMP	Network Data Management Protocol	网络数据管理协议
NFS	Network File System	网络文件系统
NIC	Network Interface Card	网络适配器
NIM	Network Install Management	网络安装管理
NIPS	Network Intrusion Prevention System	基于网络的入侵防护
NOAEL	No Observed Adverse Effect Level	无不良反应浓度
NTFS	Windows-NT File System	Windows NT 文件系统
NUMA	Non-Uniform Memory Access	分布式内存存取技术

O

OA	Office Automation	办公自动化
ODBC	Open Database Connectivity	开放数据库互连
ODP	Ozone Depression Potential	消耗臭氧潜能值
ODS	Operational Data Store	操作型数据存储区
OLAP	On-Line Analysis Processing	联机分析处理
OLE	Object Linking and Embedding	对象连接与嵌入

OLEDB	Object Linking and Embedding, Database	对象链接和嵌入技术，Microsoft 开发的一种高性能的基于 COM 的数据库技术
OLTP	On-Line Transaction Processing	联机事务处理
OMS	Operations Management System	运营管理系统
OPC	OLE for Process Control	用于过程控制的 OLE
OS	Operating System	操作系统
OSD	On-Screen Display	屏幕菜单式调节方式
OSI	Open System Interconnection	开放式系统互联参考模型
OSPF	Open Shortest Path First	开放式最短路径优先

P

P2P	Peer-to-Peer	对等互联网络技术
PC	Personal Computer	个人计算机
PCI	Peripheral Component Interconnect	外部组件连接
PDF	Portable Document Format	可移植文档格式
PDP	Plasma Display Panel	等离子显示器
PFQ	Predict Fair Queuing	分组公平队列
PKI	Public Key Infrastructure	公钥基础设施
PLC	Programmable Logic Controller	可编程控制器
PLM	Product Lifecycle Management	产品生命周期管理
POP	Post Office Protocol	Internet 上收取信件的通信协定标准
POS	Packet Over SONET/SDH	利用 SONET/SDH 提供的高速传输通道直接传送 IP 数据包的技术
PPAR	Physical Partitioning	物理分区
PQ	Preference Queue	优先级排队
PR	Planning Repository	规划元库
PUE	Power Usage Effectiveness	能源使用效率
PVC	Polyvinylchloride	聚氯乙烯
PVST+	Per VLAN Spanning Tree Plus	增强的按 VLAN 生成树
PWM	Pulse Width Modulation	脉冲宽度调制

Q

QoS	Quality of Service	服务质量

R

RA	Registration Authority	数字证书注册审批机构
RAID	Redundant Array of Independent Disk	独立冗余磁盘阵列

RAM	Random Access Memory	随机存取存储器
RAS	Reliability, Availability, Serviceability	可靠性、可用性、服务性
RED	Random Early Detection	随机早期检测
RFC	Request For Comments	请求评议
RIP	Routing Information Protocol	路由信息协议
RISC	Reduced Instruction Set Computing	精简指令集计算
RL	RETURN LOSS	回波损耗
RLU	Rack Positioning Unit	机架定位单元
RMON	Remote Monitor	远端监控
RoHS	Restriction of Hazardous Substances	有害物质限制条令
ROI	ROI Return On Investment	投资报酬率
ROLAP	Relational On-Line Analysis Processing	关系联机分析处理
RPO	Recovery Point Objective	恢复点目标
RR	Round Robin	基于轮循的调度算法
RSS	Really Simple Syndication	简易信息聚合
RSTP	Rapid Spanning Tree Protocol	快速生成树协议
RSVP	Resource Reservation Protocol	资源预留协议
RTF	Rich Text Format	丰富文本格式
RTO	Recovery Time Object	恢复时间目标

S

SAML	Security Assertion Markup Language	安全断言标记语言
SAN	Storage Area Network	存储区域网络
SAS	Serial Attached SCSI	串行连接 SCSI
SATA	Serial Advanced Technology Attachment	串行高级技术附件
SCADA	Supervisory Control And Data Acquisition	数据采集与监视控制系统
SCD	Slowly Changing Dimension	渐变维度
SCM	Supply Chain Management	供应链管理
SCSI	Small Computer System Interface	小型计算机系统接口
SDH	Synchronous Digital Hierarchy	同步数字体系
SDK	Software Development Kit	软件开发工具包
SGMP	Simple Gateway Monitor Product	简单网关监视协议
SIS	Strategic Information Systems	战略信息系统
SLA	Service-Level Agreement	服务等级协议
SLB	Server Load Balancing	服务器负载均衡
SLS	Service Layer Specification	服务层规范
SMI	Structure of Management Information	管理信息结构
SMI-S	Storage Management Interface Specification	存储管理接口标准
SMP	Symmetrical Multi-Processing	对称多处理
SMTP	Simple Mail Transfer Protocol	简单邮件传输协议

SNMP	Simple Network Management Protocol	简单网络管理协议
SOA	Service Oriented Architecture	面向服务的体系结构
SOAP	Simple Object Access Protocol	简单对象访问协议
SOC	Security Operations Center	安全管理中心
PSTAFS	Protocol for Sessions Traversal Across Firewall Securely	防火墙安全会话转换协议
SOI	Service Oriented Infrastructure	面向服务的基础设施
SONET	Synchronous Optical-Network	同步光传输网络
SPD	Surge Protection Device	电涌保护器
SPF	Shortest Path First	最短路径优先
SPT	Spanning Tree Protocol	生成数协议
SQL	Structured Query Language	结构化查询语言
SRM	Storage Resource Management	存储资源管理
SSD	Solid State Drive	固态硬盘
SS	Secure Shell	安全外壳协议
SSL	Secure Sockets Layer	Netscape 的安全套接字层协议
SSO	Single Sign-On	单点登录
STP	Spanning Tree Protocol	生产树协议
SWaP	Space, Watts and Performance	空间、瓦特和性能
SYN	Synchronize	TCP/IP 建立连接时使用的信号

T

TCO	Total Cost of Ownership	总拥有成本
TCP	Transmission Control Protocol	传输控制协议
TCSEC	Trusted Computer System Evaluation Criteria	信计算机安全评价标准
TE	Traffic Engineering	流量工程
TIA	Telecommunications Industry Association	电信工业协会
TNI	Trusted Network Interpretation	TCSEC 的网络信赖度诠释
TPC	Transaction Processing Performance Conuncil	事务处理性能委员会
TPC-C		TPC 的 C 类指标,是一种旨在衡量联机事务处理(OLTP)系统性能与可伸缩性的行业标准基准测试项目
TPM	Transactions Per Minute	每分钟内系统处理的新订单数
TPS	Transaction Processing Systems	事务处理系统
TWS	Tivoli Workload Scheduler	Tivoli 工作量调度

U

| UDDI | Universal Description Discovery and Integration | 统一描述、发现和集成协议 |
| UDP | User Datagram Protocol | 用户数据包协议 |

UFS	Unix File Systems		UNIX 文件系统
UPP	Universal Plug and Play		通用即插即用
UPS	Uninterruptible Power Supply		不间断电源
URL	Uniform Resource Locator		统一资源定位符
UML	User-Mode Linux		用户模式的 Linux

V

VCB	VMware Consolidated Backup		VMware 整合备份
VI	Visual Identity		视觉识别
VLAN	Virtual Local Area Network		虚拟局域网
VLIW	Very Long Instruction Word		超长指令字
VLSM	Variable Length Subnet Mask		可变长子网掩码
VOIP	Voice Over Internet Protocol		互联网语音协议
VPN	Virtual Private Network		虚拟专用网络
VRRP	Virtual Router Redundancy Protocol		虚拟路由冗余协议
VSE	Virtual Server Environment		虚拟服务器环境
VTL	Virtual Tape Library		虚拟磁带库
VXA			由 Exabyte 开发的磁带备份技术

W

W3C	World Wide Web Consortium		万维网联盟
WAN	Wide Area Network		广域网
WFQ	Weighted Fair Queuing		加权公平排队
WLAN	Wireless Local Area Networks		无线局域网络
WSDL	Web Services Description Language		Web 服务描述语言
WSRP	Web Service for Remote Portlets		远程门户网站 Web 服务
WWN	World Wide Name		全球唯一名字

X

XAM	Extensible Access Method		扩展访问方式
XML	Extensible Markup Language		可扩展标记语言
XSD	XML Schemas Definition		XML 结构定义
XSL	Extensible Style-sheet Language		可扩展样式表语言
XSLT	XSL Transformations		XSL 转换

参考文献

[1] 美国国家标准学会(ANSI)和美国通信工业协会(TIA). Telecommunications Infrastructure Standard for Data Centers(数据中心的通信基础设施标准). 2005.4
[2] 王乔恒. 数据中心建设技术概论. 五洲工程设计研究院
[3] 甘肃省国土资源厅. 甘肃省市、县级国土资源数据中心建设指南. 2007.1
[4] 中国IDC市场发展研究报告. 慧典市场研究报告网. 2007.12
[5] 杨雪娇. 虚拟化应用五大瓶颈与三大破解方略. Cbsi中国·PChome. net. 2009.6.30
[6] H3C公司. 数据中心虚拟化解决方案技术白皮书. 新浪网
[7] 孟庆. 80家国内用户调查诠释数据中心未来. IT168.2009
[8] ZOL. 帮您揭开数据中心虚拟化的神秘外衣. 中关村在线西安站·三秦IT网
[9] 佚名. 全新企业级数据中心正迎来巨变. 比特网. 2009.2.11
[10] 朱伟雄, 王德安, 蔡伟华. 新一代数据中心建设理论与实践. 北京：人民邮电出版社, 2009.8
[11] 张广明, 韩林编著. 数据中心UPS供电系统的设计与应用. 北京：人民邮电出版社, 2008.11
[12] 陈峰, 马艳萍. 网络核心机房设计与管理. 北京：化学工业出版社, 2008.8
[13] 张成泉等. 机房工程. 北京：中国电力出版社, 2008.12
[14] 国家标准GB 50174—2008《电子信息系统机房设计规范》
[15] 骆耀祖, 叶宇风, 刘东远. 网络系统集成与管理. 北京：人民邮电出版社, 2005.5
[16] 刘洪发, 唐宏. 网络存储与灾难恢复技术. 北京：电子工业出版社, 2008.6
[17] 张志檩. 应用服务器选型与设计. 北京：中国石化出版社, 2002.4
[18] 赵俊杰, 詹永照, 蔡涛. 网络存储安全系统研究综述. 计算机应用与软件, 2008.25(2)
[19] 易建勋. 计算机网络设计. 北京：人民邮电出版社, 2007.7
[20] 高复先. 信息资源规划-信息化建设基础工程. 北京：清华大学出版社, 2002.01
[21] 中国南方电网有限责任公司. 数据中心建设规范. 2009
[22] 中国南方电网有限责任公司. 数据交换与接口规范暨数据交换平台建设规范. 2009
[23] 韩蓄, 张景, 李军怀, 张韬. 基于角色的个性化门户网站设计与实现. 2005.04
[24] 王伟, 殷国富. 基于数据挖掘的多维联机分析处理系统研究. 2005.06
[25] 刘铁民等. VPN网络隧道技术的研究. 电信工程技术与标准化. 2003(12)
[26] 李之棠等. 防火墙原理与实施. 北京：电子工业出版社, 2001
[27] 谭伟贤, 张佰成. 城市应急联动系统建设与应用. 北京：科学出版社, 2005.10
[28] 魏亮. 网络安全技术研究. 电信网技术. 2004.12
[29] 王纪奎. 成就存储专家之路——存储从入门到精通. 北京：清华大学出版社, 2009.6
[30] 谭伟贤. 信息工程监理——设计、施工、验收. 北京：电子工业出版社, 2003.11
[31] 甘仞初. 信息资源管理. 北京：经济科学出版社, 2000.10
[32] 侯炳辉, 郝宏志. 企业信息管理师(下册). 北京：机械工业出版社, 2005.3
[33] Zxpangxie. 数据分类：信息生命周期管理成功的基础. 多易网DOIT论坛. 2009.3.20
[34] 崢狼. 数据存储管理. CSDN(中国软件开发者社区)博客. 2008.12
[35] 戚丽. 校园数据中心建设与运行管理. 北京：清华大学出版社. 2004.6

[36] 佚名.Avocent:给数据中心管理找个好帮手.比特网.2009.6.19
[37] 边凯.数据中心经理升温信息化管理层走向细分.比特网.2009.7.9
[38] 佚名.数据中心难以回避的四大难题.计世网.2009.02.13
[39] 江海明.数据中心应用ITIL关注成功的六个要素.赛迪网
[40] 佚名.数据中心的管理现状及问题.专业KVM网
[41] 莫卫东等.计算机网络技术及应用.北京:机械工业出版社,2009.5
[42] 万荣泽.网络规划与系统集成.北京:航空航天大学出版社,2007.9
[43] 骆耀祖等.网络系统集成与管理.北京:人民邮电出版社,2005.5
[44] 佚名."数字XXXXXX"信息资源数据中心初步设计方案.2008.10
[45] 国家档案局、国家发展和改革委员会、国家电子政务工程建设项目档案管理暂行办法.档发〔2008〕3号